NOUVEAU PROGRAMME 2019

Géographie 1re

Sous la direction d'**Éric Janin**

W0185157

Coordinateur pédagogique : **Patrick MARQUES**
Professeur au lycée Anita Conti à Bruz (35)

Cécile GNAHORÉ-BARATA
Professeure en classes préparatoires au lycée Lakanal à Sceaux (92)

Viviane BORIES
Professeure dans l'académie de Montpellier (34)

Sandrine CALVEZ
Professeure au lycée Bertrand d'Argentré à Vitré (35)
et formatrice ESPÉ de Bretagne, à Rennes (35)

Thomas CHOQUET
Professeur au lycée Albert Châtelet à Saint-Pol-sur-Ternoise (62)

Lise FOURNIER
Professeure au lycée Saint-John Perse et en classes préparatoires
au lycée Louis Barthou à Pau (64)

Éric JANIN
Professeur en classes préparatoires au lycée Lakanal à Sceaux (92)

Heinrich JANNOT
Professeur au lycée Etienne Bézout à Nemours (77)

Nicolas LE BRAZIDEC
Professeur en classes préparatoires au lycée Georges Clemenceau à Nantes (44)

Caroline LECHAT
Professeure en classes préparatoires au lycée Fénelon à Paris (75)

Christophe LEON
Professeur au collège Max Bramerie à La Force (24) et à l'Université Bordeaux
Montaigne et à Sciences Po Bordeaux à Pessac (33)

Antoine MARIANI
Professeur en classes préparatoires au lycée Fénelon à Paris (75)

Christian NOËL
Professeur au lycée Jacques Prévert à Savenay (44)

Jean-Baptiste VEBER
Professeur aux Cours du Parnasse à Paris (75)

Nathan

À LA DÉCOUVERTE DE VOTRE MANUEL

À chaque ouverture, un **sommaire** vous aide à vous repérer.

Chaque thème se divise en 4 temps, matérialisés par un onglet :

- Se préparer
- LES CHAPITRES
  - Dans le monde
  - En France
- Réviser et approfondir

SE PRÉPARER

SE PRÉPARER

Vous avez acquis beaucoup de connaissances au collège et en classe de Seconde. Des exercices de réactivation sont téléchargeables sur le site Nathan.

Supplément numérique

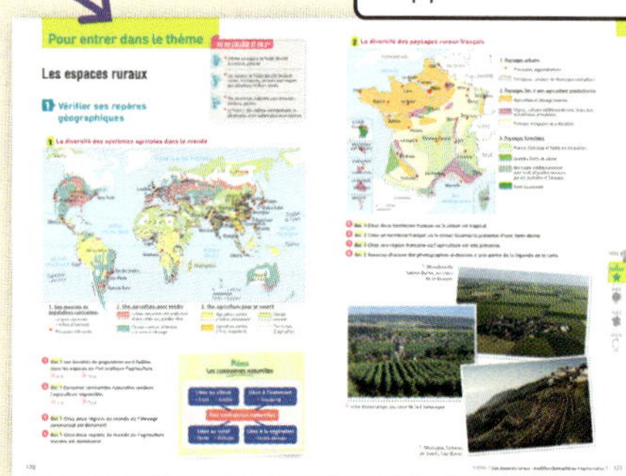

LES CHAPITRES

Chaque thème du programme est décliné dans un chapitre dans le monde et un chapitre en France. Un dernier thème sur la Chine remobilise les notions vues dans les thèmes 1, 2 et 3.

MONDE

FRANCE

Études de cas
Dossiers

Dans ces pages, vous trouverez les documents sur lesquels vous allez travailler toute l'année.

Des dossiers sur des sujets thématiques.

Toutes les **études de cas** du programme.

De nombreux documents sélectionnés avec soin pour vous aider à comprendre les notions, illustrer vos exposés et enrichir vos copies.

© Nathan 2019 – 25, avenue Pierre de Coubertin, 75013 Paris – ISBN : 978-2-09-172889-6

Cartes **Cours** Vous trouverez dans ces pages tous les repères et connaissances indispensables.

Géo Autrement **Géo Débat** Des pages pour faire de la géographie de façon originale et active : débattez, créez des affiches, des story-board...

Les cartes du programme.

Le vocabulaire nécessaire pour comprendre le cours et des chiffres clés.

Un schéma pour retenir le cours autrement.

RÉVISER & APPROFONDIR

La dernière partie du thème vous donne toutes les clés pour préparer efficacement vos révisions.

RÉVISER

La synthèse du thème et toutes **les notions** du programme expliquées et accompagnées d'un schéma.

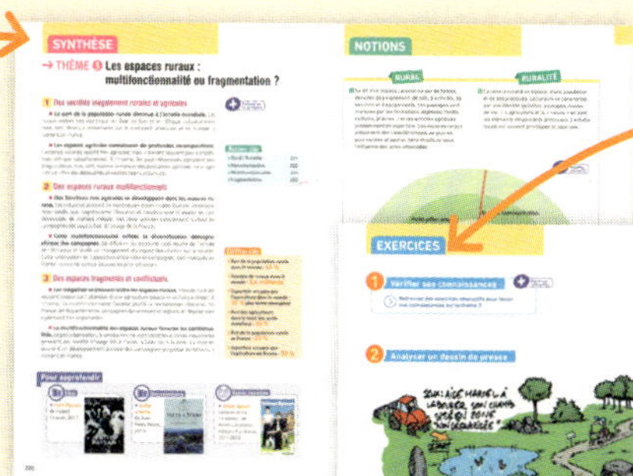

Des exercices pour réviser. Flashez la page avec **Nathan Live !** pour accéder à des exercices supplémentaires.

Mais également...

BAC Des pages pour se préparer aux épreuves communes de contrôle continu.

Des sujets guidés en contexte.

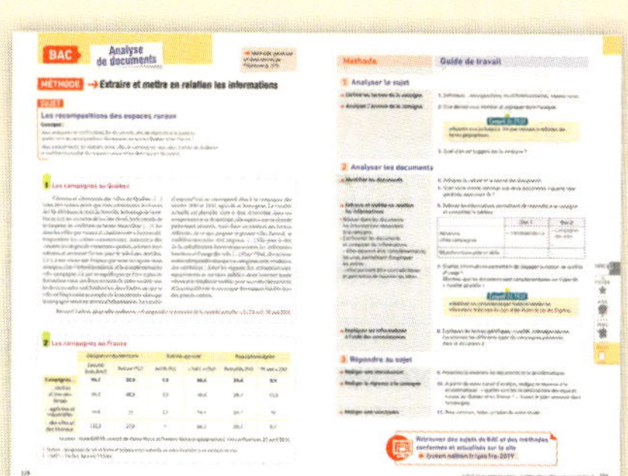

Un cahier spécial Bac p. 210

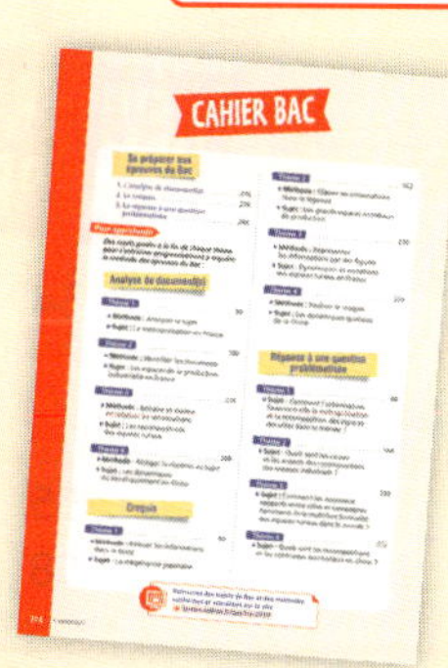

THÈME 3 Les espaces ruraux, multifonctionnalité ou fragmentation ?

CHAPITRE 5 — DANS LE MONDE

Les espaces ruraux : multifonctionnalité ou fragmentation ?

CHAPITRE 6 — EN FRANCE

Les espaces ruraux : multifonctionnalité ou fragmentation ?

RÉVISER & APPROFONDIR

THÈME 4

La Chine, des recompositions spatiales multiples

RÉVISER & APPROFONDIR

GÉO AUTREMENT Une manière originale et ludique d'aborder la géographie !

GÉO DÉBAT Apprenez à débattre sur des enjeux de société.

SE PRÉPARER AU BAC

Révisez les épreuves communes de contrôle continu grâce à votre manuel !

Découvrez votre manuel augmenté !

PLUS DE 200 RESSOURCES NUMÉRIQUES SUPPLÉMENTAIRES À VOTRE DISPOSITION

▶ Toutes les ressources numériques sont repérables par des pictos qui vous indiquent le type de ressource proposé.

“ Comment accéder à ces ressources ?

- En flashant les pages grâce à l'appli Nathan Live !
- Sur le site Nathan du manuel : lyceen.nathan.fr/geo1re-2019
- Sur votre manuel numérique.
- **Mode d'emploi des différents accès sur le rabat de couverture, p. I.**

LES RESSOURCES À LA LOUPE

DES EXERCICES INTERACTIFS

Exercices interactifs

▶ Pour s'entraîner facilement et à tout moment, de nombreux exercices pour vous assurer que vous maîtrisez les connaissances de chaque chapitre.

▶ **Rendez-vous sur les pages Exercices !** p. 58, 114, 170 et 202.

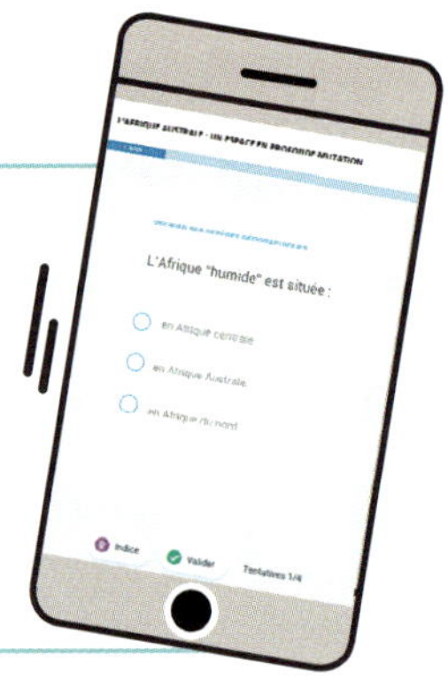

TOUS LES COURS EN PODCAST

Podcast du cours

▶ Tous les cours et les synthèses du manuel sont disponibles en version audio lue par un(e) comédien(e).

▶ **Rendez-vous sur toutes les pages Cours du manuel et sur la synthèse à la fin de chaque thème.**

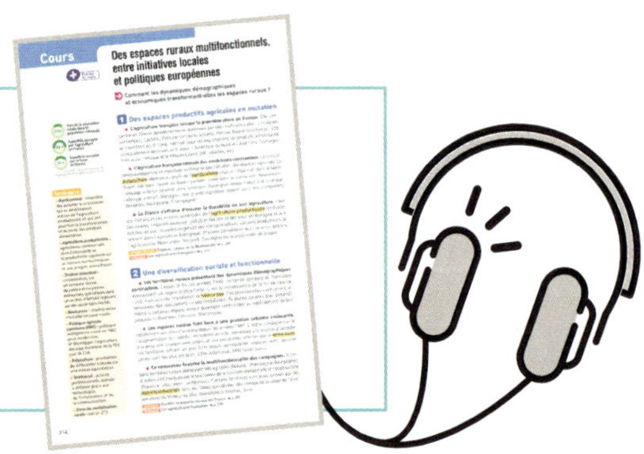

LES SCHÉMAS DES COURS À COMPLÉTER

Schéma interactif à compléter

▶ Pour comprendre les schémas des cours, entraînez-vous sur la version interactive.

▶ **Rendez-vous sur les pages Cours de chaque chapitre.**

Grâce aux différents outils proposés par Nathan, votre manuel papier prend vie !

LES CARTES INTERACTIVES

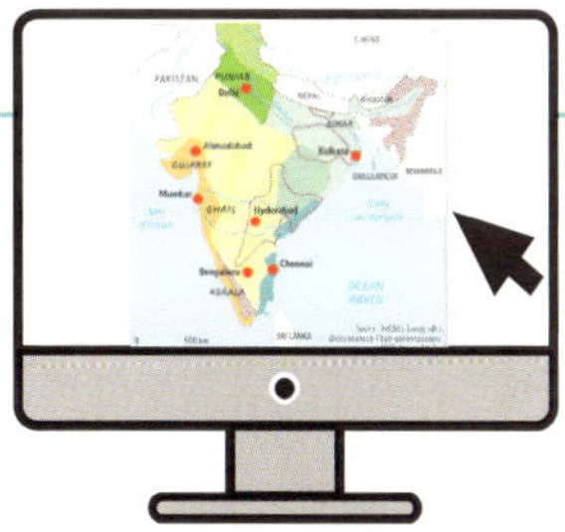

▶ Toutes les cartes de ce manuel sont disponibles en version interactive : cliquez sur la légende pour faire apparaître les figurés sur la carte.

LES SCHÉMAS DE NOTIONS

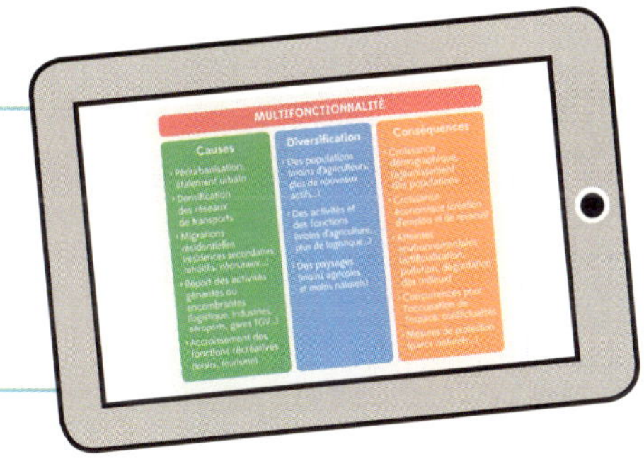

Schéma interactif

▶ A la fin de chaque thème, les notions du programme sont proposées sous forme visuelle et interactive.

▶ **Rendez-vous** p. 55, 111 et 167.

DES VIDÉOS

Vidéo

▶ Des vidéos pour approfondir les sujets : actualités, documentaires…

▶ **Rendez-vous** p. 50, 68, 73, 74, 81, 82, 99, 101, 108, 130, 148, 149, 153, 155, 164, 181.

DES ANIMATIONS SUR LES CROQUIS

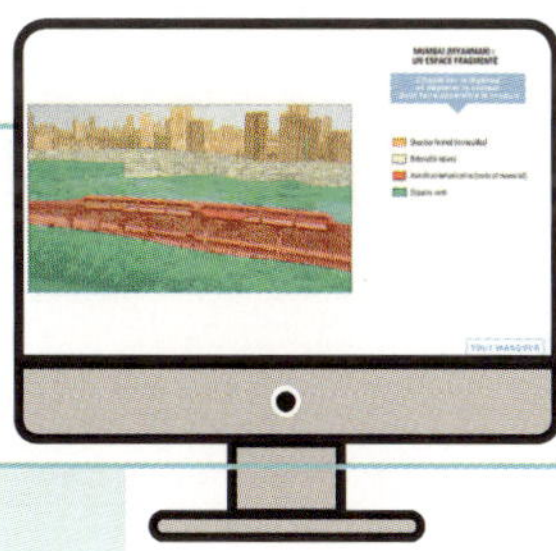

Animations

▶ Des animations interactives pour s'entraîner pas à pas aux croquis de paysage.

▶ **Rendez-vous** p. 17, 20, 23, 41, 127, 129, 133, 134, 155.

SPÉCIAL ACCESSIBILITÉ LES TEXTES EN VERSION DYS

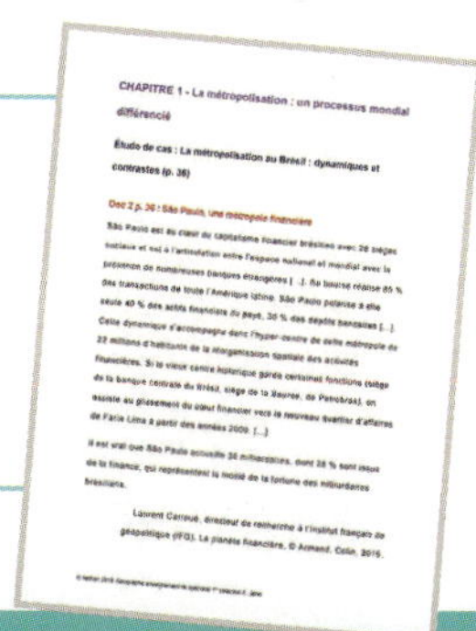

▶ Tous les documents textes de ce manuel sont disponibles dans une version imprimable adaptée aux DYS (police, interlignage).

▶ **Téléchargez-les facilement sur le site lyceen.nathan.fr/geo1re-2019**

PROGRAMME DE GÉOGRAPHIE 1re

BO spécial n° 1 du 22 janvier 2019

« Les dynamiques d'un monde en recomposition » (48 heures)

- Sous l'effet des processus de transition - appréhendés en classe de seconde –, le monde contemporain connaît de profondes recompositions spatiales à toutes les échelles. Dans le cadre du programme de première, l'étude des dynamiques à l'œuvre fait ressortir la complexité de ces processus de réorganisation des espaces de vie et de production.
- Ces recompositions peuvent être observées à travers le poids croissant des villes et des métropoles dans le fonctionnement des sociétés et l'organisation des territoires. La métropolisation, parfois associée à l'idée d'une certaine uniformatisation des paysages urbains, renvoie toutefois à des réalités très diverses selon les contextes territoriaux. Elle contribue aussi à accentuer la concurrence entre les métropoles, ainsi que la diversité et les inégalités socio-spatiales en leur sein.
- En lien avec la métropolisation, les espaces productifs se recomposent autour d'un nombre croissant d'acteurs aux profils variés. Ces recompositions s'inscrivent au sein de configurations spatiales multiples qui évoluent en fonction de l'organisation des réseaux de production (internationaux, régionaux ou locaux).
- Les espaces productifs liés à l'agriculture sont traités plus spécifiquement dans le thème sur les espaces ruraux. La multifonctionnalité de ces derniers et leurs liens avec les espaces urbains s'accentuent, à des degrés divers selon les contextes, et contribuent au développement de conflits d'usages.

THÈME 1 La métropolisation : un processus mondial différencié (12-14 heures)

Questions	Commentaire
• Les villes à l'échelle mondiale : le poids croissant des métropoles. • Des métropoles inégales et en mutation.	Depuis 2007, la moitié de la population mondiale vit en ville ; cette part ne cesse de progresser. Cette urbanisation s'accompagne d'un processus de métropolisation : concentration des populations, des activités et des fonctions de commandement. En dépit de ce que l'on pourrait identifier comme des caractéristiques métropolitaines (quartier d'affaires, équipement culturel de premier plan, noeuds de transports et de communication majeur, institution de recherche et d'innovation…), les métropoles sont très diverses. Elles sont inégalement attractives et n'exercent pas la même influence. À l'échelle locale, l'étalement urbain combiné à l'émergence de nouveaux centres fonctionnels (dans la ville-centre comme dans les périphéries) contribuent à recomposer les espaces intra-métropolitains. Cela se traduit également par une accentuation des contrastes et des inégalités au sein des métropoles.
Études de cas possibles : • La métropolisation au Brésil : dynamiques et contrastes. • Londres : une métropole de rang mondial. • Mumbai : une métropole fragmentée. • La mégalopole du Nord-Est des États-Unis (de Boston à Washington) : des synergies métropolitaines.	
Question spécifique sur la France	**Commentaire**
La France : la métropolisation et ses effets.	La métropolisation renforce le poids de Paris (ville primatiale) et recompose les dynamiques urbaines. L'importance et l'attractivité des métropoles régionales métropolitaines et ultramarines tendent à se renforcer, mais de façon différenciée, de même que la concurrence qu'elles se livrent. Cela conduit à une évolution de la place et du rôle des villes petites et moyennes, entre, pour certaines, mise à l'écart, dévitalisation des centres-villes, et, pour d'autres, un renouveau porté par une dynamique économique locale et la valorisation du cadre de vie.

THÈME 2 Une diversification des espaces et des acteurs de la production (12-14 heures)

Questions	Commentaire
• Les espaces de production dans le monde : une diversité croissante. • Métropolisation, littoralisation des espaces productifs et accroissement des flux.	À l'échelle mondiale, les logiques et dynamiques des principaux espaces et acteurs de production de richesses (en n'omettant pas les services) se recomposent. Les espaces productifs majeurs sont divers et plus ou moins spécialisés. Ils sont de plus en plus nombreux, interconnectés et se concentrent surtout dans les métropoles et sur les littoraux. Les processus de production s'organisent en chaînes de valeur ajoutée à différentes échelles. Cela se traduit par des flux d'échanges matériels et immatériels toujours plus importants. Les chaînes et les réseaux de production sont, dans une large mesure, organisés par les entreprises internationales, mais l'implantation des unités productives dépend également d'autres acteurs – notamment publics –, des savoir-faire, des coûts de main d'oeuvre ou encore des atouts des différents territoires. Ceux-ci sont de plus en plus mis en concurrence. Parallèlement, l'économie numérique élargit la diversité des espaces et des acteurs de la production.

Études de cas possibles : • Les espaces des industries aéronautique et aérospatiale européennes : une production en réseau. • Singapour : l'articulation de la finance, de la production et des flux. • Les investissements chinois en Afrique : la recomposition des acteurs et espaces de la production aux échelles régionale et mondiale. • La Silicon Valley : un espace productif intégré de l'échelle locale à l'échelle mondiale.	
Question spécifique sur la France	**Commentaire**
La France : les systèmes productifs entre valorisation locale et intégration européenne et mondiale.	L'étude des systèmes productifs français (Outre-mer inclus) permet de mettre en avant les lieux et acteurs de la production à l'échelle nationale, tout en soulignant l'articulation entre valorisation locale et intégration européenne et mondiale.

THÈME 3 Les espaces ruraux : multifonctionnalité ou fragmentation ? (12-14 heures)

Questions	**Commentaire**
• La fragmentation des espaces ruraux. • Affirmation des fonctions non agricoles et conflits d'usages.	Les recompositions des espaces ruraux dans le monde sont marquées par le paradoxe de liens de plus en plus étroits avec les espaces urbains et l'affirmation de spécificités rurales (paysagères, économiques, voire socio-culturelles), impliquant des dynamiques contrastées de valorisation, de mise à l'écart ou de protection de la nature et du patrimoine. Globalement, la part des agriculteurs diminue au sein des populations rurales. Toutefois, l'agriculture reste structurante pour certains espaces ruraux, avec des débouchés de plus en plus variés, alimentaires et non alimentaires. À l'échelle mondiale, la multifonctionnalité des espaces ruraux s'affirme de manière inégale par l'importance croissante, en plus de la fonction agricole, de fonctions résidentielle, industrielle, environnementale ou touristique, contribuant tout à la fois à diversifier et à fragiliser ces espaces. Cette multifonctionnalité et cette fragmentation expliquent en partie la conflictualité accrue dans ces espaces autour d'enjeux divers, notamment fonciers : accaparement des terres, conflits d'usage... Elles posent la question de leur dépendance aux espaces urbains.
Études de cas possibles : • Les mutations des espaces ruraux de Toscane. • Les transformations paysagères des espaces ruraux d'une région française (métropolitaine ou ultramarine). • Mutations agricoles et recomposition des espaces ruraux en Inde. • Les espaces ruraux canadiens : une multifonctionnalité marquée.	
Question spécifique sur la France	**Commentaire**
La France : des espaces ruraux multifonctionnels, entre initiatives locales et politiques européennes.	En France, les espaces ruraux se transforment : • mutation des systèmes agricoles et diversification des fonctions productives, • pression urbaine croissante et liens accrus avec les espaces urbains, • entre vieillissement et renouveau des populations rurales, diversification des dynamiques démographiques et résidentielles. Ces mutations s'accompagnent d'enjeux d'aménagement et de développement rural : valorisation et soutien de l'agriculture, équipement numérique, télétravail, protection de l'environnement, maintien et organisation ou réorganisation des services publics... Ces enjeux mobilisent des acteurs à différentes échelles, du développement local aux politiques nationales et européennes de développement rural.

THÈME 4 La Chine : des recompositions spatiales multiples (8-10 heures)

Questions	**Commentaire**
• Développement et inégalités. • Des ressources et des environnements sous pression. • Recompositions spatiales : urbanisation, littoralisation, mutations des espaces ruraux.	La Chine est un pays où les évolutions démographiques et les transitions (urbaine, environnementale ou énergétique...) engendrent de nombreux paradoxes et suscitent des recompositions spatiales spectaculaires. Les évolutions démographiques, les migrations des campagnes vers les villes, la surexploitation des ressources, la pollution, l'ouverture et l'insertion de plus en plus forte dans la mondialisation accentuent les contrastes territoriaux.

Notions et vocabulaire à maîtriser à l'issue de la classe de première (en complément des notions et vocabulaires acquis en classe de Seconde qui seront remobilisés tout comme les repères spatiaux acquis) :

- Recomposition : notion transversale à l'ensemble des thèmes.
- Centralité, centre-périphérie, métropole/métropolisation, ville.
- Espace productif, entreprise multinationale, chaîne de la valeur ajoutée, flux, production, système productif.
- Espace rural, multifonctionnalité, fragmentation, périurbanisation, ruralité.

ÉTATS-UNIS
Las Vegas
BALLYS
CVS

THÈME 1

Pour entrer dans le thème

La métropolisation : un processus mondial différencié

Alors que le monde est majoritairement urbain, les métropoles ont un poids croissant dans le fonctionnement des sociétés et dans l'organisation des territoires. Elles concentrent les populations, les activités et les fonctions de commandement. Les espaces métropolitains se recomposent et sont marqués par les inégalités socio-spatiales.

Quel est le poids des métropoles dans l'urbanisation du monde ? Comment les espaces métropolitains se recomposent-ils ?

L'hôtel Paris à Las Vegas aux États-Unis (2017)

THÈME 1

CHAPITRE 1 La métropolisation : un processus mondial différencié

DANS LE MONDE

- Les villes à l'échelle mondiale : le poids croissant des métropoles
- Des métropoles inégales et en mutation

SOMMAIRE

Dans ce chapitre

TOUS LES TEXTES en version à imprimer

TOUTES LES CARTES en version interactive

Zoom sur...

Tokyo

Population (2019)	37 millions d'habitants (1er rang mondial)
Pourcentage de la population du Japon	29 %
Superficie	8 547 km²
Densité	4 450 hab./km²

Quartier commerçant de Shibuya à Tokyo (Japon), 2017

JAPON
Tokyo
渋谷センター街
Cafe Miyama
TOKYO GINZA HIT CORPORATION
お好み焼
三平酒家
IT'S INSPIRED. MANY IMITATORS. BUT NO EQUALS.

Étude de cas

La métropolisation au Brésil : dynamiques et contrastes

Zoom sur…

▸ la métropolisation au Brésil (2018)

Population Brésil	210 millions d'hab.
Taux d'urbanisation	87,1 % (182,9 millions d'hab.)
Principales métropoles (en millions d'hab.)	– São Paulo : 22 – Rio de Janeiro : 13,5 – Belo Horizonte : 6

Quels sont les enjeux spatiaux de la métropolisation au Brésil ?

1 L'évolution du taux d'urbanisation au Brésil

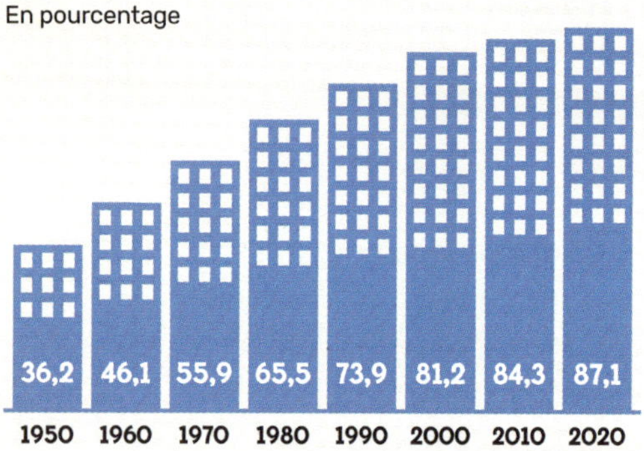

Source : ONU, 2018.

Vocabulaire

Métropolisation : processus de concentration des populations, des activités, des investissements et des fonctions de commandement dans les métropoles.

2 São Paulo, une métropole financière

Parole de géographe

São Paulo est au cœur du capitalisme financier brésilien avec 28 sièges sociaux et est à l'articulation entre l'espace national et mondial avec la présence de nombreuses banques étrangères […]. Sa bourse réalise 85 % des transactions de toute l'Amérique latine. São Paulo polarise à elle seule 40 % des actifs financiers du pays, 30 % des dépôts bancaires […].

Cette dynamique s'accompagne dans l'hyper-centre de cette métropole de 22 millions d'habitants de la réorganisation spatiale des activités financières. Si le vieux centre historique garde certaines fonctions (siège de la banque centrale du Brésil, siège de la Bourse, de Petrobras), on assiste au glissement du cœur financier vers le nouveau quartier d'affaires de Faria Lima à partir des années 2000. […]

Il est vrai que São Paulo accueille 36 milliardaires, dont 28 % sont issus de la finance, qui représentent la moitié de la fortune des milliardaires brésiliens.

Laurent Carroué, directeur de recherche à l'Institut français de géopolitique (IFG), *La planète financière*, © Armand. Colin, 2015.

3 Urbanisation et métropoles au Brésil

1. Taux d'urbanisation par État
- Plus de 80 %
- De 70 à 80 %
- Moins de 70 %

2. Principales métropoles (en nombre d'habitants)
- 12 millions
- 6,5 millions
- Entre 1 et 3 millions

3. Taux d'accroissement de la population urbaine (2000-2017, en %)
- Plus de 50 %
- Entre 0 % et 50 %
- Croissance négative

Sources : IBGE, 2018 ; O. Dabène, F. Louault, *Atlas du Brésil*, carto. A. Boissière, © Éditions Autrement, 2018. Hervé Théry https://braises.hypotheses.org/tag/densites, 2018.

4 **Belo Horizonte, 3e métropole la plus peuplée du Brésil (2017)**

Animation croquis

5 Les conséquences de la métropolisation au Brésil

Parole de géographes

L'urbanisation incontrôlée fait naître de nouveaux enjeux dans les agglomérations de plus d'un million d'habitants. Pour répondre à la densification urbaine, les autorités locales et les promoteurs immobiliers étendent et verticalisent les villes. São Paulo s'étend ainsi sur 100 km d'est en ouest. Mais les politiques d'aménagement urbain ne suivent pas, notamment en ce qui concerne les transports. Les plus riches se déplacent en hélicoptère de leur résidence vers leurs lieux de travail ou vers des *shopping centers* de luxe. Les nouveaux urbains s'entassent dans des périphéries toujours plus lointaines, où de nombreuses habitations se construisent dans l'illégalité. Les pouvoirs publics peinent à légaliser l'habitat précaire des *favelas*[1]. Le manque d'accès aux services pèse sur l'hygiène et les populations sont régulièrement victimes d'inondations. Quant aux classes moyennes, elles se replient dans des quartiers fermés ou dans des immeubles grillagés, touchées par le sentiment d'insécurité.

Comment lutter contre les inégalités et la ségrégation urbaine ou encore lutter contre la pollution ? La création en 2001 par le gouvernement fédéral d'un ministère de la Ville n'offre qu'une réponse partielle aux enjeux actuels du renouvellement urbain.

O. Dabène et F. Louault, spécialistes du Brésil, *Atlas du Brésil : promesses et défis d'une puissance émergente,* cartographie Aurélie Boissière, © Éditions Autrement, 2018.

1. *Favelas* : nom donné aux bidonvilles au Brésil.

Questions

Itinéraire 1

Décrire et analyser

1. Décrivez l'urbanisation du Brésil depuis 1950. **doc. 1 et 3**
2. Montrez que la dynamique de métropolisation s'est manifestée à l'ensemble du Brésil. **doc. 2 à 4**
3. Quelles inégalités entre les espaces se sont renforcées avec la métropolisation ? **doc. 2 à 5**

Synthétiser et argumenter

4. Expliquez le processus de métropolisation au Brésil et les défis qu'elle soulève. **doc. 1 à 5**

ou

Itinéraire 2

Conseils et méthode

Préparer un exposé oral

Recopiez et complétez le tableau suivant à l'aide des documents étudiés.

La métropolisation au Brésil…	Informations apportées par les documents
… est une dynamique urbaine qui s'est généralisée…	
… avec des hiérarchies entre les métropoles…	
… qui se traduit par des inégalités socio-spatiales.	

Étude de cas

Londres : une métropole de rang mondial

Comment le rayonnement mondial de Londres se manifeste-t-il à différentes échelles ?

Zoom sur…

Londres (2017)

Population métropole	14 millions d'hab. (28e rang mondial)
Produit urbain brut	879 milliards de dollars/an (4e rang mondial)
Nombre de touristes	19,8 millions (2e rang mondial)
Londoniens nés à l'étranger	36,7 %

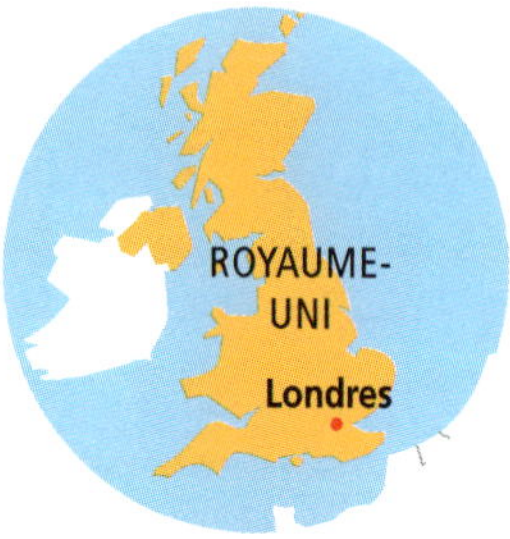

A Un rayonnement mondial

1 Affiche diffusée par l'aéroport de Londres-Heathrow (2018)

Traduction : « Londres : la ville que le monde attend »
« Heathrow : Construire pour l'avenir »
« La Shard Tower vue du Tower Bridge »

2 La *City* : un quartier d'affaires

Pôle financier international, la *City* de Londres a construit son rayonnement depuis des siècles. À la fois centre historique et géographique de la capitale britannique et, surtout, quartier général de la finance européenne et mondiale, [elle est] le cœur battant de l'extraordinaire puissance économique du pays. « La *City* » cumule les superlatifs : 400 000 salariés, 500 banques internationales, des centaines de compagnies d'assurances, de comptabilité et de services financiers…

Plus de 200 nationalités se mêlent ici. La *City* est un *melting-pot*, « un pôle d'excellence de la finance qui attire les meilleurs talents de tous les pays et dans tous les domaines – banques, transactions financières, assurance, services juridiques, comptabilité, fiscalité… », souligne René Defossez, un Français qui travaille ici pour Natixis[1].

« En tant que cabinet d'avocats international, nous représentons des entreprises multinationales à travers le monde, qui nous disent que Londres est un centre économique et financier d'importance vitale pour elles, confirme Susan Bright, associée du cabinet d'avocats Hogan Lovells. Londres est une ville mondiale, c'est aussi une porte d'entrée vers l'Europe, avec de solides infrastructures, un système juridique très respecté avec des juges impartiaux, et l'anglais est une langue parlée à travers le monde, il est donc facile de faire des affaires ici. »

M. Dancer, « À la *City* de Londres, la finance dans l'État », *La Croix*, 20 juillet 2017.

1. Banque française.

3 Les vols directs au départ de Londres-Heathrow

Source : Aéroport d'Heathrow, 2018.

4 Londres dans le classement des métropoles mondiales

Source : Global Power City Index, 2018.

Questions

Itinéraire 1

Exploiter et confronter des informations

1. Identifiez les différentes fonctions présentes à Londres. **doc. 2 et 4**
2. Montrez que l'aéroport d'Heathrow est un aéroport de rang mondial. **doc. 1 et 3**
3. Comment Londres se situe-t-elle dans la hiérarchie des villes à l'échelle mondiale ? **doc. 3 et 4**

Synthétiser des informations

4. Pourquoi peut-on qualifier Londres de métropole attractive de rang mondial ? **doc. 1 à 4**

ou

Itinéraire 2

Réaliser un croquis de synthèse (1/2)

- Reportez dans le tableau les informations contenues dans les documents sur les deux thèmes suivants :

	Informations
Une diversité de fonctions	
Un rayonnement mondial	

- Sélectionnez les informations cartographiables.
- Attribuez un figuré cartographique à chacune de ces informations.

Étude de cas

La mégalopole du Nord-Est des États-Unis : des synergies métropolitaines

Zoom sur…

▸ la mégalopole du Nord-Est des États-Unis (2018)

Population	Environ 55 millions d'hab. (soit 16,8 % des États-Unis)
PIB	Environ 4 000 milliards de dollars (soit 20 % des États-Unis)
Distance du nord au sud	630 km

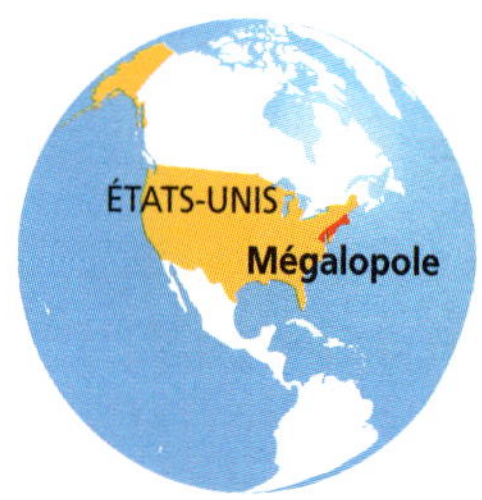

Quelles sont les dynamiques des métropoles qui composent et transforment la mégalopole du Nord-Est des États-Unis ?

1 Les fonctions de la mégalopole

Parole de géographe

Le concept de Megalopolis[1] a été forgé par le géographe Jean Gottmann au début des années 1960 pour désigner le chapelet de villes multimillionnaires de la côte Est des États-Unis de Boston à Washington, incluant New York, Baltimore, Philadelphie. Une remarquable synergie s'exerce entre ces métropoles interconnectées par des réseaux de transport et de télécommunication à partir desquels se mettent en relation des activités de management, d'innovation, de gestion des grandes entreprises multinationales, des grands pôles universitaires tels que le MIT (Massachusetts Institute of Technology, Boston), mais aussi des lieux de production industrielle. À côté de ces formes de pouvoir réellement visibles (à New York, les grandes sociétés ont leur gratte-ciel), se juxtaposent des formes de pouvoir politique, financier, boursier, culturel, militaire et diplomatique, sans oublier la présence de structures internationales majeures.

Les villes de la Megalopolis américaine jouent un rôle déterminant dans le « commandement » du monde, tant par les instances internationales qui y sont présentes que par le poids financier et boursier, les sièges sociaux des grandes multinationales américaines ou tout simplement au plan de la « culture américaine ».

Michel Goussot, spécialiste des États-Unis, *Les États-Unis dans la nouvelle économie mondiale*, © Armand Colin, 2000, mis à jour en décembre 2018.

1. Nom donné à la mégalopole du Nord-Est des États-Unis.

2 Un long corridor urbain

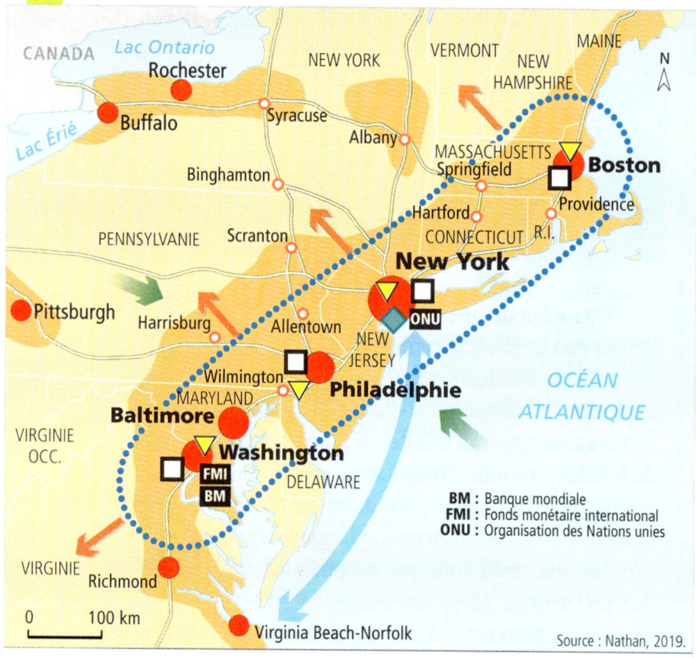

1. Une vaste aire urbaine

Densité de population (hab./km²)
- Plus de 200
- Moins de 200
- Principales agglomérations
- Limites de la mégalopole
- Axes d'extension

2. Des infrastructures métropolitaines

- Principaux *hubs* aéroportuaires
- Interface portuaire
- Principaux axes de communication

3. L'intégration dans la mondialisation

- Flux de capitaux, de marchandises, d'informations, de populations
- Wall Street : centre boursier planétaire
- FMI Grandes institutions internationales
- Grands pôles universitaires, techniques et scientifiques

Animation croquis

3 **L'espace urbain central de Boston (2019)**

① Quartier d'affaires
② Quartier historique de *North End*
③ Port de Boston : centre récréatif et culturel
④ *Civic center* (centre administratif)

Vocabulaire

- **Mégalopole :** grande région urbaine concentrant des métropoles reliées entre elles et exerçant un rayonnement mondial.
- **Métropolisation :** voir p. 55.
- **Synergie :** action à plusieurs provoquant un effet global.

4 **Les mobilités dans la mégalopole**

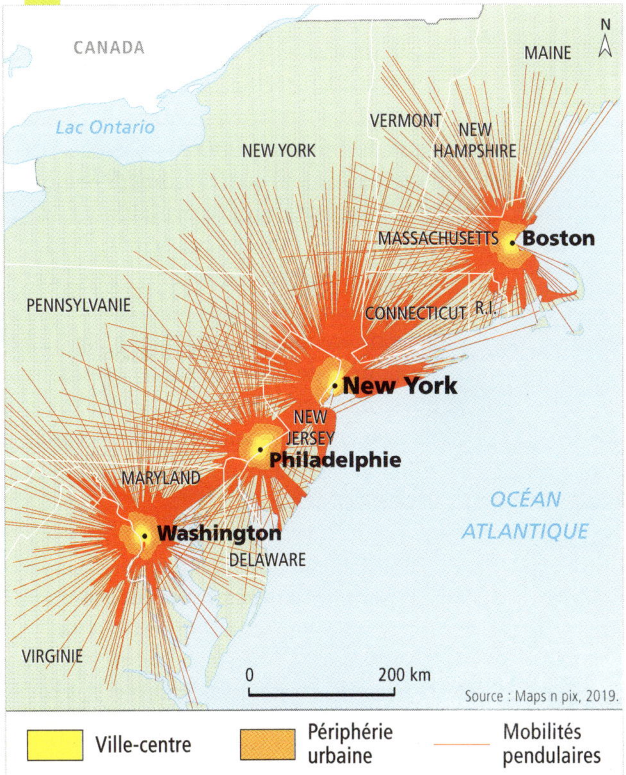

Questions

Itinéraire 1

Décrire et expliquer

1. Quel est le poids économique et démographique des métropoles de la mégalopole à l'échelle des États-Unis ? **doc. 1 et 2**
2. Quelles activités se développent dans la mégalopole ? **doc. 1 à 3**
3. Expliquez l'attraction des métropoles dans la région mégalopolitaine. **doc. 1, 2 et 4**

Synthétiser et argumenter

4. Montrez que la mégalopole du Nord-Est des États-Unis est un espace dynamique à différentes échelles. **doc. 1 à 4**

ou

Itinéraire 2 Méthode pas à pas

Réaliser une carte mentale

À partir des documents, complétez la carte mentale ci-dessous.

À l'échelle régionale — À l'échelle des États-Unis

Poids et dynamiques de la mégalopole

À l'échelle mondiale

Dossier

Les quartiers d'affaires des grandes métropoles

Comment les quartiers d'affaires symbolisent-ils la métropolisation ?

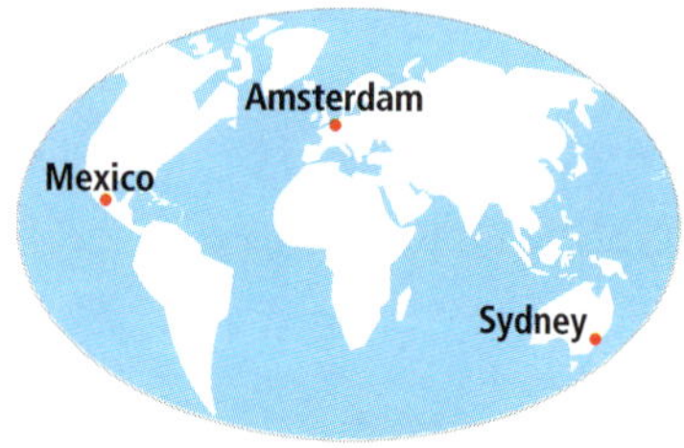

1 Le quartier d'affaires de Sydney en Australie (2018)

2 Les principaux quartiers d'affaires

Classement mondial établi à partir de 5 critères d'attractivité

- La City (Londres)
- Midtown (New York)
- Marunouchi (Tokyo)
- La Défense (Paris)
- Canary Wharf (Londres)

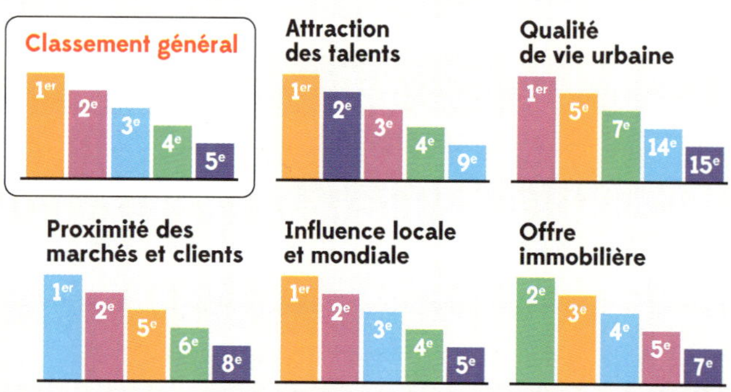

Source : D'après Le Figaro, nov. 2017.

3 Les fonctions de commandement de Mexico

Parole de géographe

Mexico est de façon incontestable la métropole mexicaine par excellence. Cette domination de Mexico est le reflet de la concentration de sièges sociaux (12 des 20 plus grandes compagnies mexicaines et 14 en prenant en compte les filiales étrangères) et d'activités financières. C'est à partir des CBD[1] de Reforma (centre-ville) ou de Santa Fé (nouveau CBD au nord-ouest de l'agglomération) que les cadres de compagnies comme Bimbo (agro-alimentaire) Carso, Telmex et América Móvil[2], Pemex (pétrole) ou Televisa (médias) impulsent et organisent la production et la vente sur le territoire mexicain et à l'étranger. […] La Bourse de Mexico et les sièges de la quasi-intégralité des banques (Banamex, Bancomer et les banques étrangères comme Santander ou HSBC) se regroupent dans le pôle de Mexico.

Frédéric Johansson, chercheur au laboratoire « Mondes Américains », extraits de conférence « Mexico : pouvoir ou contre-pouvoir d'une métropole émergente ? », mars 2017.

1. *Central business district* (quartier d'affaires).
2. Compagnies appartenant à Carlos Slim, homme d'affaires libano-mexicain.

4 Le quartier d'affaires de Zuidas à Amsterdam (Pays-Bas)

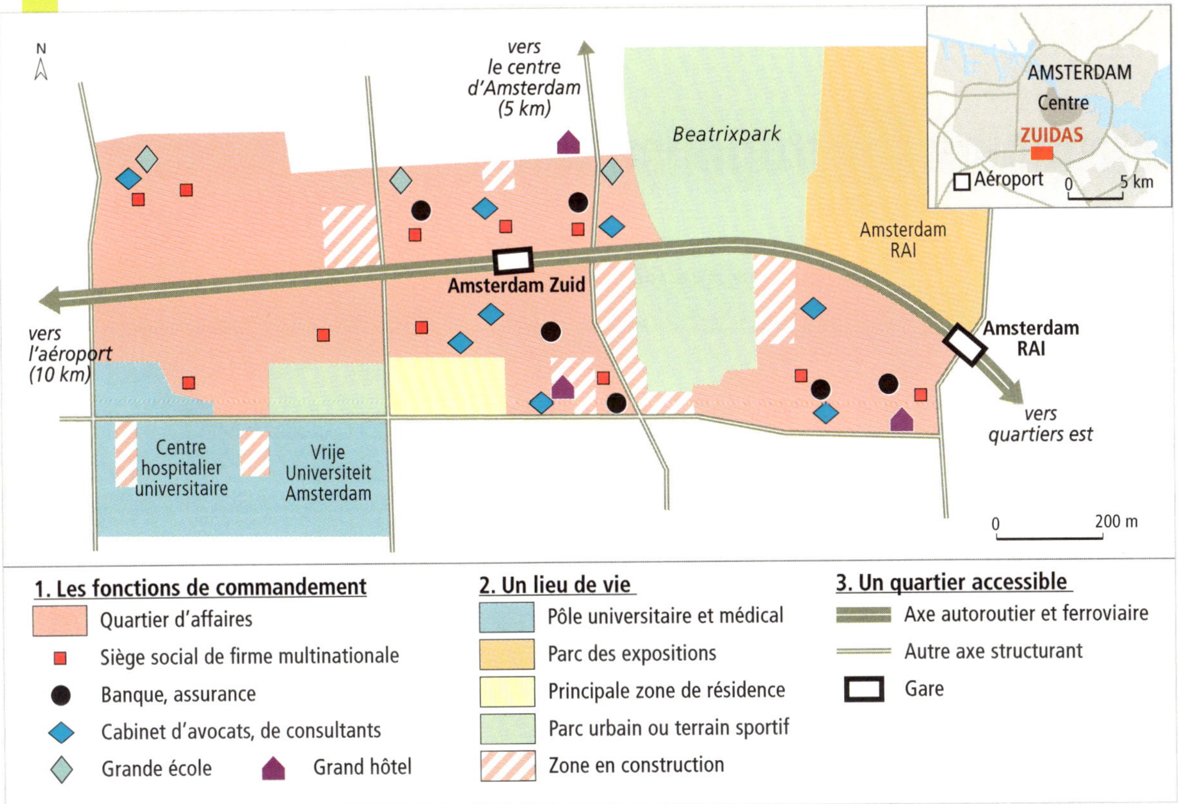

5 L'attractivité des quartiers d'affaires

Les quartiers d'affaires doivent s'adapter en permanence à l'évolution des attentes des utilisateurs afin de rester compétitifs. Aujourd'hui, les quartiers d'affaires mono-fonctionnels, désertés à la fin des journées de travail, voient leur attractivité décroître. L'accès aux talents et aux compétences dictant de manière prioritaire les choix de localisation des entreprises, la création d'un environnement de travail où il fait bon vivre, travailler et se détendre apparaissent essentiels. De Singapour à Amsterdam, la mixité des quartiers d'affaires devient comparable à celle des centres-villes. Logements, espaces de *coworking*, *food trucks* et espaces événementiels constituent désormais des prérequis.

L'attractivité des quartiers d'affaires est intimement liée à celle de leur métropole, mais les quartiers d'affaires peuvent prendre un certain nombre d'initiatives afin de renforcer leur attractivité : amélioration de l'aménagement urbain, création d'incubateurs pour start-up ou de programmes de formation pour faire grandir les talents.

Les quartiers d'affaires de demain ne seront plus de simples lieux de travail mais deviendront des lieux de vie, multi-fonctionnels, dynamiques et variés.

Lisette van Doorn, Directrice Générale Europe, ULI, *Baromètre d'attractivité des quartiers d'affaires mondiaux*, novembre 2017.

Questions

Itinéraire 1

Décrire et analyser

1. Décrivez le paysage urbain d'un quartier d'affaires. **doc. 1**
2. Quelles sont les activités et fonctions présentes dans les quartiers d'affaires ? En quoi renforcent-elles la métropolisation ? **doc. 3 et 4**
3. Dans quelles régions du monde les principaux quartiers d'affaires sont-ils situés ? **doc. 2**
4. Comment les quartiers d'affaires s'efforcent-ils de rester attractifs et compétitifs ? Pour quelles raisons ? **doc. 4 et 5**

Synthétiser

5. Montrez comment et pourquoi les centres d'affaires sont caractéristiques de la métropolisation. **doc. 1 à 5**

ou

Itinéraire 2

Méthode pas à pas

Réaliser un diaporama

- Choisissez des photographies qui vous permettent de montrer le paysage urbain d'un quartier d'affaires de votre choix et ses principales fonctions.
- Légendez chacune de ces photographies afin de montrer comment le quartier d'affaires représente la métropolisation.

Dossier

Métropoles, métropolisation et pauvreté

Comment la métropolisation favorise-t-elle le développement de la pauvreté urbaine ?

1 Un bidonville à Manille (Philippines)

Romi Santiago, « Urban Areas », *Manila Bulletin,* octobre 2017.

3 Population des quartiers pauvres

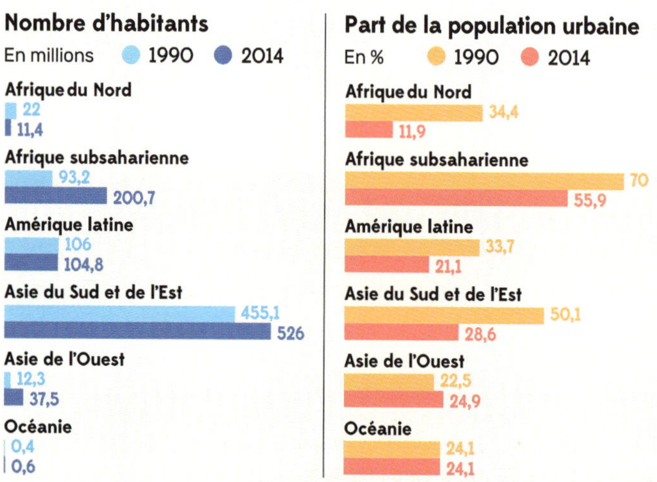

Source : World Cities Report 2016. ONU Habitat, 2016.

2 Urbanisation et pauvreté urbaine — Parole de géographe

Liée à des formes de marginalisation dans les pays occidentaux, la pauvreté urbaine ne régresse pas automatiquement avec l'émergence économique des pays en développement (PED). Si certains indices s'améliorent depuis 30 ans, les critères « multidimensionnels » fondés sur les conditions de vie concrètes (comme l'habitat ou l'accès aux services de base) révèlent la permanence d'une pauvreté de masse dans les PED.

C'est en ville que les concentrations de pauvres sont les plus grandes. La pauvreté urbaine est souvent liée au bas coût et à la flexibilité du travail des migrants ruraux. La part de l'emploi informel tend à augmenter dans certains pays émergents comme le Mexique ou l'Inde (90 % d'emplois sans contrat). Nombre des activités informelles urbaines sont pourtant connectées à l'économie globalisée. Les citadins pauvres jouent un rôle actif dans la production de services adaptés aux modes de vie urbains.

Les plus précaires ne peuvent compter que sur la force de travail familiale, enfants compris, ce qui entretient la spirale de la pauvreté. Pour éviter sa transmission intergénérationnelle, l'éducation est ciblée comme un outil prioritaire de « renforcement des capacités » (selon la théorie d'Amartya Sen) et l'Organisation internationale du travail (OIT) a lancé un Programme international pour l'abolition du travail des enfants.

Élisabeth Dorier (dir.), « L'urbanisation du monde », *La Documentation photographique*, © Dila, n° 8125, sept.-oct. 2018.

4 Un quartier pauvre au cœur de Buenos Aires (Argentine)

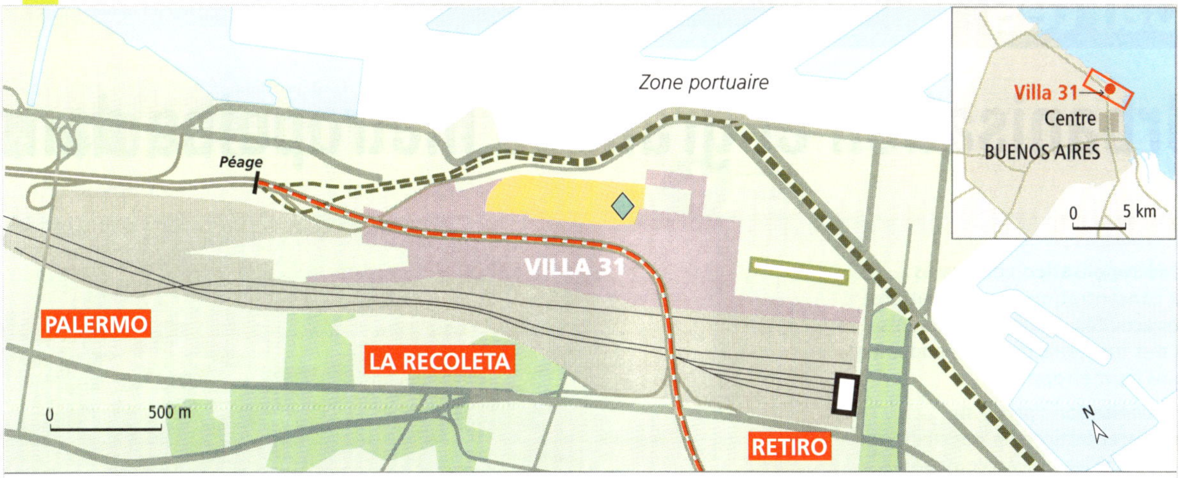

1. Des espaces urbains fragmentés
- Quartier pauvre informel
- RETIRO Quartier formel
- Autres espaces urbanisés
- Parcs, espaces verts

2. Des infrastructures de communication
- Autoroute
- Voies ferrées constituant une barrière physique
- Gare ferroviaire
- Gare routière

3. Des aménagements urbains
- Nouvelle autoroute
- Nouveaux logements
- Projet de pôle éducatif
- Ligne de bus à haut niveau de service sur l'autoroute existante

Source : F. Bosch, «Le quartier informel formalisé en Amérique du Sud», GEG Europe, 2018.

5 Une pauvreté urbaine généralisée

L'urbanisation, lorsqu'elle est bien gérée, améliore sensiblement la qualité de vie des territoires et de leurs populations. Lorsqu'elle ne l'est pas, elle entrave le développement, favorise la pauvreté, les épidémies et la criminalité. L'urbanisation effrénée qui a caractérisé le XXe siècle a fait augmenter en volume le nombre d'humains vivant dans des bidonvilles et l'insalubrité qui caractérise ces derniers : problèmes d'accès à l'eau, à l'assainissement, à l'énergie, aux transports, aux soins. [...]

Dans les pays en développement, les bidonvilles résultent de l'exode rural d'autres parties du territoire national. [...]

Les populations des bidonvilles dans les pays pauvres ne sont pas forcément, comme dans les pays riches, les populations les plus pauvres... Dans les bidonvilles des pays pauvres, on trouve des gens qui ont accès à la ville et qui cherchent à bénéficier de ses réseaux, dans des territoires où la plus grande pauvreté se situe dans les campagnes. Des centaines de milliers de personnes vivant dans des bidonvilles font en fait partie de la classe moyenne émergente de leur pays et non des plus pauvres.

Les bidonvilles, « réservoirs urbains de problèmes... et de solutions », entretien avec J. Damon par R. Jeanticou, *telerama.fr*, 8 jan. 2018.

Questions

Itinéraire 1

Décrire et analyser

1. Quelles sont les principales caractéristiques paysagères, démographiques et économiques d'un quartier pauvre ? **doc. 1, 2, 4 et 5**
2. Décrivez l'évolution de la pauvreté urbaine dans le monde. Comment l'expliquez-vous ? **doc. 3 et 5**
3. À quels risques les populations urbaines pauvres sont-elles exposées ? **doc. 1, 2 et 5**
4. Quels aménagements ou programmes permettent de lutter contre la pauvreté urbaine ? **doc. 2 et 4**

Synthétiser et argumenter

5. Montrez la diversité de situations de la pauvreté urbaine dans le monde. **doc. 1 à 5**

ou

Itinéraire 2

Méthode et conseils

Réaliser une affiche

- À partir des informations issues des documents, réalisez une affiche informative sur les thèmes suivants :
  – L'importance de la pauvreté urbaine et son explication ;
  – Les contraintes et les risques pour les populations urbaines pauvres ;
  – Les aménagements durables pour réduire la pauvreté urbaine.
- Vous pouvez chercher des ressources complémentaires sur Internet pour enrichir et illustrer votre affiche.

Cartes

Le poids des métropoles à l'échelle mondiale

3. L'archipel mégalopolitain mondial

Vocabulaire

- **Archipel mégalopolitain mondial :** nom donné à l'ensemble des mégalopoles mondiales qui établissent des relations entre elles.
- **Capitalisation :** ensemble des placements financiers en Bourse.
- **Mégalopole :** grande région urbaine concentrant des métropoles reliées entre elles et exerçant un rayonnement mondial.
- **Mondialisation :** processus d'intégration et d'interdépendance des territoires et des sociétés humaines à l'échelle de la planète. Il entraîne une intensification des flux de capitaux, d'informations, de marchandises et de populations.

Chiffres clés

Les métropoles dans le monde

1 900 milliards $:
PUB de Tokyo
(1er rang mondial)

33 700 milliards $:
capitalisation boursière de New York (2018)

55 millions d'hab.
dans la mégalopole du Nord-Est des États-Unis

Questions

1. Localisez les régions du monde qui disposent des places financières les plus importantes.
2. Nommez les régions du monde qui ne disposent pas de métropoles bien intégrées dans la mondialisation.
3. Sur quels continents les principales mégalopoles sont-elles situées ?

Géo AUTREMENT

Métropolisation, jeux vidéo et dystopie urbaine

L'urbanisation du monde s'accompagne d'un processus de métropolisation. Les concepteurs de nombreux jeux vidéo proposent aujourd'hui des univers urbains dystopiques qui représentent à l'extrême les tendances actuelles (économiques, sociales, environnementales...) de cette métropolisation.

→ **Quelles représentations prospectives des métropoles de demain les jeux vidéo nous donnent-ils à expérimenter ?**

Le saviez-vous ? + Lien vers le site

▶ Sim City est une série de jeux vidéo qui propose depuis 2009 de créer, d'aménager et de gérer sa propre ville. C'est un jeu de prospective territoriale qui amène le joueur à effectuer des choix pour transformer la ville en mégapole durable pour demain.

1 Mirror's Edge™ Catalyst (Electronic Art, Inc.) : la ville de Glass City

Dans Mirror's Edge Catalyst, l'héroïne du jeu, Faith, est membre d'un groupe clandestin de lutte contre l'oppression d'une société totalitaire urbaine dirigée par une grande firme multinationale. La FTN « Le Conglomérat » fait régner un ordre sécuritaire dans la métropole high-tech de Glass. Faith est équipée d'une lentille de contact connectée qui combine réalité augmentée, système de GPS à la fois horizontal et vertical. Chaque recoin de la métropole est à explorer, du haut de ses gratte-ciels aux tréfonds de ses tunnels pour libérer à jamais la ville.

2 La ville « intelligente » dans les jeux vidéo

ÉCLAIRAGE

Aujourd'hui, la tendance n'est plus au rêve. La plupart du temps, il s'agit d'arpenter des univers dystopiques dans lesquels l'espace urbain contribue à l'idée d'un bonheur impossible. Multinationales toutes-puissantes, architectures totalitaires, perte de l'individualité… autant de fenêtres ouvertes sur les futurs que nous redoutons, et sur les rôles que nous imaginons y jouer.

La ville « intelligente » nous fait peur. Ultraconnectées, les *smart cities* dystopiques projettent un futur dans lequel l'internet des objets, l'intelligence artificielle et le big data[1] sont hors de contrôle et contribuent à la violation des libertés individuelles.

Les dystopies urbaines mises en scène dans les jeux vidéo récents font de la multinationale un ennemi idéal qui dicte sa vision de la société à des gouvernements et des citoyens impuissants.

Les jeux proposent aux joueurs de rejoindre des mouvements engagés dans la résistance contre ces systèmes totalitaires urbains. Dans la franchise *Grand Theft Auto*, « Liberty City » et « Vice City » sont deux cités dystopiques : des concentrés du pire de ce que l'urbain a à offrir, des villes où la carrière criminelle apparaît finalement comme la seule voie, ou presque, pour survivre.

Demain la ville [en ligne], 12 avril 2017.
Créé par Bouygues Immobilier, *Demain la ville* est un site de réflexion prospective pour la ville de demain, associant plusieurs instituts universitaires, notamment Sciences Po Paris.

1. Ensemble de données numériques dont le traitement et l'analyse sont rendus difficiles en raison de leur volume.

Remember me met en scène Nilin, une héroïne dans un Paris futuriste en 2084. Amnésique, Nilin est en quête de sa mémoire perdue dans un immense territoire hostile qu'est devenue la capitale suite à des changements environnementaux extrêmes. Les graphismes réalistes du jeu offrent la vision et l'expérience très pessimistes d'un futur de la métropole parisienne.

3 Paris en 2084 (*Remember Me*)

Vocabulaire

- **Dystopie :** contraire d'utopie. Récit imaginant le pire des mondes, généralement par extrapolation de la société réelle.
- **Prospective :** démarche qui consiste, par des scénarios d'anticipation, à envisager les futurs possibles d'un territoire. C'est une vision de ce qui pourrait se passer.

ÉCLAIRAGE

4 La ville dans les imaginaires de dystopies

La dystopie de science-fiction met en scène différents univers, souvent urbains, et sert à dénoncer des tendances actuelles considérées comme indésirables. Elle n'a pas vocation à inventer de toutes pièces de nouveaux mondes (contrairement à l'utopie), mais elle nourrit le réel et se nourrit du réel. Elle s'inspire du monde actuel pour en imaginer des évolutions, et créer de nouveaux mondes à partir de celles-ci. On peut donc la considérer comme une forme de prospective, elle propose des futurs possibles, généralement non souhaitables, dystopiques.

La ville est centrale dans les imaginaires de dystopies de science-fiction. Elle est généralement présentée de manière négative, et cette image négative de la grande ville est très ancrée dans la culture occidentale.

Ces représentations des villes du futur ne sont pas dénuées de message politique : les questions de ségrégation, de fragmentation, de violence, d'inégalités, de surveillance, ainsi que l'évocation de scènes post-apocalyptiques (guerres civiles ou catastrophes écologiques) amènent nécessairement une réflexion sur les décisions politiques menées par les générations précédant celles de l'action, et par ricochet, les nôtres. La dystopie de science-fiction cherche ainsi à anticiper les conséquences des décisions politiques actuelles.

Élise Lecomte, *Utopie, dystopie et résistance territorialisée : contribution à une typologie du lieu.* Mémoire de recherche, Université Grenoble Alpes, 2016.

Questions

Présenter les documents

1. Présentez les deux jeux vidéo en insistant sur leurs points communs. **doc. 1, 3 et 4**
2. Montrez que ces jeux vidéo proposent au joueur de s'immerger dans un scénario dystopique. **doc. 1, 3 et 4**

Analyser les documents

3. Décrivez la métropole parisienne en 2084. Quel monument identifiez-vous ? **doc. 2 et 4**
4. Sur quel scénario prospectif reposent les deux villes de Glass City et de Paris ? **doc. 1 à 3**

Faire le lien avec la géographie

5. Comment les jeux vidéo dystopiques nous plongent-ils dans une démarche de géographie prospective ? Comment nous invitent-ils à nous engager pour agir sur les sociétés d'aujourd'hui ?

C'est à vous ! En groupe

→ Concevez une ville imaginaire dystopique pour un scénario de jeux vidéo. Vous mettrez en avant une tendance de notre société actuelle en explorant comment cette caractéristique, poussée à l'extrême, pourrait contraindre et nuire à nos modes de vie urbains futurs.

→ Vous avez le libre choix de votre production finale : story-board, affiche, récit, diaporama…

THÈME 1

CHAPITRE 2 La métropolisation : un processus mondial différencié EN FRANCE

La métropolisation et ses effets

Comme la plupart des pays dans le monde, la France connaît un processus de métropolisation qui renforce le poids des villes les plus importantes et attractives. Le réseau urbain s'appuie sur des métropoles régionales au rayonnement inégal. Paris domine cette hiérarchie métropolitaine. Elle est la seule à pouvoir prétendre au rang de métropole mondiale.

SOMMAIRE

Dans ce chapitre
- TOUS LES TEXTES en version à imprimer
- TOUTES LES CARTES en version interactive

Zoom sur...
Bordeaux

	Commune	Métropole
Population (2019)	256 000 hab.	790 000 hab. (6e rang français)
Superficie	49 km^2	579 km^2
Densité	5 225 hab./km^2	1 365 hab./km^2
Nombre de communes dans la métropole		28

La Cité du vin (agence XTU), inaugurée en 2016, est un nouveau pôle culturel de la métropole bordelaise.

FRANCE
Bordeaux

B Les inégalités spatiales métropolitaines

5 Les disparités de revenus en Île-de-France (2014)

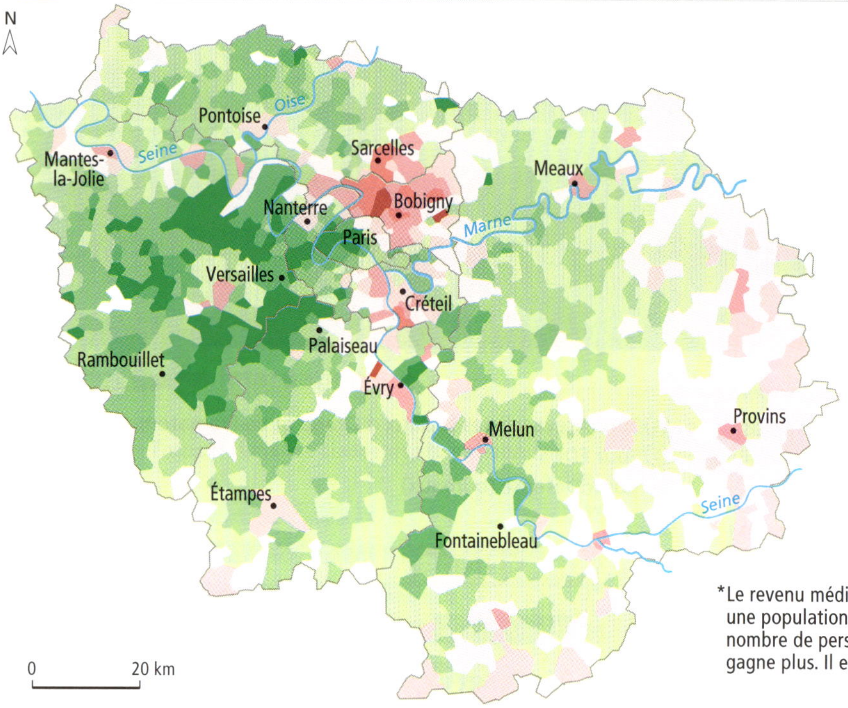

*Le revenu médian est le niveau de richesse qui sépare une population en deux moitiés comportant le même nombre de personnes : l'une gagne moins et l'autre gagne plus. Il est différent du revenu moyen.

Source : chiffres clés de la région IDF, 2018.

6 L'avenue Montaigne (2015)

L'avenue Montaigne, dans le 8e arrondissement de Paris, est l'une des plus fortes concentrations de boutiques de luxe de la capitale.

7 Les inégalités entre les quartiers

Parole de géographe

Depuis les années 1980, le processus de périurbanisation[1] s'est accéléré en Île-de-France. Dans les communes ouest de Paris et de la proche banlieue, les plus riches se sont regroupés, alors que dans d'autres zones de l'agglomération, la concentration des ménages défavorisés a augmenté. Les communes les plus riches ont refusé de construire des logements sociaux. Les politiques de logement et le processus de gentrification[2] ont modifié le tissu social de la banlieue. Par conséquent, la diversité sociale a diminué en Île-de-France.

Aujourd'hui, certains quartiers d'Île-de-France cumulent les stigmates du mal-être social : chômage, pauvreté, précarité, délinquance, faible niveau d'éducation, faible mobilité. Les problèmes de logement ne font que croître (pénurie, augmentation et niveau élevé du prix des loyers). À cela s'ajoute une détérioration des conditions de transport des Franciliens. Les retards répétés des trains, la saturation de certaines lignes de métro et la longueur des temps de parcours notamment de banlieue à banlieue caractérisent le transport en Île-de-France.

Lise Bourdeau-Lepage, professeure de géographie à l'université Lyon 3-Jean Moulin, « Big Bang territorial » [en ligne], *Revue d'économie régionale et urbaine*, 30 avril 2018.

1. Périurbanisation : voir p. 49.
2. Gentrification : voir p. 34.

C Une métropole polycentrique

8 L'organisation spatiale de la région parisienne

Source : d'après A. Brès, T. Sanjuan, *Atlas mégapoles*, © Éditions Autrement, 2011.

9 Le pôle de Paris-Saclay

Parole de géographe

À une vingtaine de kilomètres au sud de Paris, sur le plateau de Saclay, l'État a décidé en 2008 de créer, en s'appuyant sur un potentiel déjà considérable, un grand pôle universitaire et scientifique de rang mondial : Paris-Saclay. […] Présenté comme un moteur d'innovation et un levier de développement économique, il vise à renforcer la compétitivité de la France dans l'économie de la connaissance […]. Cette opération majeure est un objet d'étude particulièrement intéressant aux échelles locale, régionale, nationale, européenne et mondiale […]. Comme projet universitaire, scientifique et technologique, il s'inscrit dans les grandes mutations contemporaines des systèmes productifs que connaît le territoire national depuis plusieurs décennies. Il témoigne en particulier des extraordinaires atouts dont dispose le pays pour relever et répondre aux grands défis d'avenir […]. Comme projet économique et social, il traduit et accélère le processus de métropolisation qui organise très largement la hiérarchie urbaine et les grands équilibres territoriaux à l'échelle nationale […]. Comme opération majeure d'aménagement du territoire, il participe de la refonte urbaine, sociale et fonctionnelle de l'ensemble de l'espace francilien.

Laurent Carroué, directeur de recherche à l'Institut français de géopolitique, « Paris-Saclay, une Silicon Valley à la française ? », *Géoconfluences* [en ligne], 14 mars 2017.

Questions

Itinéraire 1

Décrire et expliquer

6 À quels types d'inégalités socio-spatiales la métropole parisienne est-elle confrontée ? **doc. 5 à 7**

7 Quelles sont les conséquences de ces inégalités ? **doc. 5 et 7**

8 Montrez que la métropole parisienne est polycentrique. **doc. 8 et 9**

Synthétiser et argumenter

9 Dans une réponse rédigée et organisée, expliquez les effets de la métropolisation de Paris : rayonnement, inégalités et transformations de l'espace. **doc. 1 à 9**

ou

Itinéraire 2

Aide

Utiliser un tableau d'extraction d'informations (2/2)

- Poursuivez le tableau commencé p. 41 en le complétant à l'aide des documents 5 à 9.

Les métropoles régionales : concurrences et complémentarités

Quels sont les effets de la métropolisation sur les métropoles régionales ?

1 Diversité des métropoles régionales françaises

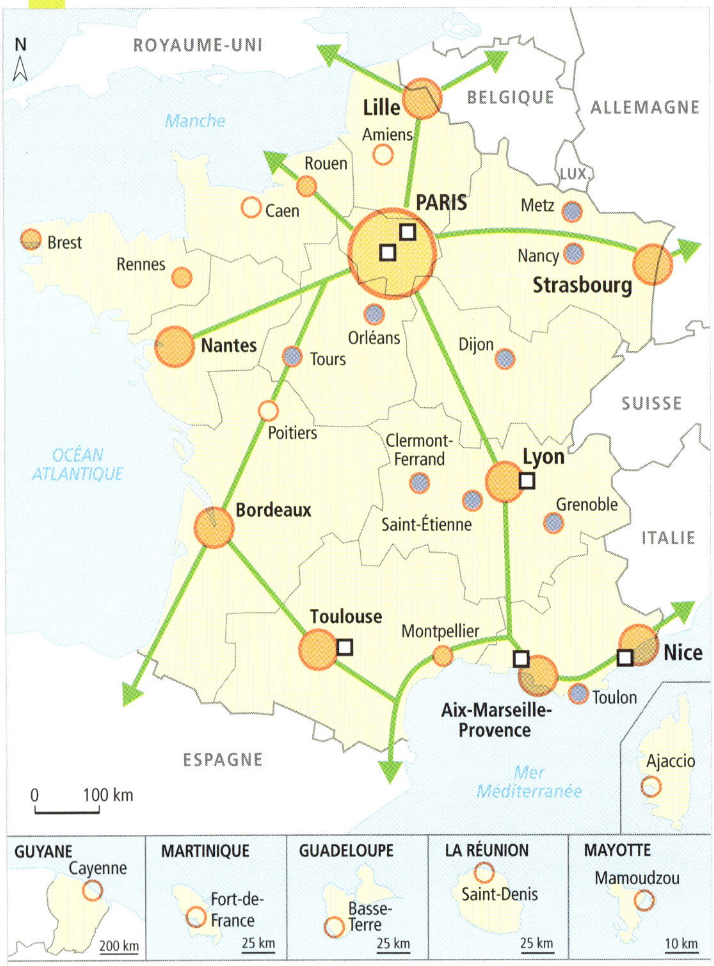

1. Un réseau métropolitain hiérarchisé

- Paris, métropole mondiale
- Métropoles régionales au rayonnement européen
- Autres métropoles régionales

Métropoles officielles administratives
- au 1er janvier 2017
- au 1er janvier 2018

2. Des facteurs d'intégration et de rayonnement

- Aéroports internationaux
- Principaux axes de communication

Sources : diverses, 2019.

2 Le dynamisme des métropoles

Traduction urbaine de la mondialisation, la métropolisation consiste [...] en une concentration de la population et des activités de commandement dans les plus grandes villes, mais aussi en un processus de hiérarchisation des activités profitant aux villes mondiales mises en réseau. Les fonctions métropolitaines supérieures [...] reposent sur quelques secteurs clés : les arts, la banque-assurance, le commerce, la gestion, l'information, l'informatique, la recherche, les services aux entreprises, les télécommunications et les transports. [...]

L'attractivité des métropoles s'établit [...] d'un côté selon des critères classiques – une bonne accessibilité grâce à une desserte performante en transports, des services aux entreprises suffisamment développés, un marché de main-d'œuvre et de consommation –, et d'un autre côté selon des nouvelles aménités comme la qualification de la main-d'œuvre, l'importance des structures de formation supérieures et de recherche ou la qualité du cadre de vie et de la vie culturelle.

Ces évolutions modifient la hiérarchie urbaine : Grenoble est la 2e métropole française selon les fonctions métropolitaines, suivie par Toulouse et Montpellier, alors que Lyon, 2e agglomération de France, n'est que 4e métropole, et Marseille, 3e agglomération, n'est que la 11e métropole.

Alexandra Monot (dir.), docteur en géographie, *La France, géographie générale*, Bréal, 2017.

3 Lyon, une métropole attractive

Campagne publicitaire, 2019.

Lien vers le site

4 Des métropoles aux caractéristiques variées

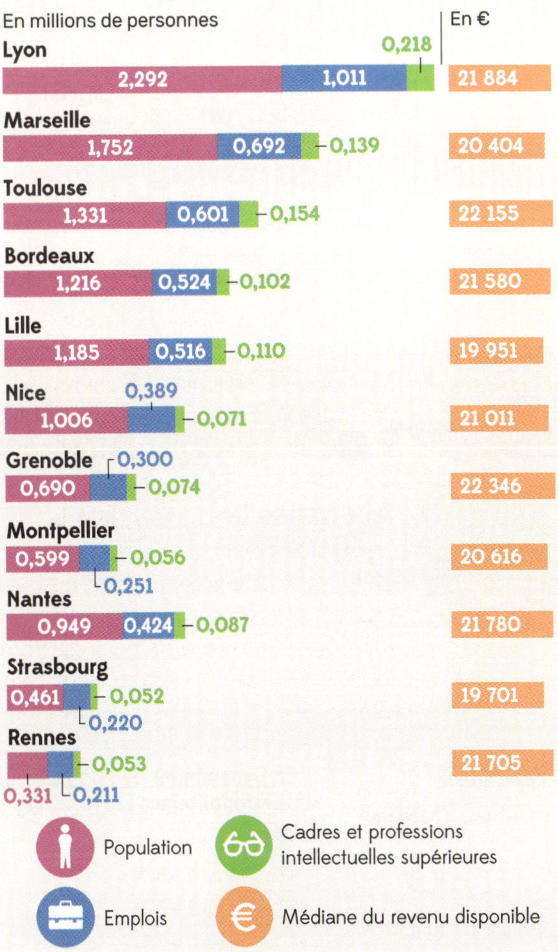

Source : INSEE (insee.fr mise à jour 13-12-18, données année 2015).

Questions

Itinéraire 1

Décrire et expliquer

1. Citez les principales métropoles et localisez-les sur le territoire national. **doc. 1 et 4**
2. Comment l'autrice définit-elle le processus de métropolisation ? **doc. 2**
3. Relevez les facteurs qui renforcent l'attractivité des métropoles et les mettent en concurrence. **doc. 1 à 4**

Synthétiser et argumenter

4. Expliquez comment les métropoles régionales sont hiérarchisées, complémentaires et en concurrence. **doc. 1 à 4**

ou

Itinéraire 2

Aide

Réaliser un exposé

À partir des documents de ce dossier et de recherches complémentaires, préparez un exposé sur la métropole régionale dont vous dépendez.

Pour vous guider :

- À quelle distance se trouve-t-elle de Paris ?
- Quels sont les facteurs d'attractivité de cette métropole ?
- Est-elle complémentaire avec d'autres métropoles ? (exemples concrets)
- Est-elle en concurrence avec d'autres métropoles ? (exemples concrets)
- À quelle échelle rayonne-t-elle (nationale, régionale ou européenne) ?

Villes et métropoles en France

1 Population et métropoles en France

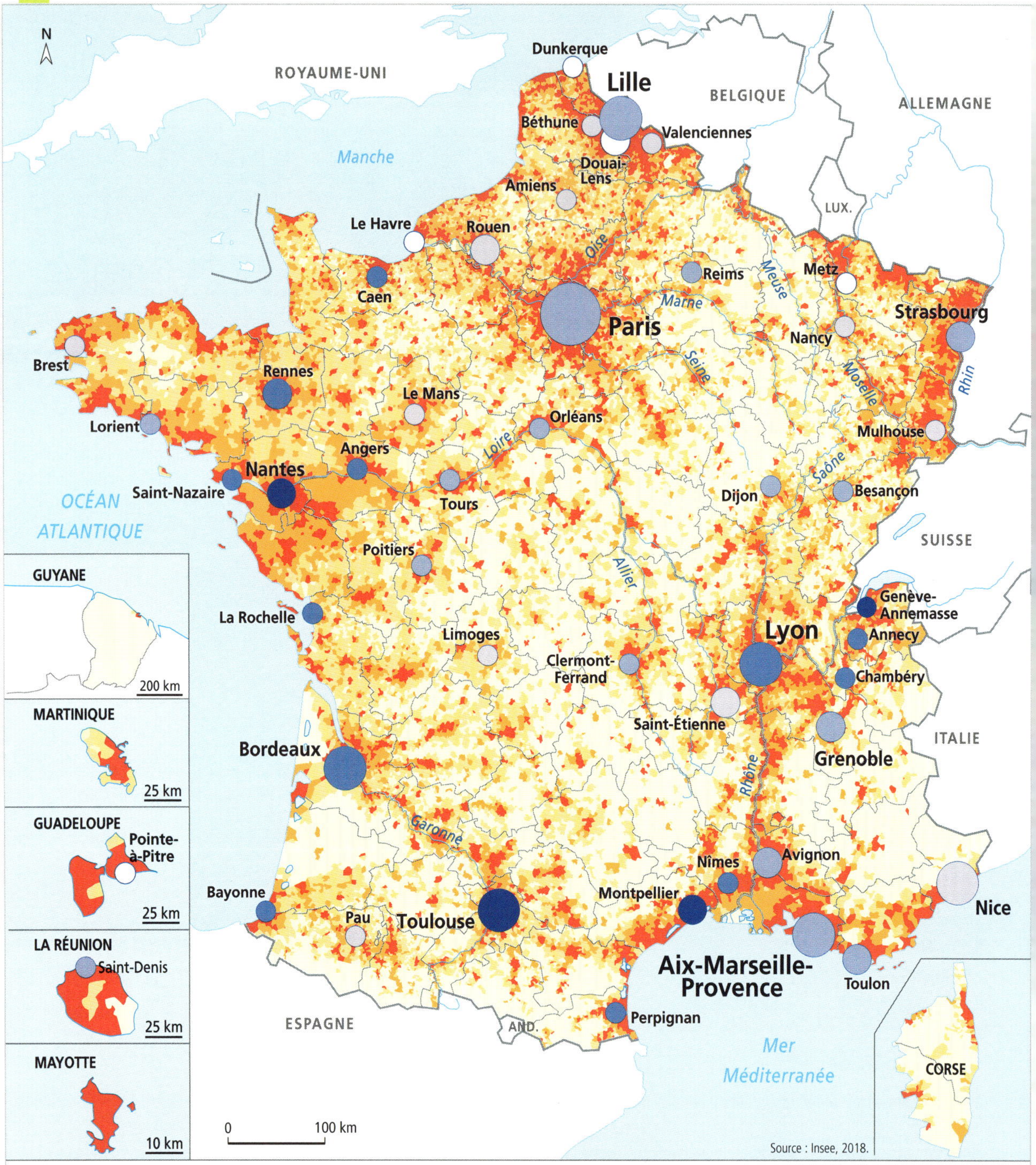

1. Densité de population

- de 0 à 20 habitants par km²
- de 21 à 50 habitants par km²
- de 51 à 115 habitants par km²
- plus de 115 habitants par km²

Densité moyenne de la France : 118 habitants par km²

2. Principales métropoles

(aires urbaines, en millions d'habitants)

plus de 10 — de 1 à 3 — de 0,5 à 1 — de 0,2 à 0,5

3. Dynamiques démographiques métropolitaines (2010-2016)

- plus de 8 %
- de 4 à 8 %
- de 2 à 4 %
- de 0 à 2 %
- moins de 0 %

2 Les villes petites et moyennes en France

1. Population des aires urbaines

- de 100 à 200 000 habitants
- de 50 à 100 000 habitants
- moins de 50 000 habitants

2. Dynamiques des villes petites et moyennes (2015)

Dynamique favorable — Dynamique moyenne — Dynamique défavorable

La dynamique des villes petites et moyennes s'établit en combinant une variable démographique (taux de croissance de la population), une variable économique (croissance de l'emploi) et une variable sociale (taux de pauvreté).

Questions

1. Dans quelles régions les métropoles à forte croissance démographique se concentrent-elles ? **doc. 1**
2. Montrez que les villes petites et moyennes sont inégalement dynamiques. **doc. 2**
3. Indiquez à proximité de quelle métropole ou ville moyenne vous vivez et étudiez. Précisez si elle est dynamique ou non. **doc. 1 et 2**

Faut-il construire de nouvelles tours dans les métropoles françaises ?

1 Le retour en grâce des gratte-ciel à Paris

« Nous sommes entrés dans une nouvelle ère », assure Jean-Louis Missika, adjoint à la maire de Paris chargé de l'urbanisme et de l'architecture. Une ère verticale. Méprisée pendant des décennies, la tour reprend du galon dans la capitale. […]

Élever un gratte-ciel relève en effet de l'exploit à Paris, qui est l'une des villes les plus plates et les plus denses au monde. […] « Certains collectifs, associations et élus parisiens ont banni les tours de leur conception urbaine, et sont systématiquement contre », regrette Jean-Louis Missika. […]

Six projets d'immeubles de grande hauteur sont lancés dans le 12e arrondissement et trois dans le 13e arrondissement […]. Une chose est sûre, la tour parisienne restera celle du périphérique. En raison d'un plan local d'urbanisme (PLU) très strict, il est peu probable que des gratte-ciel poussent en plein centre-ville. « Les périphéries nous intéressent pour implanter des grandes hauteurs, car notre but est de créer de nouvelles centralités », précise Jean-Louis Missika. Pour, à terme, attirer les investisseurs déçus du *Brexit*[1] et accueillir les futurs Jeux olympiques…

Anne-Lise Carlo, « Le retour en grâce des gratte-ciel à Paris », *Le Monde*, 15 septembre 2017.

1. Sortie du Royaume-Uni de l'Union européenne.

2 Des projets à Paris mais pas seulement…

Nom	Localisation	Hauteur	Livraison estimée
Tours Hermitage	Paris	329 m	2024
Tours Duo	Paris	180 m	2020
Tour Occitanie	Toulouse	150 m	2022
H99 (SAS Suede)	Marseille	99 m	2023
Euro-Rennes	Rennes	90 m	2023

3 La tour Occitanie (nouveau quartier d'affaires EuroSudOuest à Toulouse)

Photomontage du projet de la tour Occitanie dans le nouveau quartier d'affaires EuroSudOuest à Toulouse. Les travaux doivent commencer au deuxième semestre 2019.

+ Vidéo

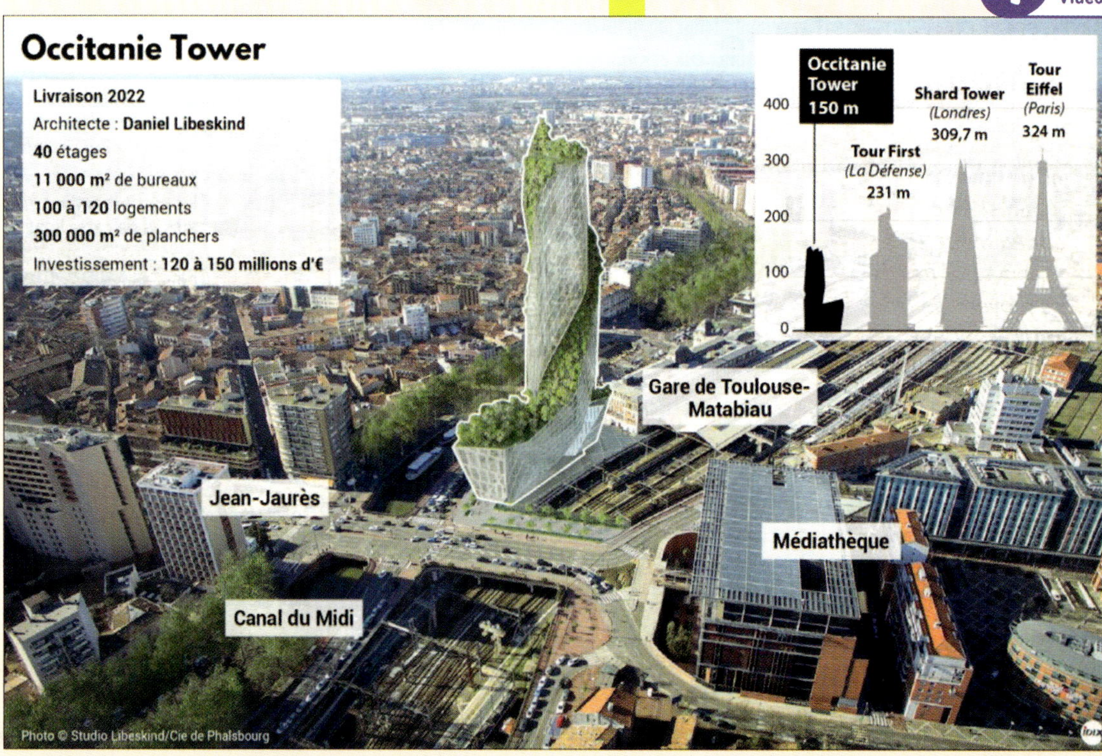

4 Le projet des Quais d'Arenc à Marseille

À Marseille, la zone des Quais d'Arenc va voir la construction de plusieurs nouvelles tours à proximité immédiate de la tour CMA-CGM ①. La Marseillaise ② est déjà livrée. H99 ③ est en projet et sa commercialisation a commencé. Constructa est le promoteur immobilier du projet.

5 « Non au gratte-ciel » (Toulouse)

Affiche du collectif « Non au gratte-ciel » contre le projet de construction de la tour Occitanie, mars 2018.

6 « Stop aux tours à Paris » Parole d'acteur

Parce que nous refusons de densifier davantage Paris, une des villes les plus denses du monde. Ce dont nous avons besoin, ce sont de nouveaux espaces de respiration.

Parce qu'il faut laisser davantage d'espaces « non construits » à Paris. Parce que nous voulons aussi des lieux publics disponibles pour laisser libre cours à l'utilisation gratuite, populaire, ponctuelle et diverse.

Parce qu'il n'y a pas assez d'espaces verts à Paris. Les bois, les jardins, les squares et espaces verts sont sur-occupés. Avec seulement 2,05 m² par habitant, Paris est l'une des métropoles où la nature en ville est la moins présente.

Parce que les tours n'aident pas à lutter contre l'étalement urbain. À l'échelle de l'agglomération, la construction de tours de bureaux dans Paris n'empêchera aucunement l'étalement urbain (phénomène de développement des surfaces urbanisées à la périphérie des villes) en grande couronne dû essentiellement à l'extension des zones d'habitat ou de commerces au détriment de terres agricoles.

À l'échelle de Paris, la construction de tours n'est pas contrebalancée par une protection accrue des espaces libres ou des espaces verts existants, bien au contraire.

Collectif « Stop aux tours à Paris », février 2018.

C'est à vous !

Géo DÉBAT

Faut-il construire de nouvelles tours dans les métropoles françaises ?

ÉTAPE 1 Comprendre et préparer le débat

1. Où et pourquoi de nouvelles tours se construisent-elles à Paris ? **doc. 1**
2. Comment la construction de la tour Occitanie doit-elle transformer le quartier de la gare de Toulouse ? **doc. 3**
3. Pourquoi peut-on dire que la construction de nouvelles tours participe à la métropolisation ? **doc. 1 à 4**

ÉTAPE 2 Participer au débat

4. Avant le débat, prélevez les arguments des différents acteurs. Reportez-les dans le tableau.
5. Avant le débat, en prenant appui sur les documents et votre point de vue personnel, notez vos arguments dans le tableau.
6. Pendant le débat, notez les arguments des autres élèves.

Conseils

- Écoutez et respectez la parole des autres.
- Pour convaincre, il est important de s'appuyer sur des exemples précis (localisés, datés, chiffrés).
- Ne lisez pas vos notes et présentez vos arguments en regardant vos auditeurs. Relisez vos notes avant de prendre la parole.

+ Tableau à imprimer

	Pour de nouvelles tours dans les métropoles françaises	Contre de nouvelles tours dans les métropoles françaises
Arguments des acteurs	• • •	• • •
Mes arguments	• • •	• • •
Les arguments des autres élèves	• • •	• • •

ÉTAPE 3 Conclure le débat

7. À la suite du débat en classe, exprimez votre point de vue personnel et argumenté sur la construction de nouvelles tours dans les métropoles françaises.
8. Les arguments échangés lors du débat vous ont-ils amené(e) à revoir votre position de départ ? Expliquez pourquoi.

La métropolisation : un processus mondial différencié

RÉVISER & APPROFONDIR

L'hôtel Paris à Las Vegas (2017)

SYNTHÈSE

→ THÈME 1 La métropolisation : un processus mondial différencié

1 Le XXIe siècle : siècle de la métropolisation

Podcast de la synthèse

● **Le monde est majoritairement urbain.** 55 % des habitants de la planète vivent dans les villes. Les pays développés sont les plus urbanisés. D'ici 2050, en raison de l'importance de l'exode rural et de l'étalement urbain, 90 % des nouveaux urbains seront africains et asiatiques. En France, le taux d'urbanisation dépasse 90 %.

● **La croissance urbaine a favorisé l'émergence des métropoles.** En 2019, 35 d'entre elles comptent plus de 10 millions d'habitants. La majorité de ces mégapoles sont situées dans les pays en développement. En France, les dix principales aires métropolitaines concentrent 36 % de la population.

Notions clés

- Métropole / Métropolisation 55
- Ville 56
- Centralité / Centre(s)-périphérie(s) 57

2 Les métropoles : au centre du monde

● **Les métropoles concentrent les activités et la richesse.** Tokyo dispose du 1er PUB (produit urbain brut) mondial. Dans les mondes en développement, São Paulo (Brésil) est la métropole la plus prospère. En France, Paris concentre le tiers du PIB national. Les lieux de la puissance financière (places boursières, sièges sociaux des FTN) se rassemblent dans les quartiers d'affaires.

● **Les métropoles rayonnent dans les domaines politique et culturel.** Elles regroupent les sièges des gouvernements nationaux et des grandes institutions internationales. Elles accueillent des événements planétaires (Jeux olympiques) et sont d'importantes destinations du tourisme international. Paris est la métropole la plus visitée au monde.

Chiffres clés

- **4,2 milliards d'urbains dans le monde en 2018 (55 % de la population mondiale)**
- **37 millions d'habitants à Tokyo : métropole la plus peuplée en 2018**
- **1 milliard d'urbains vivent dans des bidonvilles**
- **660 milliards de dollars : PIB de l'Île-de-France (31 % du PIB national et 1er pôle européen)**
- **12,6 millions d'habitants dans l'aire métropolitaine de Paris**

3 Mise en concurrence et inégalités socio-spatiales

● **La mondialisation met en concurrence les métropoles.** L'archipel métropolitain mondial est au cœur des mobilités humaines et attire tout type de population : cadres qualifiés, étudiants… En France, Paris est une métropole mondiale, et de nombreuses métropoles régionales (Lyon, Toulouse, Marseille…) aspirent à rayonner au-delà de leur environnement régional.

● **Les métropoles sont marquées par de fortes inégalités socio-spatiales.** Dans les métropoles développées, les quartiers de populations aisées et les quartiers de populations pauvres sont dissociés. Les centres sont marqués par la gentrification. Les bidonvilles sont nombreux dans les métropoles en développement. Plus de 90 % des urbains pauvres vivent dans les métropoles en développement.

Pour approfondir

Bande dessinée

- ***New York Trilogie*** (Intégrale), de Will Eisner, éditions Delcourt, 2017.

Film

- ***Favelas***, de Stephen Daldry et Christian Duurvoort, 2014.

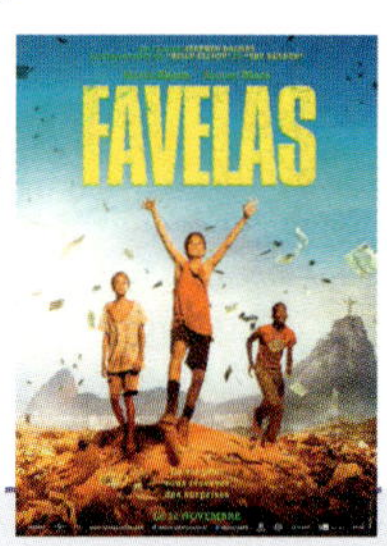

Documentaires

- ***Le Dessous des cartes*, Arte TV**
- « Villes : jamais sans ma voiture ? », émission du 5 mai 2018.
- « Villes du futur », émission du 6 septembre 2014.

NOTIONS

MÉTROPOLE / MÉTROPOLISATION

Une **métropole** est une grande ville (de plusieurs centaines de milliers à plusieurs dizaines de millions d'habitants) qui s'étend sur un territoire comprenant :
- la ville-centre,
- les banlieues,
- les espaces périurbains.

Elle exerce une forte centralité sur ce territoire et des fonctions de commandement à différentes échelles (métropole régionale, nationale ou mondiale...).

La **métropolisation** est le processus de concentration des populations, des activités, des investissements dans les métropoles. Elle rend compte de la compétition entre les métropoles, notamment dans le cadre de la mondialisation.

Schéma interactif

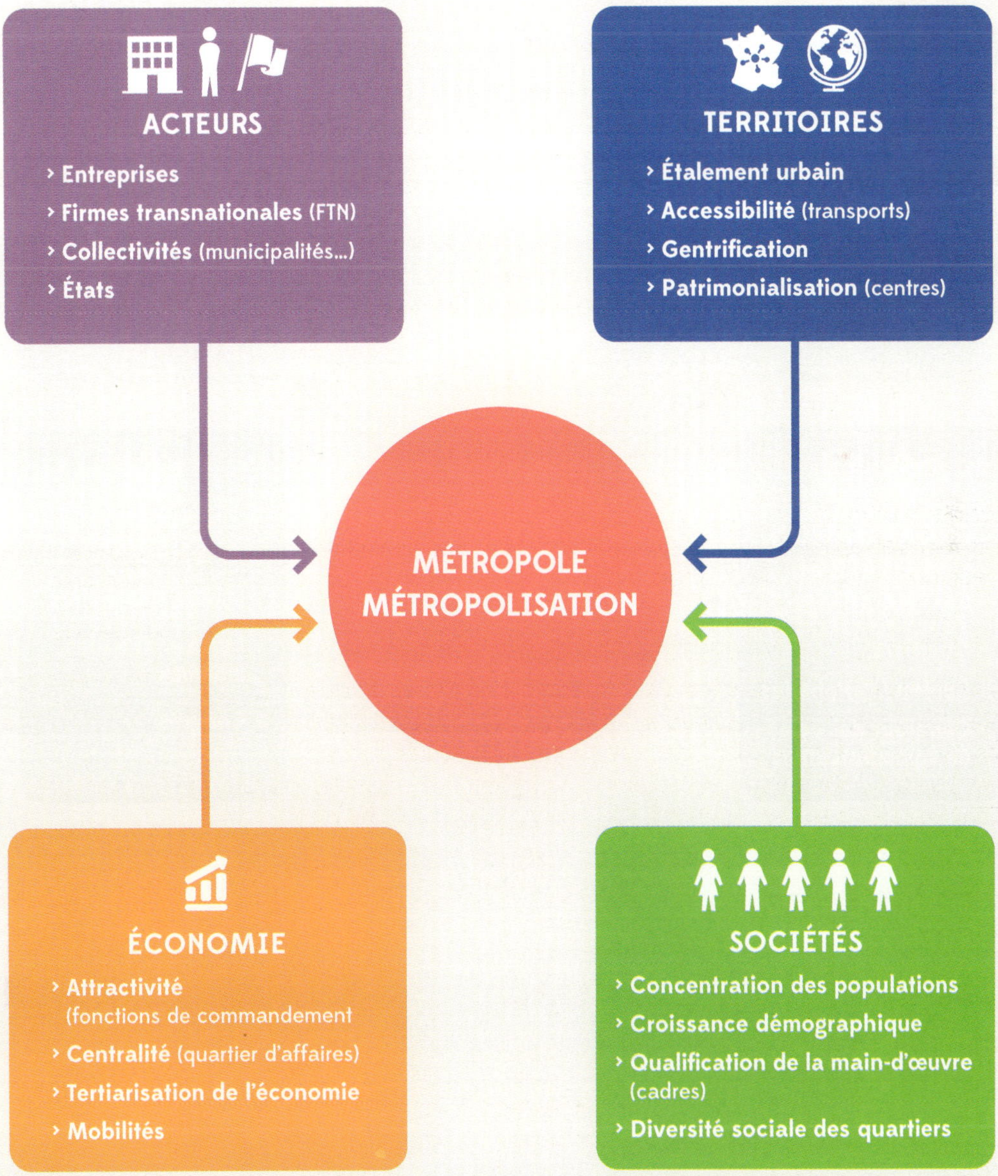

NOTIONS

VILLE

La **ville** est un espace géographique et social formé par une concentration importante de populations, d'activités, d'axes de transport et de constructions. La ville s'oppose à la campagne (espace rural).

Schéma interactif

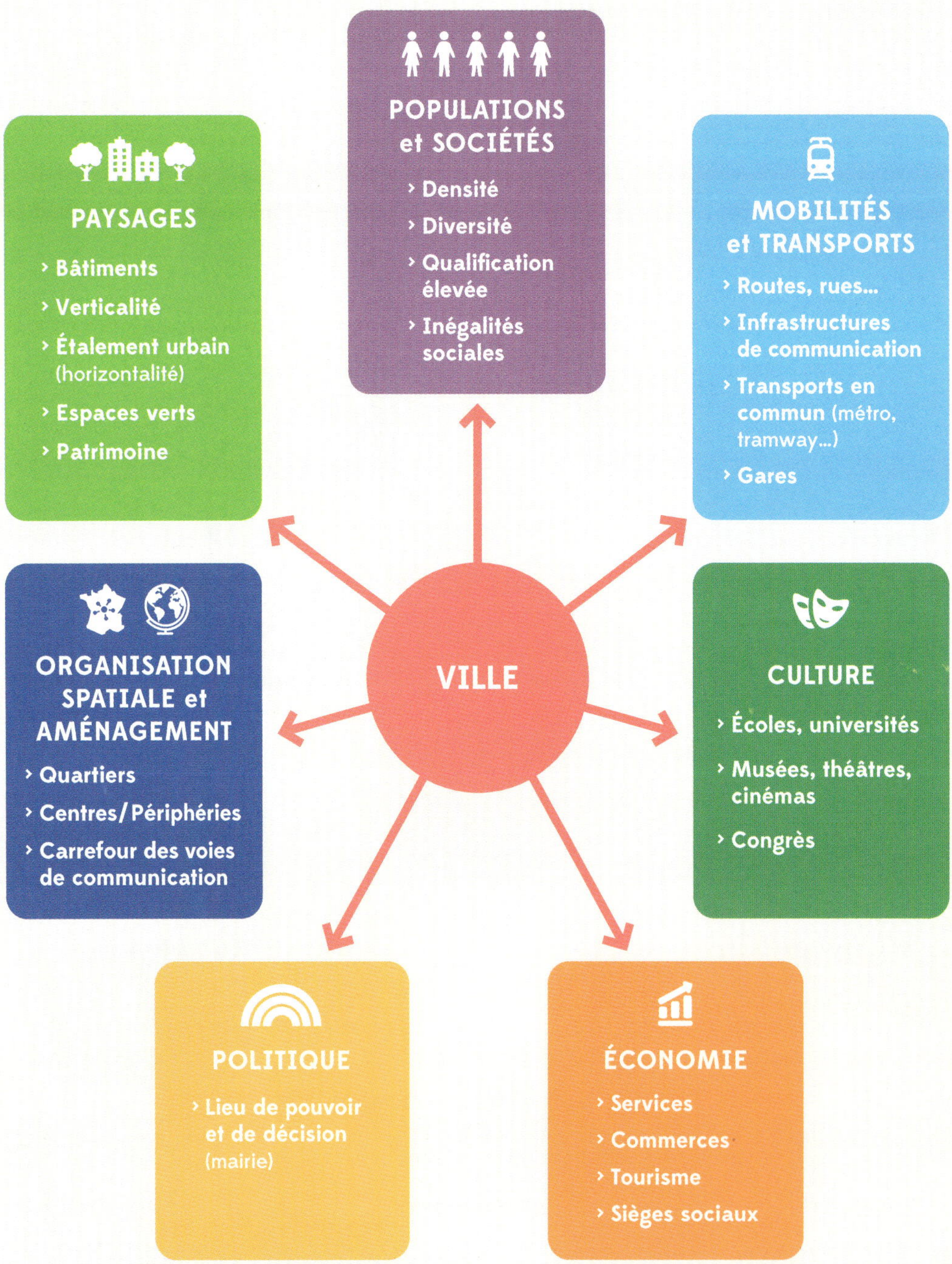

CENTRALITÉ / CENTRE(S)-PÉRIPHÉRIE(S)

■ La **centralité** est la principale caractéristique d'une ville, d'une métropole. Elle est soulignée par la convergence des flux (marchandises, capitaux) et des mobilités (personnes), la concentration des activités, des pouvoirs, des fonctions et des richesses, ainsi que le rayonnement et l'intégration dans des réseaux d'échanges.

■ Le **centre** est l'espace d'une ville où se concentrent différents types de fonctions, de services et de pouvoirs : politiques, administratifs, culturels, marchands... Le centre peut être historique, commercial, financier (quartier d'affaires)...

■ La **périphérie** est l'espace situé autour d'un centre. Elle peut être intégrée au centre, exploitée par le centre, isolée, etc. La relation centre-périphérie peut s'entendre à différentes échelles : ville, région, espace mondial.

Schéma interactif

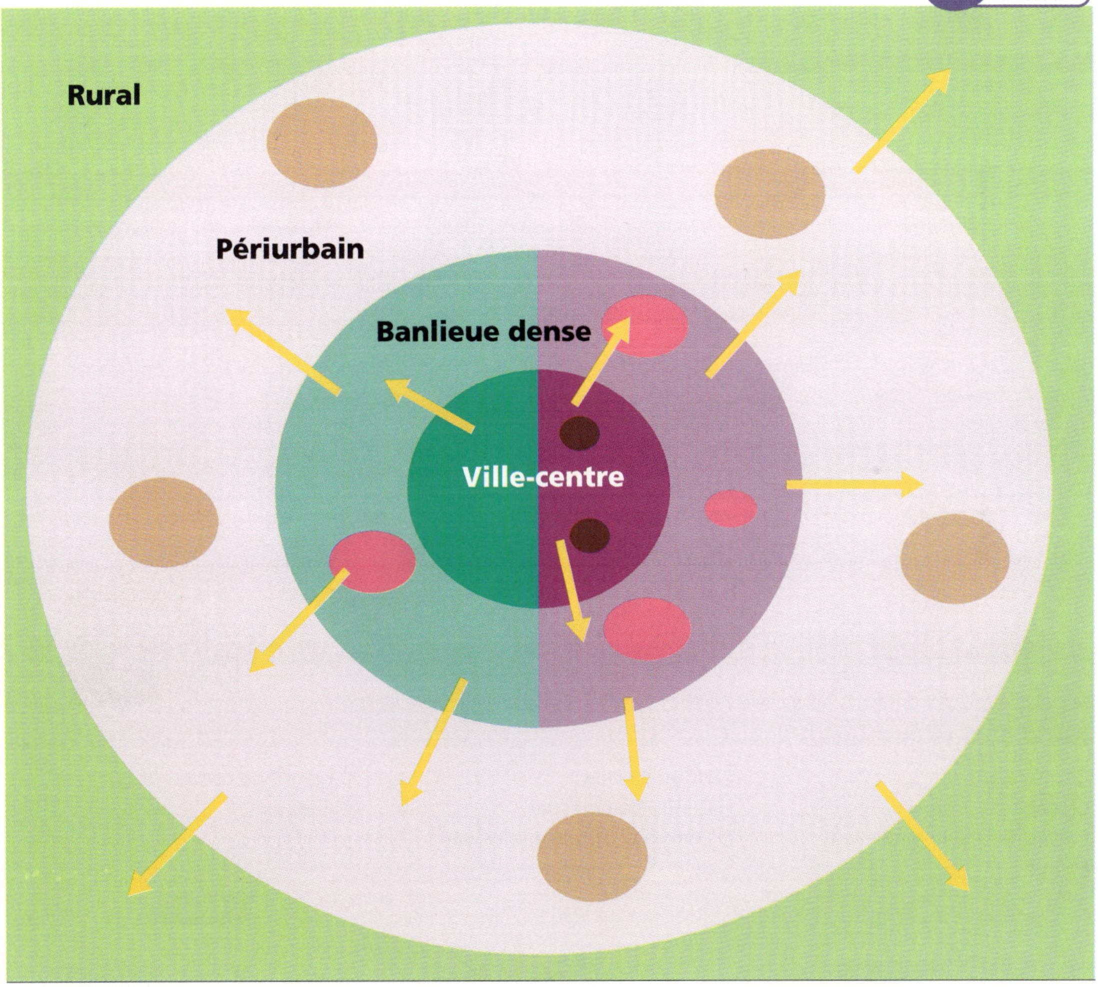

1. Ville-centre
- Quartiers aisés traditionnels
- Quartiers populaires en cours de gentrification
- Concentration d'habitats insalubres

2. Banlieue dense
- Quartiers à majorité de classes supérieures
- Quartiers populaires avec début de gentrification
- Enclaves d'habitat social

3. Périphérie
- Classe populaire dominante
- Développement de lotissements précarisés
- Départ des ouvriers et populations précaires
- Espace rural

EXERCICES

1 Vérifier ses connaissances

Exercices interactifs

Retrouvez des exercices interactifs sur le thème de la métropolisation pour tester vos connaissances.

2 Réaliser un croquis à partir d'une photographie

Fond de carte et légende

L'organisation d'un espace urbain de la Randstad Holland : Amersfoort (Pays-Bas)

① Cathédrale
② Clocher
③ Portes de la ville médiévale
④ Musée
⑤ Hôtel de ville
⑥ Centre commercial
⑦ Zone d'activité commerciale
⑧ Salle de concert
⑨ Centre de conférences
⑩ Canaux

Guide de travail

1. **Repérez les éléments du paysage :** les différents types d'habitat, le réseau de communication, les zones d'activités commerciales.
2. **Choisissez des figurés cartographiques** pour représenter les éléments composant cet espace.
3. **Complétez le fond de carte et la légende** avec les figurés choisis ; donnez un titre à chaque partie de la légende.
4. **Donnez un titre** à votre croquis.

Aide

Paysages :
- Monuments anciens, forte densité de construction → centre historique
- Bâtiments modernes, bâti moins dense, voies de communication larges → habitat récent

Aide

Figurés :
- Zones → aplats de couleur ou hachures
- Voies de communication → figurés linéaires
- Faits très localisés → figurés ponctuels

3 Analyser un texte et une photographie

1 Istanbul, mégapole mondiale

Avec près de 15 millions d'habitants, deux fois plus qu'en 1990, Istanbul fait partie des vingt plus grandes villes du monde. Capitale économique et culturelle, elle est la métropole du pays qui reçoit le plus d'investissements publics. Étendue sur une centaine de kilomètres à la jonction de l'Europe et de l'Asie, l'ancienne capitale ottomane s'est lancée dans la démesure urbanistique : les plus hautes tours, le plus grand aéroport, le doublement du Bosphore par un canal. […] L'équivalent d'un quartier de La Défense se construit presque tous les ans. Istanbul est la ville-monde du XXIe siècle parce que, géographiquement, elle reste une interface privilégiée entre une Europe un peu frileuse et un vaste monde en ébullition. […]

Elle accueille aussi de nombreux réfugiés, plus de 500 000 Syriens à elle seule. […] C'est une place commerciale à l'échelle régionale mais aussi internationale. Les Bulgares viennent faire leurs achats, les Iraniens viennent s'encanailler, tout comme les Anatoliens. La moitié de la totalité des crédits à la consommation accordés dans toute la Turquie est concentrée à Istanbul. Les centres commerciaux rutilants sont les éléments structurants des nouveaux quartiers où des logements de luxe, des universités viennent se construire à proximité.

C. Calvet et H. Kodmani, « Istanbul, la ville-planète aux mains d'Erdogan » (entretien avec le géographe François Pérouse), *Libération*, 6 août 2017.

2 Quartier d'affaires d'Istanbul (2017)

Questions

1. Que signifie l'expression « mégapole mondiale » ?
2. À partir des informations du texte, expliquez pourquoi cette expression s'applique à Istanbul.
3. Décrivez le paysage urbain d'un centre d'affaires.
4. Relevez les informations montrant qu'Istanbul est :
   - un espace urbain en croissance ;
   - un lieu de concentration d'activités et de richesses ;
   - un carrefour international.

4 Approfondir ses connaissances

Analysez l'évolution de l'urbanisation mondiale à l'aide du site des Nations unies.

Exercice d'approfondissement

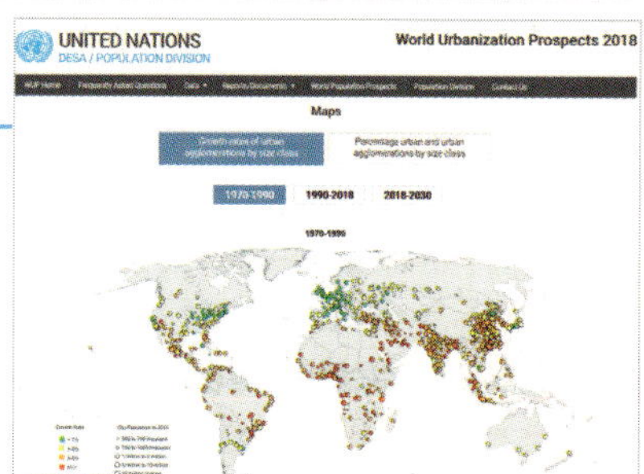

BAC Croquis

→ Méthode générale et description de l'épreuve p. 214

MÉTHODE → Relever les informations dans le texte

SUJET

La mégalopole japonaise

Fond de carte

La mégalopole japonaise, une interface fortement intégrée dans la mondialisation

Une vaste aire urbaine

La mégalopole occupe le littoral sud de l'île d'Honshu. Elle rassemble 80 % de la population japonaise. Polarisée par trois mégapoles, Tokyo (37 millions d'habitants), Osaka (19 millions) et Nagoya (9,5 millions), cette région urbaine s'étend d'est en ouest, de la plaine du Kanto où se situe Tokyo jusqu'à Kitakyushu-Fukuoka (5,5 millions d'habitants). Elle est jalonnée par d'importantes métropoles régionales, comme Hiroshima avec ses 2 millions d'habitants. L'extension de l'espace mégalopolitain se poursuit vers les îles du sud (Kyushu, Shikoku) et vers Sendai (2,3 millions d'habitants) au nord-est.

Une interface dynamique

La région urbaine est structurée par un important réseau de transport. Elle est traversée par un axe ferroviaire majeur desservi par un train à grande vitesse, le Shinkansen, reliant Tokyo au sud de Kyushu. Cinq aéroports internationaux assurent un trafic croissant de passagers et contribuent à l'ouverture de la mégalopole sur le monde : en 2018, les deux aéroports de Tokyo (Haneda et Narita) totalisent 125 millions de passagers ; les deux aéroports d'Osaka (Kansai et Itami) cumulent 44 millions de passagers par an ; Nagoya-Chubu en accueille 14 millions. Les baies de Tokyo, de Nagoya et d'Osaka accueillent également d'importantes zones industrialo-portuaires, faisant de la mégalopole une interface maritime majeure à l'échelle mondiale.

Un espace fortement intégré dans la mondialisation

Tokyo est l'une des plus puissantes métropoles de la planète : elle est le siège du Kabuto-Chô, la 3e place boursière mondiale ; elle est également un centre de recherche scientifique de niveau mondial en robotique et en nouvelles technologies. Sur le plan culturel, Tokyo s'est affirmée comme un pôle mondial de la création dans les domaines du jeux vidéo, de la mode et du design.

Thèmes principaux indiquant les parties du plan de la légende du croquis

Informations à représenter sur le croquis

Lieux concernés par le sujet

Retrouvez des sujets de BAC et des méthodes actualisés régulièrement sur le site
→ lyceen.nathan.fr/geo1re-2019

Méthode | Guide de travail

1 Déterminer l'objectif du croquis

→ Analyser les termes du sujet

1. Repérez les mots clés du sujet et précisez leur sens.
2. Que devra montrer le croquis ?

Conseil DU PROF
- Définir les mots clés permet de déterminer l'idée directrice du croquis.

2 Relever les informations dans le texte

→ Identifier les informations cartographiables (faits, phénomènes géographiques ou spatiaux)

3. Quels sont les différents types d'informations à identifier dans le texte ? Combien d'informations sont sélectionnées pour être cartographiées ? Montrez que toutes ces informations sont en rapport avec le sujet.

- Relever uniquement les informations en rapport avec le sujet du texte.

4. Dans les paragraphes 1 et 2, quelles informations peuvent être regroupées en une seule idée ?

Exemple : mégapoles et métropoles régionales = grands pôles urbains.

Conseil DU PROF
- Prenez en compte les indications du texte qui permettent de mieux comprendre une information.

- Relever 6 à 9 informations essentielles : ce sont les idées à classer dans les parties de la légende.

5. Dans le 1er paragraphe, relevez les informations permettant de hiérarchiser les pôles urbains.

- Relever le nom des lieux pour situer les phénomènes.

6. Quelles informations permettent de localiser l'axe ferroviaire majeur et les zones industrialo-portuaires ?

Conseil DU PROF
- Reportez-vous à un atlas pour apprendre la localisation des villes.

3 Passer du texte à la légende du croquis

→ Classer les informations dans la légende

7. À l'aide du travail effectué sur le texte, classez les informations dans le plan de la légende ci-dessous :

A. Une vaste aire urbaine
B. Une interface dynamique
C. Un espace fortement intégré dans la mondialisation

→ Représenter les informations par des figurés

8. Parmi ces propositions, choisissez un figuré pour chaque information.

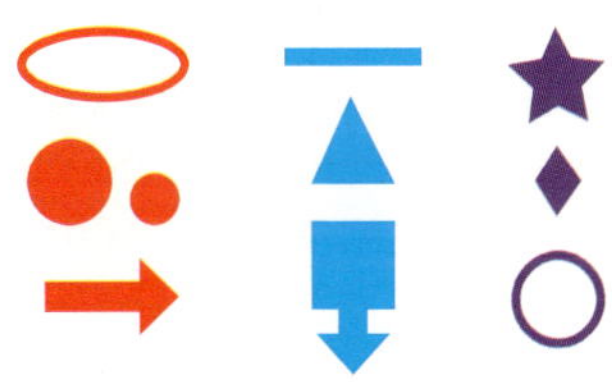

Conseil DU PROF
- Aidez-vous du langage cartographique.

+ Langage cartographique

4 Réaliser le croquis

9. Sur le fond de carte fourni :
- Dessinez les figurés choisis.
- Indiquez le nom des lieux (la nomenclature).
- Recopiez sous le croquis la légende complétée.
- Donnez un titre au croquis en reprenant celui du texte.

Conseils DU PROF
- Les figurés doivent être tracés et coloriés avec soin : utilisez des crayons de couleurs et une règle, si besoin.
- Reprenez le titre du texte car il exprime l'idée principale du croquis.

BAC Question problématisée

→ Méthode générale et description de l'épreuve p. 216

SUJET

Notions centrales de la question : mots clés à définir.

→ **Comment l'urbanisation favorise-t-elle la métropolisation et la recomposition des espaces des villes dans le monde ?**

Quels sont les différents types d'espaces urbains ?

Échelle mondiale de la question, mais il faudra aussi prendre en compte le cas de la France.

À quelle échelle

Méthode — Guide de travail

1 Analyser la question

→ **Définir les mots clés, l'échelle ou l'espace concerné par le sujet**

1. Analysez la question posée en vous aidant des encadrés de couleurs ci-dessus.

Conseil DU PROF

- Interrogez-vous en particulier sur le sens des mots et plus globalement sur la question : où ? Pourquoi ? Comment ? Avec quelles conséquences ?

2. Déterminez l'échelle du sujet : est-elle mondiale, nationale (un État), régionale, locale ?

Conseil DU PROF

- Ne négligez pas cette étape de l'analyse, car elle vous permet de prendre en compte la diversité du phénomène étudié selon l'échelle considérée.

3. Comment la question vous aide-t-elle à organiser la réponse ?

Méthode — Guide de travail

2 Mobiliser et organiser ses connaissances

→ Rassembler les connaissances et les exemples en rapport avec le sujet

4. Au brouillon, listez :
- les mots clés et notions en rapport avec le sujet : *taux d'urbanisation, étalement urbain, périurbanisation, exode rural, métropole, mégapole, mégalopole, centre, périphérie,* etc.
- les idées à développer : les facteurs de la croissance urbaine, le processus de la métropolisation, les caractéristiques des métropoles, la fragmentation et les inégalités des espaces urbains, etc.
- les exemples que vous utiliserez pour illustrer les idées : Londres, Mumbai, Paris, São Paulo, la mégalopole du Nord-Est des États-Unis.

Conseil DU PROF

- Choisissez des exemples géographiquement variés (Amérique, Europe, Afrique, Asie, pays développés, pays en développement) sans oublier la France.

→ Organiser les connaissances

5. Déterminez les deux idées directrices permettant de répondre aux différents aspects de la question.

Exemple :
a/ La croissance urbaine a entraîné le développement de vastes métropoles (mot clé : « métropolisation »)
b/ Ces processus s'accompagnent de la fragmentation des espaces urbains (mot clé : « recomposition »)

Conseil DU PROF

- Articulez les idées directrices autour des mots clés de la question.

3 Rédiger la réponse à la question

→ Rédiger une courte introduction

6. Présentez brièvement le thème central du sujet.

Exemple :
L'urbanisation, c'est-à-dire le développement des villes et l'accroissement de la population urbaine, est un phénomène mondial majeur.

→ Rédiger le développement

7. Pour chaque idée directrice, rédigez un paragraphe argumenté dans lequel vous développerez les idées importantes, les explications et un ou deux exemples précis.

Conseil DU PROF

- Faites des phrases courtes ; utilisez un vocabulaire précis.

→ Rédiger une conclusion

8. Rédigez une réponse synthétique à la question problématisée.

Exemple :
L'urbanisation croissante renforce le poids des métropoles et crée des inégalités socio-spatiales au sein des villes.

Retrouvez des sujets de BAC et des méthodes actualisés régulièrement sur le site
→ lyceen.nathan.fr/geo1re-2019

Saint-Nazaire
FRANCE
PS

Pour entrer dans le thème

THÈME 2

Une diversification des espaces et des acteurs de la production

À l'heure de l'économie numérique, les systèmes productifs français et mondiaux se diversifient. En plaçant les territoires en concurrence, les entreprises internationales jouent un rôle majeur dans l'organisation de la production et dans la distribution des flux.

Comment les espaces productifs dans le monde et en France se recomposent-ils ?

Chantiers navals de Saint-Nazaire (Loire-Atlantique), 2017

THÈME 2

CHAPITRE 3

Une diversification des espaces et des acteurs de la production DANS LE MONDE

- Les espaces de production dans le monde : une diversité croissante
- Métropolisation, littoralisation des espaces productifs et accroissement des flux

SOMMAIRE

Dans ce chapitre

TOUS LES TEXTES en version à imprimer

TOUTES LES CARTES en version interactive

Vidéo

Centre logistique Amazon à Dortmund en Allemagne (novembre 2018)

ALLEMAGNE
Dortmund
RECEIVE LINE 3
RECEIVE LINE 4
PROBLEM SOLVE
2-29
2-30

Étude de cas

Zoom sur...

l'industrie aéronautique et aérospatiale européenne

Rang mondial (en chiffre d'affaires)	2e (É.-U. 1er, Russie 3e)
Part des exportations dans le chiffre d'affaires	85 %
Nombre d'avions Airbus vendus dans le monde (2017)	10 926
ArianeGroup	N° 1 mondial de l'accès à l'espace

L'aéronautique et l'aérospatiale en Europe : une production en réseau

Comment expliquer la réussite internationale de la production aéronautique et spatiale européenne ?

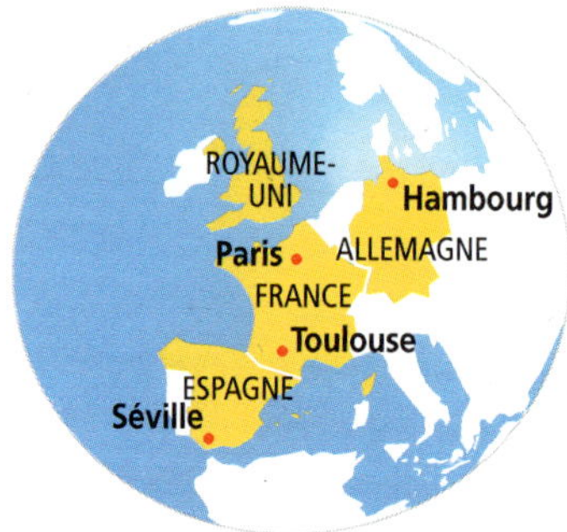

A Des industries variées et complexes

1 Un succès européen

Parole de géographe

À partir des années 1960, certains gouvernements européens, dont la France, décident d'accélérer le développement de leurs entreprises aéronautiques dans un secteur encore largement dominé par Boeing. C'est le début de l'aventure Airbus qui se révèle un grand succès. En trente ans, il parvient à dépasser son rival américain en termes de vente. [...]

La fusée Ariane, dont le premier programme date de 1973, a longtemps symbolisé l'Europe de l'espace. Aujourd'hui, Thales ou EADS sont des acteurs essentiels du marché des satellites de télécommunication. La conception et le montage sont effectués dans de nombreux sites européens (France, Suède, Italie, Suisse et Allemagne) [...] et au centre spatial guyanais de Kourou, ce qui permet d'associer une région ultra-périphérique[1] de l'Union européenne à ce secteur de pointe. La réussite d'Ariane, comme celle d'Airbus, vient du fait que l'Europe a réussi à mutualiser les ressources gigantesques que nécessite ce secteur (capitaux, laboratoires, technologie avancée). [...]

Des puissances émergentes sont entrées dans la cour des grands aux côtés des Européens et des Américains : les Chinois ont envoyé un homme dans l'espace [...]. Pour conserver son avance, l'Europe doit nouer des alliances avec de nouveaux partenaires : les fusées russes Soyouz sont maintenant lancées depuis Kourou.

Vincent Adoumié (dir.), *Géographie de l'Europe*, Hachette Supérieur, 2013.

1. Statut des 5 DROM français (Guyane, Martinique, Guadeloupe, La Réunion, Mayotte), comme territoires intégrés à l'Union européenne.

2 Les acteurs du secteur aéronautique et spatial

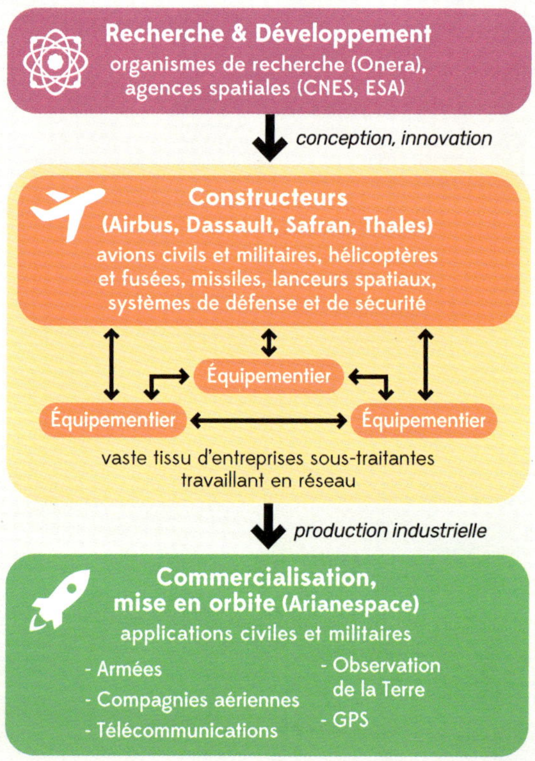

Vocabulaire

R&D (Recherche et développement) : activité destinée à améliorer la qualité et la capacité de production d'une entreprise. C'est un facteur majeur d'innovation, et donc de compétitivité.

3 Columbus, le laboratoire de recherche européen dans l'espace

Thomas Pesquet, spationaute de l'agence spatiale européenne (ESA) dans le laboratoire spatial européen Columbus de la Station spatiale internationale (ISS), en 2016.

4 Galileo, un système européen de positionnement par satellites

- Mise en service : fin 2014
- Opérationnel : 2018
- Coût : 5 milliards d'euros

Concurrent d'autres systèmes :
- GPS (États-Unis)
- Glonass (Russie)
- Beidu (Chine)
- QZSS (Japon)

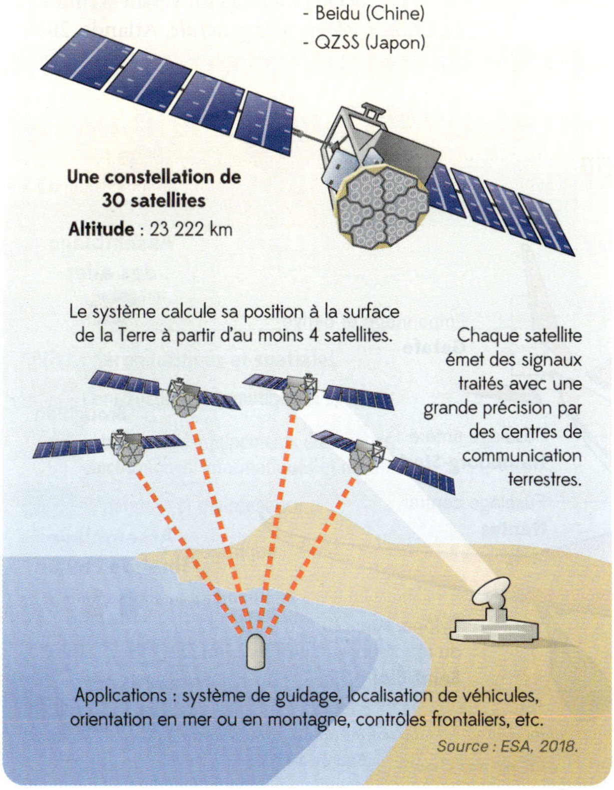

Source : ESA, 2018.

Questions

Itinéraire 1

Situer et décrire

1. Quand et comment l'industrie aéronautique et spatiale européenne est-elle née ? **doc. 1**
2. Quels sont les principaux concurrents de l'Europe ? Comment se situe l'Europe par rapport à eux ? **doc. 1 et 4**
3. Relevez les éléments caractéristiques de la complexité de ces secteurs d'activité. **doc. 2 à 4**

Analyser et expliquer

4. Montrez les succès de l'industrie aéronautique et spatiale européenne et expliquez-en les principales raisons. **doc. 1 à 4**

ou

Itinéraire 2

Carte mentale à imprimer

Compléter une carte mentale (1/2)

À partir des documents 1 à 4, reproduisez puis commencez à compléter cette carte mentale, que vous terminerez p. 73.

Les succès de cette industrie européenne

De nombreux acteurs et secteurs complexes

Comment expliquer la réussite de la production aéronautique et spatiale européenne ?

Étude de cas

Les investissements chinois en Afrique

Zoom sur…

▶ la Chine en Afrique (2017)

Nombre d'entreprises chinoises en Afrique	Environ 10 000
Investissements chinois en Afrique	43 milliards de $ (34 % du total)
Nombre de travailleurs chinois en Afrique	Environ 200 000
Place de la Chine comme partenaire commercial de l'Afrique	1er rang depuis 2009

Comment les investissements chinois participent-ils à la recomposition de l'Afrique ?

A L'Afrique : un continent attractif pour la Chine

Vocabulaire

- **(IDE) Investissements directs à l'étranger :** sommes d'argent investies par des entreprises étrangères sur un territoire (création, rachat d'entreprise).

Vidéo

1 La production chinoise en Afrique

Le groupe chinois Huajian est installé en Éthiopie depuis 2012. […] Chaque année, Huajian fabrique et exporte entre 1,5 et 2 millions de paires de chaussures pour femmes pour des marques comme Guess et Naturalizer.

Selon la Banque mondiale, la Chine devrait délocaliser 85 millions d'emplois industriels dans les prochaines années. L'implantation en Éthiopie était une évidence pour le groupe Huajian qui emploie 25 000 personnes à Dongguan dans le Sud de la Chine. « De nombreux fabricants ont été obligés de quitter l'Asie à cause de l'augmentation des salaires et du prix des matières premières », explique Nara Zhou, responsable des relations publiques de Huajian. « L'Éthiopie possède le plus grand cheptel d'Afrique. Nous achetons 80 % de notre cuir dans les tanneries locales à moindre coût. »

Chez Huajian comme dans la plupart des usines étrangères de textile et de cuir qui se sont implantées en Éthiopie, le salaire mensuel moyen est d'environ 70 euros. Jusqu'à dix fois moins que dans l'usine du monde qu'était devenue la Chine.

« Le *Made in Ethiopia* sur la voie du Bangladesh ? », *Le Monde*, 12 février 2016.

2 Les investissements étrangers en Afrique

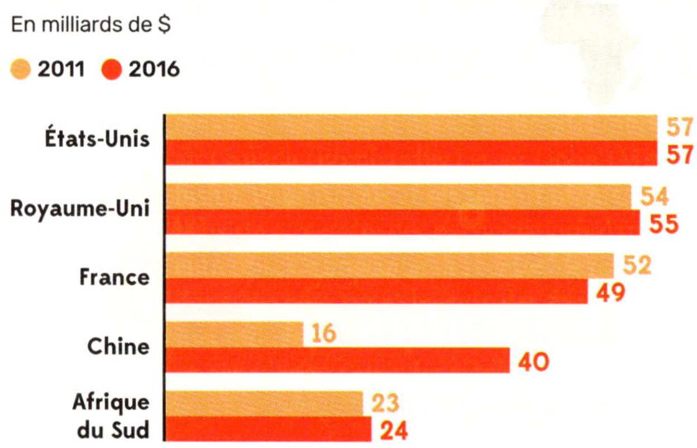

Source : Rapport sur l'investissement dans le monde de la CNUCED, 2018.

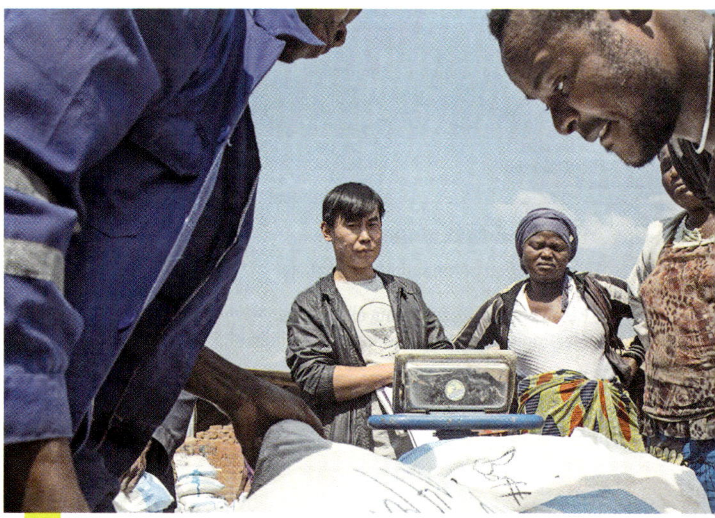

3 Mines de cobalt en république démocratique du Congo (2018)

Un entrepreneur chinois observe des travailleurs peser des sacs de cobalt sur le marché de Musompo à Kolwezi.

4 La Chine en Afrique

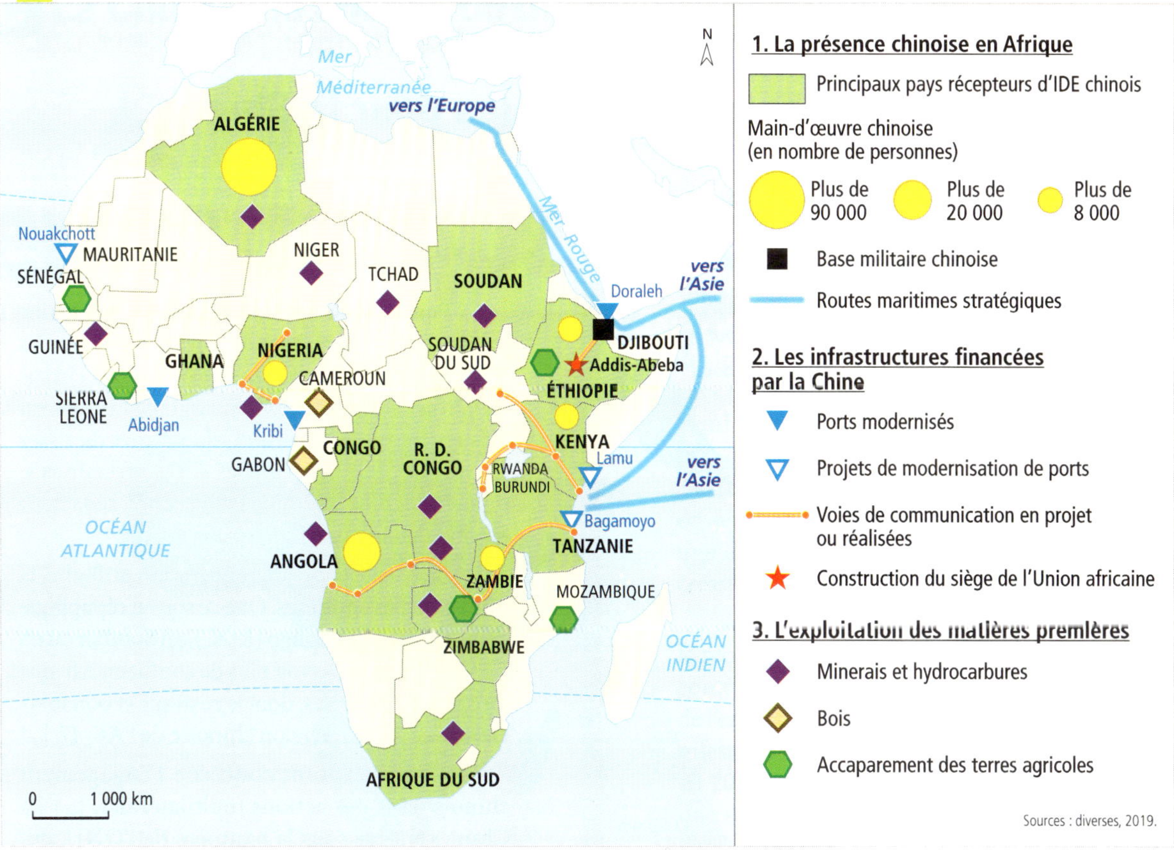

5 Les stratégies des entreprises chinoises en Afrique

« Les investisseurs chinois restent d'abord motivés par la quête des matières premières », explique Ruben Nizard, économiste. « Depuis des années, on parle de diversification des économies africaines, mais la réalité, c'est que nous en sommes encore très loin. Seuls les pays relativement pauvres en matières premières comme l'Éthiopie ont une relation plus équilibrée avec la Chine. Pour les autres, nous dressons un constat de forte dépendance autour du pétrole, des matières premières brutes minérales et des métaux. Ils représentent 90 % du total des exportations africaines vers la Chine. Au Congo-Kinshasa, par exemple, le cuivre est de plus en plus transformé localement, mais essentiellement *via* des entreprises chinoises implantées sur place. Au Congo-Brazzaville, une nouvelle loi oblige ces entreprises à n'employer que 20 % de main-d'œuvre chinoise. »

Les pistes concernant d'autres secteurs que les métaux et les minerais sont aujourd'hui encore relativement marginales. Il s'agit de l'agriculture (bois de rose, tabac, sésame et oranges d'Afrique du Sud) et de la production d'articles manufacturés.

« La relation Chine-Afrique entre croissance et dépendance », *Le Monde*, 13 novembre 2017.

Questions

Itinéraire 1

Situer et analyser

1. Citez les espaces africains attractifs pour les investissements chinois. **doc. 1, 3 et 4**
2. Comparez les investissements chinois avec ceux des autres pays. Comment ont-ils progressé ? **doc. 2**
3. Dans quels domaines les entreprises chinoises investissent-elles en Afrique ? Pourquoi ? **doc 1, 3, 4 et 5**

Synthétiser et argumenter

4. Pourquoi le continent africain est-il si attractif pour les investisseurs chinois ? **doc. 1 à 5**

ou

Itinéraire 2 Aide

Mener une recherche documentaire en binôme (1/2)

- À l'aide du **doc. 4**, choisissez un pays d'Afrique où les investissements chinois sont nombreux.
- Recherchez trois documents pour ce pays, sur le thème : « les IDE chinois : évolution, montant, secteurs d'activité… »
- Rédigez quelques lignes d'analyse pour les trois documents trouvés.

La Silicon Valley, un espace productif intégré à la mondialisation

Zoom sur…

▸ la Silicon Valley

Superficie	4 800 km²
Population	3 millions d'hab.
Emplois	1,64 million
Dépôts de brevets	19 986 (2016)

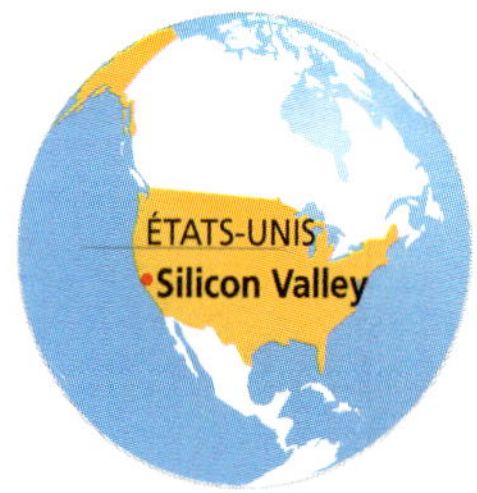

En quoi la capacité d'innovation de la Silicon Valley est-elle un facteur d'intégration à la mondialisation ?

1 Les grandes étapes de la formation de la Silicon Valley

- **1891** : Leland et Jane Stanford fondent l'**université Stanford** près de Palo Alto
- **1951** : Création du **Stanford Industrial Park**
- **1971** : Première utilisation du terme **Silicon Valley** dans la presse
- **1976** : Fondation d'**Apple** à Cupertino
- **1977** : Fondation d'**Oracle** à Santa Clara
- **1998** : Fondation de **Google** à Menlo Park
- **2006** : Fondation de **Twitter** à San Francisco

2 La Silicon Valley, capitale mondiale des industries *high tech*

Parole de géographe

Territoire emblématique de la haute technologie américaine, la Silicon Valley est un pilier essentiel de la puissance des États-Unis. Son développement repose de plus en plus sur une immigration de travailleurs qualifiés. [...] De Intel à Google, la Silicon Valley n'est pas un simple pôle des industries d'information et de communication. Elle est en effet la capitale mondiale des industries *high tech* ; elle est un pilier majeur de la puissance américaine ; elle est un puissant atout géo-économique et géopolitique. Figure emblématique de la mondialisation, la Silicon Valley relie de diverses manières les États-Unis au reste du monde : porte d'entrée des « talents » scientifiques et techniques en provenance de tous pays, territoire pilote du *brain drain*[1], attirant jeunes chercheurs, innovateurs et créateurs d'entreprises du monde entier, elle tire inversement avantage de l'ouverture des marchés pour déverser sur le monde, par vagues successives, des innovations et des produits technologiques hautement sophistiqués.

Frédéric Leriche, chercheur à l'université de Versailles Saint-Quentin, « Du local au global : géopolitique de la Silicon Valley », *Revue Diplomatie*, n° 85, mars-avril 2016.

1. Migrations de scientifiques, de chercheurs et de personnes très qualifiées.

3 Un système intégré pour l'innovation

Les deux universités prestigieuses de Stanford et Berkeley irriguent la Silicon Valley en diplômés. Quand les uns sont recrutés à prix d'or par les grandes entreprises, d'autres se lancent dans l'aventure entrepreneuriale. Ce dynamisme s'explique en grande partie par la capacité de ces deux établissements d'enseignement supérieur à concentrer ressources et compétences au sein de structures uniques.

Aux États-Unis, les universités conservent la propriété intellectuelle des recherches qu'elles mènent bien qu'elles soient financées par l'État et plus précisément par l'armée qui reste un investisseur majeur dans toute la région. La recherche est complètement intégrée au paysage économique de la Silicon Valley. Les grands groupes rachètent régulièrement des start-up prometteuses, tout en ayant appris à les intégrer au cœur de leur business. Les acteurs de la Silicon Valley ont conscience de faire partie d'un même système dont le bon fonctionnement profite à tous.

D'après « Dans la Silicon Valley, le système universitaire au cœur de la matrice », Educpros, [en ligne] 1er décembre 2017.

4 Siège social de Google à Mountain View (Californie, 2018)

Vocabulaire

- **Innovation :** capacité à améliorer les performances d'une production ou d'une activité.
- **Recherche-Développement (R&D) :** voir p. 70.
- **Silicon Valley :** espace productif développé autour de l'université de Stanford au sud de San Francisco où la recherche et l'industrie informatique travaillent en réseau. Don Hoefler, journaliste californien, invente l'expression de la Silicon Valley en référence au « silicium » (en anglais *silicon*), désignant le matériau de base des puces électroniques.

5 La Silicon Valley, territoire de l'innovation

Source : D'après *Diplomatie*, n° 85, 2016.

1. Un réseau d'universités et d'entreprises
- Principales universités
- Principales entreprises du numérique

2. Un territoire intégré dans une vaste aire métropolitaine
- Ensemble de villes formant le cœur de la Silicon Valley
- Secteur résidentiel de prestige associé au développement des hautes technologies
- Principaux axes routiers

3. Un espace productif connecté au monde
- Principaux ports
- Aéroports internationaux
- Flux immatériels liés aux entreprises du numérique

Questions

Itinéraire 1

Situer et décrire

1. Localisez la Silicon Valley et décrivez ses caractéristiques. **doc. 2 et 3**
2. Citez les firmes transnationales présentes dans la Silicon Valley. À quel secteur d'activité appartiennent-elles ? **doc. 1, 4 et 5**

Analyser et expliquer

3. Expliquez comment la Silicon Valley parvient localement à développer sa forte capacité d'innovation. **doc. 3 à 5**
4. En quoi la capacité d'innovation de la Silicon Valley est-elle un facteur d'intégration à la mondialisation ? **doc. 1 à 5**

ou

Itinéraire 2

Méthode et conseils

Préparer un exposé oral

- Montrez comment et pourquoi la Silicon Valley est devenue un espace productif très intégré à la mondialisation.
- Sélectionnez les informations correspondant aux thèmes suivants :
  1. Les caractéristiques de la Silicon Valley
  2. Les raisons de la puissance de la Silicon Valley
  3. Les perspectives dans la mondialisation : connexion, influence, attractivité
- Effectuez quelques recherches complémentaires sur Internet.

Dossier

Le ketchup, logiques et dynamiques d'une filière mondialisée

Quelles sont les logiques et les dynamiques de la filière mondialisée du ketchup ?

1 Tri de tomates industrielles dans la région du Xinjiang (Chine, 2015)

Après leur récolte, les tomates d'industrie arrivent dans les usines de Cofco Tunhe pour être transformées en concentré.

Chiffres clés

La tomate d'industrie

- Tomates transformées en 2018
  35 millions de tonnes
- Premier producteur de tomates transformées : Californie (États-Unis)
  (1/3 de la production mondiale)
- Premier producteur de ketchup Heinz
  59 % de la production mondiale
  650 millions de bouteilles vendues par an

Sources : Heinz et Tomato News, 2018.

2 Le commerce mondial du concentré de tomates

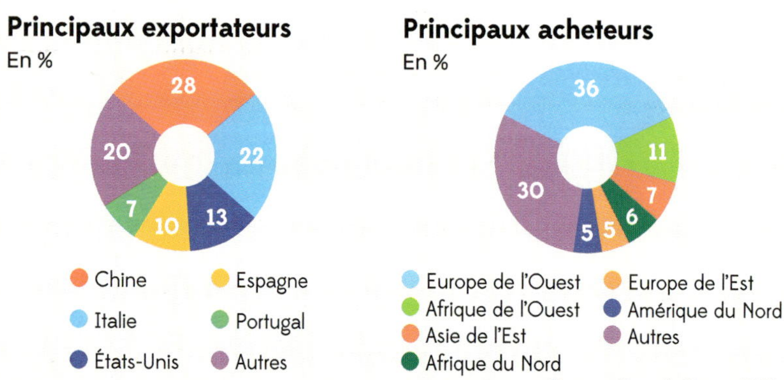

Source : Tomato News, 2018.

Vocabulaire

- **Chaîne de valeur :** ensemble des opérations réalisées par des entreprises dans le processus de fabrication d'un produit, de sa conception à sa commercialisation.
- **Filière :** ensemble des étapes et des acteurs le long d'un processus de production d'un produit.
- **Tomate d'industrie :** tomate sélectionnée génétiquement, exclusivement destinée à être transformée par l'industrie.

3 Heinz, leader historique de la filière

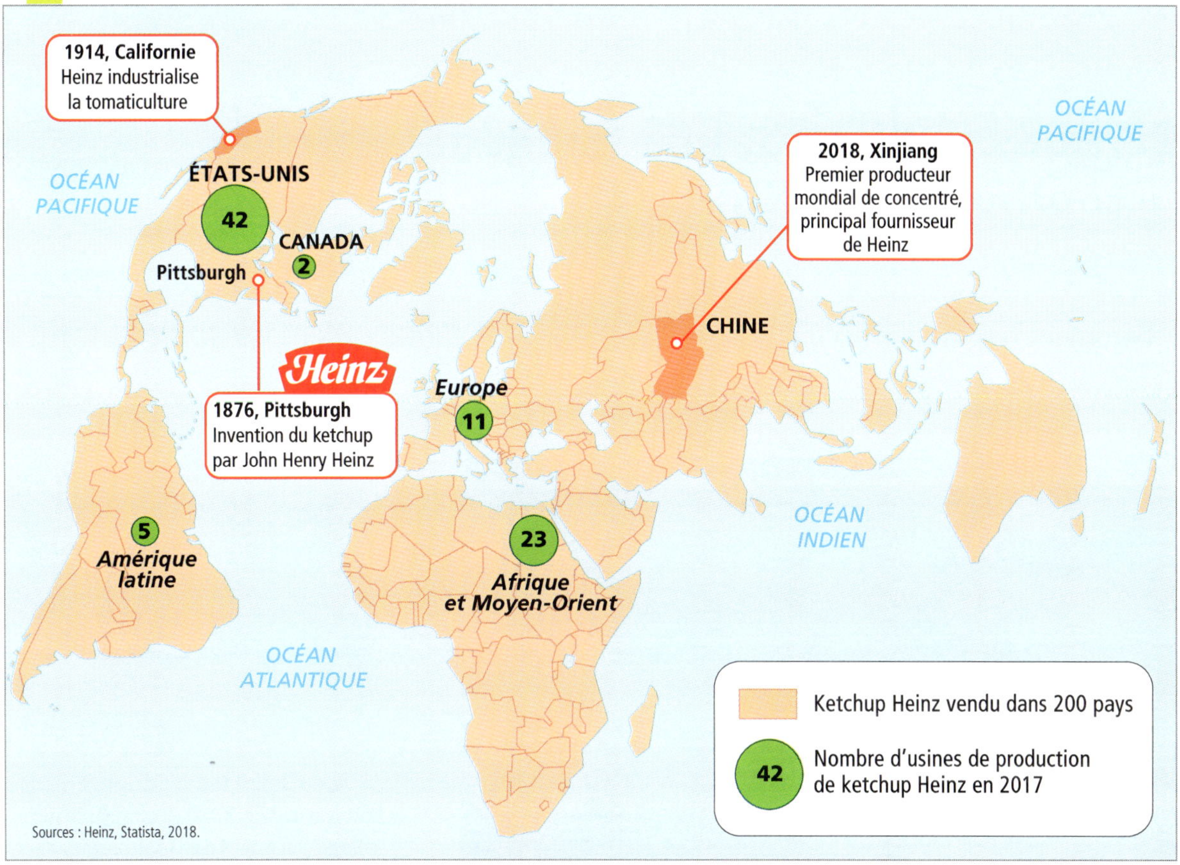

Vidéo

4 La chaîne de valeur mondiale du ketchup

Cofco Tunhe est ce qu'on appelle dans la filière « un premier transformateur ». L'entreprise fournit en barils de concentré de tomates les grands noms de l'industrie alimentaire mondiale : ces multinationales assemblent dans leurs usines de « deuxième transformation » les matières premières qui entrent dans les recettes de leurs produits. Elles utilisent et retransforment à des milliers de kilomètres des champs chinois l'ingrédient de base [...]. « Heinz est l'un de nos plus importants clients », précise Yu Tianchi[1]. « La transformation de la tomate est une activité à faible marge, c'est pourquoi Heinz achète notre concentré. De cette manière, Heinz resserre son activité sur les transformations et productions où les marges sont plus importantes. Heinz nous aide énormément, que ce soit au niveau des variétés de tomates que nous développons ensemble afin d'optimiser nos productions, ou en ce qui concerne la formation de nos producteurs ». [...] En 1916, la multinationale était déjà dotée d'un centre d'étude agronomique et de jardins expérimentaux dédiés à la tomate [...]. Les variétés de tomates d'industrie Heinz sont cultivées par toute la filière mondiale, sur tous les continents.

Jean-Baptiste Malet, *L'Empire de l'or rouge. Enquête mondiale sur la tomate d'industrie*, © Librairie Arthème Fayard, 2017.

1. Yu Tianchi est le plus haut dirigeant de Cofco Tunhe.

Questions

Itinéraire 1

Se repérer et contextualiser

1. Situez le Xinjiang. Décrivez le rôle de cette région dans la chaîne de valeur du ketchup. **doc. 1, 3 et 4**
2. Identifiez et décrivez les principales étapes de cette chaîne de valeur. **doc. 3 et 4**
3. Montrez que la filière repose sur des flux d'échanges divers. **doc. 2 à 4**
4. Montrez que Heinz est le leader mondial de la filière de production du ketchup. **doc. 3 et 4**

Synthétiser

5. Expliquez les logiques qui ont conduit à cette organisation mondialisée de la filière du ketchup. **doc. 1 à 4**

ou

Itinéraire 2

Pratiquer différents langages

- À l'aide de l'ensemble des documents, complétez la légende du croquis de la filière mondialisée du ketchup.

Dossier

Les îles tropicales, des espaces à vocation touristique

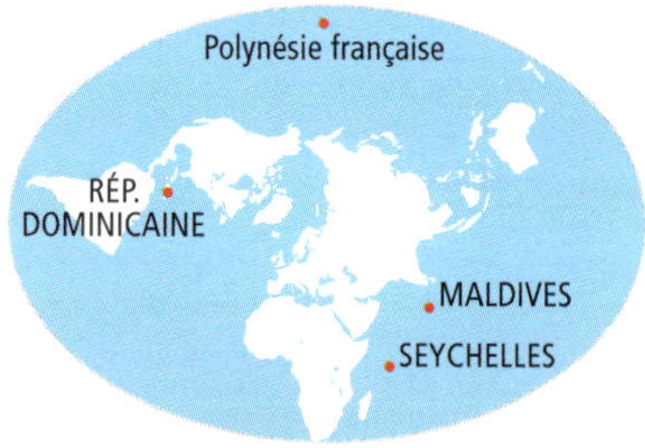

Comment le tourisme permet-il aux îles tropicales de s'insérer dans la mondialisation ?

1 Brochure de la République dominicaine
Ministère du Tourisme de République dominicaine, 2018.

Vidéo

2 Campagne de sensibilisation au tourisme en Polynésie française
Vidéo de Tahiti Tourisme, 2018.
Le *Mana* évoque une forme d'énergie magique propre à la Polynésie. *Fenua* signifie « territoire ».

Vocabulaire
- **Archipel :** groupe d'îles.

3 Le Club Med aux Seychelles

Le Club Med a annoncé […] l'ouverture en 2020 de son premier village-vacances dans le luxueux archipel des Seychelles, dans le cadre de son développement à l'international. Le groupe, détenu par le conglomérat[1] chinois Fosun depuis 2015 et positionné sur les vacances haut de gamme, avait annoncé début 2017 une accélération de ses ouvertures en France et à l'étranger. […]

Situé à 30 minutes de l'aéroport international de Mahé, ce club sera « particulièrement accessible pour la clientèle internationale, notamment européenne et asiatique ». L'établissement, « entre jardins tropicaux et océan Indien », sera doté de 295 chambres et bordé par trois plages de sable blanc […].

Cette ouverture « participera au développement de l'économie locale avec la création de plusieurs centaines d'emplois directs et autant d'emplois indirects », selon le groupe. Le pionnier des villages-vacances français – dont le premier avait ouvert dans les années 1950 – est présent dans plus de 40 pays.

« Club Med poursuit son expansion internationale », *Le Figaro*, [en ligne] 15 novembre 2017.

1. Groupe constitué d'entreprises aux activités différentes.

4 Une île-hôtel aux Maldives (2018)

Aux Maldives, la diffusion du tourisme s'est faite de la capitale Malé vers les îlots inhabités sur le modèle de l'île-hôtel réservée aux touristes.

5 La diffusion du tourisme au sein des archipels

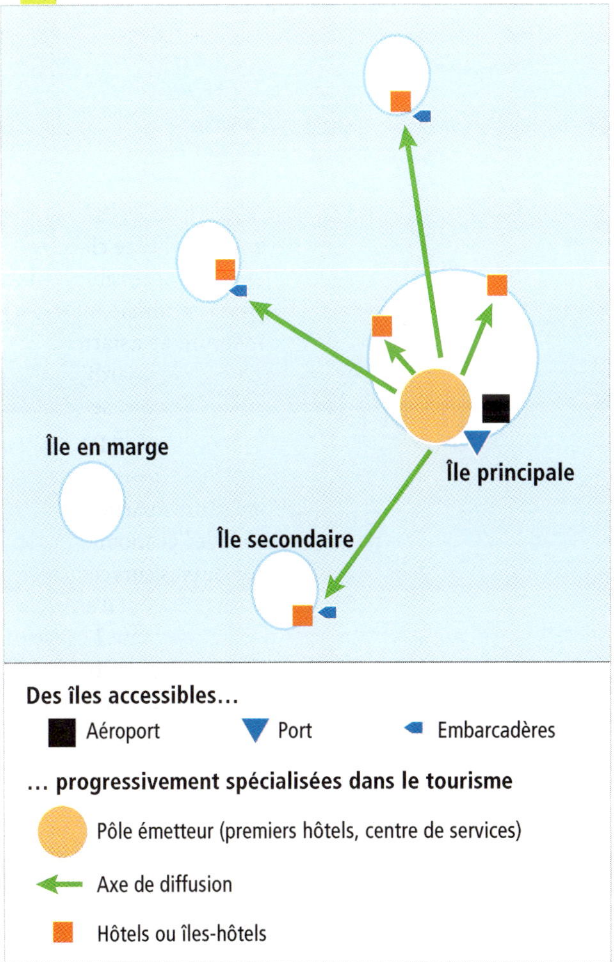

THÈME 2

SE PRÉPARER

MONDE

FRANCE

RÉVISER

Questions

Itinéraire 1

Se repérer et contextualiser

1. Situez la République dominicaine, la Polynésie française et les Maldives. Identifiez les caractéristiques mises en avant par ces territoires pour attirer des touristes. **doc. 1, 2 et 4**
2. Identifiez les différents acteurs du développement touristique dans les îles et le rôle respectif de chacun. **doc. 1 à 3**
3. Quelles sont les limites du développement touristique dans ces îles ? **doc. 4 et 5**

Synthétiser

4. Montrez comment le tourisme contribue à l'insertion des îles tropicales dans la mondialisation. **doc. 1 à 5**

ou

Itinéraire 2 Aide

Réaliser une affiche

- Réalisez une affiche pour expliquer comment le tourisme contribue à l'insertion des îles tropicales dans la mondialisation.
- Votre visuel présentera trois thèmes :
  1. Des territoires attractifs pour les touristes
  2. Des acteurs divers
  3. Une spécialisation touristique qui transforme les territoires
- Illustrez votre travail de ressources cherchées sur Internet.

Carte

La diversité des espaces de production dans

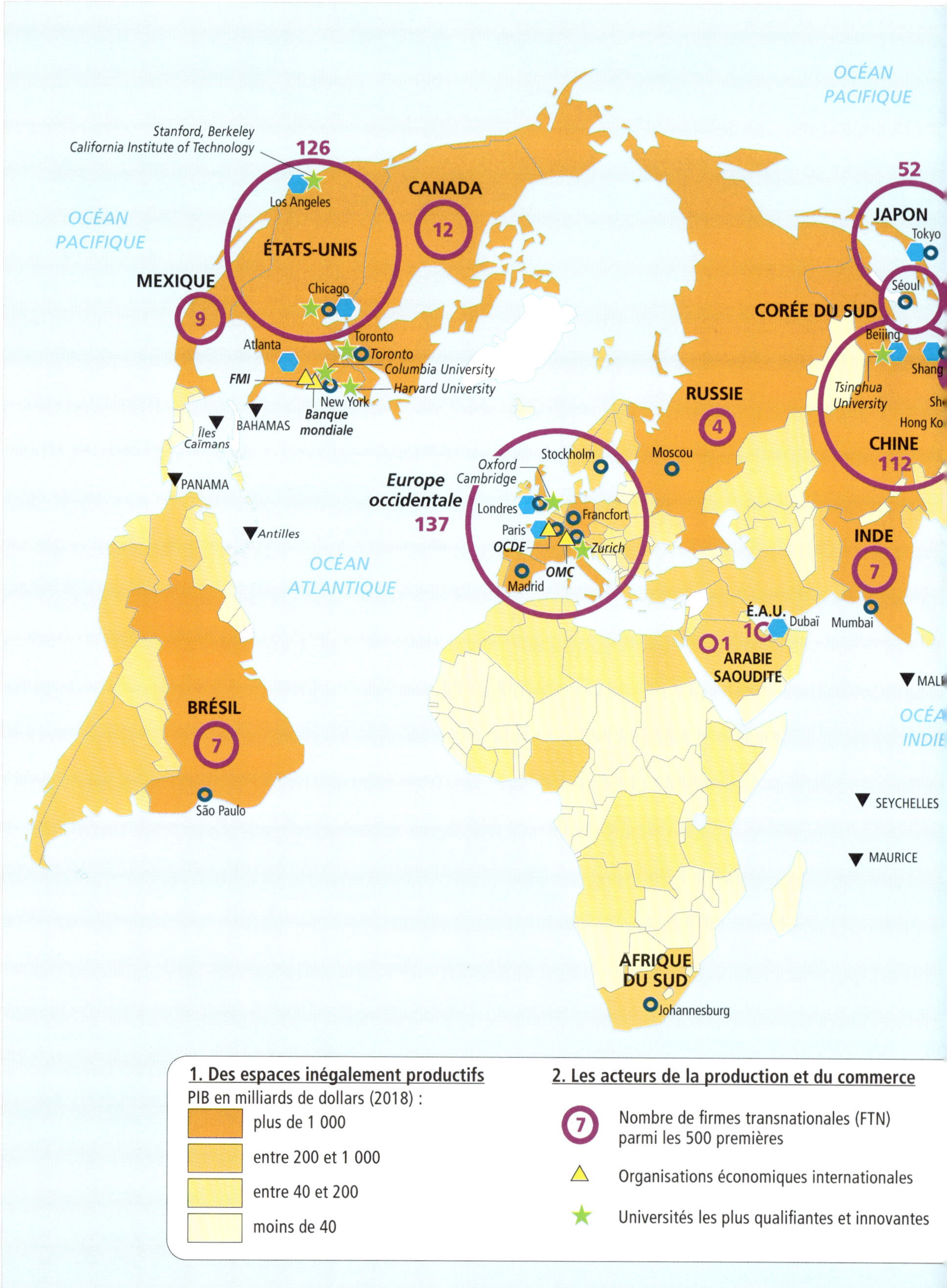

le monde

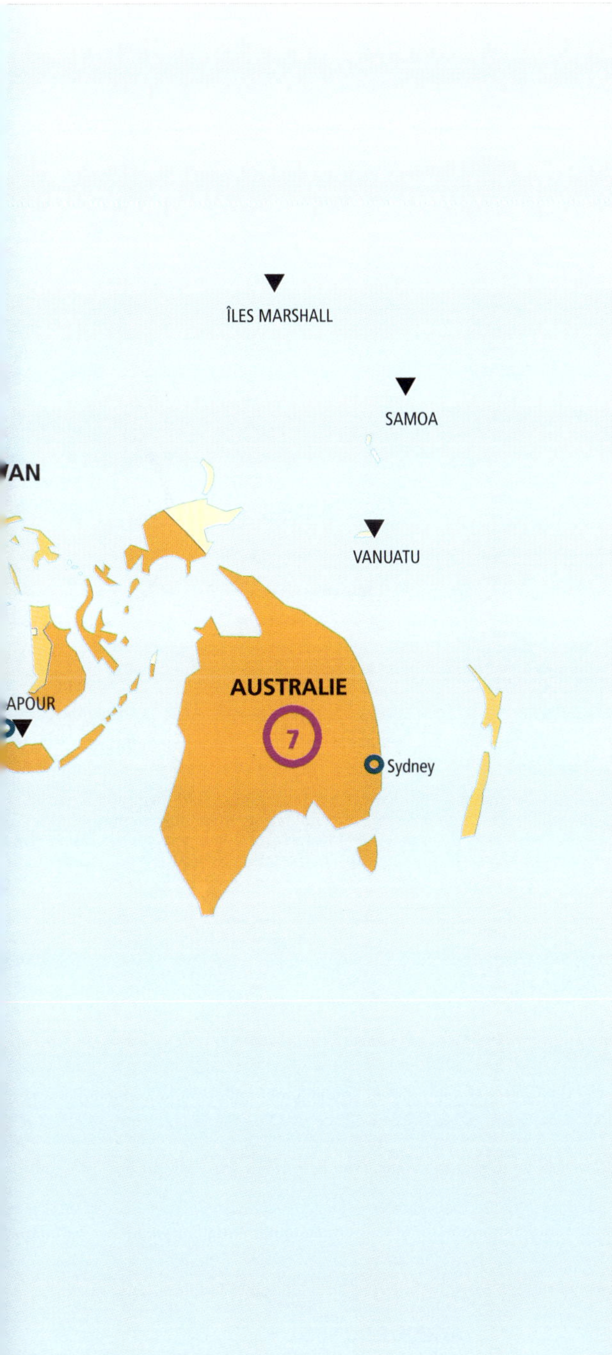

Des facteurs d'intégration et de compétitivité

- Principales bourses mondiales
- Centres financiers *offshore* (paradis fiscaux)
- Principaux aéroports internationaux

Vocabulaire

- **Firme transnationale (FTN) :** entreprise implantée dans de nombreux pays et qui réalise la majeure partie de son chiffre d'affaires en dehors de son pays d'origine.
- **Paradis fiscaux :** pays où la réglementation financière et la fiscalité sont plus favorables que dans le reste du monde.

Chiffres clés

L'évolution du PIB mondial
En milliards de dollars

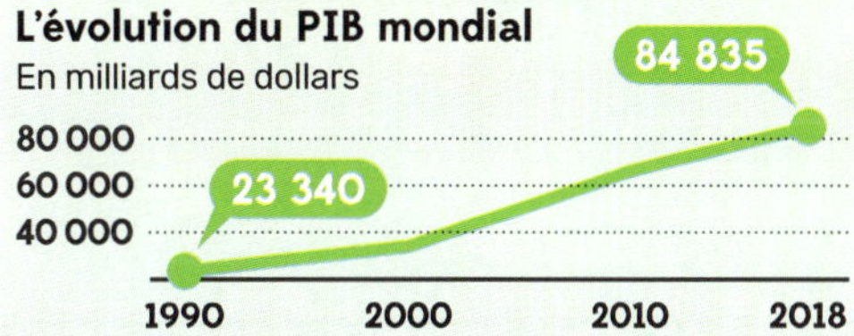

Source : FMI, 2019.

Les principales places boursières mondiales
Capitalisation en milliards de dollars, fin 2018

Source : WFE, 2019.

Les universités les plus performantes en 2018

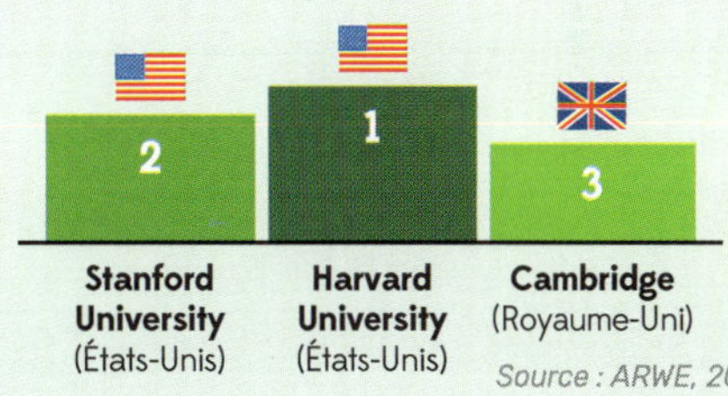

Source : ARWE, 2018.

Questions

1. Quelles sont les régions qui concentrent le plus grand nombre d'acteurs de la production et du commerce dans le monde ?
2. Citez les régions les moins productives dans le monde.
3. Montrez que l'espace mondial se caractérise par une diversité des espaces de production. En combien de catégories pouvez-vous classer l'ensemble des pays du monde ? Donnez un nom à chaque catégorie.

Carte

Métropolisation, littoralisation des espace

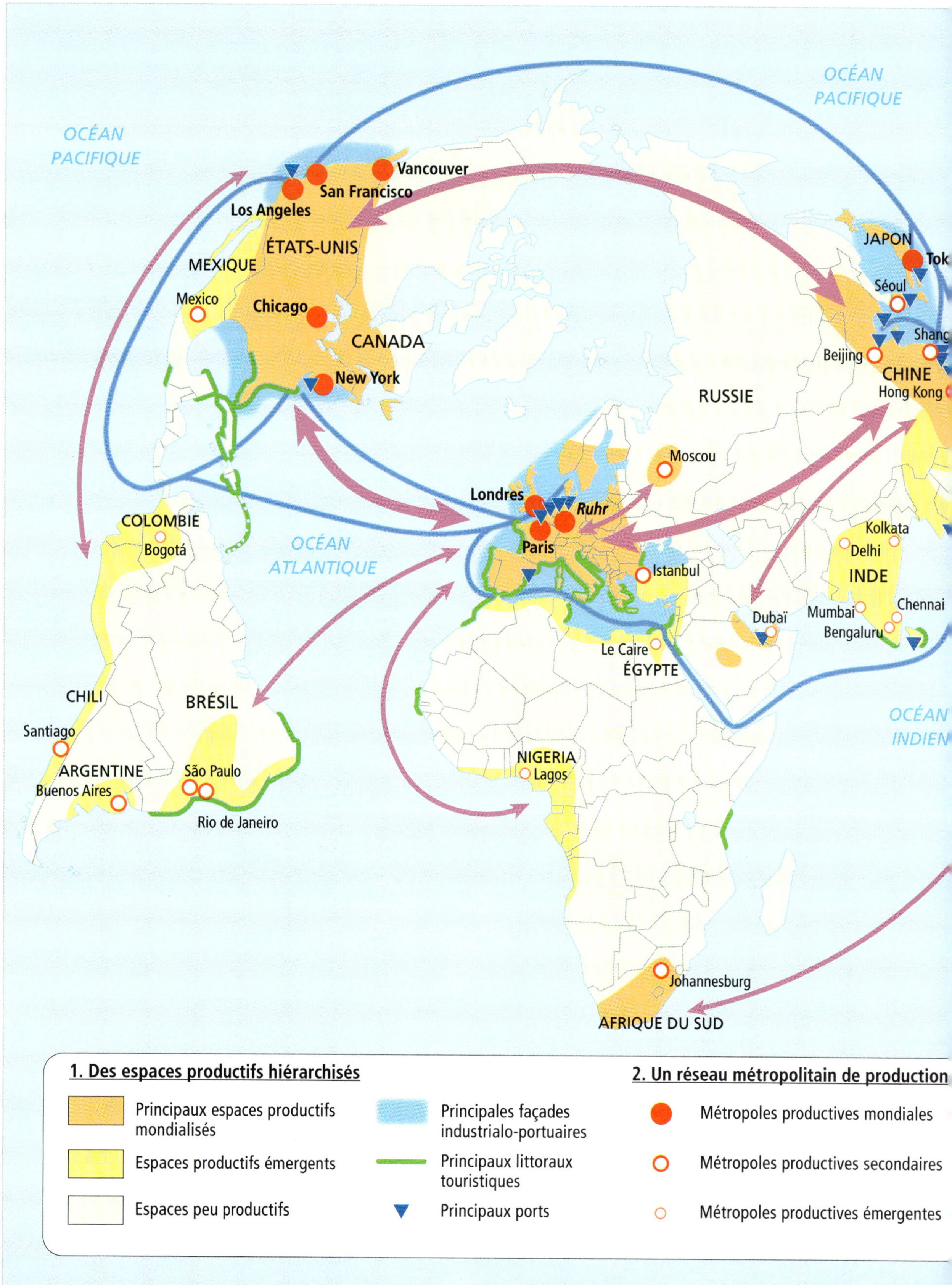

productifs et accroissement des flux

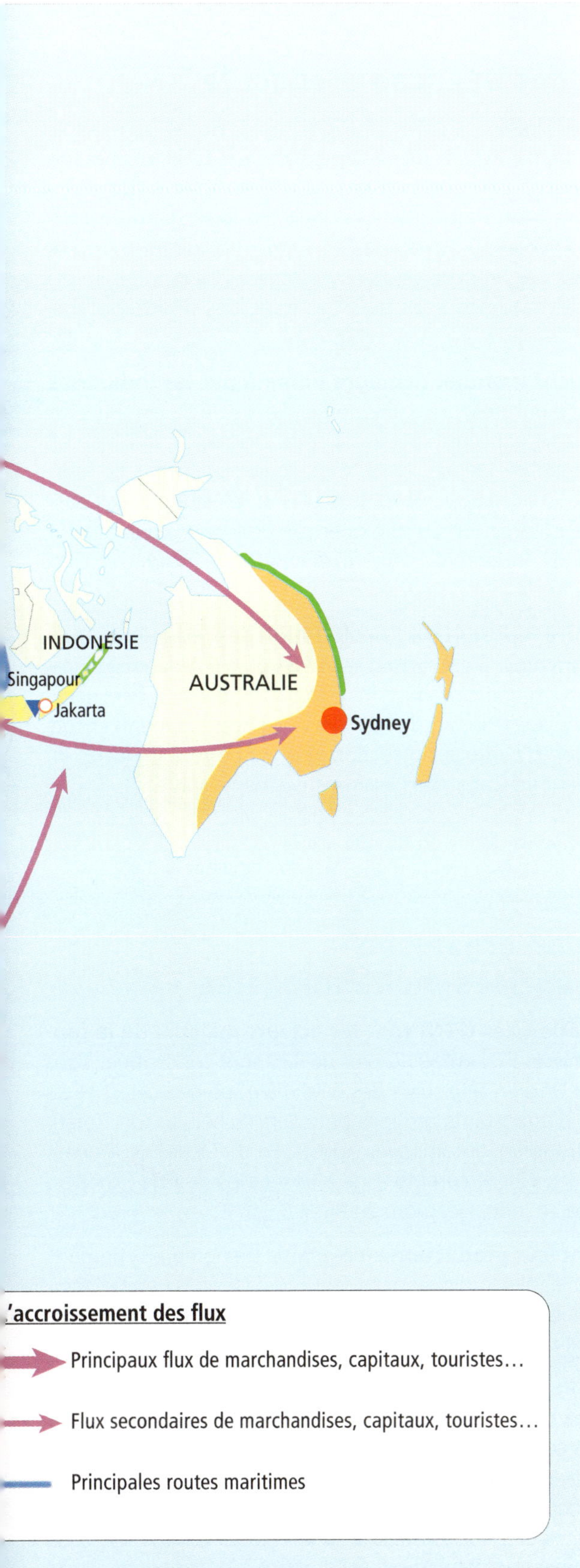

Chiffres clés

L’évolution du commerce mondial de marchandises (en milliards de dollars)

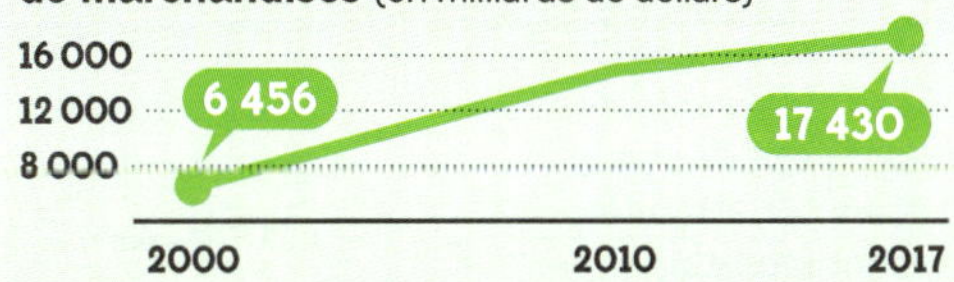

Source : OMC, 2018.

Principaux exportateurs de marchandises dans le monde en 2017 (en milliards de dollars)

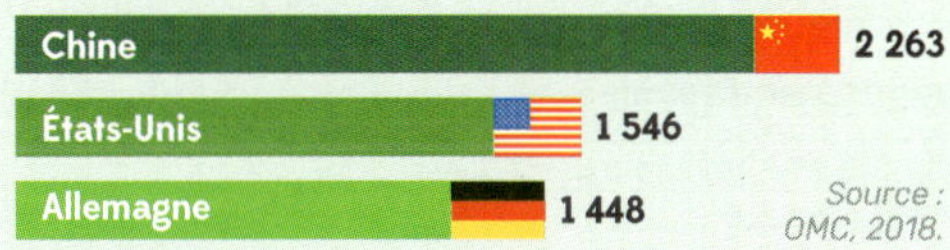

Source : OMC, 2018.

Exportation mondiale de produits manufacturés, en 2017 (part en %)

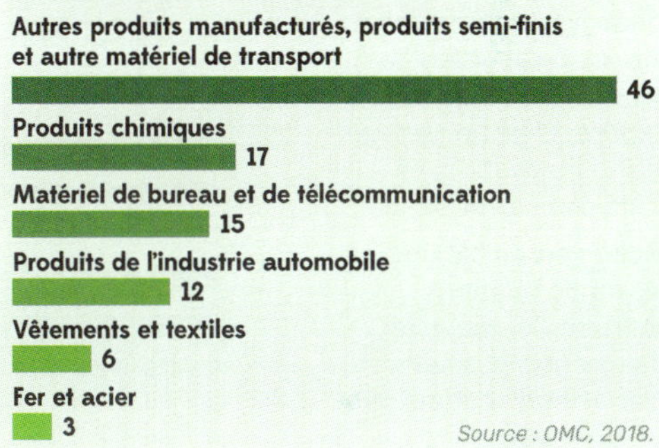

Source : OMC, 2018.

Vocabulaire

- **Flux :** circulation de biens, de personnes, de capitaux ou d’informations.
- **Littoralisation :** concentration des populations et des activités sur les littoraux.
- **Métropolisation :** processus de concentration des populations, des activités, des investissements et des fonctions de commandement dans les métropoles.

Questions

1. Quelles sont les régions qui concentrent les principales façades industrialo-portuaires ?
2. Citez les régions les mieux reliées par les flux de marchandises et de capitaux. Citez celles qui se situent à l’écart de ces flux.
3. Quels sont les principaux pôles des espaces productifs dans le monde ?

Cours

Podcast du cours

Les espaces de production dans le monde : une diversité croissante

Comment les systèmes productifs organisent-ils l'espace mondial ?

Vocabulaire

- **Économie numérique :** ensemble des secteurs d'activité et des entreprises qui produisent des biens et des services assimilés aux technologies de l'information et de la communication (TIC) comme l'informatique, les télécommunications et l'électronique.
- **Firme transnationale (FTN) :** voir p. 85.
- **Paradis fiscaux :** voir p. 85.
- **R&D (Recherche et développement) :** activité destinée à améliorer la qualité et la capacité de production d'une entreprise. C'est un facteur majeur d'innovation, et donc de compétitivité.
- **Réseau :** ensemble de lignes ou de relations permettant de connecter des lieux entre eux, ainsi que les acteurs spatiaux qui y sont présents.
- **Valeur ajoutée :** supplément de valeur donné par une entreprise aux biens et aux services entre le début et la fin de leur production.
- **Zone franche :** territoire bénéficiant d'avantages fiscaux et/ou douaniers.

Les puissances mondiales en 2018

PIB en milliards de dollars

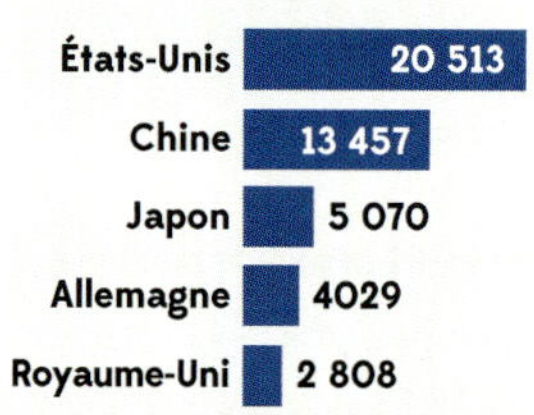

Source : FMI, 2018 (estimations).

1 La diversité des espaces productifs

● **La production mondiale est contrôlée par les grandes puissances économiques.** Elle se définit par l'ensemble des opérations (création, conception) qui, localisées dans différents pays, permettent de réaliser un produit fini et contribuent à produire de la valeur ajoutée. À l'échelle mondiale, les puissances occidentales (États-Unis, Allemagne, Royaume-Uni, France) et le Japon sont de plus en plus concurrencées par les puissances émergentes (Chine, Inde, Brésil). Mais les États-Unis conservent encore un tiers des dépenses de Recherche-Développement (R&D).

● **Le système productif mondial demeure dominé par les industries.** La valeur de la production industrielle a augmenté de plus de 30 % au cours des dix dernières années. Si l'Asie concentre 80 % de cette croissance, la Chine est la première puissance industrielle depuis 2013. Cependant, les tâches de fabrication (textile, automobile, électronique...) sont de plus en plus dispersées et se délocalisent en Turquie, au Maroc, en Europe orientale (Pologne, Roumanie...), en Asie du Sud-Est (Thaïlande, Indonésie, Vietnam) et en Afrique (Afrique du Sud, Nigeria, Éthiopie).

● **Certaines économies reposent sur l'exploitation des ressources énergétiques, minières et agricoles.** C'est surtout le cas des pays d'Amérique latine, d'Afrique ou de la Russie. La valeur des productions agricoles (→ **thème 3**) et minières a été multipliée par deux depuis le début du XXIe siècle. La Russie dépend encore largement de sa production d'hydrocarbures alors que les pétromonarchies du Golfe persique se diversifient (le Qatar dans les investissements sportifs).

ÉTUDE DE CAS L'aéronautique et l'aérospatiale en Europe → p. 70
ÉTUDE DE CAS Les investissements chinois en Afrique → p. 74
DOSSIER Le ketchup, logiques et dynamiques d'une filière mondialisée → p. 80

2 Une production organisée par des entreprises multinationales

● **Les firmes transnationales (FTN) sont les acteurs majeurs de la production.** Sur les 500 premières FTN en 2017, plus de 427 sont concentrées dans les pays développés, États-Unis en tête suivis des pays d'Europe de l'Ouest et du Japon. Elles peuvent être d'importants groupes pétroliers (Schell, Exxon, Total), agroalimentaires (Nestlé, Danone), automobiles (Toyota, Ford). Toutefois, les pays émergents, en particulier les BRICS, comptent de plus en plus de FTN (Sinopec, Petro China en Chine, Tata en Inde, Gazprom en Russie).

● **Les FTN structurent leur production en réseaux.** De nombreux produits (textiles, chaussures, matériels électroniques) sont fabriqués dans des usines appartenant à des sous-traitants extérieurs, sans lien juridique avec les grands groupes donneurs d'ordres (par exemple, le groupe taïwanais Foxconn qui assemble les smartphones d'Apple en Chine).

● **Les entreprises des pays développés sont des acteurs de l'économie numérique.** Plus de 60 % sont étatsuniennes (les GAFAM : Google, Apple, Facebook, Amazon, Microsoft), britanniques et allemandes. Avec seulement quatre multinationales, le poids des pays émergents reste marginal (Alibaba en Chine). Par ailleurs, de toutes petites entreprises et start-up aux Nords comme aux Suds utilisent les plateformes numériques (Ebay) pour vendre dans le monde entier. Dans les pays développés, les services aux entreprises (activités comptables, numérique, publicité...) constituent, en termes d'emplois et de chiffre d'affaires, le principal contributeur au secteur des services.

3 Une compétition entre acteurs et territoires productifs

● **Les acteurs publics valorisent leurs atouts.** Les États mettent en œuvre des politiques attractives en subventionnant certains secteurs productifs (Recherche-Développement, aéronautique...), en proposant une fiscalité avantageuse favorisant les bas salaires (Bangladesh, Thaïlande, Vietnam, Éthiopie...) et des règles sociales et environnementales assouplies dans les **zones franches**. Ils aménagent le territoire pour faciliter l'accès au numérique et au transport.

● **Quelques acteurs tentent d'imposer des règles de bonne conduite aux FTN.** Certaines organisations internationales (Banque mondiale), des ONG et certains médias tentent de lutter contre leur absence de transparence financière (placement de leurs profits dans les **paradis fiscaux**). Ils dénoncent aussi leur non-respect des règles (travail des enfants, conditions de travail).

● **Les territoires sont mis en concurrence.** Alors que les pays développés ont du mal à lutter contre les délocalisations industrielles, les pays émergents montrent leur capacité à orienter leur économie vers les secteurs les plus porteurs. Copiant le modèle de la Silicon Valley californienne, Shenzhen en Chine, la Silicon Wadi à Tel Aviv, la Silicon Oasis à Dubaï attirent chercheurs, universitaires et entrepreneurs du monde entier qui coopèrent dans des pôles de l'innovation.

ÉTUDE DE CAS La Silicon Valley, un espace productif intégré à la mondialisation → p. 78

Les 3 premières FTN, selon le chiffre d'affaires 2017
En milliards de dollars

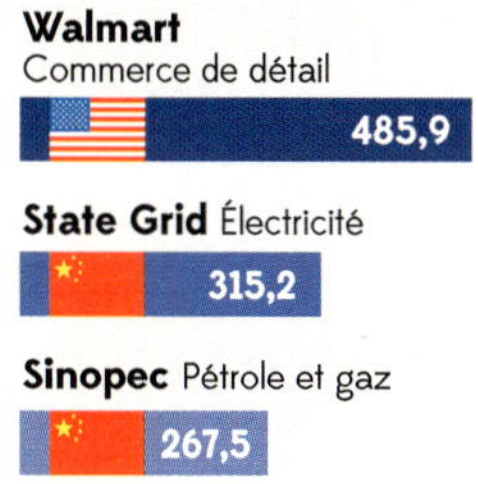

Source : Fortune Global 500, 2018.

Notions clés

Du cours au schéma

Schéma interactif à compléter

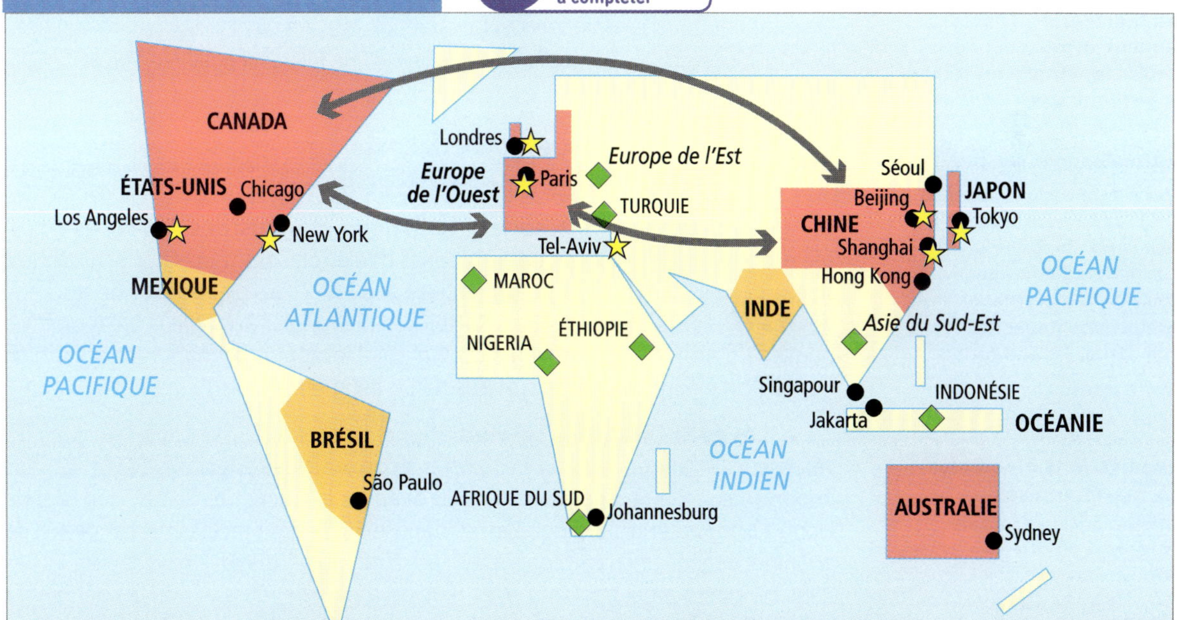

1. Des territoires productifs centraux

- Grandes puissances productives complètes
- Métropoles mondiales
- Principaux pôles technologiques
- Principaux flux d'échanges

2. Des périphéries productives

- Puissances productives émergentes
- Pays dans lesquels s'effectuent des tâches de fabrication pour les FTN
- Pays exportateurs de produits agricoles, de matières premières et de ressources énergétiques

Cours

Podcast du cours

Métropolisation, littoralisation des espaces productifs et accroissement des flux

Pourquoi les métropoles et les littoraux sont-ils des espaces productifs attractifs ?

1 Des flux de plus en plus importants

• **Les échanges de marchandises ont augmenté depuis les années 1990**. Le volume des échanges a été multiplié par 3,5. Si les flux sont encore polarisés par les grandes puissances (10 États assurent la moitié du commerce mondial), le poids des pays en développement est de plus en plus déterminant : en 2017, ils représentaient 43 % du commerce mondial. Depuis les crises de 2008-2009 et de 2015, la croissance du commerce plus irrégulière s'explique par le moindre dynamisme des pays émergents.

• **Les flux financiers sont très polarisés et interconnectés**. Seule une vingtaine d'États bénéficie de l'essentiel des investissements directs à l'étranger (IDE) émis par les firmes transnationales (FTN) pour implanter ou contrôler une nouvelle filiale. Les FTN des pays émergents représentent désormais plus du quart de ces IDE. La capitalisation boursière concerne principalement une dizaine de places boursières : New York (41 % de la capitalisation boursière), Londres, Tokyo, Paris, Shanghai, Shenzhen, Hong Kong... dominent la planète financière. D'autres émergent : Mumbai, São Paulo, Mexico...

• **Le commerce des services est le plus dynamique.** Au cours des vingt dernières années, il augmente plus rapidement que le commerce des marchandises. Les pays en développement jouent un rôle croissant ; leur part dans la valeur des exportations mondiales de services (assurances, etc.) est passée d'un quart à un tiers.

DOSSIER Le ketchup, logiques et dynamiques d'une filière mondialisée → p. 80

2 Les littoraux accueillent des fonctions productives

• **Les grands ports associent logistique et industries**. Les zones industrialo-portuaires regroupent des raffineries de pétrole, des usines pétrochimiques, sidérurgiques, chimiques, agroalimentaires et d'immenses plateformes de stockage des marchandises. Aux Pays-Bas, Rotterdam prévoit par exemple la création d'un nouveau terre-plein à conteneurs pour réduire les temps de manutention, si bien que le port s'étire désormais sur plus de 30 kilomètres.

• **Les zones franches se multiplient**. Depuis 1978, la Chine attire les investisseurs étrangers au sein des zones économiques spéciales (ZES). La plus importante, celle de Shenzhen dans le delta de la rivière des Perles, non loin de Hong Kong, s'étend sur 2 000 km² et dépose 50 % des brevets internationaux de la Chine, défiant ainsi la Silicon Valley. Face à ce succès, d'autres pays se sont lancés dans ce type d'aménagement avec plus ou moins de réussite : on en dénombre aujourd'hui plus de 4 300 dans 120 pays.

• **Les littoraux touristiques se diversifient.** En 25 ans, le nombre de touristes a été multiplié par 3 (1,4 milliard en 2018). Cet accroissement est lié au développement du transport aérien et à la hausse globale du niveau de vie des sociétés émergentes en Asie et en Amérique. Les bassins méditerranéen, caribéen et les mers de Chine restent les premières zones d'accueil du tourisme balnéaire. Portées par l'essor des croisières, d'autres se développent (Moyen-Orient, régions polaires...), contribuant à la mise en tourisme du monde.

Vocabulaire

- **Capitalisation boursière :** ensemble des valeurs cotées sur une place boursière.
- **Conteneurisation :** généralisation du transport de marchandises dans des conteneurs (boîtes de transport au format standardisé).
- **Façade maritime :** ensemble de grands ports desservant un même arrière-pays.
- **Firme transnationale (FTN) :** voir p. 85.
- **Interface :** zone de contact entre deux ensembles géographiques distincts. Elle génère le plus souvent des flux mais parfois aussi des tensions.
- **Investissements directs à l'étranger (IDE) :** sommes d'argent investies par des entreprises étrangères sur un territoire (création, rachat d'entreprise).
- **Littoralisation :** voir p. 87.
- **Zone économique spéciale (ZES) :** zone franche, à l'échelle d'un port, d'un quartier ou d'une ville, bénéficiant d'avantages fiscaux et/ou douaniers pour attirer les entreprises.
- **Zone franche :** voir p. 88.

Exportations mondiales de marchandises

En %, par grandes catégories de produits, en 2017

Estimation de l'OMC.

3 Une recomposition du commerce mondial favorable à l'Asie orientale

● **La croissance des flux maritimes intensifie la littoralisation.** Ils représentent 80 % des échanges mondiaux de marchandises. Le transport maritime s'organise en alliances mondiales de grands groupes spécialisés dans la **conteneurisation** (APM Maersk, MSC, Cosco, CMA-CGM) qui parcourent des lignes régulières et rejoignent les principaux ports (les *hubs*) situés sur les littoraux de grandes métropoles.

● **Le commerce maritime connaît un basculement vers l'Asie orientale.** Elle réalise 25 % des échanges mondiaux et assure 40 % du trafic mondial des conteneurs. Les ports chinois (12 des 20 premiers ports mondiaux dont Shanghai, Shenzhen, Ningbo qui représentent 60 % du trafic mondial) et du reste de l'Asie orientale (Singapour, Busan) connaissent une progression spectaculaire (excepté au Japon). Ils dessinent la première **façade maritime** mondiale devant la *Northern range* (Rotterdam) en Europe occidentale et les façades nord-américaines (New York, ports du golfe du Mexique). Leurs interfaces relient leurs arrière-pays mégalopolitains (américain, européen, japonais et chinois) à l'avant-pays océanique mondial.

● **À l'image du monde, la métropolisation se renforce en Asie.** Elle se traduit par la concentration des hommes, des activités, des capitaux et des infrastructures dans les grandes villes. (→ **thème 1**)

Les 3 premiers ports de conteneurs
En millions d'EVP[1], en 2017

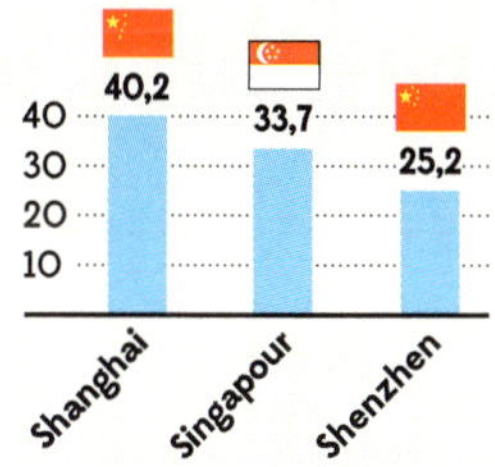

1. « Équivalent Vingt Pieds », mesure standard de la longueur d'un conteneur.

Source : World Shipping Council, 2018.

Notions clés

- Flux 112
- FTN 111
- Métropolisation 55

Du cours au schéma

Schéma interactif à compléter

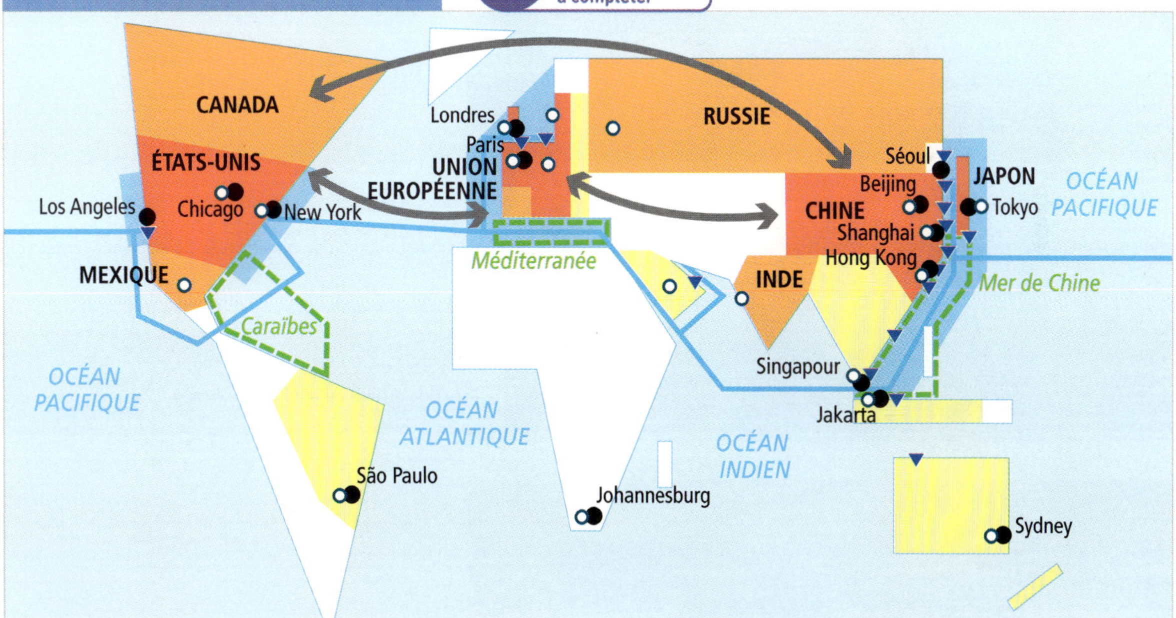

1. Des puissances commerciales hiérarchisées

- Principales puissances commerciales
- Puissances commerciales secondaires
- Autres pays insérés dans le commerce mondial
- Espaces faiblement insérés

2. Des lieux d'échanges polarisés

- Métropoles mondiales
- Principales villes boursières
- Façades maritimes et portuaires
- Routes maritimes
- Principaux bassins touristiques
- Lieux d'échanges polarisés

Désindustrialisation et recomposition architecturale

Les espaces productifs se recomposent en permanence sous l'impulsion d'acteurs variés. La reconversion de sites et bâtiments industriels en friche se généralise, marquant une volonté de préserver le patrimoine industriel, tout en lui donnant de nouvelles fonctions.

→ Comment les anciens espaces industriels peuvent-ils s'inscrire dans une dynamique de recomposition spatiale ?

Le saviez-vous ?

▶ Certains bâtiments ou sites industriels sont inscrits dans la liste du patrimoine mondial de l'Unesco.

Vocabulaire

Reconversion : réorientation des activités d'une entreprise ou d'un espace vers un secteur plus compétitif suite au déclin d'une production.

1 Reconversion de la centrale thermique Montemartini (Rome)

Fonction d'origine	Centrale thermique
Activité	1912 aux années 1960
Reconversion	1997
Fonction du site aujourd'hui	Musée

2 Reconversion du bassin minier de Zollverein (Essen, Allemagne)

Fonction d'origine	Bassin minier
Activité	1847 aux années 1980
Reconversion	Années 1990 (inscription au patrimoine mondial de l'Unesco en 2001)
Fonction du site aujourd'hui	Centre artistique et de loisirs

Fonction d'origine	Ligne ferroviaire
Activité	XIXe siècle – années 1980
Reconversion	2006-2009
Fonction du site aujourd'hui	Espace vert urbain

La High Line en 2016

La High Line en 1953

3 Reconversion d'une ligne ferroviaire, la High Line à New York (États-Unis)

ÉCLAIRAGE

4 La reconversion des espaces industriels

Sous des noms variés (conversion, reconversion, réhabilitation, réutilisation, recyclage, transformation, mutation, transcription, etc.), l'adaptation de sites et de bâtiments délaissés par leurs fonctions premières de production industrielle est aujourd'hui monnaie courante dans tous les pays d'ancienne industrialisation. Née dans les années 1970 avec l'émergence d'une nouvelle sensibilité à l'égard des vestiges physiques de l'industrialisation, la reconversion s'est imposée, faute de pouvoir créer partout des musées de l'industrie, comme une démarche susceptible de préserver quelque chose des valeurs de témoignage de ce patrimoine. Elle s'est parée depuis lors de nouvelles vertus sous les enseignes du développement durable et de la requalification urbaine. […]

Le premier des enjeux demeure la poursuite, sur les plans national et régional, de l'effort méthodique d'accumulation de connaissances sur ce patrimoine, l'approfondissement de ces connaissances et leur partage avec un public aussi large que possible. Un autre enjeu est celui de la reconversion du patrimoine industriel, l'invention pour les anciens sites et bâtiments de production de nouveaux usages qui ne gommeraient pas leur histoire et n'occulteraient pas leurs valeurs de témoignage.

Paul Smith, expert de l'histoire et du patrimoine de l'industrie, « La reconversion des sites et des bâtiments industriels », *In Situ. Revue des patrimoines* (revue officielle du ministère de la Culture), 2015.

Questions

Présenter les documents

1. Identifiez la nature et la source de chacun des documents. **doc. 1 à 3**
2. En quoi le document 4 est-il un éclairage d'expert ? **doc. 4**

Analyser les documents

3. Décrivez les nouvelles fonctions des espaces reconvertis. **doc. 1 à 3**
4. Montrez que l'ancien et le moderne sont associés dans les espaces reconvertis. **doc. 1 à 3**

Faire le lien avec la géographie

5. Comment la reconversion de ces sites s'inscrit-elle dans une dynamique de recomposition spatiale ? **doc. 1 à 4**
6. En quoi le développement durable est-il un des enjeux dans les projets de reconversion ?

C'est à vous ! En groupe — + Conseils

→ Réalisez une affiche illustrant un exemple de recomposition architecturale à la suite de la désindustrialisation d'un site ou d'un bâtiment.

→ Structurez votre affiche en deux parties « Avant »/« Aujourd'hui ».

→ Vous pouvez choisir un exemple de reconversion de site industriel dans votre région ou dans d'autres pays (ex. : Tate Modern à Londres, Lingotto à Turin, gazomètre d'Oberhausen, Millenáris à Budapest).

THÈME 2

CHAPITRE 4

Une diversification des espaces et des acteurs de la production EN FRANCE

Les systèmes productifs entre valorisation locale et intégration européenne et mondiale

Les systèmes productifs français sont modifiés par la mondialisation et l'intégration européenne qui font évoluer les logiques d'implantation des activités. À l'échelle locale, les acteurs cherchent à renforcer l'attractivité des territoires, tandis que l'essor des services contribue à la recomposition des villes.

SOMMAIRE

Dans ce chapitre

TOUS LES TEXTES en version à imprimer

TOUTES LES CARTES en version interactive

Zoom sur…

la métropole lyonnaise

GRANDLYON la métropole

	Commune	Métropole
Population (2015)	513 275 hab.	1 370 678 hab.
Superficie (km²)	47,9	533,7
Densité (hab./km²)	10 722	2 568
Nombre de communes dans la métropole		68

Le Cube Orange (agence Jakob + MacFarlane), siège social du groupe Cardinal dans le nouveau quartier de la Confluence à Lyon (2016)

FRANCE
Lyon

Étude de cas

Un pôle de compétitivité dédié aux technologies numériques en région PACA

Zoom sur…

le pôle de compétitivité « Solutions communicantes sécurisées (SCS) »

Nombre de communes concernées	200
Départements concernés	Bouches-du-Rhône ; Alpes-Maritimes ; Var
Membres du pôle SCS (entreprises et partenaires recherche / formation)	300

En quoi le pôle de compétitivité « Solutions communicantes sécurisées » est-il un territoire d'innovation ?

A Un pôle dédié aux technologies numériques

1 Les missions du pôle de compétitivité SCS

Le Pôle de compétitivité SCS a été créé à l'initiative du gouvernement en juillet 2005. Il regroupe toutes les compétences issues des métiers liés aux nouvelles technologies de l'information et de la communication (NTIC) : composants électroniques, logiciels et systèmes de communication pour la mise en œuvre d'échanges entre personnes, entre objets et de personnes à objets. Il favorise les synergies[1] entre laboratoires de recherche, universités et entreprises.

La mission du Pôle est de fédérer les énergies, de soutenir les entreprises et d'accompagner l'innovation et la croissance par une aide à la recherche de financements, mais aussi en marketing – communication, en développement et en gestion. Son statut lui autorise un contact direct avec les ministères et lui permet d'initier des échanges avec d'autres pôles de compétences (utilisateurs des produits du pôle SCS ou développant des technologies complémentaires). Il compte 300 adhérents entre les deux sites de Rousset et de Sophia Antipolis et est financé par les cotisations, la vente de services et des interventions publiques (État, Région PACA, département des Bouches-du-Rhône, Communauté du Pays d'Aix, ville de Rousset). Il a porté plus de 250 projets innovants depuis sa création.

Site Internet de la commune de Rousset (Bouches-du-Rhône), 2019.

1. Action à plusieurs provoquant un effet global.

2 Bioceanor, une entreprise innovante du pôle SCS

La start-up Bioceanor installée à Sophia Antipolis (Alpes-Maritimes) a mis au point la première station météo sous-marine connectée qui assure un suivi de la qualité de l'eau en temps réel pour l'aquaculture.

Vocabulaire

- **Innovation :** capacité à améliorer les performances d'une production ou d'une activité.
- **Pôle de compétitivité :** regroupement reconnu par l'État, sur un territoire donné, d'entreprises, d'organismes de formation et de centres de recherche publique ou privée, engagé autour de projets innovants dans un secteur d'activité donné.

3 Le pôle de compétitivité SCS implanté dans la région PACA

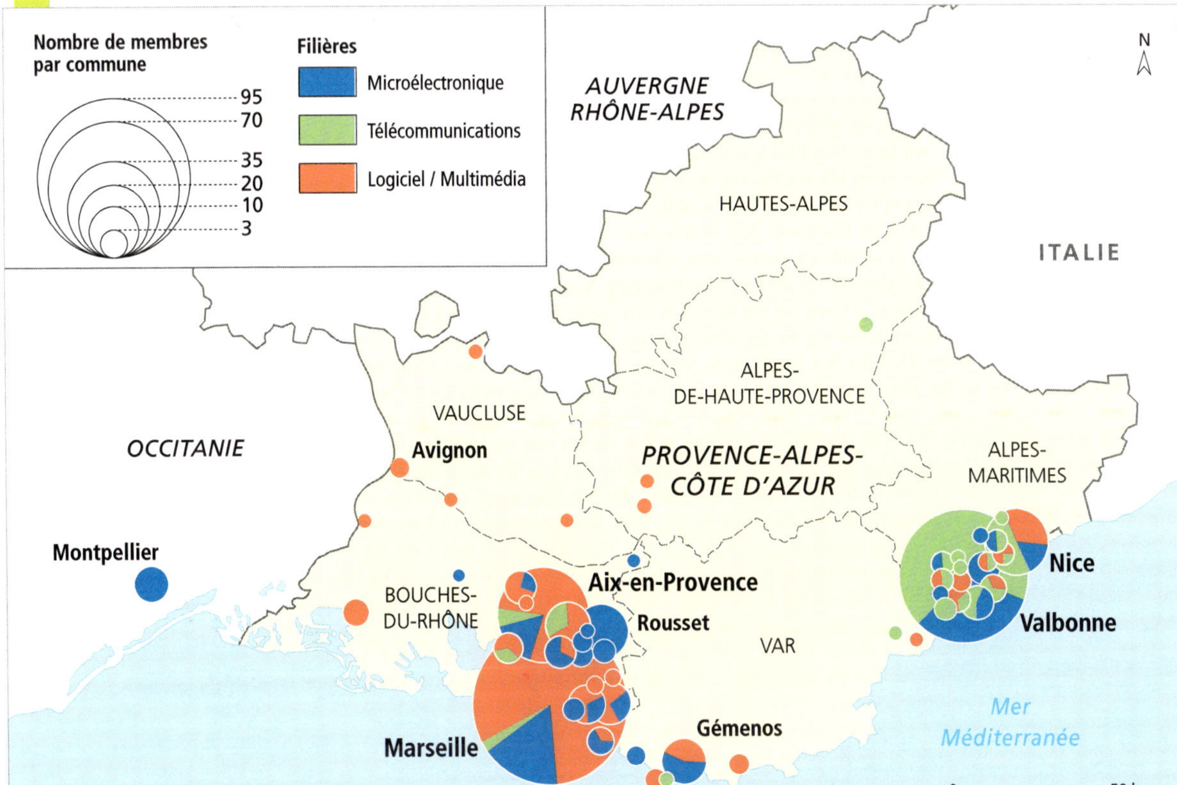

Source : Antoine Grandclément, « Pôles de compétitivité : les systèmes productifs recomposés par les réseaux d'innovation », *Revue géographique de l'Est*, vol. 54, n° 1-2, 2014.

4 Les trois domaines d'activité du pôle SCS

Les domaines d'activité
- › Sans contact
- › Réseaux, Communication entre Machines & Services Mobiles
- › Sécurité & Identités Numériques

Stratégie du pôle de compétitivité SCS

Les produits technologiques
- › Carte à puce
- › Solutions sans contact
- › Géolocalisation
- › Réseaux sans fil
- › Logiciels embarqués
- › Objets intelligents
- › Applications mobiles
- › Téléphonie Internet mobile
- › Systèmes de sécurité

Les marchés visés
- › Environnement
- › Énergie
- › Santé
- › Commerce
- › Banque
- › Transport
- › Services aux particuliers
- › Marchés publics

Questions

Itinéraire 1

Décrire et expliquer

1. Situez les territoires dans lesquels s'intègre le pôle de compétitivité SCS. **doc. 1 à 3**
2. Identifiez les secteurs d'activité des membres du pôle de compétitivité. **doc. 2 et 4**
3. Relevez les missions remplies par le pôle de compétitivité. **doc. 1**
4. Expliquez, à l'aide de l'étude de cas, ce qu'est un pôle de compétitivité. **doc. 1 à 4**

ou

Itinéraire 2

Utiliser un tableau d'extraction d'information (1/2)

Complétez le tableau à l'aide des informations rencontrées dans les documents 1 à 4.

	Informations
1. Les caractéristiques du pôle de compétitivité (localisation, définition, objectifs, etc.)	
2. Les acteurs qui favorisent l'innovation et leur rôle	
3. Les effets sur la compétitivité du système productif (à toutes les échelles)	

B Un réseau d'acteurs favorisant l'innovation

5 Le pôle de compétitivité SCS au sein du technopôle de Sophia Antipolis

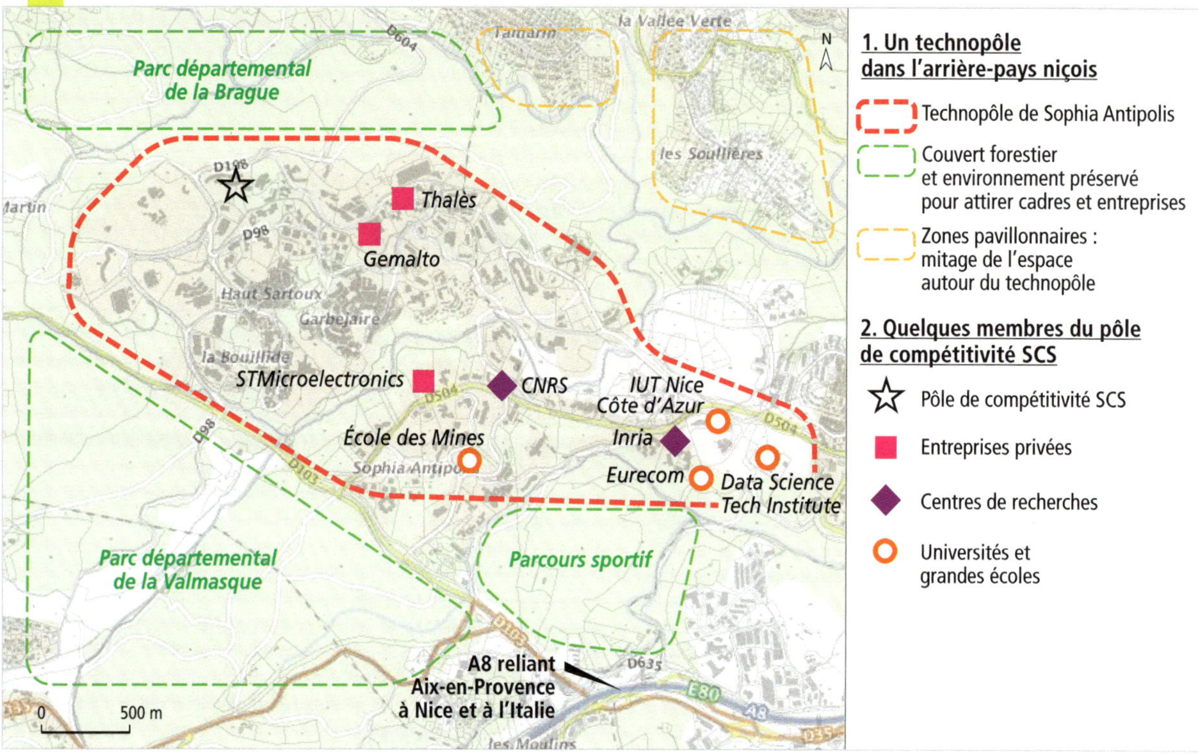

6 Un partenariat avec un investisseur régional

Le fonds d'investissement[1] régional PACA Investissement créé en 2011 a permis de financer une cinquantaine de participations dans des entreprises innovantes. Sur un total de 50 entreprises, 20 start-up sont membres du Pôle SCS au moment de l'investissement. Cela illustre le besoin très fort de financement de ces entreprises et le poids du secteur numérique et des technologies de l'information et de la communication en région qui représente 10 % du PIB et près de 77 000 emplois au global [...].

Fondé et financé par la Région PACA et financé à 50 % par des fonds européens, PACA Investissement a pour objectif de doubler ses investissements sur les cinq ans à venir.

Site Internet de Presse Agence, La lettre économique et politique de PACA, 22 mars 2017.

1. Société publique ou privée qui investit du capital dans des projets d'entreprises correspondant à ses spécialités.

7 Une synergie entre différents acteurs

Source : www.pole-scs.org.

C Un rayonnement international

Vidéo

8 TBC-France au salon Eurosatory 2018

TBC-France, membre du pôle SCS, expose son robot de sécurité autonome au salon international de défense et de sécurité Eurosatory 2018.

Vocabulaire

- **Technopôle :** parc d'activités souvent situé en situation suburbaine regroupant entreprises et centres de formation supérieure ou de recherche spécialisés dans des activités de haute technologie.

9 Le pôle SCS, une compétitivité à l'échelle internationale

Fort de ses 200 000 visiteurs et plus de 4 700 exposants, le Consumer Electronic Show (CES) de Las Vegas est le rendez-vous mondial incontournable pour les start-up innovantes qui souhaitent présenter leurs nouveaux produits aux grands groupes et à un public d'experts du monde entier.

À l'occasion de cet événement, une délégation de 55 start-up régionales, toutes porteuses d'innovations technologiques, est conduite par la Région Provence-Alpes-Côte d'Azur, en partenariat avec les Métropoles Aix-Marseille Provence, Nice-Côte d'Azur, Toulon Provence Méditerranée et les communautés d'agglomération Sophia Antipolis et du Grand Avignon.

Parmi ces jeunes pousses, 9 ont obtenu un CES Innovation Award 2019 et l'une d'entre elles, BeeLife[1] s'est vu remettre la récompense suprême, le CES Best of Innovation Award.

BeeLife [a développé] une ruche innovante, CoCoon. Cette ruche thermoactive utilise la chaleur du soleil pour traiter l'acarien *Varroa destructor* et permet la résistance au changement climatique.

TechSnooper [en ligne], 30 décembre 2018.

1. Basée à Aix-en-Provence, BeeLife est membre du pôle de compétitivité SCS.

Questions

Itinéraire 1

Décrire et expliquer

5. Montrez que Sophia Antipolis est un technopôle. **doc. 5**
6. Identifiez les différents types d'acteurs du pôle de compétitivité SCS ainsi que leur rôle. **doc. 5 à 7**
7. Prélevez des exemples qui démontrent le rayonnement international du pôle de compétitivité. **doc. 8 et 9**

Synthétiser et argumenter

8. Expliquez comment le pôle de compétitivité « Solutions communicantes sécurisées » renforce le dynamisme d'un espace productif innovant. **doc. 1 à 9**

ou

Itinéraire 2

Utiliser un tableau d'extraction d'information (2/2)

Poursuivez le tableau commencé p. 97 en le complétant des informations rencontrées dans les documents 5 à 9.

	Informations
1. Les caractéristiques du pôle de compétitivité (localisation, définition, objectifs, etc.)	
2. Les acteurs qui favorisent l'innovation et leur rôle	
3. Les effets sur la compétitivité du système productif (à toutes les échelles)	

THÈME 2 — SE PRÉPARER — MONDE — FRANCE — RÉVISER

Cartes

Les dynamiques des systèmes productifs industriels et tertiaires en France

1 Les dynamiques contrastées des systèmes industriels français

1. Un territoire inégalement industrialisé

- Espaces anciennement industrialisés en reconversion
- Espaces industriels de hautes technologies
- Espaces peu ou pas industrialisés

2. Des dynamiques contrastées

- Villes affectées par la désindustrialisation
- Zones industrialo-portuaires
- Pôles de haute technologie
- Districts industriels en zone rurale

3. L'intégration aux espaces européen et mondial

- Bassins d'emplois et pôles décisionnels
- Principaux axes de transport terrestre
- Interface frontalière continentale
- Axe de transport maritime majeur
- Investissements directs étrangers

2 Les espaces productifs de services en France

Vocabulaire

- **Désindustrialisation :** voir p. 104.
- **District industriel :** concentration, sur un territoire donné, de petites et moyennes entreprises, spécialisées dans un secteur d'activité reposant sur des savoir-faire hérités.
- **Zone industrialo-portuaire (ZIP) :** espace portuaire accueillant une forte concentration d'activités industrielles.

Questions

1. Identifiez les principales régions industrielles et touristiques en France. **doc. 1 et 2**
2. Quelles infrastructures favorisent l'intégration des espaces productifs français à l'espace européen et mondial ? **doc. 1 et 2**

Cours

Podcast du cours

Les systèmes productifs entre valorisation locale et intégration européenne et mondiale

Quelles sont les mutations des systèmes productifs français liées à l'intégration européenne et mondiale ?

1 Des systèmes productifs en mutation

- **L'industrie est un secteur d'activité en recomposition.** Depuis plusieurs décennies, la part de l'industrie dans la production de richesse diminue. L'emploi industriel est également en baisse : avec 3,3 millions d'emplois, il représente 12,5 % de la population active contre 40 % en 1968. Cette désindustrialisation s'explique par des facteurs variés. La robotisation a notamment réduit le nombre d'emplois industriels en accroissant la productivité.

- **Dans un contexte d'intégration européenne et mondiale, les systèmes productifs français connaissent des mutations.** Certaines entreprises délocalisent une partie de leurs activités pour rechercher une main-d'œuvre bon marché, des normes sociales, fiscales et environnementales peu contraignantes. D'autres, au contraire, rapatrient une partie de leur activité sur le territoire. L'Union européenne favorise les partenariats industriels européens (EADS dans le secteur aérospatial) et encourage les privatisations d'entreprises publiques. L'État français reste néanmoins actionnaire de nombreuses entreprises dans les domaines du transport (Air France-KLM, RATP, SNCF), de l'énergie (Engie, EDF) ou des services (La Poste, Orange).

- **Les systèmes productifs évoluent vers une tertiarisation croissante de l'économie.** Les services représentent près de 80 % de la production de richesse en France. Le développement du tourisme et des services aux entreprises participe à l'accroissement de la part des services dans l'économie. Les services à la personne progressent également du fait du vieillissement de la population (« silver-économie »).

DOSSIER Le renouveau du *made in France* ? → p. 100

2 De nouvelles dynamiques de localisation

- **Certains systèmes productifs reposent sur un ancrage local fort.** Les districts industriels se développent autour de productions spécialisées à haute valeur ajoutée, organisées en petites unités de production. Certains territoires sont associés à des systèmes productifs spécialisés. Ces systèmes productifs locaux bénéficient d'une labellisation par l'État, comme le Choletais (confection enfantine et chaussures), la région d'Oyonnax (plasturgie) ou le Vimeu (serrurerie et robinetterie).

- **L'accessibilité et l'innovation constituent les deux principaux facteurs de recomposition des systèmes productifs.** Les entreprises privilégient les territoires les mieux connectés et valorisent les interfaces : régions frontalières, portuaires ou aéroportuaires. Les acteurs publics et privés mettent l'accent sur le recours à l'innovation afin de favoriser la compétitivité des systèmes productifs.

- **Les acteurs publics jouent un rôle essentiel dans l'accompagnement de ces mutations.** Les collectivités territoriales agissent sur les équipements et services mis à disposition des entreprises à l'échelle régionale ou locale tandis que l'État intervient par des politiques d'aménagement du territoire. La politique industrielle a longtemps eu pour vocation de rééquilibrer la répartition des implantations industrielles et d'aider les territoires les plus fragiles. Les appels à projets à destination des pôles de compétitivité représentent une rupture en concentrant désormais les efforts sur les territoires compétitifs et attractifs.

ÉTUDE DE CAS Le pôle de compétitivité SCS → p. 96

Vocabulaire

- **Compétitivité** : capacité d'une entreprise, d'un secteur économique ou d'un territoire à vendre ou à fournir durablement un ou plusieurs biens ou services sur un marché concurrentiel.
- **Délocalisation** : transfert de production vers des pays disposant d'une main-d'œuvre à bas coût et de réglementations sociales et environnementales peu contraignantes.
- **Désindustrialisation** : diminution ou disparition de l'activité industrielle.
- **District industriel** : voir p. 103.
- **Innovation** : capacité à améliorer les performances d'une production ou d'une activité.
- **Pôle de compétitivité** : voir p. 96.
- **Productivité** : rapport entre la quantité produite et les moyens (humains, matériels) utilisés pour cette production.
- **Reconversion** : réorientation des activités d'une entreprise ou d'un espace vers un secteur plus compétitif suite au déclin d'une production.
- **R&D (Recherche et développement)** : activité destinée à améliorer la qualité et la capacité de production d'une entreprise. C'est un facteur majeur d'innovation, et donc de compétitivité.
- **Technopôle** : voir p. 99.
- **Tertiarisation** : progression du poids des services dans l'économie et la population active d'un pays.

3 Une nouvelle géographie des espaces productifs

● **À l'échelle nationale, les métropoles sont de plus en plus attractives pour les activités productives.** La mondialisation renforce la concurrence entre les territoires et favorise les métropoles. Elles sont à la fois des bassins d'emplois et de vastes marchés de consommation. La métropole francilienne reste la première région économique, assurant à elle seule plus de 30 % du PIB français. L'Île-de-France concentre l'essentiel des fonctions de commandement du secteur privé et de la recherche scientifique alors que le reste du territoire est davantage voué à la production de biens et de services.

● **La réorganisation des activités productives accentue les inégalités entre régions.** Les grandes villes des Midis méditerranéen et atlantique, aux nombreux atouts, attirent activités industrielles et tertiaires. Les régions anciennement industrialisées du Nord et du Nord-Est sont en reconversion tandis que les territoires ultramarins souffrent de l'éloignement et de l'exiguïté insulaires.

● **À l'échelle locale, les espaces productifs concentrent les activités décisionnelles et stratégiques.** Dans les métropoles, les quartiers d'affaires (La Défense, La Part-Dieu) accueillent les sièges sociaux de firmes et les services aux entreprises. Les entreprises spécialisées dans la recherche et le développement (R&D) et dans les hautes technologies recherchent la proximité des universités et centres de recherche en s'implantant dans les technopôles (Sophia Antipolis, Saclay).

ÉTUDE DE CAS Le pôle de compétitivité SCS → p. 96

Répartition de l'emploi par secteur d'activité
En %, en 2016

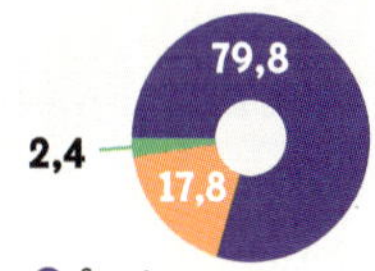

● Services
● Industrie et construction
● Agriculture, sylviculture et pêche

Source : Insee, 2018.

L'innovation en France

Investissements R&D : 49,8 milliards d'€, 2,27 % du PIB

Environ 1 chercheur **pour** 100 emplois

Publications scientifiques : 7e rang mondial

Source : Ministère de l'Enseignement supérieur, de la Recherche et de l'Innovation, 2018.

Notion clé

Du cours au schéma

Schéma interactif à compléter

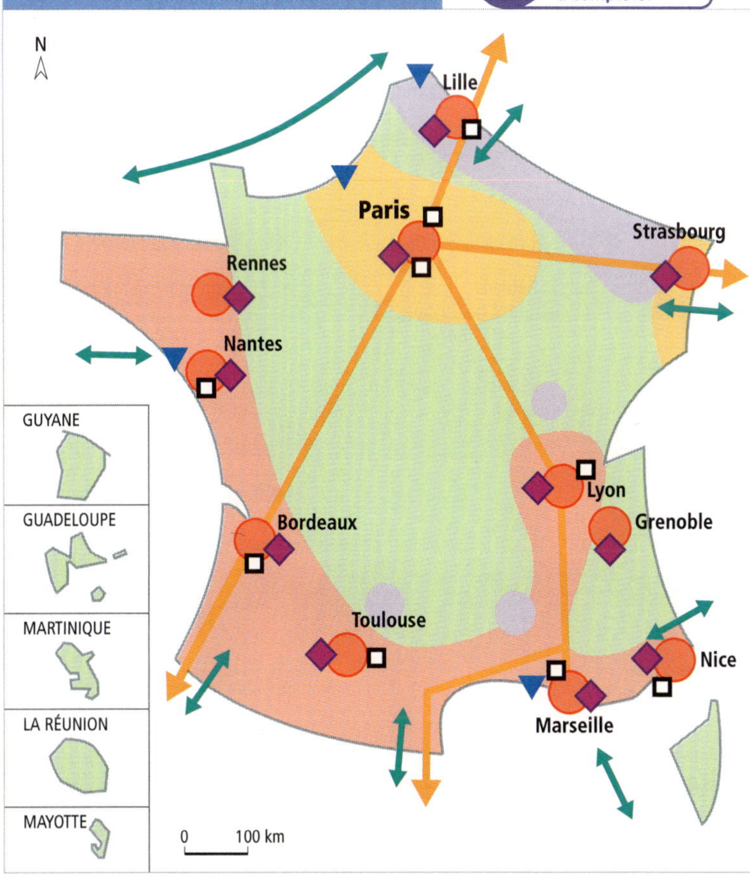

1. Des systèmes productifs en mutation

- Métropoles innovantes et intégrées dans la mondialisation
- Espaces dynamiques fortement intégrés à l'Europe et au monde
- Espaces dynamisés par le tourisme et les hautes technologies
- Anciennes régions industrielles en reconversion
- Espaces peu productifs et peu intégrés à la mondialisation

2. Facteurs de localisation et dynamiques des systèmes productifs

- Principaux axes de communication
- Principaux aéroports
- Principaux ports
- Échanges avec le monde et l'Europe
- Principaux technopôles

L'or, une ressource d'avenir pour la Guyane ?

1 La Compagnie minière Montagne d'Or

Parole d'acteur

Le projet Montagne d'Or est un projet de mine d'or industrielle, situé à 125 km au sud de Saint-Laurent-du-Maroni, dans un secteur inoccupé, à plus de 50 km de toute habitation.

L'objectif est de mobiliser les meilleures techniques disponibles pour l'extraction de 85 tonnes d'or sur douze années, en maximisant les retombées pour les retombées pour le territoire, tout en réduisant au maximum les impacts sur l'environnement.

Ce projet générera 750 emplois directs et 3 000 emplois indirects et induits. Environ 57 métiers sont nécessaires pour les activités de la future mine, comme l'extraction et le traitement du minerai, le suivi environnemental, les services administratifs et la base-vie.

Le projet Montagne d'Or engendrera de nouvelles opportunités pour le développement du territoire, nous estimons à 3 milliards de retombées pour le territoire et les Guyanais.

Présentation du projet, montagnedor.fr [en ligne], 2018.

2 L'exploitation aurifère sur le territoire guyanais

1. Exploitation aurifère et milieux naturels
- Activité minière autorisée
- Activité minière interdite
- Projet Montagne d'Or
- Parc national amazonien de Guyane

2. Peuplement et réseau routier
- Frontières
- Cayenne, capitale régionale
- Autres pôles urbains
- Principal axe routier

3 La Guyane en quelques chiffres

Population (2018) **281 612 habitants**

Densité de population : 3,3 hab./km²

Taux de chômage : 22 %

PIB/habitant : 15 813 € (métropole : 33 400 €)

Gisement de la Montagne d'Or : 85 tonnes d'or (gisements en métropole : 170 tonnes)

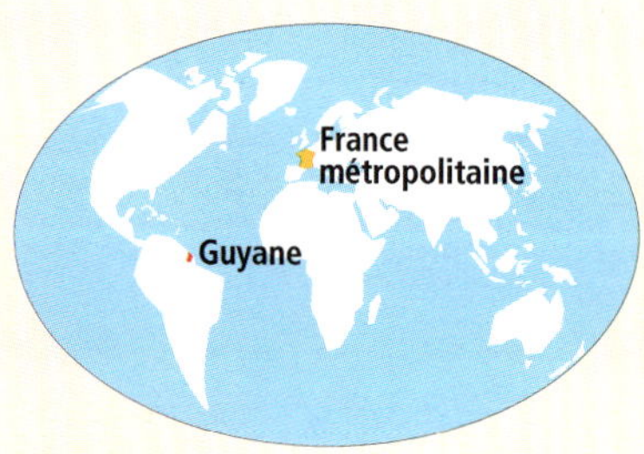

Vocabulaire
- **Aurifère :** adjectif relatif à l'or.
- **Gisement :** richesse géologique présente en masse.

4 L'exploitation aurifère guyanaise en dates

- **1855** : Découverte des premières pépites d'or
- **1880** : Exploration et découverte de gisements
- **1880-1930** : Premières exploitations (exploitation de 2 à 6 tonnes d'or par an, concernant 12 000 personnes)
- **1930** : Épuisement des gisements les plus accessibles
- **1950** : Déclin de l'activité aurifère (moins de 1 000 personnes concernées pour une production annuelle déclarée de 500 kg)
- **Depuis 1980** : Hausse des cours de l'or, reprise de l'activité d'orpaillage
- **2019** : Débat public sur le projet de la Montagne d'Or
- **2022-2033** : Exploitation de la Montagne d'Or
- **2034-2069** : Réhabilitation du site de la Montagne d'Or

La future mine de la Montagne d'Or en quelques chiffres

- **Site minier : 8 km²** dont fosse : 1 km²
- **Gisement : 85 tonnes d'or**
- **Production : 6,7 tonnes/an**
- **Construction-production : 15 ans minimum**

Parole d'acteur

5 Le Collectif « Or de question ! »

Tract du collectif « Or de Question ! », 2018.
Ce collectif est un mouvement engagé qui réunit des organisations de défense de l'environnement et des peuples autochtones.
Le vert, le jaune et l'étoile rouge sur le tract font référence à un drapeau de la Guyane, non officiel, associé à différents mouvements de contestation.

6 Le WWF (Fonds mondial pour la nature)

Parole d'acteur

Le WWF France dénonce l'impact désastreux de ce projet (la Montagne d'Or) sur un écosystème exceptionnel. Selon l'opérateur, pour extraire l'or, 57 000 tonnes d'explosifs, 46 500 tonnes de cyanure et 195 millions de litres de fuel seront nécessaires pour les 12 ans de durée de vie du projet.

Chaque année, 20 000 touristes visitent la Guyane. Selon une étude du Schéma régional de développement du tourisme et des loisirs de Guyane[1], si la filière du tourisme bénéficiait des investissements nécessaires, ils pourraient être 60 000 par an en 2024. L'objectif : créer à terme 4 500 emplois directs pour un investissement public de 107 millions d'euros publics (soit 24 000 euros publics par emploi créé).

Le WWF France a identifié six autres filières qui pourraient créer de 18 000 à 20 000 emplois au total en dix ans : l'agriculture, le bâtiment, les énergies renouvelables, l'agroalimentaire, la pêche et la foresterie durables. Les Guyanais souhaitent le développement de ces filières et ne considèrent pas la filière aurifère comme un secteur prioritaire pour le développement.

Non au projet minier Montagne d'Or, WWF.fr, 2019.

1. Étude du Schéma régional de développement du tourisme et des loisirs de Guyane (novembre 2013).

C'est à vous !

Géo DÉBAT

L'or, une ressource d'avenir pour la Guyane ?

ÉTAPE 1 Comprendre et préparer le débat

1. Montrez que l'or représente une importante ressource en Guyane. **doc. 1 à 3**
2. L'exploitation de l'or est-elle récente en Guyane ? **doc. 4**
3. Quels espaces peuvent être menacés par l'exploitation de l'or ? **doc. 2**

ÉTAPE 2 Participer au débat

4. Avant le débat, prélevez les arguments des différents acteurs **doc. 1, 5 et 6**. Reportez-les dans le tableau.
5. Avant le débat, en prenant appui sur les documents et votre point de vue personnel, notez vos arguments dans le tableau.
6. Pendant le débat, notez les arguments des autres élèves.

Conseils

- Écoutez et respectez la parole des autres.
- Pour convaincre, il est important de s'appuyer sur des exemples précis (localisés, datés, chiffrés).
- Ne lisez pas vos notes et présentez vos arguments en regardant vos auditeurs. Relisez vos notes avant de prendre la parole.

	Il faut poursuivre l'exploitation de l'or en Guyane	Il faut limiter l'exploitation de l'or en Guyane
Arguments des acteurs	• • •	• • •
Mes arguments	• • •	• • •
Les arguments des autres élèves	• • •	• • •

Tableau à imprimer

Vidéo

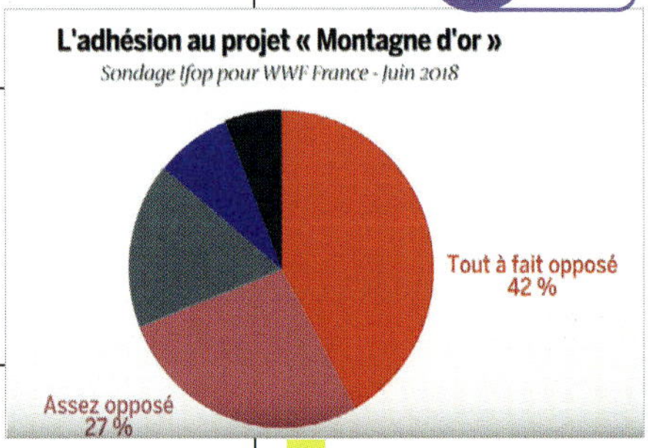

« Quelle est cette Montagne d'Or qui fait polémique ? », reportage du *Monde*, 5 juillet 2018.

ÉTAPE 3 Conclure le débat

7. À la suite du débat en classe, exprimez votre point de vue personnel et argumenté sur l'exploitation de l'or en Guyane.
8. Les arguments échangés lors du débat vous ont-ils amené(e) à revoir votre position de départ ? Expliquez pourquoi.

Une diversification des espaces et des acteurs de la production

RÉVISER & APPROFONDIR

Chantiers navals de Saint-Nazaire (Loire-Atlantique). 2017.

SYNTHÈSE

→ THÈME 2 Une diversification des espaces et des acteurs de la production

1 Diversification et spécialisation des espaces productifs

Podcast de la synthèse

● **À l'échelle mondiale, on observe une nouvelle organisation de la production.** Les grandes puissances concentrent les activités de direction et de recherche. Certains espaces se spécialisent dans la production industrielle (Asie) ou celle de ressources agricoles ou minières (Afrique, Amérique du Sud). D'autres se structurent autour des services tels que la finance ou le tourisme à l'image de nombreuses îles.

● **Cette nouvelle organisation affecte le système productif français.** Il connaît parallèlement une désindustrialisation et une puissante tertiarisation : les services représentent 80 % de la production de richesse en France.

2 Des espaces productifs de plus en plus interconnectés

● **Les firmes transnationales sont des acteurs majeurs de la production.** Elles s'appuient sur une division internationale des processus productifs et développent des chaînes de valeur ajoutée mondialisées. Les flux s'accroissent entre des espaces productifs fortement interconnectés. Le développement de l'économie numérique favorise ces dynamiques.

● **Les entreprises françaises participent à ce processus.** Elles s'intègrent dans des réseaux de production européens à l'image des industries aéronautiques. Pour mieux affronter la concurrence, les gouvernements européens encouragent la coopération entre leurs entreprises : Airbus assemble ses avions en France à partir de pièces produites dans plusieurs villes d'Europe.

3 Des systèmes productifs en recomposition

● **Les territoires sont mis en concurrence et valorisent leurs avantages comparatifs.** Les territoires les mieux connectés au monde (régions métropolitaines, frontalières et littorales), ainsi que ceux assurant une mise en réseau des entreprises sont favorisés. C'est par exemple le cas de la région Île-de-France qui offre aux entreprises un environnement favorable en termes d'innovation ou de logistique.

● **À toutes les échelles, les acteurs publics accompagnent ces recompositions.** Ils prennent des mesures pour favoriser la compétitivité des territoires et leur mise en réseau. En France, les pôles de compétitivité, les districts industriels ou les technopôles permettent une meilleure valorisation des territoires.

Notions clés

Espace productif	111
Firme transnationale (FTN)	111
Chaîne de valeur ajoutée	112
Flux	112
Production	113
Système productif	113

Chiffres clés

- **Volume de marchandises échangées multiplié par 3,5 depuis 1990**
- **10 pays assurent la moitié du commerce mondial**
- **Part du transport maritime dans les échanges de marchandises : 80 %**
- **Part des services dans les échanges mondiaux : 1/3**
- **1,4 milliard de touristes en 2018**

Pour approfondir

Documentaires

- *Starbucks sans filtre*, de Luc Hermann, Gilles Bovon, 2018.

- *Le Monde selon H&M*, de Marie Maurice, 2014.

Podcasts

- *Entendez-vous l'éco ?*, France Culture « Amazon, un empire logistique ? », émission du 14 mars 2018.

Visites

- **Entreprise et découverte**
Un site qui propose de nombreuses visites d'entreprises partout en France : www.entrepriseetdecouverte.fr.

NOTIONS

ESPACE PRODUCTIF

Un **espace productif** est un espace aménagé et mis en valeur dans le cadre d'une activité économique donnée.

Les espaces productifs sont définis en fonction de leur localisation géographique (espace productif français, européen), de leur appartenance à une activité spécialisée (industrielle ou agricole) ou à une entreprise (Airbus, Renault).

Schéma interactif

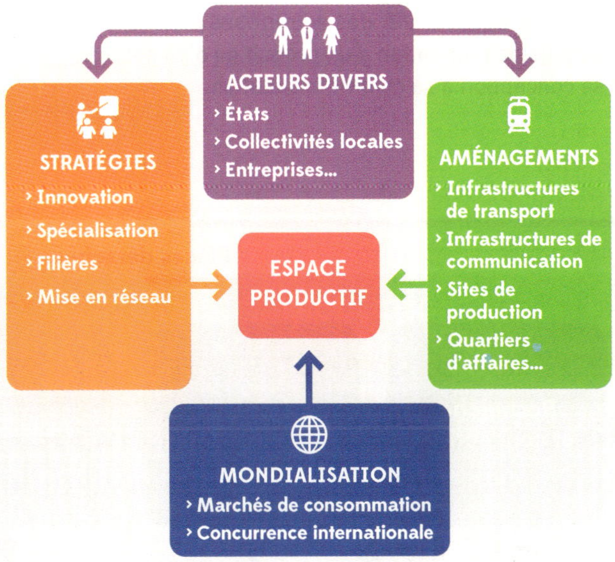

FIRME TRANSNATIONALE (FTN)

Une **firme transnationale** (FTN ; on parle également de firme multinationale) est une entreprise implantée dans de nombreux pays (siège social, sites de production, filiales, commercialisation). Elle réalise la majeure partie de son chiffre d'affaires en dehors de son pays d'origine où elle conserve ses activités décisionnelles.

Acteur majeur de l'économie mondiale, elle génère des flux nombreux et de toutes natures.

Schéma interactif

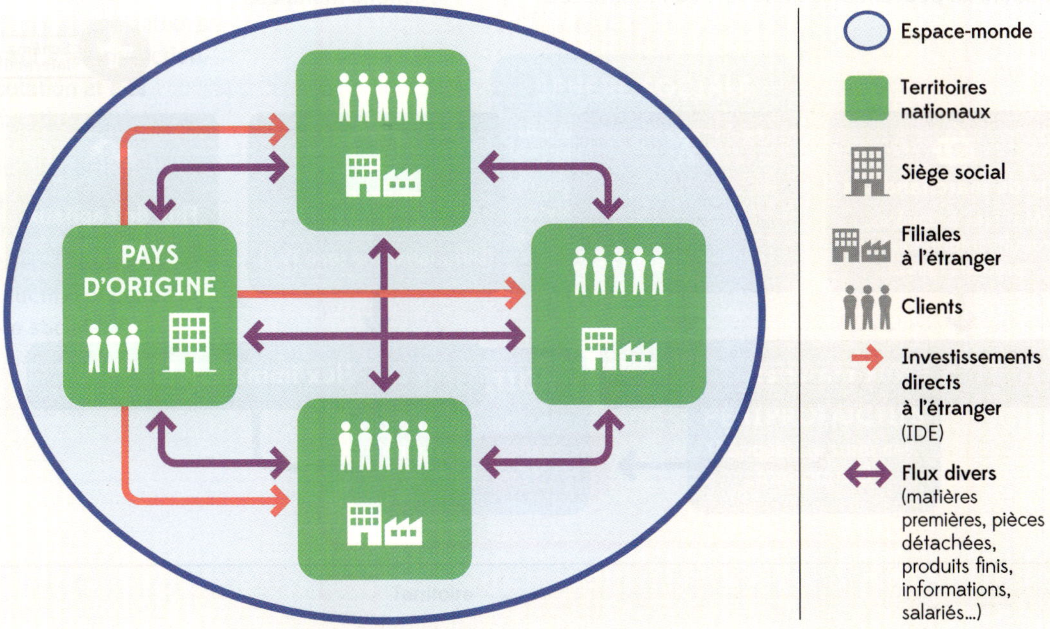

EXERCICES

1 Vérifier ses connaissances

Exercices interactifs

Retrouvez des exercices interactifs pour tester vos connaissances sur le thème 2.

2 Analyser une carte

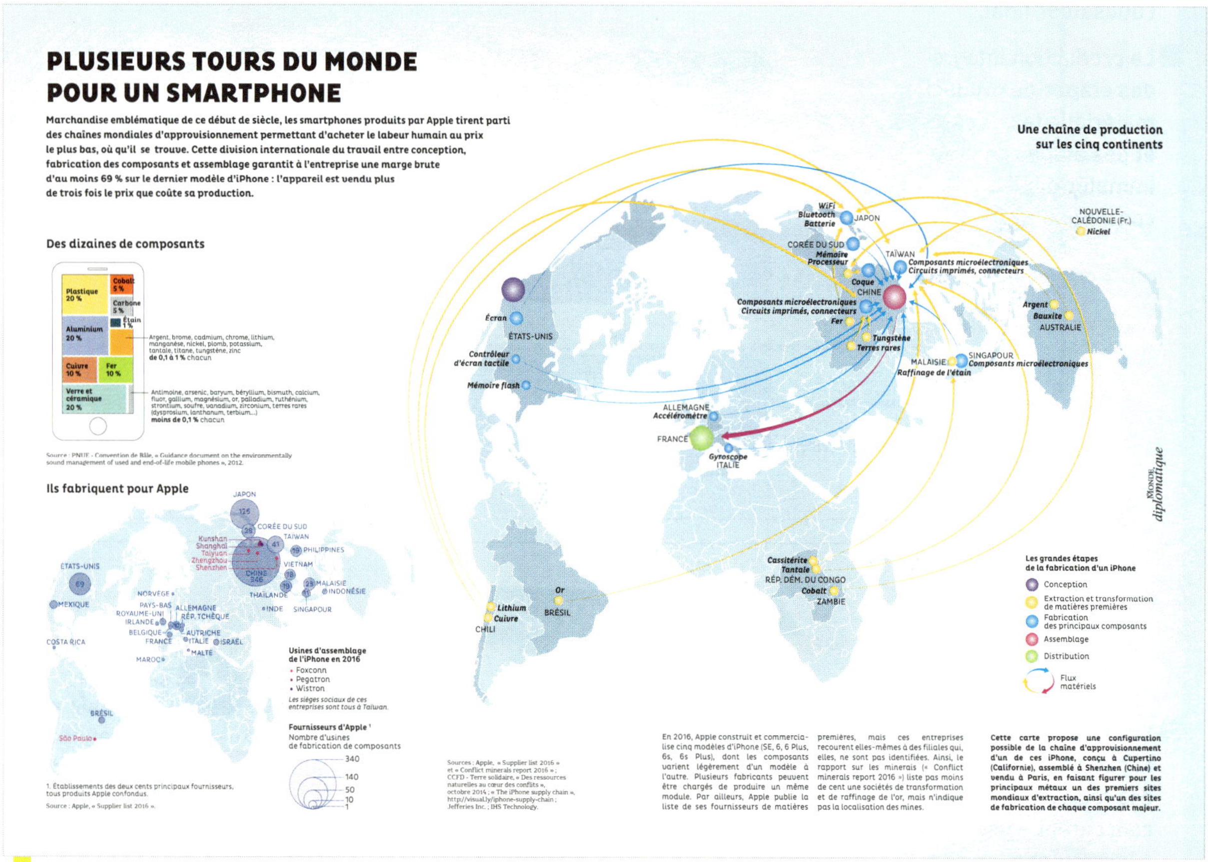

La fabrication d'un iPhone

Dario Ingiusto et Cécile Marin « Plusieurs tours du monde pour un smartphone », Manuel d'économie critique, *Le Monde diplomatique*, 2016.

Questions

1. Complétez le tableau suivant en y indiquant les principales étapes de la chaîne de production de l'iPhone et les pays où elles sont réalisées.

Étapes	Pays

2. Montrez que la production repose sur des flux d'échanges.

3. Comment l'exemple de l'iPhone illustre-t-il la division internationale du travail ?

3 Analyser la carte d'un espace productif

TECHNOPÔLE HENRI-POINCARÉ

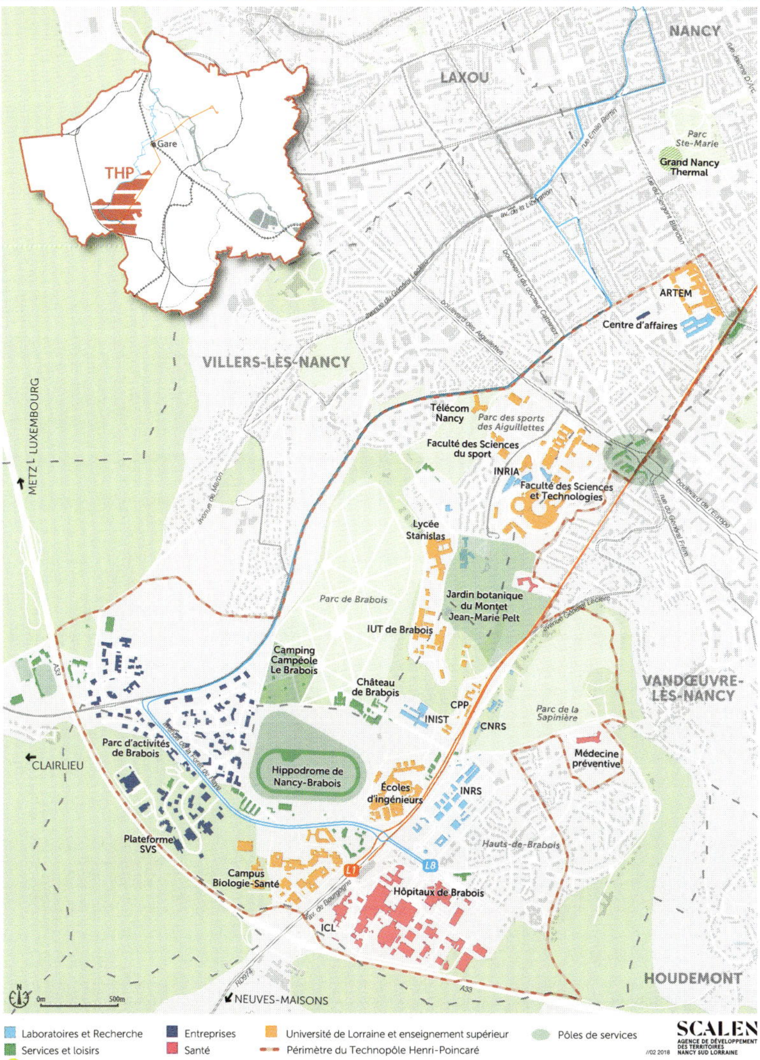

ARTEM : École des Beaux-Arts, École des Mines, ICN Business school

CNRS : Centre national de la recherche scientifique

CPP : Classes préparatoires des INP (écoles d'ingénieurs)

ICL : Institut de cancérologie

INIST : Institut de l'information scientifique et technique

INRIA : Institut national de recherche en informatique et en automatique

INRS : Institut national de recherche et de sécurité

SVS : Sciences du vivant-Santé

Le technopôle Henri-Poincaré à Nancy

Plan de la Scalen (Agence de développement des Territoires Nancy-Sud-Lorraine), 2018.
Le site technopolitain de Brabois s'étend sur plus de 500 hectares ; il accueille aujourd'hui près de 300 entreprises, plus de 15 000 emplois et 20 000 étudiants et chercheurs.

Questions

1. Localisez précisément le technopôle Henri-Poincaré.
2. Quels sont les secteurs d'activité présents dans le technopôle ?
3. Comment cet espace est-il organisé ?
4. Quels sont les atouts qui le rendent attractif ?
5. Quel est l'intérêt de ce document pour comprendre ce qu'est un technopôle ?

4 Approfondir ses connaissances

Analyser des statistiques de l'Organisation mondiale du commerce.

Exercice d'approfondissement

BAC Analyse de documents

→ Méthode générale et description de l'épreuve p. 212

MÉTHODE → Identifier les documents

SUJET

Les espaces de la production industrielle en France

Consigne : À partir de l'analyse et de la confrontation des documents, vous vous interrogerez sur les recompositions des espaces de la production industrielle en France.

Analysez les principaux facteurs et aspects des mutations industrielles, puis mettez en évidence la nouvelle géographie des espaces productifs en France.

1 La géographie industrielle de la France

Avec la mondialisation des échanges, le grand bond de la Chine, les crises économiques et l'épuisement du charbon et du gaz français, la géographie industrielle a évolué en profondeur. […] Le mouvement s'est révélé particulièrement violent dans les régions du Nord-Est, qui vivaient de la métallurgie, de la sidérurgie ou encore du textile. […] En 1975, l'industrie représentait entre 37 % et 39 % des emplois dans les régions Hauts-de-France et Grand-Est. Au fil des fermetures d'usines, […] la part de l'industrie y est tombée entre 15 % et 17 %. Île-de-France et Auvergne-Rhône-Alpes ont également beaucoup souffert. D'autres régions ont mieux résisté, en particulier la Bretagne et les Pays de la Loire. Depuis 2008, la Bretagne mais aussi la Franche-Comté et l'Occitanie affichent même une hausse du nombre d'emplois industriels. Un rééquilibrage lié en partie au fait que le développement industriel s'appuie désormais moins sur la présence de fer, de charbon ou de pétrole que sur celle de ressources intellectuelles. […] Les grands pôles urbains, proches des universités, se retrouvent ainsi les lieux d'accueil privilégiés des activités les plus technologiques. À l'inverse, les territoires périurbains ou ruraux se spécialisent davantage dans les industries moins high-tech.

Denis Cosnard, « La carte des usines françaises a été profondément remaniée », *Le Monde*, 22 novembre 2018.

2 Les 100 plus grands établissements industriels en France (en nombre d'emplois)

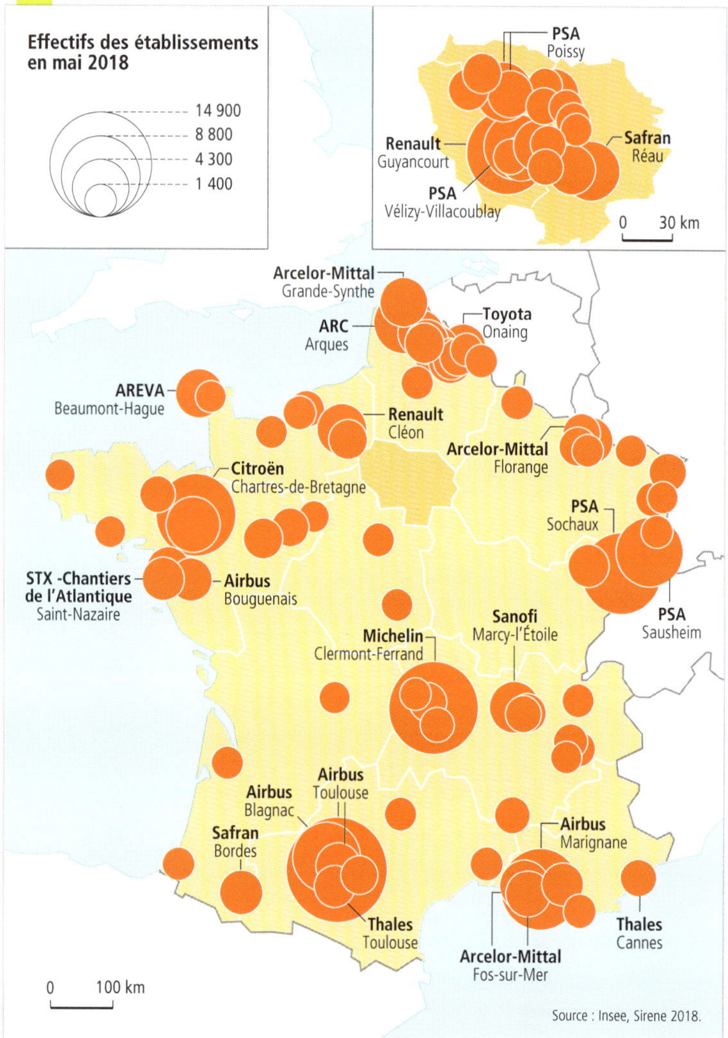

Source : Insee, Sirene 2018.

Retrouvez des sujets de BAC et des méthodes actualisés régulièrement sur le site → lyceen.nathan.fr/geo1re-2019

Méthode

Guide de travail

1 Analyser le sujet

→ Définir les termes de la consigne

1. Définissez : *espace de production industrielle.* Précisez ce que signifie « recompositions ».

→ Analyser l'énoncé de la consigne

2. Quelle est la problématique de l'analyse des documents ?

Conseil DU PROF

- Les termes géographiques utilisés indiquent les informations à rechercher dans le document.

3. Soulignez les verbes, les mots clés et les mots de liaison.
4. Quel plan est suggéré par la consigne ?

2 Analyser les documents

→ Identifier les documents

- Définir la nature des documents : carte, article de presse, graphique, etc.
- Relever la source et la date pour expliquer un contexte ou un point de vue.
- Énoncer le thème principal des documents et l'idée générale qui y est exprimée.

5. Quelle est la nature des documents ?
   → Que pouvez-vous dire à propos de leur source ?
   → De quand datent les documents ? Pourquoi cette information peut-elle être intéressante pour l'analyse ?
6. Quel est le thème commun aux deux documents ? Quelle est l'idée générale exprimée par les documents ?
   Exemple : le thème commun est « les espaces de la production industrielle ». L'idée générale est : « la géographie des espaces industriels est inégale ».

→ Extraire et mettre en relation les informations

7. Relevez les informations permettant de répondre aux différentes parties de la consigne et complétez le tableau :

	Partie 1	Partie 2
Document 1	Mondialisation des échanges ; fermetures d'usines…	Grands pôles urbains…
Document 2	PSA principal employeur industriel dans le Nord-Est…	Thales, Airbus à Toulouse…

Conseil DU PROF

- Relever les informations dans un tableau permet de les confronter plus facilement. Ce travail s'effectue sur un brouillon.

→ Expliquer les informations à l'aide des connaissances

8. Utilisez le vocabulaire du cours p. 146 pour expliquer les informations des documents.
   Exemple : désindustrialisation, reconversion, district industriel, technopôle.

3 Répondre au sujet

→ Rédiger une introduction

9. Présentez les documents en les mettant en relation avec le sujet et annoncez le plan.

→ Rédiger la réponse au sujet

10. Rédigez votre réponse en suivant le plan annoncé dans la consigne.

Conseil DU PROF

- Hiérarchisez les idées en commençant par l'idée principale, puis expliquez et donnez des exemples pris dans les documents.

→ Rédiger une conclusion

11. Pour conclure, faites un bilan de votre étude.

BAC Croquis

→ Méthode générale et description de l'épreuve p. 214

MÉTHODE → Classer les informations dans la légende

SUJET

Les grands espaces mondiaux de production

Fond de carte

Les grands espaces mondiaux de production

Les espaces productifs sont hiérarchisés en fonction de leur intégration dans la mondialisation

Les principaux d'entre eux sont essentiellement localisés dans les pôles dominants de l'économie mondiale : l'Amérique du Nord (États-Unis, Canada), l'Europe et l'Asie de l'Est (Chine littorale et Japon). Le dynamisme particulier des espaces de production sur la côte orientale de l'Australie, en Nouvelle-Zélande et en Afrique du Sud permet de les classer dans cet ensemble. La compétition économique entre les États et la division internationale du travail favorisent le développement d'espaces productifs émergents dans les régions du Sud les plus compétitives : le Brésil, l'Inde, le Mexique, la Turquie, l'Asie du Sud-Est.

Les métropoles et les littoraux sont particulièrement attractifs pour les activités de production

Parce qu'elles offrent les conditions nécessaires à l'insertion des entreprises dans la mondialisation, les villes mondiales des pays les plus développés du Nord sont les principales métropoles productives. New York, Tokyo, Londres, Paris, mais aussi Chicago, Los Angeles, San Francisco, Sydney ou encore Vancouver accueillent des activités de production diversifiées. Quant aux littoraux, leur rôle productif s'est affirmé avec la maritimisation de l'économie. Ce phénomène a entraîné le développement de façades industrialo-portuaires rassemblant les ports les plus actifs. La Chine, avec un trafic supérieur à 6 milliards de tonnes et 7 ports parmi les 10 premiers mondiaux, est la plus puissante façade maritime du monde. La façade de la mer du Nord, avec un trafic de plus d'un milliard de tonnes (Rotterdam en tête), arrive au deuxième rang. Les façades maritimes nord-américaines et japonaises sont également très dynamiques. Les littoraux sont aussi des espaces majeurs du tourisme. Les rivages méditerranéens avec plus de 100 millions de touristes par an, sont les premiers espaces touristiques mondiaux, suivis par le bassin des Caraïbes.

Le dynamisme des espaces productifs entraîne des flux de plus en plus importants à l'échelle mondiale

Plus de la moitié des flux commerciaux, financiers et touristiques de la planète s'effectuent entre les plus grandes puissances économiques (l'Amérique du Nord, l'Union européenne et l'Asie orientale – Chine et Japon). Un trafic croissant de marchandises emprunte les routes maritimes du Pacifique, de l'Atlantique et de l'océan Indien qui relient les principales façades portuaires.

Thèmes principaux indiquant les parties du plan de la légende du croquis

Informations à représenter sur le croquis

Lieux concernés par le sujet

Retrouvez des sujets de BAC et des méthodes actualisés régulièrement sur le site
→ lyceen.nathan.fr/geo1re-2019

Méthode — Guide de travail

1 Déterminer l'objectif du croquis

→ Analyser les termes du sujet

1. Repérez les mots clés du sujet et précisez leur sens.
2. Que devra montrer le croquis ?

2 Relever les informations dans le texte

→ Identifier les informations cartographiables (faits, phénomènes géographiques ou spatiaux)

3. Quelle aide les titres des parties donnent-ils pour sélectionner les informations ?
4. Montrez que les informations sélectionnées dans les paragraphes 1 à 3 correspondent au sujet.
5. Dans le paragraphe 3, comment les indications de lieu aident-elles à localiser les flux ?
   → Associez chaque information aux lieux correspondants.

Conseil DU PROF

• Vous pouvez aussi trouver des informations complémentaires dans les différentes pages du chapitre (cours, repères, cartes, synthèse).

3 Passer du texte à la légende du croquis

→ Classer les informations dans la légende

- La légende comporte deux ou trois parties ; chaque partie comporte un titre et regroupe deux ou trois informations.
- Le titre de chaque partie doit exprimer une idée construite.

6. Transformez sous forme de titres les phrases du texte qui indiquent les parties du plan.
7. À l'aide du travail effectué sur le texte, classez les informations dans le plan de la légende ci-dessous :

A. ....
- ....
- ....

B. ....
- ....
- ....
- ....

C. ....
- ....
- ....

Conseil DU PROF

• Dans chaque partie, classez les informations en les hiérarchisant par ordre d'importance.

→ Représenter les informations par des figurés

8. Quel type de figuré convient pour représenter :
   – Les pôles dominants de l'économie mondiale ?
   – Les métropoles ?
   – Les façades industrialo-portuaires ?
   – Les flux ?
9. Déterminez un figuré adapté pour chaque information.

4 Réaliser le croquis

10. Sur le fond de carte fourni :
   • Indiquez le nom des lieux (la nomenclature).
   • Recopiez sous le croquis la légende complétée.
   • Donnez un titre au croquis en reprenant celui du texte.

Conseil DU PROF

• Reprenez le titre du texte car il exprime l'idée principale du croquis.

FRANCE
Plateau de Valensole

Pour entrer dans le thème

THÈME 3

Les espaces ruraux : multifonctionnalité ou fragmentation ?

Les espaces ruraux se définissent par des spécificités paysagères, économiques et socioculturelles. Les liens qu'ils entretiennent avec les villes favorisent aussi bien leur valorisation et leur attractivité que leur protection ou leur marginalisation. La diffusion de nouvelles fonctions non agricoles entraîne des recompositions parfois facteurs de conflictualités.

Comment les recompositions des espaces ruraux contribuent-elles à la fois à diversifier et à fragiliser ces territoires ?

Touristes asiatiques dans un champ de lavande sur le plateau de Valensole dans les Alpes-de-Haute-Provence (2017)

THÈME 3

CHAPITRE 5

Les espaces ruraux : multifonctionnalité ou fragmentation ?

DANS LE MONDE

- La fragmentation des espaces ruraux
- Affirmation des fonctions non agricoles et conflits d'usage

SOMMAIRE

Dans ce chapitre

- TOUS LES TEXTES en version à imprimer
- TOUTES LES CARTES en version interactive

Zoom sur...

le Vietnam

Population (2017)	95,5 millions d'hab.
Superficie	331 210 km²
Part de la population vivant en zone rurale	65 %
Part des actifs agricoles	40 %

Le « Pont doré » : une nouvelle attraction touristique dans les montagnes du centre du Vietnam, 2018

VIETNAM

Étude de cas

Les mutations des espaces ruraux de Toscane

Zoom sur…

▸ **la Toscane (2018)**

Superficie	22 939 km² (5e région d'Italie)
Plaines	8,4 % du territoire
Collines	66,5 % du territoire
Montagnes	25,1 % du territoire

Quels sont les enjeux liés aux mutations des espaces ruraux toscans ?

A Des espaces fragmentés

1 Les espaces ruraux toscans

1. Des espaces ruraux variés

- Espaces à dominante urbaine et périurbaine
- Plaines et collines agricoles (blé, vigne, olivier)
- Espaces montagneux (élevage)
- Espace où l'agritourisme est dominant
- *Val du Chianti* Territoires de renommée internationale

2. Organisation du territoire toscan

- Principales villes
- Principaux axes routiers
- Limites régionales

Source : diverses, 2018.

2 Une diversité de paysages

Définir le paysage toscan revient à évoquer les clichés qui le caractérisent : de douces collines qui ondulent à perte de vue, des vignobles et des oliviers cultivés en terrasses, des cyprès alignés droits comme des « i ». La Toscane donne en effet l'image d'une campagne très sophistiquée, d'une région façonnée par des hommes artistes, aux mains expertes. L'organisation de l'espace se caractérise par l'utilisation de trois espèces emblématiques : le cyprès, l'olivier et la vigne. Le rôle du cyprès est bien défini : couper le vent sur les lignes de crête, souligner les bordures des grands axes de circulation, définir des limites de propriété. L'olivier s'épanouit pleinement sur les collines de l'arrière-pays, entre 300 et 500 mètres d'altitude. Sur les presque 250 espèces d'oliviers recensées dans le monde, une cinquantaine sont cultivées en Toscane. Quant à la vigne, elle a toujours été omniprésente en Toscane.

Mais, au-delà de ces éléments caractéristiques du centre de la région, la Toscane présente un paysage plutôt diversifié. La Maremme, par exemple, contrée de terres plates peu à peu conquises sur les marécages s'est ouverte au tourisme depuis quelques années. Dans le quart nord-ouest de la Toscane, le massif des Alpes apuanes, inséré entre une frange littorale et la longue vallée de la Garfagnana, offre un paysage essentiellement montagneux et forestier.

Jean-François Breuiller et Melani Le Bris, *Toscane - Ombrie*, GÉOguides, 2018.

3 Paysages ruraux du Val d'Orcia (2018)

Le Val d'Orcia est inscrit au patrimoine mondial de l'Unesco pour la mosaïque de ses paysages ruraux.

4 Le vin de Chianti, une production internationale en mutation

Le 24 septembre 1716, Cosimo III, grand-duc de Toscane, décide par décret que le vin de Chianti devra uniquement provenir d'une zone délimitée entre Florence et Sienne. La toute première appellation contrôlée pour un vin est née.

Aujourd'hui, cette région de 70 000 hectares produit 35 millions de bouteilles par an de Chianti classico, l'un des vins les plus connus de la planète. Environ 80 % de cette production est exportée vers une centaine de pays et la réputation de cette région toscane n'a cessé de se renforcer pour en faire l'un des lieux cultes des amateurs de vin. […]

Pourtant, le Chianti n'a pas toujours été associé à cette qualité et du Chianti ordinaire est aujourd'hui produit dans toute la Toscane, au-delà de l'appellation d'origine « Chianti classico ». Car depuis 2010, il n'est plus possible d'en produire dans le « classico », où les grands producteurs ont obtenu gain de cause pour protéger leur appellation.

Généralement moins cher, le chianti ordinaire reste associé pour beaucoup à la bouteille entourée de paille que des centaines de *trattorias*[1] dans le monde utilisaient dans le passé comme bougeoirs.

L'idée à l'origine du décret pris en 1716 était de garantir un style et une qualité liés à une combinaison bien précise : la terre de Toscane, son climat et le savoir-faire local. Trois siècles plus tard, cette idée perdure, mais l'accent est également mis sur certains micro-« terroirs » : la nature de certains sols, leur exposition, leur altitude...

Angus Mackinnon, Agence France-Presse, 23 septembre 2016.

1. Restaurant italien.

Questions

Itinéraire 1

Décrire et expliquer

1. Situez et décrivez la photographie du paysage toscan. **doc. 1, 2 et 3**
2. D'après vous, pourquoi les paysages toscans sont-ils aussi renommés ? **doc. 2, 3 et 4**
3. Relevez les raisons de la réussite internationale du vin de Chianti. **doc. 4**
4. Montrez que les espaces ruraux toscans sont variés et présentent de nombreux atouts. **doc. 1 à 4**

ou

Itinéraire 2

Aide

Réaliser une présentation numérique (1/2)

- Réalisez un diaporama pour accompagner un exposé oral sur les espaces ruraux toscans : diversité, atouts et dynamiques.

Conseils :
- Structurez le diaporama avec un plan.
- Notez vos arguments et vos exemples au brouillon, en préparation de votre présentation orale.
- Veillez à la qualité des photographies utilisées.

B Des espaces multifonctionnels

5 La Toscane, un tourisme de terroir

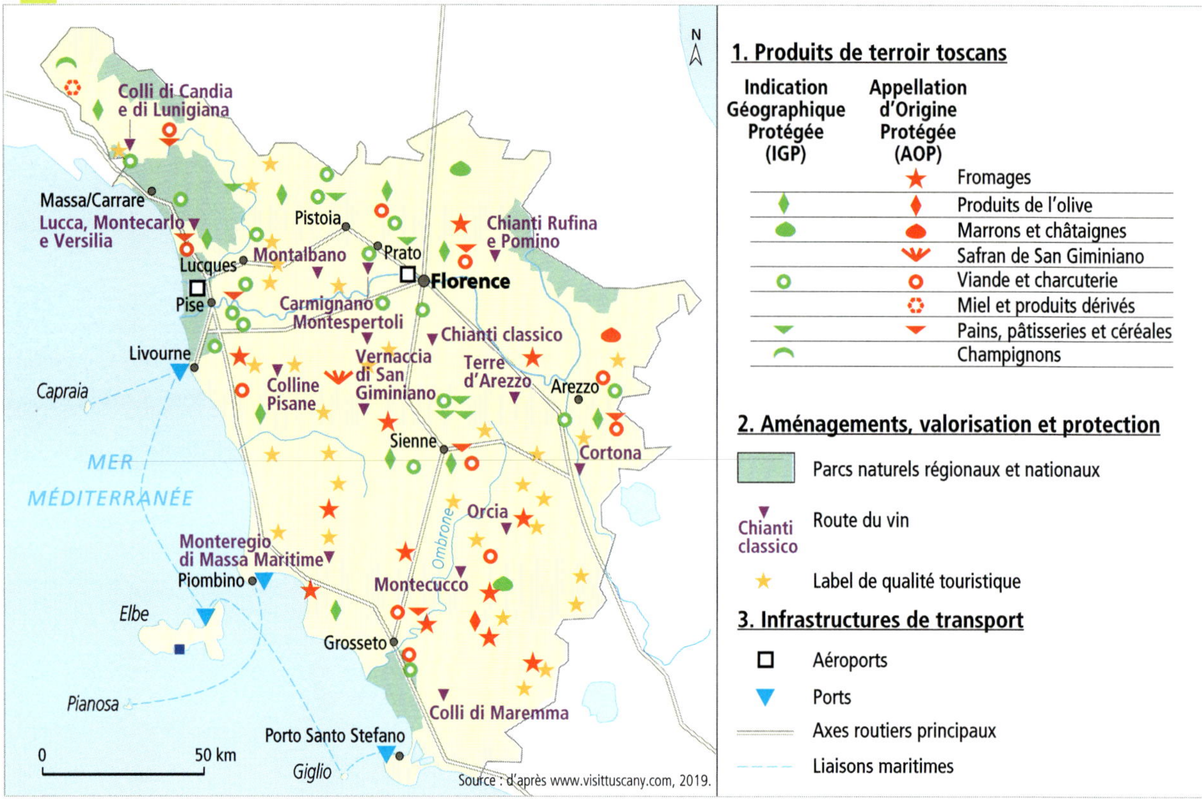

6 L'agritourisme toscan

En Toscane, pas question de se contenter d'une location du « tout venant », *via* la réservation d'une chambre d'hôtel sur un site à l'offre standardisée ! La Toscane propose d'innombrables possibilités charmantes d'installer ses « quartiers ». L'agritourisme – parfois dit aussi « tourisme à la ferme » – est une forme de tourisme dont l'objet est la découverte des savoir-faire agricoles d'un territoire, et par extension des paysages, des pratiques sociales et des spécialités culinaires découlant de l'agriculture. [...]

Les agritourismes en Toscane sont généralement de grandes propriétés – appelées là-bas des *Tenute* – qui constituent des anciennes fermes. Les sites sont souvent constitués de plusieurs bâtiments, qui abritaient les différents membres de la famille, ou les ouvriers attachés au domaine. [...] Un grand nombre de ces domaines produisent une des spécialités du pays : vin, huile d'olive, fromage, salaisons, safran, céréales, etc. Derrière chaque produit se cache une personne, un couple ou une famille, en relation étroite et affective avec ce coin de terre dont on est fier et qu'on désire faire découvrir.

« Agriturismo en Toscane », [en ligne] Dolce Vita, 2019.
Dolce Vita est une entreprise d'offre d'agritourisme.

7 Le parc national de la Forêt Casentinesi, Mont Falterona et Campigna (2017)

C Des conflits d'usage

Animation croquis

8 Espaces ruraux et urbanisation en Toscane (2014)

9 De nouveaux conflits d'usage

Parole de géographe

Autour de Florence, les campagnes sont prises dans un processus de métropolisation. Les espaces agricoles sont désormais fragmentés par le développement des infrastructures et l'extension des zones industrielles, commerciales et résidentielles. La Toscane se distingue en Italie par l'attention portée à la préservation des paysages, cette région a souvent été à l'avant-garde en matière d'aménagement et de politiques territoriales. Mais, de nouveaux conflits émergent au sujet de la préservation du cadre de vie, à travers lesquels les nouveaux résidents dénoncent – et, ce faisant, ralentissent – l'urbanisation des espaces agricoles.

En Toscane, la périurbanisation n'est pas que résidentielle, elle est aussi industrielle. Des districts industriels[1]. sont nés dans ces « campagnes urbanisées ». Ce développement industriel se heurte toutefois aux résidents souhaitant préserver les paysages agricoles qui font l'attrait touristique des campagnes florentines. À l'échelle de la région Toscane, les associations critiquent le saccage du territoire agricole et dénoncent un marchandage territorial entre des puissants privés et de faibles administrations locales, rendant complètement impossible la défense des droits collectifs au paysage, à la beauté et à l'environnement. Les associations citoyennes assurent un contre-pouvoir à l'autonomie municipale en matière d'urbanisme.

D'après Coline Perrin, géographe et chercheuse à l'INRA, *Géocarrefour*, 2013.

1. Districts industriels : voir p. 146.

Questions

Itinéraire 1

Décrire et expliquer

5 Relevez les différentes fonctions des espaces ruraux toscans. **doc. 5 à 7**

6 Qu'est-ce que l'agritourisme ? Sur quels atouts se développe-t-il ? **doc. 5 et 6**

7 En quoi les espaces ruraux toscans sont-ils aujourd'hui menacés ? **doc. 8 et 9**

8 Quels acteurs s'engagent pour la protection et la préservation des espaces ruraux de Toscane ? À qui s'opposent-ils et comment ? **doc. 9**

Synthétiser

9 Montrez les mutations des espaces ruraux de Toscane et leurs conséquences. **doc. 1 à 9**

ou

Itinéraire 2

Aide

Réaliser une présentation numérique (2/2)

- Poursuivez le diaporama sur les espaces ruraux toscans : diversité, atouts et dynamiques.

Étude de cas

Mutations agricoles et recomposition des espaces ruraux en Inde

Zoom sur…

▸ **les espaces ruraux indiens (2017)**

Nombre d'Indiens vivant en zone rurale	892 millions (66 % de la population)
Part des emplois agricoles dans le total des emplois	43 %
Part de l'agriculture dans le PIB national	16 %

Quels sont les facteurs de recomposition des espaces ruraux en Inde ?

1 Les phases d'évolution de l'agriculture indienne

Vidéo

	1965-1985	1990-2000	Depuis 2000
Phases	Fort interventionnisme de l'État	Libéralisation économique	Retour de l'intervention de l'État
Stratégies	**« Révolution verte »** › Infrastructures (irrigation, usines) › Recherche agronomique (semences) › Crédits et prix garantis pour les agriculteurs › Aide alimentaire pour les plus pauvres	› Déclin de l'investissement public › Recul de l'accès au crédit et aux subventions du gouvernement › Baisse des prix garantis par l'État	› Revenu minimum pour tout foyer rural pauvre › Loi de sécurité alimentaire (distribution d'aide alimentaire)
Caractéristiques	› Augmentation des rendements › Autosuffisance céréalière et possibilité d'exportations (riz)	› Accroissement des inégalités entre agriculteurs et régions agricoles › Surendettement et suicides › Vulnérabilité face aux risques climatiques › Surexploitation, pollution des eaux	› Maintien de l'insécurité alimentaire pour les paysans pauvres › Morcellement des exploitations › Exode vers les villes ou les campagnes irriguées

Source : d'après un texte d'Isabelle Saint-Mézard, Atlas de l'Inde, *© Éditions Autrement, 2016.*

2 Campagne de communication de l'État indien du Kerala (2019)

Vocabulaire

Naxalites : groupes révolutionnaires partisans d'une réforme agraire (redistribution des terres agricoles).

3 Les campagnes indiennes

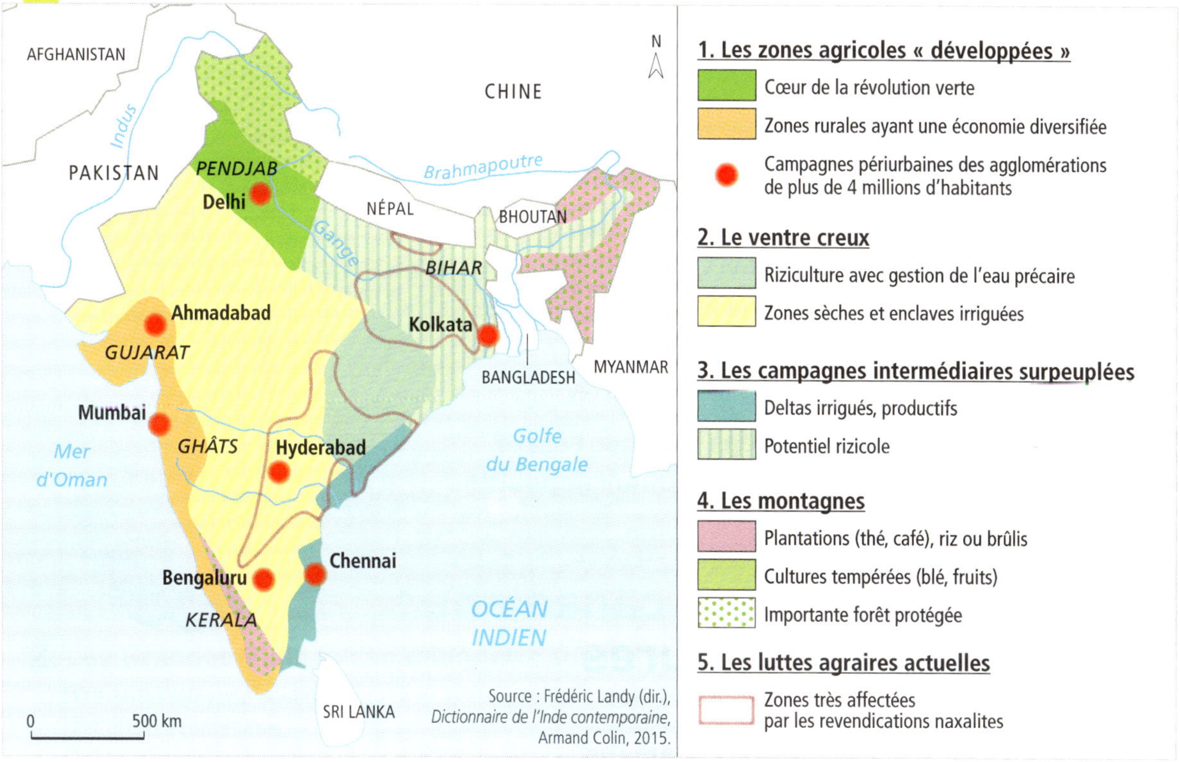

4 La diversité des espaces ruraux indiens

Parole de géographe

La ruralité indienne se vit dans l'agriculture [...]. Les villages abritent certes une certaine diversité des activités ; mais il s'agit d'activités souvent anciennes, et non d'une « diversification » en cours. Le forgeron, le blanchisseur, voire le potier dans les régions reculées, souvent payés partiellement en nature, ou la petite épicerie au stock misérable [...] sont parfois les seules activités non agricoles. [...] Il faut dépasser les 5 000 habitants pour voir apparaître un petit restaurant, un dispensaire, voire un cinéma rural en tôle.

Seul le Kerala connaît des activités rurales non agricoles importantes [...]. Il s'agit d'une région remarquable par le niveau de qualification de sa population et par l'importance de l'émigration et de ses transferts financiers. La zone himalayenne est elle aussi passablement diversifiée : s'y combinent faible productivité agricole et forte alphabétisation. Les autres exceptions à la domination sans partage de l'activité agricole sont les littoraux, en particulier du Gujarat au sud de Mumbai, les espaces traversés par les artères routières, et bien sûr les couronnes périurbaines qui peuvent devenir de véritables « districts industriels[1] » (Pendjab).

Frédéric Landy (dir.), spécialiste de la géographie de l'Inde, *Dictionnaire de l'Inde contemporaine*, © Armand Colin, 2015, Malakoff.

1. Districts industriels : voir p. 146.

Questions

Itinéraire 1

Décrire et expliquer

1. Décrivez les mutations agricoles récentes des espaces ruraux indiens. **doc. 1, 3 et 4**
2. Montrez que les campagnes indiennes présentent de multiples fonctions qui ne sont pas uniquement agricoles. **doc. 2 à 4**
3. Mettez en évidence les difficultés et les inégalités auxquelles sont confrontés les espaces ruraux indiens. **doc. 1, 3 et 4**

Synthétiser et argumenter

4. Montrez que les espaces ruraux indiens sont en recomposition. **doc. 1 à 4**

ou

Itinéraire 2

Méthode

Réaliser une affiche

- À l'aide des documents 1 à 4, réalisez une affiche présentant les recompositions des espaces ruraux en Inde.

Étapes :

– Identifiez les différents types d'évolutions, la diversité des fonctions et les difficultés qui caractérisent les campagnes indiennes.
– Organisez les informations de manière à réaliser une affiche structurée.
– Complétez votre affiche à l'aide d'une recherche documentaire (informations, illustrations).

B Multifonctionnalité et conflits d'usage

4 L'exploitation du gaz de schiste au Québec

Parole de géographes

En 2010, l'exploitation du gaz de schiste[1] a généré un débat majeur au sein de la société québécoise. [...] Les conditions de son exploitation, les incertitudes liées à l'extraction étaient au cœur de cette polémique. [...] Pourtant, le cadre du droit minier était censé permettre de gérer les conditions de cette industrie. Mais il apparaît déséquilibré, octroyant davantage de droits en faveur des exploitants industriels. Un vaste mouvement de contestation est ainsi apparu [...]. Les agriculteurs [...] y occupent une place particulière en tant que propriétaires et premiers concernés par le projet gazier. [...] Ils confrontent cette industrie nomade, se déplaçant au gré de l'épuisement des ressources gazières, à l'économie agricole enracinée dans le territoire par le biais des entreprises familiales présentes depuis des générations. Leur discours promeut ainsi l'idée que l'activité agricole est aussi sociale et constitutive de leur communauté. [...]

En 2018, aucun nouveau puits n'a été foré dans la vallée du Saint-Laurent. Les entreprises ont quitté ce territoire, certaines délaissant leurs activités au Québec, d'autres les déplaçant dans des régions plus périphériques [...].

Marie-José Fortin et Yann Fournis, « Le territoire, nouvelle perspective pour la gouvernance foncière ? Leçons du conflit sur le gaz de schiste au Québec », *Études rurales*, n° 201, 2018.

1. Gaz naturel contenu dans des roches sédimentaires comme certains schistes.

Vidéo

5 Le lac Louise dans le parc national de Banff en Alberta (2017)

Premier parc national créé au Canada (1885), le parc de Banff est inscrit sur la liste du patrimoine mondial de l'Unesco.

6 South Surrey près de Vancouver en Colombie-Britannique (2017)

① Périurbanisation
② Fleuve Nicomeckl
③ Autoroute vers Vancouver
④ Serres horticoles
⑤ Prairies (élevage laitier) et cultures (céréales, légumes)
⑥ Terrain de golf
⑦ Réserve ornithologique
⑧ Chaîne côtière

Animation croquis

7 Les espaces ruraux canadiens : pressions, protection et conflits d'usage

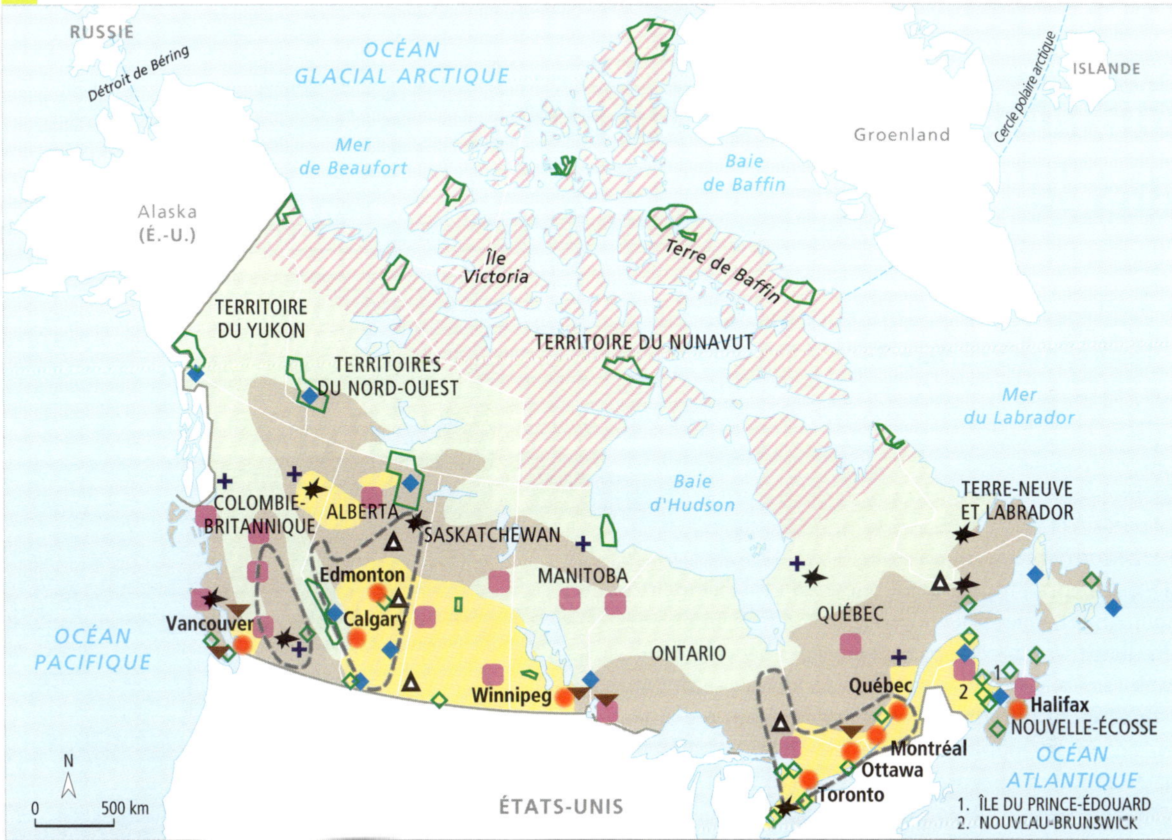

1. De multiples pressions environnementales
- Pollution (industrie, gisements de ressources)
- Agriculture productiviste
- Zones exposées à la déforestation
- Périurbanisation

2. Des ressources naturelles exploitées
- Production d'hydroélectricité
- Exploitation des ressources du sous-sol
- Industrie du papier

3. Protection et conflits d'usage
- Parcs nationaux
- Sites classés au patrimoine mondial
- Principales concentrations de réserves amérindiennes
- Territoires autonomes inuits
- Conflits d'usage liés à l'exploitation des ressources
- Territoires peu habités

Sources : *L'Atlas du Canada*, Gouvernement du Canada, 2019 [en ligne] et *L'Encyclopédie canadienne*, 2019 [en ligne].

Questions

Itinéraire 1

ou

Prélever et confronter des informations

5 Montrez que la diversification des activités fragilise les espaces ruraux. **doc. 4, 6 et 7**

6 Pourquoi la multifonctionnalité des espaces ruraux favorise-t-elle les conflits d'usage ? **doc. 4 à 7**

7 Identifiez les différentes stratégies de protection des espaces ruraux. **doc. 5 à 7**

Organiser et synthétiser

8 Montrez que les recompositions des espaces ruraux au Canada sont facteurs de multifonctionnalité aussi bien que de fragmentation. **doc. 1 à 7**

Itinéraire 2

Réaliser un croquis de synthèse (2/2)

- Reportez dans le tableau les informations contenues dans les documents 4 à 7 sur les trois thèmes suivants :

	Informations
De multiples pressions	
Des conflits d'usage	
Des mesures de protection	

- Sélectionnez les informations cartographiables et attribuez un figuré cartographique à chacune d'elles.
- Ajoutez ces informations à celle du tableau de la p. 133 et classez-les dans une légende.
- Réalisez le croquis en répondant au sujet : « Les espaces ruraux canadiens : multifonctionnalité et fragmentation ».

Tourisme et espaces ruraux dans le monde

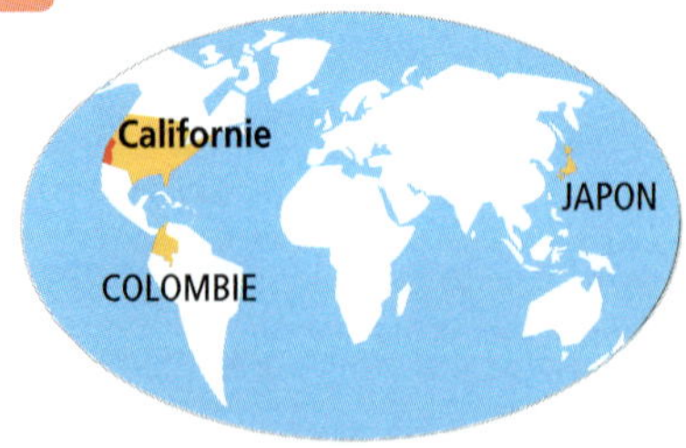

Comment le tourisme recompose-t-il les espaces ruraux ?

1 La généralisation du tourisme rural

Parole de géographe

Le tourisme rural ou « vert » est difficile à définir. Lié à l'espace rural, il peut aussi relever du tourisme littoral ou montagnard, notamment dans les moyennes montagnes. Il se déroule au sein des campagnes dans des hébergements variés (campings, à la ferme, en gîtes, en résidences secondaires qui y sont très nombreuses). Les activités y sont également très diverses, mais s'appuient sur le cadre rural voire naturel (pêche, chasse, randonnées équestres, tourisme fluvial, canyoning, etc.).

Le tourisme vert est souvent perçu comme positif car il permet de maintenir les activités en zone rurale et de fournir des revenus complémentaires aux agriculteurs. Il s'est développé à l'échelle mondiale car il est accessible aux consommateurs et ne nécessite que des investissements limités, tout en respectant les paysages au cœur desquels il est situé. C'est un tourisme familial, individuel, plébiscité dans le monde entier, d'autant qu'il permet de découvrir des régions délaissées par les grands producteurs touristiques et d'améliorer les relations entre citadins et ruraux.

Alexandra Monot, professeure à l'université Marc Bloch de Strasbourg, *Les Espaces du tourisme et des loisirs*, Bréal, 2017.

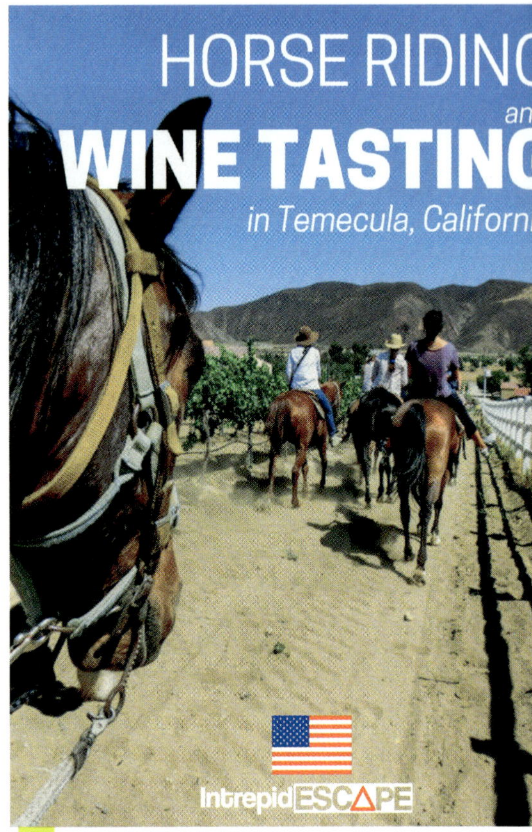

2 Découverte à cheval du vignoble californien

Brochure touristique, Californie (2019).
Traduction : « Randonnées équestres et dégustation de vin à Temecula, Californie »

3 La région du café en Colombie

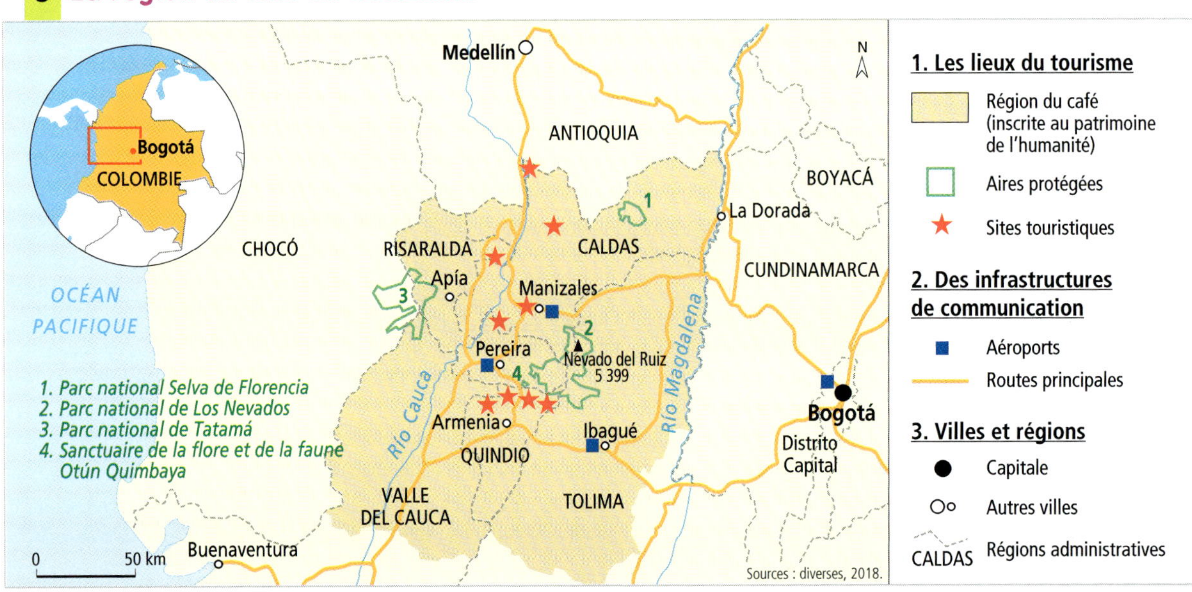

4 **Rafting dans la rivière Tama à Okutama au Japon (2017)**

5 **Tourisme et conflits d'usage**

Parole de géographe

La fréquentation dans un but touristique et sportif des espaces naturels a fortement progressé avec la montée en puissance du tourisme dans les territoires ruraux depuis les années 1970. Ainsi, des conflits d'usage ont émergé à la fois entre les pratiquants des sports de nature mais aussi avec les autres usagers de la nature (chasseur, pêcheurs, exploitants forestiers, etc.). Dès lors, afin de pérenniser un mode de développement économique fondé sur le tourisme sportif de nature, et donc de gérer les effets négatifs liés à ces conflits sur une économie locale en partie dépendante de cette activité, mais aussi de prendre en charge les dommages causés à l'environnement naturel, le tourisme sportif de nature a fait l'objet de procédures de gestion maîtrisée depuis le début des années 2000.

Thomas Merle (dir.), professeur et doctorant en géographie politique, université de Reims Champagne-Ardenne, *Les Espaces du tourisme et des loisirs*, Atlande, 2017.

Questions

Itinéraire 1

Décrire et expliquer

1. Relevez les activités touristiques pratiquées dans les espaces ruraux. **doc. 1 à 5**
2. Identifiez les atouts touristiques des espaces ruraux. **doc. 1 à 4**
3. Quelles sont les principales retombées du tourisme dans les espaces ruraux ? **doc 1, 2, 3 et 5**
4. Expliquez le développement du tourisme rural à l'échelle mondiale et ses limites. **doc. 2 et 5**

Synthétiser et argumenter

5. Montrez comment le tourisme recompose les espaces ruraux dans le monde. **doc. 1 à 5**

ou

Itinéraire 2 + Méthode

Réaliser un dossier en groupe

- Un magazine de voyages souhaite évoquer le tourisme rural dans le monde.
- Pour traiter ce sujet, chaque groupe choisit un territoire touristique qu'il analyse dans un dossier selon les axes suivants :
  1. Atouts et attractivité du tourisme dans les espaces ruraux
  2. Retombées positives du tourisme rural
  3. Limites et enjeux du tourisme rural

L'accaparement des terres agricoles dans le monde

Vidéo

Quels sont les enjeux de l'accaparement croissant des terres agricoles pour les sociétés et les espaces agricoles ?

1 La marchandisation des terres agricoles

On assiste depuis une vingtaine d'années à un envol des investissements internationaux dans le foncier agricole[1], qualifié d'« accaparement des terres », avec, en toile de fond, une menace pesant sur la souveraineté alimentaire de la nation ou d'un groupe de pays. Sur la période 2000-2018, plus de 41 millions d'hectares de terres ont été appropriés par des étrangers. La période récente laisse entrevoir un plafonnement du processus. L'impact des mouvements paysans de contestation a exercé un effet notoire.

Dans leur grande majorité, les investisseurs sont d'abord des entreprises cotées en Bourse (18 %), d'autres entreprises privées (16 %) et des fonds d'investissements (15 %). Viennent ensuite des États à hauteur de 20 %, puis des entrepreneurs individuels pour 7 %. Les transactions réalisées sont majoritairement destinées aux cultures dont la production peut être orientée vers les agrocarburants[2] ou vers des usages alimentaires (canne à sucre, maïs, soja et huile de palme).

Mais les répercussions humaines peuvent être importantes. C'est pourquoi la vague d'investissements directs dans le foncier attise parfois les rapports de force et bloque les réformes agraires visant à faciliter l'accès à la terre pour des paysans qui en sont dépourvus. En acquérant des hectares de terres cultivables, majoritairement dans les pays de l'hémisphère Sud, les investisseurs font de la marchandise échangée – la terre – un objet de transaction, une chose inerte, échappant *ipso facto* aux relations sociales qui, jadis, furent le substrat d'identités, d'équilibres, de croyances...

Thierry Pouch, économiste et chercheur, « L'appropriation des terres agricoles, nouvelle étape de la mondialisation », *L'Économie politique*, n° 78, avril 2018.

1. Ensemble des surfaces relevant d'une propriété (publique ou privée) mises en valeur à des fins agricoles.
2. Agrocarburants : voir p. 141.

Vocabulaire

Accaparement des terres (*land grabbing*) : processus mondialisé d'acquisition ou de location de terres par des investisseurs étrangers, essentiellement à des fins agricoles.

2 Le *land grabbing*, nouvelle forme de colonialisme

Dessin de Fiami, 2014.

3 Un processus en croissance

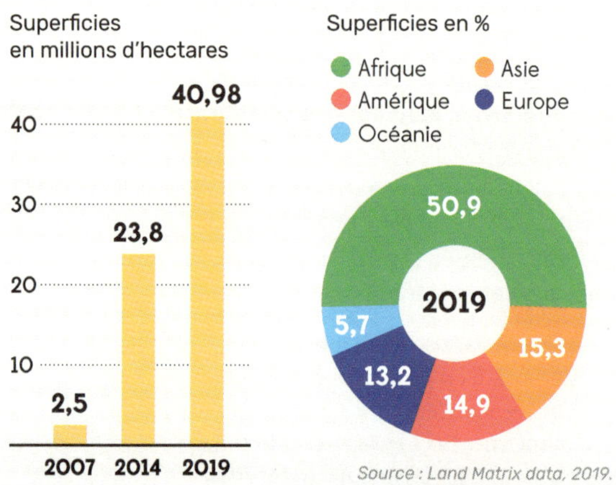

Source : Land Matrix data, 2019.

4 Accaparement des terres et situation alimentaire dans le monde

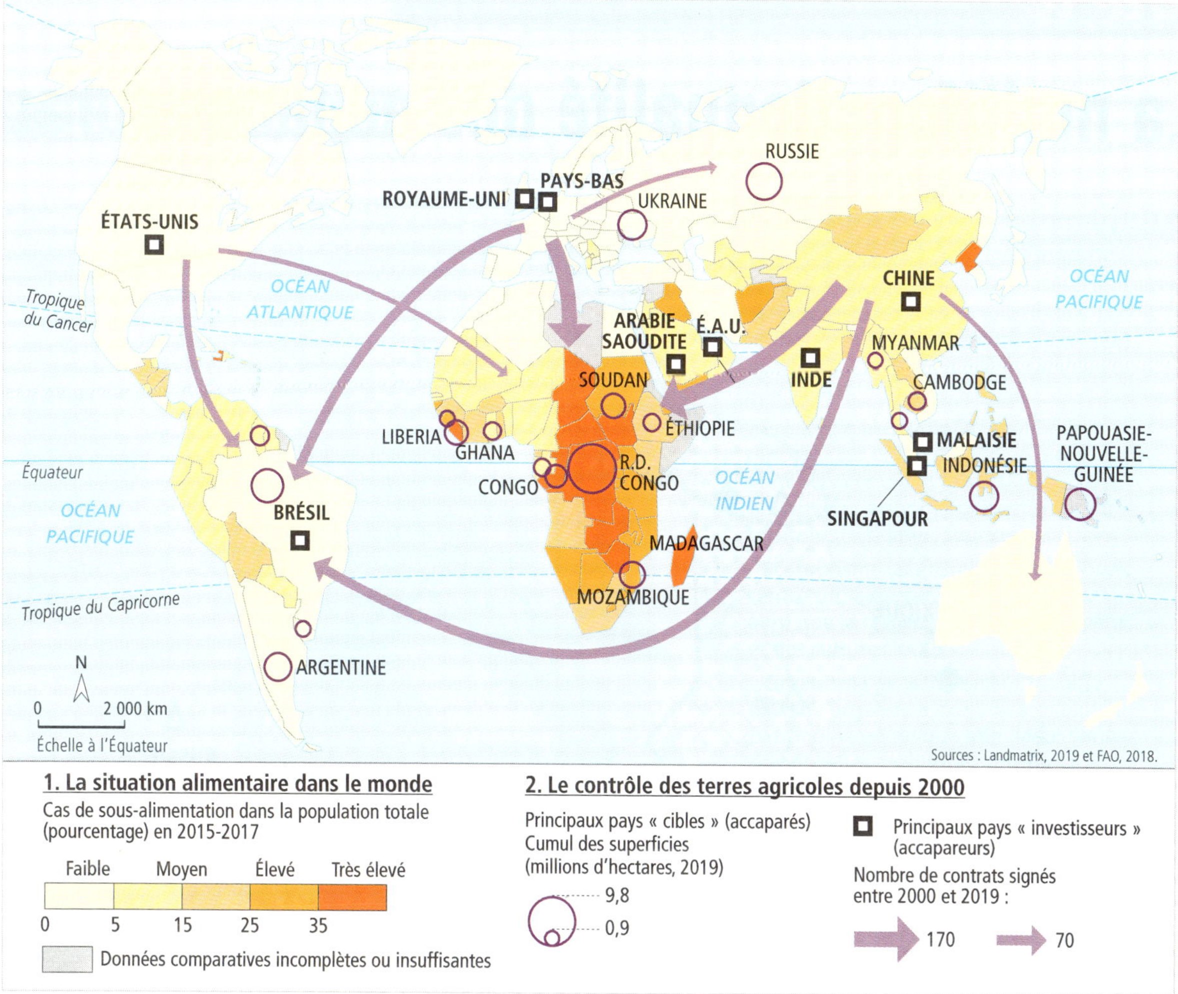

5 Manifestation de femmes au Cambodge (2016)

Au Cambodge, de petits exploitants se font exproprier depuis des années par de grandes entreprises sucrières qui développent la culture de la canne à sucre pour l'exportation. Plus de 770 000 Cambodgiens ont été expulsés de leurs terres depuis 2000.

Questions

Itinéraire 1

Décrire et expliquer

1. Localisez les principaux pays « accapareurs » et les principaux pays « accaparés ». **doc. 1 à 4**
2. Expliquez pourquoi l'accaparement des terres peut avoir des conséquences sur la situation alimentaire mondiale. **doc 1, 2, 4 et 5**
3. Relevez les enjeux humains du processus d'accaparement des terres. **doc 1, 2, 4 et 5**

Synthétiser et argumenter

4. Présentez l'accaparement croissant des terres agricoles et expliquez ses conséquences sur les espaces ruraux. **doc. 1 à 5**

ou

Itinéraire 2

Conseils

Réaliser un reportage audio

- Réalisez un reportage audio sur l'accaparement des terres dans le monde.
- Décrivez la situation géographique de ce processus.
- Expliquez-en les raisons principales.
- Montrez les enjeux soulevés par l'accaparement des terres.

Carte

La fragmentation des

Chiffres clés

Les espaces ruraux dans le monde

Superficie occupée par la forêt dans le monde 30 %

Superficie des espaces protégés dans le monde 14,6 %

Superficie de terres arables perdues chaque année dans le monde 5,5 millions d'hectares

Superficie de terres agricoles gagnées chaque année dans le monde 2,5 millions d'hectares

Sources : Banque mondiale et FAO, 2018.

Vocabulaire

- **Accaparement des terres (*land grabbing*) :** processus mondialisé d'acquisition ou de location de terres par des investisseurs étrangers, essentiellement à des fins agricoles.
- **Agriculture productiviste :** agriculture commerciale dont l'intensivité et la productivité reposent sur un recours aux techniques et aux progrès scientifiques.
- **Agriculture sur brûlis :** cultures réalisées sur une ancienne forêt défrichée par le feu.
- **Agriculture vivrière :** agriculture destinée à nourrir la famille (petites exploitations, main-d'œuvre abondante, travail manuel et peu mécanisé, faibles rendements).

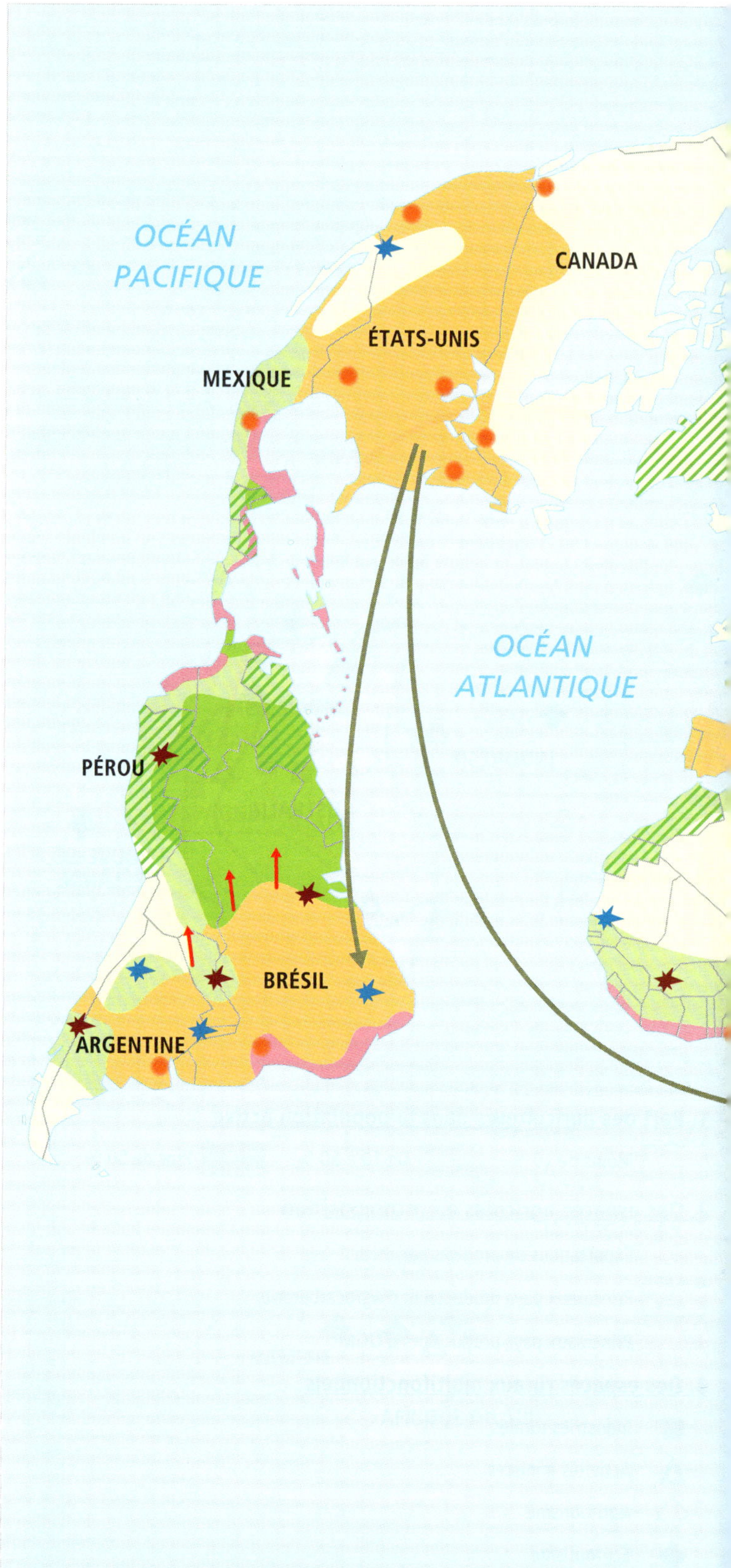

Sources : ONU, 2018 ; David Blanchon, *Atlas mondial de l'eau*, Autrement, 2017 ; Land Matrix, 2019 [en ligne] ; *Atlas du XXIe siècle*, Nathan, 2011.

Questions

1. Identifiez les inégalités entre les espaces agricoles de la planète.
2. Localisez les territoires où la multifonctionnalité des espaces ruraux est source de conflits.

espaces ruraux dans le monde

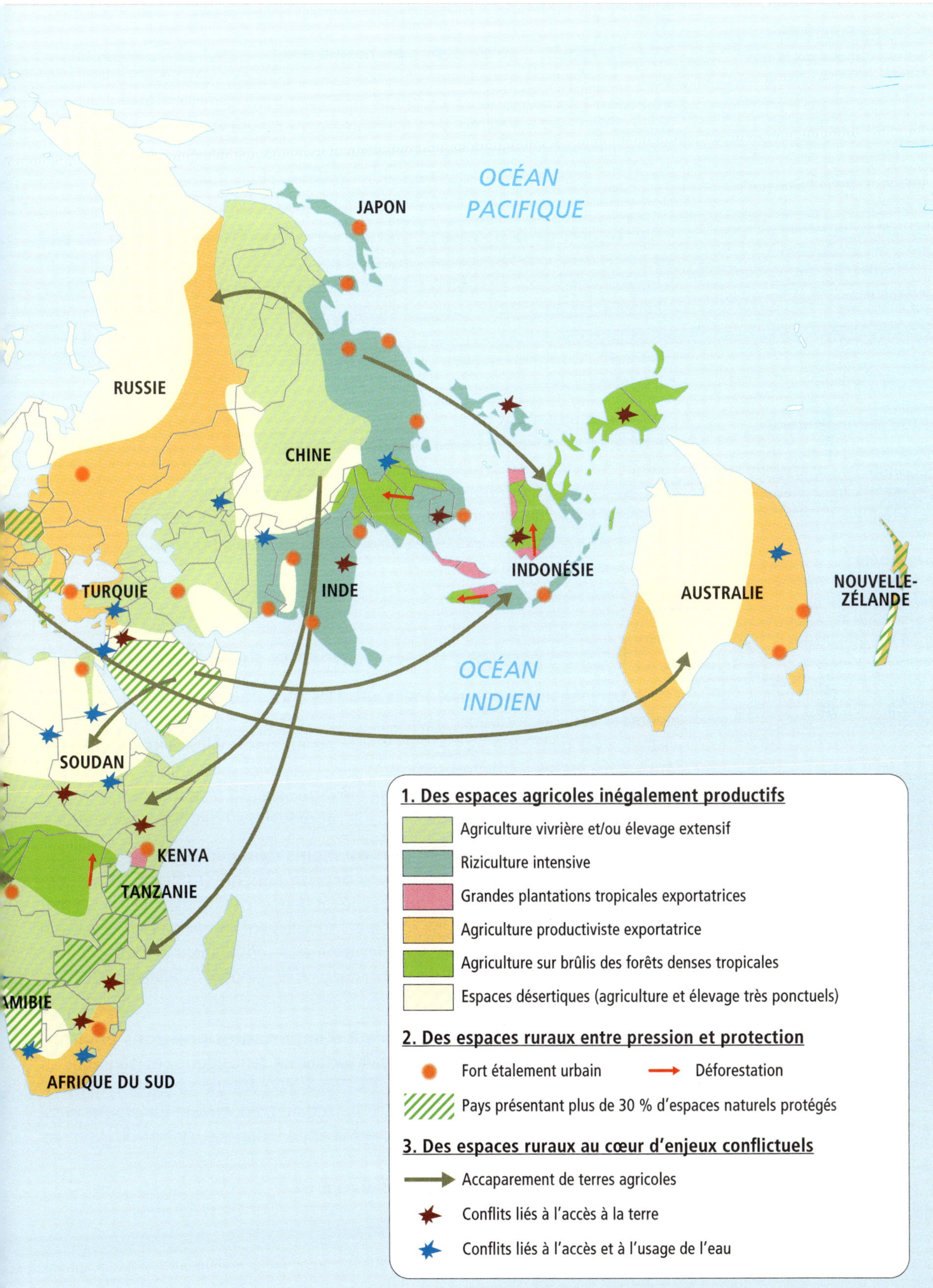

THÈME 3
SE PRÉPARER
MONDE
FRANCE
RÉVISER

Cours

Podcast du cours

La fragmentation des espaces ruraux

Pourquoi les espaces ruraux connaissent-ils des dynamiques contrastées ?

1 Des sociétés inégalement rurales

● **Le monde est de moins en moins rural.** Depuis 2007, la population rurale est devenue minoritaire à l'échelle de la planète : seulement 45 % de la population mondiale vit aujourd'hui en zone rurale. C'est la conséquence de la transition urbaine, largement alimentée par l'exode rural. Cependant, avec 3,4 milliards d'habitants, les espaces ruraux n'ont jamais été aussi peuplés au cours de l'histoire. La population rurale continue même d'augmenter en Afrique subsaharienne et en Asie du Sud.

● **La part de la population rurale varie d'un État à un autre.** Les pays les moins ruraux se trouvent en Europe (Belgique, Pays-Bas), en Amérique latine (Uruguay, Argentine) et au Moyen-Orient (Israël, Jordanie). À l'inverse, la population vit encore majoritairement dans les campagnes dans de nombreux pays d'Afrique subsaharienne (Burundi, Malawi), d'Asie du Sud (Sri Lanka, Népal) et d'Océanie (Papouasie-Nouvelle-Guinée). L'Inde regroupe aujourd'hui 25 % de la population rurale mondiale.

● **Le peuplement rural est très contrasté.** Certains espaces ruraux sont peu peuplés, notamment les milieux montagnards (Rocheuses), froids (Sibérie), arides (Sahel), forestiers (Amazonie)... Bien que les densités de peuplement constituent l'un des critères de différenciation entre villes et campagnes, il existe aussi des espaces ruraux très densément peuplés : vallées fluviales et grands deltas (Asie des moussons), grands lacs (Afrique centrale), littoraux (Indonésie), montagnes tropicales (Andes, Éthiopie).

ÉTUDE DE CAS Mutations agricoles et recomposition des espaces ruraux en Inde → p. 130

2 Des espaces ruraux en voie de fragmentation

● **Les inégalités sont profondes entre les agricultures du monde.** Certaines, orientées vers l'exportation, génèrent de gros revenus : céréaliculture productiviste (Europe de l'Ouest, États-Unis, Brésil), plantations tropicales (bananeraies en Amérique centrale). D'autres sont destinées à l'autoconsommation : agriculture sur brûlis (Asie du Sud-Est, Amazonie), élevage extensif (Afrique, Asie centrale). Les agrocarburants sont contestés car ils progressent au détriment des cultures.

● **Les espaces ruraux sont plus ou moins dynamiques.** L'exode rural et le recul de l'agriculture provoquent une déprise agricole (Andes, Caucase) ou, au contraire, un renouveau de l'attractivité résidentielle et touristique (Bassin méditerranéen). Les espaces ruraux sont aussi socialement inégalitaires : la pauvreté extrême des zones rurales très agricoles d'Afrique subsaharienne contraste avec certaines campagnes multifonctionnelles des pays développés (Angleterre, Québec, Japon, Australie).

● **Les espaces ruraux font face à d'importantes pressions environnementales.** L'étalement des villes fait reculer les terres agricoles périurbaines (Shanghai, Mumbai, Bogotá, Dakar). En Chine, 800 000 hectares sont consommés par l'urbanisation chaque année. L'agriculture productiviste transforme aussi les paysages ruraux (déforestation au Brésil et en Indonésie, standardisation des paysages agricoles en Europe).

ÉTUDE DE CAS Les espaces ruraux canadiens → p. 132

Vocabulaire

- **Agriculture sur brûlis :** cultures réalisées sur une ancienne forêt défrichée par le feu.
- **Agriculture extensive :** système de production agricole dont les rendements à l'hectare sont peu élevés.
- **Agriculture intensive :** système de production agricole assurant des rendements à l'hectare élevés.
- **Agrocarburants :** voir p. 141.
- **Déprise agricole :** abandon de l'activité agricole sur un territoire.
- **Exode rural :** migration importante de populations quittant les campagnes pour s'installer dans les villes.
- **Organisme génétiquement modifié (OGM) :** organisme dont on a modifié le patrimoine génétique afin de lui donner de nouvelles propriétés (résistance aux insectes, tolérance aux herbicides).

Les pays les plus ruraux de la planète

En % de la population rurale dans la population totale

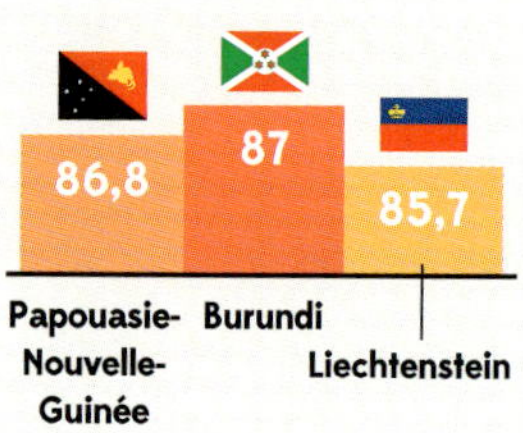

Source : CIA World Factbook, 2018.

3 Des espaces agricoles entre permanences et recompositions

● **L'agriculture occupe une place variable dans les territoires et les sociétés.** Les terres agricoles (labours, prairies, vignobles, vergers…) représentent 5 milliards d'hectares (soit le tiers de la superficie continentale) contre 4 milliards d'hectares pour les forêts. Elles ne dépassent 50 % de la superficie totale que dans quelques pays (Bangladesh, Inde, Rwanda). À l'échelle mondiale, 26 % des actifs travaillent la terre mais ce chiffre dépasse les 80 % dans plusieurs pays africains (Tchad, Somalie).

● **Les espaces ruraux sont au cœur du défi alimentaire mondial.** Les espaces agricoles alimentent 7,6 milliards d'individus, et devront en nourrir près de 10 en 2050. Cependant, parmi les 815 millions de personnes sous-alimentées, plus des deux tiers sont des agriculteurs. L'extension des surfaces agricoles se heurte au manque de terres disponibles. C'est pourquoi les États privilégient l'intensification des rendements (révolution verte en Inde, recours aux OGM sur le continent américain).

● **L'agriculture offre de plus en plus de débouchés.** Certaines cultures ont depuis longtemps des débouchés autres qu'alimentaires : plantes textiles (coton en Inde, lin en France), horticulture (Pays-Bas, Colombie). Toutefois, depuis une dizaine d'années, ce sont les cultures destinées à la production des agrocarburants qui progressent le plus rapidement (maïs aux États-Unis, canne à sucre au Brésil). Les productions agricoles sont aussi utilisées dans la chimie (produits cosmétiques et pharmaceutiques).

ÉTUDE DE CAS Mutations agricoles et recomposition des espaces ruraux en Inde → p. 130
ÉTUDE DE CAS Les espaces ruraux canadiens → p. 132

Les trois premières puissances agricoles mondiales
En milliards de dollars

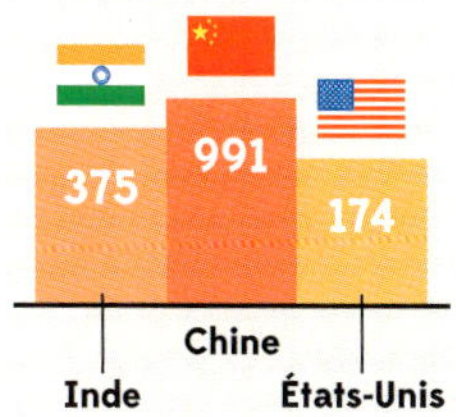

Source : FAO, 2018.

Notions clés

Espace rural 167
Fragmentation 168
Ruralité 167

Du cours au schéma

Schéma interactif à compléter

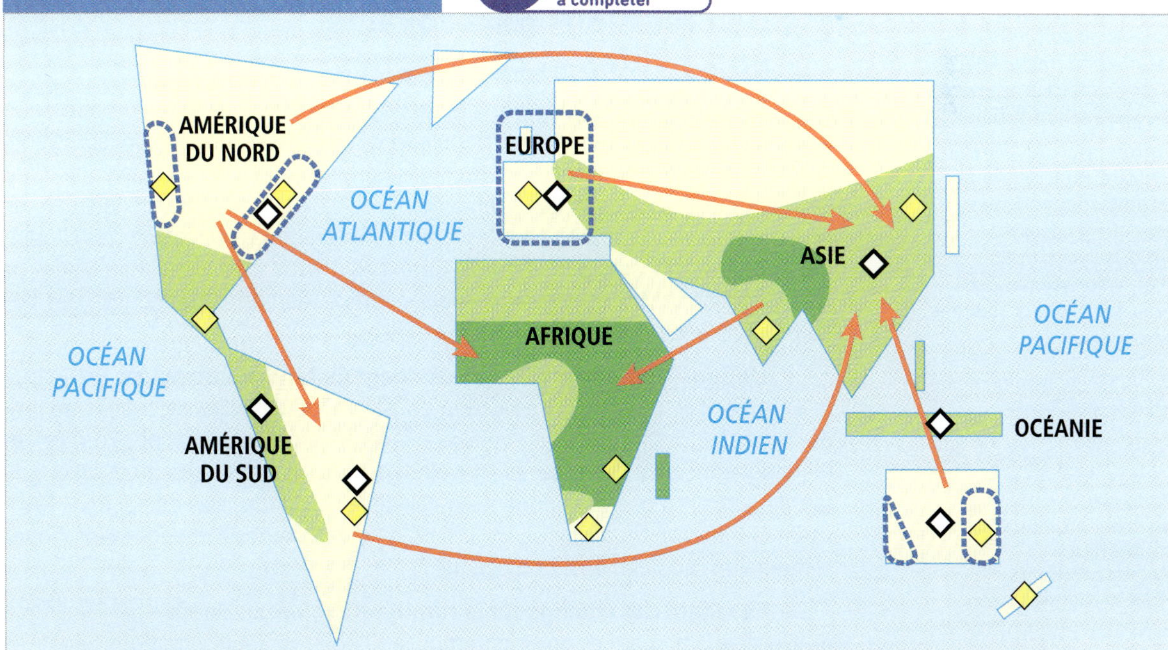

1. Part des agriculteurs dans la population active

- Plus de 50 %
- Entre 10 et 50 %
- Moins de 10 %
- Exportations de produits agricoles

2. Une inégale multifonctionnalité des espaces ruraux

- Économie présentielle
- Agritourisme et/ou écotourisme
- Industries rurales et/ou activités minières

Cours

Podcast du cours

Affirmation des fonctions non agricoles et conflits d'usage

Pourquoi la multifonctionnalité des espaces ruraux est-elle source de conflits ?

1 L'affirmation des fonctions non agricoles

● **Les industries sont implantées depuis longtemps dans les espaces ruraux.** Cette localisation continue de répondre à la présence d'une main-d'œuvre moins payée qu'en ville (textile en Chine), mais aussi de matières premières énergétiques (Inde) ou agricoles (industries agroalimentaires). L'activité minière continue d'animer certaines zones rurales (Mexique, Pérou, Ukraine). En Europe, certains districts industriels restent très compétitifs (Italie, Suisse, Portugal).

● **Le tourisme rural s'est développé plus récemment.** Né en Europe (France, Italie, Espagne), il témoigne d'un changement de regard sur les espaces ruraux longtemps considérés comme archaïques et peu attrayants. L'agritourisme favorise la pluriactivité des agriculteurs et mobilise surtout un tourisme national ou régional (Europe, Sud du Brésil, Californie). L'écotourisme valorise les paysages naturels et attire davantage les touristes internationaux (Costa Rica, Kenya).

● **L'économie présentielle dynamise certains territoires ruraux.** La consommation induite par la présence cumulée des touristes et des résidents permanents stimule les services à la personne, l'artisanat, le commerce, les services publics. Ces activités sont très développées sur les littoraux et dans leurs arrière-pays (Europe méditerranéenne) ainsi que dans les campagnes proches des grandes métropoles (Europe du Nord, États-Unis, Canada).

ÉTUDE DE CAS Les mutations des espaces ruraux de Toscane → p. 126
DOSSIER Tourisme et espaces ruraux → p. 136

2 Des relations paradoxales entre villes et campagnes

● **Villes et campagnes sont interdépendantes.** Les pôles urbains fournissent de nombreux services aux populations des espaces ruraux (soin, éducation, administration, commerce). En retour, ces derniers jouent un rôle essentiel dans l'alimentation des villes en eau et en produits agricoles. Ils proposent également de grandes réserves d'espaces pour les loisirs et les pratiques récréatives des citadins (randonnées, VTT, sports nautiques). Certaines d'entre elles restent entourées de zones agricoles (Mexico, Chicago, Alger). Ports et aéroports permettent des flux de produits agricoles sur de longues distances.

● **L'opposition entre villes et campagnes tend à s'atténuer.** En Europe et en Amérique du Nord, l'installation en périphérie des villes de citadins se rendant chaque jour au travail en voiture a favorisé la périurbanisation. En Asie, les mégapoles incluent des espaces agricoles à très fortes densités de population, du fait de la main-d'œuvre abondante qu'exige la riziculture. Ces interactions favorisent la diffusion du mode de vie urbain en direction des campagnes (pratiques alimentaires, équipements domestiques).

● **Le regard des citadins sur la ruralité a évolué.** En Europe et en Amérique du Nord, les campagnes ont longtemps fait l'objet de représentations négatives (arriération, isolement). Désormais, les habitants des villes développent de nouvelles exigences de consommation (produits du terroir labellisés, traçabilité) valorisant la qualité et les circuits courts (vente directe à la ferme ou sur les marchés urbains). En Asie, en Afrique et en Amérique centrale, les nombreux marchés de producteurs sont toutefois fréquentés par les citadins les moins aisés.

ÉTUDE DE CAS Les mutations des espaces ruraux de Toscane → p. 126
ÉTUDE DE CAS Les espaces ruraux canadiens → p. 132

Vocabulaire

- **Accaparement des terres :** voir p. 138.
- **Agriculture biologique :** agriculture qui n'utilise pas d'intrants (engrais, pesticides, produits chimiques) d'origine industrielle, ni d'OGM.
- **Agritourisme :** voir p. 141.
- **Conflit d'usage :** rivalité opposant les acteurs spatiaux autour de l'utilisation d'une ressource ou d'un territoire.
- **District industriel :** concentration, sur un territoire donné, de petites et moyennes entreprises, spécialisées dans un secteur d'activité reposant sur des savoir-faire hérités.
- **Économie présentielle :** voir p. 141.
- **Écotourisme (tourisme vert) :** voir p. 141.
- **Patrimoine :** biens naturels ou culturels, matériels ou immatériels, qu'on souhaite transmettre aux générations futures.
- **Terroir :** portion de territoire caractérisée par des aptitudes agricoles particulières liées au climat, aux sols et au relief, valorisée par des savoir-faire locaux souvent ancestraux.

Les trois premiers producteurs d'agrocarburants dans le monde
En % de la production mondiale

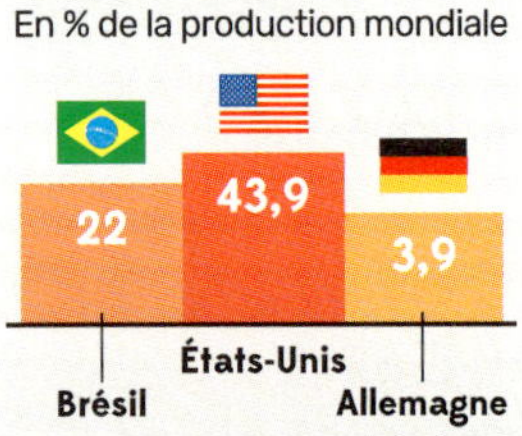

Source : EIA, 2018.

3 Une multifonctionnalité facteur de conflictualités

● **L'accès à la terre peut être source de conflits.** Certaines sociétés souffrent d'une répartition des terres très inégalitaire pour des raisons historiques (Brésil, Afrique du Sud). Cette situation est parfois aggravée par l'**accaparement des terres** (*land grabbing*) par des étrangers ou le développement minier (Pérou, Philippines). Or, les terres cultivables se raréfient : en cinquante ans, la progression des terres cultivées a été dix fois moins rapide que celle de la population mondiale.

● **L'eau fait l'objet de nombreux conflits.** L'utilisation agricole de l'eau pour l'irrigation entre parfois en concurrence avec les usages domestique (Espagne), touristique (Tunisie), industriel (Inde) ou énergétique (Égypte), ce qui débouche sur des **conflits d'usage**. Le recours massif aux engrais chimiques et aux produits phytosanitaires de certains agriculteurs favorise aussi la pollution de l'eau (Chine, Europe de l'Ouest).

● **Certains acteurs s'efforcent de protéger les espaces ruraux.** Des États défendent une protection volontariste du **patrimoine** naturel (Venezuela, Slovénie). D'autres choisissent de sanctuariser certains espaces ruraux tout en favorisant l'anthropisation d'autres zones (Canada). Des élus et des citoyens contribuent au maintien de l'agriculture ou de ceintures vertes autour des villes (Paris) ou à la conciliation de la protection environnementale avec le développement économique (tourisme rural, **agriculture biologique**).

ÉTUDE DE CAS Mutations agricoles et recomposition des espaces ruraux en Inde → p. 130
ÉTUDE DE CAS Les espaces ruraux canadiens → p. 132
DOSSIER L'accaparement des terres agricoles → p. 138

Les pays les mieux dotés en espaces protégés

En % des espaces protégés dans la superficie totale

Source : ONU, 2018.

Notions clés

- Espace rural 167
- Multifonctionnalité 168
- Périurbanisation 169
- Ruralité 167

Du cours au schéma

Schéma interactif à compléter

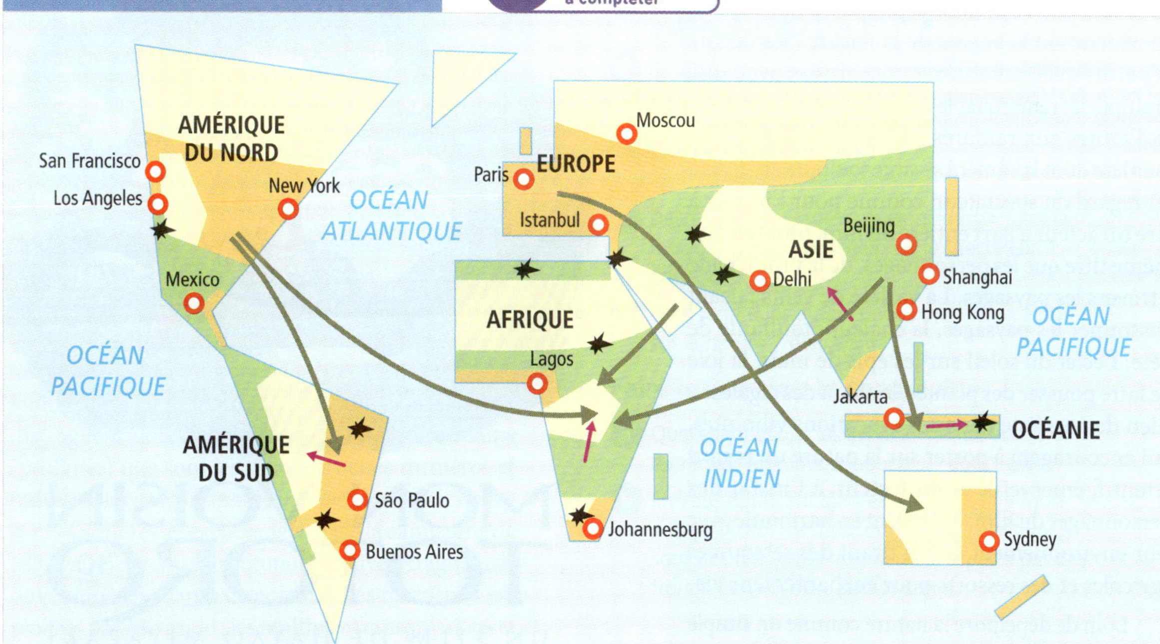

1. Des espaces agricoles contrastés
- Agriculture productiviste
- Agriculture vivrière
- Agriculture et élevage très ponctuels

2. Une fragmentation des espaces ruraux
- Fort étalement urbain
- Déforestation
- Accaparement de terres agricoles
- Conflits liés à l'accès à la terre ou à l'eau

THÈME 3

CHAPITRE 6

Les espaces ruraux : multifonctionnalité ou fragmentation ?

EN FRANCE

Des espaces ruraux multifonctionnels, entre initiatives locales et politiques européennes

Les espaces ruraux français connaissent de profondes recompositions liées notamment à l'influence croissante des espaces urbains. Leurs fonctions se sont diversifiées et ne se limitent plus aux activités agricoles.

SOMMAIRE

Fête de la transhumance à Chamrousse (Isère), 2018

Dans ce chapitre

- **TOUS LES TEXTES** en version à imprimer
- **TOUTES LES CARTES** en version interactive

Zoom sur...

Auvergne-Rhône-Alpes

La Région Auvergne-Rhône-Alpes

Population totale (en millions d'hab.)	7,88
Part de la population rurale dans la population régionale	22,7 %
Part de l'agriculture dans le PIB régional	2,1 %
Part de l'agriculture dans le total des emplois de la région	2,4 %

Sources : Insee, 2019 ; CCI Auvergne-Rhône-Alpes, 2018

FRANCE
Chamrousse

Étude de cas

Les transformations paysagères des espaces ruraux de la Normandie

Comment les paysages ruraux de la Normandie se recomposent-ils ?

Zoom sur… la Normandie

	Normandie	Rang national
Superficie (km²)	29 906	11e
Population (millions d'hab.)	3,3	9e
Densité de population	112 hab./km²	11e
Part de la superficie dédiée à l'agriculture	66 %	1er

Source : Insee, 2016.

A Diversité et dynamiques des paysages ruraux

1 Paysages et orientation économique des espaces ruraux normands

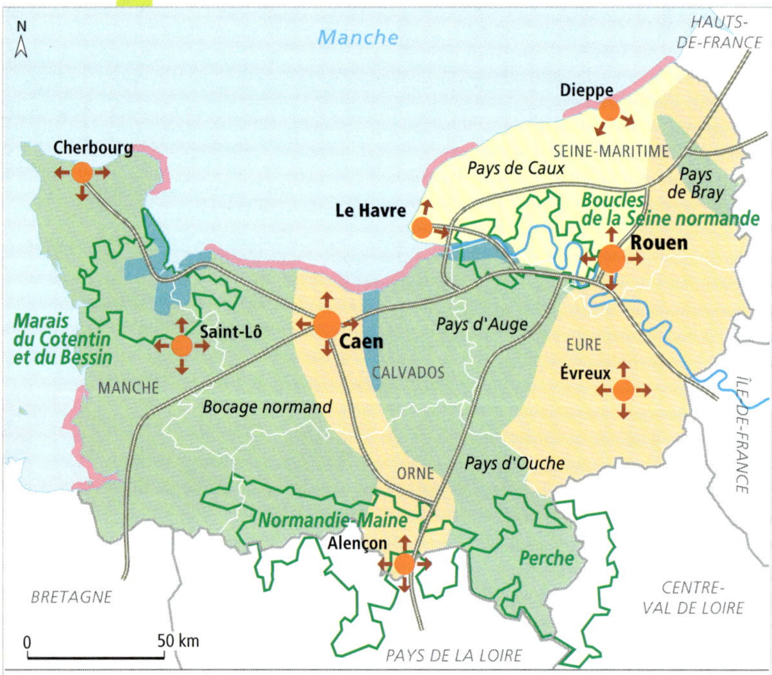

1. La diversité des paysages agraires

- Bocage : élevage (dominante laitière)
- Openfield avec clos-masures : cultures, vergers et élevage
- Openfield : cultures céréalières
- Marais et plaines humides
- PNR : Parc naturel régional

2. L'influence urbaine et littorale

- Principaux pôles urbains à l'origine d'un étalement urbain
- Littoraux urbanisés et touristiques
- Principaux axes de communication

Source : Nathan, 2019.

2 La Normandie : une mosaïque de paysages

Les paysages normands offrent une impression de kaléidoscope. Le relief est dans l'ensemble modéré, mais alternent des régions bocagères vallonnées essentiellement consacrées à l'élevage (pays d'Auge, pays de Bray, Cotentin, Bocage virois), des régions de plaines ou plateaux tournées vers les grandes cultures en openfield (campagne de Caen, pays de Caux), des plaines marécageuses aménagées (Marais du Cotentin et du Bessin) et quelques grands massifs forestiers (forêts de Lyons ou de Brotonne). Cette variété de paysages tient essentiellement aux contrastes géologiques. À l'ouest, le massif armoricain et son socle imperméable disséqué en collines par un dense réseau hydrographique ; à l'est, le bassin parisien et ses terrains sédimentaires[1]. La Normandie sédimentaire offre elle-même une mosaïque de terroirs : elle oppose des plateaux crayeux précocement défrichés et occupés en openfield à des régions de bocage. La carte de la Normandie affiche une multitude de « pays » construits autour d'unités naturelles et paysagères individuellement polarisées par un réseau de petites villes ou de gros bourgs.

Cécile Gnahoré-Barata, « Normandie : une grande région réunifiée entre terre et mer », dans *Les 18 Régions françaises*, Ellipses, 2017.

1. Roches formées par l'accumulation de sédiments divers (morceaux de roches, sables, argiles, débris coquilliers) qui se déposent en couches, appelées strates.

Vidéo

Vocabulaire

- **Bocage :** type de paysage agraire formé de champs et de prés clos par des levées de terre plantées de haies d'arbres.
- **Openfield :** paysage agricole à champs ouverts.
- **Paysage agraire :** résultat visible de l'aménagement de la surface de la terre par les paysans.
- **Remembrement :** consiste à regrouper des parcelles agricoles dispersées et à éliminer les obstacles à la mécanisation de l'exploitation (bosquets, haies) pour améliorer la productivité.

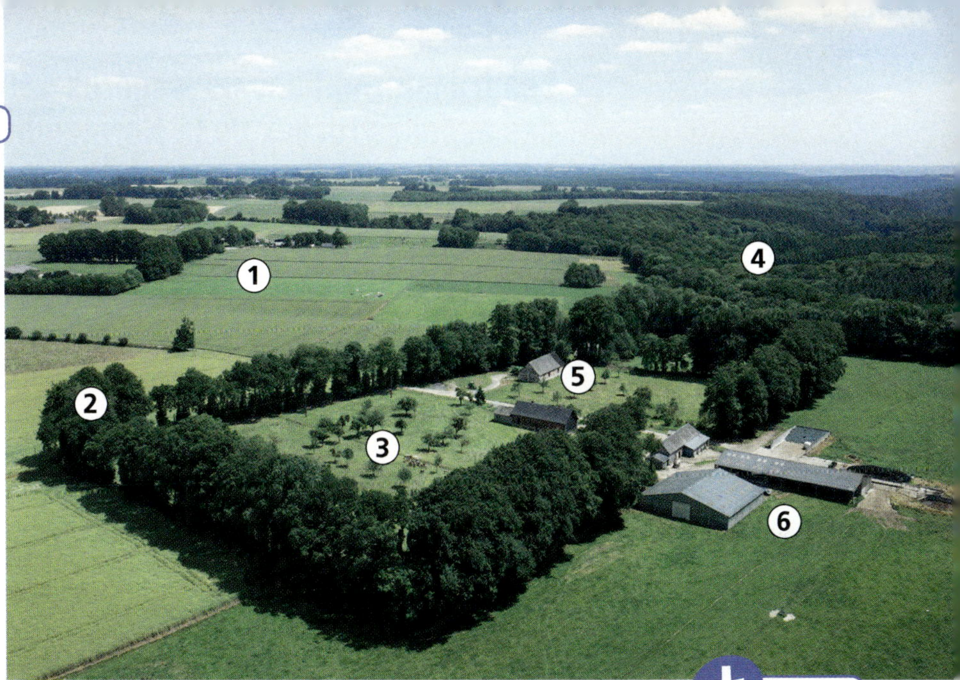

Animation croquis

3 Le clos-masure, ferme typique du pays de Caux (Seine-Maritime, 2017)

① Champs remembrés
② Haies
③ Cour plantée de pommiers
④ Forêts
⑤ Chaumière traditionnelle
⑥ Bâtiments agricoles modernes

4 Le recul du bocage normand

Parole de géographes

En Basse-Normandie, la « modernisation agricole » engagée au tournant des années 1950 a induit une recomposition sans précédent des espaces et des paysages ruraux […]. La multiplication des programmes de « reconstruction » du bocage depuis la fin des années 1970 témoigne de l'intérêt croissant porté à ces paysages emblématiques des campagnes de l'Ouest de la France. Ce renouveau signe un changement de paradigme important, après plusieurs décennies de recul continu du bocage. Les paysages de bocage, caractérisés par une morphologie parcellaire complexe et par l'omniprésence de l'arbre, ont en effet longtemps été perçus comme des obstacles à la « modernisation » de l'agriculture engagée au tournant des années 1960. Une vaste campagne de remembrement avait alors permis d'adapter le paysage aux logiques du productivisme agricole, conduisant à la destruction de la moitié du linéaire bocager en France. Pourtant, tandis que se développent des politiques de « rebocagement » dans de nombreuses collectivités territoriales et que les procédures de remembrement sont de moins en moins utilisées, la rationalisation des paysages de bocage se poursuit encore aujourd'hui.

T. Preux, D. Delahaye et M. Marie, « Transformation des structures agricoles et recomposition des paysages de bocage », www.projetsdepaysage.fr, 2015.

Questions

Itinéraire 1

Décrire et expliquer

1. Citez les deux principaux paysages agraires de la Normandie. **doc. 1 et 2**
2. Expliquez l'expression « mosaïque » utilisée pour décrire les paysages ruraux de la Normandie. **doc. 1 et 2**
3. Décrivez le paysage en vous aidant du vocabulaire. **doc. 3**
4. Pour quelles raisons le bocage a-t-il été remembré ? **doc. 3 et 4**
5. Montrez comment l'agriculture recompose les paysages ruraux de la Normandie. **doc. 1 à 4**

ou

Itinéraire 2

Tableau à imprimer

Organiser l'information dans un tableau (1/2)

À l'aide des documents, complétez ce tableau :

	Doc. 1	Doc. 2	Doc. 3	Doc. 4
Des paysages ruraux (diversité, évolution)…				
… aux fonctions multiples…				
… et à l'origine de conflits d'usage.				

THÈME 3
SE PRÉPARER
MONDE
FRANCE
RÉVISER

B Des paysages marqués par la multifonctionnalité

5 Le développement de l'agritourisme
Affiche de l'association de gestion de l'ODG (Organisme de défense et de gestion) laitier normand, mars 2018.

6 Le cheval au cœur du territoire normand

Avec 115 000 équidés sur son territoire, un pôle de compétitivité, des sites prestigieux comme le haras national du Pin, la Normandie est intrinsèquement liée au cheval [...]. La Région mise depuis plusieurs années sur cette filière pour développer et dynamiser son territoire. Seule région au monde à accueillir l'ensemble des familles de la filière équine (courses, sports équestres, loisirs autour du cheval…), la Normandie est la terre du cheval par excellence [...].

Les 6 470 entreprises normandes ayant une activité en lien avec les équidés constituent une filière économique à part entière et génèrent près de 18 000 emplois. La Région accompagne le développement de cette filière par le renforcement des compétences des professionnels, les aides aux investissements des entreprises, le développement de pôles structurants (Pôle hippique de Saint-Lô, Haras du Pin, Plateforme Hippolia) et le développement de la recherche et de l'innovation [...].

La Région accompagne le développement de la pratique de l'équitation chez les jeunes, ainsi que l'organisation d'événements équestres de niveau international [...]. Enfin, elle accompagne le développement du tourisme autour du cheval.

« La Normandie équine », *Région Normandie* [en ligne], consulté en mars 2019.

7 Éoliennes et centrale photovoltaïque à Veules-les-Roses (Seine-Maritime, 2018)

C Des paysages exposés à la conflictualité

8 La transformation des paysages naturels dans l'estuaire de la Seine

L'Express (édition régionale) n° 3315, 14 janvier 2015.

Vocabulaire

- **Estuaire :** embouchure d'un fleuve dans laquelle entre la marée, naturellement bordé de zones humides.
- **Réserve naturelle :** portion de territoire délimitée et protégée juridiquement de façon à préserver certains milieux remarquables ou espèces menacées de disparition.

Vidéo

9 Des terres normandes bétonnées

Le béton grignote beaucoup trop les surfaces naturelles de Normandie, un phénomène qui inquiète les agriculteurs. L'artificialisation des sols progresse à un rythme cinq fois supérieur à la croissance démographique !

Les logements vacants ont augmenté de 5,4 % par an entre 2010 et 2015, hausse la plus forte parmi les régions de France, la moyenne étant de 3,4 % pour la France métropolitaine. Les centres-villes se vident au profit de nouvelles constructions en périphérie, que ce soit pour l'habitat, le commerce ou les activités économiques. Mais la vacance ne concerne pas seulement les centres : les trop nombreuses zones commerciales au sein des zones périphériques sont également concernées.

La progression des espaces artificialisés s'opère aux dépens des terres agricoles, souvent de grande qualité, et dans une moindre mesure au détriment des zones naturelles ou boisées.

Les conséquences environnementales et sociétales sont nombreuses, notamment du fait de l'imperméabilisation des sols avec l'aggravation des risques d'inondation dont l'utilisation à des fins de production alimentaire ou non alimentaire est définitivement compromise. On observe une diminution de 54 % des prairies ces quarante dernières années en Normandie. La Région veut s'engager fortement pour endiguer le phénomène de bétonisation.

Actu.fr, site de presse régionale [en ligne], 16 janvier 2017.

Questions

Itinéraire 1

Situer et expliquer

6. Recensez les nouvelles fonctions économiques qui participent à la recomposition des paysages ruraux de la Normandie. **doc. 5 à 7**
7. Décrivez les conséquences paysagères et environnementales de leur développement. **doc. 7 à 9**
8. Montrez que la recomposition des paysages ruraux par ces nouvelles fonctions engendre des situations conflictuelles. **doc. 8 et 9**

Synthétiser et argumenter

9. Analysez comment les paysages ruraux de la Normandie se recomposent sous l'influence accrue des espaces urbains. **doc. 1 à 9**

ou

Itinéraire 2

Produire un oral construit et argumenté (2/2)

- À l'aide des documents 5 à 9, terminez de compléter votre tableau commencé p. 153.
- En vous appuyant sur votre tableau complété, organisez vos arguments.
- Présentez ces arguments à l'oral.

Cartes

Des espaces ruraux en recomposition

1 Les dynamiques des espaces agricoles français

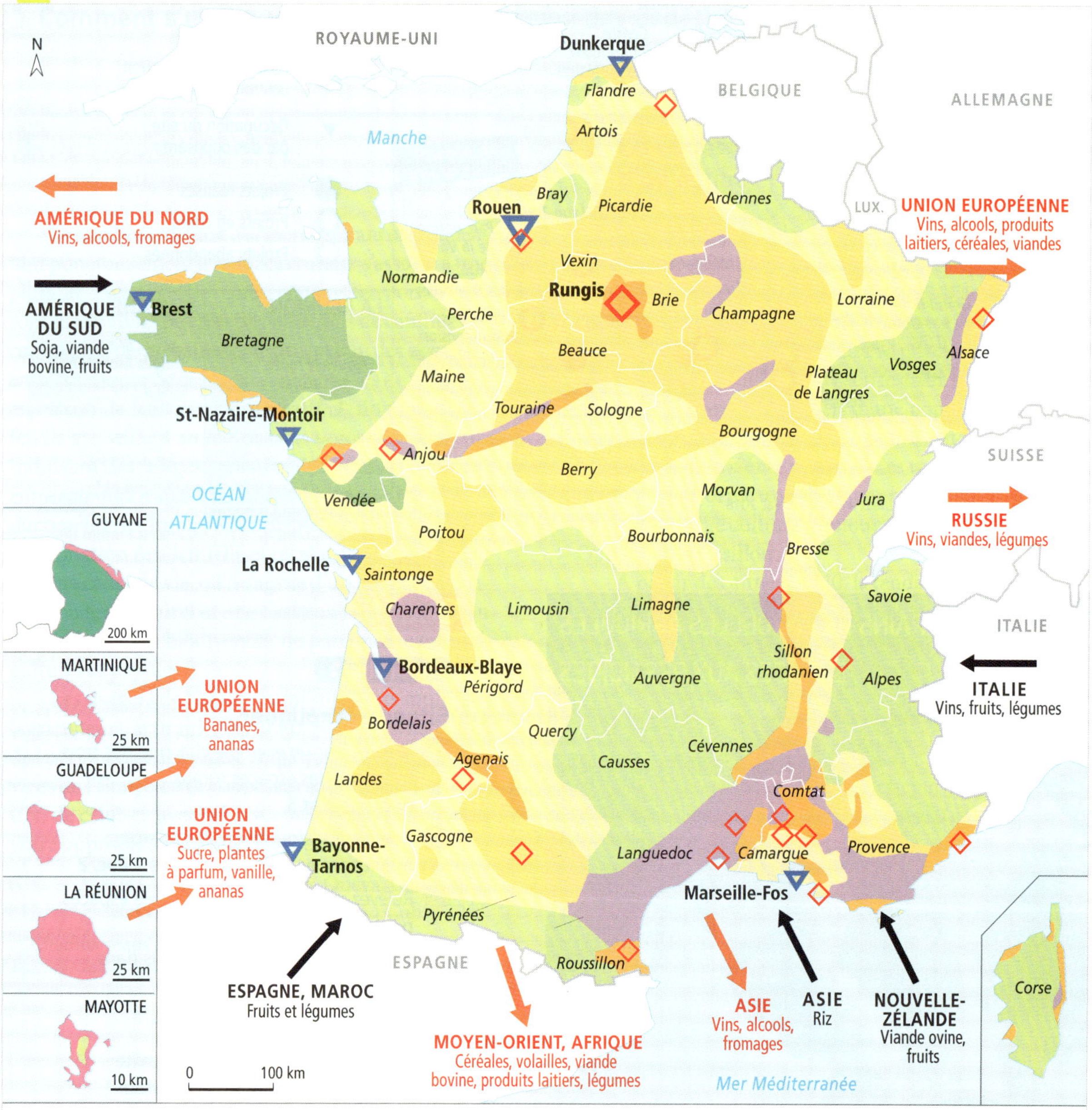

1. La diversité des systèmes productifs agricoles

- Grandes cultures intensives (céréales, plantes industrielles, oléagineux)
- Polyculture (extension des céréales, régression des fourrages et de l'élevage)
- Vignobles
- Maraîchage, arboriculture, horticulture
- Élevage intensif (porcs, volailles)
- Élevage extensif ou semi-extensif (bovins, ovins, caprins)
- Cultures tropicales (canne à sucre, bananiers, fleurs, tubercules…)
- Forêt amazonienne (agriculture itinérante sur brûlis)

2. Une puissance agricole exportatrice

- Exportations
- Ports d'exportation de céréales
- Premier marché alimentaire d'Europe
- Marchés de redistribution nationaux et européens
- Importations et concurrence étrangère

Source : *Agreste*, Ministère de l'Agriculture et de l'Alimentation, 2019.

2 Les recompositions des espaces ruraux français : entre fragmentation et renouveau

Source : *Observatoire des territoires*, Commissariat général à l'égalité des territoires (CGET), Ministère de la Cohésion des territoires et des Relations avec les collectivités territoriales [en ligne], 2019.

1. Des dynamiques rurales très contrastées

- Espaces ruraux fragiles (difficultés économiques et démographiques)
- Espaces d'agriculture performante
- Espaces ruraux multifonctionnels et dynamiques
- Espaces urbains et périurbains (fonction résidentielle et loisirs)
- Étalement urbain

2. Des stratégies d'aménagement et de développement

- Centres de décision politique (subventions)
- Pôles de compétitivité orientés vers l'agriculture
- Districts industriels en zone rurale
- Revitalisation liée à l'écotourisme
- Zones de revitalisation rurale
- Régions ultra-périphériques (aides européennes)

Vocabulaire

- **Agriculture extensive :** système de production agricole dont les rendements à l'hectare sont peu élevés.
- **Agriculture intensive :** système de production agricole assurant des rendements à l'hectare élevés.
- **District industriel :** voir p. 160.
- **Écotourisme :** voir p. 145.
- **Maraîchage :** culture de légumes et de certains fruits destinés à être vendus frais.
- **Régions ultra-périphériques :** territoires bénéficiant d'aides spécifiques de l'Union européenne en raison de leur éloignement et de fortes contraintes (risques naturels, enclavement, dépendance économique).
- **Zone de revitalisation rurale :** ensemble de communes rurales fragiles bénéficiant d'aides fiscales pour favoriser leur développement économique.

Questions

1. Identifiez les régions qui font de la France une puissance agro-exportatrice. **doc. 1 et 2**
2. Localisez les espaces ruraux sous influence urbaine. **doc. 2**
3. Repérez les territoires ruraux les plus multifonctionnels. **doc. 1 et 2**

Cours

Podcast du cours

Des espaces ruraux multifonctionnels, entre initiatives locales et politiques européennes

Comment les dynamiques démographiques et économiques transforment-elles les espaces ruraux ?

Les territoires ruraux en France

23 % — **Part de la population rurale dans la population française**

52 % — **Superficie occupée par l'agriculture en France**

31 % — **Superficie occupée par la forêt en France**

Sources : Insee et ministère de l'Agriculture et de l'Alimentation, 2019.

Vocabulaire

- ***Agribusiness*** **:** ensemble des activités économiques qui se développent autour de l'agriculture productiviste et qui ont pour but la transformation et la vente des produits alimentaires.
- **Agriculture productiviste :** agriculture commerciale dont l'intensivité et la productivité reposent sur un recours aux techniques et aux progrès scientifiques.
- **District industriel :** concentration, sur un territoire donné, de petites et moyennes entreprises, spécialisées dans un secteur d'activité reposant sur des savoir-faire hérités.
- **Néoruraux :** citadins venus s'installer en zone rurale.
- **Politique agricole commune (PAC) :** politique européenne créée en 1962 pour moderniser et développer l'agriculture des pays membres de la CEE puis de l'UE.
- **Polyculture :** production de différentes cultures sur une même exploitation.
- **Télétravail :** activité professionnelle réalisée à distance grâce aux technologies de l'information et de la communication.
- **Zone de revitalisation rurale :** voir p. 159.

1 Des espaces productifs agricoles en mutation

● **L'agriculture française occupe la première place en Europe.** Elle s'organise en filières agroalimentaires dominées par des multinationales : Limagrain (semences), Lactalis, Danone (produits laitiers), Pernod Ricard (spiritueux). Elle se maintient au 5e rang mondial pour les exportations de produits alimentaires principalement destinées à l'Europe, l'Amérique du Nord et l'Asie (vins, fromages) mais aussi l'Afrique et le Moyen-Orient (blé, volailles, lait).

● **L'agriculture française connaît des évolutions contrastées.** La concurrence européenne et mondiale renforce la spécialisation des espaces agricoles. La polyculture régresse au profit de l'*agribusiness* (maïs en Alsace et dans le Nord-Ouest, blé dans l'ouest du Bassin parisien, colza dans sa partie est). Néanmoins, l'élevage extensif labellisé (Jura, Limousin, Auvergne) résiste mieux à la crise que l'élevage intensif (Bretagne). Les grands vignobles restent aussi très compétitifs (Bordelais, Bourgogne, Champagne).

● **La France s'efforce d'assurer la durabilité de son agriculture.** Face aux conséquences environnementales de l'agriculture productiviste (pollution des rivières, irrigation excessive, pollution des sols et des eaux en Bretagne et aux Antilles) et aux nouvelles exigences des consommateurs, certains producteurs se lancent dans l'agriculture biologique. D'autres complètent leurs revenus grâce à l'agritourisme (Normandie, Périgord, Gascogne) ou la production de biogaz.

ÉTUDE DE CAS Espaces ruraux de la Normandie → p. 152

2 Une diversification sociale et fonctionnelle

● **Les territoires ruraux présentent des dynamiques démographiques contrastées.** Depuis la fin des années 1990, certaines campagnes françaises connaissent un regain d'attractivité. C'est la conséquence de la fin de l'exode rural, mais aussi de l'installation de néoruraux. Ces recompositions entraînent un renouveau des populations rurales (installation de jeunes couples avec enfants), même si certaines régions restent durement confrontées au vieillissement de leur population (Pyrénées, Limousin, Martinique).

● **Les espaces ruraux font face à une pression urbaine croissante.** L'étalement des villes s'accélère depuis les années 1980. C'est la conséquence de l'augmentation du coût de l'immobilier en ville, combinée à la volonté d'accéder à la propriété (maison avec jardin) et aux possibilités offertes par le télétravail. Les territoires offrant les plus forts atouts (accessibilité, espaces verts, services variés) sont les plus attractifs (côte Atlantique, Midi toulousain).

● **Ce renouveau favorise la multifonctionnalité des campagnes.** Si certains territoires ruraux demeurent très agricoles (Beauce, Champagne, Bourgogne), d'autres sont marqués par le renouveau de la fonction résidentielle et l'écotourisme (Provence, sillon alpin, La Réunion). Certains territoires sont aussi animés par des districts industriels dans des filières spécialisées (décolletage de la vallée de l'Arve, serrurerie du Vimeu) ou plus diversifiées (Choletais, Jura).

DOSSIER Conflits et espaces ruraux en France → p. 156

3 Des enjeux d'aménagement rural

• **Les espaces ruraux sont aujourd'hui très fragmentés.** Les plus proches des métropoles bénéficient d'une population jeune et de services diversifiés tandis que les plus éloignés sont fragilisés par le vieillissement et l'enclavement (Cévennes, Corse). Leur vitalité dépend aussi de la composition sociale des néoruraux : citadins défavorisés (Morvan) ou populations aisées de retraités (côte Atlantique), de cadres (Monts du Lyonnais) ou d'étrangers (Périgord).

• **L'aménagement rural mobilise des acteurs à différentes échelles.** La Politique agricole commune de l'Union européenne a joué un rôle essentiel dans la modernisation de l'agriculture. L'État, qui a financé l'amélioration de l'accessibilité de certaines régions (autoroutes dans le Massif central…), lutte désormais contre la fracture numérique (Plan France Très Haut Débit). Les collectivités territoriales, en métropole comme dans l'outre-mer, soutiennent les actions de développement local (zones d'activités, marchés de producteurs) pouvant bénéficier d'aides européennes.

• **Cependant, la durabilité des politiques de développement rural s'avère contrastée.** Les acteurs publics défendent la protection de l'environnement (interdiction de certains insecticides) tout en soutenant le productivisme agricole (subventions européennes, pôles de compétitivité). Les exonérations fiscales en faveur des zones de revitalisation rurale ne compensent pas le déficit d'attractivité engendré par la fermeture des services publics les moins efficients (Auvergne, Berry).

DOSSIER Conflits et espaces ruraux en France → p. 156
GÉO DÉBAT Doit-on fermer les services publics dans les espaces ruraux ? → p. 162

L'agriculture et l'agroalimentaire en France

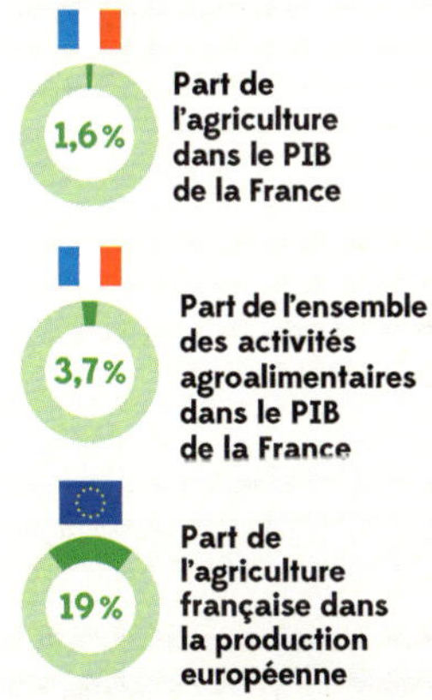

Sources : Insee et ministère de l'Agriculture et de l'Alimentation, 2019.

Notions clés

Du cours au schéma

Schéma interactif à compléter

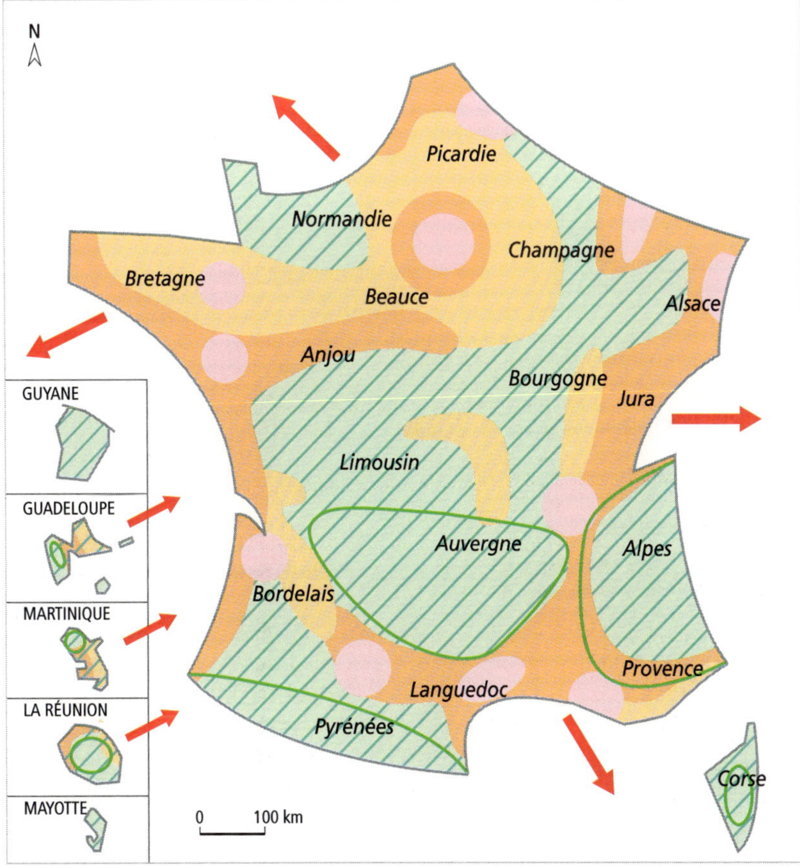

1. Des espaces multifonctionnels

- Espaces ruraux fragiles (difficultés économiques et démographiques)
- Espaces dominés par une agriculture performante
- Espaces ruraux dynamiques et multifonctionnels
- Espaces périurbains (fonction résidentielle et loisirs)

2. La fragmentation des espaces ruraux

- Exportations de produits agricoles
- Forte dépendance vis-à-vis des aides publiques
- Revitalisation liée à l'écotourisme

THÈME 3
SE PRÉPARER
MONDE
FRANCE
RÉVISER

Géo DÉBAT

Doit-on fermer les services publics dans les espaces ruraux ?

1 L'évolution des services publics en France

Variation du nombre de communes équipées en services publics entre 1980 et 2013

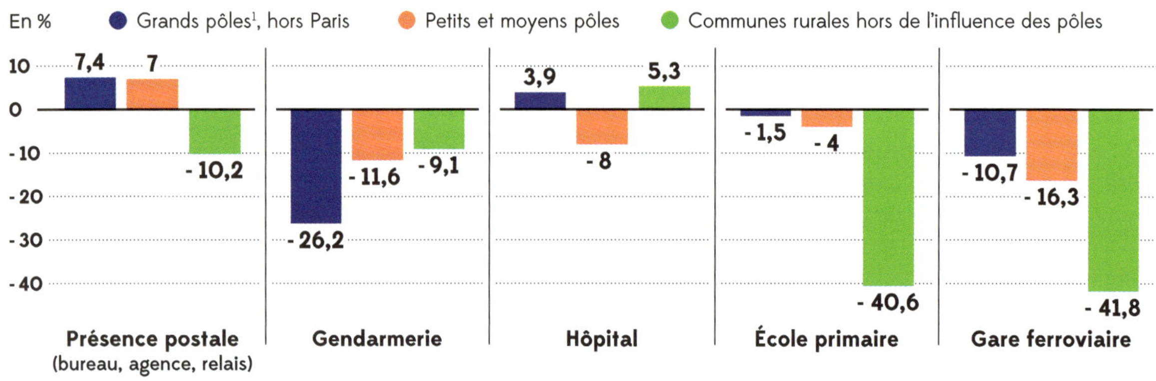

1. Grand pôle urbain : plus de 10 000 emplois ; pôle petit et moyen : entre 1 500 et 10 000 emplois (Insee).

Source : Alternatives économiques, *Les Dossiers, n° 16, décembre 2018.*

2 Les services publics, un enjeu national

Parole d'acteur

Le grand **débat national**

5 480 202 agents publics travaillent au service des citoyens, dans une des administrations françaises. Les services publics au quotidien, qu'est-ce que c'est ?

- 13 millions d'élèves collégiens, lycéens et apprentis pris en charge chaque jour par l'enseignement public ;
- 20 millions de patients soignés dans les services d'urgences des hôpitaux tous les ans ;
- plus de 4 millions d'interventions réalisées par les services départementaux d'incendie et de secours (SDIS) chaque année ;
- plus de 39 millions d'objets acheminés par la Poste chaque jour.

Et bien d'autres choses : la police et la gendarmerie, les impôts, la Caisse d'allocations familiales, Pôle emploi, l'ensemble des missions d'inspection et de contrôle conduites par l'État dans le champ de la sécurité sanitaire, alimentaire, de la répression des fraudes…

Et pourtant, 45 % des usagers perçoivent une dégradation de la qualité des services publics et seuls 14 % des Français considèrent que les responsables politiques et les institutions prennent suffisamment en compte leurs préoccupations.

Extrait de la fiche de préparation d'une des quatre thématiques du Grand Débat national, [en ligne] janvier 2019.

3 L'accès à un service d'urgence en France

Distance aux services d'urgences en 2015

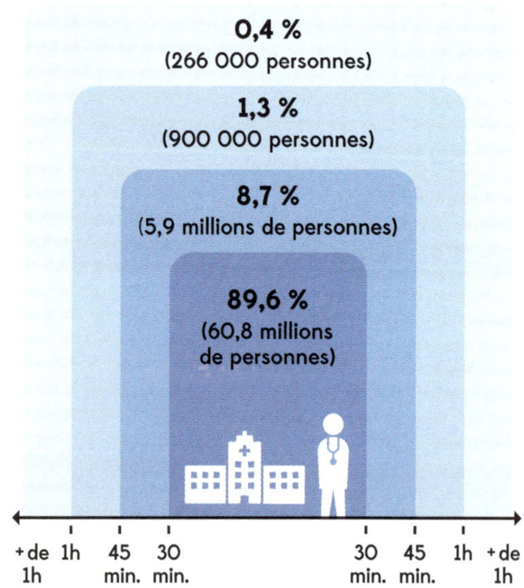

Source : Les Décodeurs, Le Monde, *13 octobre 2017.*

Vocabulaire

Service public : service d'intérêt général (santé, éducation, justice…) assuré par un acteur public (État, collectivité territoriale).

4 Le numérique, une réponse à la fermeture des services publics ?

Dessin de Fañch Ar Ruz, publié dans le *Pontivy Journal*, après la fermeture de la trésorerie de Guémené-sur-Scorff, 27 septembre 2017. Guémené-sur-Scorff est une commune d'environ 1 000 habitants située dans le Morbihan.

5 Services publics et cohésion sociale

La révision générale des politiques publiques (RGPP) a été mise en place en 2007. Certaines communes ont perdu, en même temps, des classes dans les écoles, leur tribunal, leur hôpital… […] La France rurale, soit 20 à 25 % de la population, a vécu une recomposition majeure, notamment là où la densité est inférieure à 15 habitants au kilomètre carré.

Le repli des services publics a un effet boule de neige sur les territoires. La fermeture d'un service public, au-delà du lieu, déstabilise l'ensemble de la collectivité locale. L'école, la gendarmerie ou le tribunal constituent l'élément d'un tout. Le service public est également un lieu de sociabilité. […] De plus, les conséquences sont aussi économiques : quand un service public s'en va, ce sont tous les salaires des fonctionnaires qui partent, avec un effet direct sur l'économie et les commerces locaux.

Des communes essayent d'innover pour répondre à ces défis. Cela va des cantines partagées aux maisons de santé, en passant par des systèmes de transport ingénieux ou des bibliothèques itinérantes. Parfois, les collectivités locales vont même au-delà de leurs compétences, en investissant dans la santé, en salariant des médecins, en construisant des casernes de gendarmerie. Face à toutes ces recompositions, elles ont su inventer, mais cette capacité d'adaptation a ses limites. Il faut désormais s'interroger : tout ne peut pas être monétaire et mesuré par des indicateurs statistiques, et peut-être que les notions de qualité de vie, de cohésion sociale devraient aussi être prises en compte.

Entretien avec François Taulelle, géographe, *Libération*, 22 janvier 2019.

Le Média bus en Guyane.

6 L'égalité d'accès aux services publics

Parole d'acteur

À l'opposé des élus et citoyens des territoires désertés par les services publics, la puissance publique répond que la fermeture des services publics renvoie à un impératif d'égalité d'accès. On comprend bien que l'argumentaire ne repose alors pas sur l'égalité géographique, mais sur une forme d'égalité de traitement. Le service public doit être le même pour tous les usagers et offrir les mêmes garanties de qualité. L'argument invoqué repose sur le postulat implicite que les services publics fermés ou menacés de l'être n'offrent pas un service public de qualité suffisante.

La fermeture d'une maternité de campagne est justifiée par les pouvoirs publics par l'impératif d'offrir à tous les patients la même qualité de soins. Dans le cas très particulier de la maternité du Blanc, dans l'Indre, l'argument invoqué relève de la sécurité des patientes. La maternité est présentée comme trop petite pour avoir une activité suffisante permettant de maintenir à niveau les compétences du personnel médical. Aussi, l'Agence régionale de santé du Centre-Val de Loire invoque-t-elle un risque sanitaire pour les patientes qui seraient prises en charge par un personnel en sous-activité. Par ricochet, l'activité de ces établissements est trop faible pour qu'ils parviennent à attirer et fidéliser le personnel médical, ce qui aggrave la sous-activité.

Dans le cas de ces fermetures, les autorités considèrent que ces services publics de proximité ne sont pas dignes d'être qualifiés comme tels. À défaut d'atteindre un certain référentiel de qualité, ils mériteraient de fermer.

V. Joannidès de Lautour, docteur en comptabilité/contrôle de gestion et professeur à l'école de management de Grenoble, *Les Échos*, 20 novembre 2018.

C'est à vous !

Géo DÉBAT

Doit-on fermer les services publics dans les espaces ruraux ?

ÉTAPE 1 Comprendre et préparer le débat

1. Relevez quels types d'espaces ont enregistré les plus fortes baisses de services publics entre 1980 et 2013. **doc. 1**
2. Quelle est l'opinion des Français sur l'organisation et la qualité des services publics ? **doc. 2**
3. En France, combien d'habitants sont à plus d'une heure d'un service d'urgences ? À quel type d'espace cela correspond-il ? **doc. 3**
4. Expliquez la recomposition des services publics aujourd'hui en France. **doc. 1, 5 et 6**

ÉTAPE 2 Participer au débat

5. Avant le débat, prélevez les arguments des différents acteurs. Reportez-les dans le tableau.
6. Avant le débat, en prenant appui sur les documents et votre point de vue personnel, notez vos arguments dans le tableau.
7. Pendant le débat, notez les arguments des autres élèves.

Conseils

- Écoutez et respectez la parole des autres.
- Pour convaincre, il est important de s'appuyer sur des exemples précis (localisés, datés, chiffrés).
- Ne lisez pas vos notes et présentez vos arguments en regardant vos auditeurs. Relisez vos notes avant de prendre la parole.

+ Tableau à imprimer

	Il faut fermer les services publics dans les espaces ruraux	Il ne faut pas fermer les services publics dans les espaces ruraux
Arguments des acteurs	• • •	• • •
Mes arguments	• • •	• • •
Les arguments des autres élèves	• • •	• • •

+ Vidéo

« Gilets jaunes : les oubliés des services publics ? », extrait du journal télévisé de 20 heures, France 2, 20 novembre 2018.

ÉTAPE 3 Conclure le débat

8. À la suite du débat en classe, exprimez votre point de vue personnel et argumenté sur la fermeture ou le maintien des services publics dans les espaces ruraux français.
9. Les arguments échangés lors du débat vous ont-ils amené(e) à revoir votre position de départ ? Expliquez pourquoi.

THÈME 3

Les espaces ruraux : multifonctionnalité ou fragmentation ?

RÉVISER & APPROFONDIR

Touristes asiatiques dans un champ de lavande sur le plateau de Valensole dans les Alpes de Haute-Provence (2017).

SYNTHÈSE

→ THÈME 3 Les espaces ruraux : multifonctionnalité ou fragmentation ?

1 Des sociétés inégalement rurales et agricoles

● **La part de la population rurale diminue à l'échelle mondiale.** Les ruraux restent très nombreux en Asie du Sud et en Afrique subsaharienne mais sont devenus minoritaires sur le continent américain et en Europe, y compris en France.

● **Les espaces agricoles connaissent de profondes recompositions.** Certaines sociétés restent très agricoles mais s'avèrent souvent peu compétitives (Afrique subsaharienne). À l'inverse, les pays développés comptent peu d'agriculteurs mais sont, comme la France, des puissances agricoles. Leur agriculture offre des débouchés diversifiés (agrocarburants).

2 Des espaces ruraux multifonctionnels

● **Des fonctions non agricoles se développent dans les espaces ruraux.** Les industries animent de nombreuses zones rurales (Europe, Amérique, Asie) tandis que l'agritourisme (Toscane) et l'écotourisme (Canada) se sont développés de manière inégale. Ces deux activités caractérisent surtout les campagnes des pays riches, à l'image de la France.

● **Cette multifonctionnalité reflète la diversification démographique des campagnes.** La diffusion du tourisme rural résulte de l'arrivée de néoruraux et révèle un changement du regard des citadins sur la ruralité. Cette atténuation de l'opposition entre villes et campagnes, bien marquée en France, concerne surtout les pays les plus urbanisés.

3 Des espaces fragmentés et conflictuels

● **Les inégalités se creusent entre les espaces ruraux.** L'exode rural est souvent motivé par l'abandon d'une agriculture pauvre et archaïque (Inde). À l'inverse, la multifonctionnalité favorise plutôt la revitalisation (Toscane). En France, les disparités entre campagnes dynamiques et régions en déprise sont également très importantes.

● **La multifonctionnalité des espaces ruraux favorise les conflictualités.** La périurbanisation, le productivisme agricole et les activités industrielles génèrent des conflits d'usage liés à l'accès à l'eau ou à la terre. La mise en œuvre d'un développement durable des campagnes progresse lentement, y compris en France.

Podcast de la synthèse

Notions clés

Chiffres clés

- **Part de la population rurale dans le monde : 45 %**
- **Nombre de ruraux dans le monde : 3,4 milliards**
- **Superficie occupée par l'agriculture dans le monde : 37 % (des terres émergées)**
- **Part des agriculteurs dans le total des actifs mondiaux : 26 %**
- **Part de la population rurale en France : 23 %**
- **Superficie occupée par l'agriculture en France : 52 %**

Pour approfondir

Film

● ***Petit Paysan,*** de Hubert Charuel, 2017.

Documentaire

● ***Volta à terra,*** de João Pedro Plácido, 2014.

Bande dessinée

● ***Silver Spoon*** (série en cours, 14 tomes), de Hiromu Arakawa, éditions Kurokawa, 2011-2018.

NOTIONS

RURAL

Se dit d'un espace caractérisé par de faibles densités de peuplement, de bâti, d'activités, de services et d'équipements. Les paysages sont marqués par les formations végétales (forêts, cultures, prairies...) et les activités agricoles prédominent en superficie. Les espaces ruraux présentent des caractéristiques de plus en plus variées et sont en lien étroit ou sous l'influence des aires urbanisées.

RURALITÉ

Caractère rural d'un espace, d'une population et de ses pratiques. La ruralité se caractérise par une identité (activités, paysages, modes de vie...). L'agriculture et la « nature » en sont les éléments structurants principaux. L'échelle locale est souvent privilégiée et valorisée.

Schéma interactif

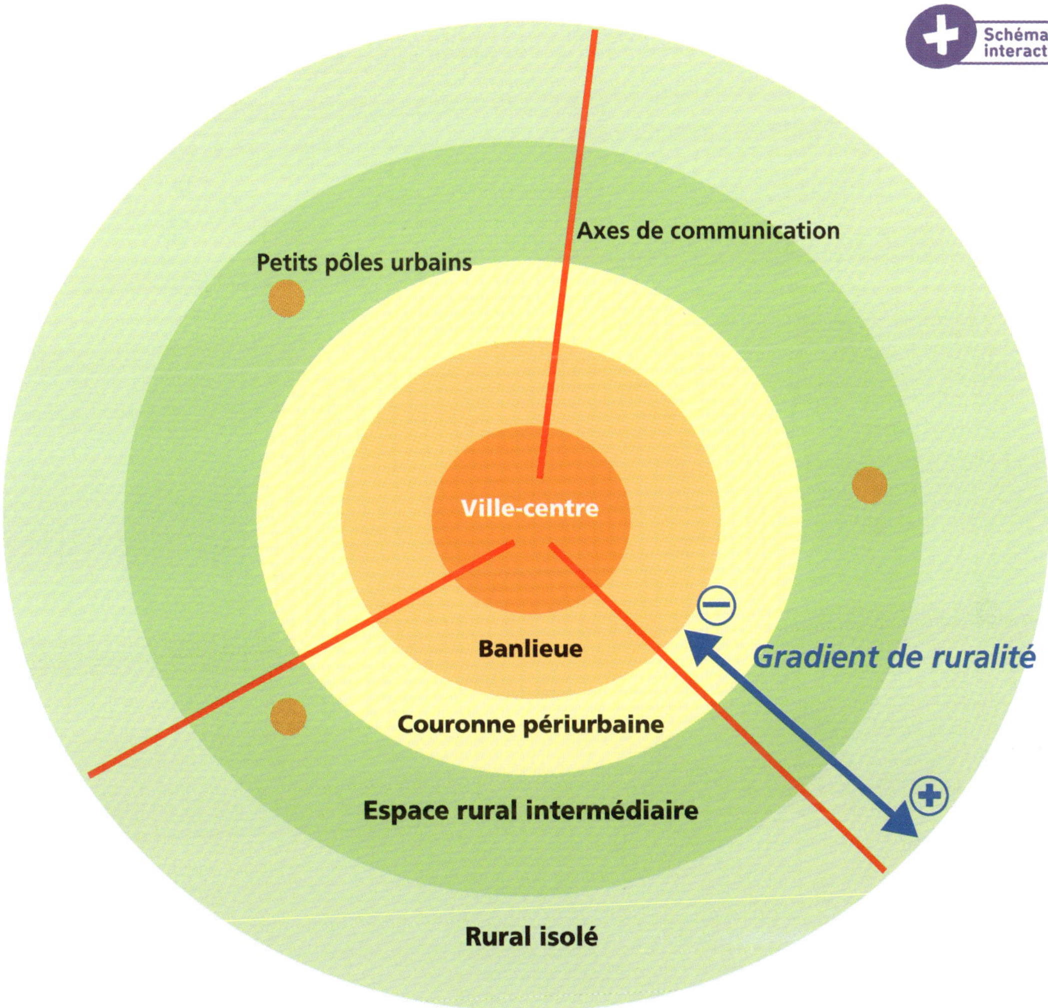

1. Couronne périurbaine
- Ruralité minimale
- Densité du peuplement et du bâti
- Diversité des activités et fonctions
- Rural plus dynamique / conflictualités

2. Espace rural intermédiaire
- Peuplement et bâti diffus
- Population et activités moins diversifiées
- Une fonction dominante (agriculture)

3. Rural isolé
- Ruralité maximale (espaces naturels)
- Enclavement / Eloignement
- Très faible densité de peuplement et de bâti
- Déclin démographique et des activités

NOTIONS

PÉRIURBANISATION

Processus d'extension des espaces urbains en périphérie des agglomérations, généralement sous la forme de lotissements d'habitations individuelles. Ils se développent aux limites des espaces urbanisés et autour des bourgs ou villages à proximité. Les populations qui y résident effectuent des mobilités pendulaires vers la ville voisine car ils conservent des emplois et des modes de vie de citadins.

Schéma interactif

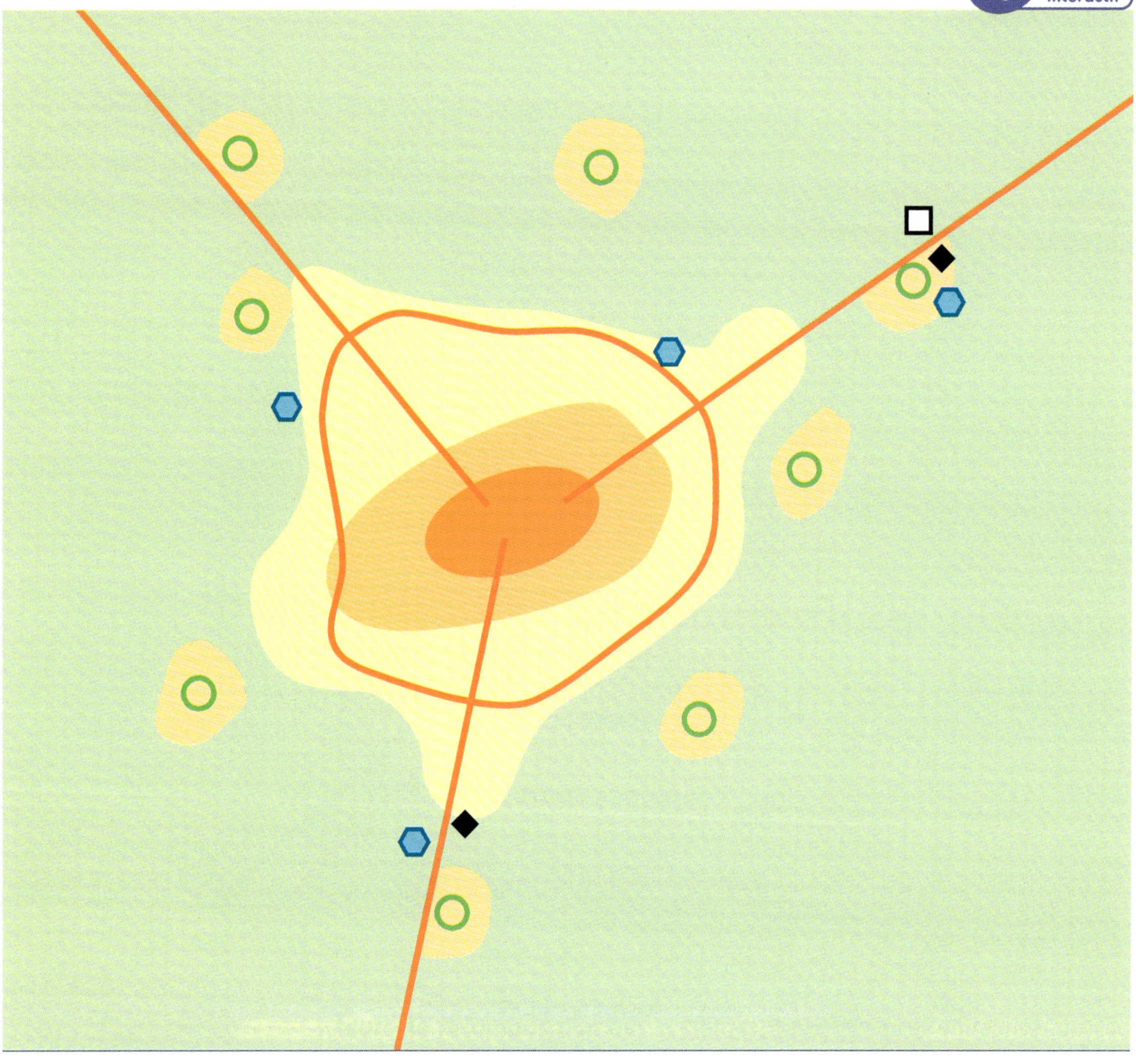

1. Les moteurs de la périurbanisation

- Ville-centre
- Banlieues
- Espaces ruraux disponibles
- Axes de communication

2. Les composantes de la périurbanisation

- Périurbanisation discontinue en périphérie des agglomérations
- Noyaux villageois et lotissements d'habitat pavillonnaire
- Pôles commerciaux, logistiques et de loisirs

3. Une connexion à différentes échelles

- Aéroport
- Gares TGV

MULTIFONCTIONNALITÉ

Terme exprimant la pluralité des fonctions dans un espace donné. Pour les espaces ruraux, les fonctions agricoles demeurent très présentes mais sont concurrencées par des fonctions résidentielles, industrielles ou récréatives (loisirs, tourisme). Ce bouleversement géographique majeur est lié à la diffusion de l'urbanisation des sociétés dans les espaces ruraux.

Schéma interactif

MULTIFONCTIONNALITÉ

Causes	Diversification	Conséquences
› Périurbanisation, étalement urbain › Densification des réseaux de transports › Migrations résidentielles (résidences secondaires, retraités, néoruraux...) › Report des activités gênantes ou encombrantes (logistique, industries, aéroports, gares TGV...) › Accroissement des fonctions récréatives (loisirs, tourisme)	› Des populations (moins d'agriculteurs, plus de nouveaux actifs...) › Des activités et des fonctions (moins d'agriculture, plus de logistique...) › Des paysages (moins agricoles et moins naturels)	› Croissance démographique, rajeunissement des populations › Croissance économique (création d'emplois et de revenus) › Atteintes environnementales (artificialisation, pollution, dégradation des milieux) › Concurrences pour l'occupation de l'espace, conflictualités › Mesures de protection (parcs naturels...)

FRAGMENTATION

La fragmentation est un processus de séparation au sein d'un espace. Ce processus repose sur des inégalités et des disparités économiques et sociales. Pour les espaces ruraux, la fragmentation se caractérise par la spécialisation des productions, la séparation de populations, d'activités, de paysages, de réalités très différentes qui coexistent en s'ignorant ou en s'opposant.

Schéma interactif

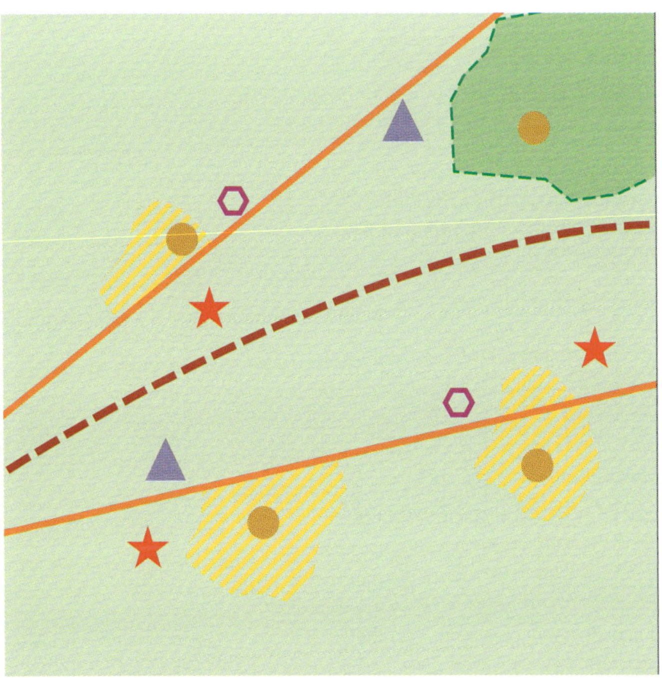

1. Les composantes spatiales traditionnelles

- Espaces ruraux aux fonctions agricoles
- Petits pôles urbains et villages
- Axes de communication (autoroutes, LGV...)

2. Les composantes spatiales de la recomposition

- Activités non agricoles (logistiques, industrielles…)
- Pôles récréatifs (parcs d'attractions…)
- Espaces de périurbanisation
- Nouveaux axes de communication
- Périmètres de protection (parcs naturels)
- Conflits d'usage

EXERCICES

1 Vérifier ses connaissances

Exercices interactifs

Retrouvez des exercices interactifs pour tester vos connaissances sur le thème 3.

2 Analyser un dessin de presse

Les conflits d'usage dans les espaces ruraux vus par un dessinateur de presse

Gab, avril 2016.

1. Les zones agricoles non défavorisées sont des zones sans contraintes naturelles particulières (pente, infertilité des sols...). Dans ces zones, les agriculteurs ne perçoivent pas d'aides financières de l'Union européenne.

Questions

1. Décrivez le dessin et montrez qu'il s'agit d'un espace rural.
2. Identifiez les éléments illustrant les différentes fonctions de cet espace : fonction agricole, touristique, patrimoniale.
3. À quelles difficultés Marcel est-il confronté ?
4. Montrez que ce dessin traduit les mutations des espaces agricoles et les conflits d'usage qui en découlent.

3 Confronter deux graphiques

La population rurale dans le monde en 1960 et en 2017

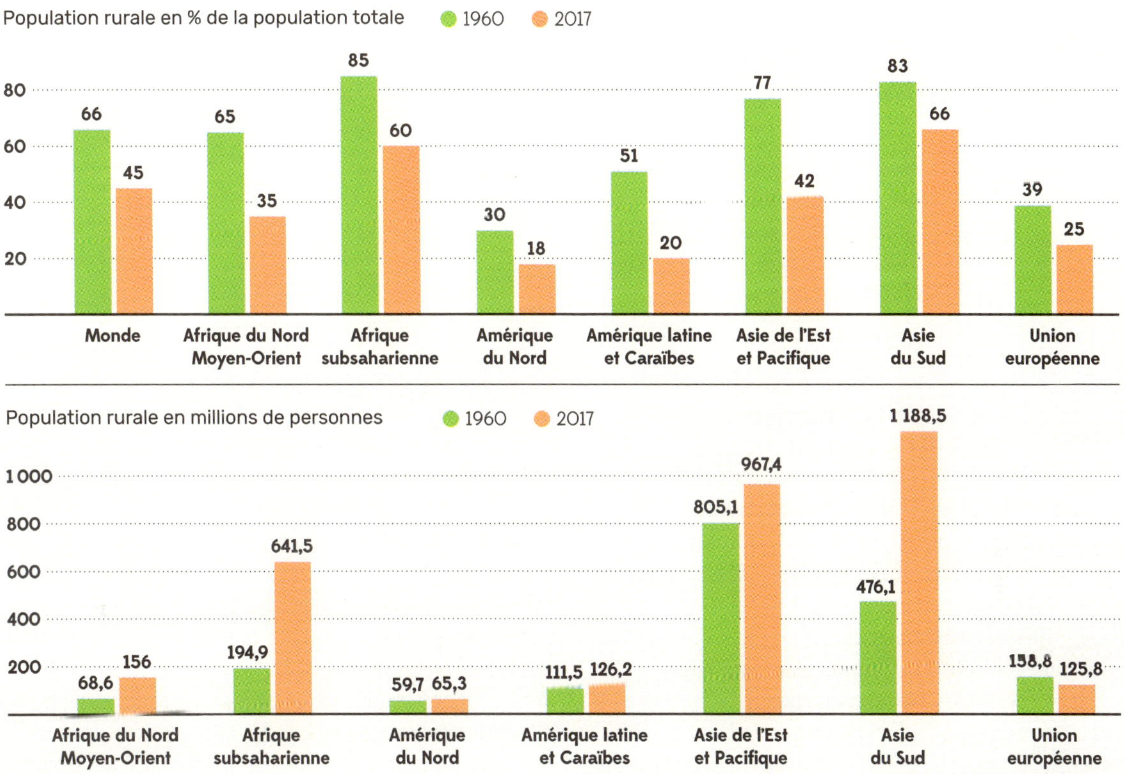

Source : Banque mondiale, 2018.

Le monde comptait 2 milliards de ruraux en 1960 et 3,4 milliards en 2017.

Questions

1 Lire les graphiques :

a. Indiquez le sujet des graphiques et les unités de mesure utilisées.
b. Dans quels ensembles géographiques le pourcentage de population rurale est-il le plus important en 1960, puis en 2017 ? Dans quelles parties du monde ce pourcentage est-il le plus faible ?
c. Quels facteurs expliquent ces situations ?
d. Comment la population rurale a-t-elle évolué en pourcentage et en nombre de personnes entre 1960 et 2017 dans le monde ?

2 Interpréter les données :

a. Expliquez la différence entre les deux graphiques.
b. Quel graphique vous semble le plus pertinent pour montrer l'évolution de la population rurale ?

4 Approfondir ses connaissances

Se documenter sur l'agriculture et l'alimentation dans le monde avec le site de la FAO (organisation des Nations unies pour l'alimentation et l'agriculture).

Exercice d'approfondissement

BAC Analyse de documents

→ Méthode générale et description de l'épreuve p. 212

MÉTHODE → Extraire et mettre en relation les informations

SUJET

Les recompositions des espaces ruraux

Consigne :

Vous analyserez et confronterez les documents afin de répondre à la question : quelles sont les recompositions des espaces ruraux au Québec et en France ?

Vous caractériserez les relations entre villes et campagnes, puis vous mettrez en évidence la multifonctionnalité des espaces ruraux et les défis qui en découlent.

1 Les campagnes au Québec

Citoyens et citoyennes des villes du Québec, [...] Vous êtes ruraux parce que vous consommez les fraises de l'île d'Orléans, le maïs de Neuville, le fromage de Saint-Raymond, les crevettes de la Côte-Nord, les homards de la Gaspésie, les confitures de Sainte-Marcelline. [...] C'est dans les villes que ruraux et citadins vont à l'université, fréquentent les centres commerciaux, assistent à des concerts et à de grands événements sportifs, achètent leurs voitures et prennent l'avion pour le soleil des Antilles. S'il y a une chose que l'espace que nous occupons nous enseigne, c'est l'interdépendance et la complémentarité ville-campagne. Ce qui ne signifie pas qu'il n'y a plus de distinction entre ces deux versants de notre société, que les deux mondes sont fondus l'un dans l'autre, ou que la ville est l'expression accomplie de la modernité alors que la campagne serait en attente d'urbanisation. La ruralité d'aujourd'hui ne correspond plus à la campagne des années 1940 et 1950, agricole et homogène. La ruralité actuelle est plurielle, c'est-à-dire diversifiée dans ses composantes et sa dynamique ; elle aspire à une modernité pleinement assumée, mais dans un mode et des formes différents de ce que propose la grande ville. Partout, la multifonctionnalité s'est imposée. [...] Elle pose le défi de la cohabitation harmonieuse entre les différentes fonctions et l'usage des sols. [...] Pour l'État, des actions sont à entreprendre afin que s'accomplisse cette révolution des territoires : doter les régions des infrastructures, équipements et services publics, dont Internet haute vitesse et la téléphonie mobile, pour accroître l'attractivité et la compétitivité économique des espaces habités hors des grands centres.

Bernard Vachon, géographe québecois, « Comprendre le potentiel de la ruralité actuelle », *Le Devoir*, 30 mai 2018.

2 Les campagnes en France

	Occupation du territoire		Activité agricole		Populations âgées	
	Densité (hab./km²)	Nature (%)[1]	Actifs (%)	« SAU » (%)[2]	Retraités (%)	75 ans + (%)
Campagnes...	**55,7**	**33,9**	**1,8**	**60,5**	**24,6**	**9,9**
...vieillies et très peu denses	23,3	48,8	3,6	49,9	29,2	12,4
...agricoles et industrielles	14,4	23	2,5	74,1	24,7	10
...des villes et des littoraux	122,2	27,8	1	64,2	23,2	9,2

Sources : Insee/DATAR, extrait de Pierre Pistre et Frédéric Richard (géographes), *Géoconfluences*, 27 avril 2018.

1. Nature : occupation du sol en forêts et milieux semi-naturels, en zones humides et en surfaces en eau.
2. « SAU » : Surface Agricole Utilisée.

Méthode — Guide de travail

1 Analyser le sujet

→ Définir les termes de la consigne

1. Définissez : *recompositions, multifonctionnalités, espace rural.*

→ Analyser l'énoncé de la consigne

2. Que devrez-vous montrer et expliquer dans l'analyse ?

Conseil DU PROF

- Reportez-vous au lexique p. 218 pour retrouver la définition des termes géographiques.

3. Quel plan est suggéré par la consigne ?

2 Analyser les documents

→ Identifier les documents

4. Indiquez la nature et la source des documents.
5. Quel est le thème commun aux deux documents ? Quelle idée générale expriment-ils ?

→ Extraire et mettre en relation les informations

- Relever dans les documents les informations répondant à la consigne.
- Confronter les documents et comparer les informations :
  – elles peuvent être complémentaires, les unes permettant d'expliquer les autres ;
  – elles peuvent être contradictoires et permettre de nuancer les idées.

6. Relevez les informations permettant de répondre à la consigne et complétez le tableau :

	Doc 1	Doc 2
Relations villes-campagnes	– Interdépendance –	– Campagnes des villes – …
Multifonctionnalité et défis	– …	– …

7. Quelles informations permettent de dégager la notion de conflits d'usage ?
Montrez que les documents sont complémentaires sur l'idée de « ruralité plurielle ».

Conseil DU PROF

- Mobilisez vos connaissances pour mettre en relation les informations. Aidez-vous du cours et des études de cas des chapitres.

→ Expliquer les informations à l'aide des connaissances

8. Expliquez les termes spécifiques : *ruralité*, *interdépendance*.
Caractérisez les différents types de campagnes présentés dans le document 2.

3 Répondre au sujet

→ Rédiger une introduction

9. Présentez brièvement les documents et la problématique.

→ Rédiger la réponse à la consigne

10. À partir de votre travail d'analyse, rédigez la réponse à la problématique : « quelles sont les recompositions des espaces ruraux au Québec et en France ? ». Suivez le plan annoncé dans la consigne.

→ Rédiger une conclusion

11. Pour conclure, faites un bilan de votre étude.

Retrouvez des sujets de BAC et des méthodes actualisés régulièrement sur le site
→ lyceen.nathan.fr/geo1re-2019

THÈME 3
SE PRÉPARER
MONDE
FRANCE
RÉVISER

BAC Croquis

→ Méthode générale et description de l'épreuve p. 214

MÉTHODE → Représenter les informations par des figurés

SUJET

Dynamiques et mutations des espaces ruraux en France

Dynamiques et mutations des espaces ruraux en France

Les espaces ruraux français présentent des dynamiques contrastées

Les montagnes françaises et les régions de polyculture traditionnelle (Gascogne, Landes, Morvan, plateau de Langres, Bretagne intérieure, Ardennes, Corse) sont des espaces ruraux fragiles connaissant des difficultés économiques et démographiques. L'agribusiness et l'agriculture spécialisée font la force des grandes régions agricoles (Beauce, Picardie, Champagne, Bordelais, Bourgogne, nord de la Bretagne, Bourbonnais). Le dynamisme de ces espaces repose sur une agriculture performante. La diversification des activités et des fonctions productives caractérise les espaces ruraux multifonctionnels des littoraux, des grandes vallées fluviales (Loire, Rhône) et de l'Est de la France. Les campagnes périurbaines des grandes villes sont attractives et ont essentiellement une fonction résidentielle et récréative.

Les mutations des espaces ruraux s'accompagnent de stratégies d'aménagement et de développement

Face au déclin de la fonction agricole et à la déprise touchant les territoires ruraux en difficulté, l'État et l'Union européenne ont mis en œuvre des politiques d'aide au développement rural. Ainsi les pôles de compétitivité tournés vers l'agriculture ont permis l'émergence de réseaux d'entreprises innovantes dans de nombreuses régions rurales (Anjou, Limagne, Bourgogne, Artois, Normandie). L'économie rurale se renouvelle également grâce au développement des districts industriels, notamment dans le Jura et en Savoie. Par ailleurs, les espaces ruraux fragiles deviennent des zones de revitalisation rurale bénéficiant d'aides fiscales pour favoriser leur développement économique. Toutefois, parmi elles, les zones de montagne présentent des atouts naturels favorables au développement de l'écotourisme : les Pyrénées, l'Auvergne, les Alpes, le Jura, les Vosges et la Corse.

+ Fond de carte

Thèmes principaux indiquant les parties du plan de la légende du croquis

Informations à représenter sur le croquis

Lieux concernés par le sujet

Retrouvez des sujets de BAC et des méthodes actualisés régulièrement sur le site
→ lyceen.nathan.fr/geo1re-2019

Méthode	Guide de travail
1 Déterminer l'objectif du croquis	
→ **Analyser les termes du sujet**	**1.** Repérez les mots clés du sujet et précisez leur sens. **Conseil DU PROF** • Définir les mots clés permet de déterminer l'idée directrice du croquis. **2.** Que devra montrer le croquis ?

Méthode — Guide de travail

2 Relever les informations dans le texte

➜ **Identifier les informations cartographiables** (faits, phénomènes géographiques ou spatiaux)

3. Quel est le thème principal de chaque partie du texte ?

Conseil DU PROF
- Aidez-vous des titres.

4. Sélectionnez dans la première partie du texte les informations sur les différentes catégories d'espaces ruraux et leurs activités dominantes. Relevez le nom des lieux auxquels ils correspondent.
5. Quelles informations, dans le texte, permettent de localiser les « zones de revitalisation rurale » ?

Conseil DU PROF
- Synthétisez des informations ou regroupez des catégories de lieux pour réduire le nombre d'éléments et de figurés à représenter sur le croquis.
- Reportez-vous aux cartes du cours et à un atlas pour apprendre la localisation des régions.

3 Passer du texte à la légende du croquis

➜ **Classer les informations dans la légende**

6. À l'aide du travail effectué sur le texte, classez les informations dans une légende en deux parties.

➜ **Représenter les informations par des figurés**
- Les figurés sont des symboles permettant de différencier les informations.
- Rechercher la cohérence des figurés pour représenter et hiérarchiser les informations.
- Utiliser toujours des figurés abstraits.
- Ne pas dessiner des pictogrammes pour représenter des faits ponctuels (avion pour aéroport, bateau pour port…).

7. Choisissez un figuré pour chaque information sélectionnée.

Conseil DU PROF
- Utilisez :
  – Des aplats de couleur ou des hachures pour les phénomènes étendus en surface.
  – Des figurés ponctuels et des figurés géométriques pour des phénomènes ou des lieux précis.
  – Des figurés linéaires pour des limites ou des réseaux de communication.
  – Des flèches pour des dynamiques ou des flux.
  – Faites varier la taille et la couleur des figurés pour hiérarchiser les phénomènes.

4 Réaliser le croquis

8. Sur le fond de carte fourni :
- Dessinez les figurés choisis.
- Indiquez le nom des lieux (la nomenclature).
- Recopiez sous le croquis la légende complétée.
- Donnez un titre au croquis en reprenant celui du texte.

Conseil DU PROF
- Les figurés doivent être tracés et coloriés avec soin, en utilisant des crayons de couleur et, si besoin, une règle.

Conseil DU PROF
- Reprenez le titre du texte car il exprime l'idée principale ou la question problématique du croquis.

THÈME 4

CHAPITRE 7 La Chine : des recompositions spatiales multiples

CHINE

SOMMAIRE

Dans ce chapitre

- TOUS LES TEXTES en version à imprimer
- TOUTES LES CARTES en version interactive

Zoom sur…

Guangzhou

Population (2018)	13 millions d'hab.
Superficie	3 843 km²
Densité	3 400 hab./km²

Guangzhou (province du Guangdong) : funiculaire et plate-forme d'observation au sommet de la Tour de télévision et de tourisme dans le quartier d'affaires, 2017.

CHINE
Guangzhou

Dossier

La Chine, un territoire inégalement développé

Comment les inégalités de développement se manifestent-elles en Chine ?

1 Des inégalités sociales en Chine

Parole de géographe

En Chine, les inégalités sociales liées à la croissance restent à un niveau élevé [...]. Alors que le fossé entre les villes et les campagnes est important, l'ampleur de ces inégalités est une source de mécontentement au sein de la population et de préoccupations pour Beijing. Le revenu annuel net des habitants ruraux s'est établi en 2016 à 12 363 yuans (environ 1 570 euros), tandis que celui en zone urbaine s'élevait en moyenne à 33 616 yuans par personne (près de 4 300 euros).

Les inégalités entre la Chine rurale et la Chine urbaine ne se limitent pas aux revenus. Les urbains bénéficient plus souvent de logements sociaux et d'une couverture sociale plus étendue, notamment en matière de retraite. Les plus pauvres et les plus vulnérables se trouvent avant tout parmi les agriculteurs et les retraités des zones rurales ainsi que chez les travailleurs migrants (*mingongs*) ayant fui les campagnes pour chercher un emploi dans les métropoles de l'Est et du Sud-Est chinois et qui vivent en ville avec un certificat de résidence rurale, les privant de nombreux droits.

Nashidil Rouiaï, spécialiste de la Chine, « Chine : des inégalités sociales persistantes », *Carto*, n° 49, septembre-octobre 2018.

2 Les chiffres du développement en Chine

Population (2018)
1,394 milliard d'hab. (1er rang mondial)

PIB/habitant (2018)
9 684 dollars (71e)

IDH (2017)
0,752 (86e)

Espérance de vie (2018)
76,4 ans (90e)

Taux de pauvreté (2017)
3 %

3 Les disparités régionales : les « Trois Chine »

Source : Thierry Sanjuan, *Atlas de la Chine*, © Éditions Autrement, 2018 (chiffres : 2016).

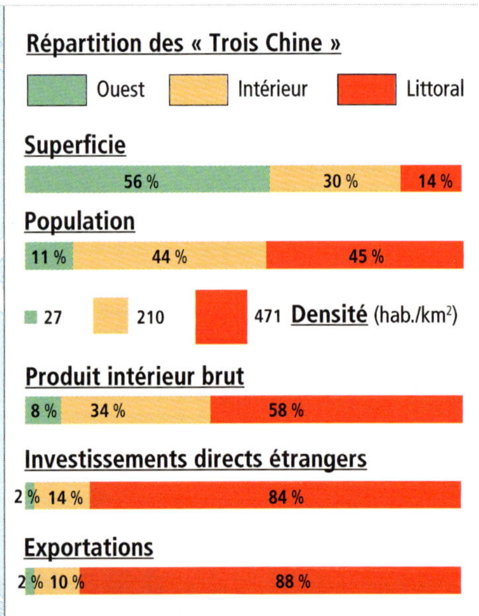

4 Des villes aux inégalités marquées

Tours d'habitation à Hong Kong, 2017.

5 La lutte contre la pauvreté

La lutte contre les inégalités n'est pas une priorité pour le pouvoir, ni d'ailleurs pour la majorité des Chinois. Un peu comme les Américains, ceux-ci acceptent mieux les inégalités sociales que les Européens. Ils sont en revanche sensibles aux injustices, du moins celles qui les touchent directement. Ainsi, les migrants sont irrités de leur statut de résident urbain de seconde classe, sans accès aux bénéfices sociaux (par exemple l'éducation gratuite) dont jouissent les véritables urbains et surtout les classes moyennes. Mais ces derniers sont jaloux de leurs privilèges et ne souhaitent guère les partager, même si la présence des migrants en ville concourt à améliorer la qualité des services et donc leur bien-être.

La priorité du pouvoir est d'éradiquer la pauvreté, objectif qu'il sera en mesure d'atteindre assez rapidement. La généralisation des systèmes de protection sociale mettra beaucoup plus de temps et restera marquée de toute façon par de profondes inégalités, ces systèmes étant gérés à l'échelon municipal (le niveau juste en dessous de la province).

À tort ou à raison, les Chinois croient que c'est le Parti communiste chinois qui leur a permis de sortir de la pauvreté, puis de jouir d'un certain bien-être et pour certains de s'enrichir (alors qu'en réalité, ce sont tous les Chinois qui se sont mis au travail après 1978 ainsi que les technologies et investissements étrangers qui ont été les principales sources de modernisation).

Jean-Pierre Cabestan, « La Chine : quelles dynamiques politiques et géopolitiques ? », *Diploweb* [en ligne], 24 juin 2018.

Questions

Itinéraire 1

ou

Décrire et expliquer

1. Décrivez les inégalités à l'échelle du territoire chinois. **doc. 1, 3 et 4**
2. Montrez que les inégalités sont présentes à l'échelle des villes. **doc. 4**
3. Quelles sont les politiques mises en œuvre pour réduire la pauvreté en Chine ? **doc. 5**

Synthétiser et argumenter

4. Expliquez en quoi les inégalités de développement se manifestent à toutes les échelles en Chine et comment l'État chinois lutte pour les atténuer. **doc. 1 à 5**

Itinéraire 2

Aide

Réaliser une carte mentale

À l'aide des informations contenues dans les documents 1 à 5, complétez la carte mentale.

À l'échelle nationale — À l'échelle régionale

Les inégalités de développement en Chine

À l'échelle locale — Lutte contre les inégalités

Dossier

La Chine en transition énergétique : un enjeu majeur

Comment la Chine essaie-t-elle de répondre durablement à ses besoins énergétiques ?

1 La Chine, numéro 1 de la production d'énergie solaire

Installation de panneaux solaires dans une station photovoltaïque à Lianyungang (province de Jiangsu, à l'Est de la Chine), mai 2018.

Vocabulaire

- **Énergies renouvelables :** énergies produites au moyen de ressources naturelles inépuisables (soleil, vent, eau) ou encore de végétaux.
- **Mix énergétique :** répartition entre les différentes sources d'énergie consommées par un État, une entreprise.
- **Transition énergétique :** passage d'une forte consommation d'énergies fossiles non renouvelables (pétrole, charbon) à des énergies renouvelables (éolien, solaire).

2 Vers la diversification des énergies ?

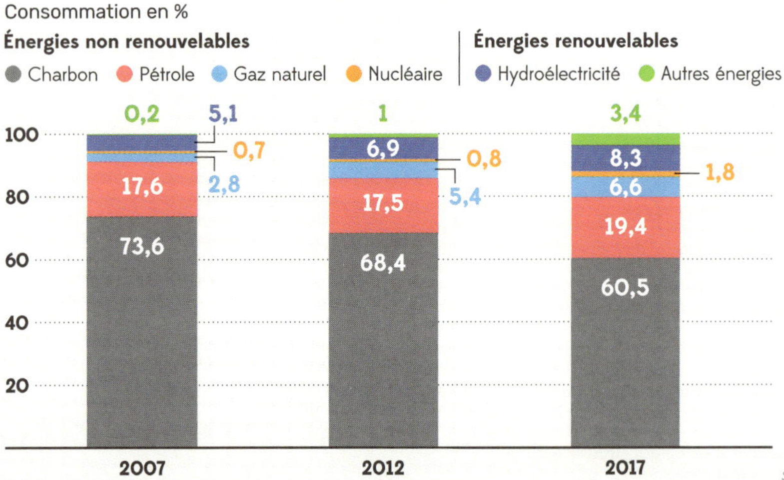

En 2017

- **17 %** de la production mondiale d'énergie (**1er rang**)
- **22 %** de la consommation mondiale d'énergie (**1er rang**)
- **25 %** des émissions mondiales de gaz à effet de serre (**1er rang**)
- **23 %** de la production mondiale d'énergie solaire photovoltaïque (**1er rang**)

Source : Statistical Review of World Energy, BP, 2018.

3 Les principales ressources énergétiques en Chine

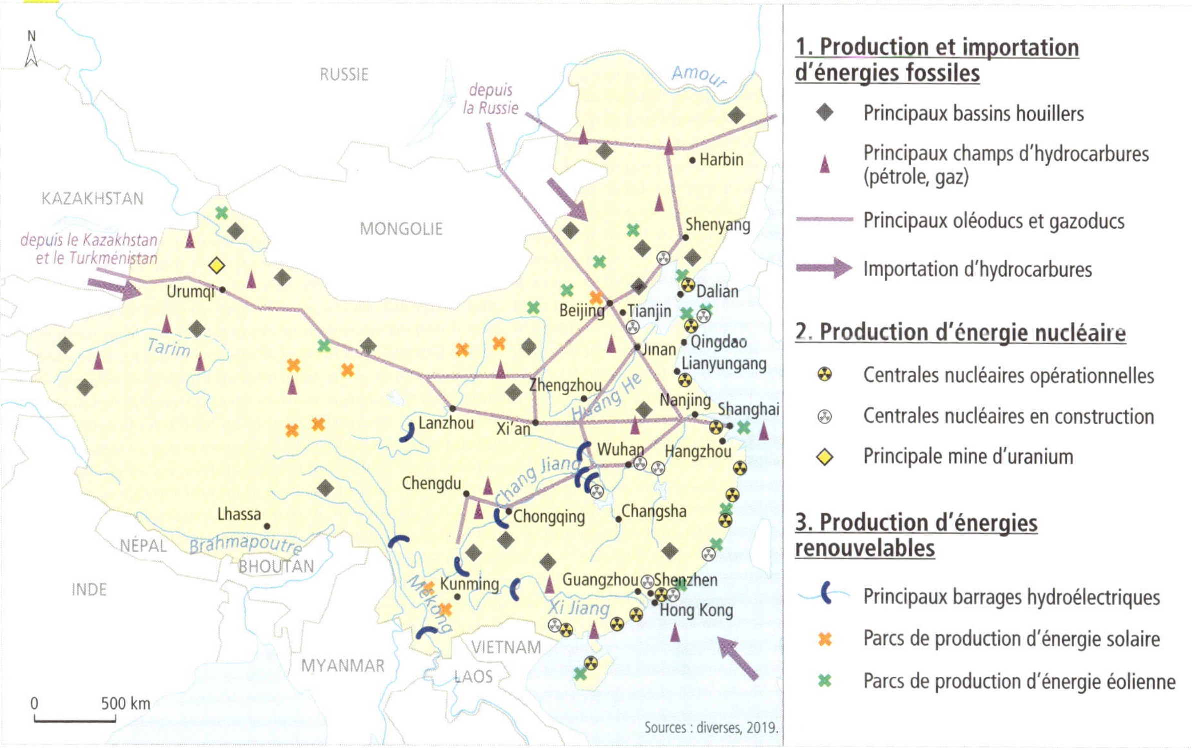

4 Le paradoxe de la transition énergétique chinoise

Malgré son statut de plus gros pollueur de la planète, la Chine est également le premier investisseur dans les technologies vertes, et ainsi le leader mondial de la transition énergétique. Selon l'Agence internationale de l'énergie (AIE), la Chine est responsable de 40 % de la croissance d'énergie solaire photovoltaïque, et a déjà dépassé son objectif de 2020. Cela est loin d'être une exception : la Chine est aussi le leader mondial en termes d'énergie hydroélectrique (conversion de l'énergie hydraulique en électricité), de bioénergie (extraction de l'énergie présente dans la biomasse) ainsi que de véhicules électriques.

La route est encore longue pour la Chine dont le mix énergétique est toujours fortement dépendant du charbon. Le pays en est le premier producteur et consommateur, produisant et consommant pas moins de la moitié du stock mondial. [...] Le paradoxe chinois – oscillation permanente entre croissance dopée et limitation des dégâts environnementaux – atteint là son maximum. En effet, en matière de mobilité décarbonée[1], malgré son statut de premier investisseur, la Chine alimente ses voitures et transports électriques avec de l'électricité produite à base de… charbon ! Ainsi, l'industrie verte chinoise, si elle se développe de manière significative (production de voitures à hydrogène, de moteurs propres, etc.), n'est elle-même pas exempte de pollution.

Institut Montaigne, « Les paradoxes de la révolution verte chinoise », 15 février 2018.

1. Sans émission de CO_2.

Questions

Itinéraire 1

Décrire et analyser

1. Décrivez la consommation énergétique chinoise et son évolution. **doc. 2**
2. Situez les régions productrices d'énergies fossiles, d'énergie nucléaire et d'énergies renouvelables. **doc. 3**
3. Montrez que la Chine s'oriente vers la production et la consommation d'énergies renouvelables. **doc. 1 à 4**

Synthétiser

4. Comment la Chine a-t-elle engagé une transition énergétique et quelles en sont les limites ? **doc. 1 à 4**

OU

Itinéraire 2

Méthode

Réaliser un exposé oral

- À l'aide des informations contenues dans les documents 1 à 4, expliquez les enjeux de la transition énergétique en Chine lors d'un court exposé (3 minutes).
- Appuyez votre propos sur un diaporama composé de trois diapositives maximum.

Dossier

Les mutations des espaces ruraux en Chine

Comment les espaces ruraux chinois sont-ils recomposés par le développement et l'urbanisation ?

1 Les transformations de l'agriculture chinoise

La Chine a réussi l'exploit, jusqu'au milieu des années 2000, de nourrir la population la plus nombreuse au monde tout en réduisant la part de personnes vivant sous le seuil de pauvreté. Mais l'exode rural massif de ces dernières décennies et la forte croissance économique du pays ont eu des conséquences importantes sur le régime alimentaire des Chinois et sur les modes de production agricole. À la faveur de la hausse du pouvoir d'achat des ménages et de l'urbanisation, la consommation par habitant de protéines animales a doublé depuis le début des années 1990.

La politique poursuivie par la Chine a jusqu'à présent consisté à augmenter à tout prix sa production agricole. Mais cette voie productiviste se trouve aujourd'hui confrontée à d'énormes difficultés. Outre la question du maintien d'une main-d'œuvre agricole suffisante et motivée, alors que les salaires en ville sont beaucoup plus attractifs, c'est plus fondamentalement le modèle agricole lui-même qui se trouve sur la sellette. Son potentiel productif touche en effet à sa limite, en raison, d'une part, des ressources limitées du pays et, d'autre part, de son impact négatif sur la qualité des ressources.

Conscient de ces impasses écologiques, le président Xi Jinping, arrivé au pouvoir en 2013, a été à l'initiative d'une inflexion de la politique agricole afin de restaurer les capacités de production domestiques et d'assurer la sécurité alimentaire sur le long terme.

Jean-Marc Chaumet, « La Chine face au péril alimentaire », *Alternatives économiques*, 1er février 2017.

2 Les espaces agricoles en Chine

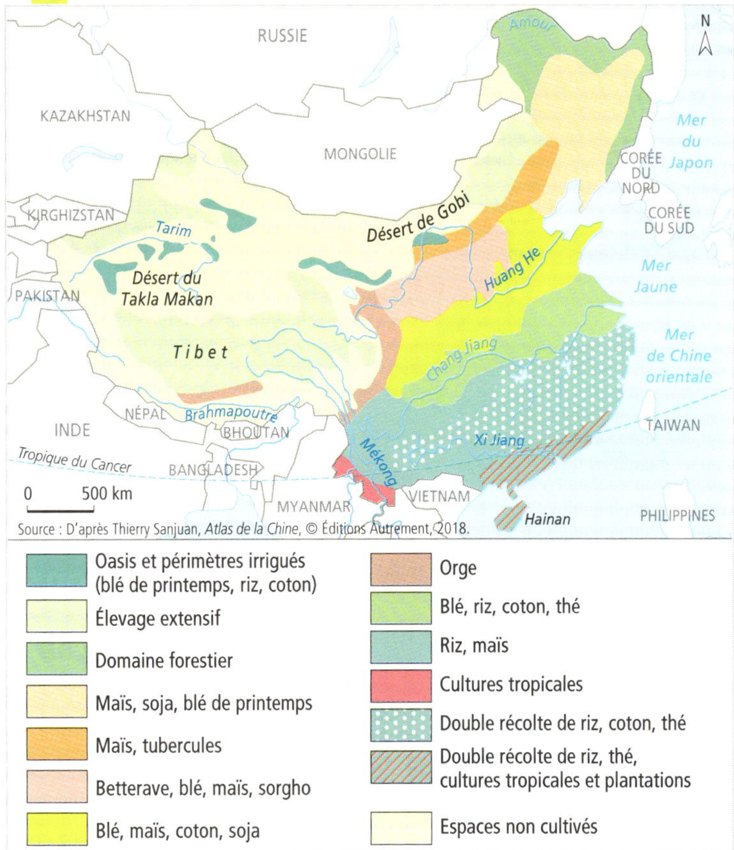

3 Les principales productions agricoles en Chine

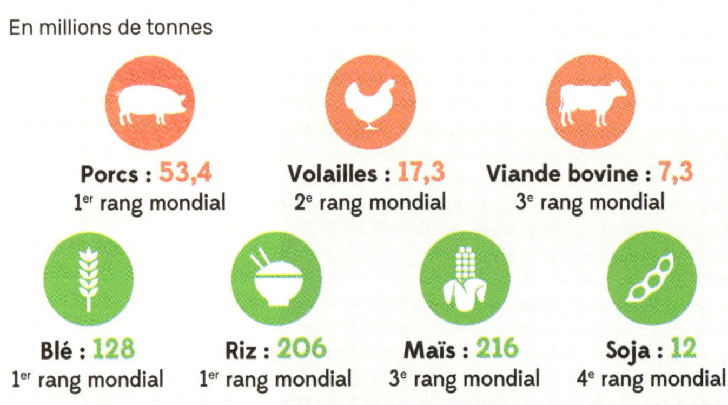

La Chine représente 18,5 % de la population mondiale à nourrir, 9 % de la surface agricole mondiale et 6,5 % des ressources en eau de la planète.

4 Tourisme rural à Xinghua (province du Jiangsu)

Touristes dans des champs de fleurs de colza, dans le bourg de Ganggu, avril 2016.

5 Le développement du tourisme dans les campagnes

Parole de géographe

Avec environ 2,1 milliards de voyages effectués à la campagne en 2016, le secteur [du tourisme] aurait créé des emplois pour 6,72 millions de ruraux. Ces chiffres témoignent à eux seuls de l'important développement du secteur touristique dans les campagnes chinoises. […]

Le lancement des réformes à la fin des années 1970 a amorcé […] des transformations des systèmes productifs agricoles et industriels dans les campagnes […]. Les réformes signifient une nouvelle liberté pour les ménages paysans et non paysans résidant dans les campagnes, qui leur permet d'accroître leurs revenus […]. Ainsi les activités annexes au travail agricole augmentent-elles de façon importante le revenu non agricole.

Les migrations de la campagne vers la ville ont pu permettre de stimuler des revenus suffisants, de développer des compétences nouvelles et d'élargir le réseau de relations pour introduire au village des activités économiques nouvelles, souvent orientées vers une activité marchande. Les recettes touristiques permettent de maintenir et d'améliorer l'agriculture, d'augmenter son niveau de vie (achats de véhicules, équipements modernisés du foyer, finances supplémentaires pour la famille) et d'accéder à un statut nouveau de prestataire.

Emmanuel Véron, spécialiste de la Chine contemporaine, *EchoGéo,* n° 43, janvier-mars 2018.

Questions

Itinéraire 1

Décrire et expliquer

1. Décrivez les différentes activités pratiquées dans les espaces ruraux chinois. **doc. 1 à 4**
2. Montrez que les espaces ruraux connaissent de profondes transformations. **doc. 1, 4 et 5**
3. Quelles raisons expliquent le développement des activités touristiques dans les espaces ruraux ? **doc. 4 et 5**
4. Expliquez pourquoi les espaces ruraux sont étroitement liés aux villes. **doc. 4 et 5**

Synthétiser

5. Présentez les recompositions des espaces ruraux chinois en insistant sur leurs atouts et leurs faiblesses. **doc. 1 à 5**

ou

Itinéraire 2

Méthode

Rédiger un article

- En utilisant un traitement de texte, rédigez un article qui décrit et explique les recompositions des espaces ruraux chinois.

Conseils :

– Appuyez votre travail sur les documents 1 à 5 de ce dossier ;
– Cherchez des illustrations pour enrichir votre article ;
– Collectez quelques liens de ressources Internet à intégrer dans une sitographie.

Cartes

Peuplement et développement en Chine

1 Population et dynamiques de peuplement

Source : D'après Thierry Sanjuan, *Atlas de la Chine*, © Éditions Autrement, 2018.

Chiffres clés

Le peuplement en Chine

Population (2018)
1,394 milliard d'habitants

Croissance démographique
0,58 % par an

Densité de population
145 hab./km²

Indice de fécondité
1,6 enfant/femme

Vocabulaire

- **Diaspora :** dispersion d'une communauté (ethnique, religieuse…) dans le monde. Celle-ci parvient à conserver son identité culturelle en maintenant des liens de solidarité forts entre ses membres.
- **IDE (Investissements directs à l'étranger) :** sommes d'argent investies par des entreprises étrangères sur un territoire (création, rachat d'entreprise).
- **Métropole :** ville de grande importance qui exerce des fonctions de commandement, d'organisation et d'impulsion sur une région et qui permet son intégration avec le reste du monde.

2 Développement et inégalités

1. Les inégalités régionales de développement

IDH (moyenne nationale = 0,752)

- De 0,8 à 0,9
- De 0,752 à 0,8
- De 0,7 à 0,752
- De 0,6 à 0,7

2. Les territoires moteurs, relais de la mondialisation

- Principales métropoles
- Principaux aéroports internationaux (plus de 30 millions de passagers par an)
- Principales régions réceptrices d'IDE

3. La réduction des inégalités

- Investissements de l'État (villes au développement prioritaire)
- Nouveaux axes ferroviaires

Sources : PNUD, *China National Human Development Report 2016* et Thierry Sanjuan, *Atlas de la Chine*, © Éditions Autrement, 2018.

Chiffres clés

Le développement en Chine

IDH : 0,752 (86e rang mondial)

Espérance de vie
76,4 ans (moyenne)

Revenu annuel des ménages
urbains : **33 616 yuans** (4 460 €)
ruraux : **12 363 yuans** (1 640 €)

Nombre de milliardaires en 2018 : 440

Questions

1. Comment la population chinoise est-elle répartie sur le territoire ? **doc. 1**
2. Décrivez les inégalités de développement à toutes les échelles. **doc. 2**
3. Comment l'État tente-t-il de réduire les inégalités territoriales ? **doc. 2**

Les dynamiques d'une Chine en recomposition

1 Des ressources et des environnements sous pression

1. Diversité des milieux et des agricultures

- Déserts arides non cultivés
- Hauts plateaux, élevage extensif
- Forêts
- Limite occidentale de l'agriculture non irriguée
- Culture du blé, du riz et du soja

2. Des ressources naturelles surexploitées

- Exploitation d'énergies fossiles (pétrole, gaz, charbon)
- Réseau hydrographique
- Principaux barrages hydroélectriques
- Autres énergies renouvelables exploitées (solaire, éolienne)

3. Des pressions environnementales croissantes

- Déforestation intensive
- Villes très polluées
- Pollution industrielle des sols et des eaux
- Littoraux pollués et soumis aux aléas climatiques (typhons, niveau de la mer…)

Sources : diverses, 2019.

Vocabulaire

- **Aléa :** phénomène à l'origine d'un danger potentiel, plus ou moins fort selon sa fréquence et son intensité.
- **Énergies fossiles :** énergies issues de la combustion de matières organiques fossilisées contenues dans le sous-sol (charbon, pétrole, gaz).
- **Énergies renouvelables :** énergies produites au moyen de ressources naturelles inépuisables (soleil, vent, eau) ou encore de végétaux.
- **Front pionnier :** processus d'appropriation d'un territoire considéré comme « vierge » à des fins de mise en valeur (agricole, minière…) et/ou de peuplement.

2 Les dynamiques spatiales de la Chine

Questions

1. Citez les principales ressources naturelles exploitées. **doc. 1**
2. Citez les régions les plus exposées à la dégradation environnementale. **doc. 1**
3. Dans quelles régions les principales métropoles chinoises se concentrent-elles ? **doc. 2**
4. Localisez les régions chinoises les plus attractives. **doc. 2**

THÈME 4
SE PRÉPARER
CHINE
RÉVISER

Cours

Podcast du cours

La Chine : des ressources et des environnements sous pression

Comment la Chine concilie-t-elle développement et gestion raisonnée des ressources et des environnements ?

Les 3 villes les plus polluées de Chine, en concentration de particules fines/m³ et rang mondial

Chengdu	150 µg/m³ (4e)
Tianjin	150 µg/m³ (4e)
Wuhan	124 µg/m³ (7e)

Source : OMS, 2018 (seuil : 50 microgrammes par m³).

Productions de matières premières énergétiques

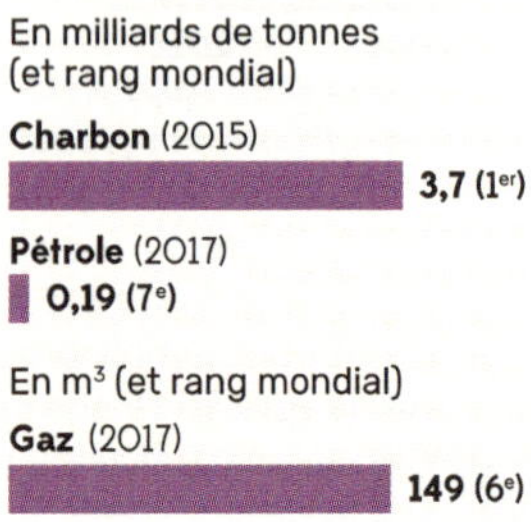

Sources : BP Statistics, 2018.

1 Les défis de la consommation énergétique

● **Le développement de la Chine est énergivore.** 60 % des besoins énergétiques du pays dépendent du charbon, matière première pour laquelle la Chine est le premier producteur et consommateur mondial (3,7 milliards de tonnes, 47 % du total mondial). Les réserves des autres énergies fossiles (pétrole et gaz naturel) sont plus limitées mais la Chine est tout de même le 7e producteur mondial de pétrole (191 millions de tonnes en 2017) et consomme 13 % du pétrole dans le monde (608 millions de tonnes). Elle est le 3e consommateur de gaz derrière les États-Unis et la Russie.

● **La Chine reste très dépendante de ses importations en hydrocarbures.** La production nationale ne suffit pas à satisfaire la demande intérieure. Elle doit importer 60 % de sa consommation de pétrole et 40 % de celle de gaz, notamment en provenance des pays du Golfe et de la Russie. Depuis 2017, elle est le premier importateur de pétrole devant les États-Unis. Cette dépendance énergétique risque de s'accroître dans les prochaines années avec l'accélération de l'urbanisation.

● **La Chine s'est engagée dans les énergies renouvelables.** Premier pays émetteur de CO_2 (9,8 milliards de tonnes en 2017, 27 % du total mondial), la Chine encourage les énergies renouvelables : constitution du premier parc éolien au monde, cités écologiques autonomes comme à Teda, près de Tianjin, développement de l'hydroélectricité (barrages). La Chine est aujourd'hui le premier producteur mondial d'électricité à partir d'énergies renouvelables et le 3e producteur mondial d'électricité d'origine nucléaire.

2 Des environnements dégradés

● **90 % des cours d'eau en Chine sont aujourd'hui pollués.** Les raisons de cette pollution sont multiples. Les rejets se sont intensifiés à la faveur de l'intense urbanisation du pays (600 millions d'urbains supplémentaires entre 1980 et 2019). L'agriculture intensive et fortement consommatrice d'engrais, ainsi que les industries lourdes (sidérurgie, pétrochimie…) ou de transformation (agroalimentaire), ont également largement contribué à la dégradation des eaux dans l'ensemble du pays.

● **La pollution de l'air est également très importante.** Près de 60 % de la pollution atmosphérique est d'origine industrielle. Les villes chinoises (Tianjin, Beijing, Shanghai) font partie des villes les plus polluées dans le monde en raison de l'augmentation du nombre d'automobiles et des gaz d'échappement. Cette pollution atmosphérique affecte près de 40 % du territoire chinois. Elle génère des pluies acides qui imprègnent à la fois les sols, les cours d'eau et la végétation. Ces pollutions provoquent la mort de plus d'un million de personnes par an.

● **Enfin, le pays a connu une forte déforestation.** Le développement économique, l'urbanisation, le surpâturage et le changement climatique ont fait perdre à la Chine près de 30 % de sa couverture forestière ces dernières décennies. Cela amplifie la désertification (28 % du territoire), et les tempêtes de sable menacent fréquemment les grandes villes de Kubuqi à l'Ouest jusqu'à Beijing à l'Est.

Vocabulaire

- **Déforestation :** diminution des surfaces couvertes de forêts.
- **Désertification :** avancée du désert qui s'installe durablement sur des régions où se trouvaient auparavant de la végétation ou des cultures.
- **Développement durable :** voir p. 218.
- **Énergies fossiles :** énergies issues de la combustion de matières organiques fossilisées contenues dans le sous-sol (charbon, pétrole, gaz).
- **Énergies renouvelables :** voir p. 182.
- **Énergivore :** qui consomme beaucoup d'énergie.

3 Vers une transition environnementale ?

● **Les dégradations environnementales sont très coûteuses pour le pays.** Elles ont été évaluées à près de 8 % du PIB en 2016. Ce coût pourrait s'aggraver dans les prochaines années malgré le ralentissement de la croissance économique. L'élévation du niveau de vie de la population, l'intensification des mobilités automobiles, le poids de l'économie industrielle et l'augmentation de la consommation énergétique accentuent les limites du modèle de développement chinois.

● **Les atteintes à l'environnement imposent une transition énergétique.** Les coûts engendrés par les pollutions et leurs contestations sociales (en moyenne 2 000 mouvements sociaux par an) représentent une menace que le gouvernement cherche à contrôler. L'État s'organise pour apporter occasionnellement des réponses comme la fermeture des usines les plus anciennes et les plus polluantes en cas de pics de pollution. Avec le treizième plan quinquennal (2016-2020), les consommations d'eau, d'énergie et les émissions de CO_2 devraient diminuer respectivement de 23 %, 15 % et 18 %.

● **La Chine est entrée dans la transition environnementale.** Elle doit concilier une croissance stable, tout en préservant ses ressources. La Chine est le pays le plus pollué, mais aussi le plus en avance en matière d'énergies renouvelables (une nouvelle éolienne est mise en route chaque heure dans le pays). Mais si le **développement durable** est une priorité à l'échelle nationale, la Chine s'inquiète davantage des conséquences des bouleversements climatiques sur son territoire que de sa responsabilité dans le réchauffement climatique planétaire.

DOSSIER La Chine en transition énergétique → p. 182

Productions d'énergies renouvelables par an
En TW/h (et rang mondial)

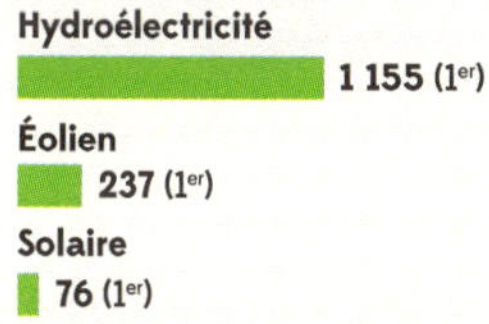

Sources : BP Statistics, CWF, 2018.

Vocabulaire

- **Pluies acides :** précipitations qui se sont acidifiées au contact de la pollution atmosphérique et contribuent au dépérissement des forêts et autres végétations.
- **Transition énergétique :** passage d'une forte consommation d'énergies fossiles non renouvelables (pétrole, charbon) à des énergies renouvelables (éolien, solaire).

Du cours au schéma

Schéma interactif à compléter

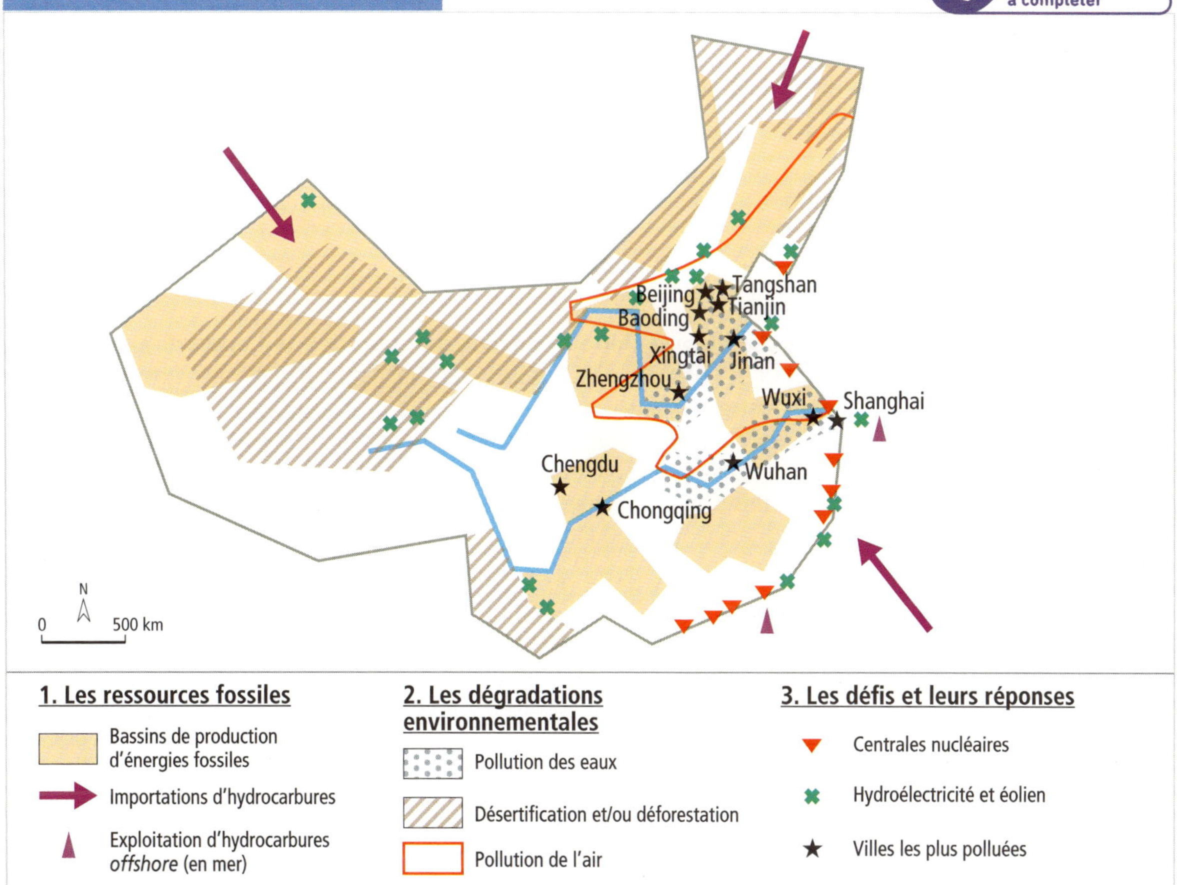

THÈME 4
SE PRÉPARER
CHINE
RÉVISER

Cours

Podcast du cours

La Chine : les recompositions spatiales

Quelles sont les conséquences territoriales du développement de la Chine ?

1 Une Chine urbaine

● **La Chine connaît une urbanisation rapide et continue.** Si le pays a une longue tradition de civilisation agraire, il est majoritairement urbain depuis le début des années 2010. 60 % de sa population vit désormais en ville, soit près de 850 millions de personnes. Le taux d'urbanisation devrait atteindre 75 % en 2050, ce qui représente plus d'un milliard d'individus. Jamais dans l'histoire de l'humanité une société n'avait connu une urbanisation aussi rapide et massive.

● **L'urbanisation en Chine s'appuie sur un archipel de métropoles très peuplées.** 17 villes dépassent les 5 millions d'habitants et 118 regroupent plus d'un million d'habitants. Les villes considérées comme petites atteignent fréquemment les 250 000 résidents. Plusieurs mégalopoles sont en formation : autour du delta de la rivière des Perles (Guangzhou, Shenzhen, Hong Kong) et autour du delta du fleuve Yangtze (Shanghai et le long du corridor Beijing-Tianjin).

● **Les espaces urbains sont en voie de recomposition.** Les autorités municipales sont les acteurs majeurs de la requalification des quartiers. Elles sont parfois brutales avec la destruction des ruelles des cœurs historiques (Beijing) au profit de nouveaux quartiers modernes accueillant des tours de plus en plus hautes. Les centres-villes se gentrifient et se tertiarisent avec la multiplication des quartiers d'affaires (CBD). L'étalement urbain contribue à rejeter les populations les plus défavorisées vers des périphéries de plus en plus éloignées des centres.

2 La littoralisation des sociétés et des activités

● **En Chine, les régions littorales sont les plus dynamiques,** depuis Guangzhou-Shenzhen au sud jusqu'à Tianjin au nord, en passant par Shanghai. L'amplification de la littoralisation des sociétés et des activités s'explique par l'ouverture du territoire, à partir des années 1990, à la mondialisation. Le développement de la Chine et l'organisation du territoire passent par ces villes littorales qui sont aussi des vitrines du processus d'émergence.

● **Le littoral chinois concentre l'essentiel de l'appareil productif.** La plupart des grandes villes industrielles (Tianjin, Shanghai, Shenzhen) sont situées dans les régions littorales. Ces métropoles s'appuient sur des complexes industrialo-portuaires puissants et accueillent également des services pour des firmes transnationales (FTN) étrangères, implantées dans des zones économiques spéciales (ZES). La Chine compte 6 des 10 principaux ports dans le monde pour l'importance de leur trafic.

● **Les effets de la recomposition du littoral chinois se manifestent vers les régions intérieures.** Le gouvernement chinois a transféré des centres de production industrielle comme l'automobile à Wuhan et à Chongqing. Mais l'étalement urbain accapare de plus en plus d'espaces agricoles, comme dans le bassin du Yangzi. Cela provoque des conflits d'usage et des mutations profondes des collectivités rurales. Le gouvernement encourage la centralisation à partir du développement de villes intérieures (Chongqing) afin de réorganiser le développement des territoires les plus enclavés.

Vocabulaire

- **Centralisation :** capacité d'action d'un élément central (centre urbain, métropole) sur sa périphérie en termes d'accessibilité, de services, d'attractivité.
- **Conflit d'usage :** rivalité opposant les acteurs spatiaux autour de l'utilisation d'une ressource ou d'un territoire.
- **Exode rural :** migration d'une population quittant la campagne pour s'installer en ville.
- **Front pionnier :** voir p. 190.
- **Firme transnationale (FTN) :** voir lexique p. 218.
- **Littoralisation :** concentration des hommes et des activités sur les littoraux.
- **Mégalopole :** concentration de métropoles reliées entre elles et exerçant un rayonnement mondial.
- **Métropole :** ville de grande importance qui exerce des fonctions de commandement, d'organisation et d'impulsion sur une région, et qui permet son intégration avec le reste du monde.
- **Recomposition :** processus de transformation et de réorganisation des espaces de vie des individus et des espaces de production.
- **Zone économique spéciale (ZES) :** zone franche, à l'échelle d'un port, d'un quartier ou d'une ville, bénéficiant d'avantages fiscaux et/ou douaniers pour attirer les entreprises.

3 Les mutations des espaces ruraux

● **Les espaces ruraux sont une composante majeure des territoires en Chine.** Ils sont principalement le résultat d'une très longue tradition agraire fondée sur la riziculture. La paysannerie chinoise reste importante en valeur absolue (environ 550 millions d'individus en 2019). Mais elle s'oriente de plus en plus vers les activités industrielles et tertiaires. Depuis quelques années, l'**exode rural** s'est intensifié, souvent organisé par les autorités. Mais les phénomènes de retour vers les campagnes existent également, en raison notamment du ralentissement de la croissance économique dans les grandes métropoles.

● **La fragmentation des espaces ruraux dépend de la distance aux villes.** Les anciens périmètres agricoles insérés dans les espaces urbains accueillent aujourd'hui des espaces commerciaux ou de loisirs (par exemple, le parc d'attractions Disneyland à Shanghai depuis 2016). Les périphéries agricoles intégrées assurent l'essentiel de la production maraîchère, volaillère, fruitière et garantissent l'alimentation quotidienne de 850 millions d'urbains. Les espaces ruraux industrialisés sont le résultat de la relocalisation de l'appareil productif ces dernières décennies hors des villes : les conflits d'usage entre acteurs agricoles (paysans, coopératives…) et industriels (usines) sont fréquents et nombreux dans une logique de **fronts pionniers** (Chine du Nord-Ouest). Enfin, plus loin, à l'extérieur des espaces urbanisés, les campagnes agricoles traditionnelles, pauvres et enclavées, sont souvent en déprise en raison d'un exode rural important.

DOSSIER Les villes, vitrines de l'émergence chinoise → p. 184
DOSSIER Les mutations des espaces ruraux → p. 186
GÉO AUTREMENT Photographier la Chine aujourd'hui → p. 198

Des métropoles qui organisent le territoire

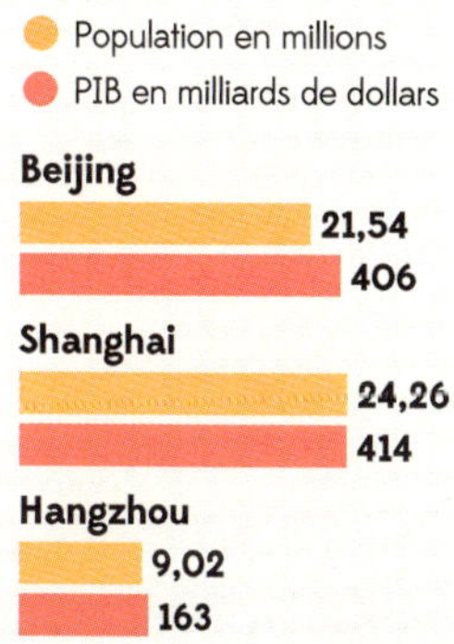

Chine
› Population : **1 394 millions d'habitants**
› PIB : **13 500 milliards de dollars**

Source : China Statistics Book, 2018.

Du cours au schéma

Schéma interactif à compléter

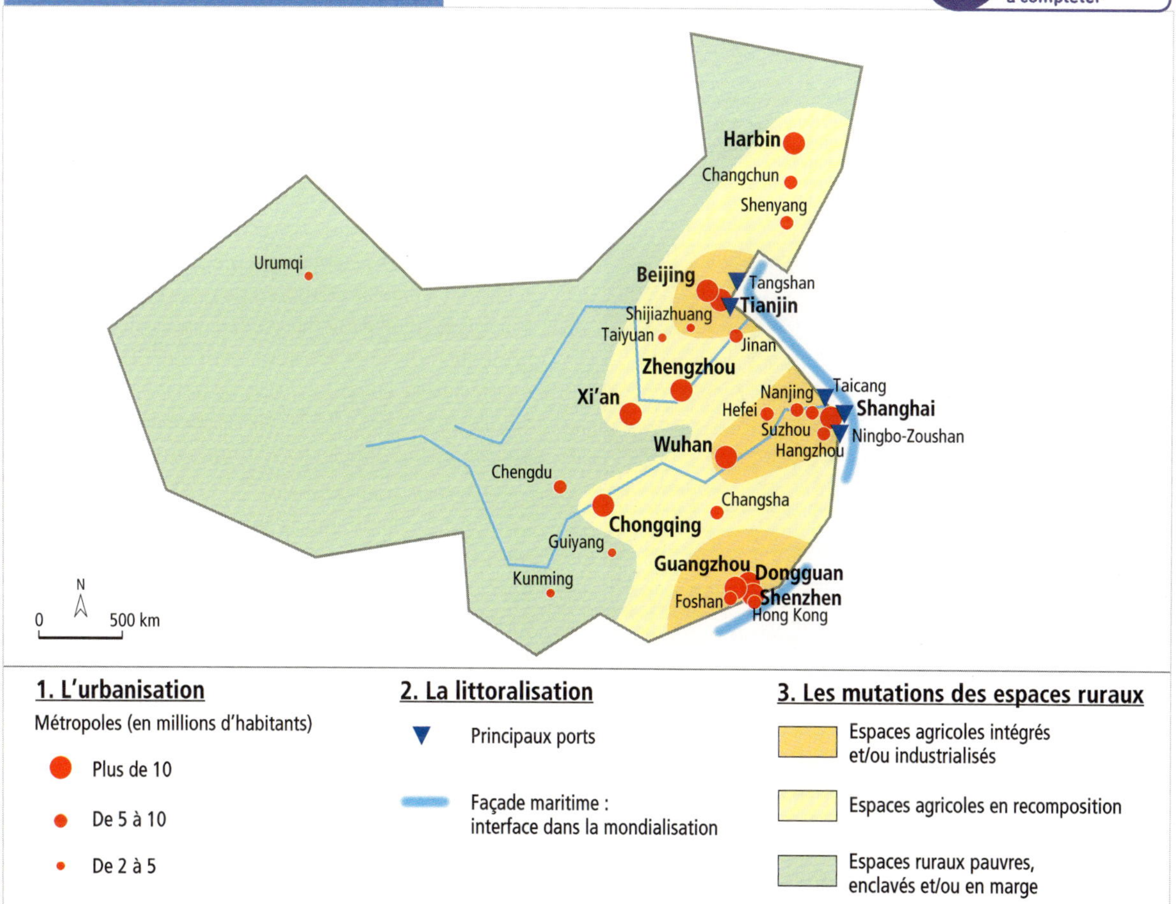

THÈME 4
SE PRÉPARER
CHINE
RÉVISER

Photographier la Chine aujourd'hui

La Chine est marquée par de multiples recompositions : exode rural massif, métamorphoses urbaines, développement rapide des infrastructures, élévation du niveau de vie, pollution, etc. Plusieurs formes d'art rendent compte de ces mutations : le cinéma, la littérature mais aussi la photographie.

➔ Comment la photographie témoigne-t-elle des recompositions de la Chine ?

Le saviez-vous ?

▶ Jusque dans les années 1990, la photographie en Chine était un véritable outil de propagande et les photographes étaient au service de l'État. Aujourd'hui, de nombreux artistes chinois s'engagent et réalisent des œuvres pour témoigner des transformations de la Chine, parfois pour les dénoncer.

1 Une fourrière à vélos à Hangzhou

Depuis quelques années, le partage de vélos s'est développé en Chine. Mais face au ralentissement de la demande, des millions de vélos sont aujourd'hui abandonnés sur la voirie et mis en fourrière par les autorités locales où les surplus de bicyclettes s'accumulent.
La photographie prise par Zhu Yinwei en août 2017 dénonce les méfaits de ce système.

2 La photographie dans la Chine du XXIe siècle

ÉCLAIRAGE

Comme dans bien des domaines, c'est une histoire accélérée et amplifiée que vit le huitième art en Chine. En quarante ans, la photographie, ou plutôt les photographes ont pris leurs distances avec l'imagerie de propagande, ont plongé dans la passion documentaire, la photographie conceptuelle ou plasticienne et ont enrichi la pratique de leurs désirs de réalité ou au contraire, d'expression subjective. […]

En Chine plus qu'ailleurs, le développement culturel est indissociable du développement urbain. Pour le meilleur et pour le pire. Les villes, à la fois théâtres et catalyseurs des transformations du pays, ont toujours représenté un poste d'observation de la société et d'expérimentation pour les photographes, à la fois facteur d'aliénation et d'expression. Omniprésente dans le processus créatif, la ville est documentée, mise en scène, prise à partie, déconstruite, reconstruite ; elle est à la fois l'espace où la réalité se joue et le trou noir où les fictions s'inventent. […]

L'irrésistible ascension de la photographie en Chine est concomitante du boom des industries culturelles dans un contexte politique de moins en moins libéral. La censure n'est jamais loin quand il s'agit d'image, comme en attestent les bandes noires collées sur les œuvres sensibles. Malgré tout, elle n'a jamais empêché les Chinois de créer et d'entreprendre, la formidable vitalité de ce réseau photographique en témoigne.

Léo de Boisgisson, journaliste et médiatrice culturelle entre la Chine et la France, « Chine : l'irrésistible ascension de la photographie », *Asialyst* [en ligne], 16 janvier 2018.

3 Développement et environnement

Développement et pollution, photographie présentée au festival « Visa pour l'image » en 2017.
Huolin Gol, Mongolie-Intérieure, 2012.
© Lu Guang

Les industries de la ville et de la périphérie de Huolin Gol (charbon, énergie et chimie) ont tellement pollué les prairies que les troupeaux ne peuvent plus y paître. En signe de protestation, la collectivité locale a installé plus de 120 sculptures à la place des bêtes.

4 L'émergence d'une culture de consommation

Lien vers le site

Mobile Phones, « Hiding in the City » (« Se cacher dans la ville »), 2012 (détail)
© Liu Bolin / Courtesy Galerie Paris-Beijing.

Liu Bolin se rend invisible pour se faire remarquer. Caché, il nous montre comment l'individu se perd dans une identité collective. Il fige sa performance artistique grâce à la photographie.

Questions

Présenter les documents

1. Présentez les trois photographies en insistant sur la nature (portrait, nature morte, photojournalisme, etc.). **doc. 1, 3 et 4**
2. Décrivez les rapports de l'État chinois à la photographie et leur évolution. **doc. 2**

Analyser les documents

3. Parmi les trois photographies, choisissez-en une puis décrivez-la précisément : lieu, personnages, format, composition, lumière, couleurs, cadrage, lignes, formes, etc.
4. Expliquez quelles sensations se dégagent en observant cette photographie. Quels sentiments l'artiste cherche-t-il à faire passer ? Pour quelles raisons ?

Faire le lien avec la géographie

5. Décrivez les thèmes traités par ces œuvres. Expliquez en quoi elles illustrent les recompositions actuelles de la Chine. **doc. 1 à 4**

C'est à vous !

Méthode et conseils

→ Les territoires français connaissent aussi des recompositions plus ou moins prononcées. À l'aide d'un outil numérique de partage comme Instagram, organisez une exposition virtuelle de vos photographies sur les recompositions de votre ville ou de votre région.

→ Enquêtez à deux sur le terrain de votre espace proche et réalisez des photographies artistiques accompagnées d'un titre et d'une légende.

SYNTHÈSE

→ THÈME 4 La Chine : des recompositions spatiales multiples

Podcast de la synthèse

1 Un État-continent inégalement développé

● **La Chine a connu un développement extrêmement rapide depuis les années 1970.** Elle est aujourd'hui la deuxième puissance économique derrière les États-Unis avec un PIB de 13 500 milliards de dollars en 2018. La population chinoise (1,4 milliard) représente un moteur du développement : le PIB/habitant a ainsi été multiplié par 27 depuis 1990.

● **Ce développement s'opère de manière inégale**. Les disparités sont fortes entre l'intérieur du territoire et les régions littorales, entre les villes et les campagnes et au sein des villes. La lutte contre la pauvreté est devenue aujourd'hui une des priorités de l'État chinois. La volonté de réduire les disparités régionales passe notamment par les investissements vers la Chine de l'intérieur.

2 Des pressions environnementales fortes

● **La Chine est le principal émetteur de gaz à effet de serre dans le monde.** La pollution concerne aussi bien les espaces urbains que les espaces ruraux. Les enjeux environnementaux sont considérables car les populations sont fortement exposées à la pollution de l'eau (Shanghai) et de l'air (Beijing) en raison d'une croissance énergivore.

● **Le risque d'une crise environnementale est pris en compte par les autorités.** Depuis le début des années 2010, les efforts sont portés sur un développement moins dépendant des hydrocarbures et du charbon. La production d'énergie hydroélectrique, éolienne, photovoltaïque est privilégiée.

3 Des recompositions spatiales multiples.

● **Les recompositions spatiales en Chine passent par une métropolisation du territoire.** Celle-ci s'organise à partir de mégapoles telles que Beijing, Shanghai ou Canton. Ces recompositions sont le résultat de la priorité donnée au développement des villes et du littoral par le pouvoir communiste depuis les années 1990 afin d'ouvrir le territoire à la mondialisation.

● **Ces recompositions créent des inégalités à toutes les échelles.** Les disparités sont fortes entre la Chine littoralisée, très intégrée dans la mondialisation, et les régions périphériques situées à l'Ouest où se concentrent les investissements. Les espaces ruraux sont très dépendants des aires métropolitaines dont l'étalement génère des conflits d'usage.

Chiffres clés

- **PIB : 13 500 milliards de dollars en 2018 (2e rang mondial)**
- **IDH : 0,752 (86e rang mondial)**
- **PIB/habitant : 9 684 dollars en 2018 (71e rang mondial).**
- **Les 10% des Chinois les plus aisés disposent de 41% du revenu total du pays.**
- **Premier consommateur mondial de charbon : 3,7 milliards de tonnes, 47% du total mondial**
- **Premier émetteur de CO_2 : 9,8 milliards de tonnes en 2017, 27% du total mondial**
- **Taux d'urbanisation : 60%**
- **Nombre d'urbains : 850 millions de personnes**

Pour approfondir

Film

● *Le Promeneur d'oiseau,* de Philippe Muyl, 2014.

Bande dessinée

● *Les Enfants de l'ombre,* de Béka et Marko, 2012.

Livre

● *Chine, retiens ton souffle,* de Qiu Xiaolong, 2018.

SCHÉMA DE SYNTHÈSE

À l'aide des connaissances acquises sur la Chine et des schémas intermédiaires proposés ci-dessous, complétez le schéma de synthèse et sa légende.

COURS → p. 192

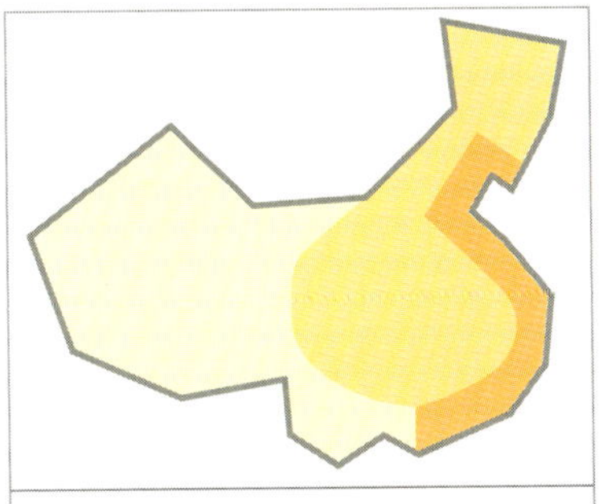

Un développement inégal

- Un territoire immense (9,6 millions de km²)
- Les régions vitrines de l'émergence
- Des périphéries dynamiques
- Des territoires en cours d'aménagement

COURS → p. 194

Des dégradations environnementales majeures

- ★ Villes les plus polluées
- Régions touchées par la pollution industrielle
- Régions marquées par la fonte des glaciers, les déforestations et la désertification

COURS → p. 196

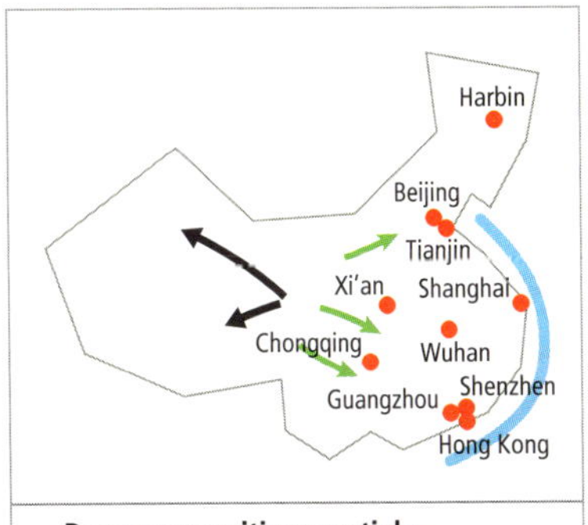

Des recompositions spatiales multiples

- Métropoles les plus peuplées
- Exode rural
- Interface maritime majeure
- Réduction des disparités (investissements vers l'Ouest)

Complétez les titres et les informations de la légende ainsi que les figurés ponctuels manquants.

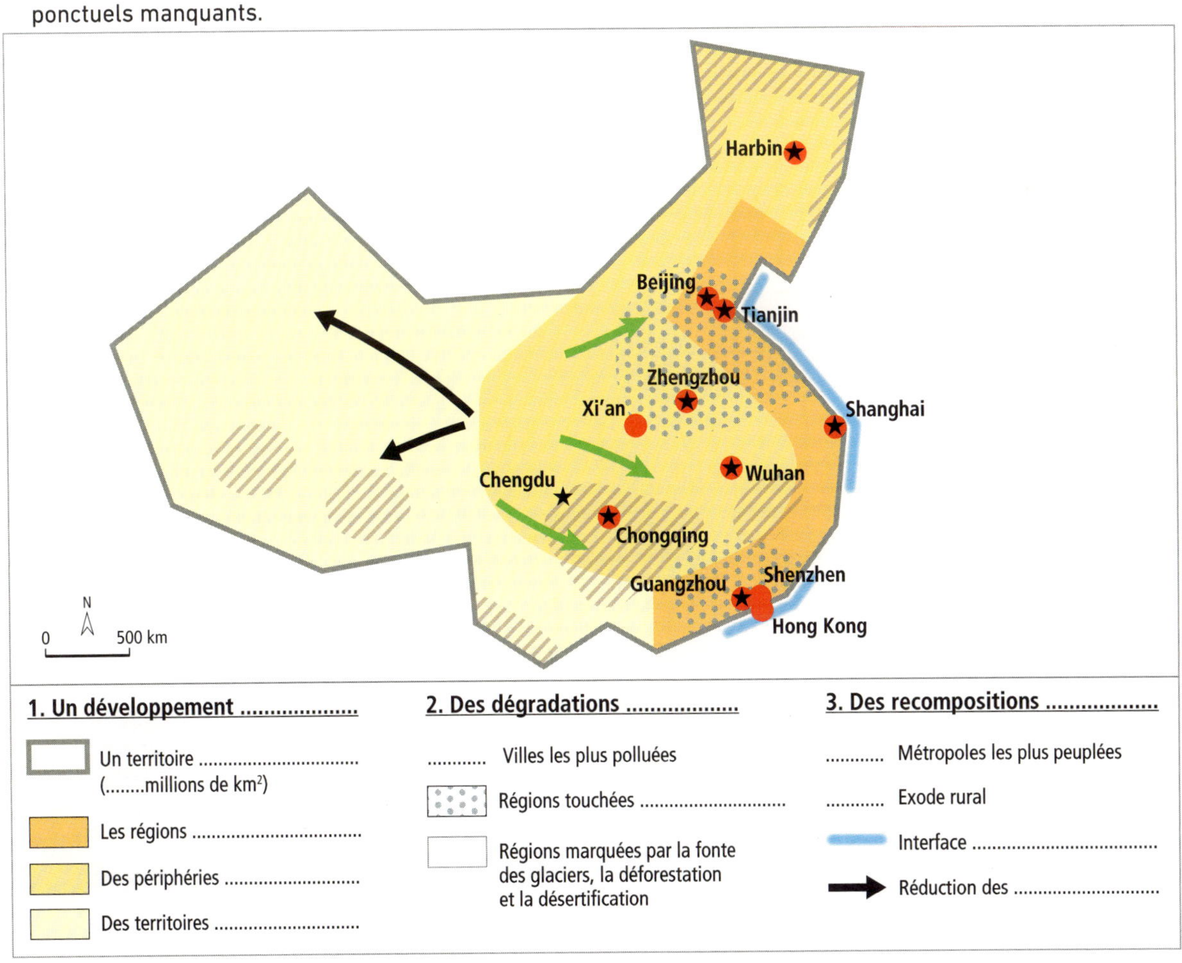

1. Un développement ....

- Un territoire .... (........millions de km²)
- Les régions ....
- Des périphéries ....
- Des territoires ....

2. Des dégradations ....

- .... Villes les plus polluées
- Régions touchées ....
- Régions marquées par la fonte des glaciers, la déforestation et la désertification

3. Des recompositions ....

- .... Métropoles les plus peuplées
- .... Exode rural
- Interface ....
- Réduction des ....

THÈME 4
SE PRÉPARER
CHINE
RÉVISER

EXERCICES

1 Vérifier ses connaissances

Exercices interactifs

Retrouvez des exercices interactifs pour tester vos connaissances sur le thème 4.

2 Analyser un schéma fléché

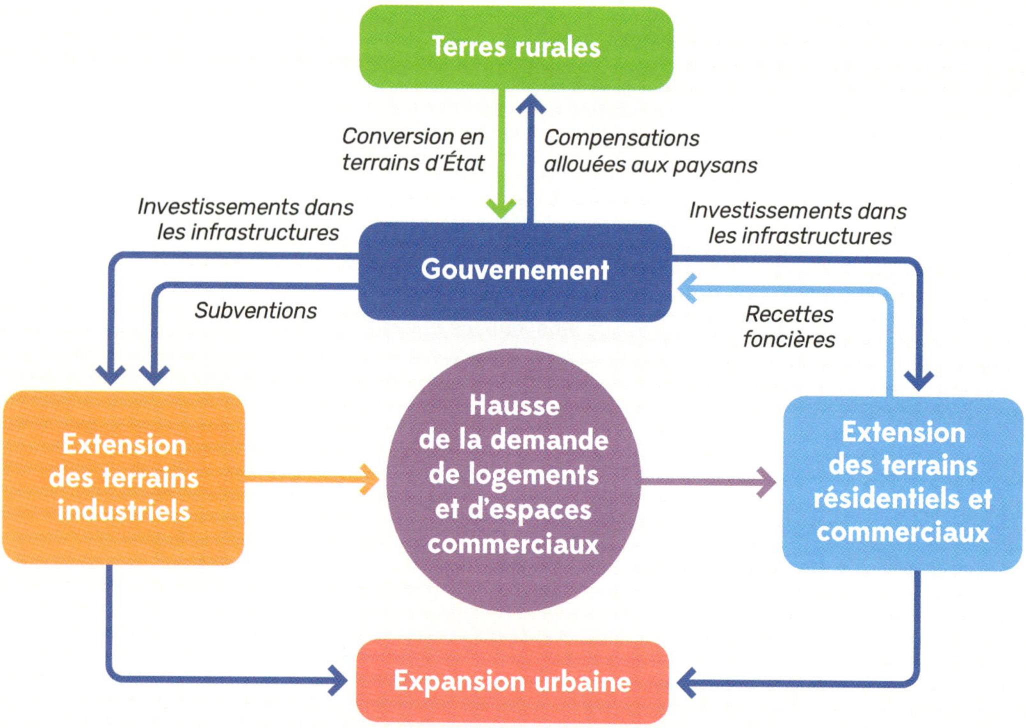

Source : L'évolution des villes fantômes chinoises, *Perspectives chinoises*, 2017.

Les recompositions spatiales en Chine

Questions

1. Observez le schéma et indiquez à quoi servent les flèches.
2. Décrivez le processus de l'expansion urbaine en Chine.
3. Quel est le rôle du gouvernement dans ce processus ?
4. Comment ce schéma fléché illustre-t-il les recompositions spatiales à l'œuvre en Chine ?

Conseil

- Ce schéma se lit du haut vers le bas. À partir d'un élément qui subit des transformations (les terres rurales), il montre l'enchaînement de phénomènes aboutissant à un résultat (l'expansion urbaine).

3 Exploiter un reportage photographique

Le projet de muraille verte et ses conséquences

« Muraille verte contre dragon jaune », Géo [version en ligne], avril 2018.

Questions

1. Consultez le reportage sur le site du magazine Géo « En Chine, muraille verte contre dragon jaune ».
2. Qu'est-ce que le projet de muraille verte ?
3. Dans quelle région de Chine est-il mis en œuvre ? Décrivez les moyens et les techniques utilisés pour sa réalisation.
4. Comment le développement de la muraille verte a-t-il transformé le paysage ?
5. Quelles sont les conséquences économiques, sociales et environnementales de ce projet à l'échelle locale ?
6. Sélectionnez et décrivez la photographie qui vous semble la plus pertinente pour illustrer les recompositions à l'œuvre dans cette région de la Chine.

4 Analyser des statistiques

Métropolisation et inégalités en Chine

	Population (millions)	Superficie (km²)	PIB (milliards de dollars)	PIB/hab. (dollars)	Part de l'industrie dans le PIB (%)
Municipalité de Beijing (Pékin)	21,7	16 400	414	19 078	15,3
Municipalité de Tianjin	15,5	11 800	273	17 612	36,9
Province de Hebei *	73,3	18 770	531	7 244	41,7
Future mégalopole Jing-Jin-Ji (Beijing-Tianjin-Hebei)	110,5 *(8 % de la population chinoise)*	215 900 *(2,3 % de la superficie de la Chine)*	1 250 *(9,2 % du PIB national)*	11 312 *(Chine : 8 827)*	31,3 *(Chine : 34 %)*
France métropolitaine	64,9	551 700	2 766	42 619	10,2

Sources : *China statistical yearbook 2018, World fact book 2018, Hebei economic yearbook 2018, Tianjin statistical bureau 2018.*
* La province de Hebei comprend 11 villes.

Questions

1. Comparez les données de Beijing, Tianjin et Hebei : quelles inégalités marquent cette région ?
2. Montrez que le projet « Jing-Jin-Ji » est un exemple de la métropolisation du territoire chinois.
3. Comparez les données de la mégalopole avec les statistiques sur la France. Que pouvez-vous en déduire sur la puissance économique de « Jing-Jin-Ji » ?

5 Approfondir ses connaissances

Exercice d'approfondissement

Exploiter un reportage télévisé (vidéo à consulter sur Internet) : « L'e-commerce fait sa révolution dans les campagnes chinoises ».

BAC Croquis

→ Méthode générale et description de l'épreuve p. 214

MÉTHODE → Réaliser le croquis

Fond de carte

SUJET

Les dynamiques spatiales de la Chine

Les dynamiques spatiales de la Chine

L'urbanisation et la métropolisation du territoire chinois sont en forte progression

Les villes, qui rassemblent 60 % de la population, se situent essentiellement dans la moitié orientale du territoire. L'urbanisation s'appuie sur des métropoles multimillionnaires : une quarantaine de villes ont une population comprise entre 2 et 5 millions, parmi elles Urumqi au nord-ouest. 17 dépassent les 5 millions d'habitants, Harbin et Chengdu par exemple. Shenzhen sur le littoral sud-est, Zhengzhou, Xi'an, Chongqing et Wuhan dans le centre ont plus de 10 millions d'habitants. Dans la région littorale, les trois villes mondiales chinoises (Beijing, Shanghai et Guangzhou) comptent plus de 20 millions d'habitants et sont le cœur de trois mégalopoles en formation.

La concentration des villes et des activités dans les régions littorales favorise leur intégration à la mondialisation

Depuis Guangzhou-Shenzhen au Sud jusqu'à Tianjin au Nord, en passant par Shanghai, le littoral concentre l'essentiel de l'appareil productif chinois. Cette façade maritime constitue une interface particulièrement dynamique animée par 6 des plus grands ports du monde : Ningbo, Shanghai, Tianjin, Taicang, Guangzhou, Tangshan cumulent un trafic de plus de 4 milliards de tonnes.

Les recompositions territoriales entraînent une mutation des espaces ruraux

Ces espaces se fragmentent sous l'influence des villes. En effet, l'étalement urbain accapare de plus en plus de terres agricoles et la relocalisation de l'appareil productif hors des villes entraîne une industrialisation des campagnes. Ces dynamiques affectent les régions centrales et le Nord-Est du pays, mais aussi les espaces ruraux périphériques des mégapoles littorales. Elles favorisent l'exode rural et alimentent les migrations intérieures vers l'Est. L'agriculture traditionnelle reste l'activité principale dans une grande partie du territoire chinois : les espaces ruraux des régions pauvres et enclavées de l'extrême Nord, du Sud et de la moitié ouest (Tibet, Xinjiang) sont en déprise. Cependant, des fronts pionniers s'y développent pour l'exploitation de nouvelles terres agricoles et des ressources énergétiques.

Retrouvez des sujets de BAC et des méthodes actualisés régulièrement sur le site
→ lyceen.nathan.fr/geo1re-2019

Méthode | Guide de travail

1 Déterminer l'objectif du croquis

→ Analyser les termes du sujet

1. Repérez les mots clés du sujet et précisez leur sens.
2. Que devra montrer le croquis ?

2 Relever les informations dans le texte

→ Identifier les informations cartographiables (faits, phénomènes géographiques ou spatiaux)

3. Quel est le thème principal de chaque partie du texte ?
4. Sélectionnez 3 à 4 informations essentielles dans chaque partie du texte. Relevez le nom des lieux auxquels elles correspondent.

Conseil DU PROF

- Synthétisez des informations ou regroupez des catégories de lieux pour réduire le nombre d'éléments et de figurés à représenter sur le croquis.

3 Passer du texte à la légende du croquis

→ Classer les informations dans la légende

- La légende comporte deux ou trois parties. Chaque partie comporte un titre et regroupe deux ou trois informations.
- Le titre de chaque partie doit exprimer une idée construite.

5. À l'aide du travail effectué sur le texte, classez les informations dans une légende en trois parties.
6. Donnez un titre à chaque partie en reformulant la première phrase des paragraphes du texte.

Conseil DU PROF

- Reportez-vous aux cartes du thème 4 et à l'atlas pour localiser correctement les phénomènes et les lieux.

→ Représenter les informations par des figurés

7. Choisissez un figuré pour chaque information sélectionnée.

+ Langage cartographique

4 Réaliser le croquis

→ Différencier la typographie et les couleurs pour écrire les noms de lieux

- Utiliser des crayons de couleur pour les figurés de surface, un feutre pour les figurés linéaires et ponctuels.
- Écrire le nom des villes en minuscules d'imprimerie et le nom des régions en lettres capitales.
- Écrire le nom des lieux avec un stylo ou un feutre noir et le nom des mers en bleu.

8. Sur le fond de carte fourni :
   - Dessinez les figurés choisis.
   - Indiquez le nom des lieux (la nomenclature).
   - Recopiez la légende complétée sous le croquis.
   - Donnez un titre au croquis en reprenant celui du texte.

Conseil DU PROF

- Les figurés doivent être tracés et coloriés avec soin. Utilisez un normographe pour réaliser des cercles proportionnels.

BAC

Question problématisée

→ Méthode générale et description de l'épreuve p. 216

SUJET

→ **Quels sont les recompositions et les contrastes territoriaux en Chine ?**

- recompositions : À définir. Expliquer le pluriel.
- et : Indique un lien à établir entre les deux phénomènes.
- contrastes territoriaux : À définir. Expliquer le pluriel des termes.
- en Chine : Échelle du sujet.

À quelle échelle

Méthode — Guide de travail

1 Analyser la question

Méthode	Guide de travail
→ **Définir les mots clés, l'échelle ou l'espace concerné par le sujet**	**1.** Analysez l'énoncé de la question en vous aidant des encadrés ci-dessus. **2.** Comment l'énoncé la question vous aide-t-elle à organiser la réponse ?

2 Mobiliser et organiser ses connaissances

Méthode	Guide de travail
→ **Rassembler les connaissances et les exemples en rapport avec la question**	**3.** Au brouillon, listez les connaissances utiles pour répondre à la question.
→ **Organiser les connaissances**	**4.** Quelles sont les deux idées directrices permettant de répondre à la question ? **5.** Classez vos connaissances dans chacune de ces idées.

3 Rédiger la réponse à la question

Méthode	Guide de travail
→ **Rédiger une courte introduction**	**6.** Présentez le sujet en développant la question problématisée.

Retrouvez des sujets de BAC et des méthodes actualisés régulièrement sur le site
→ lyceen.nathan.fr/geo1re-2019

Méthode

Guide de travail

→ Rédiger le développement

- Le développement est composé de deux ou trois parties.
- Chacune des parties correspond à une idée directrice permettant de répondre à la question.
- Chaque partie est structurée de la même façon :

Partie 1

Argument 1
Explications
Exemples

Argument 2
Explications
Exemples

7. Lisez l'exemple de rédaction de la 2e partie de la réponse à la question :

(Partie 2)

La combinaison des recompositions spatiales nous amène à caractériser les contrastes spatiaux à différentes échelles.

La Chine littorale, fortement urbanisée, concentre la majeure partie de la population et la plus forte croissance économique. (*Argument 1*). Représentant 14 % de la superficie du pays et 45 % de la population, ce territoire s'étend de Pékin à Guangzhou. Cette Chine moderne est dominée et structurée par des métropoles mondiales (Pékin, Shanghai). Elle est constituée par les régions les plus intégrées à la mondialisation et concentre près de 60 % du PIB total et plus de 80 % des investissements étrangers directs principalement dans les grands pôles industriels et portuaires (Ningbo, Tianjin, Guangzhou) et les zones économiques spéciales (Shenzhen, Dalian). (*Explications et exemples 1*)

La Chine intérieure, c'est-à-dire les provinces du centre et du Nord, est en voie d'intégration sous l'effet de la croissance impulsée par la région motrice. (*Argument 2*). Sur un tiers de la superficie du pays elle accueille 44 % de la population et produit un tiers de la richesse chinoise. Cette région est dynamisée par une croissance urbaine rapide et par l'émergence de pôles de croissance économique (Xi'an, Chongqing). (*Explications et exemples 2*)

L'Ouest chinois demeure un territoire en marge. Sorte de front pionnier de la croissance chinoise, il est essentiellement une réserve d'espace et de ressources. (*Argument 3*). Cette région, en grande partie constituée par les déserts du Nord et du Nord-Ouest et le plateau tibétain, occupe plus de la moitié du territoire chinois, mais ne compte que 11 % de la population totale. Malgré la richesse de son sous-sol (hydrocarbures, charbon), elle ne contribue que pour 8 % du PIB national et n'attire que 2 % des investissements étrangers. Cependant, le Xinjiang et sa capitale Urumqi, connaissent depuis peu un dynamisme économique et une intégration territoriale croissants en liaison avec sa position frontalière stratégique. (*Explications et exemples 3*).

Au sein de ces grands ensembles, les contrastes spatiaux marquent également les villes et les campagnes. (*Argument 4*) [...]

8. Comment cette partie est-elle organisée ?
→ Complétez l'argument 4 en rédigeant les explications et les exemples.

9. Rédigez la première partie de la réponse.

→ Rédiger une conclusion

10. Synthétisez les idées principales du développement en deux ou trois phrases.

CAHIER BAC

Se préparer aux épreuves du Bac

Pour approfondir

Des sujets guidés à la fin de chaque thème pour s'entraîner progressivement à acquérir la méthode des épreuves du Bac :

Analyse de document(s)

Croquis

Question problématisée

Retrouvez des sujets de Bac et des méthodes actualisés régulièrement sur le site
→ lyceen.nathan.fr/geo1re-2019

Les épreuves communes de contrôle continu

Bulletin officiel n°17 du 25 avril 2019

❶ Organisation de l'évaluation

L'évaluation se compose de :

- deux épreuves écrites passées respectivement aux deuxième et troisième trimestres de l'année de première ;
- une épreuve écrite passée à la même période que les autres épreuves de contrôle continu de l'année de terminale.

Pour chacune des voies et séries, ces épreuves sont adossées au programme de l'enseignement commun d'histoire-géographie pour les classes de première (première et deuxième épreuves) et de terminale (troisième épreuve).

❷ Objectifs de l'évaluation

Les épreuves communes de contrôle continu ont pour objectif d'évaluer l'aptitude du candidat à :

- mobiliser, au service d'une réflexion historique et géographique, des connaissances fondamentales pour la compréhension du monde et la formation civique et culturelle du citoyen ;
- rédiger des réponses construites et argumentées, montrant une maîtrise correcte de la langue ;
- exploiter, organiser et confronter des informations ;
- analyser un document de source et de nature diverses ;
- comprendre, interpréter et pratiquer différents langages graphiques.

❸ Structure de l'évaluation

Durée : 2 heures

	1re possibilité	2e possibilité
Première partie Environ 1 heure	**Histoire** Le candidat répond à une question problématisée	**Géographie** Le candidat répond à une question problématisée
Deuxième partie Environ 1 heure	**Géographie** – Soit une analyse de document(s) – Soit une production graphique	**Histoire** – Soit une analyse de document(s) – Soit une production graphique

Si la première partie de la première épreuve de contrôle continu est en histoire, la première partie de la deuxième épreuve est en géographie et inversement.

❹ Détails de l'épreuve

1re partie → réponse à une question problématisée

- Il s'agit d'une réponse rédigée et construite.
- Le candidat doit montrer qu'il a acquis des capacités d'analyse, qu'il maîtrise des connaissances, sait les sélectionner et les organiser de manière à répondre à la problématique de la question.
- L'intitulé de la question suggère des éléments de construction de la réponse.

2e partie → analyse de document(s) ou réalisation d'une production graphique

- L'analyse de document(s) est accompagnée d'une consigne suggérant une problématique et des éléments de construction de l'analyse. Le ou les document(s), en histoire comme en géographie, comporte(nt) un titre et, si nécessaire, un nombre limité de notes explicatives.
- Lorsque la production graphique est un croquis, ce croquis est réalisé à partir d'un texte élaboré pour l'exercice qui présente une situation géographique. Un fond de carte est fourni. Le titre et l'organisation du texte indiquent de grandes orientations pour la réalisation du croquis.
- Dans le cas d'une autre production graphique, les consignes et les données servant à l'élaboration de cette production sont fournies avec l'exercice.

Rendez-vous sur → nathan.fr/Bac et sur le site
→ lyceen.nathan.fr/geo1re-2019

CAHIER BAC

env. 1 h

L'analyse de document(s)

Étape 1 Analyser la consigne → **Travail préparatoire au brouillon**

Étape 2 Identifier le(s) document(s) → **Travail préparatoire au brouillon**

Étape 3 Exploiter les informations → **Travail préparatoire au brouillon**

Étape 4 Organiser ses idées → **Travail préparatoire au brouillon**

Étape 5 Répondre à la consigne → **Travail au propre sur la copie**

→ **Relecture**

ÉTAPE 1 **Au brouillon** → Analyser la consigne

Consigne : Vous confronterez les documents afin de répondre à la question :

Quels sont les aspects de la métropolisation à Londres ?

- Problématique de l'analyse de documents
- Termes à définir et à réutiliser dans le devoir (la métropolisation)

→ **Vous mettrez en évidence les fonctions métropolitaines de Londres, puis vous caractériserez la recomposition spatiale de cette métropole.**

ÉTAPE 2 **Au brouillon** → Identifier le(s) document(s)

1 La *City* : un quartier d'affaires

Pôle financier international, la *City* de Londres a construit son rayonnement depuis des siècles. À la fois centre historique et géographique de la capitale britannique et, surtout, quartier général de la finance européenne et mondiale, [elle est] le cœur battant de l'extraordinaire puissance économique du pays. « La *City* » cumule les superlatifs : 400 000 salariés, 500 banques internationales, des centaines de compagnies d'assurances, de comptabilité et de services financiers…

Plus de 200 nationalités se mêlent ici. La *City* est un *melting-pot*, « un pôle d'excellence de la finance qui attire les meilleurs talents de tous les pays et dans tous les domaines – banques, transactions financières, assurance, services juridiques, comptabilité, fiscalité… », souligne René Defossez, un Français qui travaille ici pour Natixis[1].

« En tant que cabinet d'avocats international, nous représentons des entreprises multinationales à travers le monde, qui nous disent que Londres est un centre économique et financier d'importance vitale pour elles, confirme Susan Bright, associée du cabinet d'avocats Hogan Lovells. Londres est une ville du monde, c'est aussi une porte d'entrée vers l'Europe, avec de solides infrastructures, un système juridique très respecté avec des juges impartiaux, et l'anglais est une langue parlée à travers le monde, il est donc facile de faire des affaires ici. »

M. Dancer, « À la *City* de Londres, la finance dans l'État », *La Croix*, 20 juillet 2017.

1. Banque française.

2 Étalement et recompositions de la métropole londonienne

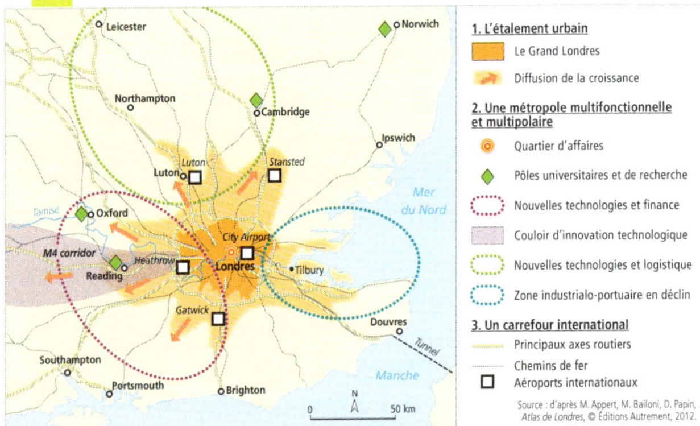

Source : d'après M. Appert, M. Bailoni, D. Papin, *Atlas de Londres*, © Éditions Autrement, 2012.

Définir la nature, la source, la date, le thème et la localisation de chaque document.

ÉTAPE 3 Au brouillon → Exploiter les informations

Analyser le(s) document(s)
- Informations répondant au sujet
- Notions à définir

→

Confronter le(s) document(s)
- Sens général : idée centrale
- Les informations des documents se complètent-elles ? S'opposent-elles ?

ÉTAPE 4 Au brouillon → Organiser ses idées

Informations fournies par les documents

. . . .
. . . .
. . . .
. . . .
. . . .
. . . .
. . . .

→

Connaissances personnelles

. . . .
. . . .
. . . .
. . . .
. . . .
. . . .
. . . .

→

PLAN
Regrouper les 2 ou 3 idées directrices à partir de la consigne

1. . . . .
. . . .
2. . . . .
. . . .
3. . . . .
. . . .

ÉTAPE 5 Au propre sur la copie → Répondre à la consigne

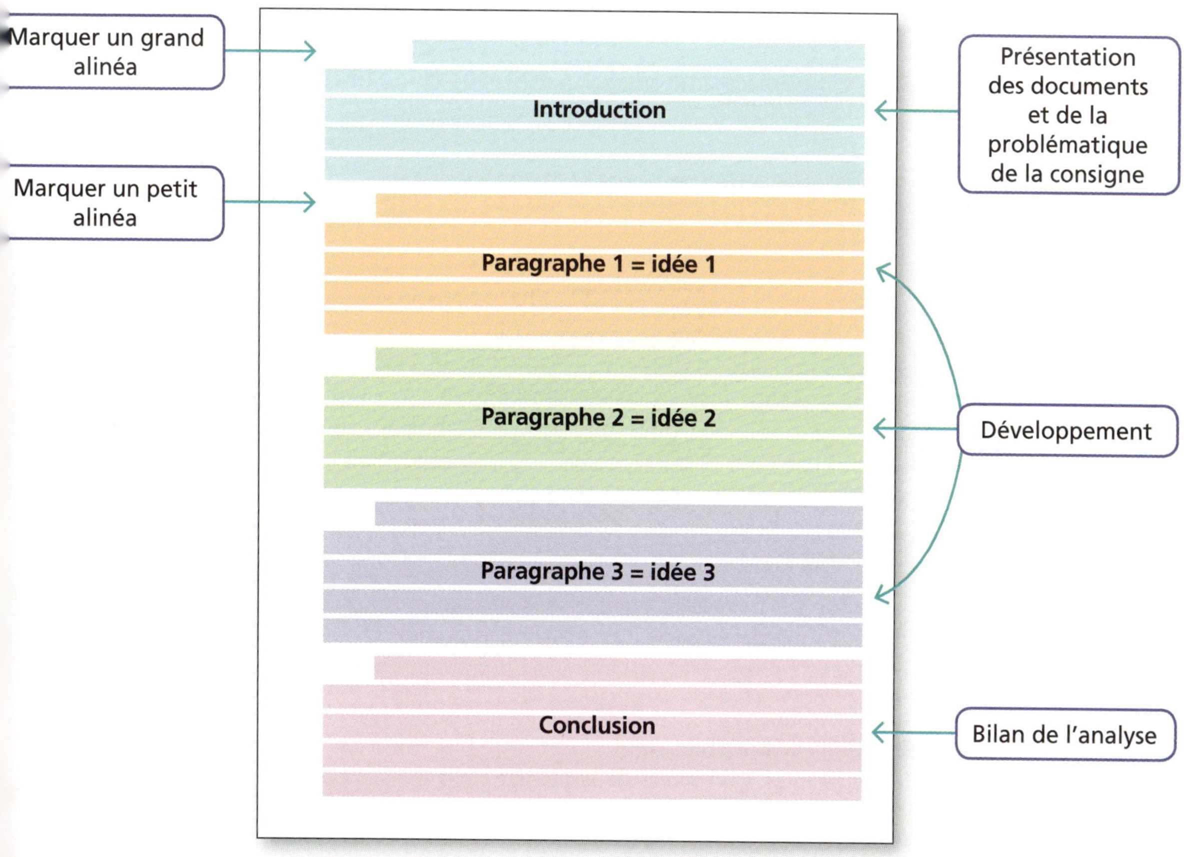

env. 1 h

Le croquis

Étape 1
Déterminer l'objectif du croquis

Étape 3
Classer les informations et choisir les figurés

Étape 4
Réaliser le croquis

Travail préparatoire au brouillon → **Travail au propre sur la copie** → **Relecture**

Étape 2
Sélectionner les informations dans le texte

ÉTAPE 1 Au brouillon → Déterminer l'objectif du croquis

SUJET La mégalopole japonaise, une interface fortement intégrée dans la mondialisation

Espace à définir et à représenter

Notions à définir

ÉTAPE 2 Au brouillon → Sélectionner les informations dans le texte

La mégalopole japonaise, une interface fortement intégrée dans la mondialisation

Une vaste aire urbaine

La mégalopole occupe le littoral sud de l'île d'Honshu. Elle rassemble 80 % de la population japonaise. Polarisée par trois mégapoles, Tokyo (37 millions d'habitants), Osaka (19 millions) et Nagoya (9,5 millions), cette région urbaine s'étend d'est en ouest, de la plaine du Kanto où se situe Tokyo jusqu'à Kitakyushu-Fukuoka (5,5 millions d'habitants). Elle est jalonnée par d'importantes métropoles régionales, comme Hiroshima avec ses 2 millions d'habitants. L'extension de l'espace mégalopolitain se poursuit vers les îles du sud (Kyushu, Shikoku) et vers Sendai (2,3 millions d'habitants) au nord-est.

Une interface dynamique

La région urbaine est structurée par un important réseau de transports. Elle est traversée par un axe ferroviaire majeur desservi par un train à grande vitesse, le Shinkansen, reliant Tokyo au sud de Kyushu. Cinq aéroports internationaux assurent un trafic croissant de passagers.

Un espace fortement intégré dans la mondialisation

Tokyo est l'une des plus puissantes métropoles de la planète : elle est le siège du Kabuto-Chô, la 3e place boursière mondiale.

Les titres indiquent les parties du plan de la légende

Informations à représenter

Les lieux concernés

ÉTAPE 3 Au brouillon → Classer les informations et choisir les figurés

Choisir des figurés cohérents

Classer les informations

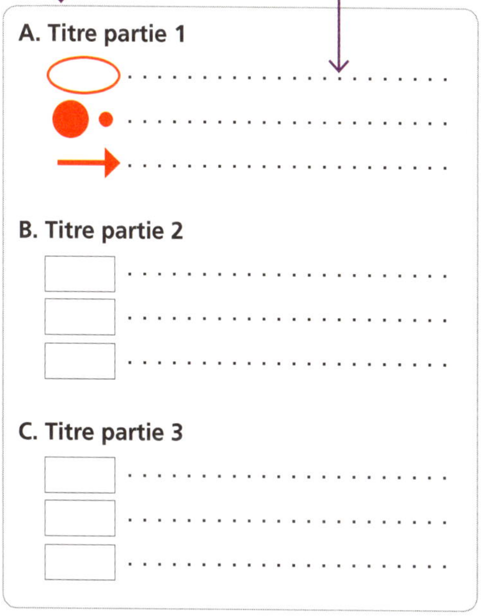

Respecter les règles de la cartographie

Le langage cartographique

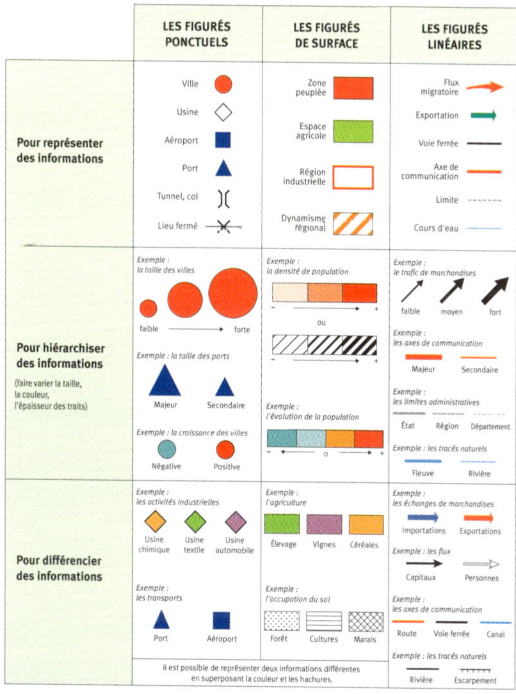

+ Langage cartographique

ÉTAPE 4 Au propre sur la copie → Réaliser le croquis

→ **Donner un titre au croquis et soigner la réalisation.**

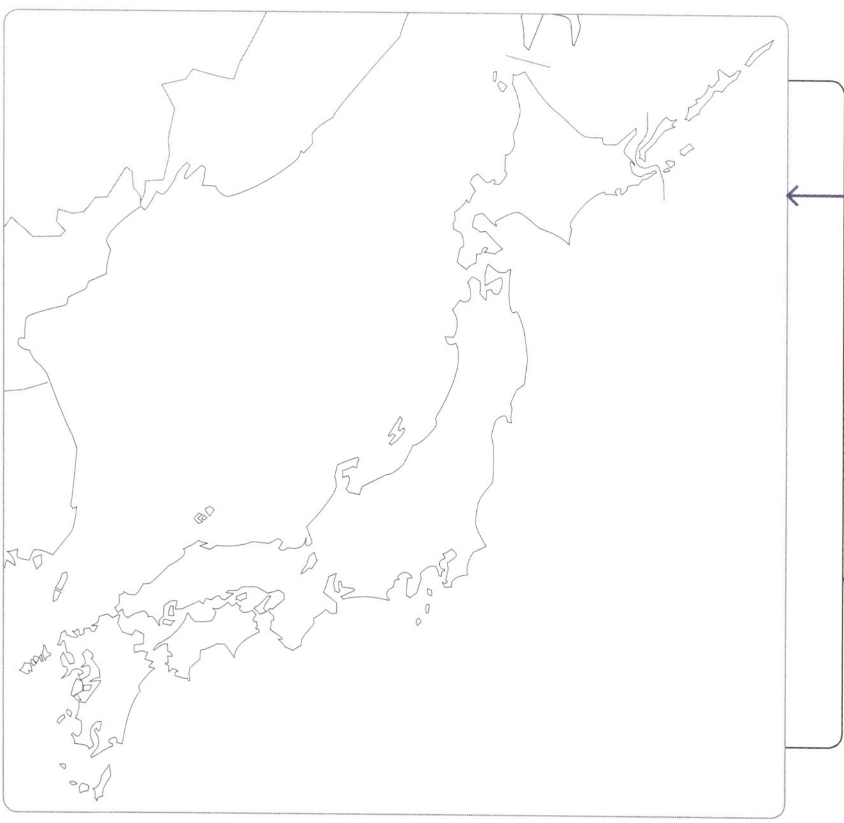

Fond de carte fourni

Cadre pour la légende sur une feuille à part

CAHIER BAC

env. 1 h

La réponse à une question problématisée

Étape 1 Analyser la question → **Étape 2** Mobiliser et organiser ses connaissances → **Travail préparatoire au brouillon**

Étape 3 Rédiger la réponse à la question → **Travail au propre sur la copie**

Relecture

ÉTAPE 1 Au brouillon → Analyser la question problématisée

SUJET

Pourquoi la gestion des ressources est-elle un défi du développement en Chine ?

- gestion : Idée d'utilisation raisonnée et de préservation.
- ressources, développement : Notions clés à définir
- Chine : Échelle du sujet

→ **La question constitue la problématique à laquelle le devoir doit répondre.**

→ **Le plan est donné dans la question.**

ÉTAPE 2 Au brouillon → Mobiliser et organiser ses connaissances

Mobiliser ses connaissances
Dresser une liste des connaissances personnelles :
- Notions,
- Faits, idées,
- Données chiffrées,
- Exemples à utiliser.

Organiser →

Construire le plan détaillé
1re idée clé
- Arguments
- Exemples et/ou schémas

2e idée clé
- Arguments
- Exemples

3e idée clé
- Arguments
- Exemples

Le plan peut comporter 2 ou 3 parties, en fonction de la question.

ÉTAPE 3 **Au propre sur la copie** → Rédiger la réponse à la question

1 Rédiger l'introduction

Marquer un alinéa →

La Chine connaît un développement rapide qui s'appuie en partie sur l'utilisation de ses ressources énergétiques et environnementales. ← Présenter le thème de la question

Pourquoi la gestion des ressources est-elle un défi du développement en Chine ? ← Énoncer la question problématisée

2 Rédiger le développement (2 ou 3 paragraphes)

Marquer un alinéa →

Commencer par une phrase énonçant l'idée clé du premier paragraphe.
Sous-partie 1 : annoncer l'argument n° 1 et l'illustrer par des exemples.
Sous-partie 2 : annoncer l'argument n° 2 et l'illustrer par des exemples.
Faire une transition

Sauter une ligne →

Commencer par une phrase énonçant l'idée clé du deuxième paragraphe.
Sous-partie 1 : annoncer l'argument n° 1 et l'illustrer par des exemples.
…

Sauter une ligne →

Commencer par une phrase énonçant l'idée clé du troisième paragraphe.
Sous-partie 1 : annoncer l'argument n° 1 et l'illustrer par des exemples.
…

3 Rédiger une courte conclusion

Bilan du développement →

La réduction de la pression sur les ressources et la transition vers les énergies renouvelables sont une priorité des autorités chinoises pour poursuivre le développement du pays.

LEXIQUE

A

Accaparement des terres *(land grabbing)* : processus mondialisé d'acquisition ou de location de terres par des investisseurs étrangers, essentiellement à des fins agricoles. (voir p. 138 et 142)

***Agribusiness* :** ensemble des activités économiques qui se développent autour de l'agriculture productiviste et qui ont pour but la transformation et la vente des produits alimentaires. (voir p. 160)

Agriculture biologique : agriculture qui n'utilise pas d'intrants (engrais, pesticides, produits chimiques) d'origine industrielle, ni d'OGM. (voir p. 146)

Agriculture extensive : système de production agricole dont les rendements à l'hectare sont peu élevés. (voir p. 144 et 159)

Agriculture intensive : système de production agricole assurant des rendements à l'hectare élevés. (voir p. 144 et 159)

Agriculture productiviste : agriculture commerciale dont l'intensivité et la productivité reposent sur un recours aux techniques et aux progrès scientifiques. (voir p. 142 et 160)

Agriculture sur brûlis : cultures réalisées sur une ancienne forêt défrichée par le feu. (voir p. 142 et 144)

Agriculture vivrière : agriculture destinée à nourrir la famille (petites exploitations, main-d'œuvre abondante, travail manuel et peu mécanisé, faibles rendements). (voir p. 142)

Agritourisme : activité touristique pratiquée sur une exploitation agricole (gîte rural, chambre d'hôtes, camping à la ferme). (voir p. 141)

Agrocarburants : carburants produits à partir de produits agricoles. (voir p. 141)

Agroécologie : pratique agricole qui s'appuie sur les caractéristiques du milieu naturel pour tirer le meilleur parti des interactions entre les végétaux, les humains, les animaux et l'environnement. Elle vise à diminuer les pressions sur l'environnement et à préserver les ressources naturelles en maintenant les capacités de renouvellement de la nature.

Aire urbaine : espace continu qui se compose d'une ville-centre, de ses banlieues immédiates et d'une couronne périurbaine. Cette dernière regroupe des communes dans lesquelles au moins 40 % de la population résidente ayant un emploi travaille dans la ville-centre. (voir p. 48)

Aléa : phénomène à l'origine d'un danger potentiel, plus ou moins fort selon sa fréquence et son intensité. (voir p. 190)

Archipel : groupe d'îles. (voir p. 82)

Archipel mégalopolitain mondial : nom donné à l'ensemble des grandes mégalopoles mondiales qui établissent des relations entre elles. (voir p. 31 et 32)

Aurifère : adjectif relatif à l'or. (voir p. 106)

B

Bidonville : quartier d'habitations précaires ou insalubres construites illégalement avec des matériaux de récupération. (voir p. 34)

Bocage : type de paysage agraire formé de champs et de prés clos par des levées de terre plantées de haies d'arbres. (voir p. 152)

C

Capitalisation : ensemble des placements financiers en bourse. (voir p. 31)

Capitalisation boursière : ensemble des valeurs cotées sur une place boursière. (voir p. 90)

***Central business district* (CBD) :** quartier d'affaires où se concentrent les sièges sociaux des entreprises, les banques, etc. (voir p. 34)

Chaîne de valeur : ensemble des opérations réalisées par des entreprises dans le processus de fabrication d'un produit, de sa conception à sa commercialisation. (voir p. 80)

Compétitivité : capacité d'une entreprise, d'un secteur économique ou d'un territoire à vendre ou à fournir durablement un ou plusieurs biens ou services sur un marché concurrentiel. (voir p. 104)

Conflit d'usage : rivalité opposant les acteurs spatiaux autour de l'utilisation d'une ressource ou d'un territoire. (voir p. 146)

Conteneurisation : généralisation du transport de marchandises dans des conteneurs (boîtes de transport au format standardisé). (voir p. 90)

Croissance : augmentation de la production de biens et de services dans une économie sur une période donnée. La croissance ne doit pas être confondue avec le développement. (voir p. 192)

D

Décentralisation : processus de transfert de pouvoirs et de compétences, de l'État aux collectivités territoriales (régions, départements, communes…) en matière de transport, d'éducation, de formation, d'aménagement des territoires. Ce processus a été initié par les lois de décentralisation de 1982, et confirmé depuis. (voir p. 48)

Déforestation : diminution des surfaces couvertes de forêts. (voir p. 194)

Délocalisation : transfert de production vers des pays disposant d'une main-d'œuvre à bas coût et de réglementations sociales et environnementales peu contraignantes. (voir p. 104)

Déprise agricole : abandon de l'activité agricole sur un territoire. (voir p. 144)

Désertification : avancée du désert qui s'installe durablement sur des régions où se trouvaient auparavant de la végétation ou des cultures. (voir p. 194)

Désindustrialisation : diminution ou disparition de l'activité industrielle. (voir p. 104)

Développement : processus qui marque le passage d'une économie rurale où la pauvreté reste forte à une économie urbaine où la pauvreté est minoritaire. Ce processus s'accompagne d'une amélioration généralisée des conditions de vie des habitants et d'une démocratisation sur le plan politique. (voir p. 192)

Développement durable : mode de développement qui répond aux besoins du présent sans compromettre la capacité des générations futures à répondre aux leurs. Le développement durable suppose la prise en compte de facteurs économiques, sociaux et environnementaux. (voir p. 194)

Diaspora : dispersion d'une communauté (ethnique, religieuse...) dans le monde. Celle-ci parvient à conserver son identité culturelle en maintenant des liens de solidarité forts entre ses membres. (voir p. 188)

District industriel : concentration, sur un territoire donné, de petites et moyennes entreprises, spécialisées dans un secteur d'activité reposant sur des savoir-faire hérités. (voir p. 102, 146 et 160)

Dystopie : contraire d'utopie. Récit imaginant le pire des mondes, généralement par extrapolation de la société réelle. (voir p. 37)

E

Économie numérique : ensemble des secteurs d'activité et des entreprises qui produisent des biens et des services assimilés aux technologies de l'information et de la communication (TIC) comme l'informatique, les télécommunications et l'électronique. (voir p. 88)

Économie présentielle : économie reposant sur la production de biens et de services visant la satisfaction des besoins de personnes présentes sur un territoire (résidents, touristes). (voir p. 141)

Écotourisme (tourisme vert) : tourisme centré sur la découverte de la nature, ainsi que le respect de l'environnement et des cultures locales. (voir p. 141)

***Edge cities* :** centres périurbains où se concentrent bureaux et équipements divers. (voir p. 34)

Émergence : forte croissance économique d'un pays, mais accompagnée d'une amélioration lente des conditions de vie des habitants les plus pauvres. (voir p. 184)

Énergies fossiles : énergies issues de la combustion de matières organiques fossilisées contenues dans le sous-sol (charbon, pétrole, gaz). (voir p. 190 et 194)

Énergies renouvelables : énergies produites au moyen de ressources naturelles inépuisables (soleil, vent, eau) ou encore de végétaux. (voir p. 182, 190 et 194)

Énergivore : qui consomme beaucoup d'énergie. (voir p. 194)

Espace transfrontalier : espace « à cheval » sur la frontière entre deux pays, articulé autour de formes de coopération que le passage de la frontière peut engendrer.

Estuaire : embouchure d'un fleuve dans laquelle entre la marée, naturellement bordé de zones humides. (voir p. 155)

Exode rural : migration importante de populations quittant les campagnes pour s'installer dans les villes. (voir p. 32 et 144)

F

Façade maritime : ensemble de grands ports desservant un même arrière-pays. (voir p. 90)

Filière : ensemble des étapes et des acteurs le long d'un processus de production d'un produit. (voir p. 80)

Firme transnationale (FTN) : entreprise implantée dans de nombreux pays et qui réalise la majeure partie de son chiffre d'affaires en dehors de son pays d'origine. (voir p. 32 et 87)

Flux : circulation de biens, de personnes, de capitaux ou d'informations. (voir p. 87)

Front pionnier : processus d'appropriation d'un territoire considéré comme « vierge » à des fins de mise en valeur (agricole, minière...) et/ou de peuplement. (voir p. 190)

G

***Gated community* :** quartier enclos et sécurisé où se concentrent des populations aisées. (voir p. 34)

Gentrification : processus d'appropriation d'un quartier populaire par une population plus aisée. (voir p. 34 et 48)

Gisement : richesse géologique présente en masse. (voir p. 106)

H

***Hub* :** plate-forme de correspondance dans un réseau de transport. (voir p. 49)

I

IDE (Investissements directs à l'étranger) : sommes d'argent investies par des entreprises étrangères sur un territoire (création, rachat d'entreprise). (voir p. 74, 90 et 188)

IDH (Indice de développement humain) : mesure globale du niveau de développement. Il prend en compte le revenu par habitant (niveau de vie), l'espérance de vie (santé) et l'alphabétisation (deux indicateurs : durée moyenne et durée maximale de scolarisation). La valeur de l'IDH s'exprime de 0 à 1. (voir p. 192)

Indice de Gini : indice mesurant les inégalités de revenus entre les habitants d'un État. Il varie de 0 (égalité parfaite) à 1 (inégalité absolue). (voir p. 192)

Innovation : capacité à améliorer les performances d'une production ou d'une activité. (voir p. 79, 96 et 104)

Interface : zone de contact entre deux ensembles géographiques distincts. Elle génère le plus souvent des flux mais parfois aussi des tensions. (voir p. 90)

L

Littoralisation : concentration des populations et des activités sur les littoraux. (voir p. 87)

CRÉDITS ICONOGRAPHIQUES

Couverture haut © Jon Arnold Images / HEMIS.fr ; **Couverture bas** © AD04-Mir photos/Via Ferrata de la Grande Fistoire

5 SHUTTERSTOCK/Randy Andy ; **6** ONLY France/Christophe Lepetit ; **7** ANDIA/Alpaca/Zintzmeyer ; **8** HEMIS/Alamy/Tuul et Bruno Morandi ; **12-13** SHUTTERSTOCK/Randy Andy ; **14-15** GETTY IMAGES France/Visual Space ; **17** SHUTTERSTOCK/Alexandre Rotenberg ; **18** Heathrow Airport Limited 2018 ; **20** HAWKES JASON AERIAL PHOTO LIBRARY ; **23** SHUTTERSTOCK/Richard Cavalleri ; **24** HEMIS/Alamy Stock/Olaf Schuelke ; **26** Manila Bulletin/Romi Santiago/DR ; **36** Mirrors Edge Catalyst and screenshots of it are licensed property of Electronic Arts, Inc. ; **37** Capcom Entertainment France SAS ; **38-39** REA/Sébastien Ortola ; **41** HEMIS/Alamy Stock/Manjik Photographie ; **42** HEMIS/Alamy/Ayhan Altun ; **45** Métropole de Lyon/Thierry Fournier ; **50** Compagnie de Phalsbourg ; **51** bas Association Non au gratte-ciel de Toulouse ; **51 ht** © Plusimgs et Constructa ; **53** SHUTTERSTOCK/Randy Andy ; **58** HEMIS/Alamy/Marcel van den Bos ; **59** SHUTTERSTOCK/Sarymsakov Andrey ; **66-67** ONLY France/Christophe Lepetit ; **68-69** GETTY IMAGES France/Picture Alliance ; **71 ht** HEMIS/Alamy/Nasa Photo ; **73 ht** ESA/Stephane Corvaja ; **74 bas** GETTY IMAGES France/Sebastion Meyer ; **76** MAXPPP/Newscom/Ding Lin Xinhua News Agency ; **77** JEUNE AFRIQUE ; **79** GETTY IMAGES France/Kyodo News ; **80** AFP/Xinhua/Yan Zhijiang ; **82 ht** © Ministère du Tourisme de la République dominicaine/DR ; **82 bas** © Tahiti Tourisme ; 83 ht SHUTTERSTOCK/Siraphob Werakijpanich ; **92 ht** AFP/Filippo Monteforte ; **92 bas** Stiftung Zollverein/Photo Jochen Tack ; **93 g** © Creative Commons/Photo courtesy of flickr user David Shankbone ; **133 d** © Friends of the High Line ; **94-95** HEMIS/Alamy Stock Photo/Julian Castle/© ADAGP, Paris 2019 ; **96** © Bioceanor ; **98 ht** © IGN – 2019 ; **99** © TBC-France ; **100** © Archiduchesse ; **107** © Or de Question ; **108** LE MONDE ; 109 ONLY France/Christophe Lepetit ; **114** Dario Ingiusto et Cécile Marin, Le Monde Diplomatique, 2016 ; **115** © SCALEN - Agence de développement des territoires Nancy Sud Lorraine ; **122-123** ANDIA/Alpaca/Zintzmeyer ; **124-125** GETTY IMAGES France/Juan Carlos Munoz ; **127** HEMIS/Alamy/Scott Wilson ; **128** SHUTTERSTOCK/Robertonencini ; **129** HEMIS/Alamy Stock Photo/Panther Media GmbH ; **130** Keralatourism ; **133** © Photo by www.stockaerialphotos.com/Keith Walter ; **134 ht** SHUTTERSTOCK/LMspencer ; **134 bas** HEMIS/Alamy/Overflightstock Ltd ; **136** INTREPID ESCAPE ; **137** GETTY IMAGES France/John S. Lander ; **138** www.fiami.ch ; **139** GETTY IMAGES France/Light Rocket/Satoshi Takahashi ; **148 ht** CHRISTOPHE L COLLECTION ; **148 bas** CHRISTOPHE L COLLECTION/© Tokuma Japan Communication Co Ltd ; 149 HEMIS/Alamy Stock Photo/A. F. Archive ; **150-151** Office du tourisme de Chamrousse (Isère) /Photo Emilie Garcin ; **153** François Levalet ; **154 ht** © Fromages AOP de Normandie ; **154 bas** HEMIS/Francis Cormon ; **155** L'Express 14/01/2015, couverture d'une édition régionale ; **156** © Ligue royale belge pour la protection des oiseaux/Dessin de Sten ; **157 bas** © Générations futures ; **163 ht** Fañch Ar Ruz ; **163 bas** © Procar Demas www.procar-demas.fr ; **165** ANDIA/AlpacaZintzmeyer ; **170** © Gab ; **178-179** HEMIS/Tuul et Bruno Morandi ; **181** HEMIS/Alamy Stock Photo/Panther media GmnH ; **182** AFP/Imagine China/Geng Yuhe ; **185** AFP/Imagine China/Qianlong ; **187** AFP/Xinhua/Yu Fangping ; **198** AFP/Imagine China/Zhu Yinwei ; **199 ht** GREENPEACE FRANCE/photo Lu Guang ; **199 bas** © Liu Bolin, courtesy Galerie Paris-Beijing ; **203** REA/Panos/Ian Teh.

Compléments aux sources des textes présents dans le manuel

96-1 « Le pôle de compétitivité SCS », Ville de Rousset, http://rousset-fr.com, 2019 ; **99-9** Dominique Gonod, « Première délégation française à Las Vegas, la Région Sud emmène 55 startups ! », TechSnooper [en ligne], 30 décembre 2018 ; **100-3** Christian Chavagneux, « Il y a peu de relocalisations en France, car il y a eu peu de délocalisations », Alternatives Économiques, n°380, juin 2018 ; **126-2** Jean-François Breuiller et Melani Le Bris, Toscane - Ombrie, Editions Gallimard Loisirs, coll. « GÉOguides », 2018 ; **127-4** Angus Mackinnon, « Le chianti, star vieille de 300 ans, cherche un nouvel élan », Agence France-Presse, 23 septembre 2016 ; **155-9** « La Normandie, l'une des régions les plus bétonnées de France : comment endiguer le phénomène ? », Actu.fr, 05 octobre 2018, https://actu.fr/ ; **155-6** Amandine Cailhol, « Services publics : sociabilité, commerces… chaque fermeture a un effet boule de neige », Libération, 22 janvier 2019, https://www.liberation.fr/ ; **184-1** Thierry Sanjuan, Atlas de la Chine, Les nouvelles échelles de la puissance, Thierry Sanjuan, cartographie Madeleine Benoit-Guyod © Editions Autrement, 2018 ; 187-5 Emmanuel Véron, « Les sociétés locales rurales et le développement des gîtes dans la mégalopole de Shanghai », EchoGéo n° 43, janvier-mars 2018.

Pratique du Tai Chi sur le Bund,
Shanghai, Chine, 2017.

Via Ferrata de la Grande Fistoire, Le Caire, Alpes de Haute-Provence (04), 2018.

Édition : Séverine Bulan, avec l'aide d'Émeline Marx,
Lucile Foucher et Mathilde Boisserie
Direction éditoriale : Carole Greffrath
Conception graphique (intérieur et couverture) : Élise Launay
Responsable artistique : Pierre-Yves Skrzypczak
Mise en page : Anne-Danielle Naname
Iconographie : Maryse Hubert
Cartographie : AFDEC – Bertrand de Brun
Charte graphique des schémas : WeDoData
Infographies, schémas, graphiques : Renaud Scapin
Relecture : Marjolaine Revel
Fabrication : Adeline Caillot

MIXTE
Papier issu de sources responsables
FSC® C022030

Nathan est un éditeur qui s'engage pour la préservation de son environnement et qui utilise du papier fabriqué à partir de bois provenant de forêts gérées de manière responsable.

N° de projet : 10251339
Dépôt légal : Aout 2019 par Bona Spa

Retournez votre manuel
pour consulter la partie

HISTOIRE

MANUEL
RÉVERSIBLE

GÉOGRAPHIE

Retournez votre manuel
pour consulter la partie

C Des sociétés transformées par la guerre

1. Des tensions internes

- La guerre et les **discours de guerre exacerbent également les tensions et les rancœurs**. Les soldats dénoncent les « embusqués », ceux qui échappent aux combats. Un discours se développe qui stigmatise les « lâches » caricaturés en bourgeois efféminés, par opposition aux « Poilus ».

- Et si la guerre a contribué à unifier les nations, accélérant par exemple en France l'usage de la langue française, **elle ravive également des fractures**. Les soldats du Midi deviennent ainsi la cible, dès août 1914, d'une rumeur sur leur prétendue « lâcheté ».

- Alors que l'Irlande est sous domination anglaise, plus de 200 000 Irlandais servent dans l'armée britannique. Mais cette participation divise les nationalistes. En 1916, un soulèvement est déclenché le lundi de Pâques : 1 600 insurgés s'emparent de bâtiments dans le centre de Dublin et proclament l'indépendance de la République irlandaise. Écrasés par les forces britanniques, les rebelles tiennent six jours avant de capituler. L'insurrection est un échec mais ouvre la voie, à l'horizon de l'après-guerre, au triomphe d'un nationalisme irlandais revivifié et réorganisé.

> « *Ma politique étrangère et ma politique intérieure, c'est tout un. Politique intérieure, je fais la guerre ; politique étrangère, je fais la guerre. Je fais toujours la guerre.* »
>
> Georges Clemenceau, président du Conseil et ministre de la Guerre, discours à la Chambre des députés, le 8 mars 1918.

2. Une « brutalisation » des sociétés ?

- La Première Guerre mondiale demeure un champ très actif de la recherche historique. Pour l'historien George L. Mosse, elle constitue **une rupture dans la perception de la guerre : en banalisant la destruction de masse, elle modifie le rapport des hommes à la mort**. Les sociétés s'accoutumeraient ainsi aux violences physiques et psychologiques de la guerre : elles seraient « brutalisées ».

- Cette notion de **brutalisation** permettrait de comprendre le maintien de formes de violence dans l'après-guerre, notamment en Allemagne (putsch, assassinats, combats de rue, etc.), voire l'arrivée au pouvoir des nazis. Cependant, pour d'autres pays dont la France, cette analyse semble moins pertinente, car on ne retrouve pas ce climat de violence politique dans les années 1920 qui voient plutôt le pacifisme se développer.

? LE SAVIEZ-VOUS ?

La consommation d'alcool à l'arrière baisse pendant la guerre. L'accès à l'alcool est sévèrement réglementé (interdiction de l'absinthe en France, limitation des horaires des pubs en Grande-Bretagne) et le vin est plutôt destiné aux soldats. De plus, au rang des priorités, les canons passent avant les boissons alcoolisées : la production d'explosifs nécessite par exemple d'importantes quantités de céréales auparavant utilisées pour la fabrication de l'alcool.

HISTOIRE DE MOTS

Bourrage de crâne
Expression employée par les soldats pour dénoncer les mensonges de la presse, les fausses nouvelles et plus largement la propagande de guerre.

Carte postale, 1918

TESTEZ-VOUS !

- Quels sont les objectifs de la censure et de la propagande ?
- Des formes de résistance à la guerre ont-elles existé ?
- Pourquoi parle-t-on de « brutalisation » des sociétés ?

POUR ALLER + LOIN

- ***Journal de la Guerre, 1914-1918*, L'Enfant Yves Congar, éditions du Cerf, 1997.**
Cinq cahiers d'écolier tenus au quotidien de 1914 à 1918 par le jeune Yves Congar, habitant de Sedan, en zone occupée par les Allemands.

DOCUMENTS

Le génocide des Arméniens (1915-1916)

COURS p. 234

Pour aller + loin

La guerre permet au gouvernement nationaliste turc de concevoir et d'exécuter un programme de destruction de toute la population arménienne. En janvier 1915, la défaite militaire de Sarikamich sert de prétexte au déclenchement du génocide : les Arméniens sont accusés de trahison au profit de l'ennemi russe.

QUESTION CLÉ

Comment expliquer les causes et les modalités du génocide des Arméniens de l'Empire ottoman ?

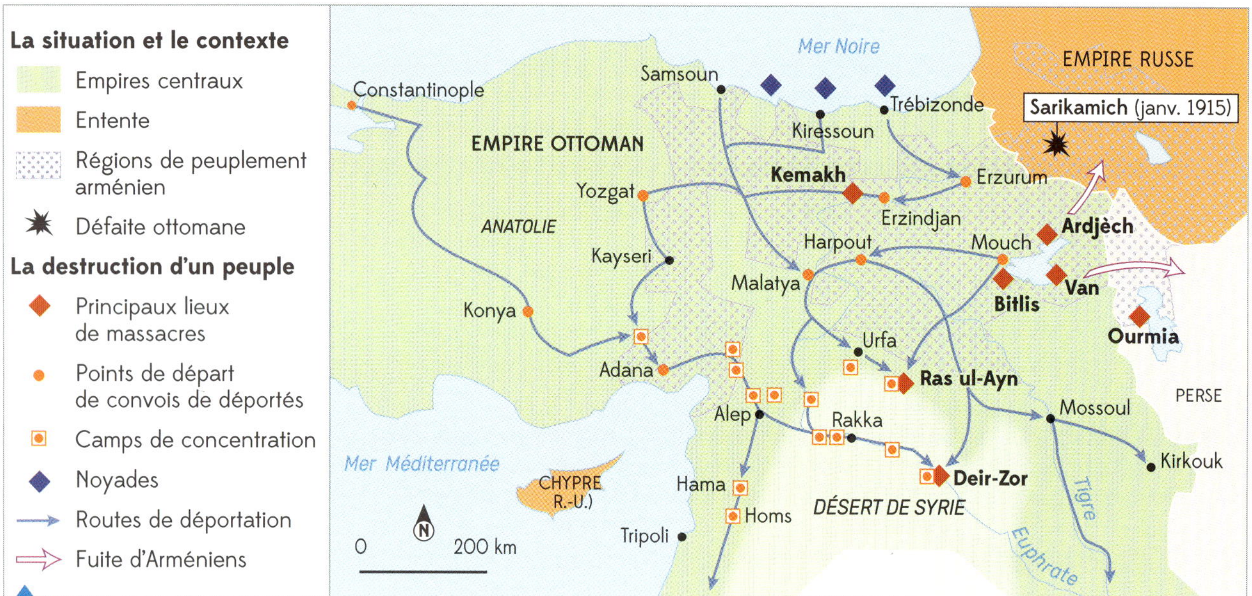

1 Les lieux du génocide des Arméniens

2 Le processus génocidaire : la transmission des ordres

Mehmet Talât Pacha (1874-1921), alors ministre de l'Intérieur de l'Empire ottoman, est l'un des principaux architectes du génocide.

Le droit des Arméniens de vivre et de travailler sur le territoire de la Turquie est totalement aboli ; le gouvernement, assumant toutes les responsabilités à ce sujet, a ordonné de n'en même pas laisser les enfants au berceau. On a vu dans quelques provinces l'exécution de cette ordonnance. […] Sans admettre leurs raisons, femmes ou enfants, quels qu'ils soient, même ceux qui sont incapables de se mouvoir, faites-les sortir de là et ne donnez pas prise à la population pour les défendre. […]. Le ministère de la Guerre a informé tous les commandements d'armées que les chefs des stations militaires ne doivent pas s'immiscer dans le déplacement des déportés. Informez les fonctionnaires qui se chargeront de cette affaire que, sans craindre les responsabilités, ils doivent travailler à atteindre le véritable but. Veuillez me communiquer toutes les semaines les résultats de votre activité en rapports chiffrés.

Télégramme adressé par Talât à la préfecture d'Alep, le 22 septembre 1915.
Cité par Yves Ternon, *Enquête sur la négation d'un génocide*, éditions Parenthèses, 1989.

CHRONOLOGIE

- **Novembre 1914** Entrée en guerre de l'Empire ottoman aux côtés de l'Allemagne.
- **Janvier 1915** Défaite ottomane à Sarikamich contre les troupes russes. Rendus responsables, les soldats arméniens sont désarmés et massacrés.
- **Avril-août 1915** Arrestations, massacres et déportations en masse.
- **Mars-décembre 1916** Liquidation systématique des détenus encore vivants des camps de concentration de Ras ul-Ayn et Deir-Zor (plus de 200 000 personnes).

3 Le génocide vu par un diplomate allemand

À l'Ambassade d'Allemagne, Constantinople.

La discussion que j'ai eue avec le commandant en chef au sujet de l'expulsion des Arméniens n'a rien donné de positif. Les habitants arméniens de toutes les plaines seront emmenés jusqu'à Deir-ez-Zor. Un tel déplacement de foule équivaut à un massacre, car, en l'absence de tout moyen de transport, la moitié à peine d'entre eux arriveront vivants à destination [...]. On ne peut pas justifier ces mesures par des considérations militaires, puisqu'il n'est pas question de révolte chez les Arméniens de la région et que les gens que l'on déporte sont des vieillards, des femmes et des enfants [...]. M'étant rendu dans des villages arméniens abandonnés, je les ai trouvés pillés, de même que le monastère de Kizilvank dont l'église a été saccagée.

Télégramme de Max Erwin von Scheubner-Richter, agent du consulat allemand d'Erzurum. Le 2 juin 1915.

4 Le témoignage d'un rescapé

Au mois de février 1916, avec trente mille déportés, nous sommes arrivés à Ras ul-Ayn par longs convois ferroviaires [...]. Par la suite, j'ai vu sur les rives du Djürdjüb el-Hamari des quantités de puits remplis d'un nombre incalculable de cadavres [...]. Nous vivions dans la peur quotidienne d'être aussi expédiés. Notre tour est finalement arrivé et, escortés par les Tchétchènes[1] sanguinaires et des gendarmes, nous nous sommes mis en route [...]. Le moindre signe de résistance avait pour réponse un coup de poignard. Ceux qui, affamés et assoiffés, n'étaient plus en état de marcher suppliaient « une balle, une balle ». Mais utiliser une balle pour un Arménien était considéré comme du gaspillage. Le poignard, toujours le poignard. Nous avons finalement marché une heure durant en laissant derrière nous nombre de gens qui furent égorgés.

Témoignage de Garabed Mouradian, le 13 décembre 1918. Traduit et cité par R. Kévorkian : « L'extermination des déportés arméniens ottomans dans les camps de concentration en Syrie-Mésopotamie, 1915-1916 », *Revue d'histoire arménienne contemporaine*, t.II, 1998.

1. Un des peuples musulmans de l'Empire ottoman.

5 Charnier découvert par l'armée russe

Village arménien de Sheyxalan, 1915.

CHIFFRES CLÉS

Au total, entre 1,2 et 1,5 million d'Arméniens ont été assassinés, soit près des deux tiers de la population arménienne de l'Empire ottoman en 1914. Entre 500 000 et 700 000 chrétiens d'Orient (Assyro-Chaldéens) ont également été assassinés.

QUESTIONS

Identifier

1. **Doc. 1.** Où vivent les minorités arméniennes de l'Empire ottoman à la veille du conflit ? Où sont-elles déportées ?
2. **Doc. 1, 2 et 3.** Dans quel contexte politique et militaire les déportations et massacres sont-ils décidés par le gouvernement ottoman ?

Expliquer

3. **Doc. 2 et 3.** Quels arguments sont invoqués par le gouvernement pour agir contre les Arméniens ?
4. **Doc. 2, 3 et 4.** Comment et par qui les opérations sont-elles organisées ? Décrivez les modalités d'assassinat des Arméniens.
5. **Doc. 1 à 5.** Montrez le caractère intentionnel, planifié et systématique du programme génocidaire.

Synthétiser

6. Rédigez un texte structuré. Votre texte devra présenter le contexte et les accusations portées par le gouvernement ottoman contre les Arméniens et les différentes phases et modalités du génocide. Vous terminerez par le bilan humain et montrerez que les opérations menées contre le peuple arménien relèvent bien d'un génocide.

Passé / PRÉSENT
POINT DE PASSAGE

Comment reconnaître les responsabilités dans le génocide des Arméniens ?

+ Fiche de synthèse

A 1915-1923 : reconnaître et juger le crime

CHRONOLOGIE

- **Mai 1915** Déclaration de la Triple Entente à propos des « crimes contre l'humanité et la civilisation » perpétrés contre les Arméniens.
- **Octobre-novembre 1918** Défaite de l'Empire ottoman. Les principaux responsables du génocide fuient à bord d'un navire allemand.
- **1919-1920** Procès en Turquie des responsables du génocide alors en fuite.
- **1920-1922** Opération Némésis.
- **juillet 1923** Signature du traité de Lausanne entre les Alliés et la Turquie qui décrète l'amnistie générale. La promesse d'une juridiction internationale pour juger les responsables du génocide est enterrée.

INFO

+ Pour aller + loin

L'opération Némésis
En 1919 et en 1920, plusieurs procès sont organisés à Constantinople contre les responsables ottomans du génocide, mais ils sont sans véritable effet car les accusés principaux ne sont pas présents. De jeunes militants arméniens décident alors de monter le commando Némésis (du nom de la déesse grecque du châtiment) pour traquer les criminels à travers l'Europe. Au total, de 1920 à 1922, sept hauts responsables ottomans sont exécutés.

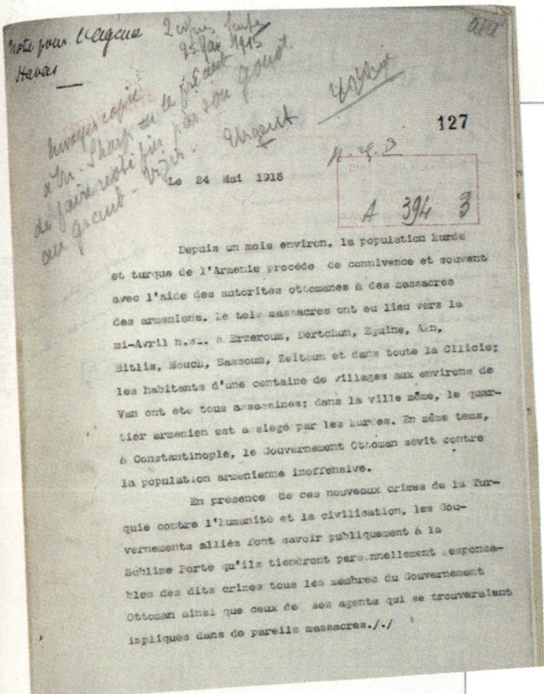
127

Le 24 Mai 1915

A 394 3

Depuis un mois environ, la population kurde et turque de l'Arménie procède de connivence et souvent avec l'aide des autorités ottomanes à des massacres des arméniens. De tels massacres ont eu lieu vers la mi-Avril n.s. à Erzeroum, Dertchun, Eguine, Akn, Bitlis, Mouch, Sassoun, Zeitoun et dans toute la Cilicie; les habitants d'une centaine de villages aux environs de Van ont été tous assassinés; dans la ville même, le quartier arménien est assiégé par les Kurdes. En même temps, à Constantinople, le Gouvernement Ottoman sévit contre la population arménienne inoffensive.

En présence de ces nouveaux crimes de la Turquie contre l'humanité et la civilisation, les Gouvernements alliés font savoir publiquement à la Sublime Porte qu'ils tiendront personnellement responsables des dits crimes tous les membres du Gouvernement Ottoman ainsi que ceux de ses agents qui se trouveraient impliqués dans de pareils massacres./.

1 Déclaration de la Triple Entente, le 24 mai 1915

POINT DE PASSAGE

Le 24 mai 1915

Depuis un mois environ, la population kurde et turque de l'Arménie procède de connivence et souvent avec l'aide des autorités ottomanes, à des massacres des Arméniens. De tels massacres ont eu lieu vers la mi-avril à Erzeroum, Dertchun, Eguine, Akn, Bitlis, Mouch, Sassoun, Zeitoun, et dans toute la Cilicie : les habitants d'une centaine de villages aux environs de Van ont été tous assassinés ; dans la ville même, le quartier arménien est assiégé par les Kurdes. En même temps à Constantinople, le gouvernement ottoman sévit contre la population arménienne inoffensive.

En présence de ces nouveaux crimes de la Turquie contre l'humanité et la civilisation, les gouvernements alliés font savoir publiquement à la Sublime Porte[1] qu'ils tiendront personnellement responsables des dits crimes tous les membres du gouvernement ottoman ainsi que ceux de ses agents qui se trouveraient impliqués dans de pareils massacres.

1. Expression qui désigne le gouvernement ottoman.

BIOGRAPHIE

Soghomon Tehlirian (1896-1960)
Né dans une famille arménienne de l'Empire ottoman. Sa famille est décimée par le génocide. Après la guerre, il rejoint le commando Némésis.
Le 15 mars 1921, à Berlin, Soghomon Tehlirian abat Talât en pleine rue. Il se laisse volontairement arrêter pour faire parler du génocide en passe d'être oublié. Son procès, qui se déroule en deux jours de juin 1921, devient celui du gouvernement ottoman responsable du génocide des Arméniens : des témoins viennent raconter l'horreur du génocide. Soghomon Tehlirian est acquitté par la justice allemande.

INFO

Par cette déclaration, la Russie, la France et le Royaume-Uni condamnent, en s'inscrivant dans la tradition du droit humanitaire, les crimes commis contre les Arméniens et avertissent le gouvernement ottoman de sa pleine responsabilité. La déclaration est remise au grand vizir Said Halim Pacha par l'ambassadeur des États-Unis à Constantinople, Henry Morgenthau.

B Lutter contre l'oubli et le négationnisme

Pour aller + loin

2 « Rétablir la vérité »

Témoignage de Deniz, femme turque de 45 ans ayant récemment découvert que sa grand-mère était arménienne et survivante du génocide.

Afin de soigner les blessures, il est très important de comprendre et de communiquer sur la réalité des événements de 1915. Il faudrait d'abord réussir à créer un environnement propice à la discussion. Cela me semble vital, car c'est le silence qui fait le plus de mal. Cela demandera beaucoup d'efforts. Je pense aussi que si l'on veut rétablir la vérité, il faudra savoir faire le nécessaire envers les opprimés...à un niveau gouvernemental. Dans ce processus, il faudra penser à rendre leurs biens aux Arméniens, car ces ruines sont leur douleur... Personne n'a le droit de profiter du malheur d'autrui. Mais, je crois que le plus important est de réussir à libérer la parole.

Témoignage recueilli en 2005 par Ayşe Gül Altınay et Fethiye Çetin : *Les Petits-Enfants*, éditions Actes Sud, 2011 [édition originale turque 2009].

3 « Nous sommes tous arméniens »

Istanbul. Marche en hommage au journaliste et écrivain turc d'origine arménienne Hrant Dink, assassiné le 19 janvier 2007 par un nationaliste. H. Dink menait depuis des années un combat pour la reconnaissance du génocide des Arméniens. Sur les pancartes, on peut lire en turc et en arménien : *« Nous sommes tous Hrant. Nous sommes tous arméniens. »*

CHRONOLOGIE

- **1945-1946** Procès de Nuremberg. La catégorie de « crime contre l'humanité » entre dans le droit international.
- **9 décembre 1948** Signature à l'ONU de la Convention pour la prévention et la répression du crime de génocide.
- **1985** Reconnaissance du génocide des Arméniens par la sous-commission des droits de l'homme de l'ONU.
- **2015** Commémoration du centenaire du génocide des Arméniens. La Turquie refuse toujours de reconnaître la réalité du génocide.

Vocabulaire

Négationnisme
Le négationnisme est une posture idéologique qui consiste à nier la réalité d'un génocide. Les arguments négationnistes reposent sur une théorie du complot et sur une rhétorique historique mensongère consistant à isoler les faits et à multiplier les faux arguments.

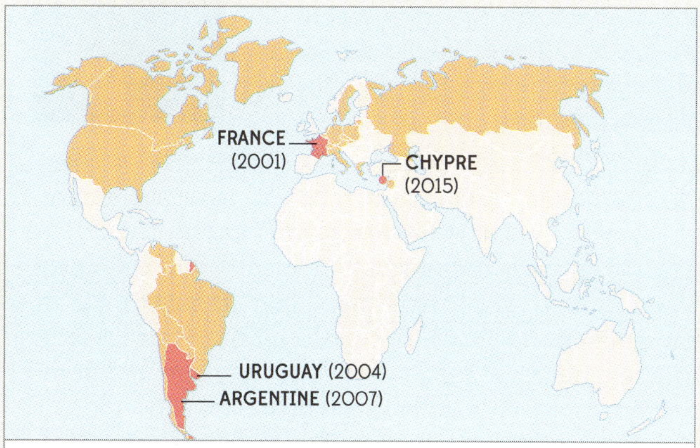

4 Pays reconnaissant le génocide

QUESTIONS

Observer le passé et le présent

1. **Doc. 1.** Relevez les éléments qui attestent que dès l'époque du génocide les massacres sont connus. Pourquoi cette déclaration témoigne-t-elle toutefois de l'impuissance des Alliés ?
2. **Doc. 3.** Pourquoi, et par qui, le journaliste Hrant Dink a-t-il été assassiné ?
3. **Doc. 2 et 3.** Que nous disent ces documents de la reconnaissance du génocide des Arméniens en Turquie ? La société turque partage-t-elle dans son ensemble la position officielle ?

Faire le lien entre le passé et le présent

4. En quoi la déclaration de l'Entente peut-elle être considérée comme un texte précurseur du droit international et de la reconnaissance du génocide ?
5. Expliquez comment la reconnaissance du génocide et de ses victimes se heurte encore au déni et au négationnisme.

DOCUMENTS
POINT DE PASSAGE

COURS p. 236

Fiche de synthèse

Marie Curie, la guerre et la médecine

Les progrès de l'armement se traduisent par une brutalité sans précédent des combats. La mort de masse s'accompagne d'un nombre toujours plus important de malades et de blessés. Les corps sont meurtris et les visages détruits par des blessures d'un nouveau type. Cette réalité place les médecins devant des défis nouveaux.

QUESTION CLÉ

Face au carnage des champs de bataille, comment évoluent les pratiques médicales pendant la Première Guerre mondiale ?

1 Intervenir au front : porter secours aux blessés

Les médecins envoyés au front sont jeunes, parfois encore étudiants. Alors qu'il leur était conseillé de ne pas intervenir sur les blessures graves, ils se sont retrouvés dans l'obligation de pratiquer soins et chirurgie sur les lieux de combat.

La guerre dans le Nord. Secteur de Carency. Le poste de secours du boyau Bonnet. Carte postale, mai 1915.

INFO

Plus de **20 millions de soldats sont blessés**, soit 30 % des mobilisés.

20 % le sont par balles, 80 % par tir d'obus.

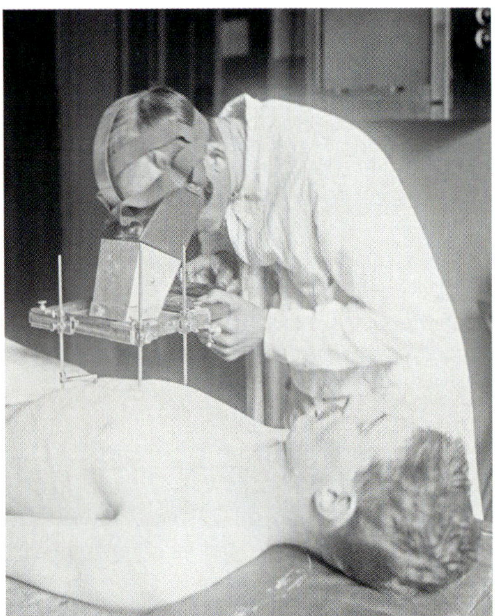

2 Soigner et réparer : faire face aux blessures de guerre

1918. Recherche de projectiles dans le corps d'un blessé.

3 Albert Jugon, une « gueule cassée »

Albert Jugon (1890-1959) est grièvement blessé par un éclat d'obus le 16 septembre 1914 et doit subir plusieurs opérations de reconstruction du visage de 1916 à 1920. Il est l'un des cinq grands mutilés de guerre invités à assister à la signature du traité de Versailles en juin 1919.

Personnellement, mon état n'a pas changé mais va changer incessamment [...]. On va me refaire la partie supérieure, lèvre, nez (peut-être) et enfin boucher toute cette cavité, non point que le dentiste ait fini son traitement qui m'inspire de moins en moins, car je crois que si l'on attendait qu'il ait fini, on serait encore plusieurs mois là, mais comme la partie supérieure n'intéresse pas le maxillaire inférieur, on fait un appareil provisoire pour en haut qui permettra l'opération.

Albert Jugon, lettre à son frère Henri, janvier 1916.

Archives privées de la famille Tranier-Jugon (cité par S. Delaporte, *Visages de guerre. Les gueules cassées de la guerre de Sécession à nos jours*, Paris, Belin, 2017).

4 Diagnostiquer pour sauver : la radiologie en guerre

J'ai gardé le souvenir d'une séance d'examens radiologiques dans un hôpital où se trouvait, entre autres, un jeune blessé, dépérissant depuis quelques semaines, avec le bassin fracturé. On avait peu d'espoir de le sauver. L'examen radiologique fut très pénible, en raison de la difficulté de placer ce pauvre malade qui souffrait cruellement et ne pouvait être redressé. Ayant pris, tout d'abord, la radiographie du bassin, on procéda à la radioscopie des membres inférieurs. Celle-ci fit apercevoir au-dessus du genou un éclat d'obus de dimensions considérables qui fut repéré et aussitôt extrait d'une poche de pus à grande quantité de liquide. On ne croyait pas sur le moment que cette opération, quoique nécessaire, aurait une grande répercussion sur l'état du blessé qui semblait souffrir surtout de sa fracture du bassin. Pourtant, après quelques semaines, j'appris que, du jour même de l'opération, l'état du blessé s'améliora avec rapidité [...]. Ayant ainsi reconnu l'importance de l'extraction des projectiles, nous pouvons aussitôt affirmer que [...] l'emploi de la radiologie est indispensable. Nul n'accepterait plus de tenter cette aventure décevante de chercher à tâtons et à coups de bistouri le corps étranger souvent englobé dans des tissus qui en interceptent le contact. Et qui donc, en effet, pourrait s'y résoudre, sachant que, grâce aux rayons X, il lui est possible de voir de ses propres yeux l'objet caché ?

Marie Curie, *La Radiologie et la guerre*, 1921.

BIOGRAPHIE

Marie Curie (Marie Sklodowska-Curie) Varsovie 1867 - Passy 1934

Originaire d'une famille intellectuelle polonaise, elle devient en France la première femme à obtenir un doctorat ès sciences et la première professeure d'université. Elle reçoit deux fois le prix Nobel : de physique en 1903 (avec son mari Pierre Curie et Henri Becquerel, pour leurs recherches sur la radioactivité) et de chimie en 1911 (pour la mesure du poids atomique du radium). Pendant la guerre, elle crée un service de radiologie aux armées équipé de véhicules spéciaux : les « petites Curies ».

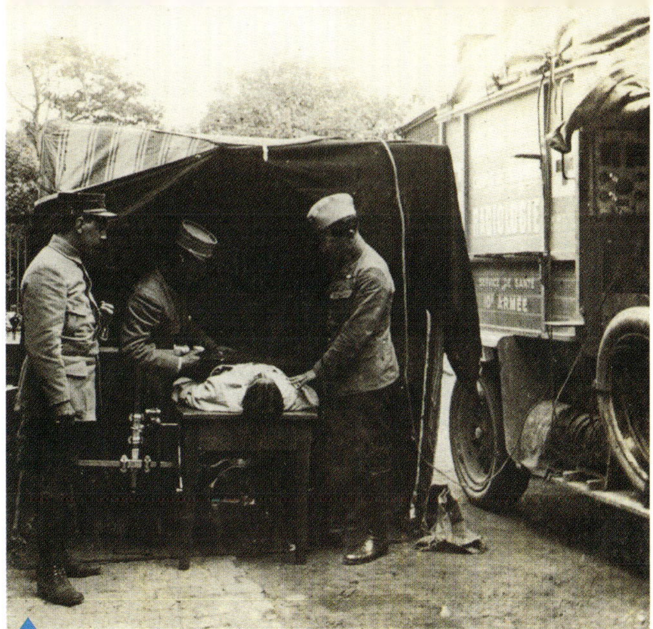

5 Une unité mobile de radiologie

Vers 1917, une balle est visualisée par radiologie, à bord d'une unité mobile, appelée « Petite Curie »

Itinéraire 1

Identifier

1. **Doc. 1 à 5.** Relevez les différents domaines médicaux évoqués par les documents.
2. **Doc. 4 et 5.** Qui est Marie Curie et comment participe-t-elle au conflit ? Selon elle, quel est l'apport de la radiologie ?

Expliquer

3. **Doc. 3 et 4.** Pourquoi peut-on dire que la Première Guerre mondiale fut d'une brutalité sans précédent et avec quelles conséquences sur les corps des soldats ?
4. **Doc. 1 à 5.** À quelles difficultés nouvelles se retrouvent confrontés les médecins ? Quels progrès techniques sont développés pour les aider à y répondre ?

Synthétiser

5. Rédigez un texte structuré. Présentez les défis nouveaux posés, à la médecine, par la modernisation de l'armement. Puis montrez comment la médecine tente d'y répondre. Vous insisterez sur le rôle de Marie Curie.

OU

Itinéraire 2

Travail en autonomie

Réaliser un poster sur Marie Curie

Prélevez et classez les informations en rapport avec Marie Curie dans cette double page. Vous les compléterez par une recherche au CDI ou en ligne (par exemple sur le site de la Mission Centenaire 14-18 : http://centenaire.org/fr/marie-curie-dans-la-grande-guerre).

DOCUMENTS
POINT DE PASSAGE

Les grèves de l'année 1917

COURS p. 236
CHAPITRE 9 p. 220
CHAPITRE 11 p. 262
Fiche de synthèse

En 1917, l'écho des révolutions russes se fait entendre à travers toute l'Europe. Les grèves qui se déclenchent sont inédites par leur ampleur, leurs modalités et la participation des ouvrières. La virulence des mouvements sociaux révèle les très fortes tensions qui traversent les sociétés en guerre.

QUESTION CLÉ

En quoi les grèves de l'année 1917 sont-elles la traduction de la lassitude des sociétés en guerre ?

1 Les ouvrières russes en grève : le souffle de la révolution

Manifestation des ouvrières du textile à Petrograd, février 1917 (prémices de la révolution russe). Sur la banderole à droite, on peut lire : *« Du rab pour les familles de soldats, les défenseurs de la liberté et du peuple »* ; sur celle à gauche : *« Nourrissez les enfants des défenseurs de la Patrie ! »*.

2 En France : une agitation grandissante

Réflexions d'un soldat français en permission.

2 juin. En passant à Paris, j'apprends que les grèves ont revêtu un tout autre caractère et se sont un peu généralisées. La couture et la mode ont obtenu satisfaction, mais la grève des munitionnettes, en demandant la paix et le retour des maris, prenait un tout autre aspect [...]. Toutes ces femmes, les bras en dehors, faisaient le geste de dire : plus de munitions pour faire tuer les nôtres. Les magasins de Damay et Potin ont été légèrement saccagés pendant ces divers mouvements. On parle de fortes escarmouches à Saint-Étienne, 200 morts est le chiffre qui court. Les esprits ne sont plus les mêmes depuis ma dernière permission. La fin de la guerre n'est visible pour personne et la dernière offensive n'a apporté aucun signe qui fasse croire que nous sommes dans la bonne voie. Le pain noir (nous sommes-nous assez moqués du pain KK[1] !) et le manque de combustible jouent un certain rôle aussi [...]. Beaucoup disent ouvertement qu'ils en ont assez et approuvent les régiments qui ont refusé de marcher [...]. Dans beaucoup de trains que nous croisons, on crie partout : « vive la révolution ».

Henri Charbonnier, *Une honte pour l'humanité, Journal (mars 1916-septembre 1917)*, présenté par Rémy Cazals, EDHISTO, 2013.

1. Surnom donné au pain de rationnement adopté par l'armée allemande. Composé de farine de froment, de seigle, de pommes de terre et parfois de paille hachée, il est peu nutritif et indigeste.

CHIFFRES CLÉS

Nombre de grèves et de grévistes en 1917

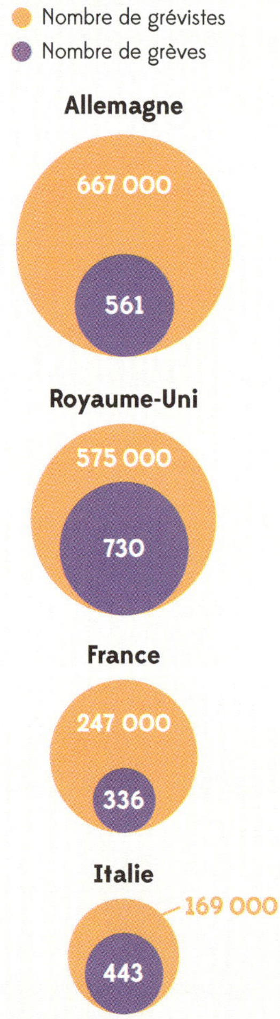

Source : J. Winter (dir.), *La Première Guerre mondiale*, vol. 2, Fayard-Cambridge History, 2014.

3 Des secteurs stratégiques en grève en France : la poudrerie de Bergerac

Une poudrerie est une fabrique d'explosifs. Celle de Bergerac en Dordogne employait 15 000 personnes.

Bergerac, le 8 juin 1917

Le commissaire de Police de Bergerac, à Monsieur le Sous-Préfet de Bergerac.

J'ai l'honneur de vous rendre compte que ce soir, vers deux heures, une centaine de femmes, employées à la Poudrerie, ont refusé de reprendre leur travail, réclamant notamment une augmentation de salaire, une amélioration de l'ordinaire et une meilleure organisation dans les cantonnements.

Vers trois heures, elles se sont rendues en groupe en ville où elles ont parcouru les principales rues en chantant *L'Internationale*. L'une d'elles portait un drapeau tricolore et une autre une pancarte avec l'inscription « Vive la Grève ».

J'ai surveillé les agissements des manifestantes qui ne se sont livrées à aucun acte répréhensible, ce qui fait que je n'ai pas cru devoir intervenir.

Rapport du commissaire de police de Bergerac sur la grève des ouvrières de la poudrerie, 8 juin 1917. Archives départementales de la Dordogne.

4 Les ouvriers de Leipzig (Allemagne) en grève

En juin 1917, les métallurgistes et mineurs de Leipzig, touchés par les pénuries et la réduction des rations de pain, réclament des augmentations. La direction refuse et fustige la grève sur des pancartes. Face au blocage, le bureau de la guerre intervient comme médiateur.

– **Capitaine Ritter :** Dans ce cas, des erreurs ont été commises des deux côtés. Je suggère donc un compromis : les travailleurs s'engagent à reprendre le travail et le bureau de la guerre tentera de faire enlever les panneaux.

– **Dölle (représentant syndical) :** Il y a surtout de l'animosité car les 10 % de hausse de salaire promis n'ont pas encore été payés alors que depuis le mois de juin le prix du charbon a augmenté – et pas seulement de deux, mais de quatre marks.

– **Ritter :** Je ferai examiner la question et tenterai de faire en sorte que soient payées les augmentations de salaire promises. Mais il faut bien admettre que certaines des mines à ciel ouvert ont bien du mal à faire des profits.

Extrait du protocole de négociation entre le capitaine Ritter du bureau de la guerre et le représentant syndical Dölle. Archives militaires de Vienne.

5 Les pénuries et la faim en Allemagne

File d'attente pour la nourriture à Berlin en 1917.

Itinéraire 1

Identifier

1. **Doc. 1 à 4.** Relevez les moyens utilisés par les grévistes pour exprimer leurs revendications et leur mécontentement.
2. **Doc. 1 à 4.** Recensez les revendications exprimées et classez-les en deux catégories : sociales et politiques.

Expliquer

3. **Doc. 1, 2, 3 et 5.** Pourquoi les femmes sont-elles à l'avant-garde des mouvements de grève ?
4. **Doc. 1, 3, 4 et 5.** Selon vous, pourquoi les autorités hésitent-elles à réprimer ces mouvements ?

Synthétiser

5. Rédigez un texte structuré. Reliez ces grèves au contexte de l'année 1917 : la situation des civils en Europe, la révolution russe et les mouvements de mutineries dans les armées (voir chap. 9 p. 220).

OU

Itinéraire 2

oral

Rédiger un article

Vous êtes journalistes et vous devez rédiger un article sur les grèves de 1917. Cet article de presse pourra être lu en classe ou être enregistré (audio ou vidéo) :
- menez l'enquête (relevez dans les documents les modalités d'action et revendications des grévistes) ;
- contextualisez ces informations en faisant le lien avec la situation des civils en Europe, la révolution russe et les mouvements de mutineries dans les armées.

RÉVISIONS

Les sociétés en guerre : des civils acteurs et victimes de la guerre

Podcast

L'ESSENTIEL

1 Les civils victimes de guerre

- Les civils doivent s'adapter à l'expérience de la guerre. Il faut vivre avec la séparation, le surcroît de travail, les pénuries, les rationnements et l'augmentation des prix. La situation est particulièrement dramatique en Allemagne.
- Les civils sont également pris pour cibles. Les bombardements se multiplient sur l'arrière et terrifient les populations. En zone occupée, les civils sont soumis au travail forcé, à la déportation et à la violence des soldats.
- Les Arméniens, minorité chrétienne de l'Empire ottoman, sont considérés comme des ennemis de l'intérieur. Alors qu'ils ont déjà été victimes de massacres à la fin du XIXe siècle, les difficultés militaires précipitent leur élimination. Entre 1,2 et 1,5 million d'Arméniens sont victimes d'un génocide.

2 La mobilisation des sociétés et des économies

- Dans cette guerre industrielle et d'usure, les États réorganisent leurs économies pour planifier et intensifier la production. Ils doivent financer l'effort de guerre, assurer la logistique, innover, mais aussi soigner les blessés et mutilés.
- Les belligérants ont besoin de plus de main-d'œuvre et font appel aux travailleurs étrangers, coloniaux et aux femmes qui jouent un rôle majeur et gagnent en visibilité. Mais les conditions sont difficiles et des grèves éclatent en 1917.

3 La mobilisation des esprits

- Alors que le conflit s'enlise, l'arrière doit tenir. Pour ne pas affaiblir le moral des populations, l'information est contrôlée et le « bourrage de crâne » généralisé. Soldats comme civils doivent rester mobilisés.
- La propagande tente de consolider le consensus national, justifiant les buts de guerre, stigmatisant l'ennemi. Une culture de guerre se développe. Elle se heurte toutefois à l'épuisement des sociétés et à l'expression, qui reste minoritaire, de formes de refus et de contestations.

Exercices interactifs

POINTS DE PASSAGE

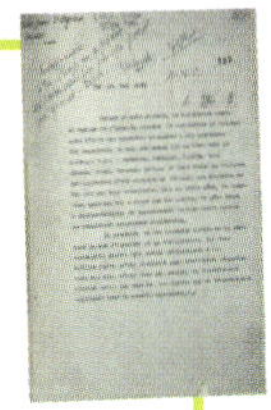

▶ 24 mai 1915 – La déclaration de la Triple Entente à propos des « crimes contre l'humanité et la civilisation » perpétrés contre les Arméniens de l'Empire ottoman. → p. 242

- Les Alliés condamnent les massacres commis contre les Arméniens et mettent en garde les autorités ottomanes.
- Ce texte précurseur du droit international est toutefois sans effet. Les Alliés n'interviennent pas et, au lendemain de la guerre, le sort des Arméniens tombe dans l'oubli.

▶ Marie Curie dans la guerre. → p. 244

- Marie Curie, célèbre scientifique, deux fois prix Nobel, s'engage pendant le conflit. Elle crée notamment un service de radiologie aux armées, équipé de véhicules spéciaux : les « petites curies ».
- À l'image de la radiologie, l'ensemble des pratiques médicales évolue pendant la guerre.

▶ Les grèves de l'année 1917. → p. 246

- Le basculement de la Russie dans la révolution ouvre une période d'agitation sociale. Une vague de grèves, notamment menées par les femmes, touche l'Europe.
- D'abord sociales, les revendications se politisent progressivement jusqu'à dénoncer la guerre elle-même. Ces mouvements sociaux révèlent la persistance de tensions et l'épuisement des sociétés en guerre.

A/Z Les mots clés

- **Économie de guerre**
  Adaptation des économies aux exigences du conflit, notamment marquée par l'interventionnisme des États.
- **Génocide**
  Destruction physique, intentionnelle, systématique et programmée d'un groupe ou d'une partie d'un groupe en raison de ses origines ethniques ou religieuses.
- **Propagande**
  Actions exercées sur les individus, au moyen des outils de communication et d'information, pour les convaincre de la supériorité d'une idéologie, d'une politique et les inciter à penser et agir en ce sens.

Vidéo — L'ESSENTIEL EN 3 MINUTES

Des civils acteurs et victimes de la guerre

1 Les civils victimes de guerre

À L'ARRIÈRE :
- pénuries (surtout en Allemagne)
- bombardements

EN ZONE OCCUPÉE :
- violence des soldats
- réquisitions
- travail forcé
- déportations

MINORITÉS PERSÉCUTÉES :
- Allemands et juifs en Russie
- Arméniens victimes d'un génocide dans l'Empire ottoman (1915-1916)

2 La mobilisation des sociétés et des économies

MOBILISATION DE TOUS
- Main-d'œuvre (femmes, jeunes, étrangers, coloniaux)
- Emprunts nationaux
- Les États réorganisent les économies, assurent le financement et la logistique.

3 La mobilisation des esprits

L'ARRIÈRE DOIT TENIR
- Contrôle de l'information
- Propagande sur tous les supports → culture de guerre
- Brutalisation des sociétés

→ MAIS des brèches fissurent le consensus national : lassitude, refus et contestation, pacifisme.

Chronologie

- 1914
- **Septembre 1914** Début des « petites Curies »
- 1915
- Génocide des Arméniens (1915-1916)
- **24 mai 1915** Déclaration de la Triple Entente à propos des « crimes contre l'humanité et la civilisation » perpétrés contre les Arméniens
- 1916
- **Hiver 1916-1917** Pénuries et famines en Allemagne (« hiver des navets »)
- 1917
- **Printemps 1917** Mutineries et grèves partout en Europe
- 1918
- **Mars 1918** Bombardements sur Paris
- 1919

SUJET GUIDÉ

Les grèves de 1917 : mouvements sociaux et refus de la guerre

Consigne

Confrontez ces documents pour analyser les grèves de l'année 1917 en France. Après avoir présenté les documents, vous mettrez en évidence les modalités et les revendications des mouvements sociaux de l'année 1917. Vous expliquerez ces mouvements à partir des éléments de contexte avant de montrer les limites des documents.

1 Les « midinettes » en grève (mai 1917)

Les grèves des « midinettes » (ouvrières parisiennes de la couture) en janvier et mai 1917, rassemblent plus de 20 000 couturières qui réclament la semaine anglaise (congé le samedi après-midi) et des augmentations de salaires. Le mouvement s'étend en juin aux munitionnettes (travailleuses des industries d'armement). Défilé des midinettes, place Vendôme (Paris), 18 mai 1917.

2

L'espoir d'en finir avec la guerre (1917)

[1er juin] Dans notre trou, des Poilus discutent sur la paix, escomptant beaucoup de la grève des midinettes. On commente les dires du commandant du 2e bataillon du 124e qui a dit à ses hommes : « la guerre sera finie dans un mois ». Cette phrase sortie, dit-on, de la bouche de ce chef a fait impression. Mes naïfs compagnons se leurrent, se bercent d'illusions. Mais l'espoir de voir prochainement finir la tuerie leur donne du cœur au ventre.

[8 juin] Un camarade m'accoste : il y a des grèves à Laval, ça boude. C'est presque joyeusement que l'on dit « Ça tire à la lie. Faut que ça finisse. » Il est facile de voir que dans l'âme de chaque Poilu passe un souffle révolutionnaire et, dans son désir de voir la fin de la guerre, l'homme des tranchées en désespoir de cause s'accroche à tout.

A.Filoche, *Moissons rouges : Albert Filoche brancardier au 124e R.I., 1915-1918. Lettres, poèmes, contes et carnets d'Albert Filoche*, Éditions de l'Oribus, 2004, p.163 et 169.

POINTS MÉTHODE	DÉCRYPTAGE DU SUJET
Analyser la consigne • **Déterminer le sujet à traiter** – Repérer les limites chronologiques et spatiales. – Relever les mots clés et analyser la manière dont ils sont mis en relation. • **Déterminer les différents aspects à analyser** – Mettre en relation le document et une ou des notions. – Faire preuve de d'esprit critique sur le document : limites, opposition/comparaison de points de vue.	• Le sujet porte sur les grèves de l'année 1917, un « Point de passage et d'ouverture » du chapitre. Ces mouvements sociaux concernent tous les pays européens en guerre. Il est possible de s'appuyer sur des éléments antérieurs aux mouvements sociaux surtout quand il s'agit de les expliquer. • Les grèves de 1917 permettent de mettre en évidence la lassitude et les oppositions des civils à la guerre. • La consigne demande de bien connaître les mouvements sociaux de 1917 afin de décrire les différentes modalités et les différentes revendications. • Il est également important de connaître les contextes militaires et politiques de l'année 1917 pour expliquer ces mouvements. La dernière partie de la consigne suppose d'avoir des connaissances sur ce Point de passage afin d'ouvrir le commentaire à d'autres espaces, explications ou revendications.
Identifier le ou les documents • **Quelle nature ?** • **Auteur et point de vue** • **Situation(s) historique(s) évoquée(s)**	• Le premier document est une photographie d'une manifestation de « midinettes », les ouvrières de la couture parisiennes. Le commentaire de la photographie donne de nombreuses autres informations. • Le second document est tiré des écrits d'Albert Filoche, un soldat qui rend compte des informations dont disposent les combattants dans les tranchées (qu'il appelle le « trou »). Il porte un regard positif sur ces mouvements qui peuvent, selon lui, précipiter la fin du conflit. • Les deux documents ont été produits à la fin du printemps 1917 au plus fort du mouvement social en France et en Europe, presque trois ans après le déclenchement du conflit.
Répondre aux parties de la consigne	• La première partie de la consigne porte sur les différentes modalités d'action et les revendications. La photographie du document 1 et le petit texte qui l'accompagne donnent deux formes d'actions. Une autre peut être repérée dans le document 2. • Pour le contexte, il est possible de partir d'expressions du document 2 qui sont à mettre en relation avec vos connaissances. • Les limites du document sont spatiales et portent aussi sur le contexte. N'hésitez pas à mobiliser vos connaissances sur d'autres pays.

Retrouvez des sujets de Bac et des méthodes actualisés sur le site lyceen.nathan.fr/cote1re-2019

ANALYSE DE DOCUMENTS

SUJET BLANC

Consigne

Confrontez ces documents pour mettre en évidence la mobilisation des sociétés au cours de la Grande Guerre. Vous expliquerez d'abord la nécessité de l'appel à la main-d'œuvre coloniale et ensuite le contrôle qui s'exerce sur celle-ci.

1 Les travailleurs coloniaux dans les usines de guerre

Fabrication d'obus par des travailleurs sénégalais dans une usine en France métropolitaine, septembre 1916.

2

L'État et les travailleurs coloniaux

Le projet de décret ci-joint [...] a précisément pour but de déterminer les conditions d'accès à nos frontières des travailleurs dont il s'agit en renforçant les services d'identification, de contrôle et d'hygiène [...].

Grâce aux dispositions prévues, le travailleur colonial ou étranger est assuré de trouver dans le plus bref délai possible sur le territoire national un emploi en rapport avec ses capacités professionnelles, qu'il s'agisse de main-d'œuvre industrielle ou agricole. De la sorte, il est mis à l'abri de l'exploitation, qui s'exerce trop souvent à ses dépens, il ne reste pas inutilement à la charge du pays qui l'hospitalise[1], il n'est pas sujet aux tentations de l'oisiveté, souvent dangereuses pour l'ordre public et de plus il est mis à même de rendre au plus tôt des services aux entreprises qui concourent à la défense nationale ou à la vie économique de la nation. S'il arrive en France avec un contrat d'embauchage il est immédiatement mis en relation avec son employeur.

Mais si toutes facilités sont données aux travailleurs venant de l'étranger [...], la nécessité est apparue de surveiller de la façon la plus efficace leurs déplacements. [...] À cet effet, les travailleurs coloniaux ou étrangers sont pourvus d'une carte d'identité ou d'un récépissé, suivant les cas, qui leur servent de sauf-conduits dans la limite des localités pour lesquelles des autorisations leur ont été données, et il est gardé trace de leurs déplacements.

Décret du 21 avril 1917 concernant le recrutement, la circulation et la surveillance de la main-d'œuvre étrangère et coloniale en France, 22 avril 1917.

1. Qui l'accueille.

QUESTION PROBLÉMATISÉE

BAC

SUJET GUIDÉ

Comment la guerre permet-elle le génocide des Arméniens (1915-1916) ?

Vous répondrez à cette problématique en montrant que :
- la guerre accélère la fabrication d'un « ennemi intérieur » par le gouvernement nationaliste de l'Empire ottoman ;
- le génocide est un crime planifié et systématique.

POINTS MÉTHODE

Comprendre et analyser le sujet

- **Identifier les limites chronologiques et spatiales du sujet.**

Si elles ne sont pas explicites, il faut les déterminer en les justifiant. Un sujet peut ne faire référence qu'à une partie de la période ou des espaces travaillés en cours. Ne pas en tenir compte constitue un hors-sujet.

- **Repérer et expliquer les mots clés du sujet.**

Il faut les définir de manière précise pour ensuite chercher les notions qui leur sont associées dans le cours.

Mobiliser ses connaissances pour construire un plan

- **Comprendre le plan suggéré**

En Seconde et en Première, le sujet suggère les grandes lignes du plan. Ces grandes idées permettent de répondre à la problématique.

Il existe deux grands types de plan :
- **chronologique**, le mieux adapté pour étudier une évolution dans le temps. Le cadre chronologique du sujet est alors découpé en plusieurs périodes (une période = une partie).
- **thématique**, qui permet de distinguer les principales caractéristiques d'un phénomène historique.

- **Élaborer le plan détaillé**

- Écrivez au brouillon toutes les informations qui vous viennent à l'esprit en lien avec chaque partie (idées, notions, événements, acteurs...). Il faut être le plus précis possible.
- Regroupez et hiérarchisez ces informations pour établir des liens entre elles (opposition, comparaison, évolution, explication...). Vérifier qu'aucune n'est hors-sujet, et qu'elles s'enchaînent de manière logique.

Rédiger la réponse au sujet

- **Rédiger la conclusion**

- La conclusion dresse le bilan du développement pour montrer comment il répond à la problématique.

DÉCRYPTAGE DU SUJET

- Le sujet est centré sur l'Empire ottoman, mais il est indispensable d'évoquer le contexte général des alliances pendant la Première Guerre mondiale et le rôle des opérations militaires contre l'Empire russe.
- La notion centrale est celle de génocide, définie comme la destruction physique, intentionnelle, systématique et programmée d'un groupe ou d'une partie d'un groupe en raison de ses origines ethniques ou religieuses.

- La mise en relation du génocide et de la guerre se fait ici dans un plan thématique. Il aborde successivement l'explication du déclenchement du génocide et la description de la violence du génocide. Il faut néanmoins penser à introduire, lorsque c'est nécessaire, des éléments de chronologie : par exemple, évoquer les différentes étapes de la mise en œuvre (janvier 1915, avril-août 1915, mars-décembre 1916).

1. La guerre accélère la fabrication d'un « ennemi intérieur » par le gouvernement nationaliste de l'Empire ottoman :
- montrez d'abord que la dictature affirme l'existence d'une question arménienne avant le déclenchement de la guerre ;
- expliquez ensuite comment les difficultés militaires entraînent le basculement dans le processus génocidaire.

2. Le génocide est un crime planifié et systématique :
- expliquez les étapes du génocide (désarmement et massacre des soldats arméniens, élimination des élites, déportation, internement puis liquidation des survivants) ;
- montrez les modalités du génocide qui en révèlent les objectifs : catégories d'Arméniens visées, conditions de la déportation et de l'internement, bilan humain...

- Vous pouvez, après avoir rappelé la problématique et le plan, évoquer la difficile reconnaissance du génocide des Arméniens après 1916.

Retrouvez des sujets de Bac et des méthodes actualisés sur le site lyceen.nathan.fr/cote1re-2019

CHAPITRE

11

La tentative de construction d'un ordre des nations démocratiques

Dans ce chapitre

TOUS LES TEXTES en version à imprimer

TOUTES LES CARTES en version interactive

La fin de la Première Guerre mondiale et la signature des traités de paix, imposés par les vainqueurs, font espérer un nouvel ordre international démocratique. En Europe, les frontières sont redessinées et de nouveaux États apparaissent, créant des sources de tensions et de conflits. Les sociétés peinent à panser leurs blessures et à revenir à la vie quotidienne.

▶ Comment reconstruire l'Europe après la Grande Guerre ?

Animation

1 Sortir de la guerre

We are making a new world (« Nous construisons un monde nouveau »), 1918.
Huile sur toile de Paul Nash, *Imperial War Museum*, Londres (Angleterre).

2 Entrer en paix

Georges Clemenceau, président du Conseil français ①, Thomas Woodrow Wilson, président des États-Unis ②, et David Lloyd George, Premier ministre du Royaume-Uni ③, sortent du château de Versailles après la signature du traité de paix avec l'Allemagne, le 28 juin 1919.

L'Europe en reconstruction, 1918-1923

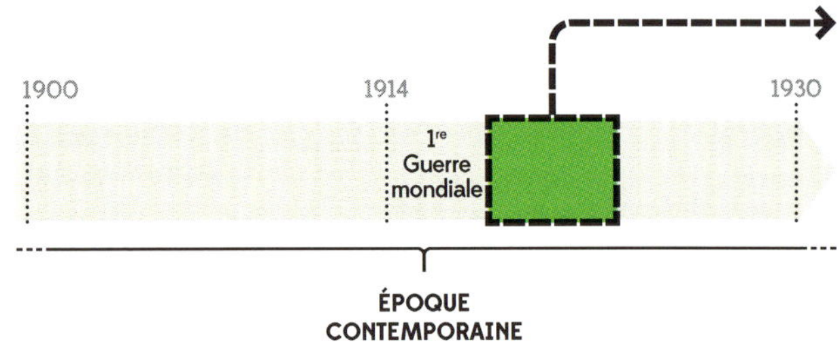

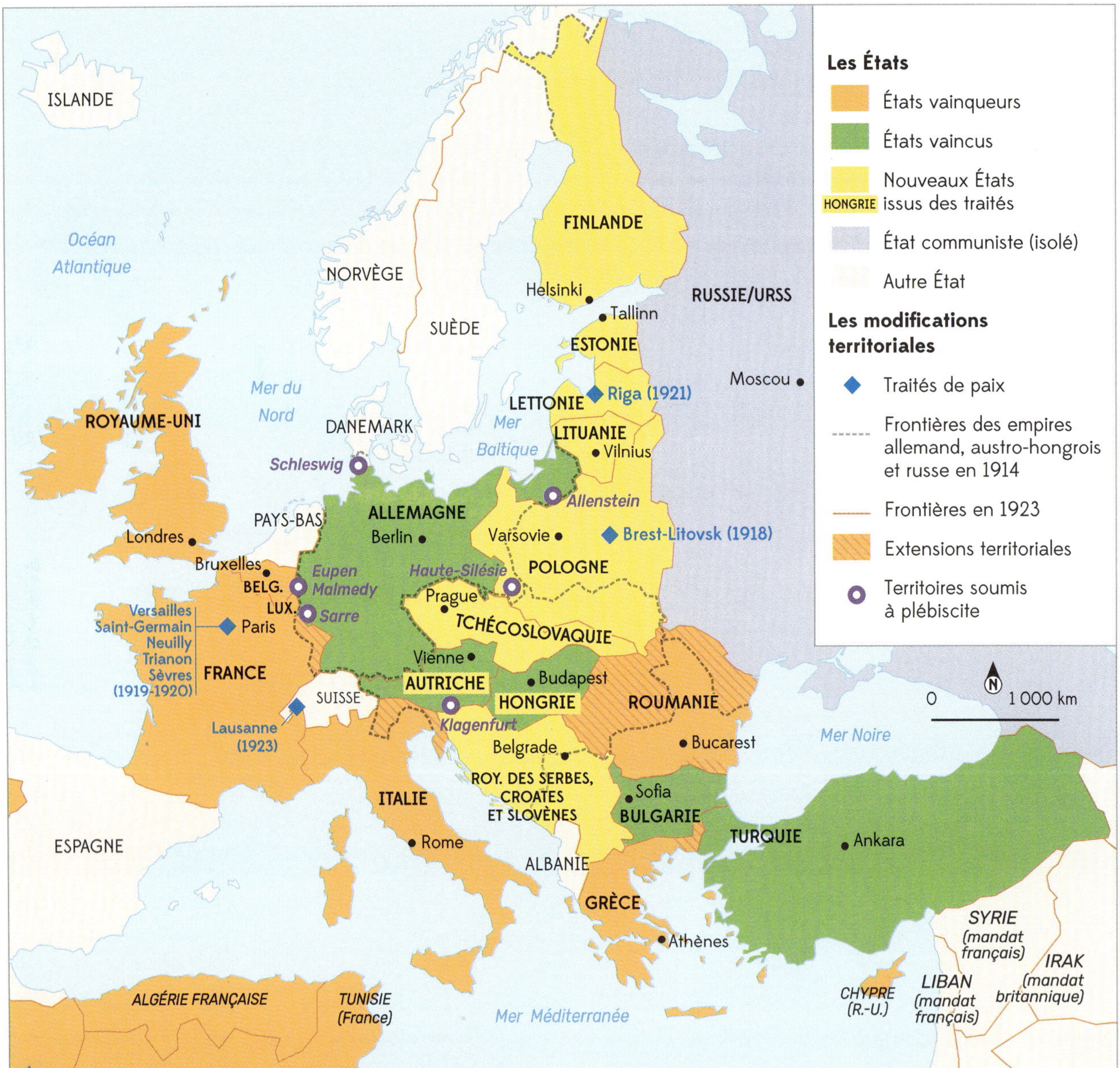

1 **L'Europe des traités : nouvelles frontières et nouveaux États**

QUESTIONS

1. À quels nouveaux États la fin de la Première Guerre mondiale donne-t-elle naissance ?
2. Dans quels pays le bilan humain de la guerre est-il le plus lourd ?
3. Quels pays d'Europe ne font pas partie de la Société des nations (SDN) en 1923 ?

1914	1915	1916	1917	1918	1919	1920	1921	1922	1923	1924	1925

MARCHE VERS LA PAIX

- janv. 1919 › janv. 1920 **CONFÉRENCE DE LA PAIX**
- Discours des « 14 points » **8 janvier 1918**
- Armistice avec l'Allemagne **11 nov. 1918**
- Naissance de la Société des nations **10 janv. 1920**
- **28 juin 1919** Traité de Versailles
- **4 juin 1920** Traité de Trianon
- **10 août 1920** Traité de Sèvres
- **11 nov. 1920** Cérémonie en l'honneur du soldat inconnu (France)
- **5 juillet 1922** Création du passeport Nansen
- **24 juillet 1923** Traité de Lausanne

GUERRES

- 28 juillet 1914 › 11 nov. 1918 **PREMIÈRE GUERRE MONDIALE**
- Révolution bolchevique **25 oct. 1917**
- mai 1919 › oct. 1922 **GUERRE GRÉCO-TURQUE**
- **30 déc. 1922** Création de l'URSS
- nov. 1917 › 1922 **GUERRE CIVILE EN RUSSIE**
- fév. 1919 › mars 1921 **GUERRE RUSSO-POLONAISE**

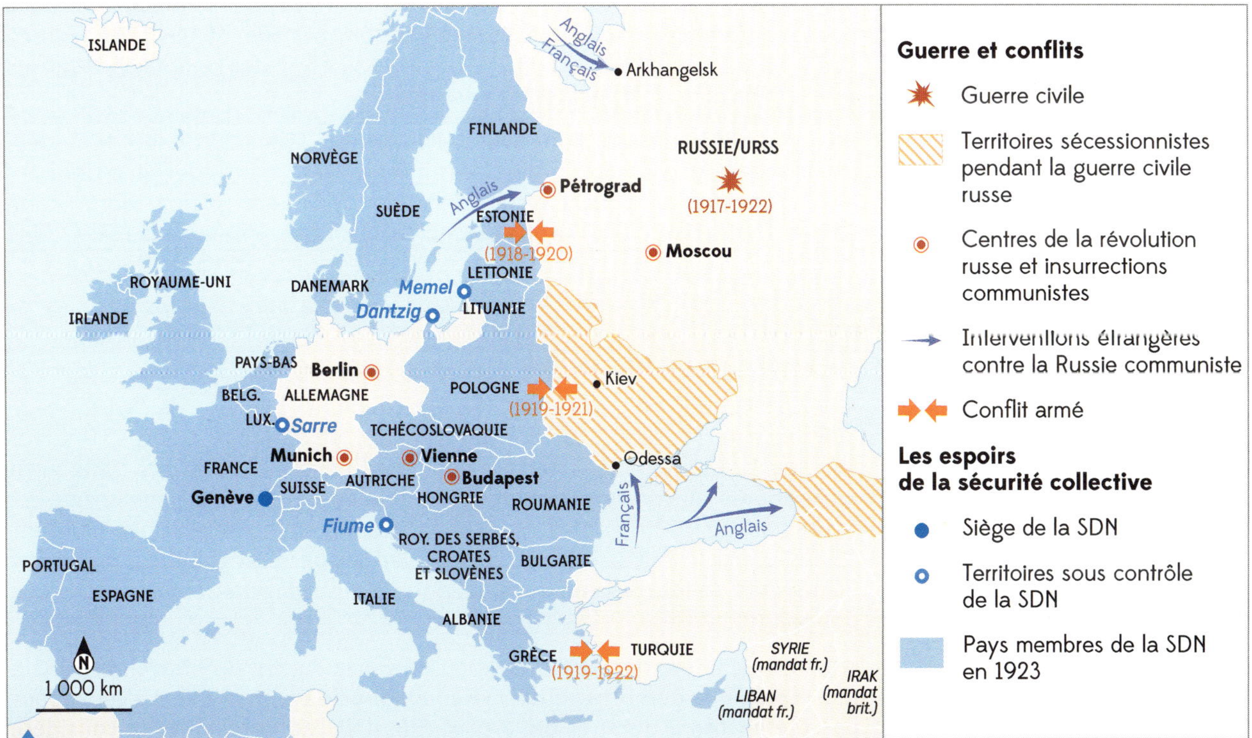

2 L'Europe entre guerres et paix (1918-1923)

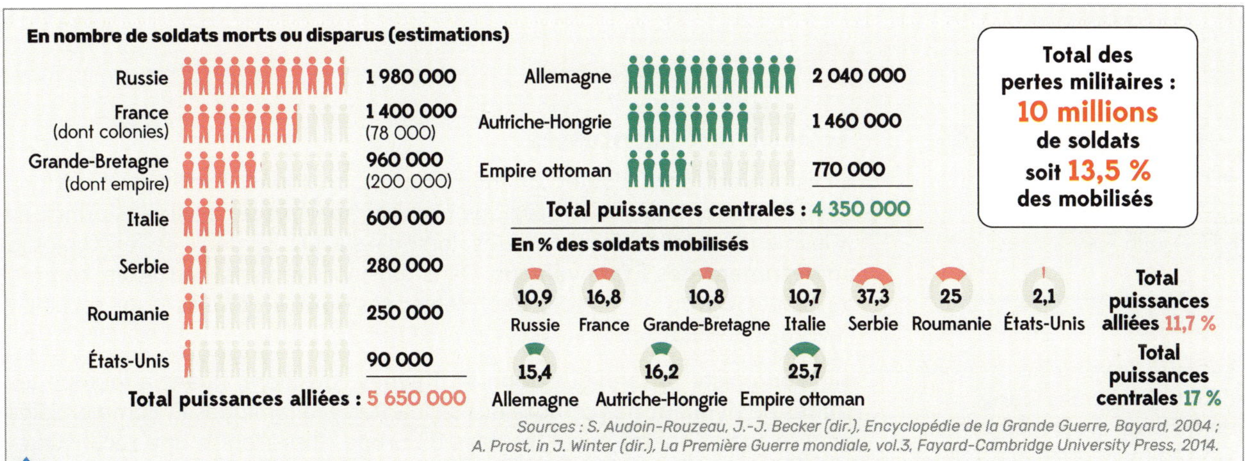

3 Le bilan humain de la Première Guerre mondiale (pertes militaires)

COURS

REPÈRES p. 256
DOCUMENTS p. 264 à 267

Podcast du cours

1. Les traités de paix et leur difficile mise en œuvre (1919-1923)

Comment construire une paix durable après la Grande Guerre ?

BIOGRAPHIE

Thomas Woodrow Wilson (1856-1924)

Président des États-Unis de 1912 à 1920, il décide de l'entrée en guerre de son pays en 1917. En 1919, il participe aux négociations de paix où il défend les principes du droit des peuples et de la sécurité collective. Il reçoit le prix Nobel de la paix en 1919.

BIOGRAPHIE

Georges Clemenceau (1841-1929)

Député radical en 1871, redoutable orateur et ardent dreyfusard, il est président du Conseil de 1906 à 1909, puis de nouveau en novembre 1917. Il se consacre tout entier à l'effort de guerre et devient très populaire. Surnommé le « Père la Victoire », il négocie le Traité de Versailles avec les Alliés en 1919. Il est battu aux élections présidentielles de 1920.

A Les traités de paix

1. Principes et objectifs

- Le 8 janvier 1918, le président des États-Unis, Wilson, définit les **14 points sur lesquels il souhaite bâtir la paix future** (voir p. 264). C'est sur cette base que la conférence de la paix se réunit à Paris entre janvier et juin 1919 : le tracé des nouvelles frontières doit tenir compte du **droit des peuples à disposer d'eux-mêmes** et du **principe des nationalités**.

- **Le traité de Versailles, signé avec l'Allemagne le 28 juin 1919**, sert de modèle aux traités suivants, conclus avec ses anciens alliés : traités de Saint-Germain avec l'Autriche, de Neuilly avec la Bulgarie, de Trianon avec la Hongrie, de Sèvres avec la Turquie. **L'Europe comporte désormais 9 nouveaux États**, dont la Pologne. Celle-ci bénéficie d'un accès à la mer – le corridor de Dantzig – qui sépare l'Allemagne en deux parties.

2. Le traité de Versailles

- Le traité de Versailles est essentiellement l'œuvre de Wilson, de Clemenceau, président du Conseil français, et de Lloyd George, Premier ministre britannique. Les termes sont durs envers l'Allemagne : **elle perd un septième de son territoire** et l'ensemble de ses colonies ; son armée est limitée à 100 000 hommes ; la rive gauche du Rhin est occupée pendant 15 ans. L'article 231 la juge **responsable de la guerre et l'oblige à payer aux vainqueurs de lourdes réparations**, dont le montant doit correspondre aux dommages causés.

- L'Allemagne est depuis l'abdication de Guillaume II, le 9 novembre 1918, **une république démocratique** - la **République de Weimar**. Elle n'a cependant pas été invitée à discuter de la paix. Elle doit l'accepter mais **la considère comme un *Diktat*, imposé par la force**. Elle demeure toutefois un État unitaire et échappe au démembrement que subissent les empires austro-hongrois et ottoman.

B Une paix fragile

1. Des traités contestés

- **Les traités sont l'objet de nombreuses critiques.** Des considérations d'ordre économique et stratégique prennent parfois le pas sur les principes wilsoniens ; le tracé des frontières, lorsqu'il s'avère litigieux, se fait toujours **au détriment des États vaincus**. Dans plusieurs régions, toutefois, comme au Schleswig ou en Silésie, **des plébiscites sont organisés** pour recueillir l'avis des populations.

- L'économiste britannique **John M. Keynes** considère, quant à lui, que les traités ne tiennent pas compte des solidarités économiques et commerciales nouées avant-guerre entre les pays d'Europe. Il préconise **une reconstruction de l'ensemble du continent qui inclurait l'Allemagne** ; il ne faut donc pas écraser celle-ci sous le poids des réparations.

POINT DE PASSAGE

▶ 1919-1923 : Les traités de paix.
→ p. 264 à 267

LE SAVIEZ-VOUS ?

Le traité de Versailles est signé dans la galerie des Glaces du château, là où, le 18 janvier 1871, l'Empire allemand avait été proclamé.

● L'Allemagne et la Hongrie demandent la révision des traités de Versailles et de Trianon. Très vite l'Allemagne refuse de payer les réparations, **ce qui pousse la France, en 1923, à occuper la riche région industrielle et minière de la Ruhr.** La tension est alors à son comble.

2. Des conflits qui se poursuivent

● **Les combats ne prennent pas fin pour tous en novembre 1918.** La guerre se poursuit sous d'autres formes en Europe orientale (voir cours p. 262).

● Dès mai 1919, **les troupes grecques soutenues par la France et le Royaume-Uni débarquent en Asie mineure**. Le général turc Mustafa Kemal appelle au soulèvement national, parvient à repousser les Grecs, et proclame la république, au terme d'une guerre considérée comme l'acte fondateur de la Turquie moderne. **Avec le traité de Lausanne, en juillet 1923, il obtient la révision de l'humiliant traité de Sèvres.**

BIOGRAPHIE

Mustafa Kemal (1880-1938)

Brillant officier durant la Première Guerre mondiale, il incarne le sursaut national turc au lendemain du traité de Sèvres. Surnommé Atatürk (« le père de tous les Turcs »), il proclame la république en 1923. Il fonde un régime laïque qu'il dirige de façon autoritaire jusqu'à sa mort.

C Un nouvel ordre mondial : la Société des nations

1. La paix par le droit

● **La Société des nations (SDN) est la clé de voûte du nouvel ordre international voulu par Wilson, fondé sur le droit et le respect de règles écrites.** Première organisation internationale à vocation politique, elle ambitionne de réunir les États du monde entier et de les traiter sur un pied d'égalité, sans distinction de puissance. Son siège est à Genève.

● Dans un premier temps, elle ne rassemble pourtant que les États vainqueurs. L'URSS en est exclue et l'Allemagne n'y entre qu'en 1926. **Quant aux États-Unis, ils refusent d'en faire partie**, préférant se désengager de la scène internationale après la guerre. En mars 1920, le Sénat américain ne ratifie pas le traité de Versailles.

2. La sécurité collective

● Le premier objectif de la SDN est de **régler les conflits de façon pacifique en prônant la sécurité collective**, l'arbitrage et le désarmement. Pour faire respecter ses décisions, elle dispose de moyens de pression (sanctions économiques et commerciales) qui s'avèrent vite insuffisants.

● La SDN entend aussi **s'attaquer aux causes profondes des conflits et lutter contre la misère économique et sociale**. Ses organismes affiliés, comme l'Organisation internationale du travail (OIT) ou l'Office international pour les réfugiés, s'imposent comme de nouveaux acteurs internationaux et préfigurent le système onusien de l'après-1945.

A/Z Vocabulaire

● **Droit des peuples à disposer d'eux-mêmes**
Principe selon lequel chaque peuple doit pouvoir déterminer la forme de son gouvernement.

● **Principe des nationalités**
Principe selon lequel à chaque peuple doit correspondre un État.

● **Sécurité collective**
Système multilatéral, à l'échelle du monde ou d'un continent, dans lequel chaque État s'engage à garantir la sécurité et l'indépendance de tous les autres.

INFO

Le montant des réparations est fixé en mai 1921 à **132 milliards de marks-or** (valeur de 1914). L'Allemagne, qui aurait dû s'en acquitter jusqu'en 1988, cesse définitivement de payer en 1932. Au total, elle aura versé un peu plus de 20 milliards.

TESTEZ-VOUS !

- ✔ De quels grands principes se réclame le traité de Versailles ?
- ✔ Dans quelles régions d'Europe la guerre se poursuit-elle après 1918 ?
- ✔ Quels sont les objectifs de la SDN ?

POUR ALLER + LOIN

● **Albert Cohen, *Solal*, 1930 (rééd. Gallimard « Folio »).**
L'ascension politique et sociale d'un jeune homme juif, séducteur et diplomate, dans l'Europe de l'après-guerre et le milieu genevois de la Société des nations.

COURS

REPÈRES p. 256
DOCUMENTS p. 268-271

Podcast du cours

2. Sorties de guerre et reconstructions

Entre deuil, mémoire et oubli, comment les sociétés européennes sortent-elles de quatre années de guerre totale ?

A Destructions et reconstructions matérielles

1. Des destructions inégales

- **Les destructions matérielles sont très importantes aux abords des zones de combat** : villes bombardées, villages rasés, terres retournées et chargées d'obus et de cadavres. Mais, en raison de la stabilisation précoce du front, elles restent localisées : si les régions minières et industrielles du nord et du nord-est de la France sont touchées, des pays comme le Royaume-Uni et l'Allemagne ne sont quasiment pas affectés.
- Au-delà, ce sont les économies, les monnaies et les circuits commerciaux qu'il faut reconstruire. **L'Allemagne et l'Autriche sont victimes d'une inflation qui atteint des proportions énormes en 1922-1923.** La France sort de la guerre endettée auprès du Royaume-Uni et des États-Unis, qui deviennent le principal créancier des pays d'Europe.

2. Comment reconstruire ?

- La reconstruction se fait dans l'urgence ; elle coûte cher et réclame de la main-d'œuvre. **La France doit de nouveau emprunter et faire appel à des travailleurs étrangers, surtout italiens et polonais.** On reconstruit en priorité les voies de communication, les mines et les usines. À la fin des années 1920, le processus est quasiment achevé.

B Le deuil et la mémoire

1. Un lourd bilan humain

- Aux **10 millions de soldats morts** (voir doc. 3 p. 257) s'ajoute **un nombre de victimes civiles très difficile à estimer (environ 6 millions)** : victimes du génocide des Arméniens (voir chapitre 10, p. 286), des exactions commises par les troupes d'occupation (déportations, exécutions collectives...), de la famine provoquée par le blocus organisé contre les empires centraux, de **l'épidémie de grippe espagnole qui touche le monde entier en 1918 et qui fait plus de 2 millions de morts dans la seule Europe.**
- **Les conséquences démographiques de la guerre sont profondes et durables** : forte diminution des naissances entre 1914 et 1918, chute de la population active (de 10 % en France), déséquilibre hommes/femmes (en 1919, on compte en France 120 femmes pour 100 hommes), dépeuplement des campagnes (villages décimés, fermes à l'abandon).

2. Célébrer et commémorer

- Le deuil est d'abord personnel : toutes les familles sont touchées. Pour des raisons légales ou financières, la plupart d'entre elles ne peuvent rapatrier les corps de leurs proches morts à la guerre : le deuil n'en est que plus difficile. **Sur les champs de bataille, chaque pays regroupe dans d'immenses cimetières militaires les tombes de ses soldats**, alignées par milliers, comme à Notre-Dame-de-Lorette, près de Lens, où reposent 20 000 soldats français.

Vocabulaire

- **Apatride**
  Personne qu'aucun État ne considère comme son ressortissant, qui n'a pas de nationalité légale.
- **Corps francs**
  En Allemagne, formations paramilitaires composées surtout d'anciens soldats démobilisés. Ultra-nationalistes et violents, ils n'hésitent pas à pratiquer l'assassinat politique.
- **Gueule cassée**
  Soldat blessé au visage et affecté de séquelles physiques graves.
- **Inflation**
  Hausse des prix. Dans les années 1920, l'inflation est avant tout la conséquence de l'émission massive de billets à laquelle ont procédé les gouvernements pour financer la guerre et la reconstruction.
- **Réfugié**
  Personne victime de persécutions, de conflits ou de catastrophes naturelles, contrainte de quitter son pays d'origine pour trouver refuge dans un autre pays.

INFO

Les destructions en France

- 300 000 habitations
- 11 000 édifices publics
- 62 000 km de routes
- 5 000 km de voies ferrées
- 3 millions d'hectares de terres agricoles

● Le deuil prend aussi des formes collectives, à travers des **célébrations organisées dans chaque commune autour du monument aux morts**, où sont inscrits les noms des victimes. La plupart de ces monuments, dans les pays vainqueurs, exaltent l'héroïsme du soldat, mais d'autres sont plus pacifistes et témoignent de la douleur des familles. **Au Royaume-Uni, les *War Memorials* ne célèbrent pas seulement les morts, mais l'ensemble des soldats qui ont combattu.**

● À partir de 1920, en France et au Royaume-Uni, puis dans d'autres pays, **une cérémonie nationale se tient chaque 11 novembre autour de la tombe du soldat inconnu**, censée incarner la nation réunie dans le souvenir de ses morts.

POINT DE PASSAGE

▶ 1920 : Le soldat inconnu et les enjeux mémoriels.

→ p. 270

C Des sociétés traumatisées

1. Les anciens combattants

● Les soldats démobilisés ont souvent du mal à revenir à la vie civile. Ils ont le sentiment de n'être pas compris par ceux qui aspirent à tourner la page de la guerre. **C'est surtout le cas pour les nombreux invalides, mutilés ou « gueules cassées » qui ne peuvent retrouver leur travail et doivent vivre de la maigre pension versée par l'État.**

● **Les anciens combattants perpétuent les solidarités nouées au front en s'organisant en associations puissantes.** Ils pèsent sur la vie politique et font pression sur les gouvernements pour faire valoir leurs droits. Dans les pays vainqueurs, ils tiennent un discours pacifiste rejetant la guerre et ses horreurs.

● Chez d'autres, la pratique du combat a développé une accoutumance à la violence qui les conduit à reproduire en temps de paix des comportements guerriers. Ainsi, en Allemagne, où l'humiliation de la défaite est profonde, des corps francs se constituent pour entretenir l'esprit de revanche.

POUR ALLER + LOIN

● ***Au revoir là-haut*, film d'Albert Dupontel (2017), adapté du roman de Pierre Lemaître, prix Goncourt 2013.**
Un film qui aborde de façon romanesque et poétique des questions fortes de l'après-guerre : le deuil, le retour à la vie civile, les « gueules cassées », le commerce des monuments aux morts…

2. La question des réfugiés

● Les bouleversements politiques de l'après-guerre et les nouvelles frontières résultant des traités provoquent dans toute l'Europe **l'afflux de populations réfugiées démunies et souvent mal accueillies**. Le passeport Nansen, instauré dans le cadre de la SDN, permet aux exilés russes et arméniens apatrides déchus de leur nationalité de circuler et de bénéficier de la protection des États qui le reconnaissent.

POINT DE PASSAGE

▶ 1922 : Le passeport Nansen et le statut des apatrides.

→ p. 268

? LE SAVIEZ-VOUS ?

L'ossuaire de Douaumont, près de Verdun, rassemble les restes d'environ 130 000 soldats non identifiés, français et allemands et les tombes de plus de 16 000 soldats français. Il est devenu après 1945 un des symboles de la réconciliation franco-allemande.

TESTEZ-VOUS !

- **Quelles sont les principales conséquences démographiques de la guerre ?**
- **Quels sont les lieux privilégiés des commémorations officielles ?**
- **Qu'est-ce que le passeport Nansen ?**

COURS

3. Révolutions et guerre civile en Russie (1917-1922)

REPÈRES p. 256

Podcast du cours

Comment, en Russie, les révolutions de 1917 et la guerre civile qui s'ensuit conduisent-elles à la naissance de l'Union soviétique ?

Vocabulaire

- **Bolcheviques**
  Membres du Parti ouvrier social-démocrate de Russie, dirigé par Lénine et constitué en parti indépendant en 1912. Ils sont partisans d'une paix immédiate et d'une alliance entre ouvriers et paysans.
- **Communisme**
  Idéologie politique qui cherche à instaurer une société égalitaire, sans classes sociales, sans État et sans propriété privée.
- **Guerre civile**
  Conflit opposant, au sein d'un même État, plusieurs groupes armés entre eux. La guerre civile s'oppose aux conflits armés internationaux.
- **Soviets**
  Conseils d'ouvriers, de paysans ou de soldats qui se forment spontanément en 1917, après la chute du régime impérial.
- **Spartakisme**
  Mouvement allemand d'extrême gauche marxiste et révolutionnaire dirigé par Karl Liebknecht et Rosa Luxemburg. Il tire son nom de Spartacus, esclave romain qui avait pris la tête d'une révolte au Ier siècle av. J.-C.

A 1917 : l'année des révolutions

1. La fin de l'empire

- Dès 1915, isolée de ses alliés, l'armée russe peine à faire face aux offensives allemandes et autrichiennes (voir chapitre 9, p. 214). Le pouvoir impérial, coupé des réalités, est de plus en plus contesté. La population souffre de la faim, les grèves se multiplient. **Des troubles éclatent à Petrograd le 23 février 1917** et le régime s'effondre en quelques jours. Le 2 mars, **le tsar Nicolas II doit abdiquer**.

- Le gouvernement qui lui succède veut mettre en place une **démocratie parlementaire** et poursuivre la guerre, malgré les mutineries et les désertions massives qui touchent l'armée. Face à lui, les **soviets** prétendent incarner le véritable pouvoir et se faire la voix du peuple. En leur sein, les socialistes les plus radicaux, les **bolcheviques**, gagnent en influence : leur chef, **Lénine**, appelle à la paix immédiate et au partage des terres.

2. La révolution d'Octobre

- **Le 25 octobre 1917**, à la faveur d'un coup d'État, **les bolcheviques chassent facilement le gouvernement provisoire**, devenu impopulaire et sans autorité. Bien que très minoritaires, ils prennent le contrôle du pays et **instaurent un régime dictatorial**. Le Parti **communiste**, que dirige Lénine, accapare les pouvoirs au détriment des soviets.

- La **paix avec l'Allemagne** est signée **à Brest-Litovsk le 3 mars 1918**. Les conditions sont très dures pour la Russie, qui perd la Finlande, les pays Baltes, l'Ukraine et la Pologne. Lénine les accepte pour mettre un terme à la guerre et consolider la révolution, quitte à sacrifier une grande partie du territoire de l'ancien empire russe. La Russie sort alors de la Première Guerre mondiale.

B La guerre civile (1917-1922)

1. La Russie en feu

- La **guerre civile** commence peu de temps après la révolution d'Octobre. Elle oppose les communistes aux autres tendances politiques, privées de tout pouvoir, ainsi qu'aux armées « blanches » tsaristes, peu coordonnées et mal organisées. Parallèlement, **plusieurs régions de l'ancien empire proclament leur indépendance**, comme la Géorgie et l'Ukraine, qui reçoit en 1919 le soutien du nouvel État polonais.

? LE SAVIEZ-VOUS ?

En 1919-1921, une mission militaire française aide la jeune armée polonaise à se constituer et à s'organiser pour lutter contre l'Armée rouge. Parmi ses membres figure le capitaine Charles de Gaulle, alors âgé d'une trentaine d'années.

• La révolution russe a provoqué dans toute l'Europe une onde de choc. À Berlin, en janvier 1919, le soulèvement des **spartakistes**, qui s'en réclame, est violemment réprimé par le gouvernement allemand ; en Hongrie, l'éphémère république communiste de **Béla Kun** est balayée par les armées françaises, roumaines et yougoslaves : elle laisse la place au **régime autoritaire de l'amiral Horthy**.

• Le Royaume-Uni et la France, qui craignent la contagion communiste, décident en 1919 d'envoyer des troupes pour aider les armées blanches à renverser les bolcheviques. L'intervention, mal comprise par des populations qui aspirent à la paix, reste toutefois limitée (environ 50 000 hommes).

2. Le communisme de guerre

• **L'Armée rouge** est organisée dès 1918 de façon rigoureuse par **Trotski**, qui en prend la tête. La guerre civile justifie pour Lénine des mesures exceptionnelles : rétablissement du service militaire, réquisitions forcées, étatisation de l'économie, mise en place d'un appareil répressif muselant toute forme d'opposition. Pour ruiner tout espoir de restauration impériale, **le tsar et sa famille sont exécutés**.

C La consolidation de la Russie communiste

1. La guerre russo-polonaise

• Dans le même temps, la Russie tente de profiter de la situation révolutionnaire pour récupérer les territoires perdus. **L'Armée rouge progresse en Pologne** ; elle est en août 1920 aux portes de Varsovie, mais doit reculer face à la contre-attaque polonaise. **En mars 1921, le traité de Riga** met fin à la guerre et stabilise la frontière entre la Pologne et la Russie. La même année, la Russie **met un terme aux indépendances de la Géorgie et de l'Ukraine** et les réintègre en son sein.

2. Le bilan de huit années de guerre

• De 1914 à 1922, la Russie connaît **huit années de guerre ininterrompue**, sous des formes diverses. Le pays en sort épuisé. L'économie est ruinée, la population décimée par les massacres perpétrés de tous côtés et par le typhus. **En 1921, une terrible famine frappe l'Ukraine, la région de la Volga et le Nord-Caucase** : conséquence de la sécheresse mais surtout des réquisitions et de la désorganisation de la production, elle fait plusieurs millions de morts.

• Dès 1921-1922, la situation se stabilise : les oppositions sont vaincues, les frontières sont établies, le système communiste est en place. Lénine peut engager le pays dans une nouvelle politique économique (NEP), plus souple, qui redonne une place, dans les campagnes, à la propriété privée. **Le 30 décembre 1922**, l'ensemble des peuples composant la Russie sont incorporés dans une nouvelle structure politique : **l'Union des républiques socialistes soviétiques (URSS)**.

BIOGRAPHIE

Lénine (1870-1924)

Révolutionnaire russe et théoricien marxiste. Pourchassé par la police tsariste et contraint à l'exil en 1900, il fonde le Parti bolchevique et en devient le chef. Il rentre en Russie en avril 1917, organise la révolution d'Octobre et dirige jusqu'à sa mort la Russie, puis l'URSS, instaurant les fondements de la dictature soviétique.

BIOGRAPHIE

Léon Trotski (1879-1940)

Révolutionnaire russe, il rallie les bolcheviques en 1917. Commissaire aux Affaires étrangères, puis à la Guerre, il organise l'Armée rouge et la dirige d'une main de fer. Après la mort de Lénine, il entre en conflit avec Staline, est exclu du Parti communiste puis expulsé d'URSS en 1929.

TESTEZ-VOUS !

- Qu'est-ce que la révolution d'Octobre ?
- Quelles mesures sont prises dans le cadre du communisme de guerre ?
- À quel conflit le traité de Riga met-il fin ?

POUR ALLER + LOIN

• ***Corto Maltese en Sibérie*, bande dessinée d'Hugo Pratt, Casterman, 1979.**

Les aventures de Corto Maltese plongé dans la guerre civile russe, entre 1918 et 1920 : la lutte entre les Blancs et les Rouges, le transsibérien, une cargaison d'or, une société secrète, une mystérieuse duchesse...

DOCUMENTS
POINT DE PASSAGE

Le traité de Versailles et ses enjeux

REPÈRES p. 256
COURS p. 258

Fiche de synthèse

Le traité de Versailles, signé le 28 juin 1919, met fin à la guerre contre l'Allemagne et veut jeter en Europe les bases d'une paix juste et durable. Inspiré des 14 points définis par le président Wilson en 1918, il tient aussi compte de considérations géopolitiques traditionnelles et des intérêts des États vainqueurs. Il est perçu en Allemagne comme un *Diktat*, un règlement de comptes imposé au vaincu.

QUESTION CLÉ

À quels objectifs répond le traité de Versailles ?

1 Les « 14 points » du président Wilson, 8 janvier 1918

Ce que nous voulons, c'est que le monde devienne un lieu où tous puissent vivre en sécurité, [un lieu sûr] pour toute nation qui désire vivre sa propre vie en toute liberté, décider de ses propres institutions, et être assurée que les autres nations la traitent en toute justice et loyauté, au lieu de se voir exposée à la violence et aux agressions égoïstes de jadis [...].

1. Des conventions de paix, au grand jour, préparées au grand jour [...].

2. Liberté absolue de la navigation sur mer, en dehors des eaux territoriales [...].

4. Échange de garanties suffisantes que les armements de chaque pays seront réduits au minimum compatible avec la sécurité intérieure.

8. Le territoire français tout entier devra être libéré et les régions envahies devront être restaurées. [...]

9. Une rectification des frontières italiennes devra être opérée, conformément aux données clairement perceptibles du principe des nationalités.

10. Aux peuples d'Autriche-Hongrie, dont nous désirons voir sauvegarder et assurer la place parmi les nations, devra être accordée au plus tôt la possibilité d'un développement autonome. [...]

13. Un État polonais indépendant devra être créé, qui comprendra les territoires habités par des populations indiscutablement polonaises, auxquelles on devra assurer un libre accès à la mer. [...]

14. Il faut qu'une association générale des nations soit constituée [...] ayant pour objet d'offrir des garanties mutuelles d'indépendance politique et d'intégralité territoriale aux petits comme aux grands États.

T. Woodrow Wilson, *Message au Congrès des États-Unis*, 8 janvier 1918.

2 Principaux articles du traité de Versailles, 28 juin 1919

Article 80 : L'Allemagne reconnaît et respectera strictement l'indépendance de l'Autriche. [...]

Article 119 : L'Allemagne renonce, en faveur des principales puissances alliées et associées, à tous ses droits et titres sur ses possessions d'outre-mer.

Article 160 : La totalité des effectifs de l'armée [allemande] ne devra pas dépasser 100 000 hommes [...] et sera exclusivement destinée au maintien de l'ordre sur le territoire et à la police des frontières.

Article 227 : Les puissances alliées et associées mettent en accusation publique Guillaume II, ex-empereur d'Allemagne, pour offense suprême contre la morale internationale et l'autorité suprême des traités. Un tribunal spécial sera constitué pour juger l'accusé. [...]

Article 231 : Les Gouvernements alliés et associés déclarent et l'Allemagne reconnaît que l'Allemagne et ses alliés sont responsables, pour les avoir causés, de toutes les pertes et de tous les dommages subis par les Gouvernements alliés et associés et leurs nationaux en conséquence de la guerre qui leur a été imposée par l'agression de l'Allemagne et de ses alliés.

Article 232 : Les Gouvernements alliés exigent [...] et l'Allemagne en prend l'engagement, que soient réparés tous les dommages causés à la population civile des alliés et à ses biens.

LE SAVIEZ-VOUS ?

L'original du traité de Versailles a été transporté en 1940 à Berlin pour être présenté à Hitler.
Il a disparu depuis et on ne sait pas s'il a été détruit.

3 Vu de France : une revanche

« À ton tour Germania ! » Couverture du *Petit Journal*, supplément du dimanche 13 juillet 1919.

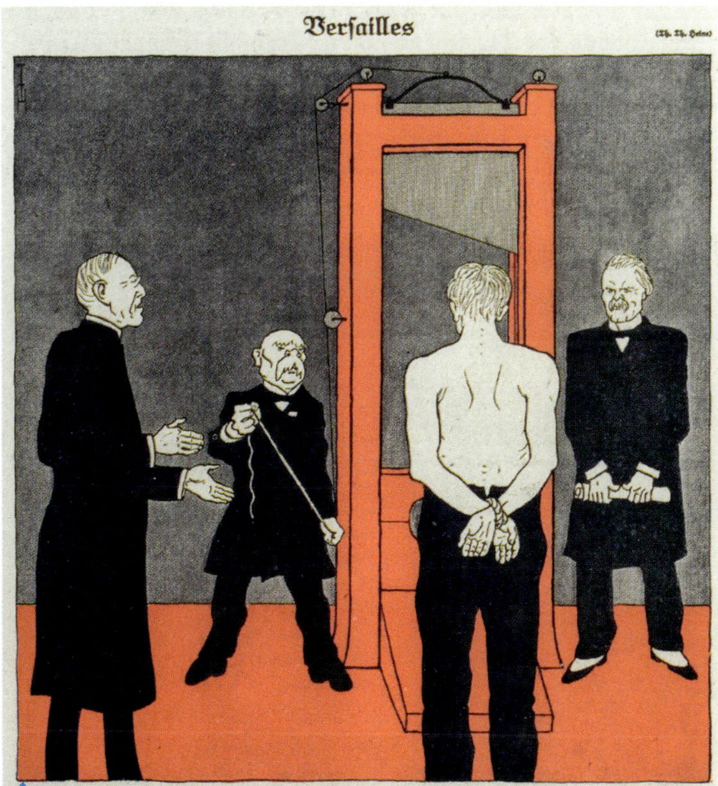

5 Vu d'Allemagne : un *Diktat*

Dessin de Thomas Heine, hebdomadaire satirique *Simplicissimus*, 3 juin 1919.

4 « Une Europe de droit » ?

J'en demande bien pardon à la mémoire d'Attila et de ses congénères, mais l'art de faire vivre les hommes est encore plus complexe que celui de les massacrer. La tâche véritable – absolument nouvelle – était la tentative de faire positivement une Europe de droit. En dépit de l'incompréhension de quelques-uns, ce sera la gloire du traité de Versailles de l'avoir tenté. Il dépendra des gouvernements à venir d'y travailler autrement que par des fléchissements de volonté. La réalisation d'une Europe de droit, cela c'était la plus grande victoire, celle que Napoléon ni Foch n'ont voulu remporter, et qui demandait quelque chose de plus que d'heureux coups de stratégie.

Georges Clemenceau, *Grandeurs et misères d'une victoire*, Plon, 1930.

Itinéraire 1

Identifier

1. **Doc. 3 et 5.** Que montrent les deux scènes ?
2. **Doc. 5.** Qui sont les personnages représenté (voir également le doc. 2 p. 305) ?

Expliquer

3. **Doc. 1 et 4.** Sur quels principes nouveaux les rédacteurs du traité de Versailles veulent-ils bâtir la paix ?
4. **Doc. 2 et 5.** Pourquoi le traité a-t-il été perçu en Allemagne comme une humiliation ?

Synthétiser

5. À l'aide des documents et des cartes p. 306-307, identifiez les articles du traité qui s'inspirent des principes wilsoniens et ceux dont l'objectif est de favoriser les vainqueurs.

OU

Itinéraire 2 — oral

Organiser un débat

▸ Répondez à la question clé sous la forme d'un tableau. **Organisez ensuite un débat contradictoire** entre une partie du groupe qui défendra le traité et l'autre qui insistera sur ses faiblesses.

DOCUMENTS
POINT DE PASSAGE

REPÈRES p. 256
COURS p. 258

De Sèvres à Lausanne : la naissance de la Turquie moderne (1918-1923)

La fin de la Première Guerre mondiale provoque le démembrement de l'Empire ottoman. La Turquie doit se plier aux conditions très dures du traité de Sèvres et accepter la présence de troupes étrangères sur son territoire. La reconquête du pays par les troupes nationalistes de Mustafa Kemal conduit à la signature d'un nouveau traité à Lausanne, en 1923, et à la proclamation de la République turque.

QUESTION CLÉ

Quel processus conduit de la fin de l'Empire ottoman à la naissance de la Turquie ?

CHRONOLOGIE

- **30 octobre 1918** Armistice entre l'Empire ottoman et les Alliés.
- **15 mai 1919** L'armée grecque débarque à Smyrne.
- **10 août 1920** Traité de Sèvres.
- **Août-septembre 1921** Victoire décisive des Turcs contre les Grecs.
- **11 octobre 1922** Armistice entre la Grèce et la Turquie.
- **24 juillet 1923** Traité de Lausanne.
- **29 octobre 1923** Proclamation de la République turque. Mustafa Kemal est élu président.

1 Une guerre de libération

Face à l'occupation de l'Empire ottoman par les Alliés, Mustafa Kemal appelle les Arabes de Syrie à la révolte contre les Français et à la reconquête des territoires perdus.

Nous de notre côté, vous du vôtre, il faut que nous créions des attaques et des révoltes contre les Français, ennemis de notre patrie. [...] Il est étonnant que, jusqu'à ce jour, nous n'ayons pas encore repoussé et dispersé le peu de forces ennemies qui ont les yeux fixés sur notre patrie. C'est une faute d'attendre grâce de ces individus, Lloyd George et Clemenceau, et surtout des puissances alliées. Une nation qui doit vivre dans le monde doit faire des efforts. [...] Soyez certains que, si nous nous joignons aux forces fournies par vous, dans deux mois, il ne restera pas le nom de Français dans le pays. [...]

Le colonel d'état-major, Adil Bey, que je vous envoie, doit établir avec vous le programme de formation et d'instruction du mouvement national. Il lui a été donné verbalement les instructions nécessaires. Tous les Ottomans et le monde musulman attendent cela de vous. J'ai confiance que vous expulserez prochainement ces fourbes ennemis des lieux et des bâtiments musulmans de la Syrie. C'est là mon idée et mon but. Après avoir pris prochainement Smyrne, il est certain que je marcherai sur la Syrie. [...]

Tract signé Mustafa Kemal Pacha, adressé aux Syriens de Cilicie, 20 décembre 1919. Cité dans *Le Moyen-Orient par les textes, XIXe-XXIe siècles*, C. Mayeur-Jaouen, A.-L. Dupont, C. Verdeil, Armand Colin, 2011.

2 Évacuation de la population grecque de Smyrne (Izmir), 13-22 septembre 1922

Avant 1922, les Grecs constituaient la communauté la plus importante de Smyrne. Leur évacuation, suite à l'entrée des troupes turques et à l'incendie de la ville, se fait dans des conditions dramatiques. L'épisode marque la fin de la guerre gréco-turque.

Photographie de Louis-Maurice Branger, 1922.

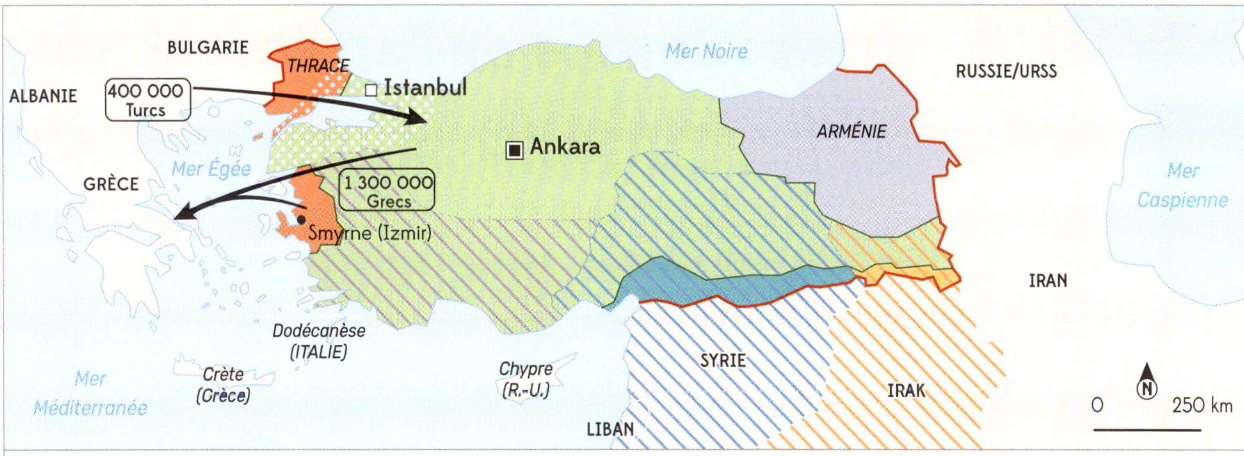

Le traité de Sèvres (1920)

- Turquie après le traité de Sèvres
- Capitale
- Zone démilitarisée

Mandats et zones d'influence :

- française
- britannique
- italienne

Le traité de Lausanne (1923)

- Nouvelles frontières après le traité de Lausanne
- Nouvelle capitale

Territoires repris :

- à la Grèce
- à l'Arménie et la Russie
- à la Syrie (France)
- à l'Irak (R.-U.)
- Évacuations et échanges de population (1922-1923)

3 Du traité de Sèvres (1920) au traité de Lausanne (1923)

4 La reconstitution de la Turquie après le traité de Lausanne

Ce qu'on nous demandait : que la Thrace fût grecque, qu'Istanbul fût internationale et l'Anatolie orientale arménienne, qu'Adana devînt une colonie française et Antalya une colonie italienne ; [...] nos finances, notre justice, nos services publics, nos forces terrestres et maritimes, nos frontières, nos détroits, notre instruction publique auraient été mis sous tutelle ; les Turcs seraient devenus les tributaires des chrétiens et les chrétiens les seigneurs, en un mot, la Turquie devait se désagréger, cesser de former un État. Tel était le programme, telle était la signification du traité de Sèvres.

Ce que nous avons obtenu : la révolution anatolienne a barré la route aux Grecs dans la région de Smyrne, à l'armée d'occupation française en Cilicie, aux Arméniens sur la frontière orientale. Les forces italiennes se sont retirées d'Antalya. [...] Nous aurons notre armée, notre marine, nous sommes nos maîtres, l'unité nationale est réalisée, les Turcs constituent en Turquie l'élément prépondérant. Tel était notre désir. Telle est la signification du traité de Lausanne.

« Ce qu'on nous demandait et ce que nous avons obtenu », *L'Aksam* (quotidien turc), 1923.

Itinéraire 1

Identifier

1 **Doc. 1.** Quels arguments M. Kemal utilise-t-il pour convaincre les Syriens de Cilicie de le rejoindre ?

2 **Doc. 3 et 4.** Quels territoires la Turquie récupère-t-elle en 1923 ?

Expliquer

3 **Doc. 2 et 3.** Quels sont les effets du conflit gréco-turc sur les populations civiles ?

4 **Doc. 3 et 4.** Les frontières de la Turquie, à Sèvres et à Lausanne, tiennent-elles compte du principe des nationalités ?

Synthétiser

5 Montrez le rôle joué par la guerre dans la création de la Turquie moderne.

OU

Itinéraire 2

Réaliser une carte mentale

Réalisez une carte mentale mettant en relief l'imbrication des événements politiques, militaires et diplomatiques qui conduisent de la défaite de l'Empire ottoman en 1918 à la proclamation de la République turque en 1923. Vous trouverez des informations au CDI ainsi que sur les sites **Orient XXI** : orientxxi.info et **Les clés du Moyen-Orient** : www.lesclesdumoyenorient.com.

DOCUMENTS
POINT DE PASSAGE

Réfugiés et apatrides dans l'Europe de l'après-guerre

COURS p. 260

Fiche de synthèse

Les conséquences de la guerre et des traités, ainsi que les mesures de déchéance de nationalité prises en URSS et en Turquie, jettent sur les routes d'Europe des centaines de milliers de réfugiés et d'apatrides, notamment russes et arméniens. La question, nouvelle par son ampleur et sa dimension humanitaire, mobilise la Société des nations, mais aussi des organisations non gouvernementales. En 1922, le passeport Nansen tente de répondre à la situation des apatrides.

QUESTION CLÉ

Pourquoi la question des réfugiés concerne-t-elle l'Europe tout entière ?

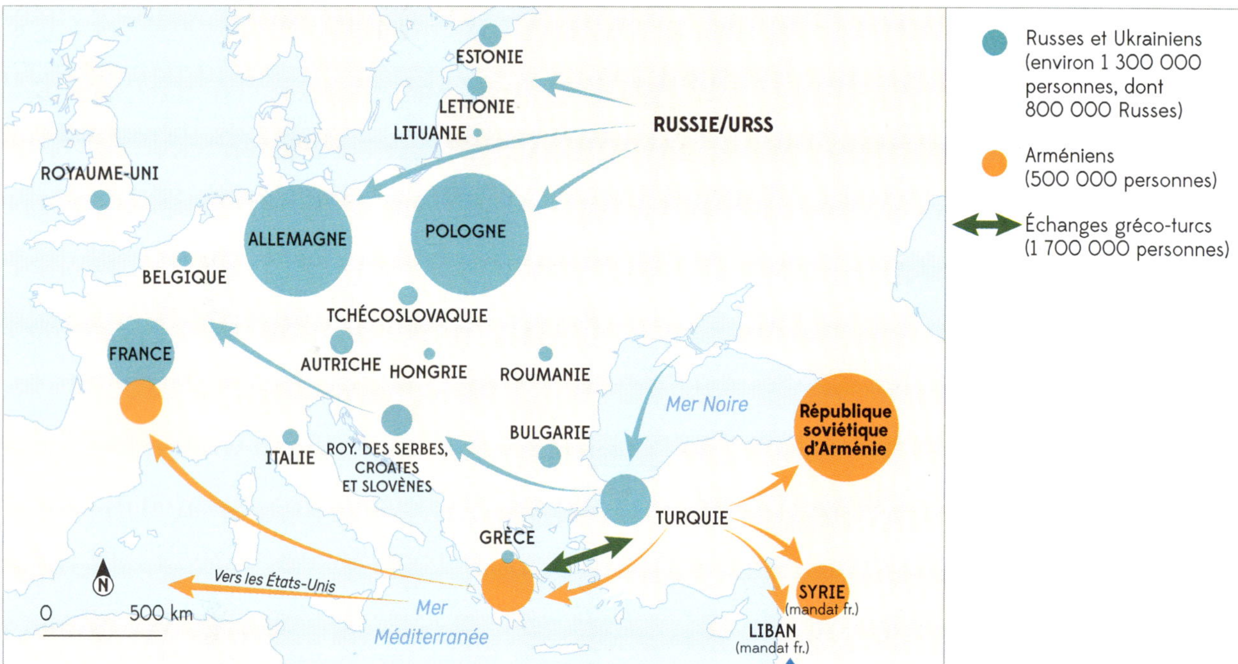

1 Les réfugiés dans l'Europe de l'après-guerre

2 La prise en charge des réfugiés par les organisations humanitaires

Distribution de pain par la Croix-Rouge américaine dans un centre d'accueil de réfugiés arméniens, juin 1920.

Vocabulaire

- **Apatride**
  Personne qu'aucun État ne considère comme son ressortissant, qui n'a pas de nationalité légale. Dépourvu de nationalité, l'apatride ne bénéficie de la protection d'aucun État. Le terme apparaît à la fin des années 1920. Au lendemain de la guerre, on parle plutôt de « Sans-patrie ».
- **Réfugié**
  Personne victime de persécutions, de conflits ou de catastrophes naturelles, contrainte de quitter son pays d'origine pour trouver refuge dans un autre pays.

3 Les réfugiés russes en banlieue parisienne

Ils s'étaient assis par terre, les enfants à moitié nus pleuraient, les femmes non débarbouillées, décoiffées, jambes nues et couvertes de guenilles jetaient des regards apeurés autour d'elles. Les hommes, barbus, sombres, étaient assis près de leurs misérables bagages qui avaient transité par toute l'Europe et d'où émergeaient des théières, des icônes et des souliers.

Les habitants de Billancourt les avaient d'abord pris pour des romanichels, puis après de longs débats sur les peuples d'Orient, il fut décidé qu'il s'agissait de Polonais, mais il s'avéra que les affamés ne pratiquaient pas la religion catholique. [...] Des journalistes parisiens munis de carnets, de crayons et d'appareils photographiques vinrent à Billancourt et déclarèrent (eux, ils savaient) qu'il s'agissait d'Arméniens qui avaient fui Trébizonde, traversé la Mésopotamie et étaient arrivés à Billancourt pour aider *moussiou* Renault.

Les bistrots du coin offrirent des bols de bouillon KUB et des tranches de pain à ces pauvres gens. Les enfants s'accrochaient des deux mains aux jupes de leurs mères et les mères, à leur tour, agrippaient les bols de bouillon. [...]

L'étonnement fut général. Comment, ce sont des Russes ? De vrais Russes ? Qui aurait pu penser ?

Nina Berberova, *La Petite Étrangère*, 1930 (in *Chroniques de Billancourt*, Actes Sud, 1992).

4 Passeport Nansen de l'émigrant russe Sergey Stoyanov

INFO

Le passeport Nansen est créé en juin 1922 pour les réfugiés russes déchus de leur nationalité par le gouvernement bolchevique. Il est étendu en 1923 aux Arméniens de Turquie, victimes d'une mesure identique de la part du gouvernement de Mustafa Kemal. Ceux qui en bénéficient peuvent ainsi vivre en toute légalité dans les pays qui le reconnaissent.

BIOGRAPHIE

Fridtjof Nansen (1861-1930)

Explorateur et diplomate norvégien, il est chargé à la fin de la guerre d'organiser le rapatriement des prisonniers, avant d'être nommé haut-commissaire aux réfugiés au sein de la SDN (1921-1930). Il reçoit le prix Nobel de la paix en 1922.

Itinéraire 1

Identifier

1. **Doc. 1 et 2.** Quels sont les principaux flux de réfugiés ?
2. **Doc. 2 et 3.** Dans quelles conditions le départ et le voyage des réfugiés se sont-ils effectués ?

Expliquer

3. **Doc. 3 et 4.** Pourquoi les russes sont-ils massivement concernés par le passeport Nansen ?
4. **Doc 2 et 3.** Comment les réfugiés sont-ils reçus dans le pays d'accueil ? Quel regard porte-t-on sur eux ?

Synthétiser

5. En vous appuyant sur l'ensemble du dossier documentaire, vous expliquerez comment la question des réfugiés et des apatrides est traitée sur le plan international.

OU

Itinéraire 2

Rechercher en groupe

Faites une recherche en groupe et retracez l'itinéraire individuel d'une femme ou d'un homme, russe ou arménien(ne), célèbre ou non, **qui a bénéficié dans les années 1920 du passeport Nansen**.
Vous pouvez, par l'intermédiaire de votre professeur, travailler à partir des archives numérisées de l'Office français de protection des réfugiés et apatrides (OFPRA) : https://ofpra.gouv.fr/fr/, onglet « histoire et archives ».

En France, la célébration du soldat inconnu

COURS p. 260

Fiche de synthèse

L'idée d'inhumer un soldat non identifié, pour perpétuer le souvenir des combattants anonymes morts à la guerre, naît en France avant 1918 et se répand chez la plupart des pays vainqueurs. Célébré comme un héros ou une victime, le soldat inconnu fait l'objet, le jour anniversaire de l'armistice, de cérémonies commémoratives.

OBJECTIF

Expliquez pourquoi la tombe du soldat inconnu est devenue un lieu privilégié de la mémoire officielle de la guerre.

1 L'inhumation du soldat inconnu sous l'Arc de Triomphe le 28 janvier 1921

Les cérémonies en l'honneur du soldat inconnu ont eu lieu dès le 11 novembre 1920, sous l'Arc de Triomphe, même si l'inhumation est plus tardive.

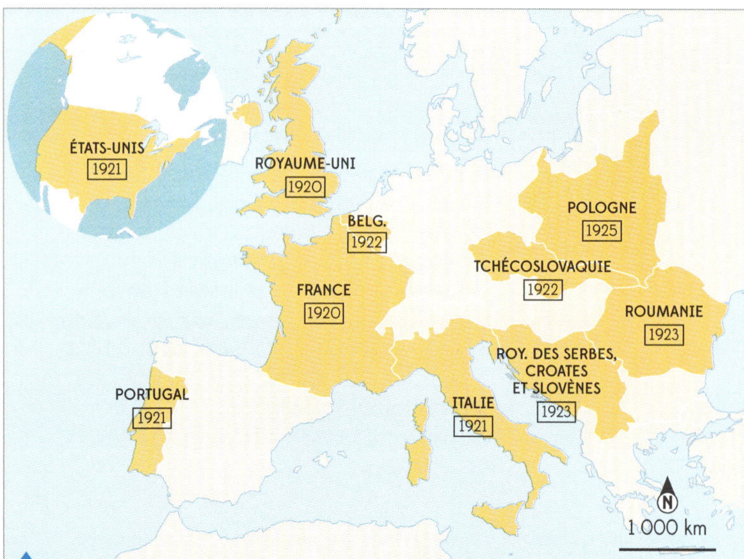

3 Les pays qui rendent hommage à un soldat inconnu

Remarque : Le soldat inconnu polonais est mort en 1920 lors du siège de Lwów, face à l'Armée rouge.

2 Un « petit soldat glorieux et anonyme »

Lorsque la paix renaîtra sur terre, lorsque la France relèvera de ses champs dévastés les tombes de ses enfants qui sont morts pour la défendre, nous demanderons aux pouvoirs publics de recueillir les restes de l'un d'eux qui remplisse cette double et formelle condition d'être un fantassin français et que son nom soit absolument inconnu. Et ce serait tes restes sympathiques, petit soldat glorieux et anonyme !

Nous demanderons aux pouvoirs publics d'élever au Panthéon[1], pour recevoir tes illustres ossements, un monument simple comme tu le fus toi-même, sévère comme fut ta brève existence, et sur ce monument nous écrirons cette pieuse dédicace : « Au Poilu, la patrie reconnaissante ».

Discours du député Maurice Maunoury à la remise des prix du lycée de Chartres, 12 juillet 1918, cité par J.-Y. Le Naour, *Le soldat inconnu. La guerre, la mort, la mémoire*, Gallimard, 2008.

1. La tombe du Soldat inconnu devait initialement être abritée au Panthéon.

CONSEILS

Posez-vous les questions suivantes :

- Que recherche le gouvernement français en voulant célébrer un soldat inconnu ?
- Qu'ont en commun les pays qui célèbrent un soldat inconnu ?
- Tous les soldats peuvent-ils se reconnaître dans les termes employés par le député Maunoury ?

DOCUMENTS

COURS p. 260

En Allemagne, une commémoration impossible ?

Sous la République de Weimar, le souvenir des soldats morts à la guerre se heurte au traumatisme de la défaite ou aux appels à la revanche lancés par les partis nationalistes. Ces mémoires contradictoires ne parviennent pas à se retrouver autour d'un lieu ou d'un symbole commun.

OBJECTIF

Expliquez les difficultés à commémorer la guerre dans un pays vaincu.

1 Célébrer une victoire

Mémorial de Tannenberg, édifié entre 1924 et 1927 sur les lieux de la victoire allemande contre les Russes, en août 1914 (voir chapitre 9, p. 258).

2 Se souvenir des victimes

Mémorial aux victimes de la Première Guerre mondiale, Berlin, 1931. Ce mémorial, placé au cœur d'un bâtiment néoclassique, la *Neue Wache*, est depuis 1993 consacré aux « victimes de la guerre et de la tyrannie ».

INFO

En 1934, le régime nazi organise à Tannenberg des funérailles grandioses en l'honneur du maréchal Hindenburg, vainqueur des Russes en 1914 et président de l'Allemagne depuis 1925. Situé en Prusse-Orientale, le bâtiment est détruit par les nazis en janvier 1945, face à l'avancée de l'Armée rouge.

CONSEILS

- Ces deux monuments sont très différents. Quelles impressions veulent-ils laisser sur le visiteur ?
- Comment ces deux monuments parviennent-ils à faire passer au second plan l'idée de la défaite ?

En équipes ! *oral*

Équipe 1 (p. 270)
Étudiez la façon dont, dans les années 1920, la France célèbre ses soldats morts à la guerre.

Équipe 2 (p. 271)
Étudiez la façon dont, dans les années 1920 et 1930, l'Allemagne célèbre ses soldats morts à la guerre.

Mise en commun
Construisez un exposé oral qui compare les deux mémoires, celle d'un pays vainqueur et celle d'un pays vaincu.

RÉVISIONS Sortir de la guerre

Podcast

L'ESSENTIEL

1 Les traités de paix et leur difficile mise en œuvre (1919-1923)

- Les traités de paix de 1919-1920 mettent fin à la Première Guerre mondiale. Ils s'efforcent de tracer de nouvelles frontières en s'inspirant du droit des peuples à disposer d'eux-mêmes et du principe des nationalités. Le traité de Versailles, signé le 28 juin 1919, est très dur envers l'Allemagne.
- En Europe centrale et orientale, les États vainqueurs sont systématiquement avantagés au détriment des vaincus. Avec le traité de Trianon, d'importantes minorités hongroises sont rejetées hors de la nouvelle Hongrie. Quant à la Turquie, elle obtient en 1923, à l'issue d'une guerre menée contre la Grèce, une révision de l'humiliant traité de Sèvres de 1920.
- Les traités donnent naissance à la Société des nations. Ses objectifs sont de garantir une paix fondée sur le droit et la sécurité collective, mais aussi de lutter contre la misère économique et sociale. Elle s'intéresse aussi au problème des populations apatrides russes et arméniennes.

2 Sorties de guerre et reconstructions

- Le bilan humain et matériel de la guerre est très lourd : de nombreuses régions détruites, mais surtout 10 millions de soldats morts, auxquels il faut ajouter des millions de victimes civiles. Les sociétés européennes sont durement touchées, le deuil frappe chaque famille. La reconstruction des régions détruites, mais aussi des économies, prend près d'une dizaine d'années.
- Les commémorations s'organisent autour des monuments aux morts érigés dans chaque commune, dans le cadre des cimetières militaires où sont regroupées des milliers de tombes individuelles, ou autour du soldat inconnu. Le retour à la vie civile des anciens combattants est souvent difficile. Ils s'organisent en associations, pour obtenir des droits et perpétuer la mémoire de la guerre.

3 Révolutions et guerre civile en Russie (1917-1922)

- En 1917, la Russie connaît deux révolutions : la première, en février-mars, pousse le tsar à abdiquer ; la seconde, en octobre, porte au pouvoir le Parti Bolchevique mené par Lénine. Le nouveau gouvernement signe la paix avec l'Allemagne le 3 mars 1918. La Russie perd d'importants territoires à l'ouest.
- Jusqu'en 1922, la guerre civile oppose l'Armée rouge aux armées « blanches » et à leurs alliés. Le nouveau pouvoir communiste doit aussi faire face aux sécessions de l'Ukraine et de la Géorgie, ainsi qu'aux offensives des troupes polonaises. En 1922, la situation est stabilisée au profit des communistes, qui accaparent tous les pouvoirs. La Russie sort très affaiblie de 8 années de guerre.

Exercices interactifs

POINTS DE PASSAGE

▶ Les traités de paix → p. 264 à 267

- Les traités de paix s'inspirent des principes énoncés par Wilson dans son discours des « 14 points ».
- Ils tiennent compte également de considérations géopolitiques qui favorisent les États vainqueurs.
- En Allemagne, en Hongrie et en Turquie, ils provoquent des mouvements de révolte.

▶ Le passeport Nansen et le statut des apatrides → p. 268

- Les Russes qui fuient le régime bolchevique et les Arméniens de Turquie sont déchus de leur nationalité.
- Le passeport Nansen permet à ces apatrides de circuler dans les pays qui en reconnaissent la validité.

▶ 1920 : le soldat inconnu et les enjeux mémoriels → p. 270

- Dès 1920, la France et le Royaume-Uni, imités ensuite par d'autres pays, décident de célébrer la mémoire d'un soldat inconnu.
- Le soldat inconnu français est inhumé à Paris sous l'Arc de Triomphe. Il symbolise la nation unie autour de la mémoire de ses morts.

A/Z Les mots clés

Apatride
Personne qu'aucun État ne considère comme son ressortissant, qui n'a pas de nationalité légale.

Principe des nationalités
Principe selon lequel à chaque peuple doit correspondre un État.

Sécurité collective
Système multilatéral, à l'échelle du monde ou d'un continent, dans lequel chaque État s'engage à garantir la sécurité et l'indépendance de tous les autres.

Vidéo — L'ESSENTIEL EN 3 MINUTES

SORTIR DE LA GUERRE : LA TENTATIVE DE CONSTRUCTION D'UN ORDRE DES NATIONS DÉMOCRATIQUES

1 LES TRAITÉS DE PAIX

↳ Fin de la guerre, nouvelles frontières en Europe, volonté de prendre en compte les peuples. → Traité de Versailles 28 juin 1919

Woodrow Wilson, Georges Clemenceau, David Lloyd George

MAIS → Favorables aux vainqueurs, refusés par
- → l'Allemagne
- → la Hongrie
- → la Turquie → Mustafa Kemal

↳ SDN : volonté de paix mondiale mais moyens limités.

Chronologie

- **25 octobre 1917** Révolution bolchevique
- **11 novembre 1918** Armistice avec l'Allemagne
- **28 juin 1919** Traité de Versailles
- **10 janvier 1920** Naissance de la Société des nations
- **11 novembre 1920** Cérémonie en l'honneur du soldat inconnu (France)
- **24 juillet 1923** Traité de Lausanne

novembre 1917-1922 : Guerre civile en Russie

mai 1919-octobre 1922 : Guerre gréco-turque

2 SORTIES DE GUERRE ET RECONSTRUCTIONS

10 millions de soldats morts.
- → Chaque famille touchée, sociétés affaiblies.
- → Chaque pays : commémorations, mémoire du conflit.

3 RÉVOLUTION ET GUERRE CIVILE EN RUSSIE

Octobre 1917 : révolution bolchevique

Guerre civile ↓

Lénine
- Régime dictatorial
- Mesures exceptionnelles

Décembre 1922 : Naissance de l'URSS

ANALYSE DE DOCUMENTS

SUJET BLANC

Consigne
Confrontez ces documents pour réaliser un bilan de la Première Guerre mondiale. Présentez les documents. Expliquez ensuite pourquoi les destructions matérielles sont si importantes dans le Nord de la France. Enfin, montrez que la guerre laisse derrière elle une Europe affaiblie et en déclin.

1 Les ruines de la guerre
Le boulevard des Écoles à Lens, avant et après la guerre.
Carte postale, Lille, musée des Beaux-Arts.

2

Les dettes de guerre entre les Alliés (en millions de livres sterling)

Prêts	avancés par les États-Unis	avancés par le Royaume-Uni	avancés par la France	Total
au Royaume-Uni	800	-	-	**800**
à la France	485	390	-	**875**
à l'Italie	275	390	35	**700**
à la Belgique	56	90	90	**236**
à la Russie	38	520	160	**718**
à la Serbie	4	20	30	**54**
à la Roumanie	2	16	35	**53**
à la Grèce	8	15	15	**38**
Total	**1 668**	**1 441**	**365**	**3 474**

QUESTION PROBLÉMATISÉE

BAC

SUJET GUIDÉ

Quelles formes prend la reconstruction de la France après la Première Guerre mondiale ?

Vous répondrez à cette problématique en montrant que :
- les aspects matériels et économiques de la reconstruction ;
- la manière dont est pris en charge le deuil lié au bilan humain ;
- les traces laissées par la guerre dans la société française.

POINTS MÉTHODE

Comprendre et analyser le sujet

- **Identifier les limites chronologiques et spatiales du sujet.**

Si elles ne sont pas explicites, il faut les déterminer en les justifiant. Un sujet peut ne faire référence qu'à une partie de la période ou des espaces travaillés en cours. Ne pas en tenir compte constitue un hors-sujet.

- **Repérer et expliquer les mots clés du sujet.**

Il faut les définir de manière précise pour ensuite chercher les notions qui leur sont associées dans le cours.

Mobiliser ses connaissances pour construire un plan

- **Élaborer le plan détaillé**

- Écrivez au brouillon toutes les informations qui vous viennent à l'esprit en lien avec chaque partie (idées, notions, événements, acteurs...). Il faut être le plus précis possible.
- Regroupez et hiérarchisez ces informations pour établir des liens entre elles (opposition, comparaison, évolution, explication...). Vérifier qu'aucune n'est hors-sujet, et qu'elles s'enchaînent de manière logique.

DÉCRYPTAGE DU SUJET

- Les limites chronologiques ne sont pas indiquées précisément : vous pouvez adopter celles du chapitre (1918-1923). En revanche, seule la France est concernée.
- Le sujet ne porte que sur un seul des thèmes du chapitre : la reconstruction. Veillez donc à n'évoquer les autres que s'ils sont en lien avec les aspects de cette reconstruction en France (par exemple, les réparations financières promises par les traités de paix).

1. Les aspects matériels et économiques de la reconstruction :
- expliquez d'abord la spécificité des destructions : très importantes, mais localisées ;
- montrez ensuite comment l'économie a été bouleversée par la guerre ;
- évoquez enfin l'urgence de la reconstruction, l'endettement et, dans ce cadre, l'importance des réparations.

2. La manière dont est pris en charge le deuil lié au bilan humain :
- rappelez l'importance du bilan humain (morts, blessés...) ;
- montrez comment le deuil est à la fois individuel et pris en charge collectivement par les communes (monuments aux morts) et l'État (cimetières militaires, cérémonies nationales...).

3. Les traces laissées par la guerre dans la société française :
- expliquez l'impact démographique sur la société française (déséquilibre femmes/hommes, population active, naissances...) ;
- montrez le difficile retour des soldats à la vie civile (gueules cassées...) ;
- évoquez la persistance du souvenir combattant dans le domaine social et politique (associations, pacifisme...).

Retrouvez des sujets de Bac et des méthodes actualisés sur le site lyceen.nathan.fr/cote1re-2019

VERS LA TERMINALE

En Première, vous avez étudié
les nations, les empires et les nationalités de 1789 aux lendemains de la Première Guerre mondiale

L'Europe fait face aux révolutions entre 1789 et 1848.

Entre 1848 et 1871, la France connaît des **évolutions importantes**, et en Europe les nationalités sont un enjeu majeur.

Avant 1914, la France voit l'installation de la **Troisième République** et la mise en place d'un **empire colonial**.

En 1914 éclate la **Première Guerre mondiale** : ce « suicide de l'Europe » conduit à la **fin des empires européens**.

1789 — 1815 — 1848 — 1870 — 1914 — 1918 — 1923

TEMPS MODERNES | ÉPOQUE CONTEMPORAINE

En Terminale, vous allez étudier
les grands enjeux du monde contemporain depuis la fin de la Première Guerre mondiale.

Thème 1
Fragilités des démocraties, totalitarismes et Seconde Guerre mondiale (1929-1945)

Thème 2
La multiplication des acteurs internationaux dans un monde bipolaire (de 1945 au début des années 1970)

Thème 3
Les remises en cause économiques, politiques et sociales des années 1970 et 1980

Thème 4
Le monde, l'Europe et la France depuis les années 1990, entre coopérations et conflits

1923 — 2000 — PRÉSENT

ÉPOQUE CONTEMPORAINE

Cahier BAC

LES ÉPREUVES COMMUNES DE CONTRÔLE CONTINU DE PREMIÈRE

DÉFINITION DE L'ÉPREUVE

Bulletin officiel n°17 du 25 avril 2019

Objectifs

Les épreuves communes de contrôle continu ont pour objectif d'évaluer l'aptitude du candidat à :
- mobiliser, au service d'une réflexion historique et géographique, des connaissances fondamentales pour la compréhension du monde et la formation civique et culturelle du citoyen ;
- rédiger des réponses construites et argumentées, montrant une maîtrise correcte de la langue ;
- exploiter, organiser et confronter des informations ;
- analyser un document de sources et de natures diverses ;
- comprendre, analyser et pratiquer différents langages graphiques.

Structure

Chaque épreuve commune de contrôle continu d'histoire-géographie se compose de deux parties. La première consiste en une question problématisée ; la seconde est soit une analyse de document(s), soit la réalisation d'une production graphique.

Classe de première : première et deuxième épreuves

Durée : 2 heures

1e partie : réponse à une question problématisée

Il s'agit d'une réponse rédigée et construite. Le candidat doit montrer qu'il a acquis des capacités d'analyse, qu'il maîtrise des connaissances, sait les sélectionner et les organiser de manière à répondre à la problématique de la question.
L'intitulé de la question suggère des éléments de construction de la réponse.

2e partie : analyse de document(s) ou réalisation d'une production graphique

L'analyse de document(s) est accompagnée d'une consigne suggérant une problématique et des éléments de construction de l'analyse. Le ou les document(s), en histoire comme en géographie, comporte(nt) un titre et, si nécessaire, un nombre limité de notes explicatives.
Lorsque la production graphique est un croquis, ce croquis est réalisé à partir d'un texte élaboré pour l'exercice qui présente une situation géographique. Un fond de carte est fourni. Le titre et l'organisation du texte indiquent de grandes orientations pour la réalisation du croquis. Dans le cas d'une autre production graphique, les consignes et les données servant à l'élaboration de cette production sont fournies avec l'exercice.

Remarques générales :

- si la première partie du sujet porte sur l'histoire, la deuxième porte sur la géographie et (ou) inversement ;
- si la première partie de la première épreuve de contrôle continu est en histoire, la première partie de la deuxième épreuve est en géographie et inversement.

Retrouvez les sujets des épreuves actualisés au fil des ans sur le site lyceen.nathan.fr/cote1re-2019

1 La question problématisée

Une réponse à une question problématisée prend la forme d'un texte correctement rédigé. Ce n'est pas la récitation du cours : il faut comprendre quel est le problème historique proposé pour sélectionner les connaissances qui permettent d'y répondre. Il faut ensuite les organiser de manière logique et structurée, et rédiger correctement la réponse.

Au brouillon — COMPRENDRE LE SUJET POUR APPROFONDIR LE PLAN DE LA RÉPONSE — env. 20 min

5 min — ANALYSER LE SUJET

- Il faut d'abord **repérer le chapitre dans lequel le sujet prend place**, puis **identifier ses limites chronologiques et spatiales**. Si elles ne sont pas explicites, il faut les déterminer en les justifiant.
- Repérez ensuite **les mots clés du sujet**. Il faut les définir de manière précise pour ensuite **chercher les notions qui leur sont associées dans le cours**. Analysez la manière dont **les mots clés sont mis en relation**. Repérez pour cela les mots de liaison et l'ordre des mots.

CONSEIL DU PROF
Un sujet peut ne faire référence qu'à une partie de la période ou des espaces travaillés en cours. Ne pas en tenir compte constitue un hors-sujet.

CONSEIL DU PROF
Vous devez maîtriser les notions travaillées dans le cours : pensez à les mettre en valeur sur vos fiches de révision.

5 min — ÉTUDIER LA PROBLÉMATIQUE

- **Le sujet indique la problématique** : il s'agit de la ou des questions auxquelles il demande de répondre. La problématique est le fil directeur de la réponse au sujet : tout ce que vous allez écrire doit permettre d'y répondre. Vous devez donc comprendre si le sujet demande d'analyser une opposition, une comparaison, une évolution…

10 min — MOBILISER SES CONNAISSANCES POUR CONSTRUIRE LE PLAN

- En Seconde et en Première, **le sujet suggère les grandes lignes du plan** : les grandes idées qui vont vous permettre de répondre à la problématique.
- **Il existe deux grands types de plans :**
  - **le plan chronologique**, , le mieux adapté pour étudier une évolution dans le temps. Le cadre chronologique du sujet est alors découpé en plusieurs périodes (une période = une partie).
  - **le plan thématique**, qui permet de distinguer les principales caractéristiques d'un phénomène historique.
- **Il vous faut compléter les parties proposées : c'est le plan détaillé** :
  - **Écrivez au brouillon toutes les informations qui vous viennent à l'esprit en lien avec chaque partie** (idées, notions, événements, acteurs…). Il faut être le plus précis possible.
  - **Regroupez et hiérarchisez ces informations** pour établir des liens entre elles (opposition, comparaison, évolution, explication…). Vérifiez qu'aucune n'est hors-sujet, et qu'elles s'enchaînent de manière logique.

CONSEIL DU PROF
Dans le cas d'un plan chronologique, pensez à indiquer à quel(s) événement(s) correspond chacune des dates qui vous sont indiquées.

CONSEIL DU PROF
Pour classer ces connaissances, vous pouvez les relier par des flèches ou les souligner d'une même couleur si elles appartiennent au même thème.

Sur la copie — RÉDIGER LA RÉPONSE À LA QUESTION PROBLÉMATISÉE — env. 40 min

5 min RÉDIGER L'INTRODUCTION

- L'introduction annonce la façon dont le sujet va être traité : il faut donc la rédiger avec soin. Elle doit présenter ces deux parties :
  – **l'entrée en matière** : elle présente le sujet et montre qu'il est compris en explicitant son libellé, ses limites chronologiques et spatiales et son contexte ;
  – **le rappel de la problématique.**

CONSEIL DU PROF
Vous pouvez, si vous en avez le temps, annoncer explicitement le plan : faites apparaître l'idée générale de chaque partie.

25 min RÉDIGER LE DÉVELOPPEMENT

- Le développement doit **suivre le plan élaboré au brouillon**, et faire apparaître la structure en paragraphes : exposez le ou les arguments qui soutiennent l'idée défendue dans le paragraphe. **Chaque argument doit être expliqué et justifié** de manière précise.

CONSEIL DU PROF
Sautez des lignes entre l'introduction et le développement, le développement et la conclusion, entre les paragraphes ; allez à la ligne en retrait de la marge après chaque sous-partie.

5 min RÉDIGER LA CONCLUSION

- La conclusion est, comme l'introduction, un moment important du devoir. Il faut y **dresser le bilan du développement** pour montrer comment il répond à la problématique.

5 min SE RELIRE

- Soignez la rédaction en accordant de l'importance à l'orthographe et à l'expression écrite.

CONSEIL DU PROF
Écrivez de préférence au présent, jamais au futur.

Retrouvez des sujets de Bac et des méthodes actualisés sur le site **lyceen.nathan.fr/cote1re-2019**

2 L'analyse de document(s)

Une analyse de document(s) consiste à montrer l'intérêt de chaque document, c'est-à-dire à évaluer dans quelle mesure son étude permet de comprendre une situation historique déterminée. Il peut aussi s'agir de montrer si la vision qu'il en donne est complète, partiale ou erronée : ce sont les limites du document.
Pour réaliser cet exercice, il vous faut répondre à une consigne en rédigeant un texte argumenté.

Au brouillon UTILISER LA CONSIGNE POUR ANALYSER LES DOCUMENTS — 20 min

5 min ANALYSER LA CONSIGNE

- Il faut analyser la consigne avant d'étudier les documents. Cela permet de comprendre la problématique qui doit mener l'étude du ou des document(s), et donc d'éviter les hors-sujet.
- La consigne **détermine le sujet à traiter**. Son étude doit permettre d'identifier la problématique plus générale, étudiée en cours, dans laquelle elle s'inscrit. Comme pour la question problématisée, il s'agit :
  - d'identifier le chapitre dans lequel elle s'inscrit ;
  - de repérer des limites chronologiques et spatiales ;
  - de relever les mots clés, de les définir puis de chercher les notions qui leur sont associées dans le cours ;
  - d'analyser la manière dont ils sont mis en relation.
- La consigne est explicite : elle énumère les différents aspects à analyser, parfois sous la forme de questions. Elle vous indique ainsi la manière d'orienter l'analyse et de construire les étapes de l'argumentation.

CONSEIL DU PROF
Cet exercice ne consiste pas à raconter ni à décrire les documents : c'est une erreur majeure, à éviter absolument.

5 min IDENTIFIER LE OU LES DOCUMENT(S)

- Chaque document doit être au cœur de la réponse à la consigne. Il faut donc l'identifier de manière précise. En histoire, la nature des documents est très variée. Il peut s'agir d'un texte, d'un document iconographique, d'un tableau statistique… Il faut connaître les spécificités de chaque document pour comprendre comment il peut aider, mais aussi limiter l'analyse d'une situation historique.
- Replacez le document et son auteur dans le contexte dans lequel ils s'inscrivent. Pour cela, vous devez faire appel à vos connaissances : vous ne pouvez comprendre un document sans connaissances sur la situation historique à laquelle il se réfère.

10 min UTILISER LA CONSIGNE POUR ANALYSER LE(S) DOCUMENT(S)

- Il faut d'abord relever dans le(s) document(s) tous les éléments qui permettent de répondre à la consigne. Pour cela, il est nécessaire d'identifier :
  - dans un texte : les idées, les notions, les dates, les noms de lieux et d'acteurs…

– dans un document iconographique : les espaces, les personnages, les couleurs, les lignes de la composition…

- Il faut ensuite classer et hiérarchiser ces informations pour établir des liens entre elles (opposition, comparaison, évolution…).

- Il faut ensuite utiliser ses connaissances pour expliquer l'intérêt et les limites du document. Cela vous permet de réaliser l'exercice, qui vous demande en quoi le document permet de répondre à une problématique historique. Il faut donc relever à la fois ce qu'il permet de comprendre d'une situation historique mais aussi, si la consigne le demande, les non-dits, les erreurs, les points de vue partiaux.

  Si deux documents vous sont proposés, il faut penser à établir le lien qui les unit après les avoir étudiés séparément.

- Esquissez rapidement au brouillon les différentes parties de votre réponse. Utilisez à la fois les indications apportées par la consigne (ou les questions) et la réponse à la problématique travaillée en classe.

CONSEIL DU PROF
Évitez deux écueils :
– répondre à la consigne sans vous appuyer sur le(s) document(s) :
– étudier le(s) document(s) sans répondre explicitement à la consigne.

Sur la copie RÉDIGER POUR RÉPONDRE À LA CONSIGNE DE MANIÈRE ARGUMENTÉE

env. 40 min

5 min RÉDIGER L'INTRODUCTION

- L'introduction est l'entrée dans le sujet. Elle annonce la façon dont il va être traité. Il faut donc la rédiger avec soin, en présentant les documents et la consigne. Vous pouvez aussi y annoncer le plan.

25 min RÉDIGER LE DÉVELOPPEMENT

- Le développement doit suivre le plan élaboré au brouillon. Chaque partie fait l'objet d'un paragraphe : elle développe les arguments qui apportent une réponse partielle à la consigne. Ces arguments doivent être expliqués et justifiés de manière précise : utilisez à la fois vos connaissances et le(s) document(s) (citez les textes, décrivez les images…).

5 min RÉDIGER LA CONCLUSION

- La conclusion doit être courte : elle dresse le bilan du développement en rappelant comment il répond à la consigne.

5 min SE RELIRE

- Soignez la rédaction en accordant de l'importance à l'orthographe et à l'expression écrite.

CONSEIL DU PROF
Écrivez de préférence au présent, jamais au futur.

Retrouvez des sujets de Bac et des méthodes actualisés sur le site lyceen.nathan.fr/cote1re-2019

LEXIQUE

A

A.E.F : Afrique Équatoriale française, ensemble des colonies formé du Gabon, du Tchad, de l'Oubangui-Chari et du Congo. (voir p. 184)

A.O.F. : Afrique Occidentale française, ensemble des colonies composé du Sénégal, de la Guinée, de la Côte d'Ivoire, de la Haute-Volta, du Dahomey, du Soudan et du Niger. (voir p. 184)

Acculturation : processus par lequel un groupe d'individus ou une société entre en contact avec une autre culture et l'assimile en partie. (voir p. 188)

Anarchisme : courant révolutionnaire rejetant toute autorité politique ou sociale. (voir p. 140)

Anticléricalisme : hostilité à l'intervention du clergé dans les affaires publiques. (voir p. 137 et 152)

Antiparlementarisme : hostilité au régime parlementaire et à ses hommes politiques. (voir p. 140 et 152)

Apatride : personne qu'aucun État ne considère comme son ressortissant, qui n'a pas de nationalité légale. Dépourvu de nationalité, l'apatride ne bénéficie de la protection d'aucun État. Le terme apparaît à la fin des années 1920. Au lendemain de la guerre, on parle plutôt de « Sans-patrie ». (voir p. 260, 268, 272)

Armée d'Orient : armée formée avec les troupes françaises mobilisées dans l'offensive des Dardanelles, redéployées à Salonique ensuite. (voir p. 217)

Arméniens : peuple chrétien vivant dans l'Empire ottoman, l'Empire russe et la Perse. (voir p. 234)

Ateliers Nationaux : organisation de l'État destinée à donner du travail aux chômeurs. Elle fonctionne entre février et juin 1848. (voir p. 69)

B

Bagne colonial : établissement pénitentiaire créé outre-mer pour recevoir les condamnés aux travaux forcés. (voir p. 188)

Blocus continental : interdiction de faire du commerce avec l'Angleterre, imposée par Napoléon à partir de 1806. (voir p. 21)

Blocus : stratégie de guerre économique qui vise à isoler une région, un pays, par la force, en la privant de toute communication avec l'extérieur. Les Britanniques et Français organisent le blocus maritime de l'Allemagne dès l'automne 1914. (voir p. 234)

Bolcheviques : membres du Parti ouvrier social-démocrate de Russie, dirigé par Lénine et constitué en parti indépendant en 1912. Ils sont partisans d'une paix immédiate et d'une alliance entre ouvriers et paysans. (voir p. 262)

Bonapartisme : courant politique qui défend un régime autoritaire fondé sur la souveraineté populaire par le biais du suffrage universel masculin. (voir p. 88 et 106)

C

Candidat officiel : candidat soutenu par le pouvoir et qui bénéficie de nombreux avantages (soutien des préfets, facilités dans le déroulement de la campagne...). (voir p. 81)

Canuts : ouvriers tisserands de la soie, du quartier de la Croix-Rousse à Lyon. (voir p. 46)

Censure : contrôle et interdiction de tout ou partie d'une publication (en particulier la presse pendant la guerre). En France, la censure est préalable : les articles destinés à paraître sont validés ou non. La critique de l'effort de guerre, la divulgation d'informations sensibles sont interdits. (voir p. 238)

Chancelier : nom donné au Premier ministre de Prusse puis de l'Allemagne unifiée. (voir p. 118)

Confédération germanique : union des États allemands créée suite au congrès de Vienne en 1815. (voir p. 114 et 118)

Charte : texte constitutionnel accordé par le roi, qui accepte de son propre chef de limiter ses pouvoirs de chef de l'État. (voir p. 46)

Club : association où les citoyens et citoyennes débattent de questions politiques. (voir p. 17)

Coalition : rassemblement temporaire de plusieurs membres d'un groupe social ou professionnel, en vue d'organiser une réponse collective à une décision touchant leurs conditions de vie ou de travail. (voir p. 96 et 106)

Code civil : ensemble des lois traitant des règles de vie et des biens dans une société. (voir p. 30)

Code de l'indigénat : les indigènes, privés de la citoyenneté par leur statut défini en 1865, sont aussi soumis à un régime pénal d'exception qui confère aux administrateurs civils le droit de les condamner à de courtes peines ou à des amendes. Il est légalisé pour l'Algérie en 1881 puis généralisé progressivement à toutes les colonies à partir de 1887. (voir p. 192)

Colonie de peuplement : colonie dans laquelle s'installe définitivement un grand nombre d'habitants venus de métropole. (voir p. 192)

Colonie : au XIXe siècle, territoire dominé et administré directement par un État étranger. (voir p. 184 et 198)

Comices agricoles : réunions d'exploitants agricoles, le plus souvent en présence d'un représentant de l'État, afin de faire connaître les pratiques innovantes et d'améliorer la production. (voir p. 94)

Communards : terme qui désigne les participants à la Commune de Paris. Pourtant, les acteurs du mouvement communaliste se qualifient de « communeux ». Ce sont les Versaillais qui, de manière péjorative, préfèrent les appeler « communards ». (voir p. 137)

Communisme : idéologie politique qui cherche à instaurer une société égalitaire, sans classes sociales, sans État et sans propriété privée. (voir p. 262)

Concentration industrielle : concentration sur un même site industriel de l'ensemble des processus de fabrication d'un produit, qui a pour conséquence d'agrandir le site et d'augmenter le nombre d'ouvriers qui y travaillent. (voir p. 163)

Concession : délégation de service que l'État accorde à une entreprise privée. (voir p. 94)

Concession (dans les colonies) : en 1899-1900, l'État français, selon l'idée que les colonies ne doivent rien coûter, partage le territoire de l'Afrique Équatoriale française (700 000 km^2) entre 40 compagnies privées chargées de leur mise en valeur. (voir p. 188)

Concordat : traité entre le pape et un État, définissant les relations entre l'Église et cet État. (voir p. 21)

Congrégation : association de religieuses ou de religieux. (voir p. 140)

Conscription : réquisition par un État d'une partie de sa population pour servir dans l'armée. (voir p. 138 et 210)

Conservateurs (1870) : au début des années 1870, c'est l'ensemble des partisans d'un retour à la monarchie. (voir p. 137)

Conservateurs (1848) : en 1848, groupe politique partisan d'un retour à la monarchie. (voir p. 69)

Constitution civile du clergé : loi de juillet 1790 qui réorganise l'Église catholique. Elle est rejetée par le pape. (voir p. 17)

Constitution : texte fondamental qui fixe l'organisation, la répartition des pouvoirs de l'État et la souveraineté de la nation. (voir p. 17 et 34)

Corps francs : en Allemagne, formations paramilitaires composées surtout d'anciens soldats démobilisés. Ultra-nationalistes et violents, ils n'hésitent pas à pratiquer l'assassinat politique. (voir p. 260)

Coup d'État : action visant à prendre ou à conserver le pouvoir de façon illégale. (voir p. 18, 69, 84)

Culture de guerre : discours et pratiques qui permettent aux civils comme aux militaires de se représenter et d'accepter la réalité du fait guerrier. Ces représentations permettraient de donner du sens au conflit. (voir p. 238)

D

Démocratie représentative : régime politique dans lequel les citoyens peuvent élire librement au suffrage universel leurs représentants pour gouverner. (voir p. 69)

Déportation : déplacement forcé d'un individu ou d'une population. (voir p. 234)

Déportés : condamnés politiques qui sont, à partir de 1850, envoyés au bagne mais non astreints aux travaux forcés. (voir p. 196)

Dominion : possession anglaise ayant le droit de se gouverner elle-même tout en reconnaissant la souveraineté britannique, donc en restant dépendante de la politique extérieure britannique. (voir p. 217)

Droit des peuples à disposer d'eux-mêmes : principe selon lequel chaque peuple doit pouvoir déterminer la forme de son gouvernement. (voir p. 259)

E

Économie de guerre : adaptation des économies aux exigences du conflit, notamment marquée par l'interventionnisme des États. (voir p. 236 et 248)

Empire colonial : dérivé du latin « imperium » (« pouvoir souverain », « domination »), par référence à l'Empire romain, le terme désigne au XIXe siècle un État et l'ensemble de ses possessions coloniales. (voir p. 184 et 198)

Emprunts nationaux : une partie du financement de la guerre est assurée par le recours au crédit, notamment auprès de l'épargne publique qui est mise à contribution par le biais de grandes campagnes d'emprunts patriotiques. (voir p. 236)

Ersatz : produit de substitution, copie d'un produit manquant, souvent de moins bonne qualité. (voir p. 237)

Exode rural : départ définitif de la population des campagnes vers les villes.

(voir p. 93, 96, 102, 106, 163, 176)

F

Front : limite avant de la zone de combat, le front est une zone de face-à-face entre armées ennemies. (voir p. 206)

Front intérieur : l'expression désigne les différentes formes de mobilisation des civils pour l'effort de guerre à l'arrière. (voir p. 237)

G

Garde nationale : création de la Révolution française pour maintenir l'ordre, cette garde est composée de citoyens volontaires en armes. En 1848, la milice parisienne refuse d'aller se battre pour le roi, précipitant sa chute. (voir p. 47)

Génocide : destruction physique, intentionnelle, systématique et programmée d'un groupe ou d'une partie d'un groupe en raison de ses origines ethniques ou religieuses. (voir p. 234 et 248)

Girondins : députés républicains dont plusieurs sont originaires du département de la Gironde. Ils sont hostiles aux revendications des sans-culottes et se méfient des insurrections populaires. (voir p. 18)

Grande Allemagne : projet des conservateurs et des catholiques, défendant l'union de l'Allemagne incluant l'Empire d'Autriche. (voir p. 49)

Grève : action collective consistant en une cessation du travail par les salariés d'une entreprise. (voir p. 96 et 164)

Guerre civile : conflit opposant, au sein d'un même État, plusieurs groupes armés entre eux. La guerre civile s'oppose aux conflits armés internationaux. (voir p. 262)

Guerre de mouvement : phase de la guerre qui repose sur des offensives destinées à vaincre rapidement l'ennemi. (voir p. 210 et p. 224)

Guerre de position (ou guerre des tranchées) : phase de la guerre où les combattants s'abritent dans des lignes plus ou moins fortifiées, à partir desquelles ils mènent une guerre d'un type nouveau marquée par le rôle majeur de l'artillerie. (p. 210 et 224)

Guerre sous-marine : désigne la guerre menée par les sous-marins allemands (U-boot) contre les navires alliés ou neutres. En février 1917, l'Allemagne renoue avec le torpillage sans restriction de tous les navires, quelle quesoit leur nationalité, d'où l'emploi de l'expression « à outrance ». (voir p. 212)

Gueule cassée : soldat blessé au visage et affecté de séquelles physiques graves. (voir p. 260)

H

Hygiénisme : idée selon laquelle l'état de santé de la population et la maîtrise des épidémies dépendent de la salubrité de l'espace public, et peuvent donc être traités par une politique urbaine et sociale. (voir p. 94, 96, 100)

I

Immigré : personne qui s'installe (provisoirement ou définitivement) dans un pays d'accueil. (voir p. 163 et 176)

Impérialisme : domination culturelle, politique, économique et militaire exercée au XIXe siècle par les nations industrialisées (Europe, États-Unis, Japon) sur les autres États. Le terme désigne aussi l'idéologie qui préconise cette politique d'expansion. (voir p. 184)

Industrialisation : processus d'extension et d'intensification des activités industrielles pendant lequel la production industrielle dépasse la production agricole. (voir p. 93, 163, 176)

Industrie : ensemble des activités ayant pour objet la transformation des matières premières en biens manufacturés. (voir p. 93)

Inflation : hausse des prix. Pendant la guerre, l'inflation est avant tout la conséquence de l'émission massive de billets à laquelle procèdent les gouvernements pour financer le conflit. (voir p. 237)

Insurrection : soulèvement et révolte armée contre un pouvoir. (voir p. 44)

L

Laïcité : principe selon lequel l'État ne favorise aucune religion et garantit à chacun la liberté de conscience et d'expression de ses convictions. (voir p. 138 et 152)

Libéralisme économique : théorie qui défend la liberté d'entreprendre et d'échanger. (voir p. 17)

Libéraux : soutiens du libéralisme, notamment politique. Ils souhaitent encadrer les pouvoirs des souverains par des Constitution. (voir p. 44)

Ligne Hindenburg : système constitué de zones fortifiées reliées entre elles, établi très en arrière du front, et s'étendant sur près de 160 kms, de Lens à Soissons. (voir p. 222)

Ligues : organisations politiques constituées autour de l'affaire Dreyfus. La majorité d'entre elles sont hostiles à Dreyfus et à la République. (voir p. 140)

Livret ouvrier : document officiel délivré par la mairie de résidence de l'ouvrier, sur lequel figurent son identité, et les dates d'entrée et de sortie dans chaque entreprise où il a travaillé. Seuls les ouvriers munis d'un livret peuvent être embauchés. Le livret sert aussi de passeport intérieur ; l'ouvrier doit le présenter aux forces de police qui le demandent. (voir p. 96)

Logistique : ensemble des opérations qui permettent et soutiennent les opérations des forces armées (transport des troupes et des matériels, ravitaillement...). (voir p. 210)

Lois constitutionnelles : lois fondamentales qui définissent l'organisation des pouvoirs et le fonctionnement d'un régime politique. (voir p. 137)

M

Marché noir : infractions à la législation économique, marché clandestin (circuit parallèle d'approvisionnement). (voir p. 237)

Marxisme : pensée politique qui fait reposer le système social sur la lutte des classes entre patrons et ouvriers, et encourage ces derniers à renverser l'ordre économique et social capitaliste par une révolution. (voir p. 96)

Métropole : depuis le XVIIe siècle, le terme désigne le territoire et l'État français par rapport à ses possessions d'outre-mer. (voir p. 184 et 198)

Monarchie parlementaire : régime politique où le pouvoir du roi est limité par une Constitution. Le gouvernement, choisi par le roi, est responsable devant le Parlement qui devient alors le centre de la vie politique. (voir p. 46)

Montagnards : députés républicains favorables à l'égalité sociale, qui incarnent la lutte contre les ennemis intérieurs et extérieurs de la République. Soutenus par les sans-culottes, ils siègent sur les gradins les plus hauts de l'Assemblée, la « Montagne ». (voir p. 18)

Munitionnettes : terme par lequel sont désignées les femmes qui travaillent dans les usines d'armement pendant la guerre. (voir p. 237)

Mutinerie : révolte des soldats contre l'autorité militaire. (voir p. 210)

N

Nation : communauté ayant une unité (langue, culture, histoire) et souhaitant vivre ensemble et se doter d'un État. (voir p. 17, 34, 117 et 194)

Nationalisme : à partir de l'affaire Dreyfus, idéologie qui exalte la supériorité nationale et appelle à la lutte contre les « ennemis » extérieurs (les autres nations) et intérieurs (les juifs notamment). (voir p. 140)

Négationnisme : le négationnisme est une posture idéologique qui consister à nier la réalité d'un génocide. Les arguments négationnistes reposent sur une théorie du complot et sur une rhétorique historique mensongère consistant à isoler les faits et à multiplier les faux arguments. (voir p. 243)

O

Obligation : titre financier coté en bourse, donnant lieu au versement d'intérêt. (voir p. 94)

P

Panslavisme : volonté de fédérer les Slaves. Le projet panslave serbe vise la création d'une grande Serbie (ou « Yougoslavie », en serbo-croate) regroupant tous les Slaves du sud (Serbes, Bosniaques, Croates...) sous la protection de la Russie. (voir p. 208)

Parti de l'Ordre : regroupement de conservateurs favorables à l'ordre et très hostiles aux « rouges ». La figure la plus importante est Adolphe Thiers. (voir p. 69)

Paternalisme : système mis en place par la direction d'une entreprise pour prendre en charge un grand nombre d'aspects de la vie du quotidien (logement, soins, éducation...). Le patron, soucieux de fidéliser et contrôler sa main-d'œuvre, se comporte comme un père de famille avec ses ouvriers. (voir p. 97, 163, 176)

Patriotisme : sentiment d'amour pour sa patrie ; en contexte de guerre il exprime plus précisément l'engagement d'un individu pour son pays, la volonté de défendre le territoire national où vit une communauté attachée à une culture et des valeurs spécifiques. (voir p. 138)

Petite Allemagne : projet des libéraux et des protestants, défendant l'union d'une Allemagne resserrée autour de la Prusse, et sans l'Autriche. (voir p. 49)

Plébiscite : consultation directe au suffrage universel du peuple auquel on demande de répondre par oui ou par non. (voir p. 21, 70, 81, 84)

Politisation : Processus par lequel un individu ou un groupe s'intéresse à la politique. Une forme d'éducation qui peut s'appréhender par la fréquentation de lieux (banquets, cafés) et par des pratiques comme la lecture de la presse. Elle amène les acteurs à des prises de position dans l'espace public. (voir p. 49)

Population active : ensemble des personnes occupant un emploi et de celles qui sont au chômage. (voir p. 161)

Principe des nationalités : principe selon lequel à chaque peuple doit correspondre un État. (voir p. 259 et 272)

Printemps des peuples : ensemble des soulèvements révolutionnaires du printemps 1848 en Europe. À la convergence de plusieurs mouvements, il rassemble toutes les revendications nationales, libérales, démocratiques et sociales. (voir p. 49 et 58)

Propagande : actions exercées sur les individus, au moyen des outils de communication et d'information, pour les convaincre de la supériorité d'une idéologie, d'une politique et les inciter à penser et agir en ce sens. (voir p. 238 et 248)

Proscription : condamnation à l'exil. (voir p. 70)

Protectorat : territoire placé sous la dépendance de la métropole mais qui garde son autonomie interne. (voir p. 184)

R

Réfugié : personne victime de persécutions, de conflits ou de catastrophes naturelles, contrainte de quitter son pays d'origine pour trouver refuge dans un autre pays. (voir p. 260 et 268)

Relégués : multirécidivistes condamnés à l'exil à vie (1885). (voir p. 196)

Républicains radicaux : républicains qui veulent infléchir la République dans un sens plus démocratique et social ; ils se font aussi appeler Montagnards, démoc-socs ou Rouges. (voir p. 69)

République : forme d'organisation politique où le pouvoir n'est pas héréditaire. République et démocratie ne sont pas toujours synonymes : certaines monarchies sont aujourd'hui démocratiques (Royaume-Uni, Espagne) et certaines républiques ne sont pas démocratiques. (voir p. 18, 34, 69, 84)

Restauration : rétablissement d'un ordre ancien. Entre 1814 et 1830, partout en Europe, les dynasties déchues lors de la Révolution sont de retour comme les Bourbons en France, avec Louis XVIII puis Charles X. (voir p. 44)

Révolution : renversement brusque et par la force. En débutant par une insurrection, la révolution développe une dynamique élargissant les contestations à de larges parties du peuple. La révolution marque politiquement et symboliquement une rupture avec l'ordre ancien alors détruit. (voir p. 17 et 34)

***Risorgimento* :** à la fois « renaissance » et « résurrection» en italien, l'expression désigne l'essor du mouvement national pour l'unité et l'indépendance de l'Italie. (voir p. 44, 117, 126)

S

Sainte-Alliance : traité signé en 1815 par l'Autriche, la Russie, la Prusse, et par la France en 1818. Il affirme la légitimité divine du pouvoir des rois et organise la répression des contestations. (voir p. 76)

Sécurité collective : système multilatéral, à l'échelle du monde ou d'un continent, dans lequel chaque État s'engage à garantir la sécurité et l'indépendance de tous les autres. (voir p. 259 et 272)

***Senatus-consulte* :** acte voté par le Sénat dont les membres sont nommés par Napoléon III et qui a valeur de loi constitutionnelle. (voir p. 70)

Sentiment national : sentiment d'appartenir à une nation qui se construit autour d'une langue, d'une histoire, ou d'une religion commune. C'est en son nom queles peuples revendiquent un État indépendant. C'est le principe des nationalités. (voir p. 44, 58, 117)

Souveraineté nationale : principe selon lequel le pouvoir appartient à la nation formée de citoyens. (voir p. 33)

Soviets : conseils d'ouvriers, de paysans ou de soldats qui se forment spontanément en 1917, après la chute du régime impérial. (voir p. 262)

Spartakisme : mouvement allemand d'extrême gauche marxiste et révolutionnaire dirigé par Karl Liebknecht et

Rosa Luxemburg. Il tire son nom de Spartacus, esclave romain qui avait pris la tête d'une révolte au Ier siècle av. J.-C. (voir p. 262)

Statut personnel : principe défini en 1830 selon lequel les indigènes ne doivent pas être soumis au code civil en matière matrimoniale et familiale, de façon à respecter leurs coutumes. (voir p. 192)

Succursale : établissement subordonné à une entreprise-mère, mais doté d'une certaine autonomie dans l'organisation de ses activités économiques. (voir p. 94)

Suffrage censitaire : suffrage où seuls les plus riches, capables de payer un certain niveau d'impôt, peuvent voter et être éligibles. (voir p. 46)

Suffrage universel masculin : mis en place en août 1792, il prévoit que sont électeurs tous les citoyens (donc les hommes) de plus de 21 ans, à l'exclusion des domestiques. (voir p. 19 et 34)

Syndicat : association qui défend les intérêts professionnels et les droits des travailleurs. (voir p. 170, 200, 216)

T

Transportés : condamnés de droit commun aux travaux forcés (1854). (voir p. 196)

Triple Entente (ou Entente) : coalition formée par la France, le Royaume-Uni et la Russie tsariste. L'Italie rejoint cette coalition en 1915. (voir p. 208)

Triplice (ou empires centraux) : coalition des empires austro-hongrois et allemand incluant initialement l'Italie. L'empire Ottoman la rejoint dès la fin 1914. (voir p. 208)

U

Ultras : Royalistes, partisans de la monarchie absolue. Ils forment un parti contre-révolutionnaire particulièrement influent sous la Restauration. (voir p. 46)

Urbanisation : processus d'accroissement de la population des villes dans un territoire donné. (voir p. 96)

V

Versaillais : terme qui désigne les dirigeants de la Troisième République à partir du moment où ils décident de transférer la capitale de la France à Versailles en 1871. Les communards les appellent ainsi de manière péjorative. (voir p. 137)

X

Xénophobie : haine de l'étranger. (voir p. 164)

Z

***Zollverein* :** union douanière entre la Prusse qui en est à l'origine et une vingtaine d'États allemands. Elle entre en vigueur en 1834 et fonctionne par l'intermédiaire d'un Parlement et d'un système monétaire unifié. (voir p. 114 et 118)

Crédits iconographiques

Couverture : h, reprise tranche bm, rabat mg : Franck Raux/RMN-Grand Palais ; **mg, reprise tranche hm, rabat hg, 26h** : Bridgeman Images ; **md, reprise tranche b, rabat bd** : Coll. O. Calonge/Adoc-Photos ; **bg, reprise tranche hb, rabat hd** : Photo Josse/Leemage ; **bm, reprise tranche bh, rabat md** : Museum of Fine Arts Boston, Massachusetts, Gift of Louisa W. and Marian R. Case/Bridgeman Images ; **bd, reprise tranche h, rabat bg** : FineArtsImages/Leemage
12 : H. Josse/Archives Larbor ; **13** : Erich Lessing/Akg-Images ; **16h, reprise 18, 28b, 34m** : Coll. Archives Larbor ; **16mh** : Coll. Archives Larbor ; **16mb** : H. Josse/Archives Larbor ; **19, reprise 28h** : Rama, CC by 2.0 ; **20h** : Coll. Archives Larbor ; **20b, reprise 34b** : G. Dagli-Orti/Archives Larbor ; **22** : J. L. Charmet/Archives Larbor ; **23** : H. Josse/Archives Larbor ; **24, reprise 25** : Jeanbor/Archives Larbor ; **26b** : Jeanbor/Archives Larbor ; **27, reprise 16b, 34h** : H. Josse/Archives Larbor ; **29** : Coll. Archives Larbor ; **30** : J. L. Charmet/Archives Larbor ; **31** : F. Levalet/Andia.fr ; **32** : Coll. Archives Larbor ; **33** : Heritage Images/Akg-Images ; **38** : Archives Charmet/Bridgeman Images ; **40** : Coll. Archives Larbor ; **41** : Akg-Images ; **45h, reprise 44, 51h, 58h** : Coll. Archives Larbor ; **46** : Coll. Archives Larbor ; **47mh** : Scala/Archives Larbor ; **47mb** : Coll. Archives Larbor ; **48h** : J. L. Charmet/Archives Larbor ; **48m** : Coll. Archives Larbor ; **48b** : Erich Lessing/Akg-Images ; **50** : Akg-Images ; **51b** : Album/Akg-Images ; **52, reprise 47mh, 58m** : H. Josse/Archives Larbor ; **53** : Coll. Archives Nathan ; **54, reprise 71, 136m** : Jeanbor/Archives Larbor ; **55, reprise 4h, 45mb, 47h, 58b, 276g** : H. Josse/Archives Larbor ; **56** : BHVP/Roger-Viollet ; **91** : L. de Selva/Archives Larbor ; **60** : Bridgeman Images ; **64** : Photo12/Alamy ; **65, reprise 4b** : Electa/Leemage ; **68h, reprise 72h, 84h** : J. Denave/Archives Larbor ; **68b, reprise 76, 84m** : J. L. Charmet/Archives Larbor ; **70, reprise 84b, 276mg** : Coll. Archives Larbor ; **72b** : Bibliothèque nationale de France, Paris ; **73** : Coll. Archives Larbor ; **74** : Gérard Blot/RMN-Grand Palais ; **75h** : Thierry Ollivier/RMN-Grand Palais ; **75b** : RMN-Grand Palais ; **77h** : G. Dagli Orti/Aurimages ; **77b** : Coll. Grob/Kharbine-Tapabor ; **78** : Ville de Cherbourg-Octeville, Bibliothèque Jacques Prévert ; **79h** : Coll. Archives Larbor ; **79b** : Coll. Kharbine-Tapabor ; **80** : Coll. Archives Larbor ; **81h** : Selva/Leemage ; **81b** : Coll. Archives Larbor ; **82h** : Bridgeman Images ; **82b** : Jeanbor/Archives Larbor ; **83** : Musée Carnavalet/Roger-Viollet ; **139h, reprise 144hg, 152m** : Archives Nathan ; **86** : Archives Charmet/Bridgeman Images ; **88** : Coll. Kharbine-Tapabor ; **90** : Stefano Bianchetti/Bridgeman Images ; **91** : Akg-Images ; **95h, reprise 98hg** : Tallandier/Rue des Archives ; **95mh, reprise 98hd** : Bridgeman Images ; **98b** : SPL/Akg-Images ; **99h, reprise 95, 106h** : Bibliothèque Nationale de France, Paris ; **100** : Coll. Archives Larbor ; **101, reprise 95mb, 106b** : Lee/Leemage ; **102** : Philippe Bernard/RMN-Grand Palais ; **103** : Coll. Kharbine-Tapabor ; **104** : Coll. Kharbine-Tapabor ; **105 ; 110** : Bridgeman Images ; **112** : SEA_Seat Archive/Alinari, Dist. RMN-Grand Palais ; **113, reprise 119b, 126b** : Akg-Images ; **116h** : G. Tomsich/Archives Larbor ; **116mh** : G. Tomsich/Archives Larbor ; **116b** : Coll. Archives Larbor ; **119h** : Lee/Leemage ; **119m** : Coll. Archives Larbor ; **120** : Tallandier/Rue des Archives ; **121, reprise 116mb, 126h** : Département de la Savoie, Archives départementales, (8Fi 6) ; **122** : DeAgostini/Leemage ; **123h** : DeAgostini/Leemage ; **123b** : Luisa Ricciarini/Leemage ; **124g** : DHM, Berlin/Bridgeman Images ; **124d** : Akg-Images ; **125** : The Granger Coll./Bridgeman Images ; **128** : Fototeca/Leemage ; **132** : Musée Carnavalet/Roger-Viollet ; **133** : Coll. IM/Kharbine-Tapabor ; **134hg** : Photo Josse/Leemage ; **134hd, reprise 276md** : Coll. Archives Nathan ; **134bg** : Albert Harlingue/Roger-Viollet ; **134bd** : Francisco Javier Gil/Shutterstock ; **135h** : Frédéric Legrand/COMEO/Shutterstock ; **135bg** : Meunierd/Shutterstock ; **135bd** : Giancarlo Liguori/Shutterstock ; **136h** : Coll. Archives Larbor ; **136b, reprise 152h** : Coll. Archives Larbor ; **137h** : Whiteimages/Bridgeman Images ; **138** : Coll. Archives Larbor ; **139b** : J. Bottet/Archives Larbor ; **140** : Coll. Archives Larbor ; **141h** : Coll. Archives Larbor ; **141mb, reprise 258b** : Coll. Archives Larbor ; **142** : Jean Vigne/Kharbine-Tapabor ; **143** : Bridgeman/Leemage ; **144hd** : Maisons de Victor Hugo/Roger-Viollet ; **144b** : Musée Carnavalet/Roger-Viollet ; **145** : Maisons de Victor Hugo/Roger-Viollet ; **146** : Photo Josse/Leemage ; **147** : Akg-Images ; **148h** : Coll. Archives Nathan ; **148b** : Coll. Archives Larbor ; **149h et b** : Coll. Archives Larbor ; **151g, reprise 141mh, 152b** : Coll. IM/Kharbine-Tapabor ; **151d** : Coll. IM/Kharbine-Tapabor ; **154h** : Abecasis/Leemage ; **154b** : Coll. Kharbine-Tapabor ; **158** : Musée Carnavalet/Roger-Viollet ; **159** : J. L. Charmet/Archives Larbor ; **166h, reprise 162b, 176m** : Coll. NB/Kharbine-Tapabor ; **166b** : Neurdein Frères/Neurdein/Roger-Viollet ; **168** : CAP/Roger-Viollet ; **169h** : Coll. IM/Kharbine-Tapabor ; **169b** : F. Lauginie/Le Compa, Conservatoire de l'agriculture, Chartres ; **170h, mh** : CUCM, dépôt D. S.-A. A. R, reproduction D. Busseuil ; **171h** : Photo Josse/Leemage ; **171b, reprise 162h, 176h** : CUCM, dépôt D. S.-A. A. R, reproduction D. Busseuil ; **172h, reprise 164, 176b** : Bianchetti/Leemage ; **172b** : Coll. Dupondt/Akg-Images ; **173** : Coll. Dixmier/Kharbine-Tapabor ; **174** : Gusman/Leemage ; **175h** : Coll. IM/Kharbine-Tapabor ; **175b** : Cercle pour la promotion de l'histoire de Joeuf ; **178** : Jeanbor/Archives Larbor ; **180** : Bridgeman Images © Adagp, Paris 2019 ; **182** : Adoc-Photos ; **183** : J. Bottet/Archives Larbor ; **186h** : Coll. Archives Larbor ; **186b** : Coll. Archives Larbor ; **189m** : Albert Harlingue/Roger Viollet ; **190, reprise 187m, 198h** : Selva/Bridgeman Images ; **191** : Coll. Archives Larbor ; **193** : Archives Charmet/Bridgeman Images ; **195g, reprise 189h, 198b** : Lebrecht/Rue des Archives ; **195d** : Selva/Leemage ; **196** : Archives de la Nouvelle-Calédonie, coll. Amsterdam, 2J 45 ; **197h** : Marc Le Chelard/AFP ; **197b** : Yves Talensac/Photononstop ; **204** : Cornell University Library ; **205** : Barbara Singer/Bridgeman Images ; **207h** : Coll. Archives Larbor ; **209m** : Coll. Archives Larbor ; **210h** : Coll. Archives Larbor ; **211mh** : Coll. Archives Larbor ; **211mb** : J. L. Charmet/Archives Larbor ; **212b** : Osprey Publishing, Q ship vs U-Boat, David Greentree/Akg-Images ; **214** : Historische Bildpostkarten, Universität Osnabrück, Sammlung Prof. Sabine Giesbrecht ; **215, reprise 210b, 224h** : Cliché Bibliothèque de la Sorbonne ; **216, reprise 212h, 224mb** : Peter Newark Pictures/Bridgeman Images ; **217** : The Stapleton Collection/Bridgeman Images ; **218, reprise 6, 276d** : PA Archive/Roger-Viollet ; **219, reprise 211h, 224mh** : UPPE/Aurimages ; **220** : Service Historique de la Défense ; **221** : François Nascimbeni/Pool/AFP ; **222** : Daniau/ECPAD/Défense ; **223h** : Musée Carnavalet/Roger-Viollet ; **223b, reprise 211m, 224b** : Maurice-Louis Branger/Roger-Viollet ; **228** : Gérard Blot/Mucem/RMN-Grand Palais ; **230** : Yazid Medmoun, Historial de la Grande Guerre – Péronne (Somme) ; **231** : US Army/The Life Picture Collection/Getty ; **236b** : L'Illustration/Photo12 ; **238** : The Granger Collection/Bridgeman Images ; **239m** : Jean-Pierre Verney/Akg-Images ; **241** : Armenian Genocide Museum Institute/AFP ; **242h, reprise 235m, 248h** : Coll. Archives Larbor ; **242b** : Coll. Archives Larbor ; **243** : Mourad Sezer/AP/Sipa ; **244h** : Coll. O. Calonge/Adoc-Photos ; **244bg** : Jacques Boyer/Roger-Viollet ; **244bd** : Yazid Medmoun, Historial de la Grande Guerre – Péronne (Somme) ; **245h, reprise 236h, 248m** : Adoc-Photos ; **245b** : H. Manuel/Archives Larbor ; **246, reprise 237m, 248b** : Archive Photos/Adoc-Photos ; **247** : DHM, Berlin/Bridgeman Images ; **250** : Maurice-Louis Branger/Roger-Viollet ; **252** : Piston/Pressesports ; **254** : Imperial War Museum, Londres/Bridgeman Images ; **255** : Akg-Images ; **258h, reprise 264** : Everett Historical/Shutterstock ; **258b** : Coll. Archives Larbor ; **259h** : Coll. Archives Larbor ; **261b** : Narvikk/iStock ; **263h** : Lou/Archives Larbor ; **263m** : Underwood Archives/Akg-Images ; **265h**: Coll. Kharbine-Tapabor ; **265b** : Coll. Dixmier/Kharbine-Tapabor ; **266** : Maurice-Louis Branger/Roger-Viollet ; **268** : Bettmann/Getty ; **269h, reprise 261m, 272h** : Photo12/Alamy ; **269b** : Coll. Archives Larbor ; **270** : Excelsior-L'Équipe/Roger-Viollet

Édition : Françoise Laurent, avec l'aide de Lucile Foucher et Mathilde Boisserie
Direction éditoriale : Carole Greffrath
Responsable artistique : Pierre-Yves Skrzypczak
Conception graphique de l'intérieur : Julie Lannes
Conception graphique de la couverture : Laurence Ningre
Mise en pages : Frédérique Buisson
Iconographie : Électron libre – Valérie Delchambre
Cartographie : Légendes Cartographie – Marie-Sophie Putfin
Charte graphique des schémas : WeDoData
Frises, schémas, graphiques : Renaud Scapin
Relecture : Isabelle Macé
Fabrication : Adeline Caillot

MIXTE
Papier issu de sources responsables
FSC® C022030

Nathan est un éditeur qui s'engage pour la préservation de son environnement et qui utilise du papier fabriqué à partir de bois provenant de forêts gérées de manière responsable.

Légendes de la couverture

Une femme actrice de la Révolution française : Olympe de Gouges
Olympe de Gouges, dessin anonyme, 1784, musée Carnavalet, Paris.

Les symboles de la Deuxième République
Huile sur toile de Sébastien Cornu, *La République*, musée des Beaux-Arts, Besançon.

La Deuxième République abolit l'esclavage en 1848
Détail de l'huile sur toile d'Auguste François Briard, 1848-1849, *L'abolition de l'esclavage dans les colonies françaises en 1848*, châteaux de Versailles et Trianon, Versailles.

La société rurale du XIXe siècle
Détail de l'huile sur toile de Julien Dupré, *Enfants nourrissant des oies*, 1881, museum of Fine Arts, Boston, (États-Unis)

La société urbaine du XIXe siècle
Détail de l'huile sur toile de Federico Zandomeneghi, *La modiste*, 1895-1900. Collection privée.

Soldats français de la Première Guerre mondiale
Poilus français dans une tranchée en Alsace, janvier 1916.

Histoire 1re

Nouveau programme 2019

Sous la direction de :

Sébastien Cote
Professeur en classes préparatoires au lycée Joffre, Montpellier (34)

Laëtitia Benbassat
Professeure au Collège Jean Perrin à Paris (75)

Vivien Chabanne
Professeur au Lycée Jules Guesde à Montpellier (34)

Cécile Chalmin
Professeure à SciencesPo Lille (59)

Julien Fabre
Professeur au Lycée Pablo Neruda à Saint-Martin-d'Hères (38)

Guillaume Gicquel
Professeur dans l'académie de Seine-Saint-Denis (93)

Stanislas Jeannesson
Professeur d'histoire contemporaine à l'Université de Nantes (44)

Samuel Kuhn
Professeur au Lycée de la Versoie à Thonons-les-Bains (74)

Catherine Lacour-Astol
Inspectrice d'académie à Lille (59)

Servane Marzin
Professeure au Lycée Paul Éluard à Saint-Denis (93)

Claire Quincy
Professeure au Lycée Jules Guesde à Montpellier (34)

Catherine Pidutti
Professeure au Lycée Edgar Quinet à Paris (75)

Nathan

À la découverte de votre manuel

Chaque chapitre comporte **trois temps**.

Pour vous repérer facilement, un **mini-sommaire** figure à chaque ouverture de chapitre.

CONNAISSANCES

La première partie de votre chapitre rassemble toutes les connaissances et les repères indispensables.

Les **cartes** incontournables pour se repérer.

La **frise** chronologique et des éléments clés (statistiques, graphiques…).

Le **podcast** du cours pour réviser dans les transports, sur le chemin du lycée…

Le **vocabulaire** et les **biographies** pour comprendre le cours.

Des questions rapides d'**autoévaluation** pour vérifier si le cours est bien compris.

DOCUMENTS

Dans cette partie, vous trouverez les documents sur lesquels vous allez travailler toute l'année.

Tous les points de passage des programmes traités !

De nombreux documents sélectionnés avec soin pour vous aider à illustrer vos exposés et à enrichir vos copies.

Des éléments de **contexte** et de **culture générale** pour étoffer vos devoirs : « Histoire de mots », « Le saviez-vous ? », mini-frise chronologique…

© Nathan 2019 – 25, avenue Pierre de Coubertin, 75013 Paris – ISBN : 978-2-09-172889-6

L'histoire est une science vivante et attrayante ! Des pages originales pour découvrir le **travail de l'historien** et les **origines historiques** de réalités contemporaines.

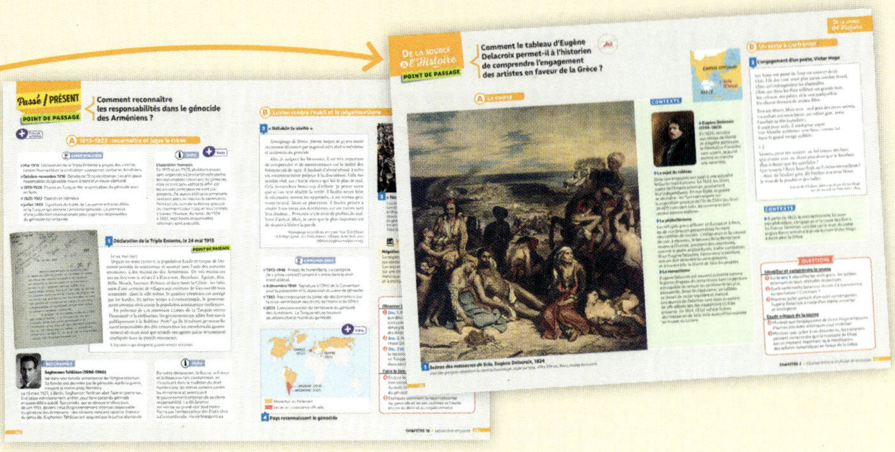
Passé / PRÉSENT
POINT DE PASSAGE
Comment reconnaître les responsabilités dans le génocide des Arméniens ?
De la source à l'Histoire
POINT DE PASSAGE
Comment le tableau d'Eugène Delacroix permet-il à l'historien de comprendre l'engagement des artistes en faveur de la Grèce ?

RÉVISIONS

La dernière partie du chapitre vous donne toutes les clés pour préparer efficacement vos révisions.

Une synthèse du cours et un rappel des points de passage du chapitre.

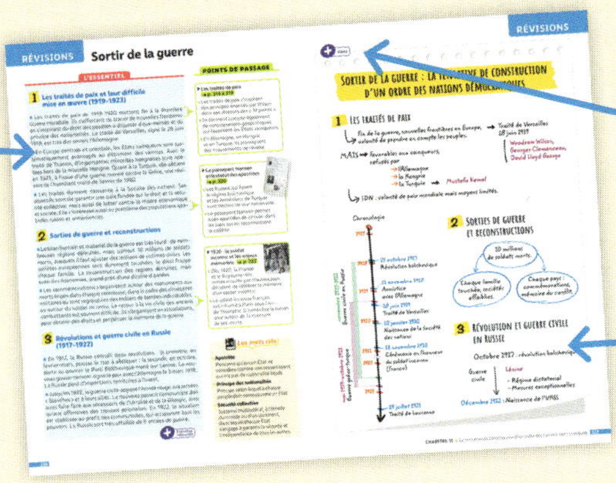
RÉVISIONS
Sortir de la guerre

Une vidéo « **L'essentiel en 3 minutes** » pour réviser les notions clés du chapitre juste avant un contrôle.

Une **fiche de révision** visuelle pour vous aider à mémoriser les points clés, les dates et vous aider à construire votre propre fiche.

Mais également...

PAGES BAC

Des pages pour se préparer aux épreuves de contrôle continu en classe de 1re.

Des sujets en fin de chapitre **guidés pas à pas**.

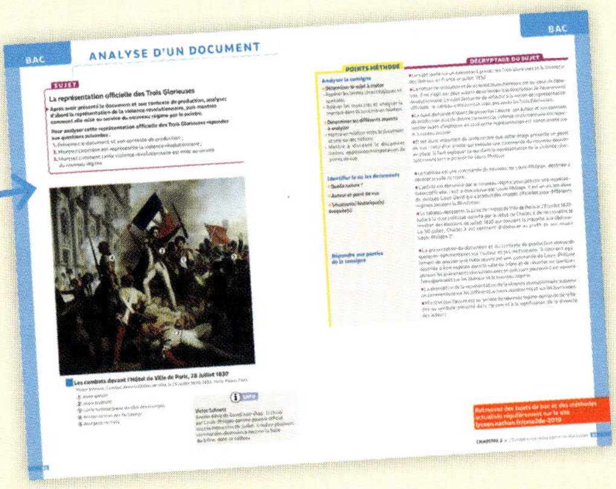
BAC
ANALYSE D'UN DOCUMENT

Un cahier **Bac** (p. 277) en fin d'ouvrage.

BAC
3 L'analyse de document(s)

SOMMAIRE

Nations, empires, nationalités de 1789 aux lendemains de la Première Guerre mondiale

THÈME 1

L'Europe face aux révolutions

THÈME 2

La France dans l'Europe des nationalités, politique et société (1848-1871)

Cahier BAC

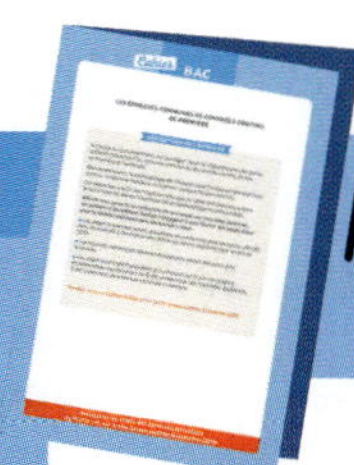

▶ Retrouvez p. 277 un cahier spécial **Bac** pour se préparer aux épreuves communes de contrôle continu.

Découvrez votre manuel augmenté !

Grâce aux différents outils proposés par Nathan, votre manuel papier prend vie.

▶ **Toutes les ressources numériques sont repérables par des pictos qui vous indiquent le type de ressource proposé.**

Comment accéder à ces ressources ?

- En flashant les pages grâce à l'appli Nathan Live !
- Sur le site Nathan du manuel : **lyceen.nathan.fr/cote1re-2019**
- Sur votre manuel numérique.
- **Mode d'emploi des différents accès sur le rabat de couverture, p. I.**

LES RESSOURCES À LA LOUPE

L'ESSENTIEL EN 3 MINUTES

Vidéo — L'ESSENTIEL EN 3 MINUTES

▶ Des vidéos conçues spécifiquement par les éditions Nathan pour réviser chaque chapitre : dates et personnages clés, idées et points de passage.

▶ **Rendez-vous sur les pages Révisions de chaque chapitre !**
p. 35, 59, 85, 107, 127, 153, 177, 199, 225, 249 et 273

DES EXERCICES INTERACTIFS

Exercices interactifs

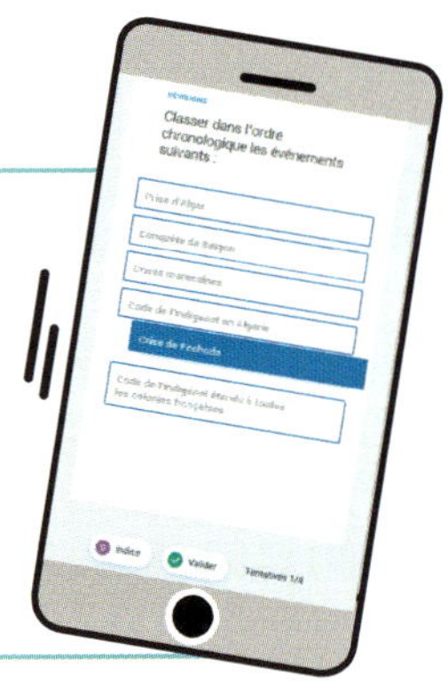

▶ Pour s'entraîner facilement et à tout moment, de nombreux exercices pour vous assurer que vous maîtrisez les connaissances de chaque chapitre.

▶ **Rendez-vous sur les pages Essentiel de chaque chapitre !**
p. 34, 58, 84, 106, 126, 152, 176, 198, 224, 248 et 272

TOUS LES COURS EN PODCAST

Podcast du cours

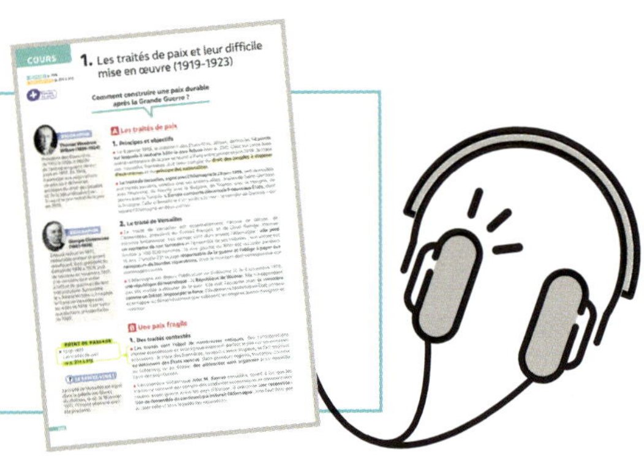

▶ Tous les cours et les synthèses du manuel sont disponibles en version audio lue par un comédien. Vous pouvez les podcaster.

▶ **Rendez-vous sur toutes les pages Cours du manuel et sur l'Essentiel à la fin de chaque chapitre.**

PLUS DE 200 RESSOURCES NUMÉRIQUES SUPPLÉMENTAIRES À VOTRE DISPOSITION !

LES CARTES INTERACTIVES

- Toutes les cartes de ce manuel sont disponibles en version interactive : cliquez sur la légende pour faire apparaître les figurés sur la carte.

SPÉCIAL ACCESSIBILITÉ — LES TEXTES EN VERSION DYS

- Tous les documents textes de ce manuel sont disponibles dans une version imprimable adaptée aux DYS (police, interlignage).

- **Téléchargez-les facilement sur le site lyceen.nathan.fr/cote1re-2019**

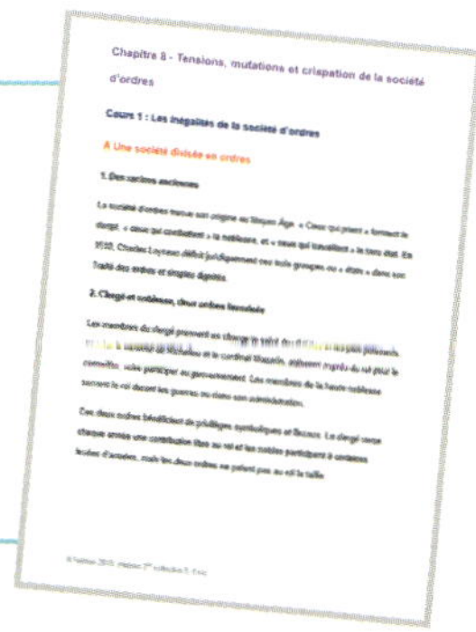

DES ANIMATIONS

Animation

- Des animations pour découvrir des œuvres d'art au fil de votre manuel.

- **Rendez-vous** p. 12, 41, 52, 64, 90, 112, 132, 159, 183, 204, 230 et 254

UNE FRISE INTERACTIVE

Frise interactive

- La frise du programme, de la Révolution française aux débuts des années 1920, à consulter tout au long de l'année.

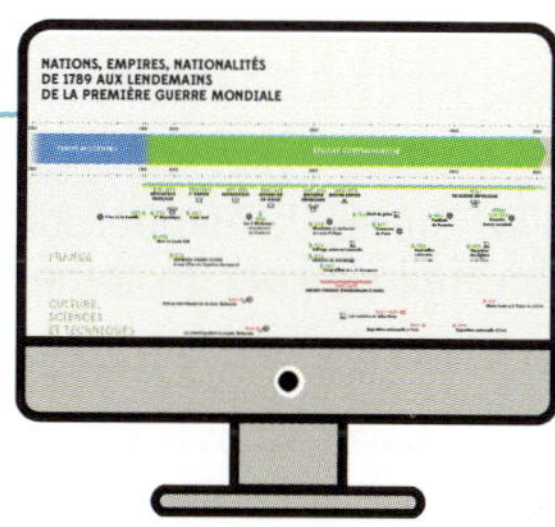

PROGRAMME HISTOIRE 1RE

BO spécial n° 1 du 22 janvier 2019

Nations, empires, nationalités (de 1789 aux lendemains de la Première Guerre mondiale)

THÈME 1 L'Europe face aux révolutions *(11-13 heures)*

CHAPITRE 1	La Révolution française et l'Empire : une nouvelle conception de la nation
Objectifs du chapitre	• Ce chapitre vise à montrer l'ampleur de la rupture révolutionnaire avec « l'Ancien Régime » et les tentatives de reconstruction d'un ordre politique stable. • On peut mettre en avant : - la formulation des grands principes de la modernité politique synthétisés dans la Déclaration des Droits de l'Homme et du Citoyen ; - la volonté d'unir la nation, désormais souveraine, autour de ces principes ; - les conflits et débats qui caractérisent la période ; l'affirmation de la souveraineté nationale, la mise en cause de la souveraineté royale, les journées révolutionnaires, la Révolution et l'Église, la France, la guerre et l'Europe, la Terreur, les représentants de la nation et les sans-culottes - l'établissement par Napoléon Bonaparte d'un ordre politique autoritaire qui conserve néanmoins certains principes de la Révolution ; - la diffusion de ces principes en Europe ; - la fragilité de l'empire napoléonien qui se heurte à la résistance des monarchies et des empires européens ainsi qu'à l'émergence des sentiments nationaux ; - de la nation en armes à la Grande Armée.
Points de passage et d'ouverture	• Madame Roland, une femme en révolution. • Décembre 1792 - janvier 1793 – Procès et mort de Louis XVI. • 1804 – Le Code civil permet l'égalité devant la loi et connaît un rayonnement européen.
CHAPITRE 2	**L'Europe entre restauration et révolution (1814-1848)**
Objectifs du chapitre	• Ce chapitre vise à montrer la volonté de clore la Révolution, dont témoigne la restauration de l'ordre monarchique européen, ainsi que la fragilité de l'œuvre du congrès de Vienne. • On peut mettre en avant : - les deux expériences de monarchie constitutionnelle en France (la charte de 1814 ; la charte révisée de 1830) ; - le projet de construire une paix durable par un renouvellement des règles de la diplomatie ; - l'essor du mouvement des nationalités qui remet en cause l'ordre du congrès de Vienne ; - la circulation des hommes et des idées politiques sous forme d'écrits, de discours, d'associations parfois secrètes (« Jeune-Italie » de G. Mazzini ...) ; - les deux poussées révolutionnaires de 1830 et 1848 en France et en Europe.
Points de passage et d'ouverture	• 1815 – Metternich et le congrès de Vienne. • 1822 – Le massacre de Chios. • Les Trois Glorieuses.

THÈME 2 La France dans l'Europe des nationalités : politique et société (1848-1871) *(11-13 heures)*

CHAPITRE 3	La difficile entrée dans l'âge démocratique : la Deuxième République et le Second Empire
Objectifs du chapitre	• Ce chapitre vise à montrer que l'instauration du suffrage universel masculin en 1848 ne suffit pas à trancher la question du régime politique ouverte depuis 1789. • On peut mettre en avant : - les idéaux démocratiques hérités de la Révolution française qui permettent en 1848 des affirmations fondamentales et fondatrices (suffrage universel masculin, abolition de l'esclavage...) ; - l'échec du projet républicain en raison des tensions qui s'expriment (entre conservateurs et républicains, villes et campagnes, bourgeois et ouvriers) ; - les traits caractéristiques du Second Empire, régime autoritaire qui s'appuie sur le suffrage universel masculin, le renforcement de l'État, la prospérité économique et qui entend mener une politique de grandeur nationale ; - les oppositions rencontrées par le Second Empire et la répression qu'il exerce (proscriptions de Victor Hugo, Edgar Quinet...).
Points de passage et d'ouverture	• Alphonse de Lamartine en 1848. • George Sand, femme de lettres engagée en politique. • Louis-Napoléon Bonaparte, premier président de la République.

CHAPITRE 4	L'industrialisation et l'accélération des transformations économiques et sociales en France
Objectifs du chapitre	• Ce chapitre vise à montrer que la société française connaît des mutations profondes liées à l'industrialisation et à l'urbanisation. • On peut mettre en avant : - les transformations des modes de production (mécanisation, essor du salariat...) et la modernisation encouragée par le Second Empire ; - l'importance du monde rural et les débuts de l'exode rural ; - l'importance politique de la question sociale
Points de passage et d'ouverture	• Paris haussmannien : la transformation d'une ville. • Les frères Pereire, acteurs de la modernisation économique. • 25 mai 1864 – Le droit de grève répond à l'une des attentes du mouvement ouvrier

CHAPITRE 5	La France et la construction de nouveaux États par la guerre et la diplomatie
Objectifs du chapitre	• Ce chapitre vise à montrer le rôle de la France lors de la construction des unités italienne et allemande. Cette politique d'unification est menée par des régimes monarchiques qui s'appuient sur le mouvement des nationalités, la guerre et la diplomatie. • On peut mettre en avant : - la participation du Second Empire à la marche vers l'unité italienne ; - la guerre de 1870 qui entraîne la chute du Second Empire et permet l'unité allemande.
Points de passage et d'ouverture	• Le rattachement de Nice et de la Savoie à la France. • 1871 – Bismarck et la proclamation du Reich.

THÈME 3 La Troisième République avant 1914 : un régime politique, un empire colonial *(11-13 heures)*

CHAPITRE 6	La mise en œuvre du projet républicain
Objectifs du chapitre	• Ce chapitre vise à montrer la manière dont le régime républicain se met en place et s'enracine ainsi que les oppositions qu'il rencontre. • On peut mettre en avant : - 1870-1875 : l'instauration de la République et de la démocratie parlementaire ; - l'affirmation des libertés fondamentales ; - le projet d'unification de la nation autour des valeurs de 1789 et ses modalités de mise en œuvre (symboles, lois scolaires...) ; - les oppositions qui s'expriment (courants révolutionnaires, refus de la politique laïque par l'Église catholique, structuration de l'antisémitisme autour de l'affaire Dreyfus, nationalisme...) ; - le refus du droit de vote des femmes.
Points de passage et d'ouverture	• 1871 – Louise Michel pendant la Commune de Paris. • 1885 – Les funérailles nationales de Victor Hugo. • 1905 – La loi de séparation des Églises et de l'État : débats et mise en oeuvre.

CHAPITRE 7	Permanences et mutations de la société française jusqu'en 1914
Objectifs du chapitre	• Ce chapitre vise à montrer les spécificités de la société française qui connaît une révolution industrielle importante tout en demeurant majoritairement rurale. • On peut mettre en avant : - l'industrialisation et les progrès techniques ; - la question ouvrière et le mouvement ouvrier ; - l'immigration et la place des étrangers ; - l'importance du monde rural et ses difficultés ; - l'évolution de la place des femmes.
Points de passage et d'ouverture	• 1891 – La fusillade de Fourmies du 1er mai. • Les expositions universelles de 1889 et 1900. • Le Creusot et la famille Schneider.

CHAPITRE 8	Métropole et colonies
Objectifs du chapitre	• Ce chapitre vise à étudier la politique coloniale de la IIIe République, les raisons sur lesquelles elle s'est fondée, les causes invoquées par les républicains. Le contexte international de cette politique est également étudié, ainsi que ses effets dans les territoires colonisés. • On peut mettre en avant : - l'expansion coloniale française : les acteurs, les motivations et les territoires de la colonisation ; - les débats suscités par cette politique ; - les chocs entre puissances occasionnés par cette expansion ; - le cas particulier de l'Algérie (conquise de 1830 à 1847) organisée en départements français en 1848 ; - le fonctionnement des sociétés coloniales (affrontements, résistances, violences, négociations, contacts et échanges).
Points de passage et d'ouverture	• 1887 – Le code de l'indigénat algérien est généralisé à toutes les colonies françaises. • 1898 – Fachoda, le choc des impérialismes. • Saigon, ville coloniale.

PROGRAMME HISTOIRE 1RE

BO spécial n° 1 du 22 janvier 2019

THÈME 4 La Première Guerre mondiale : le « suicide de l'Europe » et la fin des empires européens *(11-13 heures)*

CHAPITRE 9	Un embrasement mondial et ses grandes étapes
Objectifs du chapitre	• Ce chapitre vise à présenter les phases et les formes de la guerre (terrestre, navale et aérienne). • On peut mettre en avant : - les motivations et les buts de guerre des belligérants ; - l'extension progressive du conflit et les grandes étapes de la guerre ; - l'échec de la guerre de mouvement et le passage à la guerre de position ; - l'implication des empires coloniaux britannique et français ; - la désintégration de l'empire russe.
Points de passage et d'ouverture	• Août - septembre 1914 – Tannenberg et la Marne. • 1915 – L'offensive des Dardanelles. • 1916 – La bataille de la Somme. • Mars 1918 – La dernière offensive allemande.
CHAPITRE 10	**Les sociétés en guerre : des civils acteurs et victimes de la guerre**
Objectifs du chapitre	• Ce chapitre vise à souligner l'implication des sociétés, des économies, des sciences et des techniques dans une guerre longue. • On peut mettre en avant : - les dimensions économique, industrielle et scientifique de la guerre ; - les conséquences à court et long termes de la mobilisation des civils, notamment en ce qui concerne la place des femmes dans la société ; - le génocide des Arméniens, en articulant la situation des Arméniens depuis les massacres de 1894-1896 et l'évolution du conflit mondial.
Points de passage et d'ouverture	• Marie Curie dans la guerre. • 24 mai 1915 – La déclaration de la Triple Entente à propos des « crimes contre l'humanité et la civilisation » perpétrés contre les Arméniens de l'Empire ottoman. • Les grèves de l'année 1917.
CHAPITRE 11	**Sortir de la guerre : la tentative de construction d'un ordre des nations démocratiques**
Objectifs du chapitre	• Ce chapitre vise à étudier les différentes manières dont les belligérants sont sortis de la guerre et la difficile construction de la paix. • On peut mettre en avant : - le bilan humain et matériel de la guerre ; - les principes formulés par le président Wilson et la fondation de la Société des Nations ; - les traités de paix et la fin des empires multinationaux européens ; - les interventions étrangères et la guerre civile en Russie jusqu'en 1922 ; - les enjeux de mémoire de la Grande Guerre tant pour les acteurs collectifs que pour les individus et leurs familles.
Points de passage et d'ouverture	• 1919-1923 – Les traités de paix. • 1920 – Le soldat inconnu et les enjeux mémoriels. • 1922 – Le passeport Nansen et le statut des apatrides.

CHAPITRE

1

La Révolution française et l'Empire, une nouvelle conception de la nation

En 1789, la France entre dans une décennie de bouleversements qui marquent une rupture avec l'Ancien Régime. À partir de 1799, Napoléon Bonaparte fonde, avec le Consulat puis l'Empire, un régime autoritaire qui enracine pourtant certains principes de la Révolution. Les conquêtes militaires de la Révolution et de l'Empire donnent une résonance européenne à ces expériences politiques.

Dans ce chapitre

TOUS LES TEXTES en version à imprimer

TOUTES LES CARTES en version interactive

- **Quelles mutations politiques la France connaît-elle entre 1789 et 1814 ?**
- **Quelles en sont les conséquences pour l'Europe ?**

Animation

1 20 juin 1789, naissance d'un nouvel ordre politique

Les députés prêtent serment de donner une Constitution au royaume.

Le Serment du Jeu de paume, 1791. Dessin de Jacques-Louis David, musée du château de Versailles.

2 **1804, fondation de l'Empire napoléonien**

Serment de l'armée fait à l'empereur après la distribution des Aigles au Champ-de-Mars, huile sur toile de Jacques-Louis David, 1810, musée du château de Versailles (détail).

La Révolution française et l'Empire

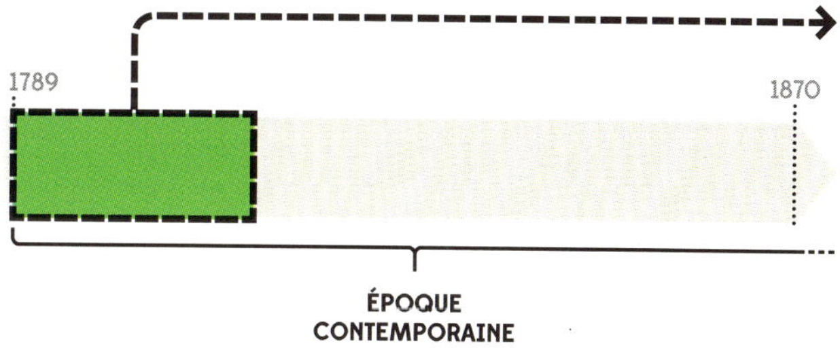

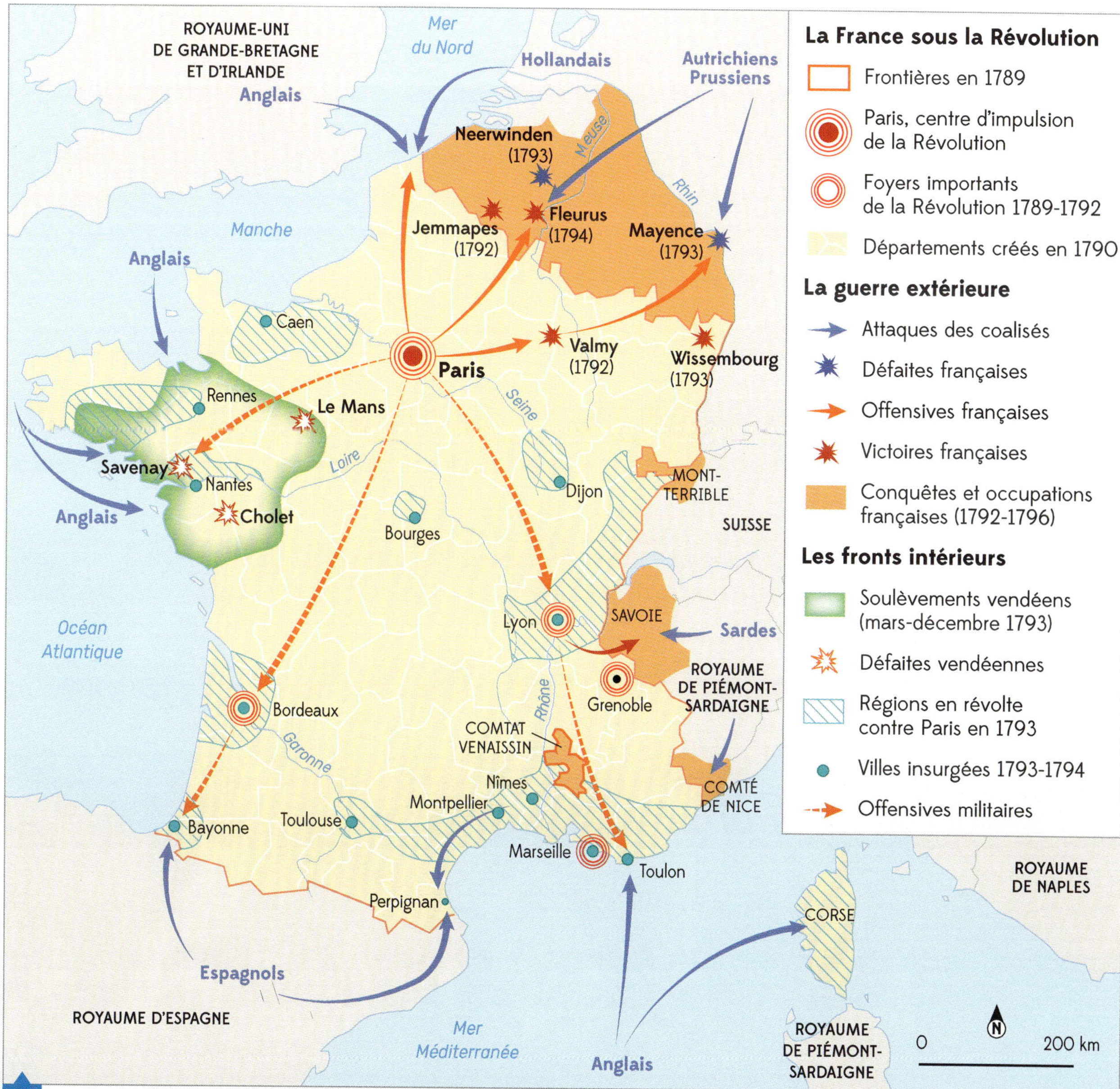

1 **La Révolution, les guerres, les premières conquêtes : 1789-1796**

QUESTIONS

1. **Doc. 1.** Quelles sont les régions occupées entre 1792 et 1796 ?
2. **Doc. 1.** Quelles sont les régions insurgées contre la Convention en 1793 ?
3. **Doc. 2.** Identifiez les régions annexées entre 1796 et 1810.

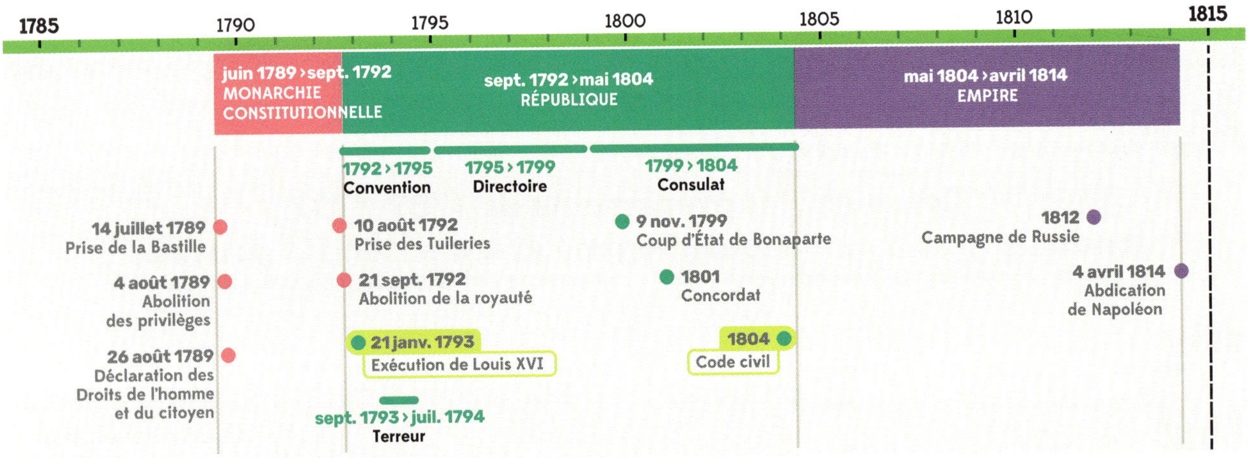

L'empire français et les 130 départements

- 83 départements en 1791
- Annexions 1796-1810
- Diffusion du code civil

Le système d'alliances napoléoniennes en 1811

- États dépendants
- Alliés provisoires
- Blocus continental établi par Napoléon en 1806 contre le Royaume-Uni
- Royaume-Uni et pays n'ayant pas adhéré au blocus

2 **L'Europe au temps de l'Empire, 1804-1814**

COURS

1. La rupture révolutionnaire, 1789-1792

DOCUMENTS p. 22 à 25

Podcast du cours

Comment les événements de 1789-1792 conduisent-ils à un nouveau régime et à une société nouvelle ?

BIOGRAPHIE

Louis XVI (1754-1793)

Roi à 20 ans en 1774, il incarne un pouvoir monarchique incapable de faire des réformes. Arrêté le 10 août 1792, accusé de trahison, il est guillotiné le 21 janvier 1793.

A La fin de l'absolutisme et de la société d'ordres

1. Les députés renversent la monarchie absolue, juin 1789

- À partir du 5 mai 1789, 1 139 députés des trois ordres se réunissent à Versailles en États généraux pour résoudre la crise de la monarchie. Leur travail est cependant paralysé par les divergences politiques.
- Afin de sortir de l'impasse, le 17 juin 1789, les députés du tiers état, élus de 96 % de la **nation**, se proclament « **Assemblée nationale** », détenteurs de la **souveraineté nationale**. Le 20 juin, réunis dans **la salle du Jeu de paume**, ils prêtent serment de rédiger une **Constitution**. Par ces actes **révolutionnaires**, les députés mettent fin au pouvoir absolu du roi.

INFO

La cocarde tricolore est un emblème créé en juillet 1789 qui devient très vite un symbole révolutionnaire essentiel pour la population.

2. Le peuple renverse la société d'ordres, juillet-août 1789

- À Paris, le peuple excédé par la misère suit avec passion les États généraux. Début juillet, des manœuvres de Louis XVI contre l'Assemblée nationale provoquent l'exaspération. **L'émeute éclate, une milice de citoyens armés, la garde nationale, est organisée ; les arsenaux sont pillés et le 14 juillet la Bastille est prise.**
- Le retentissement de cette journée est immense. Le roi, contraint en octobre de venir résider à Paris au palais des Tuileries, doit arborer **la cocarde tricolore** et accepter les réformes.
- En province, des violences contre les nobles embrasent plusieurs régions. Pour mettre fin aux troubles, les députés votent, dans **la nuit du 4 août, l'abolition de tous les privilèges**. C'est la fin de la société d'ordres.

BIOGRAPHIE

Olympe de Gouges (1748-1793)

Femme de lettres engagée dans la Révolution par ses écrits en faveur des droits des femmes et de l'abolition de l'esclavage. Opposée à la politique de la « Terreur » et à l'exécution du roi, elle est arrêtée et guillotinée en 1793.

B La fondation d'une France nouvelle

1. La Déclaration des droits de l'homme et du citoyen

- L'Ancien Régime aboli, **il faut définir les bases d'une société nouvelle**. C'est l'objet de la **Déclaration des droits de l'homme et du citoyen adoptée le 26 août 1789 par les députés**. Inspirée des idées des Lumières, elle énonce les droits naturels des individus (liberté, égalité), proclame la souveraineté de la nation et affirme l'autorité de la loi, expression de la volonté générale.

2. Une société nouvelle

- Avec la liberté d'expression, journaux et pétitions se multiplient. **L'ensemble de la société se passionne pour les débats**, à l'Assemblée, dans **les clubs**, les sociétés populaires, à Paris ou en province. **Les femmes sont de toutes les mobilisations**. Certaines, telle Olympe de Gouges, revendiquent en vain l'égalité politique avec les hommes ; d'autres tiennent un salon influent et entretiennent une correspondance politique avec diverses personnalités, comme **Manon Roland**.

POINT DE PASSAGE

▶ Manon Roland, une femme en révolution.

→ p. 26-27

● À l'Assemblée, les députés travaillent sans relâche à la réorganisation du royaume. Ils simplifient l'administration avec **la création des départements ; ils réforment l'Église soumise à la Constitution civile du clergé** et à la vente de ses biens. Ils imposent le **libéralisme économique**, notamment avec **la loi Le Chapelier sur l'interdiction des associations ouvrières** (1791).

3. La monarchie constitutionnelle

● **La Constitution adoptée en 1791 officialise la monarchie constitutionnelle** qui fonctionne depuis 1789. **Les pouvoirs sont séparés** : le pouvoir législatif revient à l'Assemblée formée de 745 députés élus au **suffrage censitaire** : seuls les « citoyens actifs », 15 % des hommes payant un certain niveau d'impôt, peuvent voter. Les autres sont « citoyens passifs ». Le pouvoir exécutif appartient au « roi des Français » dont les prérogatives sont étendues ; Louis XVI dispose notamment du **droit de veto** sur les lois, dont il peut interdire l'application.

C De l'unité à la rupture entre le roi et la nation

1. La fête de la Fédération

● **Une cérémonie grandiose est organisée le 14 juillet 1790 pour célébrer l'anniversaire de la prise de la Bastille, l'unité de la nation et l'aube d'une ère nouvelle.** Au Champ-de-Mars, devant une foule immense, les délégués des gardes nationales, les députés et la famille royale prêtent serment de fidélité **« à la nation, à la loi, au roi »**.

2. La tentative de fuite du roi et le renversement de la monarchie

● Cette unanimité est pourtant illusoire. Le **21 juin 1791**, le roi, qui n'a accepté qu'à regret le processus révolutionnaire, **tente de s'enfuir avant d'être arrêté à Varennes**. Cet événement aggrave les divisions politiques entre les partisans du roi et ceux qui réclament désormais l'instauration d'une république, notamment **les sans-culottes**.

● À ces divisions s'ajoutent des tensions avec les monarchies étrangères qui débouchent **en avril 1792 sur la déclaration de guerre à l'Autriche**. Les premières défaites et l'invasion du territoire provoquent la panique. L'hostilité au roi grandit, on le soupçonne de soutenir les Autrichiens. Le 10 août 1792, une insurrection éclate ; le palais des Tuileries est envahi, **le roi, accusé de trahison, est arrêté et emprisonné**.

A/Z Vocabulaire

- **Club**
  Association où les citoyens et citoyennes débattent de questions politiques.
- **Constitution**
  Texte fondamental qui fixe l'organisation, la répartition des pouvoirs de l'État et la souveraineté de la nation.
- **Constitution civile du clergé**
  Loi de juillet 1790 qui réorganise l'Église catholique. Elle est rejetée par le pape.
- **Libéralisme économique**
  Théorie qui défend la liberté d'entreprendre et d'échanger.
- **Nation**
  Communauté ayant une unité (langue, culture, histoire), souhaitant vivre ensemble au sein d'un État.
- **Révolution**
  Renversement brusque et par la force. En débutant par une insurrection, la révolution développe une dynamique élargissant les contestations à de larges parties du peuple. La révolution marque politiquement et symboliquement une rupture avec l'ordre ancien alors détruit.
- **Souveraineté nationale**
  Principe selon lequel le pouvoir appartient à la nation formée de citoyens.

HISTOIRE DE MOTS

« **Les sans-culottes** » est le nom donné aux révolutionnaires issus du peuple qui portent des pantalons et non la culotte des nobles et des riches bourgeois.

? LE SAVIEZ-VOUS ?

L'origine de *La Marseillaise*
Le 10 août 1792, des soldats marseillais participent à la prise des Tuileries. Leur chant, composé par Rouget de Lisle quelques semaines auparavant, à l'origine pour l'armée du Rhin, devient alors *La Marseillaise*, futur hymne national.

TESTEZ-VOUS !

- Qui renverse l'Ancien Régime en juin-juillet 1789 ?
- Quelles réformes donnent naissance à une société nouvelle et un régime nouveau ?
- Quand et pourquoi la monarchie constitutionnelle échoue-t-elle ?

POUR ALLER + LOIN

● ***Olympe de Gouges*, de Catel et Bocquet, Casterman, 2012.**
Cette bande dessinée retrace la vie de cette femme d'exception, de sa jeunesse à la Révolution, en alliant le souci d'exigence et le plaisir du récit.

COURS

2. La République en échec, 1792-1799

REPÈRES p. 14
DOCUMENTS p. 28

Podcast du cours

Pourquoi le nouveau régime républicain ne parvient-il pas à s'enraciner ?

A Les débuts de la République, 1792-1793

1. Une nouvelle assemblée, la Convention

- Première assemblée élue au **suffrage universel masculin**, la Convention se réunit le 21 septembre 1792, le lendemain de la victoire de Valmy contre l'armée austro-prussienne, et **proclame la République**. Parmi les députés, tous républicains sincères, deux groupes dominent : les **Girondins** comme **Roland** ou **Vergniaud** et les **Montagnards** favorables aux revendications populaires radicales comme **Robespierre**, **Danton** ou **Marat**.

- Le **procès du roi** met au jour leurs divergences : tous s'accordent sur sa trahison, mais ils sont partagés sur le sort à lui réserver. Après un mois de débats, la Convention, emmenée par les Montagnards, vote la condamnation à mort ; **Louis XVI est guillotiné le 21 janvier 1793**.

POINT DE PASSAGE

▶ Le procès de Louis XVI.

→ p. 28-29

2. La République menacée par les guerres

- L'exécution du roi et les débuts de l'expansion militaire provoquent **la première coalition européenne contre la France**. Au printemps 1793, l'invasion menace à nouveau et la guerre civile gronde. Dans l'ouest du pays, des émeutes éclatent contre les décrets de la Convention, en particulier la **levée en masse** de soldats : c'est le début de **la guerre de Vendée**.

- En outre, la misère exacerbe partout les tensions sociales et l'inquiétude du peuple. À la Convention, les députés se divisent sur les mesures à prendre. **En juin 1793, les Girondins, jugés trop modérés, sont éliminés** à l'instigation des Montagnards, alliés des sans-culottes. Mais en province, de nouvelles révoltes contre ce pouvoir parisien, jugé excessif, marquent **le début d'une guerre civile**.

B La « Terreur », 1793-1794

1. Le gouvernement des Montagnards

- Devant l'urgence de la situation politique (voir carte 1 p. 22), et sous la pression des sans-culottes, la Convention contrôlée par les Montagnards adopte des mesures d'exception. En septembre 1793, **la loi des suspects entraîne la multiplication des arrestations et des condamnations** ; entre juin et juillet 1794, environ 1 500 personnes sont exécutées à Paris sur décision du **Tribunal révolutionnaire**.

- Les armées, renforcées par **le service militaire devenu obligatoire**, combattent sur tous les fronts, intérieurs et extérieurs. De terribles répressions se déchaînent alors dans certaines régions (à Nantes, par exemple).

HISTOIRE DE MOTS

La « Terreur » : terme utilisé par les adversaires des Montagnards à partir de l'été 1794 pour condamner la politique de répression mise en œuvre entre 1793 et la mort de Robespierre.

Vocabulaire

- **Coup d'État**
  Action visant à prendre ou à conserver le pouvoir de façon illégale.
- **Girondins**
  Députés républicains dont plusieurs sont originaires du département de la Gironde. Ils sont hostiles aux revendications des sans-culottes et se méfient des insurrections populaires.
- **Montagnards**
  Députés républicains favorables à l'égalité sociale, qui incarnent la lutte contre les ennemis intérieurs et extérieurs de la République. Soutenus par les sans-culottes, ils siègent sur les gradins les plus hauts de l'Assemblée, la « Montagne ».
- **République**
  Forme d'organisation politique où le pouvoir n'est pas héréditaire. République et démocratie ne sont pas toujours synonymes : certaines monarchies sont aujourd'hui démocratiques (Royaume-Uni, Espagne) et certaines républiques ne sont pas démocratiques.

• Cependant, l'Assemblée et le **Comité de salut public**, gouvernement formé de députés dont Robespierre, prennent aussi des mesures pour apaiser la misère. Un **contrôle des prix est institué et des réquisitions de grains organisées**. Une Constitution et une déclaration des droits très démocratiques sont élaborées en juin 1793 (mais elles ne seront jamais appliquées). En outre, les insurrections aux Antilles précipitent **l'abolition de l'esclavage dans les colonies en 1794**.

2. La chute de Robespierre, 9-10 thermidor an II (27-28 juillet 1794)

• Cette politique porte ses fruits : les révoltes intérieures sont écrasées, l'invasion est stoppée par **la victoire de Fleurus** en juin 1794. Mais le bilan humain est très lourd, avec environ 17 000 exécutions dans toute la France et **plus de 100 000 morts en Vendée**.

• La politique de la « Terreur » semble désormais inutile et **Robespierre est alors de plus en plus désigné comme un dictateur par certains députés inquiets**. En juillet (thermidor selon le nouveau calendrier), il est arrêté, jugé, puis exécuté avec ses proches.

C La République conservatrice, 1794-1799

1. La fin de la « Terreur »

• Toutes les mesures et les institutions de la période précédente sont supprimées ; une répression féroce s'abat sur les anciens Montagnards et sur les sans-culottes.

• Une nouvelle Constitution fonde en 1795 un régime, **le Directoire**, où le **suffrage censitaire très restrictif** profite aux propriétaires qui s'enrichissent dans le commerce, les entreprises ou l'administration. Mais la richesse ostentatoire de ces élites, alors que la misère populaire reste extrême, attise les **tensions sociales et politiques** et met en péril le régime. Il ne survit que par la répression des oppositions royalistes et montagnardes.

2. La recherche d'un pouvoir fort

• Dans ce contexte, l'armée, auréolée par les victoires, apparaît comme un recours ; ses chefs prennent une influence considérable. **Le général Napoléon Bonaparte, notamment, bénéficie d'une popularité croissante** grâce à ses conquêtes en Italie ; **l'expédition qu'il mène en Égypte** a aussi une grande résonance : la lutte contre l'Angleterre s'y double d'une portée scientifique essentielle.

• Or à Paris, parmi les dirigeants politiques, certains sont désormais persuadés que **pour stabiliser la situation, il faut changer de régime**, au besoin par la force. En octobre 1799, **des pourparlers sont engagés avec Bonaparte, un coup d'État est soigneusement organisé** : **le 18 brumaire** (9 novembre), avec le soutien de l'armée et la complicité d'hommes politiques, **il prend le pouvoir et met fin au Directoire**.

A/Z Vocabulaire

• **Suffrage universel masculin**
Mis en place en août 1792, il prévoit que sont électeurs tous les citoyens (donc les hommes) de plus de 21 ans, à l'exclusion des domestiques.

BIOGRAPHIE

Robespierre (1758-1794)
Avocat puis député, leader de la Montagne par ses idées démocratiques et républicaines. Membre du Comité de salut public à l'époque de la « Terreur », il est arrêté et exécuté en juillet 1794.

« *Après le pain, l'éducation est le premier besoin d'un peuple.* »

Danton
(13 août 1793).

? LE SAVIEZ-VOUS ?

160 savants participent à l'expédition d'Égypte. La stèle qu'ils trouvent à Rosette, datant du IIe siècle av. J.-C. et dont l'inscription est en trois langues, permettra à Champollion, à partir de 1821, de déchiffrer les hiéroglyphes.

TESTEZ-VOUS !

- Qu'est-ce qui fragilise la République dès 1792 ?
- Qu'est-ce que la Terreur ?
- Pourquoi la République conservatrice échoue-t-elle ?

POUR ALLER + LOIN

• ***Le Peuple et son roi*, film de Pierre Schoeller, 2018.**
Ce film retrace les premières années de la Révolution (1789-1793) et les tumultes qui amènent la fin de l'Ancien Régime. On y retrouve de nombreuses figures historiques : Louis XVI, Robespierre, Danton, etc.

COURS

3. Du Consulat à l'Empire, 1799-1814

REPÈRES p. 15
DOCUMENTS p. 30-33

Podcast du cours

Comment Napoléon Bonaparte fonde-t-il un nouveau régime autoritaire ?

A Le Consulat (1799-1804) : une République autoritaire

1. La Constitution de 1799

• La nouvelle Constitution qui fait suite au coup d'État conserve la République et ses symboles (drapeau, calendrier républicain, *Marseillaise*). Mais c'est un **régime autoritaire** : le Premier consul, Bonaparte, chef de l'exécutif, a l'initiative des lois et des pouvoirs étendus. Divisé en deux assemblées, **le pouvoir législatif est affaibli** : l'une, le Tribunat, discute des lois, l'autre, le Corps législatif, les vote. « D'un côté des manchots, de l'autre des muets », ironise-t-on alors.

2. Une souveraineté nationale limitée

• **Le suffrage universel masculin est rétabli mais encadré** : les 6 millions de citoyens ne font en effet que voter pour des listes, généralement de riches propriétaires, dans lesquelles Bonaparte choisit ceux qui seront membres des Assemblées. Les citoyens sont parfois aussi appelés à se prononcer sur des **plébiscites**, comme celui sur la nouvelle Constitution en 1799.

3. Un pouvoir centralisé

• Bonaparte s'appuie sur des administrations étroitement dépendantes de l'exécutif. **Les préfets, en particulier, nommés par le Premier consul à la tête de chaque département, apparaissent comme la cheville ouvrière de ses réformes.** Ils ont une mission très large : ils représentent l'État, encouragent les activités économiques, établissent des statistiques et des rapports sur la population de leur département.

B L'œuvre de réorganisation de la société

1. La modernisation économique et sociale

• Pour favoriser la prospérité et la stabilité, un établissement de crédit est fondé en 1800, **la Banque de France**, puis une nouvelle monnaie est créée, **le franc germinal**. Pour former des élites compétentes d'officiers et de fonctionnaires, **les lycées sont institués en 1802**. Enfin, **la Légion d'honneur** récompense ceux qui ont montré leur dévouement à l'État.

2. Le Code civil, 1804

• **L'œuvre d'unification des lois civiles est une réalisation fondamentale du Consulat**, à laquelle ont participé des juristes éminents, et Bonaparte lui-même. Ce code **fixe durablement les bases des relations sociales**. Il confirme les conquêtes révolutionnaires (l'égalité, la propriété), mais impose aussi une conception très autoritaire de la famille et des relations dans le travail.

HISTOIRE DE MOTS

Consul, plébiscite, préfet, Légion d'honneur : Bonaparte emprunte ces noms à l'Antiquité romaine, républicaine et impériale pour conforter son autorité et son prestige.

? LE SAVIEZ-VOUS ?

Après avoir créé les lycées, **Napoléon instaure le baccalauréat en 1808.** Un diplôme extrêmement sélectif, réservé aux garçons jusqu'en 1861. Ce n'est qu'en 1924 que les programmes et les épreuves deviennent identiques pour les filles et les garçons.

BIOGRAPHIE

Bonaparte (1769-1821)

Général républicain en 1794, il devient consul en 1799 par un coup d'État, puis empereur de 1804 à 1815.

POINT DE PASSAGE

▶ 1804 – Le Code civil permet l'égalité devant la loi et connaît un rayonnement européen.

→ p. 30

3. Une volonté de pacification

- Pour réconcilier les catholiques avec l'État et les rallier au régime, Bonaparte signe en 1801 un Concordat avec le pape. **La liberté de culte est garantie** et le catholicisme est reconnu comme la « religion de la grande majorité des Français ». Désormais, **les membres du clergé doivent prêter serment de fidélité à l'État qui les rémunère.**

- Après la pacification intérieure, le **traité d'Amiens de 1802 ramène la paix en Europe**. Mais dans les colonies, le **rétablissement de l'esclavage** provoque de nouvelles révoltes, et en 1804 les Français doivent quitter Haïti, devenue indépendante.

C L'Empire, 1804-1814

1. Un nouvel ordre politique et social

- **En 1804, la proclamation de l'Empire puis le sacre** changent la nature du régime en instaurant une **nouvelle dynastie, les Bonaparte.** Entouré des fastes de la vie de cour, l'empereur s'appuie sur une élite sociale de la propriété et des talents qu'il distingue par de nouveaux titres de noblesse. **Proscrivant tout débat politique, il consolide son pouvoir personnel autoritaire.** Si Napoléon s'engage par le serment du sacre à maintenir l'égalité et les libertés, la société est en réalité soumise à une stricte hiérarchisation et une surveillance policière omniprésente.

2. Des espoirs aux désillusions en Europe

- **La Révolution, ses valeurs de liberté et d'égalité ont d'abord suscité l'enthousiasme dans une large partie de l'Europe.** À partir de 1792, la guerre, présentée comme une lutte contre les rois, a même abouti à la formation de **Républiques sœurs** (1795-1799), associées à la France érigée en modèle.

- **Mais cette fraternité révolutionnaire est éphémère car les réquisitions et les pillages rendent la présence française très impopulaire.** À partir du Consulat, cette oppression entraîne des résistances croissantes, malgré la diffusion du Code civil.

3. Un état de guerre permanent

- L'influence française inquiète les cours européennes, notamment l'Angleterre, l'adversaire irréductible que Napoléon pense pouvoir asphyxier économiquement. **La guerre reprend en 1805** et, par des campagnes militaires victorieuses (Austerlitz, 1805), **l'empereur redessine la carte de l'Europe** : les annexions et les alliances doivent rendre efficace le **blocus continental** contre l'Angleterre.

- Cette hégémonie ainsi que les coûts humains et matériels de la guerre créent partout une hostilité croissante. **L'échec de l'effroyable campagne de Russie en 1812** marque un tournant : les Européens se soulèvent contre Napoléon, sa défaite militaire devient une défaite politique, et **il abdique en avril 1814**.

A/Z Vocabulaire

- **Blocus continental**
Interdiction de faire du commerce avec l'Angleterre, imposée par Napoléon à partir de 1806.
- **Concordat**
Traité entre le pape et un État, définissant les relations entre l'Église et cet État.
- **Plébiscite**
Vote sur une question à laquelle les électeurs répondent par « oui » ou par « non ».

« *Les Français sont comme "des grains de sable" qu'il faut stabiliser en jetant "sur le sol quelques masses de granit".* »

Bonaparte

TESTEZ-VOUS !

- Identifiez les éléments qui font du Consulat et de l'Empire des régimes autoritaires.
- Quelles réformes de Bonaparte stabilisent la société ?
- Quelles sont les relations entre la France et l'Europe ?

POUR ALLER + LOIN

- ***Napoléon*, bande dessinée de Simsolo et Fiorentino, Glénat, 3 tomes, 2014-2016.**
Les trois volumes racontent les premières campagnes militaires de Bonaparte de 1793 à 1799, puis la période des réformes et des victoires de l'Empire, enfin les défaites et la chute après 1810.

DOCUMENTS

COURS p. 16

Le peuple en révolution : les journées d'octobre 1789

Les 5 et 6 octobre 1789, dans un contexte de grave crise économique et de tensions très fortes entre les députés et le roi, un cortège mené par des milliers de Parisiennes armées, suivies par des hommes, se rend à Versailles où siègent l'Assemblée et le roi.

OBJECTIF

Identifiez quelles sont les revendications exprimées et expliquez les conséquences politiques de ces journées.

1 À l'Assemblée nationale, les 5 et 6 octobre 1789

Séance du 5 octobre

Une députation d'un très grand nombre de citoyennes de Paris, déjà arrivées à Versailles, se présente à la barre. Maillard[1] est à leur tête, et porte la parole.

Maillard : Nous sommes venus à Versailles pour demander du pain, et en même temps pour faire punir les gardes du corps qui ont insulté la cocarde patriotique[2]. [...] Je vous supplie, pour ramener la paix, calmer l'effervescence générale et prévenir des malheurs, d'envoyer une députation à MM. les gardes du corps, pour les engager à prendre la cocarde nationale [...].

Au même instant, on apporte à Maillard une cocarde nationale de la part des gardes du corps. Il la montre aux femmes et toutes s'écrient : *vive le roi, vivent les gardes du corps !* [...]

L'Assemblée ordonne à son président de se rendre chez le roi à la tête d'une députation pour lui présenter le tableau de la position malheureuse de la ville de Paris. [...]

M. Guillotin apporte une réponse du roi qui exprime combien [il] est touché de la position de sa bonne ville de Paris. La salle presque entièrement remplie de citoyennes retentit des cris de *Vive le roi !* [...] M. Mounier [un député] arrive de chez le roi avec la députation. Il apporte l'acceptation pure et simple des articles de la Constitution et de la Déclaration des droits signée par Sa Majesté.

Séance du 6 octobre

[Un député rapporte une annonce du roi] :

« Je vais me rendre à Paris avec la Reine et mes enfants ; je donnerai tous les ordres nécessaires pour que l'Assemblée nationale puisse y continuer ses travaux. »

La Gazette nationale, n° 68, 1789.

1. Maillard est un combattant de la prise de la Bastille.
2. Selon la rumeur, des gardes du roi auraient piétiné la cocarde tricolore le 1er octobre.

CHRONOLOGIE

- **Été 1789** Les difficultés alimentaires s'aggravent à Paris.
- **Septembre** Le roi refuse de valider les décisions de l'Assemblée (Constitution et Déclaration des droits de l'homme).
- **Début octobre** Rumeurs d'actes anti-révolutionnaires.
- **5-6 octobre** Des milliers de femmes vont à Versailles.
- **6 octobre** La famille royale et les députés s'installent à Paris.

2 Les femmes siégeant à l'Assemblée, le 5 octobre 1789

Estampe de Jean-François Janinet, 1789, musée Carnavalet, Paris.

CONSEILS

Distinguez les revendications économiques et les revendications politiques.

DOCUMENTS

Le peuple en révolution : l'insurrection du 10 août 1792

COURS p. 16

Après la tentative de fuite de Louis XVI en juin 1791, la déclaration de guerre à l'Autriche en avril 1792 puis les défaites font apparaître le roi comme un adversaire de la Révolution. Le 10 août 1792, les sans-culottes attaquent les Tuileries, la résidence royale, puis envahissent l'Assemblée nationale.

OBJECTIF

Montrez le rôle du peuple puis les conséquences de cette journée.

CHRONOLOGIE

- **Avril 1792** Déclaration de guerre à l'empereur d'Autriche.
- **Mai-juillet** défaites françaises, début d'invasion du territoire par une armée de coalition (Autriche, Prusse...). Pétitions contre Louis XVI, vu comme complice des adversaires de la France.
- **25 juillet 1792** Le général prussien Brunswick menace Paris de destruction.
- **10 août 1792** Insurrection des sans-culottes soutenus par les soldats venus de province.

1 L'Assemblée nationale, le 10 août 1792

Le Peuple français demandant la destitution du tyran à la journée du 10 août, dessin de François Gérard, 1794-1795, musée du Louvre, Paris.

① La famille royale est réfugiée à l'Assemblée.

2 Les conséquences de l'insurrection

L'Assemblée nationale, considérant que les dangers de la patrie sont parvenus à leur comble ; que c'est pour le Corps législatif le plus saint des devoirs d'employer tous les moyens de la sauver ; qu'il est impossible d'en trouver d'efficaces, tant qu'on ne s'occupera pas de tarir la source de ses maux ; considérant que ces maux dérivent principalement des défiances qu'a inspirées la conduite du chef du pouvoir exécutif, dans une guerre entreprise en son nom contre la Constitution et l'indépendance nationale ; que ces défiances ont provoqué un vœu tendant à la révocation de l'autorité déléguée à Louis XVI ; décrète ce qui suit : [...]

Art 2. Le chef du pouvoir exécutif est provisoirement suspendu de ses fonctions.[1]

Décret de l'Assemblée législative, 10 août 1792.

1. À la fin de la journée, la famille royale est emprisonnée au Temple. Le 21 septembre 1792, « la Convention décrète à l'unanimité que la royauté est abolie en France ».

CONSEILS

Identifiez sur le doc. 1 :
– les actions des sans-culottes et leurs revendications ;
– l'attitude des députés.

En équipes ! — *oral*

Équipe 1
Confrontez ces deux journées : relevez les permanences et les évolutions dans l'action et l'état d'esprit du peuple.

Équipe 2
Relevez précisément les évolutions dans les réactions et les décisions de l'Assemblée et du roi pour les deux journées.

Mise en commun
Chaque équipe présente à l'oral :
– comment évoluent les interventions du peuple ;
– comment évoluent la position de l'Assemblée et celle du roi.

DE LA SOURCE À l'Histoire

Pourquoi la Déclaration des droits de l'homme et du citoyen marque-t-elle une rupture dans l'histoire de la Révolution ?

Art

A La source

1 La Déclaration des droits de l'homme et du citoyen

Huile sur bois de Jean-Jacques François Le Barbier, vers 1789, musée Carnavalet, Paris.

CONTEXTE

▶ Depuis le printemps 1789, l'audace des députés (qui se sont engagés à rédiger une Constitution) a entraîné l'abolition de la monarchie absolue ; les insurrections populaires, à Paris (prise de la Bastille) et en province (Grande Peur), ont provoqué la disparition de la société d'ordres.

▶ L'Ancien Régime politique et social a donc disparu et il est alors nécessaire que l'Assemblée nationale fixe les principes qui doivent fonder la société nouvelle. C'est ainsi que le 26 août 1789, les députés adoptent un texte d'une portée essentielle qui fonde encore notre société : la Déclaration des droits de l'homme et du citoyen.

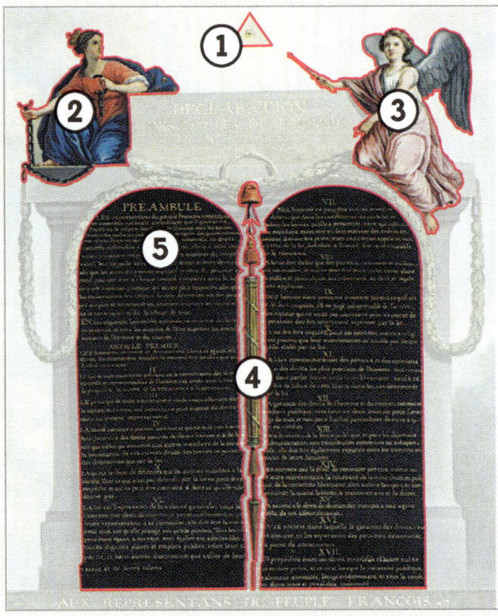

① Le triangle représente l'égalité, l'œil la raison, la vigilance.
② La France brise ses chaînes.
③ La Nation tient un sceptre.
④ Le faisceau symbolise l'unité de la nation et le bonnet phrygien la liberté.
⑤ La forme donnée rappelle les Tables de la Loi que Moïse a reçues de dieu, selon la Bible.

B Un texte à confronter

2 La nuit du 4 août 1789

Article Premier. L'Assemblée nationale détruit entièrement le régime féodal, et décrète que, dans les droits et devoirs [...], ceux qui tiennent à la mainmorte[1], et à la servitude personnelle, [...] sont abolis sans indemnité. [...].

Art 3. Le droit exclusif de la chasse [...] est aboli ; et tout propriétaire a le droit de détruire et faire détruire, seulement sur ses possessions, toute espèce de gibier [...].

Art 4. Toutes les justices seigneuriales sont supprimées [...]

Art 5. Les dîmes[2] de toute nature [...] sont abolies [...].

Art 7. La vénalité[3] des offices de judicature et de municipalité est supprimée. La justice sera rendue gratuitement [...]

Art 9. Les privilèges [...] en matière [d'impôt] sont abolis à jamais. La perception se fera sur tous les citoyens et sur tous les biens, de la même manière et dans la même forme [...]

Art 11. Tous les citoyens, sans distinction de naissance, pourront être admis à tous les emplois et dignités ecclésiastiques, civils et militaires.

Assemblée nationale, décrets des 4, 6, 7, 8 et 11 août 1789.

1. Depuis le Moyen Âge, droit de succession perçu par le seigneur sur les biens de ses serfs.
2. Taxe payée au clergé.
3. La vente.

CONTEXTE

▶ À l'été 1789, encouragés par les espoirs de réformes et poussés par la peur de la disette, les paysans de nombreuses régions se révoltent contre les nobles et s'en prennent aux propriétés ; ils protestent ainsi contre les multiples taxes et privilèges, c'est-à-dire contre le système « féodal ».

▶ À l'Assemblée, où siègent de nombreux nobles, ces émeutes provoquent l'alarme ; dans la nuit du 4 août, afin de mettre fin à cette Grande Peur, les députés adoptent des mesures radicales qui mettent fin à la société d'Ancien Régime.

QUESTIONS

Identifier et comprendre la source

1. Quels sont les droits naturels selon l'**art. 2** ?
2. Quel régime condamnent les **art. 3 et 6** ? À qui appartient désormais la souveraineté ?
3. Quels articles les images encadrant le texte illustrent-elles ?

Étude critique de la source

4. Identifiez des privilèges abolis le 4 août 1789.
5. Montrez en quoi les **art. 1, 6 et 13** de la Déclaration sont la conséquence des décrets du 4 août et qu'ils fondent une société nouvelle.

DOCUMENTS
POINT DE PASSAGE

Manon Roland et les femmes en révolution

COURS p. 16-17

Fiche de synthèse

Dès 1789, les femmes sont de toutes les mobilisations et expriment ainsi, par des actes, des écrits, des discours, l'ambition d'un égal accès à la citoyenneté. Olympe de Gouges et Manon Roland témoignent de cette détermination et de ces espoirs. La force des préjugés met cependant en 1793 un terme à leurs aspirations.

QUESTION CLÉ

Comment les femmes ont-elles pensé et vécu la Révolution ?

1 La Déclaration des droits de la femme et de la citoyenne d'Olympe de Gouges

Les mères, les filles, les sœurs, représentantes de la Nation, demandent à être constituées en Assemblée nationale. Considérant que l'ignorance, l'oubli ou le mépris des droits de la femme sont les seules causes des malheurs publics et de la corruption des gouvernements, ont résolu d'exposer, dans une déclaration solennelle, les droits naturels, inaltérables et sacrés de la femme, afin que cette déclaration constamment présente à tous les membres du corps social leur rappelle sans cesse leurs droits et leurs devoirs, [...].

Article 1. La femme naît libre et demeure égale à l'homme en droits. Les distinctions sociales ne peuvent être fondées que sur l'utilité commune.

Article 6. La loi doit être l'expression de la volonté générale : toutes les citoyennes et citoyens doivent concourir personnellement ou par leurs représentants à sa formation ; elle doit être la même pour tous ; toutes les citoyennes et citoyens étant égaux à ses yeux doivent être également admissibles à toutes dignités, places et emplois publics, selon leurs capacités, et sans autres distinctions que celles de leurs vertus et de leurs talents.

Article 10. Nul ne doit être inquiété pour ses opinions même fondamentales ; la femme a le droit de monter sur l'échafaud, elle doit également avoir celui de monter à la tribune.

Olympe de Gouges, *Les Droits de la femme. À la Reine*, Paris, 1791.

CONTEXTE

- En septembre 1792, pendant une semaine, les troupes autrichiennes assiègent et bombardent Lille. En vain : les habitants résistent.
- Légende de la gouache : *« Au siège de Lille les habitants ont montré un courage et une intrépidité peu commune [...]. Une bombe tomba, une femme en arracha la mèche et des hommes la coiffèrent d'un bonnet rouge. Hommes, femmes, enfants couraient sur les bombes pour en arracher les mèches. »*

2 Le courage des femmes dans la guerre : le siège de Lille

Le Siège de Lille, gouache de Lesueur, 1792/1793, musée Carnavalet, Paris.

BIOGRAPHIE

Manon Roland (1754-1793)

Elle tient un salon politique célèbre sous la Révolution. Républicaine ardente, elle conseille son mari Jean-Marie Roland, girondin, quand il est ministre de l'Intérieur en 1792. Elle est arrêtée avec les Girondins et exécutée en 1793. Elle a laissé de très nombreuses lettres et des Mémoires.

3 Manon Roland dans les affrontements politiques, décembre 1792

Le 26 décembre 1792, Louis XVI doit comparaître devant les députés ; or des rumeurs d'insurrection circulent, car les sans-culottes et les Montagnards redoutent l'indulgence pour l'ancien roi.

J'ignore ce que doit être la journée de demain. Il y a des projets désastreux contre Louis, contre les députés et le projet de comprendre le ministre de l'Intérieur[1] dans ce massacre. [...] Les avis d'assassinat pleuvent sur ma table, car on me fait l'honneur de me haïr, et je vois d'où cela vient. Lorsque, dans les quinze premiers jours du ministère[2], le scélérat Danton[3] avec l'hypocrite Fabre, nous environnaient continuellement en singeant l'amour du bien et de l'honnête, ils m'ont pénétrée ; et sans que je n'aie jamais rien dit ni fait pour confirmer leur opinion, ils ont jugé que je tiens quelquefois la plume[4]. Cependant les écrits de M. R. [Roland] ont produit quelque effet. L'aboyeur Marat, lâché dès lors après moi, ne m'a pas quittée d'un moment ; les pamphlets se sont multipliés et je doute qu'on ait publié plus d'horreurs contre Antoinette, à laquelle on me compare [...].

Lettre à Joseph Servan, 25 décembre 1792 (Servan est ministre de la Guerre et général girondin).

1 et 2. Jean-Marie Roland est ministre girondin de l'Intérieur de mars 1792 à janvier 1793.
3. Danton, Fabre et Marat sont des députés montagnards.
4. Tenir la plume : écrire à la place de quelqu'un.

4 Manon Roland en prison, 1793

Par quelle singularité, moi, femme, qui ne puis faire que des vœux, suis-je exposée aux orages qui ne tombent ordinairement que sur les individus agissants. [...] [Roland] a corrompu l'esprit public et je suis sa complice[1] ! [...] d'où vient donc cette animosité ?

Élevée dans la retraite, nourrie d'études sérieuses qui ont développé chez moi quelque caractère, livrée à des goûts simples qu'aucune circonstance n'a pu altérer, enthousiaste de la Révolution et m'abandonnant à l'énergie des sentiments généreux qu'elle inspire, étrangère aux affaires par principes comme par mon sexe, mais m'entretenant d'elles avec chaleur parce que l'intérêt public devient le premier de tous dès qu'il existe, j'ai regardé comme de méprisables sottises les premières calomnies lancées contre moi. [...] Je suis traînée en prison ; j'y demeure depuis bientôt cinq mois, loin de tout ce qui m'est cher, privée de toute communication, en butte aux traits amers d'un peuple abusé qui croit que ma tête sera utile à sa félicité.

Lettre à Robespierre, 14 octobre 1793, de la prison de Sainte-Pélagie.

1. En juin 1793, les députés girondins sont arrêtés sous la pression des sans-culottes, ainsi que Mme Roland ; M. Roland réussit à s'enfuir ; il se suicide en apprenant l'exécution de sa femme.

Itinéraire 1

Identifier

1. **Doc. 1.** Identifiez les droits qui devraient être reconnus aux femmes selon Olympe de Gouges.
2. **Doc. 3 et 4.** Quel rôle Manon Roland dit-elle avoir pendant la Révolution ? Expliquez la phrase soulignée du doc 3.

Expliquer

3. **Doc. 3 et 4.** Quelles violences Manon Roland doit-elle affronter ? Pourquoi ne les comprend-elle pas ?

Synthétiser

4. **Doc. 1 à 4.** Comment et avec quelles limites, les femmes participent-elles à la Révolution ?

OU

Itinéraire 2

Rédiger une notice biographique

Faites une recherche sur Manon Roland (par exemple sur le site « histoire par l'image » : https://www.histoire-image.org).
Dans une synthèse écrite, vous montrerez :
– comment elle a pensé la Révolution ;
– comment elle a vécu la Révolution.

DOCUMENTS
POINT DE PASSAGE

Le procès de Louis XVI, décembre 1792 - janvier 1793

COURS p. 18

Fiche de synthèse

Louis XVI, déchu et emprisonné avec sa famille après la journée du 10 août 1792, est jugé quelques mois plus tard alors que les pressions des sans-culottes et les menaces d'invasion redoublent. Son procès à la Convention est l'occasion de débats passionnés qui donnent un sens politique à l'événement.

QUESTION CLÉ

Quels sont les enjeux politiques du procès de Louis XVI ?

1 Robespierre justifie la condamnation à mort du roi

Il n'y a point de procès à faire. Louis n'est point un accusé, vous n'êtes point des juges ; vous êtes, vous ne pouvez être que des hommes d'État et les représentants de la nation. Vous n'avez point une sentence à rendre pour ou contre un homme, mais une mesure de salut public à prendre, un acte de Providence nationale à exercer. *(On applaudit.)* Quel est le parti que la saine politique prescrit pour cimenter la République naissante ? C'est de graver profondément dans les cœurs le mépris de la royauté, et de frapper de stupeur tous les partisans du roi. [...]

Louis fut roi, et la République est fondée. La question qui vous occupe est décidée par ces seuls mots : Louis est détrôné par ses crimes ; Louis dénonçait le peuple français comme rebelle ; il a appelé, pour le châtier, les armes des tyrans ses confrères.

La victoire et le peuple ont décidé que lui seul était rebelle. Louis ne peut donc être jugé, il est déjà condamné [...]. En effet, si Louis peut être encore l'objet d'un procès, Louis peut être absout ; il peut être innocent ; que dis-je ! il est présumé l'être jusqu'à ce qu'il soit jugé. Mais si Louis peut être présumé innocent, que devient la révolution ? N'est-elle pas encore incertaine et douteuse ? Si Louis est innocent, tous les défenseurs de la Liberté deviennent des calomniateurs [...]

Un roi dont le nom seul attire le fléau de la guerre sur la nation agitée ; ni la prison, ni l'exil ne peuvent rendre son existence indifférente au bonheur public. Je prononce à regret cette fatale vérité... mais Louis doit mourir, parce qu'il faut que la patrie vive.

Robespierre, discours à la Convention, 3 décembre 1792, i*Le Moniteur universel*, n° 340, 5 décembre 1792.

« *On ne peut point régner innocemment. Tout roi est un rebelle et un usurpateur.* »

Saint-Just, Montagnard, à la Convention.

INFO

Louis XVI doit répondre de 33 chefs d'accusation pour « conspiration contre la liberté et contre la sûreté de l'État » depuis 1789, ce que montre pour ses adversaires sa tentative de fuite en 1791.

2 La défense de Louis XVI

On vient de vous exposer mes moyens de défense[1], je ne les nommerai point. En vous parlant peut-être pour la dernière fois, je vous déclare que ma conscience ne me reproche rien et que mes défenseurs ne vous ont dit que la vérité. Je n'ai jamais craint que ma conduite fût examinée publiquement, mais mon cœur est déchiré de trouver dans l'acte d'accusation, l'impression d'avoir voulu faire répandre le sang du peuple, et surtout que les malheurs du 10 août me soient attribués. J'avoue que les preuves multipliées que j'avais données dans tous les temps de mon amour pour le peuple, et la manière dont je m'étais toujours conduit me paraissaient devoir prouver que je ne craignais pas de m'exposer pour épargner son sang et éloigner à jamais de moi une pareille impression.

Louis XVI, déclaration à la Convention, 26 décembre 1792.

1. Son avocat, de Sèze, vient de plaider.

Louis XVI au Temple

3 Les hésitations des députés modérés

J'ai voté pour que le décret ou jugement qui serait rendu par la Convention nationale, fût soumis à la sanction du peuple. Dans mon opinion, les principes et les considérations politiques de l'intérêt le plus majeur, en faisaient un devoir à la Convention. La Convention nationale en a décidé autrement. J'obéis : ma conscience est acquittée. Il s'agit maintenant de statuer sur la peine à infliger à Louis. J'ai déclaré hier que je le reconnaissais coupable de conspiration contre la liberté et la sûreté nationale. Il ne m'est pas permis aujourd'hui d'hésiter sur la peine. La loi parle : c'est la mort ; mais en prononçant ce mot terrible, inquiet sur le sort de ma patrie, sur les dangers qui menacent même la liberté, sur tout le sang qui peut être versé, j'exprime le même vœu que Mailhe[1] et je demande qu'il soit soumis à une délibération de l'Assemblée.

Vergniaud, discours à la Convention, 16 janvier 1793.

1. Le député Mailhe a proposé un sursis à l'exécution.

INFO

Décret du 20 janvier

Art. 1. La Convention nationale déclare Louis Capet, dernier roi des Français, coupable.

Art. 2. La Convention nationale décrète que Louis Capet subira la peine de mort.

(Vote obtenu par 366 voix sur 721)

4 L'exécution de Louis XVI, le 21 janvier 1793

Fin tragique de Louis XVI, exécuté le 21 janvier 1793 sur la place Louis XV dite place de la Révolution, estampe anonyme, musée Carnavalet.

Itinéraire 1

Identifier

1. **Doc. 1.** Selon Robespierre, pourquoi Louis XVI ne peut-il pas être jugé comme un citoyen ordinaire ?
2. **Doc. 1 et 2.** De quelle nature sont les accusations contre Louis XVI ? Comment le roi se défend-il ?
3. **Doc. 1 et 3.** Quels sont les points communs et les divergences entre Robespierre et Vergniaud ?

Expliquer

4. **Doc. 1 et 3.** Quelles expressions montrent que le procès se déroule dans un contexte de menaces sur la République ?

Synthétiser

5. **Doc. 1 à 4.** Montrez que le procès de Louis XVI est un événement politique majeur en 1793.

OU

Itinéraire 2

Rédiger un compte rendu de recherche

▶ Faites une recherche sur le site du ministère de la Justice (« *Procès de Louis XVI* »).
Pour expliquer les enjeux politiques du procès, montrez que les députés de la Convention ont été moins divisés sur le jugement que sur la sentence.

DOCUMENTS
POINT DE PASSAGE

Le Code civil, 1804

COURS p. 20

Fiche de synthèse

▶ *« Citoyens, la révolution est fixée aux principes qui l'ont commencée, elle est finie »*, annonce Bonaparte peu après le coup d'État de novembre 1799. Cette déclaration trouve une de ses traductions dans l'élaboration du Code civil de 1804 qui marque durablement la société française.

OBJECTIF

▶ **Montrez que le Code civil « fixe » certains principes de la Révolution, mais établit une société fortement hiérarchisée.**

Vocabulaire

- **Code civil**
Ensemble des lois traitant des règles de vie et des biens dans une société.

« *Ma vraie gloire n'est pas d'avoir gagné quarante batailles. [...]*
Ce qui vivra éternellement c'est mon Code Civil. »

Napoléon, en exil à Sainte-Hélène.

1 Le code civil, 1804

Art. 1 - Les lois sont exécutoires dans tout le territoire français.

Art. 8 - Tout Français jouira des droits civils

Art. 9 - Tout individu né en France d'un étranger pourra, dans l'année qui suivra l'époque de sa majorité, réclamer la qualité de Français ; pourvu que, dans le cas où il résiderait en France, il déclare que son intention est d'y fixer son domicile [...].

Art. 55 - Les déclarations de naissance seront faites, dans les trois jours de l'accouchement, à l'officier de l'état civil du lieu.

Art. 212 - Les époux se doivent mutuellement fidélité, secours, assistance.

Art. 213 - Le mari doit protection à sa femme, la femme obéissance à son mari.

Art. 229 - Le mari pourra demander le divorce pour cause d'adultère de sa femme.

Art. 230 - La femme pourra demander le divorce pour cause d'adultère de son mari, lorsqu'il aura tenu sa concubine dans la maison commune.

Art. 373 - Le père seul exerce l'autorité [parentale] durant le mariage.

Art. 375-377 - Le père qui aura des sujets de mécontentement très graves sur la conduite d'un enfant, pourra le faire détenir.

Sur le droit de signer un contrat :

Art. 1124 - Les incapables de contracter sont : les mineurs, les femmes mariées [...].

Sur les contrats de travail ouvrier :

Art. 1781 - Le maître est cru sur son affirmation, pour le montant des salaires ; pour le paiement des salaires de l'année échue ; et pour les acomptes donnés pour l'année courante.

2 Bonaparte et le Code civil

Sa Majesté l'Empereur et Roi montre à l'Impératrice-Reine les articles du Code civil, qu'il vient de terminer, estampe de François David, 1807, BNF.

CONSEILS

▶ **Pour analyser le Code civil, repérez :**
- les principes d'égalité devant la loi ;
- les principes d'autorité et de hiérarchie dans la société.

DOCUMENTS

L'institution des préfets

COURS p. 20

Des réformes suivent le coup d'État de 1799. La pacification religieuse, la stabilisation financière, la création de nouvelles élites et la création des préfets en 1800 doivent permettre l'organisation d'une société nouvelle.

OBJECTIF

Comment les préfets doivent-ils contribuer à créer une société nouvelle, réconciliée, après les déchirures de la Révolution ?

1 Les missions des préfets

Une loi de 1800 prévoit qu'« Il y aura dans chaque département un préfet, un conseil de préfecture et un conseil général. Le préfet sera chargé seul de l'administration. »

Cette place vous impose des devoirs étendus, mais elle vous offre dans l'avenir une grande récompense : vous êtes appelé à seconder le gouvernement dans le noble dessein de restituer la France à son antique splendeur, d'y ranimer ce qu'elle a produit de grand et de généreux, et d'asseoir enfin ce magnifique édifice sur les bases inébranlables de la liberté et de l'égalité. [...] Vous n'aurez point à administrer au gré des passions ou des caprices d'un gouvernement versatile, incertain de son existence, inquiet sur sa durée. Votre premier soin est de détruire sans retour, dans votre département, l'influence morale des événements qui nous ont trop longtemps dominés. Faites que les passions haineuses cessent, que les ressentiments s'éteignent [...] Dans vos actes publics et jusque dans votre conduite privée, soyez toujours le premier magistrat du département, jamais l'homme de la révolution [...].

Je me borne à vous recommander de vous occuper sans délai de la levée de la conscription[1], de la prompte rentrée des contributions[2]. [...] Que l'agriculture, que le commerce, que les arts reprennent le rang qui leur convient. Aimez, honorez les agriculteurs. Protégez le commerce, sa liberté ne peut jamais avoir d'autres bornes que l'intérêt de l'État. Visitez les manufactures et distinguez par des témoignages d'une haute estime les citoyens qui leur donnent de l'activité. Occupez-vous de la génération qui commence ; donnez des soins à l'éducation publique. Formez des hommes, des citoyens, des Français.

Lucien Bonaparte, ministre de l'Intérieur, circulaire aux préfets, 12 mars 1800.

1. Levée des hommes pour la guerre. 2. Impôts.

2 La construction de préfectures

Préfecture de Caen, dont la construction a commencé à l'époque napoléonienne et s'est achevée en 1822.

CONSEILS

Pour analyser le rôle des préfets, distinguez :
- leur rôle dans la réconciliation politique ;
- leur rôle dans l'impulsion qu'ils doivent donner à la prospérité du pays.

En équipes ! — oral

Équipe 1
Montrez que Bonaparte veut mettre fin à la Révolution en conservant certains de ses principes.

Équipe 2
Montrez qu'il instaure une société très hiérarchisée.

Mise en commun
Les deux équipes confrontent leurs réponses et échangent à l'oral : qui profite des réformes du consulat ? Qui est pénalisé ?
Prolongement : faites une recherche sur d'autres réformes importantes du Consulat (recherchez à partir du mot clé « masses de granit »).

DOCUMENTS

REPÈRES p. 15
COURS p. 20

L'Europe bouleversée par la France

▶ Redoutée ou acclamée, la Révolution connaît un immense retentissement en Europe. Pourtant, les guerres engagées à partir d'avril 1792 au nom de la liberté, se transforment en conquêtes dès 1794 et suscitent des résistances nationales croissantes.

QUESTION CLÉ

Quelles sont les conséquences de la Révolution puis des guerres que mène la France en Europe ?

1 Les effets espérés de la Révolution

« La chute en masse : ainsi l'étincelle électrique de la liberté, renversera tous les trônes des brigands couronnés », estampe de Dupuis, Paris, 1794, bnf.

① « L'espiègle Joseph » : l'empereur d'Autriche
② Le roi d'Angleterre
③ Le roi de Prusse
④ Le pape
⑤ L'impératrice de Russie
⑥ Les rois d'Espagne et de Sardaigne

CHRONOLOGIE

- **1795** Annexion de la Belgique.
- **1795-1799** Création de Républiques sœurs aux Pays-Bas, en Suisse, en Italie.
- **1801-1810** Annexions aux frontières, des Pays-Bas à Rome, transformées en départements (voir carte p. 15).
- **1806-1811** Système d'alliance imposé en Italie, Espagne, Allemagne.
- **1807** Fondation du grand-duché de Varsovie protégé par la France.

2 Espoirs et désillusions des peuples européens

Qui pourrait nier qu'au premier rayon du nouveau soleil montant sur l'horizon, lorsqu'on entendit parler des droits communs à tous les hommes, de la liberté vivifiante et de l'égalité chérie, qui pourrait nier qu'il n'ait senti son cœur s'élever et frapper de mouvements plus vitaux son sein plus libre ? [...] Chacun sentit renaître en soi le courage, l'âme et la parole. Et nous qui étions voisins, nous fûmes les premiers animés de cette flamme vive.

La guerre commença, et les Français en bataillons armés s'approchèrent ; mais ils parurent apporter le don de l'amitié. Tous avaient l'âme élevée ; ils plantèrent gaiement les arbres de la liberté, nous promettant de ne pas envahir nos possessions ni le droit de nous régir nous-mêmes. [...] Mais bientôt le ciel se noircit : une race d'hommes pervers, indignes d'être l'instrument du bien disputa les fruits de la domination ; [...] opprimèrent les peuples voisins, leurs frères nouveaux et leur envoyèrent des essaims d'hommes rapaces. [...] Alors le chagrin et le courroux s'emparèrent des âmes les plus tranquilles ; nous n'eûmes tous que la seule pensée, et nous fîmes tous le serment de venger ces outrages nombreux et la perte amère d'une espérance doublement trompée.

Goethe[1], *Hermann et Dorothée*, 1797.

1. Poète allemand (1749-1832).

3 Des Espagnols contre la domination française

Le 2 mai 1808 à Madrid, huile sur toile de Goya, 1814, Madrid, Musée du Prado.

En 1808, les Espagnols se soulèvent contre l'invasion française et attaquent les mamelouks, soldats égyptiens de l'armée impériale.

« *Personne n'aime les missionnaires armés et le premier conseil que donnent la nature et la prudence c'est de les repousser comme des ennemis.* »

Robespierre, 2 janvier 1792.

4 L'influence française en Pologne

La Pologne, partagée depuis 1795 entre Russie, Autriche et Prusse, est en partie reconstituée par Napoléon après le traité de Tilsit en 1807. Les Polonais se voient dotés d'une Constitution dans le cadre du grand-duché de Varsovie.

Art. 1. La religion catholique, apostolique et romaine est la religion de l'État.

Art. 2. Tous les cultes sont libres et publics.

Art. 4. L'esclavage est aboli, tous les citoyens sont égaux devant la loi ; l'état des paysans est sous la protection des tribunaux.

Art. 64. Le territoire est divisé en six départements.

Art. 65. Chaque département est administré par un préfet.

Art. 69. Le Code Napoléon[1] formera la loi civile du duché de Varsovie.

Extraits de la Constitution du grand duché de Varsovie, 1807.

1. Code civil.

5 Le pillage de l'Europe

Hommes qui déguerpissez de Lombardie
Si vous pouvez jeter un coup d'œil en arrière,
Faites-le pour vous rendre compte de la joie
Avec laquelle nous fêtons votre départ [...]
Vous, brigands, vous nous en avez tant fait voir,
Vous avez tant volé et massacré les nôtres,
Tant plumé, maltraité et tant couvert d'ordures,
Que nous en sommes finalement arrivés
À ne plus pouvoir demeurer indifférents
Sur le choix du bourreau qui doit nous égorger.

Carlo Porta, « Le départ des Français de Milan », 1814.

QUESTIONS

Identifier

1. **Doc. 1 et 2.** Quelles sont les attentes et les réactions suscitées par la Révolution ?
2. **Doc. 1, 2, 4 et 5 et carte p. 15.** Montrez que les guerres aboutissent à l'hégémonie française sur une partie de l'Europe.

Expliquer

3. **Doc. 2 à 5.** Quelles sont les conséquences de l'occupation française pour les populations ?
4. **Doc. 3.** Quelle image de la résistance aux Français ce tableau donne-t-il ?

Synthétiser

5. À l'aide de l'ensemble des documents, rédigez un bilan d'une quinzaine de lignes qui mettra en valeur l'espoir suscité par la Révolution française et ses idées en Europe avant de montrer comment les peuples européens se retournent progressivement contre la France.

RÉVISIONS

La Révolution française et l'Empire

Podcast

L'ESSENTIEL

1 La rupture révolutionnaire, 1789-1792

- Les députés renversent la monarchie absolue en juin 1789, puis les insurrections populaires entraînent l'abolition de la société d'ordres. De nouveaux principes sociaux et politiques sont posés en août 1789, puis la monarchie constitutionnelle est instaurée.
- Mais la tentative de fuite du roi (1791) et la guerre (1792) provoquent des divisions et, après l'arrestation de Louis XVI, la République est proclamée en septembre 1792.

2 La République en échec, 1792-1799

- À la Convention, élue au suffrage universel masculin, les divergences entre Girondins et Montagnards sont exacerbées par la guerre civile et étrangère et par la misère populaire.
- En 1793, les Montagnards prennent des mesures d'exception pour faire face à la situation militaire et économique. Cette période dite de la « Terreur » s'arrête avec l'arrestation de Robespierre (1794).
- Mais le Directoire ne parvient pas à rétablir la stabilité politique. Il est renversé par le général Bonaparte en 1799.

3 Du Consulat à l'Empire, 1799-1814

- Devenu consul, Bonaparte instaure une République autoritaire et réorganise la société tout en conservant certains principes de 1789 inscrits dans le Code civil. La volonté de pacification aboutit à la fin des guerres civiles et à la paix avec l'Autriche et l'Angleterre en 1802.
- Avec la proclamation de l'Empire en 1804, Napoléon ajoute les fastes monarchiques à son pouvoir personnel. Les conquêtes en Europe sont l'occasion de diffuser certaines idées de la Révolution, mais les occupations suscitent bientôt l'opposition des autres souverains et la résistance des peuples. Napoléon doit abdiquer en 1814.

Exercices interactifs

POINTS DE PASSAGE

▶ Manon Roland → p. 27

- Une femme influente par son salon, les contacts qu'elle entretient avec les députés, le rôle qu'elle tient auprès de son mari, député girondin et ministre en 1792.

▶ Le procès de Louis XVI, décembre 1792-janvier 1793 → p. 28

- Dans le contexte des guerres extérieure et intérieure, le roi est accusé de trahison.
- Son procès montre les divisions entre les courants politiques de la Convention.
- Il est exécuté le 21 janvier 1793.

▶ Le Code civil, 1804 → p. 30

- Bonaparte achève l'uniformisation des lois commencée sous la Révolution.
- Le Code civil reconnaît l'égalité de tous devant la loi. Il établit aussi une société très hiérarchisée.

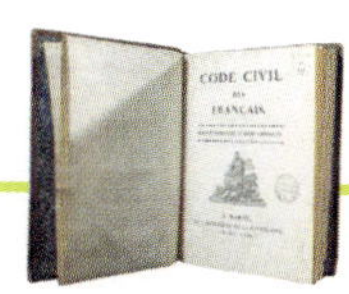

A/Z Les mots clés

- **Constitution**
Texte fondamental qui fixe l'organisation, la répartition des pouvoirs de l'État et la souveraineté de la nation.
- **Nation**
Communauté ayant une certaine unité (langue, culture…).
- **République**
Forme d'organisation politique où le pouvoir n'est pas héréditaire. République et démocratie ne sont pas toujours synonymes : certaines monarchies sont démocratiques (Royaume-Uni, Espagne) et certaines républiques ne sont pas démocratiques.
- **Révolution**
Renversement brusque et par la force. En débutant par une insurrection, la révolution développe une dynamique élargissant les contestations à de larges parties du peuple. La révolution marque politiquement et symboliquement une rupture avec l'ordre ancien alors détruit.
- **Suffrage universel masculin**
Mis en place en août 1792, il prévoit que sont électeurs tous les citoyens (donc les hommes) de plus de 21 ans, à l'exclusion des domestiques.

Vidéo

L'ESSENTIEL EN 3 MINUTES

LA RÉVOLUTION FRANÇAISE ET L'EMPIRE

Chronologie

- **1789**
  - 14 juillet : Prise de la Bastille
  - 26 août : Déclaration des droits de l'homme et du citoyen
- **1792**
  - 10 août : Arrestation de Louis XVI
  - 21 septembre : Début de la République
- **1793**
  - 21 janvier : Exécution de Louis XVI
- **1794** Mort de Robespierre
- **1799** Coup d'État de Bonaparte
- **1804** Code civil
- **1814** Abdication de Napoléon Ier

1 1789-1792 : LA RUPTURE RÉVOLUTIONNAIRE

Députés + insurrections populaires

- 1789 : Fin de l'Ancien Régime, nouvelle société
- 1792 : Instauration de la République

2 1792-1799 : L'ÉCHEC DE LA RÉPUBLIQUE

guerre extérieure + guerre civile + misère populaire

- ➡ Divisions politiques profondes
- ➡ « Terreur » (1793-1794) Robespierre Manon Roland
- ➡ Coup d'État de Bonaparte

3 1799-1814 : LE CONSULAT ET L'EMPIRE

1799-1804 : Bonaparte consul
1804-1814 : Napoléon Ier empereur

- ➡ gouvernement autoritaire
- ➡ guerres en Europe
  - ↳ 1804-1812 : hégémonie
  - ↳ à partir 1812 : défaites
  - ↳ 1814 : abdication

ANALYSE D'UN DOCUMENT

SUJET GUIDÉ

Les femmes et la Révolution

Consigne

Analysez ce texte pour comprendre la place et le rôle de Manon Roland dans la Révolution.
Après avoir présenté ce document, son auteur et son destinataire, vous montrerez que cette lettre permet de présenter l'action de Manon Roland. Enfin, vous élargirez votre propos, à l'aide de vos connaissances, pour savoir si son influence est représentative de la place des femmes dans la Révolution.

Lettre de Manon Roland à Robespierre

J'ai désiré vous voir, Monsieur, parce que vous croyant un ardent amour pour la liberté, un entier dévouement au bien public, je trouvais à vous entretenir le plaisir et l'utilité que goûtent les bons citoyens en exprimant leurs sentiments, en éclairant leurs opinions. Plus vous me paraissiez différer sur une question intéressante, plus il me semblait important de rapprocher ceux qui n'ayant qu'un même but, devaient se concilier dans la manière de l'atteindre. [...] Je vous ai vu avec peine, persuadé que quiconque avec des connaissances pensait autrement que vous sur la guerre[1] n'était pas un bon citoyen. Je n'ai point commis la même injustice à votre égard ; j'ai souhaité de connaître à fond vos raisons. Vous m'aviez promis de me les communiquer... Vous m'avez évitée, et dans cet intervalle vous soulevez l'opinion publique contre ceux qui ne voient pas comme vous. [...] Rappelez-vous Monsieur, ce que je vous exprimais la dernière fois que j'ai eu l'honneur de vous voir : soutenir la Constitution, la faire exécuter avec popularité, voilà ce qui me semblait devoir être actuellement la boussole du citoyen.

Lettre de Manon Roland à Robespierre, 25 avril 1792.

1. En avril 1792, en marge des débats à l'Assemblée, Robespierre, président du club des Jacobins, s'oppose à la déclaration de guerre à l'Autriche.

POINTS MÉTHODE

DÉCRYPTAGE DU SUJET

Analyser la consigne

- **Déterminer le sujet à traiter**
  - Repérer les limites chronologiques et spatiales.
  - Relever les mots clés et analyser la manière dont ils sont mis en relation.
- **Déterminer les différents aspects à analyser**
  - Mettre en relation le document et une ou des notions.
  - Faire preuve d'esprit critique sur le document : limites, opposition/comparaison de points de vue.

- Le sujet s'articule au « Point de passage et d'ouverture » consacré à « Manon Roland et les femmes en Révolution ». Il porte sur le début de l'année 1792, un moment important de la Révolution où le pays connaît une période de crises intérieures et extérieures.
- La consigne demande de réfléchir à la place des femmes à partir du rôle de Manon Roland. Il est important de bien connaître son engagement et son influence auprès des Girondins contre les Montagnards.
- La consigne demande aussi de montrer si cet exemple est représentatif de la place des femmes dans la Révolution.

Identifier le ou les documents

- **Quelle nature ?**
- **Auteur et point de vue**
- **Situation(s) historique(s) évoquée(s)**

- Le document est une lettre adressée à un député montagnard : Maximilien de Robespierre.
- Épouse du ministre de l'Intérieur, une figure des députés girondins à l'Assemblée législative élue en 1791, Manon Roland s'oppose aux Montagnards, notamment sur la déclaration de guerre à l'Autriche en avril 1792.
- Madame Roland évoque les débats à l'Assemblée législative élue en 1791 sur la déclaration de guerre à l'Autriche. Les Girondins que soutient Madame Roland sont favorables à l'entrée en guerre de la France, contrairement aux Montagnards, dont Robespierre, qui estime que la victoire n'est pas sûre et qu'elle risquerait de donner le goût du pouvoir aux militaires.

Répondre aux parties de la consigne

- Il convient d'abord de présenter l'itinéraire politique de Manon Roland jusqu'en 1792 (elle tient un salon, elle est une républicaine ardente et son mari, député girondin, devient ministre de l'Intérieur en 1792).
- Il faut ensuite préciser les raisons et les modalités de l'intervention de Manon Roland dans le débat public à propos de la question de la déclaration de guerre à l'Autriche.
- Il faut enfin se demander si l'influence de Manon Roland est représentative de la place des femmes pendant la Révolution : d'autres figures politiques féminines peuvent être mobilisées, mais il faut aussi relativiser la place des femmes dans la vie politique.

CONSEIL DU PROF

Le sujet demande des connaissances sur la place des femmes dans la vie politique sous la Révolution, mais ce n'est pas une composition sur ce sujet : veillez à toujours relier votre argumentation au document.

Retrouvez des sujets de Bac et des méthodes actualisés sur le site lyceen.nathan.fr/cote1re-2019

ANALYSE D'UN DOCUMENT

SUJET BLANC

Consigne

Étudiez ce document pour expliquer l'importance de la question de l'esclavage sous la Révolution. Après avoir rappelé le contexte dans lequel ce document a été produit, montrez en décrivant l'image qu'elle met en scène un droit fondamental défini par la Révolution française et qu'elle fait référence à une décision précise. Vous terminerez en expliquant pourquoi cette gravure ne peut avoir été réalisée après 1802.

« Moi libre »

Moi libre, gravure anonyme, 1794, bibliothèque des Arts décoratifs, Paris.

QUESTION PROBLÉMATISÉE

BAC

SUJET GUIDÉ

Pourquoi la République mène-t-elle une politique de la « Terreur » entre 1793 et 1794 ?

Vous répondrez à cette problématique en montrant que :
- le gouvernement des Montagnards entend répondre aux crises multiples de la République ;
- la République a des ambitions démocratiques nouvelles ;
- le bilan de la « Terreur » conduit à la chute des Montagnards.

POINTS MÉTHODE

Comprendre et analyser le sujet

- **Identifier les limites chronologiques et spatiales du sujet.**

Si elles ne sont pas explicites, il faut les déterminer en les justifiant. Un sujet peut ne faire référence qu'à une partie de la période ou des espaces travaillés en cours. Ne pas en tenir compte constitue un hors-sujet.

- **Repérer et expliquer les mots clés du sujet.**

Il faut les définir de manière précise pour ensuite chercher les notions qui leur sont associées dans le cours.

- **Analyser la manière dont les mots clés sont mis en relation.**

Repérez pour cela les mots de liaison et l'ordre des mots.

DÉCRYPTAGE DU SUJET

- Le sujet reprend une partie du cours consacré à « La République en échec (1792-1799) ». Le gouvernement des Montagnards débute en juin 1793, avec l'élimination des Girondins. Les 27 et 28 juillet 1794, Robespierre et ses proches sont arrêtés, jugés puis exécutés : c'est la fin des Montagnards.
- Le sujet concerne la France, mais vous devez connaître le contexte européen à l'origine des crises expliquant la mise en place de la « Terreur ».
- La « Terreur » est un terme péjoratif utilisé pour désigner les mesures d'exceptions et la politique de répression menée par le gouvernement des Montagnards en 1793 et 1794. La Révolution est le renversement brusque et par la force de l'ordre politique et social ancien, qui doit permettre la création d'un ordre nouveau.
- La mise en relation de ces deux termes demande d'étudier comment les Montagnards définissent cette transition, et l'ordre qu'ils cherchent à construire.

Mobiliser ses connaissances pour construire un plan

- **Comprendre le plan suggéré**

En Seconde et en Première, le sujet suggère les grandes lignes du plan. Ces grandes idées permettent de répondre à la problématique.

Il existe deux grands types de plan :
- **chronologique**, le mieux adapté pour étudier une évolution dans le temps. Le cadre chronologique du sujet est alors découpé en plusieurs périodes (une période = une partie).
- **thématique**, qui permet de distinguer les principales caractéristiques d'un phénomène historique.

- Le plan suggéré est **thématique**. Il demande :
  - de comprendre que le gouvernement des Montagnards justifie les mesures d'exception par l'urgence militaire (guerres contre les monarchies européennes, guerre civile) ;
  - de montrer que la politique menée a des objectifs démocratiques renforcés (lutte contre la misère, abolition de l'esclavage...) ;
  - d'expliquer que cette politique porte ses fruits, mais que le bilan humain et les victoires provoquent le renversement des Montagnards.

Retrouvez des sujets de Bac et des méthodes actualisés sur le site lyceen.nathan.fr/cote1re-2019

CHAPITRE

2

L'Europe entre restauration et révolution (1814-1848)

Dans ce chapitre

TOUS LES TEXTES en version à imprimer

TOUTES LES CARTES en version interactive

En 1814, après la défaite de Napoléon Ier, les anciennes monarchies ouvrent une période de reconstruction de l'ordre européen. Cette restauration n'est pas intégrale, car la domination française, qui a duré plus de vingt ans, a largement diffusé les idéaux révolutionnaires. Au nom des libertés et des nations, de nouvelles révolutions éclatent.

▶ **Pourquoi le retour à l'ordre voulu par les rois déclenche-t-il des révolutions après 1814 ?**

1 En 1815, au Congrès de Vienne, les rois retrouvent leurs royaumes

La Restitution, ou chacun son compte, estampe, 1815, BNF, Paris.

① Napoléon vaincu vomit ses conquêtes.

② et ③ : le ministre anglais Castlereagh et l'empereur de Russie Alexandre Ier les distribuent.

④ Louis XVIII, roi de France.

⑤ Ferdinand VII, roi d'Espagne.

⑥ Frédéric-Guillaume III, roi de Prusse.

⑦ François Ier, empereur d'Autriche.

⑧ Murat, roi de Naples, attend son tour pour se voir confirmer la possession de son royaume.

CONNAISSANCES

DOCUMENTS

POINTS DE PASSAGE

RÉVISIONS

Animation

2 En 1848, les peuples européens entrent en révolution
Le Printemps des peuples à Berlin (18-19 mars), lithographie, 1848, Kunstbibliothek, Berlin.

L'Europe entre restauration et révolution

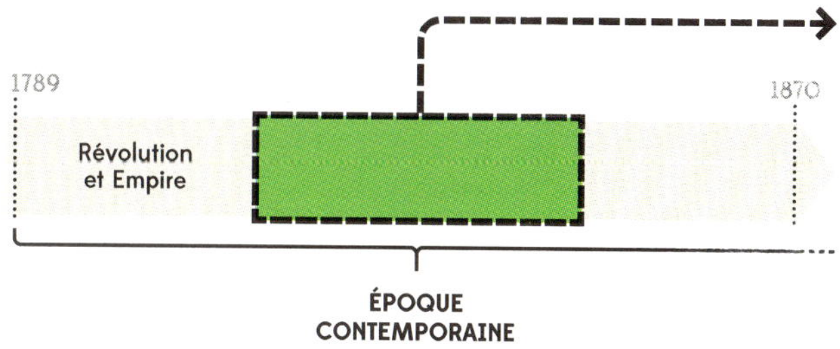

1 **L'Europe du congrès de Vienne**

QUESTIONS

1. **Doc. 1.** Quels États profitent du congrès pour acquérir de nouveaux territoires en 1815 ?
2. **Doc. 2 et 3.** Quelles formes les contestations de l'ordre dessiné à Vienne en 1815 prennent-elles ?
3. **Doc. 2 et 3.** Quels États cherchent à garantir la stabilité de l'ordre dessiné à Vienne en 1815 ?

1810 – 1815 – 1820 – 1825 – 1830 – 1835 – 1840 – 1845 – 1850

EUROPE

- **Sept. 1814 › juin 1815** CONGRÈS DE VIENNE
- **1815** Sainte-Alliance (Russie, Autriche, Prusse)
- **1821 › 1829** GUERRE D'INDÉPENDANCE GRECQUE
- **1820** Insurrections libérales en Espagne, Portugal, Italie
- **1830** Révolution et indépendance de la Belgique
- **1830** Révolutions réprimées en Italie, Allemagne et Pologne
- **1846** Échec de l'insurrection polonaise
- **1848** Printemps des peuples

FRANCE

- **4 juin 1814** Charte constitutionnelle
- **27, 28, 29 juillet 1830** les Trois Glorieuses
- **Février 1848** Insurrections. Proclamation de la Deuxième République
- **1814 › 1824** RÈGNE DE LOUIS XVIII
- **1824 › 1830** RÈGNE DE CHARLES X
- **1830 › 1848** RÈGNE DE LOUIS-PHILIPPE
- **1814 › 1830** RESTAURATION
- **1830 › février 1848** MONARCHIE DE JUILLET
- **à partir de 1848** DEUXIÈME RÉPUBLIQUE

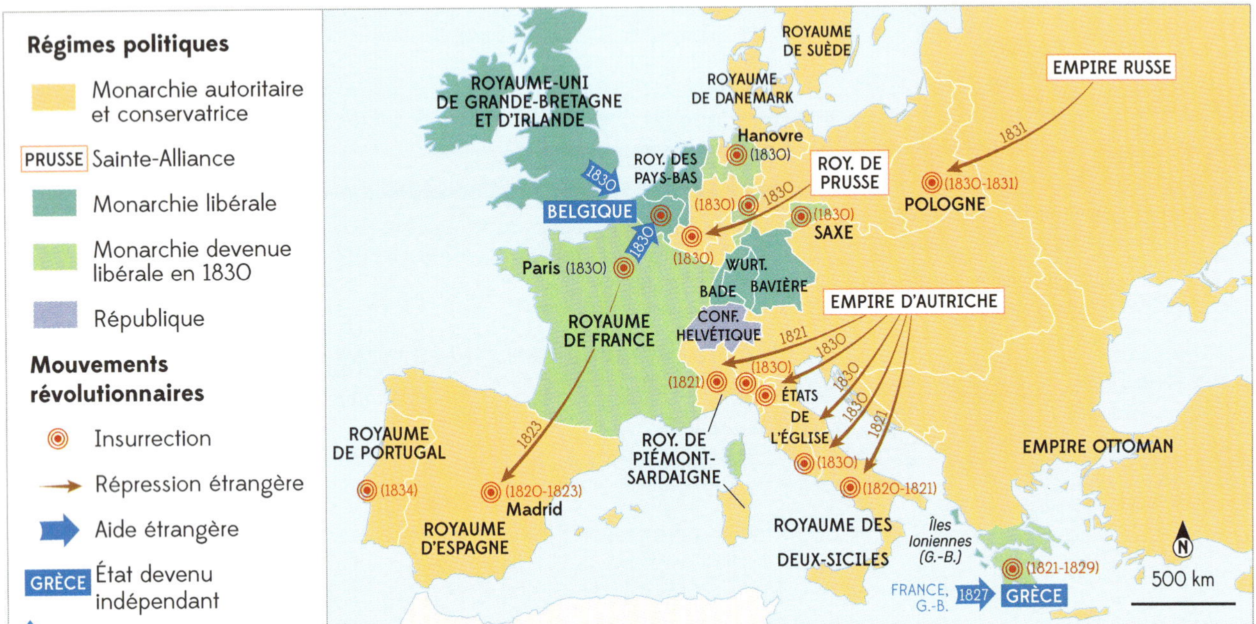

2 L'Europe entre insurrections et répressions (1814-1831)

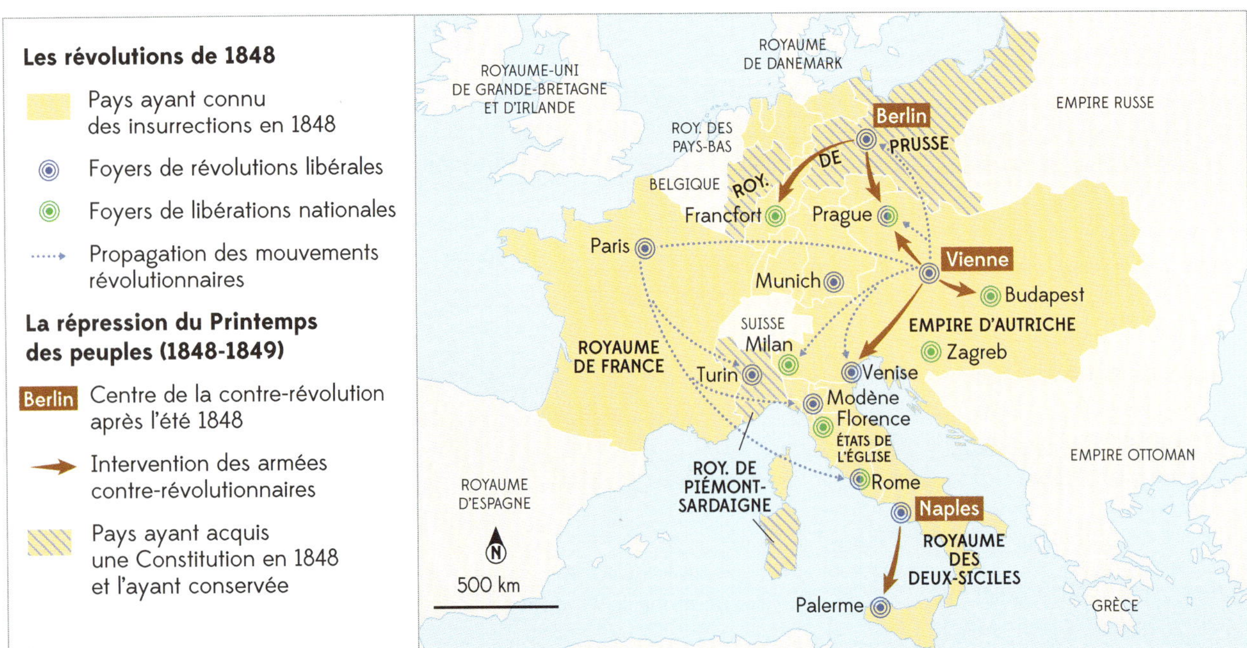

3 Le Printemps des peuples (1848-1849)

COURS

1. L'ordre des princes face aux idées nouvelles (1815-1830)

REPÈRES p. 42
DOCUMENTS p. 50-55

Podcast du cours

Pour aller + loin

Pourquoi le nouvel équilibre européen instauré en 1815 est-il rapidement contesté ?

POINT DE PASSAGE

▶ 1815 : Metternich et l'ordre de Vienne.

→ p. 50

A Une « réaction » à la Révolution française

1. Le congrès de Vienne : une diplomatie d'équilibre

● De septembre 1814 à juin 1815, les puissances victorieuses de Napoléon Ier se réunissent en congrès afin d'effacer les traces de la domination française. C'est à Vienne, au centre de l'Europe, en Autriche, autour du chancelier Metternich, que **les diplomates remodèlent les frontières des États et réinstallent des princes au pouvoir**.

● Le « **concert européen** » réunit périodiquement en congrès les quatre grandes puissances. **Autour du Royaume-Uni, la Prusse, l'Autriche et la Russie cherchent à rééquilibrer l'influence française sur le continent.** L'essor de cette nouvelle diplomatie est censé préserver la paix entre les États.

2. La Sainte-Alliance : un système répressif

● Pour stabiliser cet ordre, les principales puissances signent **le traité de la Sainte-Alliance**. Ils y affirment **l'origine divine du pouvoir des rois et l'obligation faite aux peuples d'obéir à leur pouvoir absolu**. Les monarques coordonnent leurs interventions militaires et s'entraident.

● Les princes poursuivent la modernisation de leurs armées. **Les polices politiques se développent** pour écouter, surveiller et censurer, car les peuples ne sont pas tous, loin s'en faut, ralliés et soumis à leur autorité.

B Une restauration : les rois au-dessus des peuples

1. La volonté des princes : refermer la Révolution française

● Cette **restauration** se veut un retour aux principes antérieurs à 1789. Soutenus par un courant **contre-révolutionnaire** appuyé sur les valeurs religieuses et traditionnelles, les souverains retrouvent leurs trônes et toute autorité sur leurs sujets. Leurs royaumes sont considérés comme leurs propriétés, ils en définissent entre eux les frontières.

● **Le sentiment national qui s'était déjà exprimé contre Napoléon** (voir p. 32-33) **est donc à nouveau nié**. La Pologne est ainsi partagée entre la Prusse, l'Autriche et la Russie. La péninsule italienne, elle, est fragmentée en de multiples États, le nord passant sous la domination autrichienne. Le pape, depuis Rome, gouverne alors un grand État en Italie centrale.

« [La France est] *la grande fabrique des révolutions, la caverne d'où sort le vent qui souffle la mort sur le corps social.* »

Metternich.

Vocabulaire

- **Insurrection**
  Soulèvement et révolte armée contre un pouvoir.
- **Libéraux**
  Soutiens du libéralisme, notamment politique. Ils souhaitent encadrer les pouvoirs des souverains par des constitutions.
- **Restauration**
  Rétablissement d'un ordre ancien. Entre 1814 et 1830, partout en Europe, les dynasties déchues lors de la Révolution sont de retour comme les Bourbons en France.
- ***Risorgimento***
  À la fois « renaissance » et « résurrection » en italien, l'expression désigne l'essor du mouvement national pour l'unité et l'indépendance de l'Italie.
- **Sainte-Alliance**
  Traité signé en 1815 par l'Autriche, la Russie, la Prusse, et par la France en 1818. Il affirme la légitimité divine du pouvoir des rois et organise la répression des contestations.
- **Sentiment national**
  Sentiment d'appartenir à une nation qui se construit autour d'une langue, d'une histoire, ou d'une religion commune. C'est en son nom que les peuples revendiquent un État indépendant.

2. La volonté des peuples : liberté et nation

- **Les libéraux exigent des Constitutions** et la reconnaissance des libertés individuelles, comme en Angleterre. Ils cherchent à former l'opinion au-delà des bourgeoisies : tracts, chansons et caricatures contournent la censure.
- **Les aspirations nationales s'affirment et, couplées au romantisme, elles s'expriment dans la culture populaire** : poètes et compositeurs chantent « l'âme » des peuples et contribuent dans les esprits à la construction des nations. Exaltant avec fierté leur passé, la Rome antique et la Renaissance, les Italiens en appellent au ***Risorgimento***. Un mouvement national mobilise aussi les Allemands, qui se regroupent désormais autour de leur langue. Les Grecs, eux, affichent leur pratique du christianisme orthodoxe dans un Empire ottoman dirigé par un sultan musulman.

BIOGRAPHIE

Klemens Metternich (1773-1859)

Chancelier et ministre au service des Habsbourg d'Autriche. Il joue un rôle capital au congrès de Vienne. Dans ce système européen, l'Autriche tient une place privilégiée lui permettant de rassembler les peuples situés entre l'Allemagne et l'Italie et d'intervenir militairement pour réprimer les troubles.

C Un ordre déjà instable

1. Des contestataires en mouvement

- Les idées révolutionnaires circulent sous le manteau. Des sociétés secrètes comme les ***Carbonari***, partisans de l'unité italienne, mènent une guérilla contre l'ordre de Vienne. Recherchés, les insoumis voyagent clandestinement et trouvent refuge à l'étranger, avant qu'une autre révolution ne les pousse vers un nouvel exil.
- **Dès 1820, des insurrections libérales éclatent**, d'abord en Espagne, au Portugal, puis à Naples et en Sicile. Mais le rapport de force entre la Sainte-Alliance, rejointe par la France, et les contestataires est très déséquilibré. Les patriotes italiens sont impitoyablement pourchassés et réprimés.
- Seul l'Empire ottoman ne peut venir à bout de la lutte des Grecs. Grâce à une mobilisation des élites politiques et artistiques de toute l'Europe, et avec l'appui militaire du Royaume-Uni et de la France, **les insurgés obtiennent l'indépendance de la Grèce en 1829**.

POINT DE PASSAGE

▶ 1822 : les massacres de Chios.

→ p. 52

2. La flambée de 1830

- **En 1830, les libéraux et les patriotes sont souvent rejoints par les ouvriers sur les barricades.** Le succès de la révolution parisienne des Trois Glorieuses stimule un mouvement européen que rien ne semble arrêter. Les Belges, aidés par les monarchies libérales de France et du Royaume-Uni, gagnent leur indépendance contre les Pays-Bas. Ils se dotent alors d'une Constitution libérale.
- Mais, en Italie, les armées autrichiennes restaurent l'autorité du Pape, et en Pologne, le tsar russe mate les révoltés auxquels la France a refusé son aide. Ainsi, sans soutien extérieur, les contestataires semblent encore impuissants. Néanmoins, **la division des grandes puissances et la diffusion des troubles laissent présager la fin du système mis en place en 1815**.

POINT DE PASSAGE

▶ 1830 : les Trois Glorieuses.

→ p. 54

HISTOIRE DE MOTS

On distingue généralement le patriotisme du nationalisme. Le **patriotisme** est un sentiment d'amour pour sa patrie qui peut se conjuguer avec l'ouverture aux autres patries. **Le nationalisme** est une expression plus exclusive de la nation ; agressif envers les étrangers, il peut donc engendrer la confrontation et la guerre.

POUR ALLER + LOIN

- **Jean-Paul Rappeneau, *Le Hussard sur le toit*, 1995.**

Adapté d'un roman de Jean Giono, ce film retrace l'itinéraire d'un jeune *Carbonaro* en exil en Provence dans les années 1830.

TESTEZ-VOUS !

- Quel système Metternich met-il en place pour maintenir la stabilité de l'ordre de Vienne ?
- Comment se manifeste la poussée des idées révolutionnaires en Europe ?
- Quels peuples ont réussi entre 1815 et 1830 à gagner leur liberté et leur indépendance ?

2. En France, l'originalité des monarchies constitutionnelles

REPÈRES p. 42
DOCUMENTS p. 54

Podcast du cours

Pour aller + loin

Pourquoi les rois ont-ils échoué à s'adapter aux aspirations nouvelles des Français ?

La monnaie, symbole du retour des Bourbons.

BIOGRAPHIE

Louis XVIII (1755-1824)

Roi de France entre 1814 et 1824, il est partisan d'une réconciliation des Français. Il proclame une Charte instaurant une monarchie parlementaire. À sa mort, en 1824, il peut croire qu'il a sauvé le trône des Bourbons.

Vocabulaire

- **Canuts** Ouvriers tisserands de la soie, du quartier de la Croix-Rousse à Lyon.
- **Charte** Texte constitutionnel accordé par le roi, qui accepte de son propre chef de limiter ses pouvoirs de chef de l'État.
- **Monarchie parlementaire** Régime politique où le pouvoir du roi est limité par une Constitution. Le gouvernement, choisi par le roi, est responsable devant le Parlement qui devient alors le centre de la vie politique.
- **Suffrage censitaire** Suffrage où seuls les plus riches, capables de payer un certain niveau d'impôt, peuvent voter et être éligibles.
- **Ultras** Royalistes, partisans de la monarchie absolue. Ils forment un parti contre-révolutionnaire particulièrement influent sous la Restauration.

A Une restauration pour effacer la Révolution

1. Louis XVIII et la Charte constitutionnelle

- En 1814, la France est envahie et occupée par les puissances victorieuses de Napoléon Ier. Pour consolider leur nouvel ordre, **elles imposent Louis XVIII sur le trône de France**. Ce roi cherche un compromis propre à réconcilier les Français et à imposer la paix.
- Dès juin 1814, **une Charte constitutionnelle est octroyée par le souverain**. Elle garantit quelques grands acquis de la Révolution, comme l'égalité devant la loi et les libertés individuelles. **Mais le suffrage censitaire limite l'expression populaire** car seuls les plus riches, capables de payer un certain montant d'impôt (le cens), peuvent voter et être éligibles.

2. Retrouver une place parmi les rois

- La **Restauration** souhaite faire oublier les passions révolutionnaires : le drapeau tricolore est remplacé par le drapeau blanc, la *Marseillaise* est interdite. Pour mieux affirmer la continuité de la monarchie française, les cendres de Louis XVI sont ramenées à Saint-Denis, au milieu des siens.
- Pour retrouver son influence et sa place dans le concert des nations, **la monarchie française intègre, dès 1818, la Sainte-Alliance**. Elle participe à la répression des **mouvements libéraux**, en intervenant en Espagne en 1823.

B La Révolution : un passé toujours présent

1. Un climat politique tendu

- Deux courants politiques s'opposent au sein des Assemblées. **Les libéraux et les républicains défendent l'héritage révolutionnaire face aux ultras**, qui, eux, souhaitent pousser le roi à la contre-révolution. Les tensions s'amplifient à la Chambre, notamment après 1825 et le sacre du nouveau roi, Charles X, à Reims.
- L'apprentissage de la politique par le peuple se poursuit cependant par des voies détournées. D'abord en chansons, dans les guinguettes et les cabarets, où les ouvriers et les étudiants manifestent bruyamment leur liberté d'expression. **Sur les murs, dans la presse, les caricatures se multiplient.** Dans les années 1820, les enterrements d'opposants politiques, notamment des libéraux, deviennent une occasion d'affirmer ces idées car la liberté de manifester est interdite. On y défile en criant « Vive la République », on arbore des cocardes. Les souvenirs de la grande révolution de 1789 restent encore très vifs chez le peuple.

2. Les Trois Glorieuses de 1830

- **En 1830, l'intransigeance du roi Charles X met fin au fragile équilibre.** Au cœur de l'été, le 26 juillet, le roi promulgue quatre ordonnances limitant les droits du Parlement et supprimant la liberté de la presse. Il modifie le mode

d'élection des députés pour s'assurer une victoire électorale. Pour les libéraux, c'est un coup d'État, et ils protestent contre le retour à une monarchie autoritaire. Très vite, des émeutes éclatent et **Paris se couvre de barricades**.

● **Les 27, 28, 29 juillet 1830, Paris redevient révolutionnaire.** Devant le palais des Tuileries, les insurgés affrontent les troupes royales. Les combats font près de 500 morts parmi les insurgés, mais **Charles X est renversé**. **Une onde révolutionnaire se propage alors dans toute l'Europe.**

POINT DE PASSAGE

▶ 1830 : les Trois Glorieuses.

→ p. 54

C La monarchie de Juillet : une monarchie libérale

1. Un régime parlementaire

● **Le nouveau roi, Louis-Philippe Ier, prend le titre de « roi des Français ».** Il s'inspire de la **monarchie parlementaire** anglaise et propose une Charte rénovée. **Il garantit la liberté de la presse et respecte les droits du Parlement.** Le montant du cens est abaissé. Des libéraux entrent au gouvernement, comme Adolphe Thiers ou plus tard François Guizot, alors que les ultras sont chassés du pouvoir.

● Cette France au régime libéral accueille les révolutionnaires de toute l'Europe. À Paris et en province, les exilés espagnols, polonais, italiens, allemands poursuivent la lutte pour leurs libertés. À Marseille en 1831, le patriote **Giuseppe Mazzini fonde le mouvement *Jeune Italie***, dont le but est l'unification du pays. Dans cette effervescence, de multiples pensées politiques se rencontrent, qui **appellent toutes à une nouvelle révolution supprimant l'ordre de Vienne.**

BIOGRAPHIE

Charles X (1757-1836)

Roi de France entre 1824 et 1830. D'abord chef du parti Ultra, il devient roi en 1824, et se fait sacrer à Reims. Intransigeant et partisan d'un retour à une monarchie autoritaire, il porte la responsabilité de la révolution des Trois Glorieuses de 1830.

2. De trop nombreux exclus

● Mais la démocratisation est restée limitée car le **suffrage reste censitaire** (environ 240 000 électeurs pour environ 33 millions de Français). Cette monarchie s'appuie sur les catégories sociales les plus aisées, des notables, souvent grands propriétaires, qui profitent alors de la croissance économique liée à l'industrialisation.

● **La grande majorité des Français reste donc exclue du vote.** En outre, les ouvriers sont de plus en plus nombreux mais ne voient pas leur situation s'améliorer. Dès 1831 et **la révolte des Canuts** à Lyon, la bataille contre le régime se mène autour de la **question sociale (droits des ouvriers, salaires)**. Les insurrections se multiplient dans les années 1830 et le roi est victime de plusieurs tentatives d'attentats.

BIOGRAPHIE

Louis-Philippe Ier (1773-1850)

Roi des Français de 1830 à 1848, son régime, la monarchie de Juillet, consacre la victoire des principes de 1789 et du régime parlementaire en France. Il est à son tour renversé par une révolution en février 1848.

? LE SAVIEZ-VOUS ?

D'un drapeau à l'autre

En 1814, la Restauration choisit le drapeau blanc de la monarchie pour marquer la rupture avec la Révolution française. En 1830, Louis-Philippe opte pour le drapeau tricolore pour signifier son ralliement aux idées de 1789.

TESTEZ-VOUS !

- ✔ Citez les trois monarques qui se sont succédé en France entre 1815 et 1848.
- ✔ Comment s'appelle le texte qui garantit la limitation des pouvoirs du roi ?
- ✔ Comment le peuple peut-il s'exprimer sous les monarchies constitutionnelles ?

POUR ALLER + LOIN

● ***Le Linceul du vieux monde*, de Christophe Girard, Les Enfants rouges, 2013-2015, 3 tomes.** L'auteur, historien lyonnais, retrace en trois albums la révolte des Canuts de 1831. Particularité : il utilise un stylo à bille pour ses dessins en noir et blanc.

DOCUMENTS

POINT DE PASSAGE

Metternich et l'ordre de Vienne (1814-1830)

REPÈRES p. 42
COURS p. 44

Fiche de synthèse

En septembre 1814, le chancelier d'Autriche, Metternich, réunit à Vienne les représentants des grandes puissances européennes ayant vaincu Napoléon Ier. Autour de l'Autriche, la Russie, la Prusse et le Royaume-Uni souhaitent garantir une paix durable. L'acte final du Congrès, signé le 9 juin 1815, fonde un nouvel ordre basé sur l'équilibre des puissances, mais au détriment des aspirations libérales et nationales.

QUESTION CLÉ

En quoi l'ordre dessiné à Vienne par Metternich porte-t-il les germes de nouvelles révolutions ?

1 Metternich et la diplomatie des princes

Le Congrès de Vienne (1814-1815), gravure de J. Godefroy, 1819.

1. Metternich, chancelier autrichien
2. Castelreagh, député anglais
3. Hardenberg, délégué de la Prusse
4. Nesselrod, ministre russe
5. Talleyrand, ministre français

CHRONOLOGIE

- **18 sept. 1814 - 9 juin 1815** Congrès de Vienne.
- **1815** Signature de la Sainte-Alliance (Russie, Autriche, Prusse).
- **1818** La France rejoint la Sainte-Alliance.
- **1820** Insurrections libérales en Espagne et à Naples.
- **1823** Expédition française en Espagne pour rétablir le roi absolutiste Ferdinand VII.

2 La Sainte-Alliance : Autriche-Prusse-Russie

Article 1 : Conformément aux paroles des Saintes Écritures qui ordonnent à tous les hommes de se regarder comme frères, les trois monarques contractants demeureront unis par les liens d'une fraternité véritable et indissoluble, et, se considérant comme compatriotes, ils se prêteront en tout lieu assistance, aide et secours ; se regardant envers leurs sujets et leurs armées comme pères de famille, ils les dirigeront dans un même esprit de fraternité, dont ils sont animés pour protéger la religion, la paix et la justice.

Fait triple et signé à Paris l'an de Grâce 1815.

François, Frédéric-Guillaume, Alexandre

Cité dans Éric Anceau, *Comprendre le XIXe siècle*, Belin, 2018.

3 L'ordre selon Metternich

La première et la plus grande des affaires, pour l'immense majorité de toute Nation, c'est la fixité des lois, leur action non interrompue, et nullement le changement. Que les gouvernements donc gouvernent, qu'ils maintiennent les bases fondamentales de leurs institutions tant anciennes que nouvelles ; car si, dans tous les temps, il est dangereux d'y toucher, ce n'est pas aujourd'hui, et dans la tourmente générale, qu'il peut être utile de le faire. Qu'ils énoncent à la face de leurs peuples cette détermination, et qu'ils la démontrent par les faits. Qu'ils réduisent au silence les doctrinaires[1] dans l'intérieur des États, et qu'ils manifestent leur mépris pour ceux du dehors [...] Qu'ils étouffent les sociétés secrètes, cette gangrène de la société. Qu'enfin les grands monarques resserrent leur union et prouvent au monde que si elle existe, elle n'est que bienfaisante, car cette union assure la paix politique de l'Europe.

Klemens Metternich, *lettre au tsar Alexandre Ier*, 1821.

1. Ici, ceux qui voudraient réconcilier les principes révolutionnaires et monarchiques.

BIOGRAPHIE

Klemens Metternich (1773-1859)

Chancelier et ministre au service des Habsbourg d'Autriche. Il joue un rôle capital au congrès de Vienne. Dans ce système européen, l'Autriche tient une place privilégiée lui permettant de rassembler les peuples situés entre l'Allemagne et l'Italie et d'intervenir militairement pour réprimer les troubles.

4 Exécution de libéraux espagnols (1831)

Exécution de Torrijos et ses camarades sur les plages de Málaga, 1887, huile sur toile d'Antonio Gisbert, 390 x 601 cm, Madrid, musée du Prado.

INFO

En Espagne, le roi Ferdinand VII, soutenu par la France, pourchasse impitoyablement les libéraux qui souhaitent une Constitution. Ceux-ci, réfugiés à Londres autour du général José Maria de Torrijos, tentent en 1831 de débarquer à Málaga, en Andalousie, pour renverser le roi.

Itinéraire 1

Identifier

1. **Doc. 1, 2 et 3.** Quelles sont les puissances qui garantissent le maintien de l'ordre de Vienne ? Sur quels principes communs est fondée leur alliance ?

Expliquer

2. **Doc. 3 et 4.** Quelles formes les oppositions à l'ordre de Vienne prennent-elles ? Par quels moyens cet ordre est-il maintenu ?

Synthétiser

3. En vous appuyant sur l'ensemble des documents, montrez que l'ordre de Vienne est un ordre européen : par ses organisateurs, ses contestations, et sa défense.

OU

Itinéraire 2 — oral

Organiser un débat

En vous appuyant sur les documents et après une recherche à propos du congrès de Vienne et de ses adversaires.

Groupe 1 : formez une commission de diplomates défendant l'ordre de Vienne et ses principes.

Groupe 2 : réunissez des opposants pour exposer leurs idées et leurs actions.

Réunissez-vous en congrès pour répondre à la question.

DE LA SOURCE À l'Histoire

POINT DE PASSAGE

Art

Comment le tableau d'Eugène Delacroix permet-il à l'historien de comprendre l'engagement des artistes en faveur de la Grèce ?

+ Fiche de synthèse

A La source

+ Animation

1 ***Scènes des massacres de Scio*, Eugène Delacroix, 1824**

Familles grecques attendant la mort ou l'esclavage. Huile sur toile, 419 x 354 cm, Paris, musée du Louvre.

CONTEXTE

▶ Eugène Delacroix (1798-1863)

En 1824, sensible aux idéaux de liberté et d'égalité portés par la Révolution française, sans argent, le jeune peintre se cherche une notoriété.

▶ Le sujet du tableau

Delacroix emprunte son sujet à une actualité brûlante mais lointaine. En 1822, les Grecs, sujets de l'Empire ottoman, proclament leur indépendance. En mer Égée, la guerre se déchaîne : les Turcs se vengent sur la population grecque de l'île de Chios (ou Scio). 20 000 civils sont tués, les survivants sont vendus comme esclaves.

▶ Le philhellénisme

Les réfugiés grecs affluent en Europe et à Paris, où de nombreuses personnalités forment des comités de soutien. L'indignation et la volonté de voir, à nouveau, le berceau de la démocratie revenir à l'Europe, poussent des volontaires, comme le poète anglais Byron, à aller combattre. Pour Eugène Delacroix, l'arme sera la peinture, son art doit défendre la cause grecque, et à travers elle, la liberté de tous les peuples.

▶ Le romantisme

Eugène Delacroix est souvent présenté comme le porte-drapeau du romantisme tant sa peinture est capable de remuer les sentiments les plus passionnés. Selon le classicisme, un tableau se devait de rester équilibré et mesuré. Les œuvres de Delacroix sont donc au centre de vifs débats lors des expositions où il les présente. En 1824, l'État achète *Scènes des massacres de Scio*, toile aujourd'hui exposée au musée du Louvre.

B Un texte à confronter

2 L'engagement d'un poète, Victor Hugo

Les Turcs ont passé là. Tout est ruine et deuil.
Chio, l'île des vins, n'est plus qu'un sombre écueil,
Chio, qu'ombrageaient les charmilles,
Chio, qui dans les flots reflétait ses grands bois,
Ses coteaux, ses palais, et le soir quelquefois
Un chœur dansant de jeunes filles.

Tout est désert. Mais non ; seul près des murs noircis,
Un enfant aux yeux bleus, un enfant grec, assis,
Courbait sa tête humiliée ;
Il avait pour asile, il avait pour appui
Une blanche aubépine, une fleur, comme lui
Dans le grand ravage oubliée.

[...]

Veux-tu, pour me sourire, un bel oiseau des bois,
Qui chante avec un chant plus doux que le hautbois,
Plus éclatant que les cymbales ?
Que veux-tu ? fleur, beau fruit, ou l'oiseau merveilleux ?
– Ami, dit l'enfant grec, dit l'enfant aux yeux bleus,
Je veux de la poudre et des balles.

Extrait de *L'Enfant*, poème écrit par Victor Hugo, tiré du recueil *Les Orientales*, 1829.

CONTEXTE

▶ À partir de 1822, le monde littéraire, lui aussi très philhellène, s'engage pour la cause des Grecs. En France, l'émotion suscitée par la mort du poète anglais Byron entraîne le jeune écrivain Victor Hugo à écrire pour la Grèce.

QUESTIONS

Identifier et comprendre la source

1. Sur le **doc 1**, identifiez les civils grecs, les soldats ottomans et leurs attitudes respectives.
2. Quels sentiments Delacroix réussit-il à transmettre au spectateur ? Comment ?
3. Montrez qu'en partant d'un sujet contemporain, Eugène Delacroix a traité d'un thème universel et intemporel.

Étude critique des documents

4. **Doc. 2.** Montrez que l'engagement de Victor Hugo emprunte d'autres procédés artistiques pour mobiliser.
5. Montrez que, grâce à ces documents, les historiens peuvent comprendre que le massacre de Chios est un moment important de la mobilisation des artistes romantiques en faveur de la Grèce.

27, 28, 29 juillet 1830 : Trois Glorieuses pour la liberté

COURS p. 44, 46

Fiche de synthèse

En refusant de reconnaître le résultat des élections de juillet 1830 qui donnent la majorité aux libéraux, le roi Charles X ouvre une crise politique qui va, en quelques jours, balayer le fragile équilibre instauré sous la Restauration. Le 26 juillet, il publie quatre ordonnances contre la Charte constitutionnelle. Le 29, Charles X est contraint d'abdiquer au profit de son cousin Louis-Philippe Ier.

QUESTION CLÉ

Pourquoi et comment le roi Charles X a-t-il été renversé lors de la révolution des Trois Glorieuses ?

1 Passer en force : extraits des ordonnances

Première ordonnance sur la liberté de la presse

Article 1 : La liberté de la presse périodique est suspendue.

Article 2 : [...] nul journal et écrit périodique ou semi-périodique, [...] [ne pourra paraître] qu'en vertu de l'autorisation qu'en auront obtenue de nous séparément les auteurs et l'imprimeur. Cette autorisation devra être renouvelée tous les trois mois. Elle pourra être révoquée.

Deuxième ordonnance sur la dissolution de la Chambre des députés

Article 1 : La Chambre des députés des départements est dissoute.

2 Désobéir pour défendre la presse

Le régime légal est donc interrompu, celui de la force est commencé. Dans la situation où nous sommes placés, l'obéissance cesse d'être un devoir. Aujourd'hui donc, le gouvernement a violé la légalité. Nous sommes dispensés d'obéir. Nous essayons de publier nos feuilles sans demander l'autorisation qui nous est imposée. Nous ferons nos efforts pour qu'aujourd'hui, au moins, elles puissent arriver à toute la France. Voilà ce que notre devoir de citoyens nous impose, et nous le remplirons.

Protestation des 44 journalistes, rédigée par Adolphe Thiers et parue sans autorisation dans *Le Globe*, *Le National* et *Le Temps* le 27 juillet 1830 .

3 Imposer Louis-Philippe sur le trône

« Charles X ne peut plus rentrer dans Paris : il a fait couler le sang du peuple.

La République nous exposerait à d'affreuses divisions ; elle nous brouillerait avec l'Europe.

Le duc d'Orléans est un prince dévoué à la cause de la Révolution.

Le duc d'Orléans ne s'est jamais battu contre nous.

Le duc d'Orléans a porté au feu les couleurs tricolores.

Le duc d'Orléans seul peut les porter encore ; nous n'en voulons pas d'autres.

Le duc d'Orléans s'est prononcé ; il accepte la Charte comme nous l'avons toujours voulue et entendue. C'est du peuple français qu'il tiendra sa couronne. »

Affiche rédigée par Adolphe Thiers et placardée dans tout Paris, le 30 juillet 1830.

CHRONOLOGIE

- **25 juillet** Signature par le roi des quatre ordonnances.
- **26 juillet** Protestations des 44 journalistes.
- **27 juillet** Insurrection des républicains à Paris.
- **28 juillet** Révolution populaire, prise de l'Hôtel de Ville de Paris.
- **29 juillet** Triomphe de la révolution.
- **30 juillet** Abdication de Charles X, appel au duc d'Orléans, futur Louis-Philippe.

BIOGRAPHIE

Adolphe Thiers (1797-1877)

Journaliste libéral, acteur des Trois Glorieuses contre Charles X, ministre et président du Conseil sous la monarchie de Juillet. Après le coup d'État du 2 décembre 1851, il s'oppose à Napoléon III. Le 17 février 1871, il est élu « chef du pouvoir exécutif » par l'Assemblée nationale à majorité monarchiste. Il mène les négociations avec la Prusse, et l'écrasement de la Commune. Il est ensuite choisi comme président de la République (1871-1873).

4 Delacroix glorifie la révolution de 1830

Le 28 juillet 1830 : la Liberté guidant le peuple, exposé au Salon de 1831 et acheté par l'État, huile sur toile (2,60 x 3,25 m), 1830, musée du Louvre, Paris.

① Une femme, symbole de la Liberté.

② Un enfant du peuple.

③ Un paysan venu travailler en ville.

④ Des soldats morts.

⑤ Un étudiant de l'École polytechnique, membre de la bourgeoisie.

⑥ Un artisan.

⑦ Un ouvrier, les armes à la main.

Pour aller + loin

« *Hier vous n'étiez qu'une foule*
Vous êtes un peuple aujourd'hui »

Victor Hugo, 10 août 1830

? LE SAVIEZ-VOUS ?

Les noms des 504 victimes parisiennes sont gravés sur la colonne de Juillet, place de la Bastille. Il y eut aussi un grand nombre de blessés : 52 femmes, 1 000 ouvriers, 300 domestiques, 85 bourgeois, 19 enfants.

5 S'engager à Nantes, le 29 juillet 1830

La diligence vient d'arriver ; Monsieur Gonnet, blessé à Paris, en est descendu ; par lui, la nouvelle qu'on se bat avec acharnement dans les rues de la capitale est promptement répandue, elle se propage avec rapidité. Le cri : aux armes ! se fait entendre ; la convocation de la Garde nationale chargée par Louis XVIII de défendre la Charte est demandée à l'unanimité ; chacun brûle d'y prendre rang. Les ouvriers qui ont pris part au tumulte de la veille demandent partout des armes. « Donnez-nous des fusils » disent ces braves gens et nous saurons maintenir nos droits, défendre notre liberté, la liberté de tous !

Ange Guépin et Gabriel Simon, *Événements de Nantes pendant les journées des 28, 29, 30 et 31 juillet 1830 par plusieurs témoins oculaires*, Burolleau, Nantes, 1830

Itinéraire 1

Identifier

1. **Doc. 1 et 2.** Identifiez la raison principale de la protestation des journalistes.
2. **Doc. 4 et 5.** Qui sont les insurgés ?

Expliquer

3. **Doc. 2 et 3.** Quel rôle Adolphe Thiers joue-t-il dans cette révolution ?
4. **Doc. 3.** Pourquoi le duc d'Orléans est-il devenu Louis-Philippe, « roi des Français » ?

Synthétiser

5. Pour répondre à la question, rédigez un texte d'une dizaine de lignes qui mettra en évidence les causes, les acteurs et les conséquences des Trois Glorieuses.

OU

Itinéraire 2

Présenter un tableau

- Afin de répondre au sujet, vous ferez une recherche sur un autre tableau qui représente les Trois Glorieuses (par exemple celui de Jean-Victor Schnetz, *Combat devant l'Hôtel de Ville le 28 juillet 1830* ou celui d'Hippolyte Lecomte, *Combat de la rue de Rohan le 29 juillet 1830*).
- Vous identifierez la journée dont il est question, les personnages présents (origine sociale, rôle...), leurs motivations (en observant ce qu'ils font, les symboles représentés). Vous rédigerez alors un texte de présentation du tableau qui permette de répondre à la question clé.

DOCUMENTS

1848, le Printemps des peuples européen

REPÈRES p. 42
COURS p. 48

Pour aller + loin

Le succès de la révolution de février 1848 à Paris accélère la multiplication des révolutions partout en Europe. Au printemps, le mouvement s'élargit, mêlant des revendications à la fois libérales, nationales et sociales.
Les peuples les expriment avec une vitalité nouvelle avant que la répression éteigne à nouveau leurs espoirs.

QUESTION CLÉ

Dans quel esprit se développent les révolutions lors du Printemps des peuples de 1848 ?

1 Une barricade parisienne au premier jour de l'insurrection

7 h du matin le 24 février, Mlle Joséphine attend la garde municipale, lithographie de François Teichel, BHVP.

CHRONOLOGIE

- **Janvier 1848** Révolution à Palerme en Sicile.
- **Février 1848** Révolution parisienne.
- **Mars 1848** Insurrections à Prague, Vienne, Berlin, Budapest, Venise, Milan.
- **Mai 1848** Réunion du Parlement de Francfort.
- **Juin-octobre 1848** Répression en Autriche.
- **Juillet 1849** Retour du pape dans Rome.

2 Les revendications du peuple hongrois

La révolution éclate en Hongrie le 15 mars 1848. Sous l'impulsion du député Lajos Kossuth et de ses camarades, un programme national et libéral en 12 points est élaboré.

Que souhaite la nation hongroise ? Paix, liberté et égalité !

1. Nous souhaitons la liberté de la presse et l'abolition de la censure.
2. Un ministère responsable[1] à Budapest.
3. La convocation annuelle de l'Assemblée nationale à Pest.

[...]

8. L'élection des juges et des députés selon les principes de l'égalité.
9. Une banque nationale.
10. Les soldats ont à prêter serment sur la Constitution, les Hongrois ne doivent pas faire leur service à l'étranger ; les militaires étrangers sont tenus de quitter le pays.
11. Les prisonniers politiques doivent être libérés.
12. L'union avec la Transylvanie[2].

Liberté, égalité, fraternité !

1. Un régime parlementaire.
2. Principauté de l'Empire d'Autriche peuplée de Roumains et de Hongrois).

3 Des femmes allemandes dans le mouvement révolutionnaire

Si la place des femmes dans la société ne leur a, jusqu'à maintenant, conféré aucun rôle dans les luttes politiques, toutes les femmes et jeunes filles allemandes ont cependant suivi avec leur cœur le récent soulèvement de l'Allemagne, et le combat pour les éternels et inaliénables droits humains. [...] Le cœur est notre arme, un pleur est notre bouclier ; ne leur opposez pas l'épée aiguisée de votre dialectique, ne laissez pas nos larmes s'assécher dans la poussière de vos parchemins ! [...] Nous ne venons pas tirer l'épée aux côtés des combattants. Nous nous tenons seulement devant leurs cellules, remplies de pitié. Aux hommes, aux forts, nous laissons le soin de demander justice. Nous ne parlons qu'à votre cœur...

Pétition de 772 femmes de la région de Mannheim au Parlement de Francfort, publiée dans le *Mannheimer Abendzeitung*, n° 177, 26 juillet 1848.

4 **Le rêve de fraternité des peuples européens**
La République universelle, démocratique et sociale, 1848, lithographie de Frédéric Sorrieu, musée Carnavalet, Paris.

INFO

Pour aller + loin

Le tableau représente les peuples européens défilant devant un arbre de la liberté puis une statue de la République. Au premier plan, gisent des symboles de la royauté alors que dans le ciel, le Christ bénit le défilé.

5 1848, une révolution manquée ?

L'Europe a été ébranlée dans ses derniers fondements. Vingt révolutions ont eu lieu. La France a brisé la monarchie bourgeoise. L'Allemagne a vu dix foyers d'insurrections ouverts à la fois sur son sol. Vienne a rugi des colères du peuple, l'empereur a fui, le pape a fui. Le drapeau qui porte écrit « Droit, liberté, indépendance » a flotté, et tout cela est tombé. Pourquoi donc la réaction[1] triomphe-t-elle aujourd'hui ? La cause est en nous dans notre manque d'organisation, [...] dans l'éparpillement de nos forces en une multitude de petits foyers, de groupes, de sectes, de coteries puissantes à dissoudre, impuissantes à fonder.

Giuseppe Mazzini, *Foi et avenir*, Bureaux du Nouveau Monde, 1850.

1. La répression menée par les conservateurs.

QUESTIONS

Identifier

1. **Doc. 1 et 3.** Comment les femmes participent-elles aux révolutions de 1848 ?
2. **Doc. 2 et 4.** Sur quels principes reposent les revendications des peuples en 1848 ?

Expliquer

3. **Doc. 4.** Quel rêve anime les peuples en 1848 ? Sous quelle protection se placent-ils ?
4. **Doc. 5.** Comment l'auteur explique-t-il l'échec des révolutions ?

Synthétiser

5. Montrez que le Printemps des peuples est porteur de principes suscitant une immense espérance qui échoue pourtant à bouleverser l'ordre établi à Vienne en 1815.

RÉVISIONS

L'Europe entre restauration et révolution (1814-1848)

Podcast

L'ESSENTIEL

1 L'ordre des princes face aux idées nouvelles (1815-1830)

- Après la défaite de Napoléon Ier à Waterloo, le congrès de Vienne réorganise un nouvel ordre en Europe. Mais sa stabilisation est impossible car la Révolution française a profondément bouleversé les sociétés européennes. Les peuples aspirent à conserver le principe de l'égalité et à devenir des nations libres.
- Les insurrections sont constantes de la part des libéraux et des patriotes. Après une longue guerre contre l'Empire ottoman, les Grecs obtiennent leur indépendance. En 1830, une vague révolutionnaire se propage partout en Europe mais la répression des princes l'emporte.

2 En France, l'originalité des monarchies constitutionnelles (1815-1848)

- En France, une restauration intégrale de l'absolutisme est impossible. Louis XVIII octroie une Charte qui jette les bases d'une monarchie constitutionnelle. Ce compromis est instable, et en 1830 son successeur Charles X est renversé par la révolution des Trois Glorieuses qui porte au pouvoir « le roi-citoyen », Louis-Philippe, « roi des Français ». Sous la monarchie de Juillet, le régime parlementaire se consolide.

3 Le « Printemps des peuples » de 1848

- Le 22 février 1848, une nouvelle révolution éclate à Paris et la République est proclamée dès le 24 février. Le retentissement est énorme, partout en Europe des révolutions éclatent. C'est un « printemps des peuples » où les aspirations libérales et nationales balaient l'ordre de 1815.
- Ce réveil est néanmoins suivi d'une répression qui s'impose à nouveau pour défendre les monarques sur leurs trônes. L'Empire autrichien réussit à mater les aspirations nationales en son sein et à empêcher la réussite des mouvements nationaux italien et allemand. Mais 1848 a accéléré la politisation des peuples et leur participation.

Exercices interactifs

POINTS DE PASSAGE

▶ **1815 – Metternich et l'ordre de Vienne** → p. 50

- De septembre 1814 à juin 1815, le Congrès de Vienne redessine les frontières selon la volonté des rois.
- Le nouvel ordre est vivement contesté par les peuples, mais avec la Sainte-Alliance, Metternich coordonne les répressions.

▶ **1822 – Les massacres de Chios** → p. 52

- Les sujets grecs de l'Empire ottoman se révoltent et proclament l'indépendance de la Grèce. Une lutte féroce s'engage contre les troupes turques.
- Les massacres de civils grecs sur l'île de Chios provoquent une émotion européenne. Eugène Delacroix participe au mouvement de soutien, contribuant à l'indépendance de la Grèce en 1829.

▶ **1830 – Les Trois Glorieuses** → p. 54

- Souhaitant rétablir autoritairement son pouvoir, le roi de France, Charles X, provoque une grave crise politique. Les 27, 28 et 29 juillet, une révolution parisienne l'oblige à abdiquer.
- La monarchie de Juillet, portée par Louis-Philippe Ier, « roi des Français », est un régime parlementaire, mais où le droit de vote reste limité.

A/Z Les mots clés

- **Libéraux**
  Soutiens du libéralisme, notamment politique. Ils souhaitent encadrer les pouvoirs des souverains par des Constitutions.
- **Printemps des peuples**
  Ensemble des soulèvements révolutionnaires du printemps 1848 en Europe. À la convergence de plusieurs mouvements, il rassemble toutes les revendications nationales, libérales, démocratiques et sociales.
- **Sentiment national**
  Sentiment d'appartenir à une nation qui se construit autour d'une langue, d'une histoire, ou d'une religion commune. C'est en son nom que les peuples revendiquent un État indépendant.

Vidéo

L'ESSENTIEL EN 3 MINUTES

1814-1848 : L'Europe entre restauration et révolution

Chronologie

- 1815 Congrès de Vienne
- 1822 Massacres de Chios
- 1830 27, 28, 29 juillet Les Trois Glorieuses
- 1848 Printemps des peuples

1 Un nouvel ordre contesté (1815-1830)

EN EUROPE

- Congrès de Vienne (Metternich) → **EN FRANCE** : Restauration, Louis XVIII → Charles X
- Sainte-Alliance
- Complots et insurrections → Indépendance de la Grèce en 1829 (Delacroix) ; → Échecs, exils

2 Premières révolutions (1830)

— Mouvements libéraux
— Contre-révolution

PARIS : Trois Glorieuses, 27 au 29 juillet → Louis-Philippe

- → Pologne : répression, échec (réfugiés → Paris)
- → Belgique : indépendance
- → Politisation des peuples en Europe

3 1848 : Le Printemps des peuples

Révolutions multiples

- Paris → IIe République
- Vienne, Berlin, Rome → Répressions, Échecs

1848-1849 : un ordre fissuré, progrès des mouvements libéraux et nationaux

ANALYSE D'UN DOCUMENT

SUJET GUIDÉ

1830, la représentation officielle des Trois Glorieuses

Consigne

Étudiez ce tableau pour expliquer la poussée révolutionnaire de 1830 en France. Après avoir présenté le document et son contexte de production, analysez d'abord la représentation de la violence révolutionnaire, puis montrez comment elle est mise au service du nouveau régime par le peintre.

Les combats devant l'Hôtel de Ville de Paris, 28 Juillet 1830

Jean-Victor Schnetz, *Combat devant l'Hôtel de Ville, le 28 Juillet 1830*, 1833. Petit-Palais, Paris

① Jeune garçon
② Étudiant
③ Garde national passé du côté des insurgés
④ Artisan-ouvrier des faubourgs
⑤ Bourgeois de Paris

INFO

Jean-Victor Schnetz
Ancien élève de David (voir chap. 1) choisi par Louis-Philippe comme peintre officiel sous la monarchie de Juillet, il réalise plusieurs commandes destinées à décorer la salle du trône de l'Hôtel de Ville, dont ce tableau.

POINTS MÉTHODE

DÉCRYPTAGE DU SUJET

Analyser la consigne

- **Déterminer le sujet à traiter**
  - Repérer les limites chronologiques et spatiales.
  - Relever les mots clés et analyser la manière dont ils sont mis en relation.
- **Déterminer les différents aspects à analyser**
  - Mettre en relation le document et une ou des notions.
  - Faire preuve d'esprit critique sur le document : limites, opposition/comparaison de points de vue.

- Le sujet porte sur un événement précis : les Trois Glorieuses et le triomphe des libéraux en France en juillet 1830.
- Les notions de **révolution** et de **violence révolutionnaire** sont au cœur de l'analyse. Il ne s'agit pas pour autant de se limiter à la description de l'événement révolutionnaire. Le sujet demande de réfléchir à la notion de représentation officielle : le tableau a été produit trois ans après les Trois Glorieuses.
- Le sujet demande d'abord de présenter l'œuvre, son auteur et son contexte de production puis de décrire comment la violence révolutionnaire est représentée avant d'expliquer en quoi cette représentation est commandée par le nouveau pouvoir.
- Il est donc important de comprendre que cette image présente un point de vue : celui d'un artiste qui exécute une commande du nouveau pouvoir en place. Il faut expliquer ce qui dans la représentation de la violence révolutionnaire sert le pouvoir de Louis-Philippe.

Identifier le ou les documents

- **Quelle nature ?**
- **Auteur et point de vue**
- **Situation(s) historique(s) évoquée(s)**

- Le tableau est une commande du nouveau roi Louis-Philippe, destinée à décorer la salle du trône de l'Hôtel de Ville.
- L'artiste est rémunéré par le nouveau régime pour peindre une représentation officielle, c'est-à-dire voulue par Louis-Philippe. Il est un ancien élève de Jacques-Louis David qui a produit des images officielles pour différents régimes pendant la Révolution.
- Le tableau représente la prise de l'Hôtel de Ville de Paris le 28 juillet 1830, suite à la crise politique ouverte par le refus de Charles X de reconnaître le résultat des élections de juillet 1830 qui donnent la majorité aux libéraux. Le 30 juillet, Charles X est contraint d'abdiquer au profit de son cousin Louis-Philippe Ier.

Répondre aux parties de la consigne

- La présentation du document et du contexte de production demande quelques commentaires sur l'auteur et ses motivations. Il convient également de préciser que cette œuvre est une commande de Louis-Philippe destinée à être exposée dans la salle du trône et de résumer en quelques phrases les événements révolutionnaires en précisant pourquoi ils sont nommés « Trois Glorieuses » par les libéraux et le nouveau régime.
- La description de la représentation de la violence révolutionnaire suppose un commentaire sur les différents acteurs représentés et sur les barricades.
- Montrer que l'œuvre est au service du nouveau régime demande de réfléchir au symbole mis en avant dans l'œuvre et à la signification de la diversité des acteurs.

Retrouvez des sujets de Bac et des méthodes actualisés sur le site lyceen.nathan.fr/cote1re-2019

ANALYSE D'UN DOCUMENT

SUJET BLANC

Consigne

Analysez ce document pour expliquer la contestation de l'ordre de Vienne. Après avoir rappelé le contexte italien des années 1820, vous expliquerez quelles sont les idées des *carbonari*, les moyens qu'ils utilisent pour parvenir à leurs fins et les adversaires contre lesquels ils se battent.

Les idées des *carbonari*[1]

Un jeune carbonaro récemment échappé de prison, Pietro Missirilli, rencontre une aristocrate dont il tombe éperdument amoureux.

– Que vais-je faire ? pensa Missirilli ; rester caché chez une des plus belles personnes de Rome ? Et les vils tyrans qui m'ont tenu treize mois en prison sans me laisser voir la lumière du jour croiront m'avoir découragé ! Italie, tu es vraiment malheureuse, si tes enfants t'abandonnent pour si peu ! » [...]

– Je vous aime avec passion, lui dit-il [à Vanina] ; mais je suis un pauvre serviteur de la patrie ; mais plus l'Italie est malheureuse, plus je dois lui rester fidèle [...] Ah ! Que l'Italie n'est-elle délivrée des barbares ! [...] La patrie et la liberté, c'est comme mon manteau, c'est une chose qui m'est utile, que je dois acheter, il est vrai, quand je ne l'ai pas reçue en héritage de mon père ; mais enfin j'aime la patrie et la liberté, parce que ces deux choses me sont utiles. Si je n'en ai que faire, si elles sont pour moi comme un manteau au mois d'août, à quoi bon les acheter, et un prix énorme ? [...]

C'est à cette époque que finit de s'organiser l'une des moins folles conspirations qui aient été tentées dans la malheureuse Italie. Je n'entrerai point ici dans des détails déplacés. Je me contenterai de dire que si le succès eût couronné l'entreprise, Missirilli eût pu réclamer une bonne part de la gloire. Par lui, plusieurs milliers d'insurgés se seraient levés à un signal donné, et auraient attendu en armes l'arrivée des chefs supérieurs. Le moment décisif approchait, lorsque, comme cela arrive toujours, la conspiration fut paralysée par l'arrestation des chefs.

Stendhal, *Vanina Vanini*, 1829.

1. Les *carbonari* sont des membres de sociétés secrètes italiennes qui luttent pour l'application des principes libéraux et nationaux.

QUESTION PROBLÉMATISÉE

BAC

SUJET GUIDÉ

Comment se caractérisent les combats pour la liberté en Europe entre 1815 et 1829 ?

Vous répondrez à cette problématique en montrant :

- la diversité des défenseurs de la liberté ;
- la diversité de leurs actions ;
- les résultats inégaux face aux répressions.

POINTS MÉTHODE

Comprendre et analyser le sujet

- **Identifier les limites chronologiques et spatiales du sujet.**

Si elles ne sont pas explicites, il faut les déterminer en les justifiant. Un sujet peut ne faire référence qu'à une partie de la période ou des espaces travaillés en cours. Ne pas en tenir compte constitue un hors-sujet.

- **Repérer et expliquer les mots clés du sujet.**

Il faut les définir de manière précise pour ensuite chercher les notions qui leur sont associées dans le cours.

- **Analyser la manière dont les mots clés sont mis en relation.**

Repérez pour cela les mots de liaison et l'ordre des mots.

Mobiliser ses connaissances pour construire un plan

- **Élaborer le plan détaillé**

- Écrivez au brouillon toutes les informations qui vous viennent à l'esprit en lien avec chaque partie (idées, notions, événements, acteurs...). Il faut être le plus précis possible.
- Regroupez et hiérarchisez ces informations pour établir des liens entre elles (opposition, comparaison, évolution, explication...). Vérifier qu'aucune n'est hors-sujet, et qu'elles s'enchaînent de manière logique.

DÉCRYPTAGE DU SUJET

- Le sujet couvre la première partie de la période étudiée dans le chapitre, et concerne toute l'Europe. Il débute en 1815 avec la restauration, la volonté des princes de refermer la Révolution française. Il s'achève en 1829, avec l'indépendance de la Grèce. La flambée révolutionnaire de 1830 est donc hors-sujet.
- La liberté peut être définie comme la liberté politique portée par le programme des libéraux pour encadrer le pouvoir des monarchies par des Constitutions garantissant des droits et des libertés aux citoyens. On peut aussi lui associer le désir d'indépendance porté par les mouvements nationaux qui revendiquent la création d'États fondés sur des nations.
- Le sujet évoque « les combats pour la liberté » : votre réponse doit donc s'appuyer sur les acteurs et sur ce qu'ils font quand ils luttent pour la liberté.

- Privilégiez tout ce qui montre la diversité des acteurs, des actions et des résultats :

1. **La diversité des défenseurs de la liberté :** montrez que se mêlent le mouvement libéral (bourgeoisie et monarchies parlementaires) et le mouvement national (patriotes, peuples opprimés), sans oublier le rôle des femmes.
2. **La diversité des actions :** évoquez l'action politique dans l'espace public (presse, affiches, chants), les complots dans la clandestinité et l'exil (carbonari...) et les insurrections (1820 en Espagne, au Portugal...).
3. **Les résultats inégaux :** montrez échecs (1820) et succès (Grèce) en expliquant les raisons (répression des monarchies, mobilisation et soutien des élites et des puissances...).

Retrouvez des sujets de Bac et des méthodes actualisés sur le site lyceen.nathan.fr/cote1re-2019

CHAPITRE

3

La difficile entrée dans l'âge démocratique : la Deuxième République et le Second Empire

Dans ce chapitre

TOUS LES TEXTES en version à imprimer

Entre 1848 et 1870, deux régimes politiques se succèdent en France : un régime républicain délibératif de 1848 à 1851, et un régime impérial centré sur le pouvoir personnel de l'empereur de 1852 à 1870. Ces deux pouvoirs s'appuient sur le suffrage universel masculin mais n'en font pas le même usage.

Quels types de régimes politiques la France expérimente-t-elle entre 1848 et 1870 ?

Animation

1 4 mai 1848 : proclamation officielle de la Deuxième République à l'Assemblée nationale
Proclamation d'une République unie et indivisible par les représentants du peuple, mai 1848.

2 L'empereur Napoléon III (1852-1870)

Portrait de Napoléon III, empereur des Français. Peinture de Guillemet d'après Franz-Xavier Winterhalter, Trieste.

La Deuxième République et le Second Empire

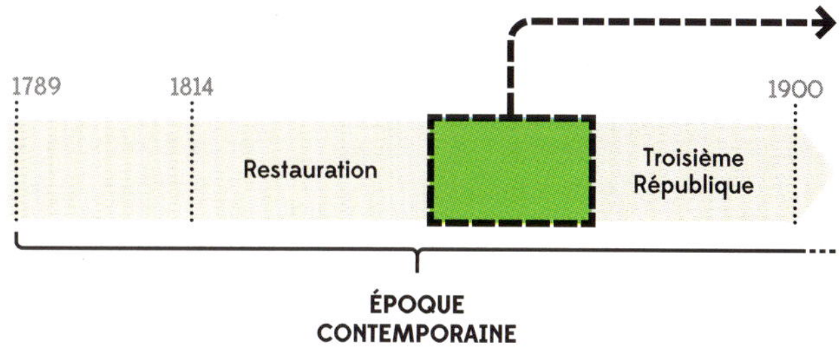

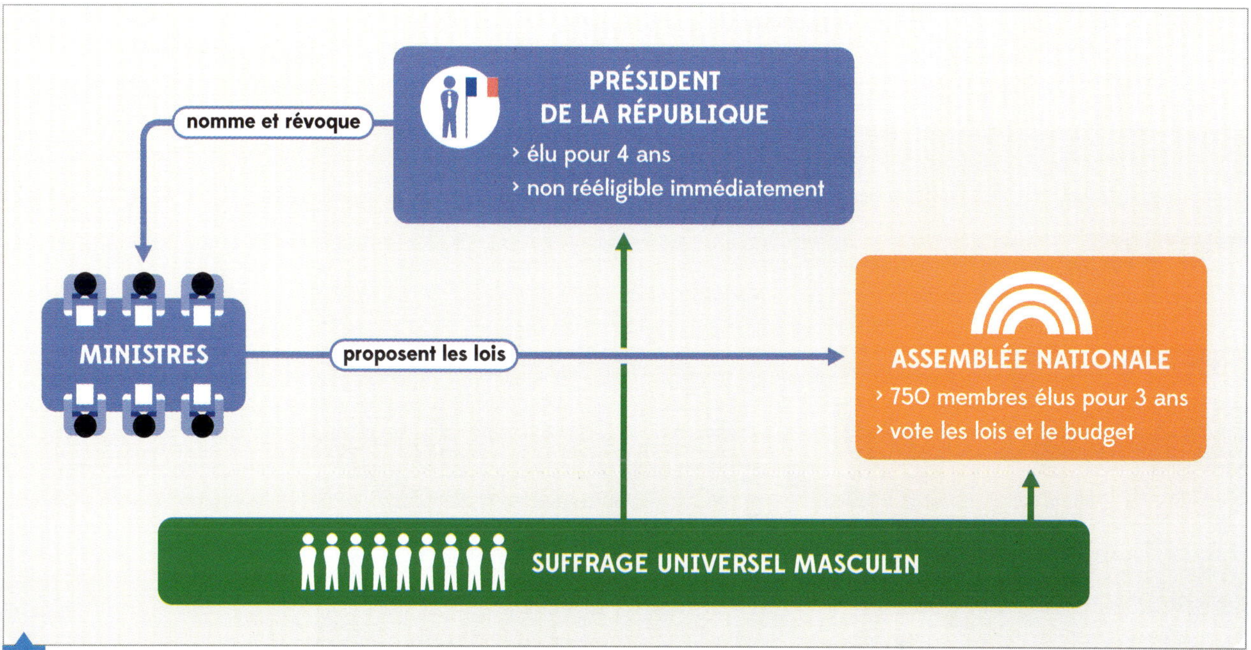

1 **Les institutions de la Deuxième République**
Constitution votée le 4 novembre 1848 par l'Assemblée constituante.

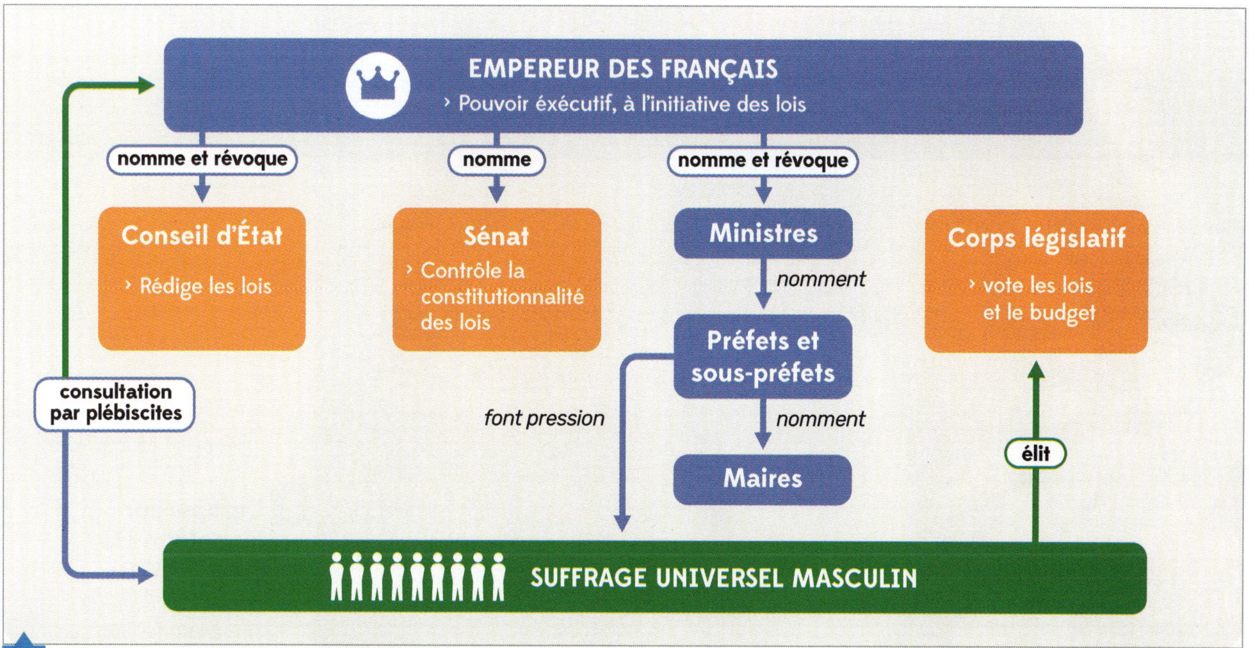

2 **Les institutions du Second Empire**
Constitution votée par plébiscite en janvier 1852 et complétée par des sénatus-consultes en 1852.

1845 | 1848 | 1850 | 1855 | 1860 | 1865 | 1870

1830 › fév. 1848 MONARCHIE DE JUILLET

1848 › 1852 DEUXIÈME RÉPUBLIQUE

1852 › 1870 SECOND EMPIRE

- **22 › 24 fév. 1848** Révolution
- **5 mars 1848** Suffrage universel masculin
- **27 avril 1848** abolition de l'esclavage
- **22 › 26 juin 1848** Insurrection parisienne et violente répression
- **10 déc. 1848** Élection du président Louis-Napoléon Bonaparte
- **2 déc. 1851** Coup d'État de Louis-Napoléon Bonaparte
- **janv. › nov. 1852** Nouvelle constitution votée par plébiscite
- **février 1852** Décret contraignant sur la presse
- **2 décembre 1852** Rétablissement de l'Empire par décret
- **27 février 1858** Loi de sûreté générale
- **24 nov. 1860** Droit de discussion accordé au Corps législatif
- **janvier 1864** Discours de Thiers sur les libertés nécessaires
- **sept. 1869 › avril 1870** Renforcement des pouvoirs du Corps législatif
- **14 juillet 1870** Déclaration de guerre à la Prusse
- **1er sept. 1870** Capitulation de l'armée de l'empereur

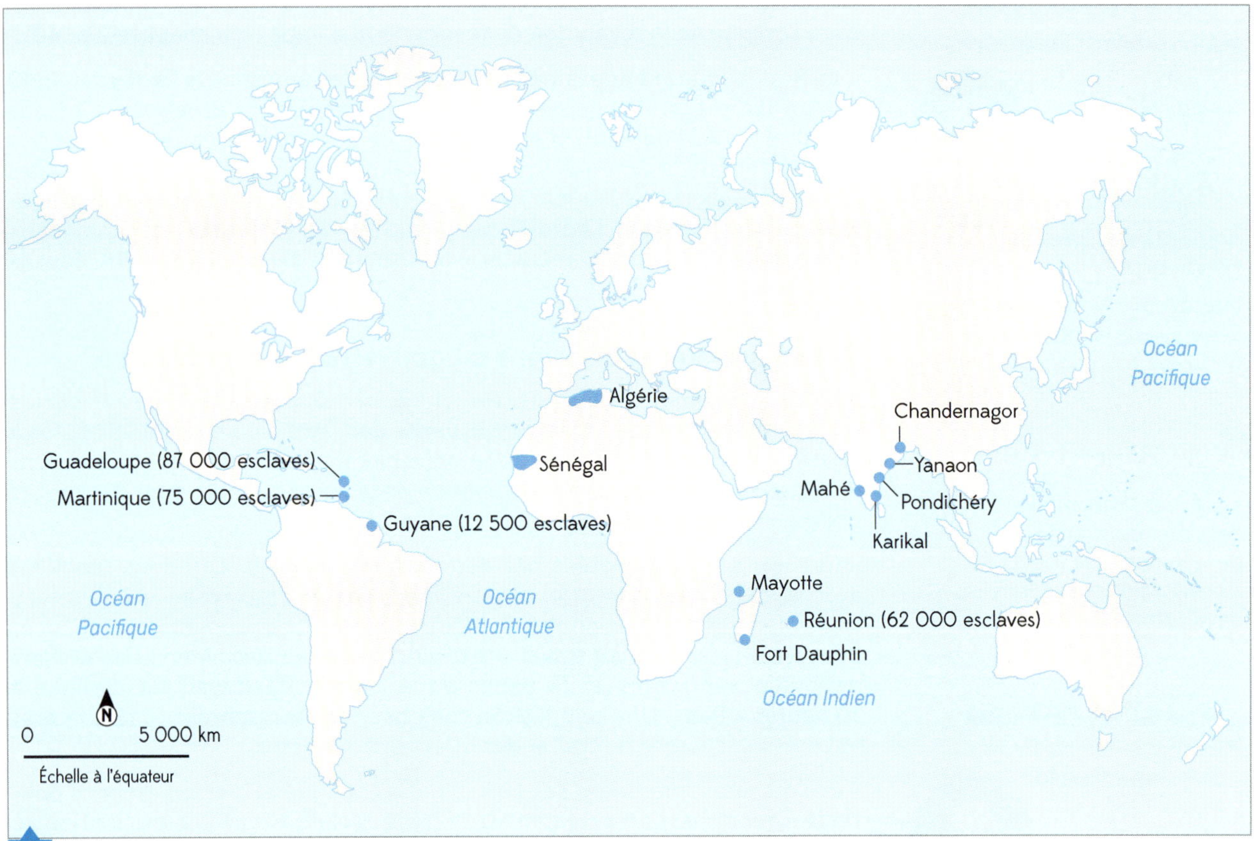

3 Les possessions coloniales françaises et le nombre d'esclaves en 1848

QUESTIONS

1. Combien de régimes politiques connaît la France de 1848 à 1870 ?
2. Quelles sont les différences entre ces régimes ? Quel est leur point commun ?
3. De quoi est formé le territoire français entre 1848 et 1870 ?

COURS

REPÈRES p. 66
DOCUMENTS p. 72 à 81

Podcast du cours

1. La Deuxième République, 1848-1852

Pourquoi l'expérience démocratique de la Deuxième République échoue-t-elle ?

« *Le drapeau tricolore a fait le tour du monde, avec le nom, la gloire et la liberté de la patrie.* »

Lamartine, 25 février 1848

POINT DE PASSAGE

▶ Alphonse de Lamartine en 1848.

→ p. 72

BIOGRAPHIE

Alphonse de Lamartine (1790-1869)

Poète romantique, il devient député sous la monarchie de Juillet. Ses critiques contre la politique de Louis-Philippe l'amènent à défendre des positions républicaines. Acteur majeur de la révolution en février 1848, ministre des Affaires étrangères de la République, il est battu aux élections présidentielles de décembre.

POINT DE PASSAGE

▶ George Sand, une femme de lettres engagée en politique.

→ p. 76

BIOGRAPHIE

George Sand (1804-1876)

George Sand, pseudonyme d'Aurore Dupin, est une femme de lettres renommée. Elle s'intéresse aux questions sociales dans les années 1840. Elle participe activement à la révolution de 1848 et abandonne la politique après l'échec de la Deuxième République.

A L'avènement et l'installation de la République (février-juin 1848)

1. Une nouvelle République née d'une révolution

● Malgré leur faible poids à l'Assemblée, les opposants à la monarchie de Juillet, majoritairement républicains, organisent à partir de 1847 **des banquets** où ils mettent **la question du suffrage et de la démocratie représentative au cœur des débats. C'est l'interdiction d'un de ces banquets qui est à l'origine de la révolution de février 1848 à Paris** (voir chapitre 2 p. 48).

● **La République est proclamée par Alphonse de Lamartine le 24 février 1848** après l'abdication de Louis-Philippe. Un **gouvernement provisoire** s'installe à l'Hôtel de Ville de Paris. Il est composé de personnalités aux profils et aux idées différents, même s'ils sont républicains. Certains ont des idées proches des socialistes (Louis Blanc, Flocon, l'ouvrier Albert), d'autres sont des libéraux (Garnier-Pagès). **Ledru-Rollin** (ministre de l'Intérieur) et **Lamartine** (ministre des Affaires étrangères), hommes forts du gouvernement, font la synthèse.

2. Les premières décisions du gouvernement provisoire

● Le gouvernement provisoire est dirigé par **Dupont-de-l'Eure**. Il décide qu'**une assemblée nationale constituante doit être élue en avril 1848**. Pour ce faire, en mars 1848, **le suffrage universel masculin est institué. Des lois libérales** sont votées, comme l'abolition de la peine de mort pour des motifs politiques, la liberté de la presse et d'association.

● Ces lois sont complétées par des **mesures sociales**. Certaines renouent avec la Révolution française, comme **l'abolition de l'esclavage** le 27 avril, ou **l'abolition des titres de noblesse**. D'autres prennent en compte les exigences nouvelles. Le « **droit au travail** » est ainsi garanti aux ouvriers. Les **ateliers nationaux** sont créés, et **le temps de la journée de travail est diminué à 10 heures à Paris**. Une commission composée de représentants patronaux et ouvriers est chargée de **traiter des questions ouvrières**.

● Ces mesures sont prises dans un climat d'euphorie et d'**effervescence politique** symbolisée par la création de nombreux clubs et par la participation au débat politique d'artistes engagés, comme **George Sand**.

3. Des symboles hérités des expériences révolutionnaires

● Ces premières décisions sont caractéristiques de « l'esprit de 1848 », marqué par **la fraternité**, qui vient s'ajouter à la liberté et à l'égalité pour former la devise républicaine. Le **drapeau tricolore** est adopté et **Marianne** devient le symbole du nouveau régime.

? LE SAVIEZ-VOUS ?

En février 1848, le gouvernement provisoire est officiellement dirigé par Dupont-de-l'Eure car, né en 1767, il a participé à la grande Révolution de 1789. Il s'agit alors de montrer la filiation entre les deux révolutions.

B La remise en cause du projet républicain (juin 1848-décembre 1851)

1. Les fissures de « l'esprit de 1848 »

- L'Assemblée constituante élue en avril **consacre la victoire des républicains**, mais les mécontentements s'accumulent. Devant une situation budgétaire catastrophique, le gouvernement provisoire avait augmenté les impôts de 45 %, provoquant des émeutes, notamment dans les campagnes.
- Les **républicains radicaux** à Paris se soulèvent en mai face au refus de Lamartine d'intervenir en faveur des peuples européens en révolution, puis en juin contre **la suppression des ateliers nationaux** qui apportaient pourtant du travail à de nombreux chômeurs.
- Ces manifestations tournent à l'**affrontement violent entre le 22 et le 26 juin à Paris**. La répression menée par le **général Cavaignac**, ministre de la Guerre, fait **des milliers de morts** ; beaucoup d'autres insurgés sont arrêtés ou partent en exil. L'image de la République est ternie. Une partie des ouvriers tourne désormais le dos au régime.

2. De nouvelles institutions fondées sur le partage des pouvoirs

- Une **nouvelle Constitution** est adoptée le 4 novembre 1848. Le pouvoir législatif est détenu par une Chambre unique élue pour trois ans au suffrage universel. L'Assemblée nationale est puissante car elle ne peut pas être dissoute et vote les lois et le budget. Le pouvoir exécutif revient au **président de la République, élu au suffrage universel pour quatre ans** sans possibilité de réélection, mais lui aussi doté de pouvoirs forts puisqu'il nomme les ministres qui peuvent proposer des lois.

3. La République confisquée par ses adversaires

- Élu avec 74 % des suffrages, avec des scores importants dans les campagnes, **Louis-Napoléon Bonaparte**, neveu de Napoléon Ier, **remporte l'élection présidentielle de décembre 1848**. Il nomme des **conservateurs** dans son gouvernement. Regroupés dans le **parti de l'Ordre**, ils remportent les élections législatives de 1849.
- **Ces nouveaux élus ne sont pas républicains au fond** ; ils limitent la liberté de la presse et le droit de réunion, ils favorisent l'enseignement religieux et surveillent les instituteurs. **La réforme de la loi électorale du 31 mai 1850 prive trois millions de Français du droit de suffrage.** Cette mesure pénalise les républicains qui sont en progrès dans l'opinion.
- De son côté, Louis-Napoléon Bonaparte personnalise son pouvoir. Il veut réformer la Constitution pour assurer sa réélection. Devant le refus de l'Assemblée nationale, il décide un **coup d'État** le 2 décembre 1851.

A/Z Vocabulaire

- **Ateliers Nationaux**
  Organisation de l'État destinée à donner du travail aux chômeurs. Elle fonctionne entre février et juin 1848.
- **Conservateurs**
  En 1848, groupe politique partisan d'un retour à la monarchie.
- **Coup d'État**
  Action visant à prendre ou à conserver le pouvoir de façon illégale.
- **Démocratie représentative**
  Régime politique dans lequel les citoyens peuvent élire librement au suffrage universel leurs représentants pour gouverner.
- **Parti de l'Ordre**
  Regroupement de conservateurs favorables à l'ordre et très hostiles aux « rouges ». Sa figure la plus importante est Adolphe Thiers.
- **Républicains radicaux**
  Républicains qui veulent infléchir la République dans un sens plus démocratique et social ; ils se font aussi appeler Montagnards, démoc-socs ou Rouges.
- **République**
  Forme d'organisation politique où le pouvoir n'est pas héréditaire. République et démocratie ne sont pas toujours synonymes : certaines monarchies sont aujourd'hui démocratiques (Royaume-Uni, Espagne) et certaines républiques ne sont pas démocratiques.

TESTEZ-VOUS !

- Quelles sont les mesures libérales prises par le gouvernement provisoire ?
- Pourquoi les Républicains se divisent-ils en mai-juin 1848 ?
- Expliquez en quoi les conservateurs et Louis-Napoléon Bonaparte reviennent sur les avancées du début de la Deuxième République ?

POUR ALLER + LOIN

- ***Marianne, les visages de la République*, de Maurice Aghulon, Pierre Bonte, Gallimard, 1992.**
  Une lecture passionnante et bien illustrée pour découvrir les enjeux autour de la représentation de Marianne.

COURS

2. Le Second Empire, 1852-1870

REPÈRES p. 66
DOCUMENTS p. 78 à 83

Podcast du cours

Quelles sont les caractéristiques politiques du Second Empire ?

Vocabulaire

- **Bonapartisme**
Courant politique qui défend un régime autoritaire fondé sur la souveraineté populaire par le biais du suffrage universel masculin.
- **Plébiscite**
Vote sur une question à laquelle les électeurs répondent par « oui » ou par « non ».
- **Proscription**
Condamnation à l'exil.
- **Sénatus-consulte**
Acte voté par le Sénat dont les membres sont nommés par Napoléon III et qui a valeur de loi constitutionnelle.

A La mise en place d'un pouvoir personnel

1. Un coup d'État qui s'impose dans la violence

- Le coup d'État de Louis-Napoléon Bonaparte est annoncé par des affiches dans la France entière. Des manifestations ont lieu à Paris mais **c'est dans les campagnes que l'opposition est la plus forte**. La répression est violente : elle fait plusieurs centaines de victimes. Des milliers d'arrestations ont lieu dans les 32 départements mis en état de siège. Des députés sont emprisonnés ou **proscrits**.

- C'est dans ce contexte de répression que Louis-Napoléon Bonaparte, qui a rétabli le suffrage universel masculin, **remporte le plébiscite** où il demande aux Français le droit de rester au pouvoir pendant dix ans et de rédiger une nouvelle Constitution.

2. Le pouvoir se concentre dans les mains de l'empereur

- Les institutions du régime sont organisées par la Constitution du 14 janvier 1852. Un **sénatus-consulte** de novembre 1852, validé par plébiscite, rétablit l'autorité impériale. Si le suffrage universel est maintenu, le principe de séparation des pouvoirs est mis à mal. **Les pouvoirs de l'empereur sont exorbitants et inédits.**

- **Le pouvoir exécutif est à l'initiative des lois.** La justice est rendue en son nom. **Le pouvoir législatif est affaibli.** Il est composé de deux Chambres, le Sénat et le Corps législatif, seul élu, qui ne peut que voter les lois sans les proposer ou les discuter.

- Le régime choisit de **nouveaux symboles** : **l'aigle impérial** est replacé au-dessus du drapeau tricolore, Louis-Napoléon Bonaparte devient *Son Altesse impériale Napoléon III*. Son effigie remplace celle de Marianne, notamment sur les timbres et les monnaies. Comme son oncle, il institue la fête nationale le 15 août.

BIOGRAPHIE

Napoléon III (1808-1873)

Neveu de Napoléon Ier, il est élu président de la République en décembre 1848.
Il se maintient au pouvoir après le coup d'État de 1851, modifie la Constitution et devient empereur en 1852. Il légitime son pouvoir autoritaire et personnel par le recours au suffrage universel.
Il libéralise progressivement son régime dans les années 1860. Il est renversé après la défaite contre la Prusse en 1870.

B Un pouvoir autoritaire qui réduit les libertés publiques

1. Un régime plébiscité au suffrage universel...

- Les élections des années 1850 donnent au régime une **majorité écrasante au Corps législatif**, qui s'appuie sur un socle d'électeurs favorables (paysans, catholiques, bourgeoisie industrielle).

- Ces succès s'expliquent d'abord par les aspirations à l'ordre et à la prospérité, que le régime met en avant dans sa propagande. Relayée par la presse et d'autres imprimés, l'union entre l'empereur et le peuple s'exprime aussi lors des voyages et des fêtes impériales. **Les réussites économiques, la modernisation du pays** (voir chapitre 4) et **les succès de politique extérieure** comme en Italie (voir chapitre 5) sont mis en avant.

2. … mais répressif

- L'adhésion au régime s'explique aussi par des **mesures autoritaires et policières** qui limitent les libertés. L'encadrement des consultations électorales est important : les **candidats officiels** sont favorisés par rapport aux autres et les scrutins sont surveillés.
- Les débats ont de la peine à s'imposer dans l'espace public. **De nombreuses voix républicaines** restent en exil comme Victor Hugo. La presse est muselée, le droit de réunion entravé. Les cafés et les cabarets sont surveillés.

3. Une autorité qui s'appuie sur un appareil d'État renforcé

- Au niveau supérieur, une partie du pouvoir se déplace vers la cour où se concentrent les élites du régime. L'empereur dispose également de nombreux **relais à l'échelle locale** : les préfets et les maires sont nommés par lui, et les moyens de la police politique sont renforcés.

C Montée des oppositions et libéralisation du régime dans les années 1860

1. Une opposition libérale au début des années 1860

- Les **oppositions républicaines** au **bonapartisme** se font davantage entendre, alors que **les catholiques** s'insurgent contre la campagne en Italie et que le **patronat** est défavorable aux traités de libre-échange avec l'Angleterre. En 1863, les adversaires du régime progressent nettement aux élections législatives.
- Entre les opposants républicains et les soutiens du régime, **un troisième groupe, favorable à des réformes libérales, s'impose dans le débat**. Il est porté par **Adolphe Thiers**, député, qui défend en 1864 devant le Corps législatif **le respect de cinq libertés fondamentales**.

2. L'accélération de la libéralisation à la fin des années 1860

- Dans ce contexte, **des réformes d'inspiration libérales voient le jour**. Le Corps législatif retrouve peu à peu le droit de discuter les lois. La loi sur la presse est assouplie et les réunions publiques sont facilitées.
- **Les élections législatives de 1869 marquent un tournant.** Dans un contexte où les grèves sont de plus en plus nombreuses (voir chapitre 4), on parle pour la première fois de campagne électorale où s'imposent **des figures républicaines** comme **Gambetta**. La participation augmente et **l'opposition républicaine et libérale remporte 40 % des suffrages.**
- L'empereur décide de poursuivre les réformes libérales : il n'a plus le monopole de l'initiative des lois et les ministres deviennent responsables devant le Parlement. Ces réformes menées à partir de 1870 par **Émile Ollivier** valent **un dernier succès électoral lors du plébiscite de 1870**. Fort de ce succès, Napoléon III déclare la guerre à la Prusse, dont la montée en puissance inquiète l'empereur (voir chapitre 5).

BIOGRAPHIE

Adolphe Thiers (1797-1877)

Journaliste libéral, acteur des Trois Glorieuses contre Charles X, ministre et président du Conseil sous la monarchie de Juillet. Après le coup d'État du 2 décembre 1851, il s'oppose à Napoléon III. Le 17 février 1871, il est élu « chef du pouvoir exécutif » par l'Assemblée nationale, à majorité monarchiste. Il mène les négociations avec la Prusse, et l'écrasement de la Commune. Il est ensuite choisi comme président de la République (1871-1873).

« *Entre la République de 1848 et la République de l'avenir vous n'êtes qu'un pont, et ce pont nous le passerons.* »

Léon Gambetta, 1869

INFO

Les 5 libertés nécessaires de Thiers sont :

- la liberté individuelle,
- la liberté de la presse,
- la liberté de vote,
- le droit d'interpellation des ministres,
- le rétablissement d'un véritable régime parlementaire.

TESTEZ-VOUS !

- Quels changements institutionnels apporte Napoléon III ?
- Comment l'empereur entretient-il une relation directe avec le peuple ?
- Qui sont les opposants à l'empereur ? Comment s'expriment-ils et qu'obtiennent-ils ?

POUR ALLER + LOIN

- Le site *L'histoire par l'image* propose de nombreuses œuvres commentées sur Napoléon III. En faisant une recherche avec le mot clé « Second Empire », vous trouverez des pages sur la politique extérieure de Napoléon III, ses voyages, les fêtes à la cour impériale ou des caricatures.

DOCUMENTS
POINT DE PASSAGE

Alphonse de Lamartine en 1848

COURS p. 68

Fiche de synthèse

Élu député en 1833, Lamartine est d'abord un soutien de la Monarchie de Juillet. Ses positions critiques contre la politique de Louis-Philippe et de Guizot l'amènent peu à peu à défendre des positions républicaines en faveur du suffrage universel. Il est un acteur majeur de l'année 1848.

QUESTION CLÉ

Comment évolue la position politique de Lamartine au cours de l'année 1848 ?

CHRONOLOGIE

- **1847-1848** Lamartine encourage la campagne des banquets, à l'origine des journées révolutionnaires de février 1848.
- **24 février 1848** Lamartine proclame la République à l'hôtel de ville de Paris.
- **Février 1848-juin 1848** Ministre des Affaires étrangères du gouvernement provisoire.

- **27 avril 1848** Il vote l'abolition de l'esclavage et prononce un célèbre discours.
- **Juin 1848** Il se range derrière Cavaignac pour le rétablissement sanglant de l'ordre.
- **Décembre 1848** Il se présente à l'élection présidentielle (0,45 % des voix). Il demeure député et conseiller général jusqu'en 1851.

2 Discours de Lamartine sur le drapeau tricolore

Lamartine à l'Hôtel de Ville, lithographie, 1848. BnF.
Le 24 février 1848, Lamartine demande au peuple parisien de renoncer au drapeau rouge au profit du drapeau tricolore.

1 Lamartine soutient la campagne des banquets, février 1848

Ce discours intervient en pleine campagne des banquets, dont l'objectif est de remplacer les réunions politiques des oppositions, interdites par Guizot.

Oui, je dis qu'en dehors de la royauté et de tout ce gouvernement, il existe un suprême pouvoir qui décide en dernier ressort entre nous : c'est le pays, c'est l'opinion ! [...]

Monsieur de Morny[1] disait tout à l'heure : « Convenez-vous qu'il y ait une agitation répandue dans le pays, accrue, soufflée peut-être par l'effet des banquets qui sont en discussion ? » Non, certes je ne le nie pas. Je n'ai pas, de ma personne, participé aux banquets réformistes qui ont été donnés dans mon département mais j'en ai accepté le principe et j'en accepte toutes les conséquences. Oui il y a eu agitation, agitation honnête, agitation salutaire *(murmures au centre – À gauche Oui ! Oui !)*

Écoutez un seul mot encore, celui-là seul pour lequel je suis monté à la tribune : souvenez-vous du Jeu de paume, à Versailles ; Souvenez-vous de ce Jeu de paume, d'où sortirent pour la France la Révolution et la liberté.

Or, qu'est-ce que c'était le Jeu de paume [...] ? Le Jeu de paume et le serment qui en sortit n'étaient que le droit de réunion disputé au pays (*violente interruption*). Le Jeu de paume ne fut qu'un lieu de réunion fermé par des ministres téméraires. *(Exclamations diverses)*

Alphonse de Lamartine, *Discours à la Chambre des députés*, 11 février 1848.

1. Homme politique français élu député en 1842, qui s'engage, auprès de Louis-Napoléon Bonaparte en 1849.

3 L'abolition de la peine de mort en matière politique

Citoyens,

Le Gouvernement provisoire avec l'heureuse nouvelle annoncée au peuple assemblé.

La Royauté est abolie ;

La République est proclamée ;

Le peuple exercera ses droits politiques ;

Des ateliers nationaux de travail sont ouverts pour les ouvriers sans salaire ;

L'armée se réorganise ;

La garde nationale s'unit indissolublement avec le peuple pour fonder promptement l'ordre de la même main qui vient de conquérir la liberté.

Enfin, Messieurs, le Gouvernement Provisoire a voulu vous apporter lui-même le dernier des décrets qu'il vient de délibérer et de signer dans cette mémorable séance, l'abolition de la peine de mort en matière de politique.

C'est le plus beau décret, Messieurs, qui ne soit jamais sorti de la bouche d'un peuple, le lendemain de sa victoire.

Alphonse de Lamartine, *Discours adressé au peuple et à la garde nationale en présentant le décret qui abolit la peine de mort en matière politique*, 26 février 1848.

4 Lamartine et la situation politique de juin 1848

Un an après la révolution et son échec aux élections présidentielles, Lamartine revient sur son refus de suivre le soulèvement du peuple de Paris.

Lamartine était convaincu que les scandales des clubs, du journalisme et de la place publique étaient les plus sûres armes à laisser aux ennemis de la République. La France est un pays de décence ; le scandale l'humilie, et ce qui l'humilie la désaffectionne. Il pensait que la République ne pouvait se légitimer que par l'ordre promptement rétabli, inflexiblement maintenu.

« La physionomie de la République depuis quelques jours m'afflige, dit-il à ses collèges. Je ne veux pas assumer sur mon nom la situation de faiblesse et de désarmement de la société, qui pourrait dégénérer en anarchie. Je demande deux choses : des lois pour la sécurité publique sur les attroupements, sur les clubs, sur les abus de criage des journaux anarchistes, sur la faculté d'éloigner de Paris dans leurs communes les agitateurs convaincus de troubles publics, enfin un camp de vingt mille hommes sous les murs de Paris, pour prêter main-forte à l'armée de Paris et à la garde nationale dans la campagne certaine, imminente, que nous aurons inévitablement à faire contre les ateliers nationaux [...] À aucun autre prix, je ne resterai au gouvernement. »

Alphonse de Lamartine, *Histoire de la révolution de 1848*, Perrotin, 1849.

5 L'échec de Lamartine à la présidentielle de décembre 1848

La suite prochainement, gravure, 1848, BNF.

Lamartine est humilié aux élections présidentielles qu'il perd derrière Cavaignac, l'homme qui a pris les pleins pouvoirs en juin 1848, et Louis-Napoléon Bonaparte, écrasant vainqueur.

① Louis-Philippe ② Lamartine
③ Cavaignac
④ Louis-Napoléon Bonaparte

Itinéraire 1

Identifier

1. **Doc. 1.** Quelle campagne Lamartine soutient-il et quelles en sont les conséquences ?
2. **Doc. 1, 2 et 3.** Quel rôle Lamartine joue-t-il dans la révolution de 1848 ?
3. **Doc. 4 et 5.** Quelle position prend-il à partir de mai 1848 ? Quelles en sont les conséquences pour lui ?

Expliquer

4. **Doc. 4.** Pourquoi Lamartine écrit-il « la physionomie de la République depuis quelques jours m'afflige » ?

Synthétiser

5. Quels sont les trois moments clés de l'action politique de Lamartine en 1848 ?

OU

Itinéraire 2

Écrire un récit historique

À partir des documents, rédigez un récit structuré montrant l'évolution de la position politique de Lamartine au cours de l'année 1848.

DOCUMENTS

REPÈRES p. 67
COURS p. 68

1848 : l'abolition de l'esclavage vue de France et des colonies

La question de la légitimité de la traite et de l'esclavage se pose depuis la mise en avant des idéaux révolutionnaires de liberté et d'égalité. En France, une première tentative d'abolition a lieu en 1794, mais l'esclavage est rétabli en 1802. Après cette date, les mouvements abolitionnistes sont de plus en plus actifs et finissent par surmonter l'opposition des colons.

QUESTION CLÉ

L'abolition de l'esclavage de 1848 est-elle perçue de la même manière en France et dans les colonies ?

CHRONOLOGIE

- **4 mars 1848** Création de la commission d'abolition de l'esclavage.
- **27 avril 1848** Décret d'abolition du gouvernement provisoire.
- **Avril-mai 1848** Troubles et émeutes en Martinique et en Guadeloupe.
- **23 et 27 mai 1848** Abolition de l'esclavage en Martinique et Guadeloupe.
- **10 août 1848** Abolition de l'esclavage en Guyane.
- **20 décembre** Abolition de l'esclavage à La Réunion.

1 Décret d'abolition de l'esclavage, avril 1848

Le Gouvernement provisoire,

Considérant que l'esclavage est un attentat contre la dignité humaine [...] ; Qu'il est une violation flagrante du dogme républicain : « Liberté – Égalité – Fraternité » ;

Considérant que si des mesures effectives ne suivaient pas de très près la proclamation déjà faite du principe de l'abolition[1], il en pourrait résulter dans les colonies les plus déplorables désordres ;

Décrète :

Art. Ier L'esclavage sera entièrement aboli dans toutes les colonies et possessions françaises, deux mois après la promulgation du présent décret dans chacune d'elles. À partir de la promulgation du présent décret dans les colonies, tout châtiment corporel, toute vente de personnes non libres, seront interdits.

Art. 3 Les gouverneurs ou Commissaires généraux de la République sont chargés d'appliquer l'ensemble des mesures propres à assurer la liberté à la Martinique, à la Guadeloupe et dépendances, à l'île de La Réunion, à la Guyane, au Sénégal et autres établissements français de la côte occidentale d'Afrique, à l'île Mayotte et dépendances et en Algérie. [...]

Art. 5 L'Assemblée nationale réglera la quotité de l'indemnité qui devra être accordée aux colons.

Fait à Paris, en conseil de gouvernement,
le 27 avril 1848.

1. Il s'agit du décret du 4 mars 1848 instituant une commission chargée de préparer l'émancipation des esclaves.

2 Une représentation idéalisée de la proclamation de l'abolition de l'esclavage dans les colonies

L'Abolition de l'esclavage dans les colonies françaises (27 avril 1848), François Biard, 1849, musée national du château de Versailles.

① Le drapeau tricolore et le député républicain tenant le décret d'abolition en main symbolisent la présence de la République.

3 Des troubles en Martinique en mai 1848

Le maire de la commune du Prêcheur, proche de Saint-Pierre, donne l'ordre de tirer sur une foule qui s'est soulevée contre l'emprisonnement de l'esclave Romain, le 20 mai, au motif d'avoir joué du tambour et désobéi à son maître.

La funeste journée du 22 mai à la Martinique s'explique suffisamment par la fiévreuse impatience du joug qui avait saisi les Noirs depuis l'avènement de la République ; et il ne faut regretter qu'une chose, c'est que la loi d'affranchissement immédiat n'ait pu se faire assez vite, ni parvenir plus tôt ; elle aurait, en satisfaisant de légitimes impatiences, sauvé le quartier de Saint-Pierre de cette lamentable collision où périrent, hélas ! trente-trois personnes. Mais l'empressement même des autorités locales à prononcer d'urgence l'émancipation[1] prouve la sage prévoyance de la résolution prise par le gouvernement provisoire. [Mes adversaires] présentent les désordres de la Martinique comme la conséquence de l'affranchissement ; la vérité est que ces désordres n'en ont été que l'occasion. Ils en attribuent l'initiative aux nègres ; la vérité est que les premiers coups mortels sont partis de la main de quelques Blancs exaltés [...]. Enfin, ces Noirs dont on fait un ramas de pillards, d'incendiaires et de cannibales, sont restés entièrement maîtres de la ville pendant la soirée du 22 et toute la nuit suivante, et sauf la mort du jeune Fourniols, triste victime peut-être de quelque vengeance particulière, il n'est rien alors qu'on puisse leur reprocher. Contrecoup de la révolution de février, l'affranchissement a été, à la Martinique, le prix d'une révolte.

Victor Schœlcher, *Vérité aux ouvriers et cultivateurs de Martinique*, 1849.

1. Dès le 23 mai.

4 L'abolition vue par un colon de Martinique

« Au milieu du plus affreux des désordres et avec pompe ; la liberté a été proclamée. Des réjouissances ont remplacé la rage, des processions ont parcouru les rues, des cris de joie se faisaient entendre : Vive Perrinon[1] ! Vive la République ! Vive la liberté ! Voici ce qu'on a entendu toute la journée. Des coups de fusils et de pistolets accompagnaient des cris. Jamais je n'ai entendu pareil vacarme.

Saint-Pierre n'a pas dormi ! Saint-Pierre a dansé toute la nuit à la lumière des sèbi (torches) et au son des tambours. [...]

Tous les magasins sont barricadés. Les rues sont pleines de nègres criant, hurlant, arrêtant les passants en les forçant à crier vive la République ! Vive la liberté !

Les femmes surtout sont furibondes, il faut donner la main à toutes. Quand on rencontre un des siens[2], on ose à peine lui parler. Des pavillons tricolores pendant à toutes les fenêtres. On porte la boutonnière à trois rubans (bleu-blanc-rouge). Celui qui n'en a pas, la populace le force à les prendre.

Pierre Dessales, *La Vie d'un colon à la Martinique au XIXe siècle*, Henri de Frémont, tome 3, 1986

1. Député abolitionniste originaire de Martinique envoyé par Schœlcher comme commissaire d'abolition en juin 1848.
2. Il s'agit des colons.

5 L'esclavage affranchi

Liberté, égalité, fraternité, huile sur toile de Nicolas Gosse, 1849, musée de l'Oise, Beauvais.

BIOGRAPHIE

Victor Schœlcher (1804-1893)

Républicain et abolitionniste actif, il est nommé sous-secrétaire d'État à la Marine et aux Colonies du gouvernement provisoire. Il contribue à faire adopter le décret sur l'abolition de l'esclavage dans les colonies.

QUESTIONS

Identifier

1. **Doc. 1, 3 et 4 et carte p. 67.** Quels sont les territoires concernés par l'abolition de l'esclavage ?
2. **Doc. 1, 2 et 5.** Quels liens les acteurs de la Deuxième République font-ils entre la révolution de 1848 et l'abolition de l'esclavage ?
3. **Doc. 3 et 4.** Quelle est la situation en Martinique à la suite de l'abolition d'avril 1848 ?

Expliquer

4. **Doc. 2 à 5.** Confrontez les représentations de l'abolition avec la situation en Martinique. Expliquez les différences entre les tableaux et les textes.

Synthétiser

5. Expliquez dans un texte les raisons de l'abolition de l'esclavage en distinguant la part prise dans cette abolition par les républicains en métropole, par les populations noires et blanches des îles.

DOCUMENTS
POINT DE PASSAGE

George Sand, une femme de lettres engagée en politique

COURS p. 68

Fiche de synthèse

Issue de la haute aristocratie par la famille de son père et du peuple parisien par celle de sa mère, Aurore Dupin prend le pseudonyme de George Sand en 1830. D'abord de sensibilité bonapartiste comme son père, elle devient républicaine à partir de 1830 et s'intéresse aux questions sociales dans les années 1840.

QUESTION CLÉ

Quels sont les différents aspects de l'engagement politique de George Sand ?

CHRONOLOGIE

- **1830** Premier engagement politique de George Sand en faveur des républicains.
- **Février-mai 1848** Elle participe activement à la révolution et au gouvernement provisoire.
- **Juin 1848** Retirée dans son château de Nohant-le-Vic, elle met fin à son engagement politique, tout en restant fidèle à ses convictions.
- **1851-1852** Elle défend les prisonniers politiques en écrivant et demandant audience à Louis-Napoléon Bonaparte.

1 George Sand glorifie la révolution de 1848

Le présent, ô peuple ! tu l'as trouvé : c'est la place publique, c'est la liberté : c'est la forme républicaine qu'il faut conserver à tout prix ; c'est le droit de penser, de parler, d'écrire ; c'est le droit de voter et d'élire des représentants, source de tous les autres droits ; c'est le droit qu'aucune forme monarchique ne peut consacrer ; c'est le droit de vivre ; c'est l'unique moyen de te rapprocher promptement de tes frères des autres classes, et de faire le miracle de l'union fraternelle qui détruira toutes les fausses distinctions, et rayera le mot même de classes du livre de l'humanité nouvelle. [...]

Une vie nouvelle commence : nous allons nous connaître, nous allons nous aimer, nous alors chercher ensemble et trouver la vérité sociale. Aide-nous, ô peuple fraternel, à conquérir l'égalité, dont nous avons tous besoin, car le tyran, tu le sais, est aussi malheureux que l'esclave, et l'expérience du règne qui vient de s'évanouir avait fait de la plupart d'entre nous des tyrans malgré eux.

George Sand, *Hier et aujourd'hui, 7 mars 1848, reproduit dans La Cause du peuple,* 9 avril 1848.

2 Une femme politiquement active

George Sand écrit une lettre à son fils Maurice le 24 mars 1848, quelques jours après son arrivée à Paris.

Mon enfant, j'ai reçu tes lettres, le temps me manque pour t'écrire longuement et souvent, comme je le voudrais. J'ai fait une circulaire pour l'Instruction publique. Elle n'a pas encore paru, ils n'en finissent pas. Ce ministère est le palais du sommeil. J'ai fait le numéro 7 et 8 du *Bulletin de la République*. Ceux-là marchent bien. J'ai demandé grâce pour le numéro 9, parce que le temps me manque. J'ai fait un prologue pour l'ouverture gratis du *Théâtre-Français* [...]. Ce sera une représentation superbe. Le gouvernement provisoire y sera. [...] Il y aura des chœurs, Pauline fait une *Marseillaise* nouvelle, dont Dupont[1] a fait les paroles ; c'est moi qui mène tout cela. [...]

J'ai vu hier M. Dufraysse, qui part pour l'Indre ce matin comme commissaire général[2]. Il va aider Fleury à se débarrasser d'un faux commissaire Vaillant qui révolutionne Châteauroux tout de travers. Il y a beaucoup de ces gens-là qui courent Paris et les départements, et qui sont des échappés du bagne, si tu en vois, il faut leur demander la preuve de leurs mandats et les faire arrêter s'ils font du mal.

Je ferai l'impossible pour vos fusils. C'est bien difficile, Subervie[3] n'étant plus là, j'agirai par Ledru-Rollin[4], qui est tout à nous, c'est-à-dire tout au peuple. [...]

Nous l'aurons, va, la république, en dépit de tout. Le peuple est debout et diablement beau ici. Tous les jours et sur tous les points, on plante des arbres de liberté. J'en ai rencontré trois hier, en diverses rues, des pins immenses, portés sur l'épaule de 50 ouvriers.

George Sand, *Correspondance*, 24 mars 1848, Garnier.

1. Poète et chansonnier républicain.
2. Équivalent des préfets. Nommés par le nouveau gouvernement républicain.
3. Ministre de la Guerre.
4. Ministre de l'Intérieur.

3 George Sand et les droits politiques des femmes

George Sand répond à un article de La Voix des femmes, *un journal féministe, appelant à sa candidature au poste de députée.*

Je ne viens pas vous remercier d'avoir admis mon nom sur une quarantaine de listes au comité central. La connaissance que j'ai de moi-même ne me permet pas de croire que vous ayez voulu m'encourager à présenter une candidature impossible, chose à laquelle je n'ai jamais songé. [...]

Les femmes doivent-elles un jour participer à la vie politique ? Oui un jour, je le crois avec vous, mais ce jour est-il proche ? Non, je ne le crois pas, et pour que la condition des femmes soit ainsi transformée, il faut que la société soit transformée. [...] Quelques femmes ont soulevé cette question : pour que la société soit transformée, ne faut-il pas que la femme intervienne politiquement dès aujourd'hui dans les affaires publiques ? La femme étant sous la tutelle et dans la dépendance de l'homme par le mariage, il est absolument impossible qu'elle présente des garanties d'indépendance politique, à moins de briser individuellement cette tutelle que les mœurs et les lois consacrent. [...]

Pour ne pas laisser d'ambiguïté dans ces considérations que j'apporte, je dirai toute ma pensée sur ce fameux affranchissement de la femme dont on a tant parlé ces temps-ci. [...] Je le crois facile et immédiatement réalisable. [...] Il consiste simplement à rendre à la femme les droits civils que le mariage lui enlève, que le célibat lui conserve. C'est une des premières questions dont une République socialiste aura à s'occuper, et je ne vois pas qu'elle puisse porter la moindre atteinte à la fidélité conjugale [...], à moins qu'on ne regarde l'égalité comme une condition de désordre et de discorde.

George Sand, « Aux membres du comité central » (mi-avril 1848), *Correspondance*, VIII.

4 George Sand pousse Ledru-Rollin à se présenter à l'élection présidentielle

Gravure d'Aubert, 1848.
Cette caricature contre les femmes et leur rôle politique fait référence au *Club des femmes* créé par Eugénie Niboyet, féministe et journaliste, qui milite dans les milieux ouvriers à partir des années 1830.

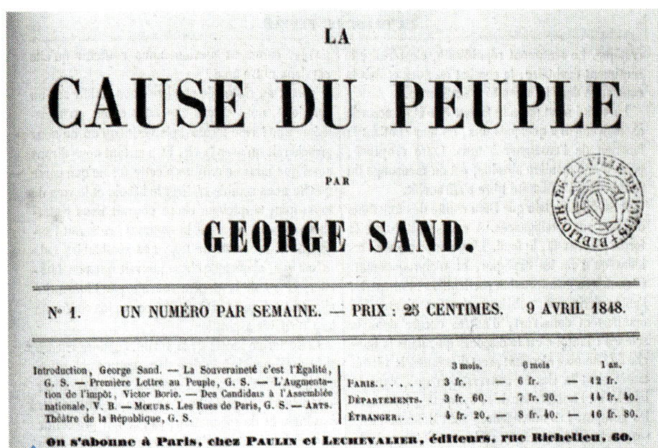

LA

CAUSE DU PEUPLE

PAR

GEORGE SAND.

N° 1. UN NUMÉRO PAR SEMAINE. — PRIX : 25 CENTIMES. 9 AVRIL 1848.

Introduction, George Sand. — La Souveraineté c'est l'Égalité, G. S. — Première Lettre au Peuple, G. S. — L'Augmentation de l'impôt, Victor Borie. — Des Candidats à l'Assemblée nationale, V. B. — Mœurs. Les Rues de Paris, G. S. — Arts. Théâtre de la République, G. S.

	3 mois.	6 mois	1 an.
Paris	3 fr.	— 6 fr.	— 12 fr.
Départements	3 fr. 60.	— 7 fr. 20.	— 14 fr. 40.
Étranger	4 fr. 20.	— 8 fr. 40.	— 16 fr. 80.

On s'abonne à Paris, chez Paulin et Lechevalier, éditeurs, rue Richelieu, 60.

5 La Cause du peuple, 1848

Ce journal, fondé le 9 avril 1848 par George Sand développe des idées socialistes en faveur de la révolution et de la République. Il ne compte que trois numéros.

Itinéraire 1

Identifier

1. **Doc. 1, 3 et 5.** Quelles idées défend George Sand ?
2. **Doc. 1, 2 et 4.** Comment parvient-elle à diffuser ses idées ?
3. **Doc. 1 à 5.** Comment George Sand participe-t-elle à la vie politique en 1848 ?

Expliquer

4. **Doc. 3.** Pourquoi George Sand refuse-t-elle d'être candidate en 1848 ? Quelle est sa priorité ?

Synthétiser

5. Caractérisez l'engagement politique de George Sand en exposant les idées qu'elle défend et les moyens qu'elle utilise pour les diffuser et les mettre en œuvre.

OU

Itinéraire 2

Élaborer une chronologie illustrée

À partir des documents ci-dessus et d'une recherche personnelle sur l'engagement politique et artistique de George Sand (par exemple les billets de blogs sur le site : https://gallica.bnf.fr/blog, mot clé **George Sand**), réalisez une chronologie illustrée de ses engagements successifs. Veillez à distinguer des périodes différentes et à justifier vos choix.

DOCUMENTS
POINT DE PASSAGE

COURS p. 68
VOCABULAIRE p. 69
Coup d'État

Fiche de synthèse

Louis-Napoléon Bonaparte premier président de la République

Louis-Napoléon Bonaparte est le neveu de Napoléon Ier. Exilé après la chute de l'Empire, il devient au début des années 1830 l'héritier du trône impérial. Ses deux premières tentatives de coups d'État en 1836 et 1840 sont des échecs. Emprisonné, il s'intéresse aux questions économiques et sociales. Il s'enfuit en 1846 vers l'Angleterre et revient en France à l'occasion de la révolution de 1848.

QUESTION CLÉ

Comment se transforme le rôle de Louis-Napoléon Bonaparte de 1848 à 1851 ?

CHRONOLOGIE

- **Septembre 1848** Louis-Napoléon Bonaparte est élu député.
- **10-11 décembre 1848** Il est élu président de la République.
- **2 décembre 1851** Coup d'État et répression de l'opposition.

CHIFFRES CLÉS

Résultats de l'élection présidentielle de 1848, en %

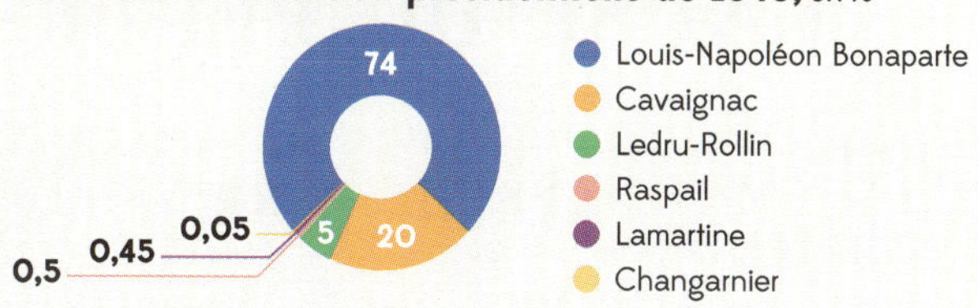

2 1850-1851 : Louis-Napoléon Bonaparte à la rencontre des Français

L'Arrivée du président Louis-Napoléon Bonaparte à Cherbourg, gravure, 1850.
Louis-Napoléon Bonaparte s'arrête à Cherbourg pour visiter l'avancement des travaux du port militaire et prononce un discours où il rend hommage à son oncle.

1 Les pouvoirs donnés au président par la Constitution de 1848

Art. 45. - Le président de la République est élu pour quatre ans, et n'est rééligible qu'après un intervalle de quatre années. [...]

Art. 49. - Il a le droit de faire présenter des projets de loi à l'Assemblée nationale par les ministres. Il surveille et assure l'exécution des lois.

Art. 51. - Il ne peut céder aucune portion du territoire, ni dissoudre ni proroger l'Assemblée nationale, ni suspendre, en aucune manière, l'empire de la Constitution et des lois.

Art. 52. - Il présente, chaque année, par un message, à l'Assemblée nationale, l'exposé de l'état général des affaires de la République.

Art. 53. - Il négocie et ratifie les traités. Aucun traité n'est définitif qu'après avoir été approuvé par l'Assemblée nationale.

Art. 54. - Il veille à la défense de l'État, mais il ne peut entreprendre aucune guerre sans le consentement de l'Assemblée nationale.

Art. 55. - Il a le droit de faire grâce, mais il ne peut exercer ce droit qu'après avoir pris l'avis du Conseil d'État. Les amnisties ne peuvent être accordées que par une loi. Le président de la République, les ministres, ainsi que toutes autres personnes condamnées par la Haute Cour de justice, ne peuvent être graciés que par l'Assemblée nationale.

Extraits de la Constitution de la Deuxième République, 4 novembre 1848

3 L'appel à un changement de la Constitution

Lors d'un voyage à Dijon, Louis-Napoléon Bonaparte rend explicites ses projets de réforme de la Constitution.

La France ne veut ni de retour à l'Ancien Régime, quelle que soit la forme qui le déguise, ni l'essai d'utopies funestes et impraticables. C'est parce que je suis l'adversaire de l'un et de l'autre qu'elle a placé sa confiance en moi. S'il n'en était pas ainsi, comment expliquer cette touchante sympathie du peuple à mon égard ?

Depuis trois ans, on a pu remarquer que j'ai toujours été secondé quand il s'est agi de combattre le désordre par des mesures de compression : mais lorsque j'ai voulu faire le bien, fonder le Crédit foncier, prendre des mesures pour améliorer le sort des populations, je n'ai rencontré que de l'inertie. [...]

Je profite de ce banquet comme d'une tribune pour ouvrir à mes concitoyens le fond de mon cœur. Une nouvelle phase de notre ère politique commence. D'un bout de la France à l'autre des pétitions se signent pour demander la révision de la Constitution[1]. J'attends avec confiance les manifestations du pays et les décisions de l'Assemblée, qui ne seront inspirées que par la seule pensée du bien public. Si la France reconnaît qu'on n'a pas eu le droit de disposer d'elle sans elle, la France n'a qu'à le dire : mon courage et mon énergie ne lui manqueront pas.

Louis-Napoléon Bonaparte, discours de Dijon à l'occasion de l'inauguration de la section de chemin de fer entre Tonnerre et Lyon, 1er juin 1851.

1. Bonaparte souhaite obtenir la possibilité de se présenter une seconde fois consécutive à la présidence de la République car son mandat se termine en 1852.

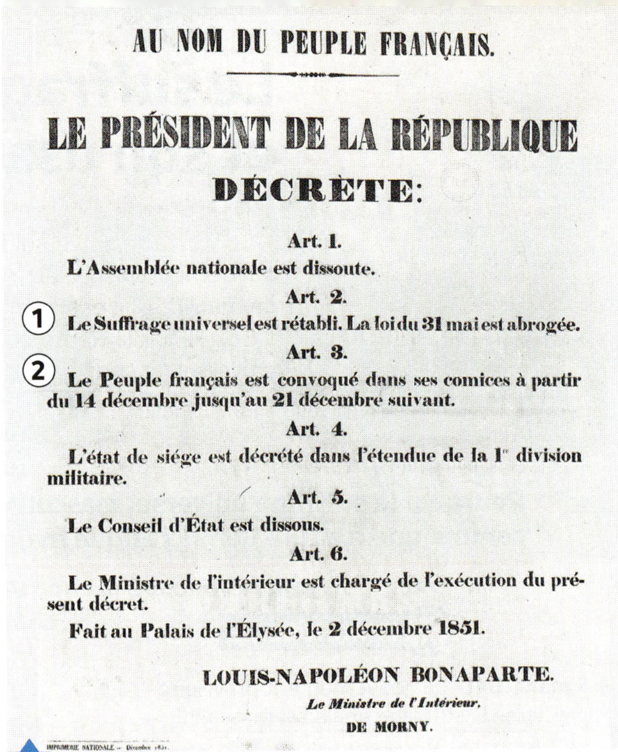

AU NOM DU PEUPLE FRANÇAIS.

LE PRÉSIDENT DE LA RÉPUBLIQUE

DÉCRÈTE :

Art. 1.

L'Assemblée nationale est dissoute.

Art. 2.

① Le Suffrage universel est rétabli. La loi du 31 mai est abrogée.

Art. 3.

② Le Peuple français est convoqué dans ses comices à partir du 14 décembre jusqu'au 21 décembre suivant.

Art. 4.

L'état de siége est décrété dans l'étendue de la 1re division militaire.

Art. 5.

Le Conseil d'État est dissous.

Art. 6.

Le Ministre de l'intérieur est chargé de l'exécution du présent décret.

Fait au Palais de l'Élysée, le 2 décembre 1851.

LOUIS-NAPOLÉON BONAPARTE.

Le Ministre de l'Intérieur,

DE MORNY.

IMPRIMERIE NATIONALE.

4 Le coup d'État du 2 décembre 1851

① Référence à la loi de 1850 qui élimine 30 % du corps électoral.

② Annonce d'un futur plébiscite sur une nouvelle Constitution qui prévoit l'élection d'un « chef responsable pour dix ans ».

5 Le coup d'État de Louis-Napoléon Bonaparte vu par ses adversaires

Couverture ancienne des *Châtiments*, de Victor Hugo.

Itinéraire 1

Identifier

1. **Doc. 1.** Quels sont les pouvoirs du président d'après la Constitution de 1848 ?
2. **Doc. 1, 3 et 4.** Par quoi sont-ils limités ?

Expliquer

3. **Doc. 2 et 3.** Par quels moyens Louis-Napoléon Bonaparte parvient-il à personnaliser son pouvoir ?
4. **Doc. 5.** Comment le coup d'État est-il présenté par les opposants à Louis-Napoléon Bonaparte ?

Synthétiser

5. Montrez comment la présidence de Louis-Napoléon Bonaparte passe d'un pouvoir partagé et limité à un pouvoir personnel de 1848 à 1851.

OU

Itinéraire 2

Élaborer une frise chronologique

Montrez comment Louis-Napoléon Bonaparte personnalise son pouvoir entre 1848 et 1851. Vous pouvez périodiser en trois moments : une situation initiale en 1848, une situation finale en 1851 et une période intermédiaire.

DOCUMENTS L'Empire, un régime autoritaire

COURS p. 70

Les opposants au coup d'État de Louis-Napoléon Bonaparte sont violemment réprimés. L'Empire est un régime autoritaire et policier qui encadre la population en limitant les libertés publiques.

OBJECTIF

À travers les exemples d'Edgar Quinet et de George Sand, montrez comment les libertés publiques sont remises en cause pendant le Second Empire.

CHRONOLOGIE

- **2 décembre 1851** Coup d'État de Louis-Napoléon Bonaparte.
- **Décembre 1851** Résistance au coup d'État à Paris et en province.
- **Janvier 1852** Décret d'expulsion de 80 députés, dont Victor Hugo et Edgar Quinet. 10 000 transportations en Algérie et 10 000 bannissements sont aussi prononcés.
- **27 février 1858** Loi de sûreté générale qui permet d'emprisonner toute personne qui tente de s'opposer au régime et d'arrêter toute personne condamnée pour délit politique depuis 1848.

2 Le Second Empire vu d'Angleterre
Gravure anglaise, BNF.

CONSEILS

- Replacez ces documents dans le contexte de 1851-1852.
- Faites une recherche rapide sur les deux auteurs et leurs engagements politiques.

1 La douleur de l'exil d'Edgar Quinet

Edgar Quinet, député républicain, doit quitter Paris à la suite du coup d'État de décembre 1851.

Au moment où je posais le pied de l'autre côté de la frontière et où je dis à la patrie un adieu peut-être éternel, je me retournais, et la terre manqua sous mes pas. Depuis cette heure, mon esprit se sentit déraciné, comme la feuille que le vent a détachée de l'arbre ; et j'allai où le vent me poussa.

Pendant que la tempête me portait, un cri s'échappait de mon cœur ; et dès que je pouvais reprendre haleine, j'écrivais dans ce livre un mot, un signe, pour me rappeler ce que mon esprit avait vu.

Voici ce livre. Commencé par l'orage, puisse-t-il s'achever dans la paix. Je n'étais plus l'hôte de personne. Sitôt que j'avais trouvé un foyer quelque part, la menace arrivait ; il fallait songer à partir.

Edgar Quinet, *Le Livre de l'exilé*, 1852.

3 Lettre de George Sand à Louis-Napoléon Bonaparte en faveur des prisonniers politiques

Assez, assez, vainqueur, épargne les forts comme les faibles, épargne les femmes qui pleurent comme les hommes qui ne pleurent pas, sois doux et humain puisque tu en as envie. Tant d'êtres innocents ou malheureux en ont besoin. Ah prince, le mot déportation, cette peine mystérieuse, cet exil sous un ciel inconnu, elle n'est pas de votre invention éternelle, si vous saviez comme elle consterne les provinces les plus calmes et les hommes les plus indifférents. [...]

Amnistie, amnistie, bientôt mon prince ! Si vous ne m'écoutez pas, qu'importe que j'aie fait un suprême effort avant de mourir ? [...] Prince, j'aurais pu fuir à l'étranger lorsqu'un mandat d'amener a été formulé contre moi. [...] J'aurais pu imprimer cette lecture [...] pour vous faire des ennemis au cas où elle ne serait lue par vous. Mais, quoi qu'il arrive, je ne le ferai pas. Il y a des choses sacrées pour moi, et en vous demandant une entrevue, en allant vers vous avec espoir et confiance j'ai dû [...] me mettre entièrement à la merci de votre volonté.

George Sand, « Au prince Louis-Napoléon Bonaparte », *Correspondance*, 18 janvier 1852

DOCUMENTS

Le rôle des préfets du Second Empire

REPÈRES p. 66
COURS p. 70

Les préfets incarnent l'autorité centrale dans les départements. Créée par Napoléon en 1800, la fonction est remplacée par les commissaires de la République en 1848 avant d'être renforcée par un décret de 1852.

OBJECTIF

Montrez le rôle des préfets et leur action dans le renforcement de l'État pendant le Second Empire.

1 Un rôle défini par le décret de mars 1852

Louis-Napoléon Bonaparte décrète :

Art. 1er : Les préfets continueront de soumettre à la décision du ministre de l'Intérieur les affaires départementales et communales qui affectent directement l'intérêt général de l'État, telles que l'approbation des budgets départementaux, les impositions extraordinaires et les délimitations territoriales ; mais ils statueront désormais sur toutes les autres affaires départementales et communales qui, jusqu'à ce jour, exigeaient la décision du chef de l'État ou du ministre de l'Intérieur.

Art. 2. : Ils statueront également, sans l'autorisation du ministre de l'Intérieur, sur les divers objets concernant les subsistances, les encouragements à l'agriculture, l'enseignement agricole et vétérinaire, les affaires commerciales et la police sanitaire et industrielle.

Décret de décentralisation administrative, 25 mars 1852.

LE SAVIEZ-VOUS ?

Sous le Second Empire, le préfet perçoit le salaire le plus élevé de toute la fonction publique. C'est le signe de l'importance que lui accorde l'empereur.

CONSEILS

Vous pouvez expliquer le document 2 avec l'étude sur la mutation de Paris (voir chapitre 4 p. 100).

2 Haussmann, préfet de la Seine, et Napoléon III remodèlent Paris

Napoléon III remettant au baron Haussmann le décret d'annexion des communes limitrophes (16 février 1859), huile sur toile d'Adolphe Yvon, 1863, musée Carnavalet.

(1) Haussmann.

En équipes !

Équipe 1 (p. 82)
Montrez comment le pouvoir entend punir et poursuivre ses adversaires politiques.

Équipe 2 (p. 83)
Montrez que les préfets sont des acteurs essentiels du renforcement du pouvoir exécutif sous l'Empire.

Mise en commun
Chaque équipe expose des arguments pour montrer que le rôle de l'État et du pouvoir exécutif central se renforcent sous le Second Empire.

RÉVISIONS

La difficile entrée dans l'âge démocratique : la Deuxième République et le Second Empire

Podcast

L'ESSENTIEL

1 La Deuxième République, 1848-1852

- Les premières décisions du gouvernement provisoire comme le suffrage universel, l'abolition de l'esclavage s'inscrivent dans l'héritage démocratique de 1789 et 1792.
- D'autres mesures sociales comme le droit au travail ou les ateliers nationaux sont fondatrices. Les symboles des expériences révolutionnaires précédentes sont également réutilisés.
- Des tensions liées à l'augmentation des impôts, à la politique extérieure ou aux ateliers nationaux font voler en éclats l'unité républicaine. La répression contre le peuple parisien est terrible. La République parvient à se doter d'institutions mais le pouvoir est confisqué par les conservateurs qui font consensus derrière la personne de Louis-Napoléon Bonaparte, élu président de la République.

2 Le Second Empire, 1852-1870

- Louis-Napoléon Bonaparte ne peut pas se représenter et réalise un coup d'État le 2 décembre 1851. Il s'impose dans la violence et fait voter par plébiscite une nouvelle Constitution qui lui permet de concentrer le pouvoir.
- Le nouveau régime impérial reçoit l'appui électoral de la population qui s'exprime au suffrage universel. Cette adhésion s'explique aussi par la nature autoritaire du régime qui encadre les élections et remet en cause les libertés publiques en s'appuyant sur un appareil d'État renforcé.
- L'opposition se structure dans les années 1860 autour de figures républicaines ou plus libérales qui inspirent des réformes sur les libertés publiques ou l'enseignement. Son poids électoral augmente peu à peu.

Exercices interactifs

POINTS DE PASSAGE

▶ Alphonse de Lamartine en 1848 → p. 72

- Un député républicain qui soutient la campagne des banquets et les journées de février.
- Un membre du Gouvernement provisoire à l'origine de nombreuses mesures démocratiques.
- Une opposition aux soulèvements de juin du peuple parisien et un échec à l'élection de décembre 1848.

▶ George Sand, une femme de lettres engagée en politique → p. 76

- Un engagement républicain et socialiste.
- Une actrice de l'année 1848.
- L'écriture au service du droit des femmes et des droits sociaux.

▶ Louis-Napoléon Bonaparte, premier président de la République → p. 78

- Une élection au suffrage universel à une majorité écrasante.
- Un partage des pouvoirs avec l'Assemblée.
- Une pratique de plus en plus personnelle du pouvoir qui débouche sur le coup d'État de décembre 1851.

A/Z Les mots clés

- **Bonapartisme**
  Courant politique qui défend un régime autoritaire fondé sur la souveraineté populaire par le biais du suffrage universel masculin.
- **Coup d'État**
  Action visant à prendre ou à conserver le pouvoir de façon illégale.
- **Plébiscite**
  Vote sur une question à laquelle les électeurs répondent par « oui » ou par « non ».
- **République**
  Forme d'organisation politique où le pouvoir n'est pas héréditaire. République et démocratie ne sont pas toujours synonymes : certaines monarchies sont aujourd'hui démocratiques (Royaume-Uni, Espagne) et certaines républiques ne sont pas démocratiques.

Vidéo — L'ESSENTIEL EN 3 MINUTES

LA DIFFICILE ENTRÉE DANS L'ÂGE DÉMOCRATIQUE (1848-1870)

1 LA DEUXIÈME RÉPUBLIQUE 1848-1852

Suffrage universel (5 mars 1848)

Abolition de l'esclavage (27 avril 1848)

L'avènement de la Deuxième République : les idéaux démocratiques de la Révolution française réactivés (février-juin 1848)
Lamartine — Ledru-Rollin — George Sand

Mesures sociales : abolition des titres de noblesse, droit du travail, ateliers nationaux...

Mesures libérales : abolition de la peine de mort pour motifs politiques, liberté de la presse...

MAIS Des tensions liées aux impôts, à la politique extérieure, à la fermeture des ateliers nationaux.

La terrible répression de juin 1848
Cavaignac

La remise en cause du projet républicain (juin 1848-décembre 1851)

Le pouvoir confisqué par les conservateurs à l'Assemblée.

La personnalisation du pouvoir du président de la République : Louis-Napoléon Bonaparte.

Chronologie

1848
- Février — Révolution et proclamation de la République
- 5 mars — Décret instituant le suffrage universel pour l'élection de l'Assemblée constituante de 1848
- Juin — Répression du peuple parisien en révolte
- 10 décembre — Louis-Napoléon Bonaparte élu président de la République

1851
- 2 décembre 1851 — Coup d'État de Louis-Napoléon Bonaparte

1864
- Discours des cinq libertés de Thiers.

1870
- Septembre 1870 — Chute de l'Empire

2 LE SECOND EMPIRE 1852-1870

Le Coup d'État du 2 décembre 1851

Une Constitution qui concentre le pouvoir entre les mains de l'empereur.

La mise en place d'un pouvoir personnel et autoritaire

Un régime plébiscité

Un régime répressif
Victor Hugo

Un renforcement de l'appareil d'État

Montée des oppositions et libéralisation du régime dans les années 1860

Une opposition libérale qui se structure au début des années 1860 : Adolphe Thiers

L'accélération de la libéralisation à la fin des années 1860

SUJET GUIDÉ

Deux points de vue sur le coup d'État du 2 décembre 1851

Consigne

Confrontez ces deux documents pour comprendre le coup d'État de 1851 organisé par Louis-Napoléon Bonaparte. Après avoir montré à partir des documents que le coup d'État met fin à la Deuxième République, vous expliquerez les différences entre les deux versions de l'événement données par les documents.

1

Le récit du coup d'État par Victor Duruy, ministre de l'Instruction publique sous Napoléon III

Par une coïncidence fâcheuse, les pouvoirs du Président et ceux de l'Assemblée se terminaient l'année suivante, 1852, à trois mois d'intervalle, et le suffrage universel devenu le suffrage restreint, allait être appelé presque en même temps à renouveler les deux pouvoirs de la République. Dans l'anxiété où cet avenir douteux jetait le pays, des pétitions qui atteignirent le chiffre de 1 500 000 signatures furent adressées à l'Assemblée pour la révision de la Constitution.

Mais l'Assemblée était profondément divisée. Beaucoup demandaient qu'on ne changeât rien au fond des choses ; ceux-ci acceptaient la révision de l'article qui interdisait la réélection du président en fonction. Les autres voulaient une révision complète qui pût ouvrir la porte à la restauration.

Le 2 décembre, au matin, les chefs des différents partis de l'Assemblée sont arrêtés chez eux, le palais de l'Assemblée est occupé par la force armée : quelques représentants qui s'étaient réunis dans une mairie sont saisis ou dispersés. En même temps un décret du président déclare l'Assemblée dissoute, le suffrage universel rétabli, et propose au peuple les bases d'une nouvelle Constitution avec un chef responsable élu pour dix ans. « Je suis sorti de la légalité, disait le président, pour rentrer dans le droit ». Le 3 et le 4, la résistance fut essayée au centre de Paris et sur les boulevards, mais sans l'appui de la population. L'armée, conduite avec décision, resta, après une courte lutte, maîtresse des rues, et quelques essais d'insurrection, sur différents points du territoire, furent réprimés. La mise en état de siège des départements où des troubles avaient éclaté, la transportation à Cayenne des malfaiteurs en rupture de ban, en Algérie de membres des sociétés secrètes, ramenèrent promptement le calme. Les partis comprirent qu'ils auraient affaire, cette fois, à un pouvoir résolu.

Victor Duruy, *Histoire de France*, 1879.

2

Le cimetière de Montmartre, 4 décembre 1851

Lithographie anonyme, 1852.

POINTS MÉTHODE

DÉCRYPTAGE DU SUJET

Analyser la consigne

- **Déterminer le sujet à traiter**
  - Repérer les limites chronologiques et spatiales.
  - Relever les mots clés et analyser la manière dont ils sont mis en relation.
- **Déterminer les différents aspects à analyser**
  - Mettre en relation le document et une ou des notions.
  - Faire preuve d'esprit critique sur le document : limites, opposition/comparaison de points de vue.

- Le sujet porte sur le coup d'État du président Louis-Napoléon Bonaparte. Il demande de bien connaître l'événement, ses origines et ses effets. Il est aussi important de préciser le contexte de rédaction du premier document, sous la IIIe République, après la chute de l'empire de Napoléon III.
- Le sujet vous demande de réfléchir à la différence entre la République et l'empire. Il est aussi nécessaire de bien comprendre les différents usages du suffrage universel et les institutions de la Deuxième République.
- Les deux documents présentent des points de vue différents sur l'événement, qu'il est important de bien distinguer et d'expliquer.

Identifier le ou les documents

- **Quelle nature ?**
- **Auteur et point de vue**
- **Situation(s) historique(s) évoquée(s)**

- Le premier document est un extrait d'un manuel d'histoire de France écrit par Victor Duruy, ministre de l'Instruction de Napoléon III. Auteur d'une importante réforme en 1867, il est tout de même renvoyé par Napoléon III en 1869.
- Le second document est une lithographie dont l'auteur est inconnu et qui évoque la violence de la répression et le traumatisme qu'elle a pu causer.
- En conflit avec l'Assemblée conservatrice, le président Louis-Napoléon Bonaparte veut réformer la Constitution pour assurer sa réélection tout en rétablissant le suffrage universel. Devant le refus de l'Assemblée nationale, il décide un coup d'État le 2 décembre 1851. Les résistances au coup d'État sont réprimées avec violence : plusieurs centaines de victimes sont dénombrées, des milliers d'arrestations ont lieu dans les 32 départements mis en état de siège. Des députés sont emprisonnés ou proscrits.

Répondre aux parties de la consigne

- Le document 1 permet de comprendre les mécanismes et les raisons du coup d'État qui met fin à la République : devant le refus de l'Assemblée de voter une révision constitutionnelle pour permettre la réélection du président de la République, le prince Louis-Napoléon Bonaparte décide de commettre un coup d'État en s'appuyant sur la police et l'armée. Bien qu'il rétablisse le suffrage universel masculin, cette mesure anticonstitutionnelle met fin à la République qui assurait un équilibre des pouvoirs entre l'Assemblée et le président de la République.
- Les deux documents donnent une version différente de l'événement.
  - Dans le document 1, le terme de coup d'État n'est pas employé et l'illégalité de l'action de Louis-Napoléon Bonaparte est justifiée par l'inefficacité de l'Assemblée. La résistance populaire est minimisée, tout comme la violence de la répression, puisqu'il n'est pas fait état de victimes mais simplement d'arrestations des chefs de partis et d'emprisonnement de marginaux. La proscription des députés est aussi passée sous silence.
  - Dans le document 2, la répression est montrée dans sa violence et le cri de la femme à la droite de l'image montre le traumatisme laissé par l'événement. Ce sentiment est partagé par de nombreux républicains et s'exprime dans les écrits d'exilés célèbres comme Victor Hugo.

Retrouvez des sujets de Bac et des méthodes actualisés sur le site lyceen.nathan.fr/cote1re-2019

SUJET BLANC

Consigne
Confrontez ces documents pour étudier la place du suffrage universel entre 1848 et 1870. Après avoir présenté les deux documents dans leur contexte respectif, montrez que chacun d'eux défend le suffrage universel, en exposant leurs arguments. Vous terminerez en expliquant le lien que l'on peut établir entre suffrage universel et violence politique au milieu du XIXe siècle.

1

Victor Hugo défend le suffrage universel

En mai 1850, la Chambre des députés souhaite limiter le suffrage universel, au détriment notamment des ouvriers et des plus pauvres. Victor Hugo s'adresse alors aux députés.

Sur cette terre d'égalité et de liberté, tous les hommes respirent le même air et le même droit. II y a dans l'année un jour où celui qui vous obéit se voit votre pareil, où celui qui vous sert se voit votre égal [...]. Il y a un jour dans l'année où le journalier, le manœuvre, l'homme qui casse des pierres au bord des routes, prend dans sa main, durcie par le travail, les ministres, les représentants, le président de la République, et dit : « La puissance, c'est moi ! » Regardez l'ouvrier qui va au scrutin. Il y entre, avec le front triste du prolétaire accablé, il en sort avec le regard d'un souverain. Or qu'est-ce que tout cela, messieurs ? C'est la fin de la violence, c'est la fin de la force brutale, c'est la fin de l'émeute. C'est le droit d'insurrection aboli par le droit de suffrage.

Victor Hugo, discours à l'Assemblée Nationale, 21 mai 1850.

2 **Le vote comme arme politique**

V'la ma cartouche.
Caricature d'Honoré Daumier publiée dans le journal satirique *Le Charivari*, 20 novembre 1869.
Dans la main de l'homme : « bulletin de vote ».

QUESTION PROBLÉMATISÉE

BAC

SUJET GUIDÉ

Le suffrage universel renforce-t-il la démocratie en France durant la Deuxième République (1848-1851) ?

Vous répondrez à cette problématique en montrant :
- que le suffrage universel, revendication de la révolution de 1848, renforce la démocratie représentative ;
- mais que, pendant la Deuxième République, le suffrage universel est progressivement limité.

POINTS MÉTHODE

Étudier la problématique

Le sujet indique la problématique

Il s'agit de la ou des questions auxquelles il demande de répondre. Tout ce que vous allez écrire doit permettre d'y répondre. Vous devez comprendre si le sujet demande d'analyser une opposition, une comparaison, une évolution…

Mobiliser ses connaissances pour construire un plan

Élaborer un plan détaillé

En Seconde et en Première, le sujet suggère les grandes lignes du plan. Ces grandes idées permettent de répondre à la problématique.

Il existe deux grands types de plan :
- **chronologique**, le mieux adapté pour étudier une évolution dans le temps. Le cadre chronologique du sujet est alors découpé en plusieurs périodes (une période = une partie).
- **thématique**, qui permet de distinguer les principales caractéristiques d'un phénomène historique.

Comprendre le plan suggéré

- Écrivez au brouillon toutes les informations qui vous viennent à l'esprit en lien avec chaque partie (idées, notions, événements, acteurs…). Il faut être le plus précis possible.
- Regroupez et hiérarchisez ces informations pour établir des liens entre elles (opposition, comparaison, évolution, explication…). Vérifier qu'aucune n'est hors-sujet, et qu'elles s'enchaînent de manière logique.

DÉCRYPTAGE DU SUJET

- Le sujet pose la question du rapport entre suffrage universel et démocratie. Il faut réfléchir à la complémentarité entre les deux termes du sujet :
  - le suffrage universel est une revendication démocratique qui s'exprime avant la révolution de 1848.
  - après la révolution, le décret du 5 mars 1848 prévoit l'élection d'une assemblée au suffrage universel, compris comme un renforcement de la démocratie libérale et représentative.
- Mais il faut aussi réfléchir aux usages du suffrage universel et aux débats qu'il provoque :
  - le suffrage universel est d'abord masculin et exclut les femmes du corps électoral.
  - la réforme de 1850, votée par une assemblée élue au suffrage universel en 1849, réduit d'un 1/3 le corps électoral.
- Les différents rapports entre suffrage universel et démocratie peuvent être vus dans un plan chronologique fondé sur la succession des grands moments politiques de la période :
  - les événements révolutionnaires de 1848 ;
  - la Deuxième République en fonctionnement.

1. Le suffrage universel renforce la démocratie délibérative (1848) :
- montrez qu'il est une revendication de longue date des républicains, formulée lors de la campagne des banquets.
- évoquez le décret du 5 mars : le suffrage universel est vu comme un moyen de mettre fin aux violences révolutionnaires ;
- énumérez les nouvelles pratiques : plus de 9 millions de votants, vote secret…

2. Le suffrage universel limité pendant la Deuxième République (1848-1851) :
- rappelez que le suffrage universel masculin exclut les femmes, pourtant engagées en politique ;
- montrez que la victoire de Louis-Napoléon Bonaparte puis du parti de l'Ordre, élus au suffrage universel, aboutit à l'amputation du suffrage en 1850.

Retrouvez des sujets de Bac et des méthodes actualisés sur le site lyceen.nathan.fr/cote1re-2019

CHAPITRE 4

L'industrialisation et l'accélération des transformations économiques et sociales en France

Dans ce chapitre

TOUS LES TEXTES en version à imprimer

TOUTES LES CARTES en version interactive

Le Second Empire, porté par un idéal modernisateur, encourage la croissance économique par la mise en réseau du territoire et le développement du crédit. Cette politique s'inscrit dans le contexte d'une industrialisation graduelle, qui touche les villes comme les campagnes, et transforme la société.

Peut-on dire que le Second Empire accélère le processus d'industrialisation et fait entrer la société française dans la modernité ?

Animation

1 L'essor du chemin de fer remodèle les villes

La Gare Saint-Lazare et la place de l'Europe, gravure pour *Le Monde illustré*, 1866

2 L'industrialisation bouleverse le travail et les paysages

Houillères et carrières d'argile de Montchanin, huile sur toile d'Ignace-François Bonhommé, 1860

Les transformations économiques et sociales en France

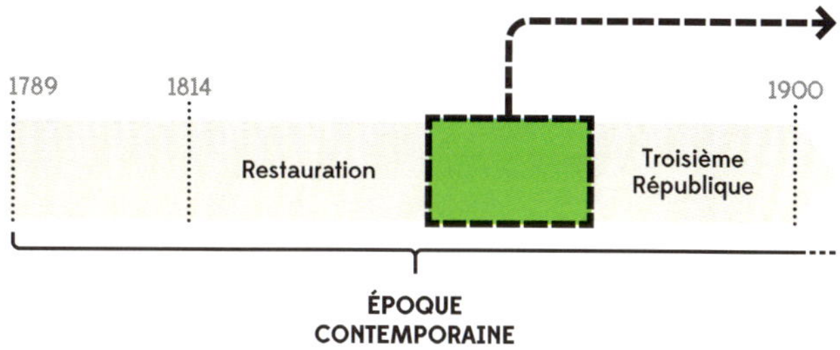

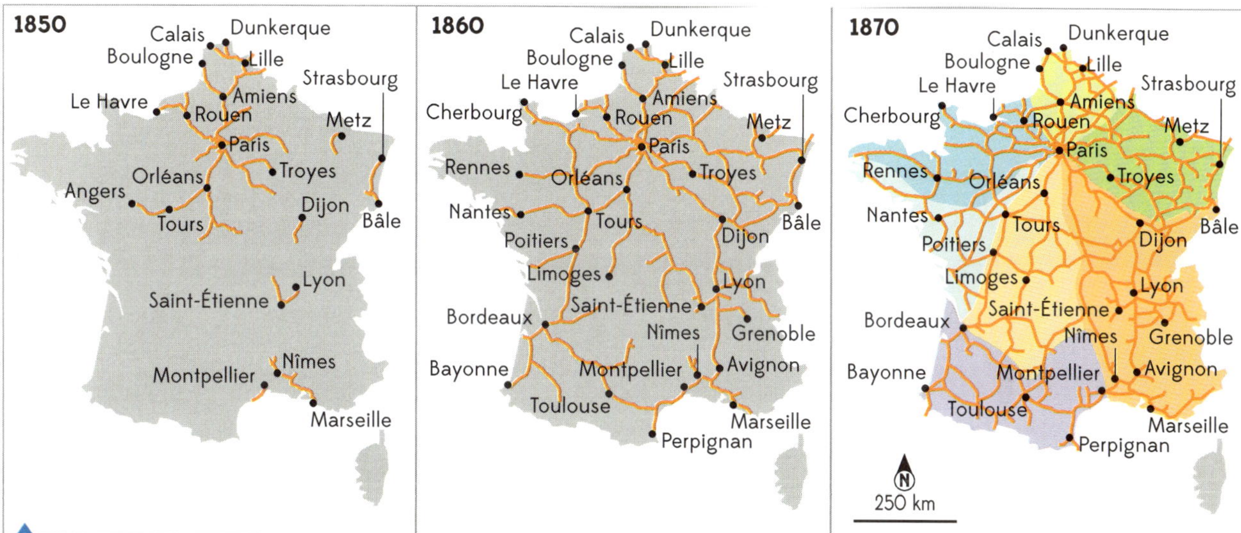

1 L'extension du réseau ferré français

- Compagnie du Nord
- Compagnie de l'Ouest
- Réseau de l'État (après 1878)
- Compagnie d'Orléans
- Compagnie du Midi
- Compagnie Paris-Lyon-Méditerranée
- Compagnie de l'Est

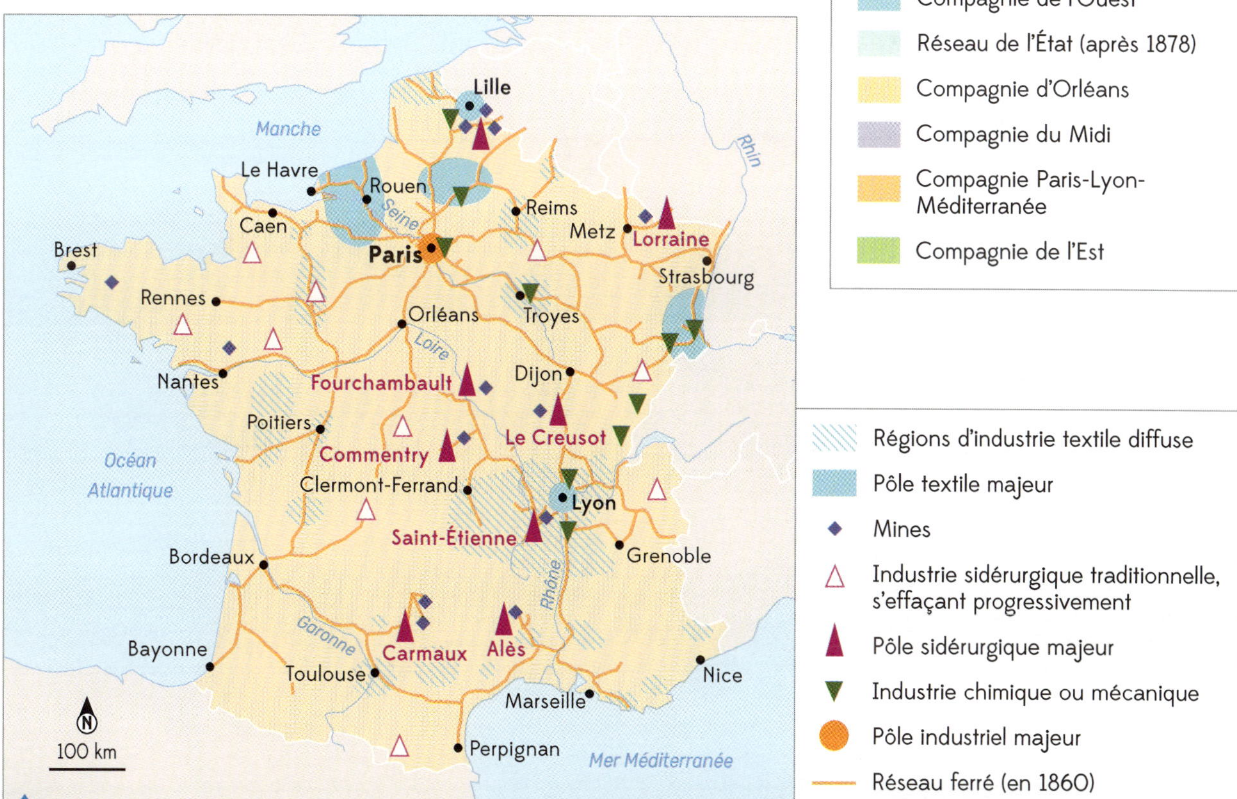

2 La France entre industrie rurale diffuse et affirmation de pôles industriels majeurs

1850 1851 1852 1853 1854 1855 1856 1857 1858 1859 1860 1861 1862 1863 1864 1865 1866 1867 1868 1869 1870

ÉCONOMIE

- **1852** Crédit Mobilier (frères Pereire)
- **1857** Création de la Cie des Chemins de fer Paris-Lyon-Méditerranée
- **1863** Création du Crédit Lyonnais
- **1867** Faillite du Crédit Mobilier

SOCIÉTÉ

- **1853-1870** HAUSSMANN, PRÉFET DE LA SEINE
- **1855** Première Exposition universelle à Paris
- **1860** Paris passe de 12 à 20 arrondissements

MOUVEMENT OUVRIER

- **1864** Loi autorisant les coalitions ouvrières. La grève n'est plus un délit
- **1864** Création de l'Alliance Internationale des Travailleurs (A.I.T.) ou première Internationale
- **16 juin 1869** Répression des grévistes à La Ricamarie

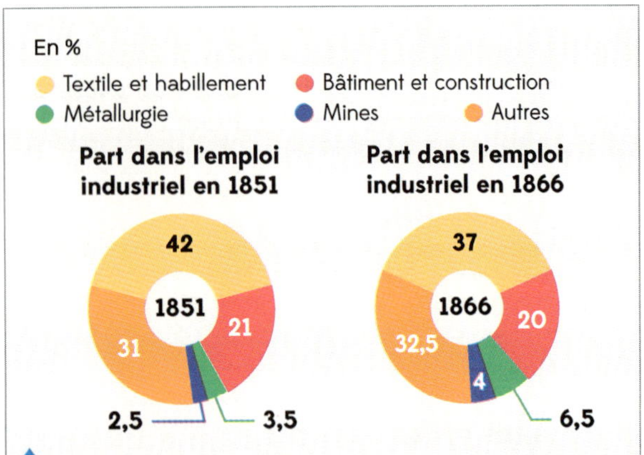

3 Les activités industrielles : rôle essentiel du textile et affirmation de la métallurgie

Source : Insee

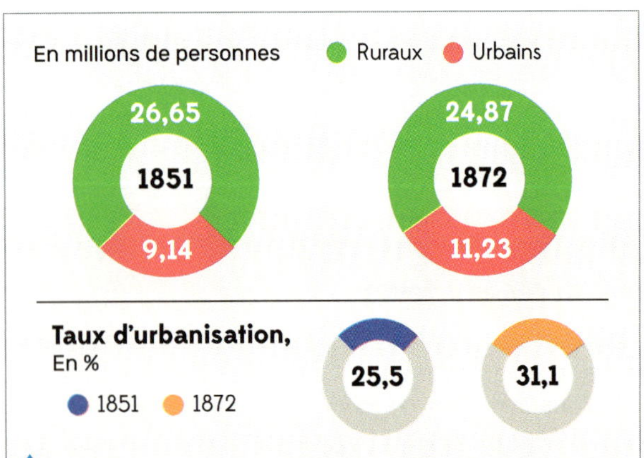

4 Urbains et ruraux sous le Second Empire

Source : O. Marchand et C. Thelot, *Deux siècles de travail en France*, Paris : Insee, 1991

Vocabulaire

- **Exode rural**
  Départ définitif de la population des campagnes vers les villes.
- **Industrialisation**
  Processus d'extension et d'intensification des activités industrielles pendant lequel la production industrielle dépasse la production agricole.
- **Industrie**
  Ensemble des activités ayant pour objet la transformation des matières premières en biens manufacturés.

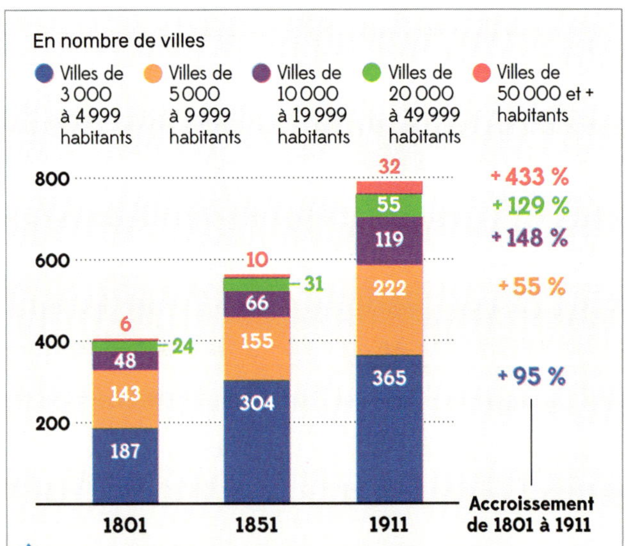

5 La croissance des principales villes

QUESTIONS

1. **Doc. 1.** Observez précisément l'évolution du réseau ferré en France.
2. **Doc. 2.** Quels déséquilibres la carte de la répartition des activités industrielles sur le territoire national fait-elle apparaître ?
3. **Doc. 4.** Que révèle la comparaison du nombre d'urbains et de ruraux au début et à la fin du Second Empire ?

COURS

REPÈRES p. 92
DOCUMENTS p. 98 à 101

Podcast du cours

1. Le Second Empire et la modernisation de la France

Comment le Second Empire entend-il moderniser la France ?

A La promotion de l'invention et de l'esprit scientifique

1. La croyance dans le progrès

- Entouré de conseillers comme Michel Chevalier, Napoléon III défend des principes nouveaux : les compétences et les talents doivent remplacer les privilèges de la naissance, et la hausse de la production industrielle améliorera le sort de la classe populaire pour mettre un terme aux révolutions. Pour cela, il faut faciliter le crédit et développer les réseaux de communication.

2. La valorisation de l'esprit scientifique

- Le Second Empire valorise la capacité d'invention : traités et outils théoriques de recherche se multiplient. L'administration enquête auprès des industriels ou des fermiers pour mesurer et rationaliser le développement économique ; la Société de statistique de Paris est créée en 1860.

3. Les Expositions universelles et les comices, lieux de célébration de l'innovation

- L'empire met en scène les réussites industrielles par les Expositions universelles de 1855 et 1867. Les visiteurs y découvrent les premières batteuses à grain ou les grands ouvrages d'art. Dans les campagnes, l'organisation annuelle des **comices agricoles**, initiée par la monarchie de Juillet et devenue obligatoire après 1851, récompense les pratiques innovantes, comme l'usage de l'engrais. Ces changements sont rendus possibles par le développement des réseaux de transport et de communication.

B Un territoire décloisonné et connecté

1. L'essor remarquable du réseau ferré

- Par la loi de 1842, l'État prend à sa charge les infrastructures (terrains, ponts, tunnels, voies), tandis que le matériel, la construction des gares et l'organisation du service de transport sont concédés sur une longue durée à des compagnies privées. Les différents réseaux convergent vers Paris.

- Le Second Empire consolide ce dispositif pour unifier le marché national. La fusion des lignes concédées aboutit à **la création de 6 grandes compagnies, associant industriels et financiers**. En allongeant leurs **concessions** à 99 ans et en garantissant leurs **obligations** à hauteur de 3 %, l'État les incite à supporter la construction du réseau secondaire, moins rentable. Le développement du chemin de fer est spectaculaire : entre 1851 et 1870, le réseau passe de 3 000 km à 17 000 km, et le cumul de voyageurs de 20 à 113 millions.

LE SAVIEZ-VOUS ?

La première locomotive à vapeur française est expérimentée par les frères Seguin en 1832 sur la ligne entre Lyon et Saint-Étienne.

Vocabulaire

- **Comices agricoles** Réunions d'exploitants agricoles, le plus souvent en présence d'un représentant de l'État, afin de faire connaître les pratiques innovantes et d'améliorer la production.
- **Concession** Délégation de service que l'État accorde à une entreprise privée.
- **Hygiénisme** Idée selon laquelle l'état de santé de la population et la maîtrise des épidémies dépendent de la salubrité de l'espace public, et peuvent donc être traités par une politique urbaine et sociale.
- **Obligation** Titre financier coté en Bourse, donnant lieu au versement d'intérêts.
- **Succursale** Établissement subordonné à une entreprise-mère, mais doté d'une certaine autonomie dans l'organisation de ses activités économiques.

LE SAVIEZ-VOUS ?

La première Exposition universelle a lieu à Londres, en 1851. La seconde est organisée à Paris en 1855. Elle accueille plus de 5 millions de visiteurs et des exposants venus de 25 pays différents.

2. Le développement des autres réseaux de communication

• Dès 1836, la loi sur les chemins vicinaux (ou communaux) jette les bases **d'un réseau routier qui pénètre au cœur des campagnes** et contribue de manière décisive à leur désenclavement. Foires et marchés accueillent les colporteurs, marchands ambulants qui **assurent la circulation des informations et l'accès à la consommation**.

• **Progressivement, le train dessert les principaux ports du territoire**, où s'ouvrent des liaisons avec le reste du monde : Marseille-Alger en 1854, Le Havre-New York en 1864. Le réseau télégraphique passe de 2 000 à 40 000 km ; le contrôle du territoire s'en trouve renforcé.

BIOGRAPHIE

Les frères Pereire

Nés à Bordeaux, **Émile (1800-1875)** et **Isaac (1806-1880)** Péreire investissent dès 1837 dans le chemin de fer, puis créent ou acquièrent des participations dans plus de 40 entreprises financières et industrielles. La faillite en 1867 du Crédit mobilier, qu'ils avaient fondé en 1852, entraîna leur ruine personnelle.

C Le financement des transformations urbaines

1. L'essor des banques

• Avec la loi de 1863 sur les sociétés anonymes, **de nouvelles banques, comme le Crédit lyonnais et la Société générale (en 1864), cumulent actions, obligations et dépôts de particuliers dans leur capital**. Développant un réseau de **succursales** sur tout le territoire, elles contribuent au financement des entreprises.

• D'autres établissements bancaires reçoivent l'appui direct de l'empereur, comme **le Crédit mobilier des frères Pereire (1852)**, qui s'engagent dans le financement de grands travaux urbains à Paris et dans plusieurs villes thermales (Arcachon, Vichy) tout en investissant dans les chemins de fer.

POINT DE PASSAGE

▸ Les frères Pereire, acteurs de la modernisation économique.

→ p. 98

2. La transformation des villes

• L'état sanitaire des grandes villes, dénoncé par les **hygiénistes**, justifie un **profond remodelage urbain**. Le pouvoir cherche aussi à mieux contrôler les classes populaires, tout en réalisant des opérations de prestige. Ainsi, à Paris, Marseille ou Lyon, l'État et la ville définissent le plan d'ensemble, réalisent les réseaux et les grands équipements, et exproprient.

• **À Paris, cette politique est mise en œuvre à partir de 1853 par le préfet Haussmann.** Il agrandit d'abord Paris en 1860 par l'annexion des communes limitrophes, la faisant passer de 12 à 20 arrondissements, puis engage de vastes travaux (réseau d'égouts, percement ou élargissement des voies de circulation, construction de nouvelles gares comme la Gare du Nord ou la Gare de Lyon). Cette modernisation et cet embellissement de la capitale **profitent à de nombreux entrepreneurs qui construisent et vendent les nouveaux immeubles**. Mais cette politique est aussi critiquée en raison de la trop grande proximité entre l'État et certains spéculateurs. Surtout, **une partie de la population parisienne est expulsée du centre de la ville** et doit se loger ailleurs dans des conditions toujours aussi dégradées.

POINT DE PASSAGE

▸ Paris haussmannien, la transformation d'une ville.

→ p. 100

TESTEZ-VOUS !

- Quel est le rôle des grandes compagnies de chemin de fer ?
- Pourquoi peut-on dire que le Second Empire a favorisé les milieux d'affaires ?
- Comment l'Empire met-il en scène la modernisation économique qu'il encourage ?

POUR ALLER + LOIN

• ***Les Comptes d'Haussmann*, tome 3 d'une série écrite par Pierre Boisserie et Philippe Guillaume, et dessinée par Malo Kerfriden, Dargaud, 2015.**
La bande dessinée raconte la saga du clan Saint-Hubert qui, dans le Paris d'Haussmann et des frères Pereire, spécule et construit sa richesse.

DOCUMENTS
POINT DE PASSAGE

COURS p. 94

Les entrepreneurs du Second Empire : l'exemple des frères Pereire

Les patrons du Second Empire profitent de conditions favorables pour investir dans tous les secteurs ; les plus puissants construisent de gigantesques entreprises. Les frères Émile et Isaac Pereire sont emblématiques de ces entrepreneurs dont la vie personnelle et la proximité avec l'empereur Napoléon III sont indissociables de leurs activités, et dont la puissance économique facilite l'accès au pouvoir politique.

QUESTION CLÉ

Montrez pourquoi et comment les frères Pereire deviennent des acteurs importants de la modernisation économique de la France.

BIOGRAPHIE

Émile (1800-1875) et Isaac (1806-1880) Pereire

Ces deux frères nés à Bordeaux réunissent les capitaux nécessaires à la construction de la première ligne de chemin de fer en France (1837), ce qui leur permet de multiplier les entreprises financières et industrielles (Compagnie des chemins de fer du Midi, Crédit mobilier, Compagnie générale Transatlantique, sociétés d'assurance) et d'investir dans l'immobilier parisien. Très proches de Napoléon III, ils font une carrière politique sous le Second Empire : Émile est député de Gironde de 1853 à 1875, et Isaac député des Pyrénées Orientales de 1863 à 1870. La faillite du Crédit mobilier en 1867 entraîne leur ruine personnelle.

2 Bateau à vapeur de la Compagnie Générale Transatlantique (ligne Le Havre-New York, 1864)

En 1855, les frères Pereire fondent la Compagnie Générale Transatlantique et participent ainsi à la modernisation de la marine marchande française.

1 Isaac Pereire vante le progrès économique et Napoléon III

Qui d'entre nous ne reste, en effet, frappé d'admiration [...] lorsqu'il voit dans nos campagnes ces convois de chemin de fer, remorquant une multitude de voyageurs ou des masses de marchandises que des centaines de chevaux auraient été impuissants à traîner lentement sur nos routes, dévorer l'espace avec la vitesse d'un ouragan, sous la conduite d'un seul homme, à peu près affranchi de tout travail manuel ; lorsqu'il voit enfin dans nos ateliers de construction fonctionner ces ingénieuses machines-outils, ces puissants marteaux à vapeur que l'homme manie sans autre fatigue que celle d'une attention intelligente ?

C'est encore aux arts mécaniques que vous devez ces voies ferrées qui commencent à sillonner votre territoire. Créées par la sollicitude du Gouvernement impérial pour développer la richesse de ces contrées, elles devront un jour retirer de ce développement même les éléments de revenu qui leur manquent aujourd'hui. [...] Vos voies de communication rapides vont se trouver complétées par le chemin [de fer] de Rodez à Montpellier, dont la Compagnie des chemins du Midi a été déclarée concessionnaire, et je m'applaudis d'avoir, en qualité d'administrateur de cette compagnie, à concourir à l'augmentation de la prospérité de votre département par la création de ce nouveau débouché vers la Méditerranée. [...] L'Empereur marche en tête de ces expériences, dont le résultat sera de rendre à la France un pays qui était naguère comme perdu pour elle et pour ses habitants. »

Discours aux comices agricoles de Beynat (Corrèze) le 20 septembre 1863.

3 Un investisseur ruiné par les frères Pereire

Contre les Messieurs Isaac et Émile Pereire, banquiers, demeurant à Paris, rue du Faubourg-Saint-Honoré, n°35, pris comme anciens administrateurs du Crédit mobilier français, défendeurs,

Le demandeur expose les faits suivants :

En juin 1864 il acheta à la Bourse de Paris vingt-huit actions du Crédit mobilier français ;

En octobre 1864, il acheta à la Bourse de Bordeaux 25 actions de la même Société. [...]

Il fut amené à faire ces achats relativement importants parce qu'il croyait la société très solide ; qui n'aurait partagé cette opinion quand on voyait figurer, parmi les fondateurs, les MM. Pereire qui passaient pour très habiles et riches de centaines de millions, le duc de Galliera, personnage aussi puissamment riche, des membres de la famille impériale ; qu'on voyait le chef de l'État fait visite à Arcachon à son ami M. Pereire ; quand celui-ci, dans tous les rapports qu'il faisait comme président de la Société, la représentait comme étant dans une prospérité inouïe ? [...] Aussi se disait-il que les actions de sa Société étaient un placement de père de famille. [...]

Il n'y a qu'un malheur, c'est que toutes ces brillantes affaires, conduites par MM. Pereire, ont écrasé tous ceux qui ont eu la naïveté de s'y aventurer, elles ont ruiné incontestablement plus de cent mille familles.

Mémoire présenté par M. Jean Pazat, avoué, à l'appui de son procès contre les MM. Isaac et Émile Pereire. 28 novembre 1873.

4 Groupe d'investisseurs avec Isaac Pereire

Photographie anonyme, BnF. Isaac Pereire est le deuxième homme en partant de la droite. L'homme au centre, non identifié, est sans doute Émile Pereire.

INFO

Le Crédit mobilier

Avec l'appui de l'empereur, les frères Pereire fondent le Crédit mobilier en 1852 pour financer l'industrie, le commerce et les grands travaux d'utilité publique. C'est ainsi que le Crédit mobilier finance une partie des travaux d'Haussmann à Paris ou s'engage dans la construction de la « ville d'hiver » de la station balnéaire d'Arcachon (près de Bordeaux). Mais ces investissements effrénés finissent par ruiner le Crédit mobilier qui disparaît en 1867. Un procès est organisé au début des années 1870.

Itinéraire 1

Identifier

1. **Doc. 2, 3 et 4.** Relevez les informations permettant d'identifier les activités financières, industrielles et immobilières de ces entrepreneurs.
2. **Doc. 1, 2, 3 et 4.** Recensez les indices permettant de caractériser la capacité d'influence de ces entrepreneurs.

Expliquer

3. **Doc. 2.** En quoi la création de la Compagnie Générale Transatlantique vient-elle efficacement compléter les investissements des frères Pereire ?
4. **Doc 1 et 3.** Quelles sont les relations entre le pouvoir impérial et les frères Pereire ?

Synthétiser

5. À partir des informations tirées de l'ensemble des documents, répondez à la question clé en deux paragraphes.

OU

Itinéraire 2

Confronter des documents

À partir des éléments tirés des documents, remplissez le tableau ci-dessous pour répondre à la question-clé.

	Les frères Pereire dominent la vie industrielle et financière.	Les frères Pereire soutiennent la politique de modernisation de Napoléon III.
Doc. 1		
Doc. 2		
Doc. 3		
Doc. 4		

DOCUMENTS
POINT DE PASSAGE

Paris haussmannien : la transformation d'une ville

COURS p. 94
VOCABULAIRE p. 94
Hygiénisme

Fiche de synthèse

▶ Au XIXe siècle, la croissance démographique entraîne la densification et l'appauvrissement du centre de Paris, aux constructions hautes et aux rues étroites. Convaincu par le discours hygiéniste et soucieux de contrôler une population prompte à se soulever, Napoléon III décide d'opérer un remodelage profond de l'espace urbain parisien. Le baron Haussmann, préfet de la Seine en 1853, est chargé de mettre en œuvre ce projet.

QUESTION CLÉ

En quoi les travaux haussmanniens transforment-ils Paris et la société parisienne ?

BIOGRAPHIE

Georges Eugène Haussmann (1809-1891)

Issu de la noblesse d'empire, il occupe plusieurs postes de l'administration préfectorale avant d'être nommé à Paris en 1853, avec la mission d'assainir et d'embellir la ville. Il crée avec l'ingénieur Belgrand un réseau moderne d'égouts. Contesté, il est destitué en janvier 1870.

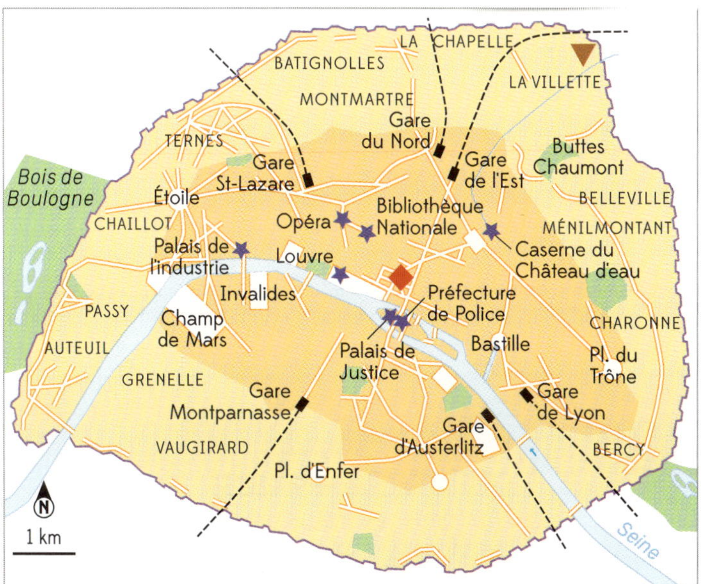

Extension de Paris
- Paris avant 1859
- Communes annexées en 1859
- Enceinte fortifiée

Nouvelle voirie
- Avenues ouvertes par Haussmann
- Voies ferrées
- Gares

Principales constructions
- Abattoirs de la Villette
- Espaces verts aménagés sous le Second Empire
- Halles centrales
- Monuments

2 Paris remodelé par les travaux haussmanniens

1 Louis-Napoléon Bonaparte redessine Paris

Les personnes admises auprès de [Louis-Napoléon] le voyaient souvent couvrir le plan de Paris de coups de crayons et de lignes diversement orientées. Pour point de départ de ce qu'il y avait à faire, il considérait d'abord que les gares de chemin de fer étaient désormais les véritables portes de la ville, au lieu des anciennes barrières par lesquelles débouchaient les routes nationales, qui allaient descendre au rang de voies de communication de second ordre. Il fallait relier ces portes nouvelles afin que le passage de l'une à l'autre, c'est-à-dire d'une région de la France à une autre région, fût commode et rapide à travers le centre commun. Il fallait, de ces points principaux d'arrivée, projeter jusqu'au cœur de la grande cité de larges artères.

Le Président voulait aussi unir, par de grandes voies, les édifices sièges des services publics [...].

Il fallait encore pratiquer, au moyen d'avenues et de rues importantes, des brèches au milieu des quartiers jusqu'alors fermés comme des citadelles d'insurrection, tels que les environs de l'Hôtel de Ville, le Faubourg Saint-Antoine, les deux versants de la montagne Sainte-Geneviève. Il y avait lieu de choisir sur le plan les points où seraient établies de fortes casernes. [...] Enfin, se souvenant de Londres, Louis-Napoléon se proposait de créer des places plantées, de dessiner des parcs et des jardins publics, de bâtir des marchés et des halles.

Charles Merruau, *Souvenirs de l'Hôtel de Ville de Paris*, 1848-1852.

3 Les démolitions à Paris : les travaux de la montagne Sainte-Geneviève

Gravure de 1866 pour *Le Monde illustré*.

INFO

Sous le Second Empire, le conseil municipal de Paris est nommé par l'empereur et placé sous l'autorité du Préfet de la Seine.

4 Haussmann présente son projet de réseau d'égouts

L'entreprise a été conçue d'en haut, comme toutes celles que commande le bien public, et elle comptera parmi les actes qui feront la gloire de ce règne. Chaque filet d'eau qui s'épanchera [...] dans une habitation, comme une source domestique auprès du foyer de la famille, y fera bénir le Souverain, auteur d'un tel bienfait ; et ce ne sera pas seulement de nos jours, mais aussi dans les temps les plus éloignés que le nom de l'Empereur recevra un nouveau lustre de cette grande mesure. [...] Un immense aqueduc, deux réseaux de conduites circulant sous la ville entière, des galeries souvent gigantesques, des rues souterraines suivant chaque voie publique, et l'eau jaillissant, au besoin, sur tous les toits ; les habitants, le sol, le fleuve même, affranchis des servitudes dégoûtantes, ce sont là, sans doute, des avantages publics de premier ordre, mais aussi des résultats qui doivent contribuer à maintenir notre pays à la tête des peuples civilisés.

Baron Haussmann, *Mémoires*, 1890-1893.

5 Discours de Jules Favre contre l'haussmannisation

Jules Favre est en 1869 député républicain de Paris.

L'augmentation des loyers, sans cesse croissants, qu'on remarque dans l'intérieur de Paris, chasse progressivement aux extrémités toute une partie de la population. [...] De 1852 à 1869, 18 000 maisons sont tombées sous le marteau de la démolition [et] 237 000 habitants ont été chassés par l'expropriation [...] et poussés comme des pions [...]. Et savez-vous ce qui se passe dans certaines localités autour de Paris ? Des malheureux y sont réduit à coucher sur la terre. [...] Dans les terrains de Charonne, de Ménilmontant, de la Glacière, vous verrez, [...] dans de misérables abris, des familles entassées ; il y a des espaces qui servent de rue, mais nul éclairage, nulle police, rien qui puisse garantir la sécurité des personnes, pas plus que la salubrité des habitations.

Voilà, messieurs, la barbarie qui est à côté de la civilisation. Et cette barbarie, elle est le résultat de votre système.

Jules Favre, discours prononcé au Corps législatif, 5 mars 1869.

Itinéraire 1

Identifier

1. **Doc. 1.** Recensez les différents objectifs de Louis-Napoléon Bonaparte lorsqu'il décide de transformer Paris.

Expliquer

2. **Doc. 2 et 3.** Confrontez les deux documents pour retrouver les traductions du projet impérial dans l'espace urbain parisien.
3. **Doc. 1 et 4.** En quoi la transformation de Paris peut-elle améliorer le quotidien des Parisiens ?
4. **Doc. 5.** Expliquez les critiques formulées à l'encontre d'Haussmann et de son projet.

Synthétiser

5. Montrez que les réalisations haussmanniennes reconfigurent l'espace urbain et améliorent l'hygiène urbaine, mais accentuent les clivages sociaux.

OU

Itinéraire 2 — oral

Réaliser un exposé

- Présentez oralement, par groupe, les travaux haussmanniens. Pour cela, utilisez les documents et faites une recherche, par exemple sur le site : http://passerelles.bnf.fr/chrono/xix_siecle.php
- Relevez les motivations de ces travaux, la manière dont ils sont menés et les réactions suscitées. Interrogez-vous sur les conséquences pour la ville et ses habitants.

DOCUMENTS

Travail et société dans le monde rural

REPÈRES p. 92
COURS p. 96

Au XIXe siècle, la société française est majoritairement rurale. Les campagnes connaissent une grande diversité de conditions de vie et de formes du travail. Au cours du Second Empire, la production agricole progresse tandis que le développement des réseaux de communication ouvre les campagnes et encourage les mobilités.

QUESTION CLÉ

Quelles sont les conditions de vie et de travail dans les campagnes sous le Second Empire ?

CHIFFRES CLÉS

- **En 1852**, un paysan propriétaire gagne entre 500 et 1 000 francs par an, un journalier agricole non nourri gagne entre 175 et 500 francs.
- **En 1846**, avec 26,7 millions d'habitants les campagnes sont à leur apogée démographique (75,6 % de la population totale).

Vocabulaire

- **Exode rural**
Départ définitif de la population des campagnes vers les villes.

1 Les difficultés du monde rural

La vie d'une famille de paysans pauvres du Bourbonnais (Allier) au milieu du XIXe siècle.

Nous mangions du pain de seigle moulu brut, du pain couleur de suie et graveleux, comme s'il eut contenu une bonne dose de gros sable de rivière. C'était plus nourrissant, disait-on, de laisser l'écorce mêlée à la farine. La farine des quelques mesures de froment qu'on faisait moudre était réservée pour les beignets et pour les pâtisseries – tourtons et galettes – qu'on cuisait avec le pain [...]. La soupe était notre pitance principale : soupe à l'oignon, le matin et le soir, et, dans le jour, soupe aux pommes de terre, aux haricots ou à la citrouille avec gros comme rien de beurre. Le lard était réservé pour l'été et pour les jours de fête. Avec cela des beignets indigestes et pâteux d'où les dents s'arrachaient difficilement, des pommes de terre sous la cendre et des haricots cuits à l'eau, à peine blanchis d'un peu de lait. On se régalait les jours de cuisson à cause du tourton et de la galette ; mais ces hors-d'œuvre étaient vite épuisés. Ah ! les bonnes choses n'abondaient guère.

Émile Guillaumin, *La vie d'un simple*, 1904.

2 Les travaux des champs

Battage du colza dans la plaine de Lille, huile sur toile d'Edmond Herlin, 1861, musée de Lille.

3 Le travail industriel dans les campagnes en Haute-Loire

[L'industrie dentelière] occupe en France de 235 000 à 240 000 ouvrières [...]. Quand on considère que la fabrication des dentelles est, en quelque sorte, la seule occupation lucrative de ces nombreuses ouvrières répandues encore plus dans les campagnes que dans les villes [...]

Cette industrie est surtout précieuse en ce sens qu'elle n'enlève aucun bras à l'agriculture. Les ouvrières ne sont occupées à leurs dentelles qu'une partie de l'année. Elles quittent leurs carreaux (métiers) lorsque d'autres travaux les réclament, et les reprennent à volonté ; elles commencent à travailler dès l'âge de six à sept ans, jusqu'à la plus grande vieillesse [...]. Pendant l'hiver, les ouvrières se réunissent, surtout le soir, au nombre de dix à douze, et travaillent en chantant autour d'une seule lampe, qui, par un procédé fort simple, éclaire tous les métiers.

Félix Aubry, *Rapport sur les dentelles, les blondes, les tulles et les broderies*, imprimerie impériale, 1854.

4 Les débuts de l'exode rural

Extrait du questionnaire adressé aux préfets par le ministère de l'Agriculture, dans le cadre de l'enquête de 1866 sur le monde agricole.

26. Le personnel agricole a-t-il diminué ? Le nombre des ouvriers ruraux est-il en rapport avec les besoins de la culture, ou est-il devenu insuffisant ? [...]

28. Le mouvement d'émigration des populations rurales vers les villes et l'abandon du travail des champs pour le travail industriel se sont-ils produits dans des proportions sensibles ?

29. En cas d'affirmative, quelle est la proportion, dans ce mouvement d'émigration, entre le nombre des hommes seuls, celui des ménages et celui des femmes ou des filles seules ? [...]

31. Le manque de bras, là où il se fait sentir, provient-il uniquement de la diminution du nombre des ouvriers agricoles ? Ne résulte-t-il pas, dans une certaine mesure, des progrès de l'agriculture et, notamment, de l'extension donnée aux cultures industrielles ? [...]

34. Quelle a été l'influence exercée [...] par l'emploi des machines dans l'agriculture ? L'emploi de ces machines s'est-il déjà étendu dans la contrée et a-t-il une tendance à se vulgariser de plus en plus ? [...]

38. Les conditions d'existence de cette partie de la population se sont-elles améliorées [...] ? Son bien-être général s'est-il accru, et dans quelle mesure ?

Enquête agricole. Première série, Documents généraux. Décrets, rapports, etc. Séances de la commission supérieure, imprimerie impériale, 1869.

5 Des migrations saisonnières : groupe d'Auvergnats quittant leur village

Gravure pour *L'Illustration*, 1862.

Au XIXe siècle, dans les régions de montagne pauvres, les hommes quittent souvent leur village une partie de l'année pour travailler en ville comme ramoneurs, maçons, etc.

QUESTIONS

Identifier

1. **Doc. 2, 3, 4 et 5.** Relevez toutes les activités économiques exercées par les habitants des campagnes.
2. **Doc. 4 et 5.** Répertoriez toutes les formes de mobilité pratiquées ou rencontrées par les ruraux.

Expliquer

3. **Doc. 2 et 3.** Quelle est la place des femmes dans le travail rural ?
4. **Doc. 1 et 4** Pourquoi l'exode rural débute-t-il au milieu du XIXe siècle ?

Synthétiser

5. Montrez que les formes du travail sont très diverses dans les campagnes françaises et que des mobilités nouvelles y apparaissent sous le Second Empire.

DOCUMENTS
POINT DE PASSAGE

COURS p. 96
VOCABULAIRE p. 96
Coalition
Grève

Fiche de synthèse

Le monde ouvrier et la grève sous le Second Empire

L'industrialisation transforme peu à peu les conditions du travail ouvrier. Si les plus qualifiés préservent encore leurs salaires et leurs conditions de travail, pour les moins qualifiés, horaires et revenus ne permettent pas de mener une vie décente. Prenant conscience de leur force commune, les ouvriers décident alors de lutter pour obtenir le droit de grève, voire d'association.

QUESTION CLÉ

L'État répond-il aux aspirations des ouvriers sous le Second Empire ?

CHRONOLOGIE

- **1855** Révolte des ardoisiers de Trélazé, près d'Angers. 15 ouvriers sont condamnés au bagne.
- **1862** Délégation ouvrière à l'Exposition universelle de Londres : découverte de l'organisation syndicale anglaise.
- **1864 Loi autorisant les coalitions ouvrières. La grève n'est plus un délit.**
- **1869** Répression de la grève à La Ricamarie. 14 morts.
- **1870** Grèves au Creusot. 24 ouvriers sont condamnés.

1 Les revendications ouvrières en 1864

À son retour de l'Exposition universelle de Londres (1862), Tolain signe avec d'autres ouvriers « le manifeste des 60 ».

Nous dont les enfants passent souvent leurs plus jeunes ans dans le milieu démoralisant et malsain des fabriques, ou dans l'apprentissage, qui n'est guère encore aujourd'hui qu'un état voisin de la domesticité ; nous dont les femmes désertent forcément le foyer pour un travail excessif, contraire à leur nature, et détruisant la famille ; nous qui n'avons pas le droit de nous entendre pour défendre pacifiquement notre salaire, pour nous assurer contre le chômage, nous affirmons que l'égalité écrite dans la loi n'est pas dans les mœurs, et qu'elle est encore à réaliser dans les faits. [...] Nous marcherons à la conquête de nos droits, pacifiquement, légalement, mais avec énergie et persistance. Notre affranchissement montrerait bientôt les progrès réalisés dans l'esprit des classes laborieuses, de l'immense multitude qui végète dans ce qu'on appelle le prolétariat.

Manifeste des Soixante, publié dans *L'Opinion nationale*, 17 février 1864.

INFO

La loi du 25 mai 1864 n'autorise pas le droit de grève mais la répression n'est désormais possible que dans le cas de violence, de menaces ou d'atteintes à la liberté du travail. La grève cesse en fait d'être considérée comme un délit.

2 Ouvriers au travail dans un atelier de fabrication de tuiles à Montchanin

Turgan, Julien, *Les grandes usines : études industrielles en France et à l'étranger*, Paris, 1870.

INFO

En 1855, les ouvriers ardoisiers de Trélazé se sont révoltés contre l'empire et pour l'amélioration de leurs conditions de vie. Ils ont été punis sévèrement. En juin 1856, de graves inondations dans la même région permettent à l'empereur de se rendre sur place.

3 Visite de Napoléon III aux ardoisiers d'Angers inondés (1856)

Huile sur toile d'Alexandre Antigna, 1856, musée d'Angers

4 La fin du délit de coalition (1864)

J'ai voulu simplement résumer dans quelques formules claires et sommaires les principales conditions auxquelles est désormais soumise la faculté de se coaliser, afin que les patrons et les ouvriers puissent, sans le conseil de personne, juger eux-mêmes de l'étendue de leurs droits et les exercer sans péril. Je compléterai ces premières indications à mesure que la pratique en démontrera l'insuffisance, ce qui, je l'espère, ne sera pas nécessaire, si les coalitions futures conservent le caractère de calme et de dignité paisible qu'elles ont eu récemment à Bordeaux et à Limoges. [...] Sans doute [cette loi] doit être complétée, mais elle n'en est pas moins une des meilleures qui aient été faites par le gouvernement actuel, une de celles dont doivent le plus se réjouir ceux qui considèrent l'amélioration du sort des travailleurs comme constituant le but supérieur de la politique. Depuis le commencement de ce siècle, le peuple n'a fait que deux conquêtes : l'une politique, l'autre sociale. La conquête politique, c'est le suffrage universel ; la conquête sociale, c'est le droit de se coaliser.

Émile Ollivier, *Commentaire de la loi du 25 mai 1864 sur les coalitions*, Marescq aîné, 1864.

5 L'État impérial face aux ouvriers grévistes (1870)

Le préfet de la Nièvre s'adresse aux ouvriers grévistes de l'usine sidérurgique de Fourchambault.

Les désordres qui, depuis plusieurs jours, affligent votre laborieuse et paisible localité ne sauraient laisser l'autorité indifférente. Tant qu'elle a cru que la grève avait pour objet des réclamations plus ou moins fondées, elle s'est abstenue de toute intervention.

Aujourd'hui, la situation a changé : les atteintes à la fortune particulière et à la propriété de l'État ne sauraient rester impunies. – Le gouvernement veut sincèrement la liberté, mais il la veut pour tous, et l'oppression la plus détestable est celle qui porte atteinte à la liberté du travail. [...] – Aucun gouvernement n'a plus fait pour les classes populaires que le gouvernement de l'empereur ; il est décidé à persévérer dans cette voie, mais il ne veut pas souffrir les excitations au mépris de la loi. – Je conjure les ouvriers de reprendre le travail. [...] Je les conjure d'éviter tout prétexte à une répression que j'ordonnerais avec chagrin, mais que mon devoir et l'intérêt social ne me permettraient pas de différer, si les tentatives des jours derniers devaient se reproduire.

Le préfet de la Nièvre, Genty, Fourchambault, le 13 avril 1870.

Itinéraire 1

Identifier

1 **Doc. 1.** Quelles sont les revendications des ouvriers ?

2 **Doc. 2.** Relevez les différentes catégories d'ouvriers représentées.

Expliquer

3 **Doc. 3, 4 et 5.** Quelles relations l'empire veut-il instaurer avec les ouvriers, et quelle image cherche-t-il à construire ?

4 **Doc. 5.** Quelles sont les limites de la loi de 1864 ?

Synthétiser

5 Montrez que l'empire tente de répondre aux revendications ouvrières et évaluez les résultats de cette politique

OU

Itinéraire 2

Réalisez une carte mentale

En vous appuyant sur votre cours, sur les documents et sur une recherche personnelle, vous commencerez par identifier la situation des ouvriers et les revendications ouvrières qui en découlent avant d'établir la liste des actions menées par l'empire et leurs limites.

RÉVISIONS

L'industrialisation et l'accélération des transformations économiques et sociales en France

Podcast

L'ESSENTIEL

1 Le Second Empire et la modernisation de la France

- L'idéal modernisateur du Second Empire valorise l'esprit scientifique. Les Expositions universelles mettent en scène les nouveaux procédés de fabrication industrielle.
- L'extraordinaire développement des réseaux de communication décloisonne le territoire et renforce le rôle pivot de Paris.
- L'État garantit la mobilisation de l'épargne vers les entreprises, ce qui nourrit la spéculation. Le Second Empire accélère ainsi l'essor du secteur financier, incarné par les frères Pereire.
- Les entrepreneurs profitent notamment de l'haussmannisation de Paris, transformation urbaine d'ampleur.

2 Les transformations de la société française au temps de l'industrialisation

- Le monde rural s'ouvre et se transforme : les entrepreneurs agricoles spécialisent leurs exploitations, alors que les petits agriculteurs innovent peu. Beaucoup sont pluriactifs, alternant travail aux champs et dans les usines. Après 1860 l'exode rural s'accélère.
- La production industrielle augmente grâce à la mécanisation et à la consommation. Ateliers et travail à domicile restent importants, mais la concentration industrielle s'amorce. Les petits patrons côtoient les gros entrepreneurs, figures politiques et économiques.
- Les ouvriers, à l'exception d'une élite, vivent dans la misère et sont contrôlés par le biais d'un livret. L'empereur tente d'obtenir le soutien des ouvriers en faisant voter la suppression du délit de coalition. Mais les ouvriers réclament de véritables droits, multiplient les grèves et refusent de soutenir le régime impérial.

Exercices interactifs

POINTS DE PASSAGE

▶ Les frères Pereire, acteurs de la modernisation économique → p. 98

- Les frères Pereire font fortune dans le chemin de fer puis multiplient les créations d'entreprises.
- Ils développent de nouveaux outils financiers à travers le Crédit mobilier.
- Ils spéculent lors de l'haussmannisation de Paris, ce qui provoque leur ruine.

▶ Paris haussmannien, la transformation d'une ville → p. 100

- À partir de 1853, Haussmann dirige une vaste opération de recomposition urbaine à Paris.
- Des quartiers anciens sont détruits, des axes structurants percés, des réseaux réalisés.
- La spéculation immobilière chasse les plus pauvres en périphérie.

▶ 25 mai 1864 : le droit de grève répond à l'une des attentes du monde ouvrier → p. 104

- La loi du 25 mai 1864 supprime le délit de coalition, qui interdisait toute forme d'action collective ouvrière.
- La grève est tolérée sauf en cas de violence, menaces ou atteintes à la liberté du travail.
- Le mouvement ouvrier s'amplifie à la fin du Second Empire.

Les mots clés

- **Exode rural**
  Départ définitif de la population des campagnes vers les villes.
- **Grève**
  Action collective consistant en une cessation du travail par les salariés d'une entreprise.
- **Industrialisation**
  Processus d'extension et d'intensification des activités industrielles pendant lequel la production industrielle dépasse la production agricole.
- **Urbanisation**
  Processus d'accroissement de la population des villes dans un territoire donné.

Vidéo — L'ESSENTIEL EN 3 MINUTES

L'INDUSTRIALISATION ET L'ACCÉLÉRATION DES TRANSFORMATIONS ÉCONOMIQUES ET SOCIALES EN FRANCE

Chronologie

- 1852 — Crédit mobilier (frères Pereire)
- 1853 — Haussmann, préfet de la Seine
- 1855 — Première Exposition Universelle à Paris
- 1864 — Loi autorisant les coalitions ouvrières. La grève n'est plus un délit
- 1867 — Faillite du Crédit mobilier

1 Le Second Empire et la modernisation de la France

IDÉAL MODERNISATEUR DU SECOND EMPIRE

- Expositions universelles
- Développement des réseaux de communication
- Essor du secteur financier : ex. Frères Pereire
- Modernisation des villes : ex. Haussmann à Paris

2 Les transformations de la société française au temps de l'industrialisation

DANS LES CAMPAGNES

- Cas des grandes exploitations = nouvelles techniques + spécialisation des cultures.
- Cas des petites exploitations = peu de changement. Beaucoup d'agriculteurs pluriactifs : champs + usine ou atelier.
- Début de l'exode rural : 75 % des Français sont ruraux en 1850, 69 % en 1870.

INDUSTRIALISATION ET URBANISATION

- Petits patrons les plus nombreux / gros entrepreneurs les plus influents.
- Ouvriers surveillés et le plus souvent dans la misère → revendications ouvrières.
  ↳ Dépénalisation du délit de coalition (loi de 1864) mais amplification du mouvement ouvrier et fragilisation du régime.

SUJET GUIDÉ

Les transformations de Paris liées à l'haussmannisation

Consigne
Montrez que ce document permet de caractériser la manière dont l'empereur entend transformer la ville de Paris avec les travaux d'Haussmann, mais aussi la volonté impériale d'obtenir le soutien des ouvriers parisiens.
Pour finir, interrogez-vous : en quoi ce discours peut-il être mal reçu par les ouvriers ?

Napoléon III expose les effets de l'haussmannisation sur les ouvriers parisiens

Monsieur le Préfet, messieurs les membres du conseil municipal,

J'ai voulu procéder à l'inauguration de ce nouveau boulevard pour vous remercier de votre infatigable dévouement aux intérêts de cette grande cité.

Transformer la capitale en la rendant plus vaste et plus belle, ce n'est pas seulement reconstruire plus de maisons qu'on en abat et fournir du travail à une foule d'industries diverses, c'est encore introduire partout des habitudes d'ordre et d'amour du beau. Ces rues spacieuses, ces maisons architecturales, ces jardins ouverts et tous ces monuments artistiques, en augmentant le bien-être, perfectionnent le goût. Et si l'on songe qu'à côté de ces vastes travaux, vous développez également l'assistance publique, vous multipliez les édifices religieux et les bâtiments destinés à l'éducation, on doit vous savoir un gré infini de faire tant de choses utiles, sans compromettre en rien l'état prospère des finances de la ville.

Ma constante préoccupation, vous le savez, est de chercher les moyens de remédier au ralentissement momentané du travail et d'amener l'aisance dans les classes laborieuses.

Les œuvres de la paix se recommandent d'autant plus qu'on y attache les souvenirs glorieux de notre histoire. [...] Ainsi donc, la nouvelle voie de communication qui remplace aujourd'hui le canal Saint-Martin s'appellera dorénavant *Boulevard Richard Lenoir*. [...] Je désire faire paraître dans un plus grand jour le nom de cet homme qui, de simple ouvrier du faubourg Saint-Antoine, devint l'un des premiers manufacturiers de France, [...] et qui employa une fortune noblement acquise à soutenir ses ouvriers pendant les mauvais jours. [...]

Occupons-nous donc de tout ce qui peut à la fois améliorer la condition matérielle du peuple et élever son moral. Plaçons devant ses yeux un noble but à atteindre et l'exemple de ceux qui ont conquis la fortune par le travail. »

Discours prononcé par l'empereur Napoléon III à l'occasion de l'inauguration du boulevard du Prince Eugène, actuellement boulevard Voltaire à Paris, 7 décembre 1862.

POINTS MÉTHODE

DÉCRYPTAGE DU SUJET

Analyser la consigne

- **Déterminer le sujet à traiter**
  - Repérer les limites chronologiques et spatiales.
  - Relever les mots clés et analyser la manière dont ils sont mis en relation.
- **Déterminer les différents aspects à analyser**
  - Mettre en relation le document et une ou des notions.
  - Faire preuve d'esprit critique sur le document : limites, opposition/comparaison de points de vue.

• Le sujet porte sur le Point de passage et d'ouverture du programme intitulé « Le Paris haussmannien : la transformation d'une ville ». Il évoque aussi un autre Point de passage du chapitre consacré au droit de grève et aux attentes du monde ouvrier. Le document et la consigne demandent de s'interroger sur Paris et ses habitants au début des années 1860.

• La consigne met en avant les transformations spatiales et sociales de la ville et le volontarisme de l'empereur. Il est aussi demandé de questionner son rapport à la question ouvrière.

Identifier le ou les documents

- **Quelle nature ?**
- **Auteur et point de vue**
- **Situation(s) historique(s) évoquée(s)**

• Ce document est un discours prononcé par Napoléon III à l'occasion de l'inauguration du boulevard du Prince Eugène, une des grandes percées haussmanniennes, renommée boulevard Voltaire en 1870. Il vise à promouvoir les réalisations de l'empereur en matière de transformations urbaines et de question sociale.

• Héritier de Napoléon Ier, élu président de la République en 1848, Louis-Napoléon Bonaparte devient Napoléon III suite au coup d'État de 1851. Son régime autoritaire accompagne des mutations sociales et économiques.

• En raison de l'état sanitaire des grandes villes dénoncé par les hygiénistes, et de la volonté du pouvoir de mieux contrôler les classes populaires, tout en réalisant des opérations de prestige, un vaste plan de remodelage urbain est mis en place dans différentes villes. À Paris, cette politique est mise en œuvre à partir de 1853 par le préfet Haussmann.

Répondre aux parties de la consigne

• Les transformations mises en avant par le document sont le percement de grandes voies de circulation dans l'Est parisien. Napoléon III vante les aspects hygiénistes, esthétiques et utilitaristes de son action dans le premier paragraphe.

• La volonté de l'empereur de séduire et d'obtenir la confiance des ouvriers se perçoit d'abord dans le premier paragraphe, où il met en avant les aménagements d'assistance publique et d'éducation. Cette volonté est encore plus explicite dans le second paragraphe où l'empereur décide de rendre hommage à Richard Lenoir. Il s'agit pour lui de promouvoir la mémoire d'un ouvrier qui devint un des entrepreneurs les plus importants de l'industrie cotonnière et qui contribua à améliorer le sort de ses ouvriers. Richard Lenoir fut aussi un fidèle soutien à Napoléon Ier. Napoléon III, sensible à la question ouvrière depuis les années 1830, met en avant deux valeurs de sa politique sociale : le travail et des actions en faveur des conditions de vie des ouvriers.

• Napoléon III passe toutefois sous silence les expulsions d'une grande partie de la population ouvrière dans d'autres quartiers où les conditions de vie sont toujours aussi difficiles.

Retrouvez des sujets de Bac et des méthodes actualisés sur le site lyceen.nathan.fr/cote1re-2019

ANALYSE D'UN DOCUMENT

SUJET BLANC

Consigne

Confrontez ces documents pour décrire et expliquer l'importance du monde rural au XIXe siècle. Après avoir présenté les deux documents, vous montrerez et expliquerez l'importance du travail agricole dans l'économie française. Enfin, vous vous attacherez à expliquer l'évolution de cette place des années 1830 à la fin du XIXe siècle.

1 Le travail agricole

Moisson, huile sur toile de L.-A. Lhermitte, 1874, musée des Beaux-Arts de Carcassonne.

2

La part de l'agriculture dans l'économie française

Part des actifs agricoles		Part de l'agriculture dans le Produit intérieur brut (en %)	
1845	51,8 %	**1830-1839**	42,9 %
1866	49,8 %	**1860-1869**	39,4 %
1896	44,8 %	**1875-1884**	39,2 %

QUESTION PROBLÉMATISÉE

BAC

SUJET GUIDÉ

En quoi le Second Empire s'appuie-t-il sur l'essor du chemin de fer pour moderniser la France ?

Vous répondrez à cette problématique en montrant que :

- l'essor du réseau ferré s'explique par le développement des compagnies soutenues par l'État ;
- les effets économiques et sociaux du chemin de fer sont inégaux.

POINTS MÉTHODE

Comprendre et analyser le sujet

- **Repérer et expliquer les mots clés du sujet.**

Il faut les définir de manière précise pour ensuite chercher les notions qui leur sont associées dans le cours.

- **Analyser la manière dont les mots clés sont mis en relation.**

Repérez pour cela les mots de liaison et l'ordre des mots.

DÉCRYPTAGE DU SUJET

- Le sujet est centré sur le chemin de fer, considéré comme symbole de l'industrialisation de la France par les processus techniques et productifs qu'il implique, les acteurs qui en sont à l'origine et les effets qu'il induit sur le reste de l'économie et sur la société. Le Second Empire désigne à la fois une période et le pouvoir politique personnel de Napoléon III.
- L'intitulé demande de réfléchir aux relations entre le développement du chemin de fer, le système politique du Second Empire et les transformations que connaît la France.

Mobiliser ses connaissances pour construire un plan

- **Élaborer le plan détaillé**

- Écrivez au brouillon toutes les informations qui vous viennent à l'esprit en lien avec chaque partie (idées, notions, événements, acteurs...). Il faut être le plus précis possible.
- Regroupez et hiérarchisez ces informations pour établir des liens entre elles (opposition, comparaison, évolution, explication...). Vérifier qu'aucune n'est hors-sujet, et qu'elles s'enchaînent de manière logique.

1. L'essor du réseau ferré s'explique par le développement des compagnies soutenues par l'État :

- expliquez que les compagnies sont des entreprises privées, qui attirent à elles de nombreux actionnaires ;
- montrez que l'État offre une garantie essentielle au fonctionnement des compagnies : en échange du développement du réseau secondaire, l'État garantit des concessions à 99 ans ;
- expliquez que les dirigeants des compagnies sont des proches du pouvoir impérial.

2. Les effets économiques et sociaux du chemin de fer sont contrastés :

- montrez que l'extension du réseau ferré désenclave et relie les régions françaises, et dessert les ports qui ouvrent sur le monde ;
- évoquez la transformation des villes (gares et travaux urbains) ;
- montrez que l'extension du réseau stimule la production industrielle, mais que l'efficacité économique des compagnies est inégale (coût du réseau secondaire, concurrences entre compagnies...)

Rédiger la réponse au sujet argumenté

- **Rédiger le développement**

- Le développement suit le plan détaillé élaboré au brouillon, et fait apparaître la structure en parties.
- Annoncez l'idée défendue dans chaque partie, puis exposez les arguments qui permettent de la soutenir. Expliquez et justifiez chaque argument de manière précise.

- Pensez à utiliser des exemples précis :
- les compagnies en concurrence : du Midi, Paris-Lyon-Méditerranée...
- les investisseurs proches du pouvoir impérial : les frères Pereire ;
- les gares et transformations urbaines : gares du Nord et de Lyon à Paris.

Retrouvez des sujets de Bac et des méthodes actualisés sur le site lyceen.nathan.fr/cote1re-2019

CHAPITRE

5

La France et la construction de nouveaux États (1848 - 1871)

Dans ce chapitre

TOUS LES TEXTES en version à imprimer

TOUTES LES CARTES en version interactive

L'arrivée au pouvoir de Napoléon III en France bouleverse les équilibres européens construits depuis le congrès de Vienne de 1815. La France semble retrouver son rôle d'arbitre et mener une politique de soutien aux nationalités. Dans la péninsule italienne et en Confédération germanique, l'unité nationale se construit par la diplomatie et la guerre.

▶ Comment se construisent les États italien et allemand ?

Animation

① Victor-Emmanuel de Savoie, premier roi d'Italie, et Garibaldi, héros de l'unification italienne.

② Drapeau italien et étoile de la maison de Savoie.

③ Chemise rouge : uniforme des troupes garibaldiennes (comme le chapeau rouge du garçon au premier plan).

1 La célébration des acteurs de l'unité italienne

Les Fils du peuple, huile sur toile de Gioacchino Toma, 1862, Bari, pinacothèque.

2 La proclamation de l'Empire allemand à Versailles, en 1871

Dans la galerie des Glaces du château de Versailles, sur la tribune, l'empereur Guillaume Ier est acclamé par les princes allemands, dont Bismarck, au centre (en blanc).
Huile sur toile d'Anton von Werner, 1885, Friedrichsruh, Bismarck museum.

La construction de deux nouveaux États, 1848-1871

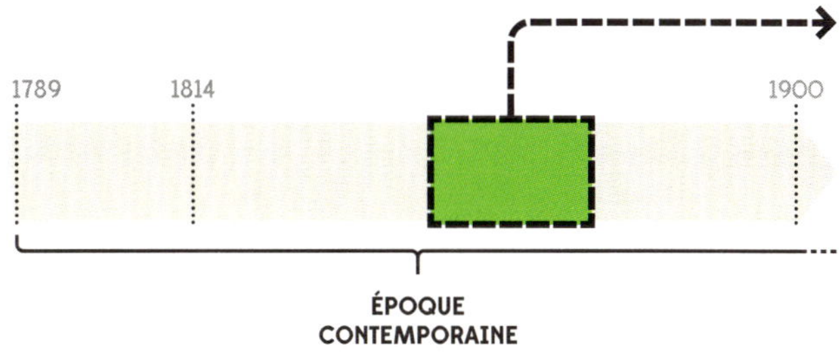

1 **L'Europe en 1850**

Vocabulaire

- **Confédération germanique**
  Union des États allemands créée suite au congrès de Vienne en 1815.
- ***Zollverein***
  Union douanière entre la Prusse qui en est à l'origine et une vingtaine d'États allemands. Elle entre en vigueur en 1834 et fonctionne par l'intermédiaire d'un Parlement et d'un système monétaire unifié.

QUESTIONS

1. Relevez les différents États qui composent la péninsule italienne en 1850.
2. Présentez la situation des territoires germaniques en 1850.
3. Expliquez pourquoi l'Autriche peut apparaître comme un obstacle au sentiment national en Italie et en Allemagne.

1850 1851 1852 1853 1854 1855 1856 1857 1858 1859 1860 1861 1862 1863 1864 1865 1866 1867 1868 1869 1870 1871

UNITÉ ITALIENNE

- **1852** Cavour Premier ministre du royaume de Piémont-Sardaigne
- **1858** Accord secret entre Cavour et Napoléon III à Plombières
- **avril › juin 1859** Guerre contre l'Autriche : cession de la Lombardie
- **24 mars 1860** Traité de Turin : Nice et la Savoie sont rattachés à la France
- **mai › octobre 1860** Expédition des Mille menée par Garibaldi
- **17 mars 1861** Victor-Emmanuel II prend le titre de roi d'Italie
- **juin › octobre 1866** Guerre contre l'Autriche : cession de la Vénétie
- **1870** Rome et le Latium sont annexés à l'Italie

UNITÉ ALLEMANDE

- **1862** Bismarck chancelier
- **1864** Guerre des Duchés (Prusse-Danemark)
- **3 juillet 1866** Bataille de Sadowa : victoire de la Prusse sur les Autrichiens
- **1867** Fondation de la Confédération de l'Allemagne du Nord
- **juil. 1870 › janv. 1871** GUERRE FRANCO-PRUSSIENNE
- **18 janvier 1871** Proclamation de l'Empire allemand

HISTOIRE À LA CARTE

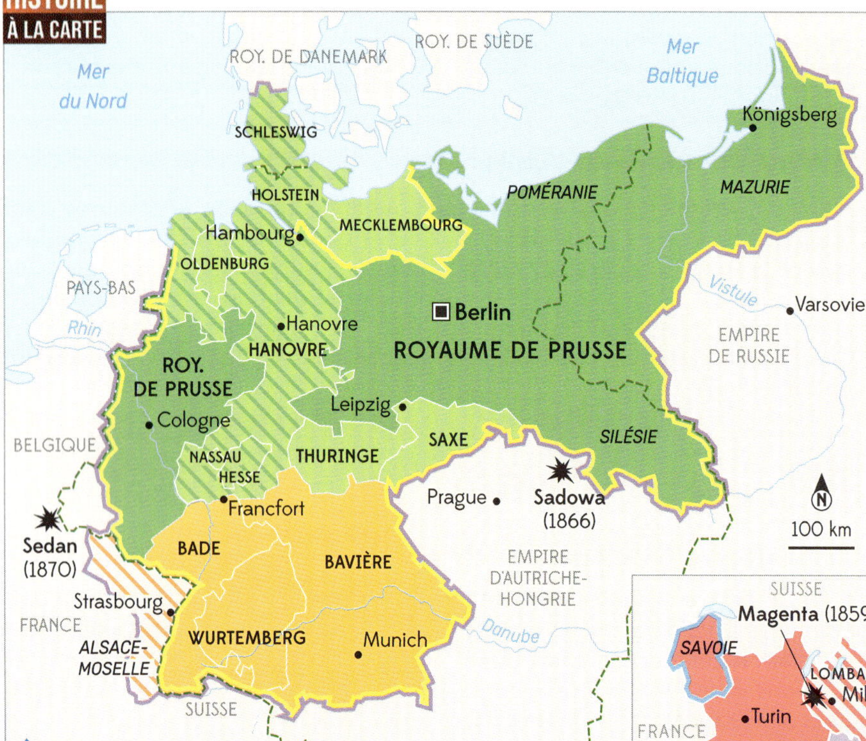

- Limite de la Confédération germanique (1815)
- Limites du *Zollverein* (1834)
- Royaume de Prusse en 1865
- États annexés en 1865-1866
- Confédération de l'Allemagne du Nord (1867)
- États de l'Allemagne du Sud
- Alsace-Moselle annexée en 1871
- Limites de l'Empire allemand proclamé en 1871
- Capitale du nouvel Empire allemand

2 Les étapes de la construction du *Reich* allemand

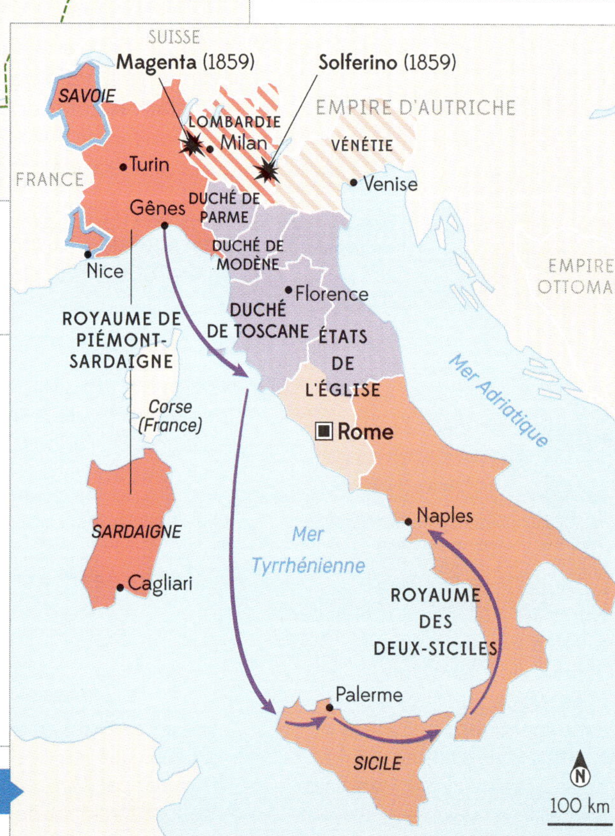

- Royaume de Piémont-Sardaigne, à l'origine de l'unité
- 1859 : Région rattachée suite à la guerre contre l'Autriche
- 1860 : États rattachés par plébiscites
- 1860 : États rattachés suite à l'expédition des Mille
- 1860 : Rattachement de Nice et de la Savoie à la France
- 1866 : État rattaché après la défaite de Sadowa
- 1870 : Rattachement des États pontificaux suite à la défaite française contre la Prusse
- Expédition des Mille (Garibaldi)

Les étapes de l'unité italienne 3

COURS

1. L'unité italienne, 1859-1870

REPÈRES p. 114
DOCUMENTS p. 120 à 123

Podcast du cours

Comment se construit l'unité italienne autour du royaume de Piémont-Sardaigne ?

BIOGRAPHIE

Victor-Emmanuel II de Savoie (1820-1878)

Roi de Sardaigne à partir de 1849, il est le premier roi de l'Italie unifiée en 1861 sous le nom de Victor-Emmanuel II.

BIOGRAPHIE

Camillo Benso, comte de Cavour (1810-1861)

Ministre de l'Agriculture, des Finances puis Premier ministre de Victor-Emmanuel II. Il mène une politique de modernisation économique par la construction d'infrastructures et une intense activité diplomatique pour unifier l'Italie autour du royaume de Piémont-Sardaigne.

A Le Piémont-Sardaigne, pivot de l'unité

1. L'unité autour d'un royaume : la solution piémontaise

• En 1848, l'Italie demeure un territoire morcelé entre plusieurs États, dont certains sous domination autrichienne (voir Repères, p. 114). L'échec des révolutions démocrates réoriente **le projet d'union de la Nation autour du roi de Piémont-Sardaigne : Victor-Emmanuel** est le seul souverain à respecter une politique libérale dans la péninsule. Son royaume devient alors le refuge des militants du ***Risorgimento***.

2. Cavour : préparer l'unité

• **Cavour**, Premier ministre de Victor-Emmanuel, **engage le royaume dans la guerre de Crimée (1854-1856) aux côtés de la France et de l'Angleterre contre la Russie. Il parvient alors à faire de l'unité italienne une question européenne.** Il obtient une alliance politique et militaire avec **Napoléon III** suite à **l'entrevue de Plombières en 1858**. En échange de leur soutien, les Français entendent raffermir leur influence dans la péninsule italienne et obtenir Nice et la Savoie.

B L'unité par le combat

1. La guerre d'indépendance

POINT DE PASSAGE

▶ Le rattachement de Nice et de la Savoie à la France.

→ p. 120

• **En 1859, les troupes piémontaises aidées des troupes françaises parviennent à vaincre les Autrichiens au prix de batailles particulièrement sanglantes (Magenta et Solferino).** La paix de Zurich offre la Lombardie au Piémont, mais la Vénétie demeure autrichienne. **Nice et la Savoie sont rattachés à la France par le traité de Turin le 24 mars 1860.**

• La guerre contre l'Autriche avive le **sentiment national** : les duchés de Toscane, de Parme et de Modène se soulèvent. **Les plébiscites des 11 et 12 mars 1860 confirment leur rattachement au royaume de Piémont-Sardaigne.**

2. L'expédition des Mille

• **À partir de mai 1860, Garibaldi mène la conquête des territoires du sud de la péninsule à la tête d'une armée de volontaires, les Chemises rouges.** François II, roi des Deux-Siciles, s'exile ; la Sicile et Naples votent leur rattachement au Piémont.

• Garibaldi est une grande figure républicaine. Il accepte pourtant d'aider Victor-Emmanuel, roi de Sardaigne, car l'unité prime sur la nature du régime. La rencontre des deux hommes à Teano le 26 octobre 1860 symbolise cette alliance.

BIOGRAPHIE

Giuseppe Garibaldi (1807-1882)

Patriote républicain italien contraint à plusieurs reprises à l'exil pour ses opinions politiques, il rentre en Italie et participe aux guerres d'indépendance italiennes à la tête d'une armée de volontaires, les « Chemises rouges ».

HISTOIRE DE MOTS

Les « Chemises rouges » est le nom attribué aux volontaires engagés aux côtés de Garibaldi, en exil en Amérique du Sud, pour défendre le territoire de l'Uruguay, menacé par l'Argentine (1841-1848). Pour se distinguer du reste des troupes, les Italiens décident de se vêtir de chemises rouges.

3. L'achèvement de l'unité

- **La Chambre des députés élue en janvier 1861 proclame le 17 mars Victor-Emmanuel II roi d'Italie.** Cependant, la péninsule n'est toujours pas unifiée.

- **La guerre austro-prussienne de 1866 permet à l'Italie d'obtenir la Vénétie.** En effet, la France a négocié l'obtention de ce territoire contre sa neutralité dans le conflit. Napoléon III rétrocède la Vénétie au royaume d'Italie.

- Garibaldi ne se résout pas à cette unification partielle de la péninsule et décide de se lancer à la conquête des États du pape. Napoléon III, allié du pape Pie IX, fait pression sur le gouvernement italien pour réprimer cette expédition ; **l'armée royale italienne défait les volontaires de Garibaldi lors de la bataille de l'Aspromonte en 1862.** Par la suite, Napoléon III envoie des troupes pour assurer la défense de Rome. L'empereur signe une convention avec le royaume d'Italie où Victor-Emmanuel II s'engage à préserver l'intégrité des États du pape. **La chute de l'empire français face à la Prusse en septembre 1870 permet aux troupes italiennes de s'emparer de Rome, qui devient dès lors la capitale de l'État italien.**

C Les difficultés de l'unité

1. Une unification avant l'unité

- **Pour une partie de la population italienne demeurée passive durant les événements, l'union est perçue comme une annexion par la maison de Savoie.** Le suffrage censitaire mis en place exclut une majorité d'Italiens (seuls 2 % de la population votent).

- **Par ailleurs, l'unification s'est réalisée contre l'Église**, pourtant très influente, le pape ayant refusé de renoncer à ses États territoriaux. Il faut désormais associer les populations au régime politique au moment où les premières tensions apparaissent.

2. La révolte des Brigands

- Dans le sud de l'Italie (*Mezzogiorno*), des paysans, mécontents de leur situation sociale aggravée par les nouveaux impôts royaux, prennent les armes et occupent des terres. La répression est menée à partir de 1863 par l'armée régulière. **De 1861 à 1865, « le brigandage » démontre des tensions persistantes dans le nouveau royaume d'Italie.**

3. Fabriquer des Italiens

- **Le gouvernement mène une politique de modernisation et d'harmonisation administrative et économique** (poids et mesures unifiés, fiscalité unique, Code pénal). Ces mesures visent à créer un même cadre dans le quotidien des populations, **à forger une conscience nationale**. Musées, statues ou monuments s'érigent pour ancrer les grandes étapes de l'indépendance italienne. Des artistes, écrivains, peintres ou musiciens (Verdi) s'engagent pour accompagner ce mouvement. L'école joue un rôle important par la diffusion d'une langue italienne uniformisée grâce au rôle de l'écrivain Manzoni. Le manuel de référence, le *Cuore* d'Edmondo De Amicis (1886), permet de faire découvrir le pays à l'ensemble des élèves.

Vocabulaire

- **Nation**
Communauté ayant une unité (langue, culture, histoire) et souhaitant vivre ensemble et se doter d'un État.
- ***Risorgimento***
À la fois « renaissance » et « résurrection » en italien, l'expression désigne par extension l'essor du mouvement national pour l'unité et l'indépendance de l'Italie.
- **Sentiment national**
Sentiment d'appartenir à une nation qui se construit autour d'une langue, d'une histoire, ou d'une religion commune. C'est en son nom que les peuples revendiquent un État indépendant. C'est le principe des nationalités.

? LE SAVIEZ-VOUS ?

« **Rome ou la mort !** » s'écrie Garibaldi sur le champ de bataille de Marsala, en Sicile. L'expression devient celle de tous les partisans de l'annexion de Rome et démontre l'importance de la ville pour l'unification italienne.

TESTEZ-VOUS !

- Relevez les grandes étapes de la construction de l'unité italienne.
- Présentez les grands acteurs de l'unité.
- Quelles influences extérieures ont participé à la construction du royaume d'Italie ?

POUR ALLER + LOIN

- ***Le Guépard*, film de Luchino Visconti, adaptation d'un roman de Tomasi di Lampedusa.**
Ce film met en scène une grande famille sicilienne au moment des combats pour l'unité italienne en 1860.

COURS

REPÈRES p. 114
DOCUMENTS p. 124

Podcast du cours

2. L'unité allemande, 1848-1871

Comment la Confédération germanique laisse-t-elle place au *Reich* allemand ?

Vocabulaire

- **Chancelier**
  Nom donné au Premier ministre de Prusse puis de l'Allemagne unifiée.
- **Confédération germanique**
  Union des États allemands créée lors du congrès de Vienne en 1815.
- ***Zollverein***
  Union douanière entre la Prusse qui en est à l'origine et une vingtaine d'États allemands. Elle entre en vigueur en 1834 et fonctionne par l'intermédiaire d'un Parlement et d'un système monétaire unifié.

A L'échec de la voie libérale

1. L'échec de 1848

- **Les révolutions de 1848 suscitent l'espoir d'un gouvernement libéral par la mise en place du Parlement de Francfort et révèlent un fort sentiment national allemand.**
- Les duchés **de Holstein et du Schleswig**, peuplés majoritairement de germanophones mais sous domination danoise, se soulèvent et proclament leur libération. La Prusse vient au secours des populations face à la répression danoise. Mais suite à l'armistice, **le territoire réintègre le Danemark, ce qui nourrit un sentiment de trahison des populations vis-à-vis du Parlement, impuissant à défendre le sentiment national face aux puissances étrangères.**
- **L'échec de la révolution de 1848 entraîne le rétablissement de la Confédération germanique** dominée par l'Autriche, marquant ainsi une forme de défaite pour la Prusse qui a tenté de réaliser une « Petite Allemagne » (voir chapitre 2, p. 49).

2. Se réunir...

- Dans les années 1850, divers projets d'unité existent au sein des États germaniques. **Le *Zollverein*, union douanière composée de 25 États germaniques à l'exception de l'Autriche, permet une étroite collaboration de ses membres,** organise la redistribution des produits de droits de douanes **et instaure une monnaie unique d'échange**. La Prusse, État le plus développé économiquement, domine les prises de décisions.
- Différentes associations se forment pour faire la promotion de l'idée de nation allemande, comme le ***Nationalverein*** qui imagine la construction de l'unité allemande autour de la Prusse. L'association, composée de nombreux notables, compte 25 000 membres organisés dans des sections locales.
- Le centième anniversaire de la naissance de Friedrich von Schiller en 1859 donne lieu à des manifestations dans de nombreuses villes, où le poète est souvent célébré aux côtés de Germania, allégorie de l'Allemagne.

3. ... autour de la Prusse

- **Dans les années 1850, la Prusse consolide sa puissance au sein de la Confédération germanique.** Une Constitution a été mise en place en 1848, mais la vie politique demeure fermée du fait du vote censitaire et de l'absence de réel pouvoir du Parlement.

LE SAVIEZ-VOUS ?

Les Hohenzollern, une grande famille européenne

Au XIXe siècle, les Hohenzollern qui règnent en Prusse sont apparentés à toutes les grandes familles d'Europe. La sœur de Guillaume Ier, futur empereur d'Allemagne, est mariée au tsar de Russie Nicolas Ier ; le fils de Guillaume Ier, Frédéric, épouse la fille de la reine d'Angleterre Victoria, et de cette union naîtra le futur Guillaume II.

HISTOIRE DE MOTS

Germanie

Nom donné dans l'Antiquité par les Romains aux peuples vivant au-delà du Rhin. Tacite décrit Arminius, vainqueur des Romains à la bataille de Teutobourgen l'an 6 comme « le libérateur de la Germanie ». Les diverses tribus vivant sur ce territoire n'utilisent pas ce mot.

● **Guillaume Ier de Prusse**, à la tête depuis 1861 de ce royaume prospère, entend mener des réformes pour se doter d'une armée restructurée et moderne. Il nomme **Otto von Bismarck chancelier** en **1862** pour mener à bien ce projet. Une fois l'armée réformée, elle peut devenir l'instrument de puissance de la Prusse.

B L'unité par les guerres

1. La guerre contre le Danemark

● **En 1864, la succession dans les duchés de Holstein et du Schleswig relance les tensions** entre populations germanophones et le royaume de Danemark. **L'intervention de l'Autriche alliée à la Prusse dans la guerre des Duchés témoigne d'un fort sentiment national allemand.** La victoire est également l'occasion pour Bismarck de conforter sa politique militaire. L'issue de la guerre prévoit une occupation austro-prussienne, puis un partage des duchés entre les deux États. Mais en 1865, la Prusse revendique seule leur possession.

2. La guerre austro-prussienne

● **En 1866, la Prusse s'engage dans un conflit contre l'Autriche.** La bataille de **Sadowa** marque la victoire de la Prusse, l'Autriche perd alors le contrôle des espaces germaniques. **La Confédération germanique est dissoute, une Confédération d'Allemagne du Nord est mise en place en 1867**, dirigée par le roi de Prusse. Sa Constitution prévoit un *Reichstag* (Parlement) élu au suffrage universel et un *Bundesrat* (conseil fédéral) composé d'ambassadeurs désignés par les différents États. **Les États du Sud (Bavière, par exemple) n'en font pas partie mais signent un ensemble d'accords économiques et militaires qui les lie à la Prusse.**

● La France se rend compte de la montée en puissance de la Prusse suite à la guerre austro-prussienne. Napoléon III avait accepté d'être neutre dans le conflit contre la promesse de la cession de la Vénétie (voir cours 1) et du Luxembourg en cas de victoire de la Prusse, mais Bismarck ne tient pas ses engagements, entraînant une crise diplomatique entre les deux États.

3. La guerre franco-prussienne

● **La succession au trône d'Espagne provoque une nouvelle crise diplomatique entre la Prusse et la France.** Napoléon III, craignant l'encerclement de la France, demande à Guillaume Ier de renoncer à une candidature de la famille Hohenzollern. **Bismarck provoque un incident diplomatique avec la France (dépêche d'Ems). Napoléon III, offensé, déclare la guerre à la Prusse le 19 juillet 1870.** Les États du sud de l'Allemagne se mobilisent autour de la Prusse contre l'ennemi héréditaire français. La victoire de Sedan en septembre 1870 marque la supériorité de la Prusse et la fin du Second Empire. Le gouvernement républicain dirigé par Thiers mène les négociations de paix avec la Prusse. La France perd l'Alsace-Moselle.

● **Le 18 janvier 1871**, dans la galerie des Glaces de Versailles, est proclamé l'Empire allemand (*Reich*) dirigé par Guillaume Ier.

TESTEZ-VOUS !

- Comment l'idée d'unité allemande survit-elle après 1850 ?
- Pourquoi l'Autriche est-elle un obstacle au projet de Bismarck ?
- Pourquoi la guerre de 1870 est-elle décisive dans le processus d'unification de l'Allemagne?

BIOGRAPHIE

Guillaume Ier (1797-1888)

Guillaume de Hohenzollern et roi de Prusse de 1861 à 1888 puis empereur du *Reich* de 1871 à 1888.

BIOGRAPHIE

Otto von Bismarck (1815-1898)

Nommé chancelier de Prusse, il œuvre à l'unification de l'Allemagne à partir de 1862. Il devient chancelier du *Reich* en 1871.

? LE SAVIEZ-VOUS ?

La dépêche d'Ems

En 1870, Napoléon III envoie l'ambassadeur Benedetti rencontrer Guillaume Ier à Ems pour confirmer le renoncement d'une candidature Hohenzollern à la succession du trône d'Espagne. L'Empereur envoie les conclusions de son entrevue à Bismarck mais celui-ci en modifie le texte de manière à le rendre offensant pour la France.

+ Pour aller plus loin

POINT DE PASSAGE

▸ 1871 : Bismarck et la proclamation du *Reich*.

→ p. 124

DE LA SOURCE À l'Histoire

Comment la peinture des *Macchiaioli* permet-elle de retracer l'histoire de l'engagement des artistes en faveur de l'unité italienne ?

Art

A La source

Animation

1 Le départ du volontaire garibaldien

Un Grand Sacrifice, huile sur toile de Gerolamo Induno, 1860, Fondation Cariplo, Milan.

CONTEXTE

Des artistes engagés

L'unité italienne ne laisse pas les artistes indifférents ; certains d'entre eux sont républicains, d'autres participent aux combats. La peinture devient une source pour comprendre l'engagement, les œuvres sont autant de témoignages par la représentation des champs de bataille ou l'attente des familles des soldats mobilisés.

Le peintre

Gerolamo Induno (1825-1890) s'engage politiquement dès 1848 et participe à l'expédition des Mille de Garibaldi. Dès 1859, les scènes de la guerre au quotidien peuplent ses œuvres.

Le tableau

Une mère étreint son fils avant son départ pour l'expédition des Mille. Tel de nombreux volontaires, le jeune homme est issu des milieux populaires, comme le montre l'intérieur simple et dépouillé de la maison de cette tisseuse (métier à filer en bas à gauche du tableau et pelote au centre). Un portrait de Mazzini sur la commode témoigne de l'engagement de cette famille.

Le jeune soldat présente un visage mélancolique. Le tableau réalisé en 1860 choisit de représenter les aspects les plus dramatiques de la guerre en se plaçant du côté des familles.

B Un document à confronter

2 Soldats français

Soldati francesi, huile sur toile de Giovanni Fattori, 1859, Institut Matteucci, Viareggio.

INFO

Les *Macchiaioli* (« tachistes ») : s'opposer à l'académisme

À Florence, après 1850, des peintres ont pris l'habitude de se réunir au café Michelangelo pour partager leurs expériences picturales. Ils entendent prendre plus de liberté avec les règles de l'Académie, peindre de manière plus spontanée, oubliant la précision des contours pour saisir le mouvement grâce à l'opposition des couleurs. Ils choisissent de s'extraire des règles traditionnelles du clair-obscur pour se servir des couleurs avec plus d'audace.

Ils sont exposés pour la première fois en 1861 lors de l'Exposition nationale de Florence. Le journaliste de la *Gazetta del Popolo* utilise le terme de *macchiaioli* (« les tachistes ») pour désigner ces artistes, en référence à leur nouvelle manière de peindre.

Ces peintres choisissent également des thématiques différentes des traditionnelles scènes religieuses ou de la mythologie pour peindre des scènes de la vie quotidienne, en particulier des classes populaires.

BIOGRAPHIE

Giovanni Fattori (1825-1908)

L'un des principaux représentants des *Macchiaioli*. Ses scènes de guerre sont consacrées non à l'héroïque bataille mais au quotidien des combattants anonymes, ici les soldats français engagés en 1859.

QUESTIONS

Identifier et comprendre la source

1. **Doc. 1.** Présentez l'œuvre.
2. **Doc. 1.** Quel est le thème développé ? Pourquoi ?

Étude critique de la source

3. Montrez comment les conceptions d'égalité sociale de ces peintres apparaissent dans leurs œuvres.
4. Expliquez pourquoi les *Macchiaioli* sont considérés comme des artistes engagés dans l'unité italienne.

DOCUMENTS
POINT DE PASSAGE

Bismarck et le *Reich*

REPÈRES p. 114
COURS p. 118

Fiche de synthèse

Nommé chancelier en 1862, Bismarck entend mener une politique pour renforcer la puissance de la Prusse et réaliser l'unité allemande autour de ce royaume. Bismarck tente d'exploiter toutes les opportunités diplomatiques de la scène européenne et n'hésite pas à entraîner son royaume dans des conflits militaires pour obtenir des résultats politiques.

QUESTION CLÉ

Quelle politique Bismarck mène-t-il pour réaliser l'unité allemande autour de la Prusse ?

Audio

BIOGRAPHIE

Otto von Bismarck
1815-1898

Élu député à l'assemblée de Prusse en 1849, nommé ambassadeur en Russie en 1859. Il devient chancelier de Prusse en 1862 et œuvre à l'unification de l'Allemagne. Il est chancelier du *Reich* allemand en 1871.

1 La puissance de la Prusse selon Bismarck

L'Allemagne n'admire pas le libéralisme[1] prussien, mais sa puissance ; la Bavière, le Wurtemberg, le pays de Bade[2] peuvent bien laisser le libéralisme se développer, ils n'obtiendront pourtant pas le rôle de la Prusse ; la Prusse doit rassembler sa force, faire bloc et attendre le moment favorable, qu'elle a déjà manqué plusieurs fois dans le passé ; les frontières du congrès de Vienne ne sont pas favorables à un fonctionnement sain de l'État. Ce n'est pas par les discours et les votes à la majorité que les grandes questions de notre temps seront décidées – ça a été la grande erreur de 1848 et 1849 – mais par le fer et le sang.

Otto von Bismarck, *Œuvres choisies*, volume 3.

1. Idée politique qui défend les droits individuels contre toutes les formes d'oppression.
2. États de l'Allemagne du Sud, libéraux.

2 Bismarck et l'unité allemande (1880)

Le forgeron de l'unité allemande,
estampe d'après une peinture de Guido Schmidt, 1880.
© Bildarchiv Preußischer Kulturbesitz.

3 Un jugement sur la politique de Bismarck

1er mai 1866

Jamais sans doute une guerre n'a été manigancée de façon aussi éhontée, avec une légèreté aussi scandaleuse que celle que Bismarck est en train de monter contre l'Autriche […].

Tout le monde ici déteste cette guerre, personne ne peut s'accommoder de l'idée que l'issue inéluctable de la lutte sera ce que nous devons souhaiter. Nous allons voir des Allemands prendre les armes contre les Allemands, bref une guerre civile […].

19 août 1866

[…] Quel bonheur enviable de vivre à notre époque et d'avoir pu être témoins de ce tournant de l'histoire de l'Allemagne. […] Je m'incline très bas devant le génie de Bismarck, qui a porté à son sommet un chef-d'œuvre d'intelligence politique et d'action, comme il est rare d'en trouver un exemple dans l'histoire.

Rudolf von Ihering, juriste prussien, *Lettres à ses amis*, Leipzig, 1913.

4 Bismarck et la France

J'étais convaincu que l'abîme creusé au cours de l'histoire entre le nord et le sud de la patrie ne pouvait pas être plus respectueusement comblé que par une guerre nationale contre le peuple voisin français qui était notre agresseur de toujours. L'unification de l'Allemagne n'était plus, selon moi, qu'une question de temps. Pour la résoudre, la Confédération de l'Allemagne du Nord était la première étape, mais il ne fallait pas provoquer trop tôt l'hostilité de la France et peut-être de la Russie, ne pas donner prise à la soif de revanche de l'Autriche. Il ne fallait pas faire une guerre franco-allemande avant que l'unité de l'Allemagne ne soit réalisée. Ma pensée dominante était donc de retarder cette guerre jusqu'au moment où nos effectifs seraient au complet. Chaque année de délai pour la guerre renforçait notre armée de plus de 100 000 soldats.

Otto von Bismarck, *Pensées et souvenirs*, 1899.

5 Bismarck et Napoléon III

Des arbitres rivaux, caricature anglaise de John Tenniel, *Punch*, 1866.

Itinéraire 1

Identifier

1. **Doc. 1 et 4.** Recensez les moyens mis en œuvre pour créer les conditions de l'unité allemande.
2. **Doc 2.** Observez et présentez cette image de Bismarck.

Expliquer

3. **Doc. 3.** Démontrez le rôle des victoires militaires pour légitimer la politique de Bismarck.
4. **Doc. 4 et 5.** Pourquoi la relation à la France est-elle essentielle dans le projet de Bismarck ?
5. **Doc. 2.** Quelle image Bismarck acquiert-il ?

Synthétiser

6. Présentez les actions menées par Bismarck pour réaliser l'unité allemande.

OU

Itinéraire 2

Rédiger une biographie

À partir des documents proposés et d'une recherche personnelle, **réalisez une biographie en images** du personnage historique de Bismarck. Votre travail doit refléter le rôle du personnage dans la construction de l'unité allemande et indiquer les étapes de sa politique.

RÉVISIONS

La France et la construction de nouveaux États (1848-1871)

Podcast

L'ESSENTIEL

1 L'unité italienne, 1859-1870

- Dans les années 1850, Victor-Emmanuel, roi de Piémont-Sardaigne, et son Premier ministre Cavour mènent une intense activité diplomatique pour être les artisans de l'unité italienne.
- Forts du soutien de la France et en échange de Nice et de la Savoie, ils parviennent à vaincre l'Autriche en 1859. La Lombardie intègre le Piémont.
- La Sicile est conquise par l'expédition des Mille emmenée par Garibaldi en 1860 et la Vénétie intègre le royaume d'Italie suite à la défaite de l'Autriche contre la Prusse en 1866.
- Les États pontificaux défendus par Napoléon III sont intégrés au royaume d'Italie après la défaite de Sedan en septembre 1870.

2 L'unité allemande, 1848-1871

- Après les mouvements nationaux de 1848, différents projets tentent de réaliser une unification de l'Allemagne sur un modèle libéral.
- C'est cependant le royaume de Prusse qui entreprend la lutte contre la domination autrichienne au sein de la Confédération germanique. Guillaume Ier et Bismarck dotent le royaume d'une armée moderne pour affirmer la puissance de la Prusse.
- Pour le royaume de Prusse, la guerre devient un moyen de démontrer son attachement au sentiment national allemand (la guerre des Duchés, 1864), de se défaire de l'autorité de l'Autriche (1866) et de convaincre les États du Sud de rallier la Prusse au sein de l'empire (guerre franco-prussienne, 1870). En 1871, le *Reich* allemand est proclamé à Versailles.

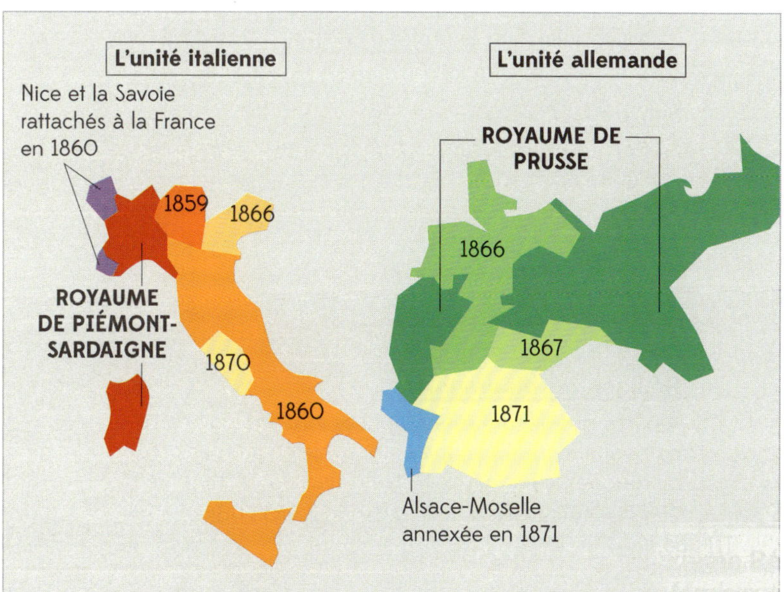

POINTS DE PASSAGE

▶ Le rattachement de Nice et de la Savoie à la France. → p. 120

- En 1858, Cavour scelle un accord secret avec Napoléon III à Plombières.
- La France s'engage à aider le royaume de Piémont Sardaigne face aux Autrichiens.
- Elle reçoit en échange **Nice et la Savoie en juin 1860** après plébiscite.

▶ Bismarck et la proclamation du *Reich*. → p. 124

- Bismarck est nommé chancelier de Prusse en 1862
- Il choisit le conflit militaire pour régler un certain nombre de problèmes politiques.
- Les différentes victoires militaires permettent à la Prusse de réunir autour d'elle plusieurs territoires germaniques qui deviennent le *Reich* allemand en 1871.

Les mots clés

- **Nation**
  Communauté ayant une unité (langue, culture, histoire) et souhaitant vivre ensemble et se doter d'un État.
- ***Risorgimento***
  À la fois « renaissance » et « résurrection » en italien, l'expression désigne par extension l'essor du mouvement national pour l'unité et l'indépendance de l'Italie.

Exercices interactifs

Vidéo
L'ESSENTIEL EN 3 MINUTES

La France et la construction de nouveaux États

Unité italienne

1858
Royaume de Piémont-Sardaigne dirigé par Victor-Emmanuel
1er ministre : Cavour

1859
Guerre d'indépendance
Aidé de la France, le Piémont récupère la Lombardie

1860
Expédition des Mille de Garibaldi
La Sicile rejoint le Piémont
Nice et la Savoie sont intégrés à la France

1861
Proclamation du royaume d'Italie dirigé par Victor-Emmanuel II

1866
La France rétrocède la Vénétie suite à la défaite de l'Autriche face à la Prusse.

1870
États pontificaux annexés au royaume, Rome devient capitale.

Unité allemande

1862
Prusse dirigée par Guillaume Ier
Chancelier : Bismarck

1864
Guerre des Duchés
La Prusse annexe le Holstein

1866
Guerre austro-prussienne
Dissolution de la Confédération germanique

1867
Création de la Confédération de l'Allemagne du Nord

1870
Guerre franco-prussienne
Alliance des États du Sud à la Prusse
Victoire de la Prusse

1871
Proclamation du *Reich* allemand
L'Alsace et la Moselle sont intégrées au *Reich*.

SUJET GUIDÉ

Le rôle de la France dans l'unité italienne

Consigne

Analysez cette image pour rendre compte du rôle de la France dans l'unité italienne. En vous appuyant sur une description précise du document, vous expliquerez les événements de 1859-1860 relatifs à l'unité italienne auquel il fait référence et montrerez le point de vue de l'auteur sur l'unité italienne et sur l'aide de la France.

Caricature sur le traité de Turin

Gravure colorisée, 1860.

① Soldat autrichien.

② Garibaldi. Paroles : *Cela ne te suffit donc pas ?*

③ Paroles de Napoléon III : *Belle fille de l'amour, je suis l'esclave de tes charmes.*

INFO

Cette caricature est parue dans un album de vingt-quatre planches publié à Naples en 1860, qui commente la vie politique et artistique de l'Italie à cette époque. L'auteur de cet album est Melchiorre de Filippis Delfico, un artiste napolitain ami de Verdi, favorable à l'unité italienne.

Les différents personnages citent des vers tirés de l'opéra *Rigoletto*, de Verdi, grand compositeur italien connu pour son engagement en faveur de l'unité italienne. Dans cet opéra créé en 1851, Rigoletto est le bouffon du Duc de Mantoue, un séducteur. Père aimant, Rigoletto tente de protéger sa fille Gilda des avances du duc, qui parvient tout de même à la séduire. Rigoletto décide de se venger du duc.

Dans la caricature, l'Italie correspond à Gilda et Napoléon III au duc de Mantoue.

POINTS MÉTHODE / DÉCRYPTAGE DU SUJET

Analyser la consigne

- **Déterminer le sujet à traiter**
  - Repérer les limites chronologiques et spatiales.
  - Relever les mots clés et analyser la manière dont ils sont mis en relation.
- **Déterminer les différents aspects à analyser**
  - Mettre en relation le document et une ou des notions.
  - Faire preuve d'esprit critique sur le document : limites, opposition/comparaison de points de vue.

- Le sujet s'articule au Point de passage et d'ouverture du programme intitulé « Le rattachement de Nice et de la Savoie ». Il est centré sur le traité de Turin de 1860. Il porte sur l'unité italienne et plus précisément sur le rôle de la France dans ce processus.
- La consigne demande de mettre en relation les nombreux éléments de la caricature avec les événements de 1859-1860 et des notions comme la construction nationale.
- Il est aussi demandé de mettre à distance le document en montrant le point de vue de l'auteur.

Identifier le ou les documents

- **Quelle nature ?**
- **Auteur et point de vue**
- **Situation(s) historique(s) évoquée(s)**

- Le document est une caricature tirée d'un album de Melchiorre de Filippis Delfico, un artiste napolitain ami de Verdi. Favorable à l'unité italienne, il porte un regard critique sur les événements de 1858-1860.
- Le document fait directement référence au traité de Turin du 24 mars 1860 par lequel Nice et la Savoie sont rattachés à la France. Ce traité est la conséquence de l'accord de Plombières de 1858 où Napoléon III offre son soutien au royaume de Piémont-Sardaigne contre les Autrichiens en échange du rattachement à la France de Nice et de la Savoie. Pendant la guerre d'indépendance de 1859, les Piémontais soutenus par les troupes françaises remportent des batailles sanglantes comme à Magenta et Solferino.

Répondre aux parties de la consigne

- Les différents personnages font référence à des événements qui marquent une étape importante dans l'unité italienne :
  - Napoléon III emporte deux nouveau-nés, Nice et la Savoie, conformément à l'accord de Plombières de 1858.
  - L'Autriche observe la scène derrière un mur par une longue-vue puisque, défaite lors de la guerre de 1859, elle a rendu la Lombardie au royaume de Piémont : le mur symbolise cette nouvelle frontière.
  - Garibaldi, engagé par Cavour et Victor-Emmanuel II en 1858 pour lutter contre l'Autriche, poursuit la lutte après ce conflit en aidant les territoires du Sud de l'Italie à se soulever pour rejoindre le royaume de Piémont-Sardaigne dans l'unité italienne.
  - L'Italie est présentée comme la fille de Rigoletto, charmée par le duc de Mantoue de l'opéra de Verdi : elle est abusée par l'empereur assimilé au duc.
- L'auteur de la caricature est favorable à l'unité italienne, mais il nuance la victoire italienne de 1859. Il dénonce l'attitude de la France qui est parvenue à agrandir son territoire grâce à cette alliance mais qui ne poursuit pas la lutte pour l'unité italienne une fois l'Autriche battue.

Retrouvez des sujets de Bac et des méthodes actualisés sur le site lyceen.nathan.fr/cote1re-2019

SUJET BLANC

Consigne

**Analysez ce texte pour décrire le rôle de la France dans l'unité italienne.
Après avoir présenté la nature et l'auteur du document, vous le replacerez dans son contexte précis. Vous expliquerez ensuite les motivations pour lesquelles la France entre en guerre en 1859, qui sont ses alliés et ses adversaires.
Vous terminerez en expliquant les conséquences pour l'Italie de cette intervention militaire.**

La France entre en guerre, mai 1859

Français ! L'Autriche en faisant entrer son armée sur le territoire du Roi de Sardaigne, notre allié, nous déclare la guerre. Elle viole ainsi les traités, la justice et menace nos frontières. [...] Le Piémont ayant accepté les conditions qui devaient assurer la paix, on se demande quelle peut être la raison de cette invasion soudaine : c'est que l'Autriche a amené les choses à cette extrémité, qu'il faut qu'elle domine jusqu'aux Alpes ou que l'Italie soit libre jusqu'à l'Adriatique [...].

Jusqu'ici la modération a été la règle de ma conduite, maintenant l'énergie devient mon premier devoir. Que la France s'arme et dise résolument à l'Europe : « Je ne veux pas de conquête, mais je veux maintenir sans faiblesse ma politique nationale et traditionnelle ; j'observe les traités à condition qu'on ne les violera pas contre moi, je respecte le territoire et les droits des puissances neutres, mais j'avoue hautement ma sympathie pour un peuple dont l'histoire se confond avec la nôtre et qui gémit sous l'oppression étrangère. »

La France a montré sa haine contre l'anarchie, elle a voulu me donner un pouvoir assez fort pour réduire à l'impuissance les fauteurs de désordre et les hommes incorrigibles de ces anciens partis qu'on voit sans cesse pactiser avec nos ennemis ; mais elle n'a pas pour cela abdiqué son rôle civilisateur ; ses alliés naturels ont toujours été ceux qui veulent l'amélioration de l'humanité, et quand elle tire l'épée, ce n'est point pour dominer mais pour affranchir. Le but de cette guerre est donc de rendre l'Italie à elle-même et non de la faire changer de maître, et nous aurons à nos frontières un peuple uni qui nous devra son indépendance.

Napoléon III, palais des Tuileries, le 3 mai 1859.

QUESTION PROBLÉMATISÉE

BAC

SUJET GUIDÉ

Quelles sont les modalités de l'intervention de la France dans la construction de l'unité italienne entre 1856 et 1870 ?

Vous répondrez à cette problématique en montrant que :
- la France apporte un soutien diplomatique et militaire au royaume de Piémont-Sardaigne ;
- ce soutien est conditionné et limité.

POINTS MÉTHODE

Comprendre et analyser le sujet

- **Identifier les limites chronologiques et spatiales du sujet.**

Si elles ne sont pas explicites, il faut les déterminer en les justifiant. Un sujet peut ne faire référence qu'à une partie de la période ou des espaces travaillés en cours. Ne pas en tenir compte constitue un hors-sujet.

- **Repérer et expliquer les mots clés du sujet.**

Il faut les définir de manière précise pour ensuite chercher les notions qui leur sont associées dans le cours.

Mobiliser ses connaissances pour construire un plan détaillé

- **Élaborer le plan détaillé**
  - Écrivez au brouillon toutes les informations qui vous viennent à l'esprit en lien avec chaque partie (idées, notions, événements, acteurs...). Il faut être le plus précis possible.
  - Regroupez et hiérarchisez ces informations pour établir des liens entre elles (opposition, comparaison, évolution, explication...). Vérifier qu'aucune n'est hors-sujet, et qu'elles s'enchaînent de manière logique.

Rédiger la réponse argumentée au sujet

- **Rédiger le développement**
  - Le développement suit le plan détaillé élaboré au brouillon, et fait apparaître la structure en parties.
  - Annoncez l'idée défendue dans chaque partie, puis exposez les arguments qui permettent de la soutenir. Expliquez et justifiez chaque argument de manière précise.

DÉCRYPTAGE DU SUJET

- Le cadre chronologique va de 1856 (participation du Piémont-Sardaigne à la guerre de Crimée avec la France et le Royaume-Uni) à 1870 (prise de Rome après la chute de Napoléon III). Le sujet porte sur l'Italie et l'évolution des différents territoires qui la composent. Il concerne aussi les limites de l'Italie et de la France (Nice et la Savoie) et les alliances européennes.
- Le sujet ne porte pas sur tous les aspects de la construction nationale. Ainsi, l'existence d'un sentiment national n'est pas au cœur du sujet, sauf dans le cadre du rattachement de Nice et de la Savoie à la France.

- Le plan suggéré est thématique : il demande d'abord de montrer le soutien de la France, puis d'en expliquer les conditions et les limites.

1. La France apporte un soutien diplomatique et militaire au royaume de Piémont-Sardaigne :
- montrez le besoin du Piémont-Sardaigne d'obtenir l'alliance d'une puissance européenne (domination autrichienne...) ;
- évoquez la signature de cette alliance (1858) et ses effets diplomatiques (rattachement de la Vénétie en 1866) ;
- expliquez l'engagement militaire de la France (Magenta...).

2. Ce soutien est conditionné et limité :
- expliquez les conditions du rattachement de Nice et de la Savoie ;
- montrez que Napoléon III empêche le rattachement de Rome.

- Vous devez expliquer le rôle des acteurs de l'unification, leurs intentions et leurs actions. Vous devez donc connaître les plus importants pour le sujet : Napoléon III, Cavour, Victor-Emmanuel II.

Même si le plan n'est pas chronologique, il vous faut maîtriser les dates des principaux événements diplomatiques (entrevue de Plombières), politiques (chute de Napoléon III) et militaires (Magenta, Solferino, guerre entre l'Autriche et la Prusse).

Retrouvez des sujets de Bac et des méthodes actualisés sur le site lyceen.nathan.fr/cote1re-2019

CHAPITRE

6 La mise en œuvre du projet républicain (1870-1914)

La Première République (1792-1804) et la Deuxième République (1848-1852) ont conduit à la mise en place d'un régime impérial et autoritaire. Contrairement à ses deux aînées, la Troisième République (1870-1940) trouve enfin le secret de la durée : elle propose de constituer une nation, unie autour d'un idéal républicain.

Dans ce chapitre

TOUS LES TEXTES en version à imprimer

▶ Malgré les oppositions qu'elle rencontre, comment la Troisième République regroupe-t-elle les Français autour d'un projet politique commun ?

Animation

1 Le 4 septembre 1870, la République est proclamée à Paris

Le Palais du Corps législatif (Palais-Bourbon) après sa dernière séance.
Proclamation de la déchéance de l'Empire, le 4 septembre 1870, huile sur toile de Jules Didier et Jacques Guiaud, 1870-1871, 2,50 m × 4 m, musée Carnavalet, Paris

2 La mairie et l'école, symboles de la République

Ces deux institutions étaient souvent réunies dans un même bâtiment dans les campagnes françaises sous la IIIe République. Carte postale de Gières (Isère), début du XXe siècle.

La mise en œuvre du projet républicain (1870-1914)

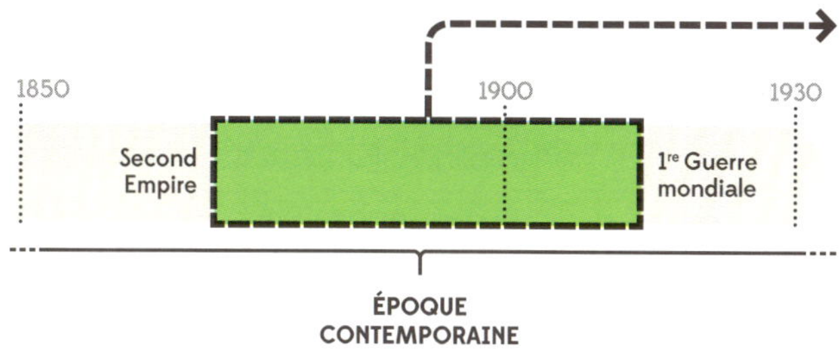

Notions clés

Démocratie

La démocratie est un système politique qui se définit par plusieurs critères. Elle garantit le respect des libertés fondamentales (liberté d'opinion, d'expression, etc.), l'égalité des citoyens devant la loi et l'égalité des droits politiques (comme le droit de vote).

Un bureau de vote en 1891
Le Suffrage universel, 1891, fresque d'Alfred Bramtot, mairie des Lilas.

Gouvernement

Ensemble des ministres qui mettent en œuvre la politique et les lois décidées par le Parlement.

Une réunion du Conseil des ministres en 1909

Régime parlementaire

Régime politique où le gouvernement est responsable devant le Parlement, celui-ci devient alors le centre de la vie politique.

Jaurès à la tribune de la Chambre des députés, vers 1907

République

Forme d'organisation politique où le pouvoir n'est pas héréditaire. République et démocratie ne sont pas toujours synonymes : certaines monarchies sont démocratiques (Royaume-Uni, Espagne) et certaines républiques ne sont pas démocratiques.

***Statue de la République*, 1883, de Léopold Morice**

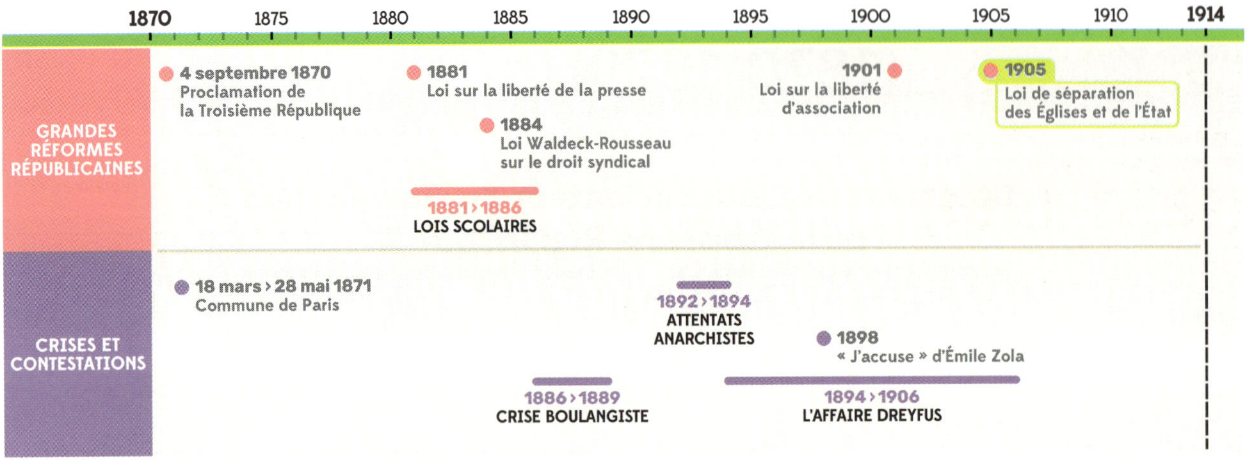

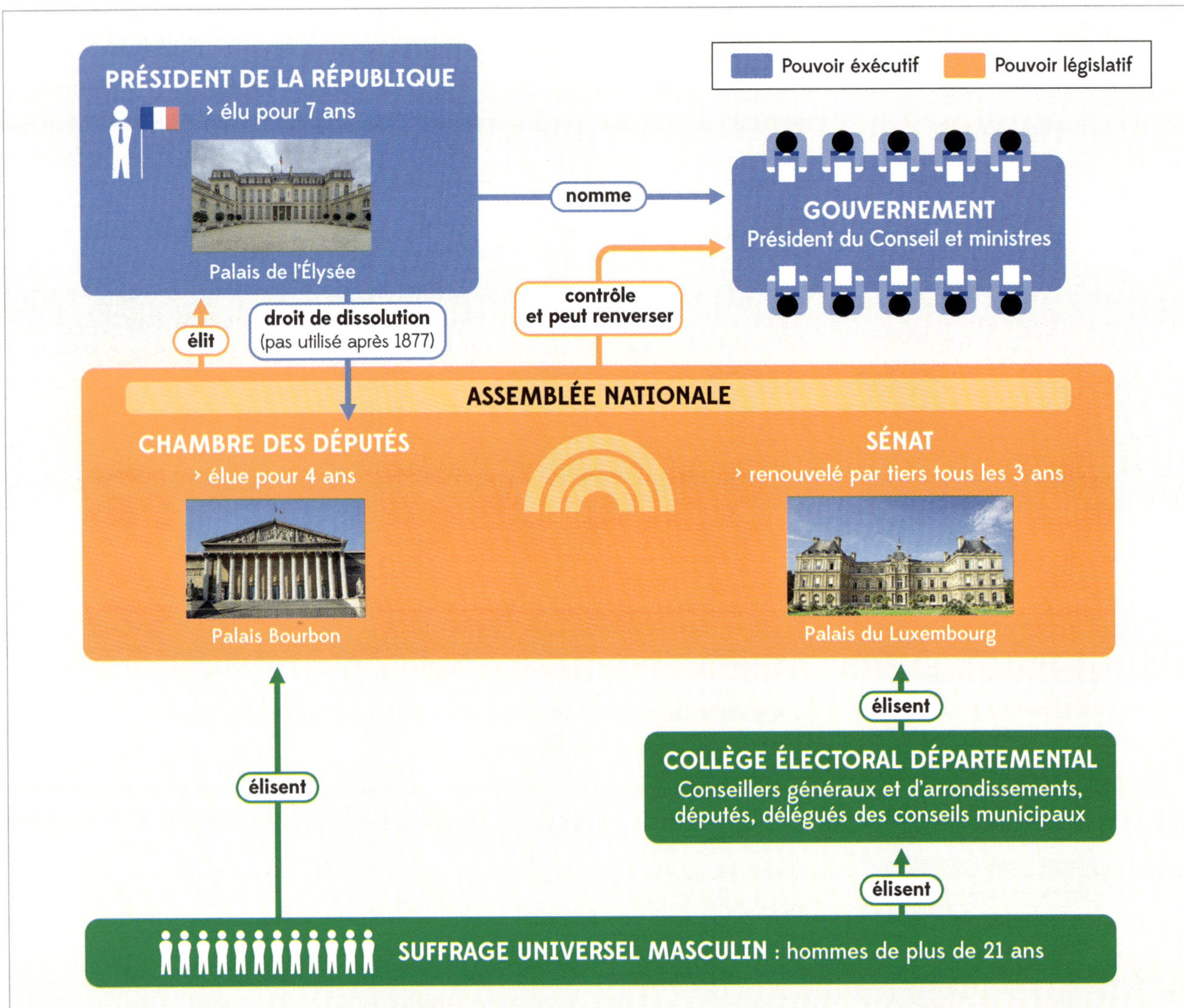

1 **Les institutions de la Troisième République**

QUESTIONS

1. Identifiez les éléments qui permettent d'affirmer que la IIIe République est une démocratie.
2. Expliquez pour quelle raison la IIIe République est une démocratie imparfaite.
2. Montrez que la IIIe République est un régime parlementaire.

COURS

1. La fondation de la République (1870-1879)

REPÈRES p. 134
DOCUMENTS p. 142

Podcast du cours

Comment expliquer la lenteur de l'installation de la Troisième République ?

BIOGRAPHIE

Léon Gambetta (1838-1882)

Fils d'un commerçant génois immigré, Léon Gambetta devient avocat. Républicain, il s'oppose vigoureusement au Second Empire. En 1870, ministre de l'Intérieur du gouvernement de la Défense nationale, il organise la résistance face à l'armée prussienne. Partisan d'une poursuite des combats, il ne permet pas aux républicains de gagner les élections de février 1871.

BIOGRAPHIE

Adolphe Thiers (1797-1877)

Journaliste libéral, acteur des Trois Glorieuses et membre du gouvernement sous la monarchie de Juillet puis sous la Deuxième République. Après le coup d'État du 2 décembre 1851, il s'oppose à Napoléon III. Le 17 février 1871, il est élu « chef du pouvoir exécutif » par l'Assemblée nationale à majorité monarchiste. Il mène les négociations avec la Prusse, et l'écrasement de la Commune. Il est ensuite choisi comme Président de la République (1871-1873).

A L'humiliante défaite face à la Prusse (1870)

1. La défaite de Sedan et la proclamation de la République

- Le 19 juillet 1870, la France déclare la guerre à la Prusse (voir chapitre 5). **Le 2 septembre 1870 à Sedan, l'empereur des Français Napoléon III est capturé par l'armée prussienne**. La nouvelle parvient à Paris. Les députés de l'opposition républicaine, comme **Léon Gambetta** ou **Jules Ferry**, proclament alors **la déchéance du Second Empire et l'avènement de la République (4 septembre 1870)**. Soutenus par une foule de plus de 100 000 personnes, ils décident de former un « gouvernement de Défense nationale ». Ce changement de régime s'effectue sans insurrection générale ni émeute.

2. De la poursuite de la guerre à l'humiliation

- **Les Prussiens encerclent la capitale.** Paris a faim, Paris a froid. Le gouvernement appelle les Parisiens à s'enrôler dans la **garde nationale** : environ 250 000 volontaires, appartenant à toutes les catégories sociales, défendent la ville avec un héroïsme réel.

- Cependant, en province, la situation militaire se dégrade. Malgré l'opposition de Gambetta, **le gouvernement se résout à signer l'armistice avec l'Allemagne (26 janvier 1871)**, qui impose **l'annexion de l'Alsace et de la Moselle**. C'est l'humiliation.

B La Commune de Paris : une guerre civile (1871)

1. Le retour des monarchistes au pouvoir exaspère la population parisienne

- Des élections législatives portent au pouvoir les **monarchistes**, qui choisissent **Adolphe Thiers** comme chef du gouvernement. **Thiers autorise l'armée allemande à défiler triomphalement dans Paris, il choisit Versailles comme nouvelle capitale** et ne verse plus les salaires de la garde nationale. Il est décidé à signer la paix avec l'Allemagne.

- Contrairement à la province, Paris a voté massivement en faveur des candidats républicains et pour la poursuite de la guerre et s'oppose aux décisions de Thiers. En réaction, la majorité des bataillons de la garde nationale refuse de se soumettre à l'autorité des Versaillais.

2. La Commune de Paris face aux « Versaillais »

POINT DE PASSAGE

▶ 1871 : Louise Michel et la Commune de Paris.

→ p. 142

- Le **18 mars 1871**, le drame éclate. **Thiers ordonne de s'emparer des canons de la garde nationale** sur la butte Montmartre. Furieux, les Parisiens s'y opposent, à l'image de **Louise Michel**. Thiers ordonne à ses troupes de se retirer de la ville, pour en faire le siège. **La ville entière se révolte et élit les représentants de la Commune de Paris** qui adoptent le drapeau rouge en remplacement du drapeau tricolore.

- Paris veut être libre, se gouverner elle-même, inventer une société nouvelle : séparer l'Église de l'État, laïciser l'école, libérer la presse, ouvrir les musées au public. Mais les **communards** plongent aussi dans une logique révolutionnaire marquée par la violence, avec l'exécution de plusieurs otages.

- Soucieuses d'en finir, les troupes versaillaises pénètrent dans Paris, avec une violence sans limites, lors de la **Semaine sanglante (21-28 mai 1871)** qui marque la fin de la Commune et fait au moins 10 000 morts. Après la bataille, la répression judiciaire succède à la répression militaire avec plus de 10 000 condamnations : à mort, à la prison, ou bien – comme Louise Michel – à la déportation en Nouvelle-Calédonie (voir chapitre 8 p. 196).

C Les républicains à la conquête de la République (1871-1879)

1. Des conservateurs majoritaires mais divisés

- **Les monarchistes au pouvoir considèrent la République comme un régime de transition** destiné à préparer une **Restauration**. Toutefois, ils n'arrivent pas à faire émerger un candidat unique au trône. Pour se donner le temps de choisir, ils désignent le monarchiste **Patrice de Mac-Mahon** président de la République en remplacement de Thiers, finalement rallié à la République (1873).

- Mac-Mahon annonce la **« restauration de l'Ordre moral »**, une politique qui confie à l'Église la mission de contrôler la société. L'« Ordre moral » devait permettre d'unifier des **conservateurs** très divisés. Mais il favorise surtout la combativité des républicains et leur unité autour de l'**anticléricalisme**.

2. Les républicains à la conquête du pouvoir et des institutions

- Toutes les élections voient les républicains gagner des sièges. À l'Assemblée, même si la majorité reste conservatrice, les divisions des monarchistes permettent le vote des **lois constitutionnelles (1875) qui consolident la nature républicaine du régime**. La République s'affirme alors comme un **régime parlementaire**.

- En 1879, Mac-Mahon est obligé de démissionner : **les républicains, devenus majoritaires, élisent Jules Grévy à la présidence de la République**. Ils décident également que les Chambres quittent Versailles pour Paris, **qui retrouve son statut de capitale**. Une mesure symbolique destinée à unir la nation, et à effacer le souvenir douloureux de la Commune.

? LE SAVIEZ-VOUS ?

Durant le siège de Paris, la famine est si terrible que l'on mange même des rats, et les animaux du Jardin des Plantes. « Nous mangeons de l'inconnu », écrit Victor Hugo.

A/Z Vocabulaire

- **Anticléricalisme**
  Hostilité à l'intervention du clergé dans les affaires publiques.
- **Communards**
  Terme qui désigne les participants à la Commune de Paris. Pourtant, les acteurs du mouvement communaliste se qualifient de « communeux ». Ce sont les Versaillais qui, de manière péjorative, préfèrent les appeler « communards ».
- **Conservateurs**
  Au début des années 1870, c'est l'ensemble des partisans d'un retour à la monarchie.
- **Lois constitutionnelles**
  Lois fondamentales qui définissent l'organisation des pouvoirs et le fonctionnement d'un régime politique.
- **Versaillais**
  Terme qui désigne les dirigeants de la Troisième République à partir du moment où ils décident de transférer la capitale de la France à Versailles en 1871. Les communards les appellent ainsi de manière péjorative.

? LE SAVIEZ-VOUS ?

Pendant plus d'un siècle, en raison du souvenir douloureux de la Commune, l'État a souhaité contrôler Paris. C'est seulement en 1977 que la capitale est de nouveau autorisée à désigner son maire.

TESTEZ-VOUS !

- Pourquoi peut-on dire que l'épisode de la Commune de Paris est une guerre civile ?
- Comment expliquer la révolte des Parisiens en 1871 ?
- Pourquoi les conservateurs échouent-ils à restaurer une monarchie ?

POUR ALLER + LOIN

- ***Les Damnés de la Commune*, bande dessinée de Raphaël Meyssan, 2 volumes, éditions Delcourt, Paris, 2017**
  Réalisée exclusivement à partir de gravures de l'époque de la Commune, cette bande dessinée raconte la quête d'un Parisien pour exhumer l'histoire de son voisin communard.

COURS

2. La diffusion d'une culture républicaine

REPÈRES p. 134
DOCUMENTS p. 144 à 147

Podcast du cours

Comment les républicains cherchent-ils à rassembler les Français autour des mêmes valeurs ?

A Affirmer les grandes libertés

1. Confier au citoyen le pouvoir de se défendre contre l'État

• Les républicains ont été, durant presque tout le XIXe siècle, les victimes de **l'arbitraire** de l'État impérial, monarchique ou autoritaire. Pour éviter d'être les cibles de décisions ne respectant pas les principes élémentaires de la justice, ils veulent donc confier au citoyen le pouvoir de se défendre contre l'État, d'exister comme individu libre.

• **La loi sur la liberté de la presse (29 juillet 1881)** fait naître une civilisation du journal et permet **l'affirmation d'un « quatrième pouvoir »**, un contre-pouvoir qui a pour mission de dénoncer les abus des autres.

2. Démocratiser la politique

• *« Le souverain, c'est le suffrage universel »*, proclame Georges Clemenceau en 1881. Mais encore faut-il éveiller la conscience politique de tous les citoyens. Pour cela, la loi garantissant la **liberté de réunion (1881)** constitue une étape fondamentale. Ensuite, pour intégrer la classe ouvrière au projet républicain et écarter le péril d'une révolution sociale, **la loi Waldeck-Rousseau autorise la formation de syndicats** par branches professionnelles **(1884)**. La loi instituant la **liberté d'association (1901)** marque enfin la naissance des partis politiques modernes. Cette démocratisation de l'expérience politique a cependant une limite majeure : les femmes restent exclues d'un suffrage universel exclusivement masculin.

3. Implanter la République au village

• Comment faire adhérer les campagnes – traditionnellement conservatrices – au projet républicain ? Avec **la loi du 4 mars 1882, les maires ne sont plus nommés par le préfet mais élus par les conseils municipaux** (à l'exception de Paris en raison de la Commune de 1871). Ainsi, une véritable vie politique commence à animer les campagnes françaises, qui s'ouvrent à des responsabilités civiques inconnues jusque-là.

B Construire une nation républicaine

1. Adopter des symboles républicains

• Orphelins de l'Alsace-Moselle, les républicains choisissent comme **hymne national (1879) le *Chant de guerre pour l'armée du Rhin***, écrit par Rouget de Lisle en 1792. Également appelé ***La Marseillaise***, cet hymne permet d'inscrire la République dans le **patriotisme des grands ancêtres du temps de la Révolution**.

• En 1880, le **14 juillet devient la fête nationale**. Le lien avec la Révolution est aussi proclamé, mais on commémore surtout la fête de la Fédération du 14 juillet 1790 : un moment de rassemblement des Français. D'ailleurs, c'est en signe de réconciliation qu'est votée l'**amnistie des communards** le 11 juillet 1880, une loi qui arrête les poursuites et supprime les condamnations

Vocabulaire

- **Conscription** Réquisition par un État d'une partie de sa population pour servir dans l'armée.
- **Laïcité** Principe selon lequel l'État ne favorise aucune religion et garantit à chacun la liberté de conscience et d'expression de ses convictions.
- **Patriotisme** Engagement d'un individu au service de son pays.
- **Syndicat** Association qui défend les intérêts professionnels et les droits des travailleurs.

BIOGRAPHIE

Jules Ferry (1832-1893)

Avocat, député républicain et anticlérical, il est plusieurs fois ministre et chef du gouvernement de 1879 à 1885. Il fait adopter les lois scolaires (1881-1882), les lois sur les libertés publiques et mène une importante politique de conquête coloniale.

judiciaires. On leur permet ainsi de participer, trois jours plus tard, à la première célébration de la fête nationale.

- À partir des années 1880, **Marianne devient l'allégorie de la République**, c'est-à-dire sa représentation symbolique. De nombreuses statues sont alors produites et pénètrent dans toutes les mairies. Ainsi, tous ces symboles permettent **d'enraciner la République dans une conscience collective**, qui célèbre aussi des héros républicains, **à l'image de Victor Hugo auquel on offre des funérailles nationales en 1885**.

POINT DE PASSAGE

▸ 1885 :
Les funérailles nationales de Victor Hugo.

→ p. 144

2. Fabriquer l'égalité républicaine

- L'égalité, c'est d'abord la possibilité pour chaque individu de s'élever dans l'échelle sociale, d'où le rôle de l'éducation. Ministre de l'Instruction publique, **Jules Ferry met en place la gratuité absolue de l'enseignement primaire dans les écoles publiques (1881)**. L'année suivante, il proclame **l'obligation de l'instruction primaire pour les enfants de 6 à 13 ans**. Les jeunes filles bénéficient de ces lois scolaires. En outre, la loi Camille Sée de 1880 crée des « lycées de jeunes filles », qui leur ouvrent l'accès à un enseignement secondaire public.

- L'égalité, c'est aussi la contribution de tous les citoyens à la sécurité du pays, à travers la **conscription**. En **1905, le service militaire devient obligatoire et universel** : les dispenses et le tirage au sort sont supprimés.

3. Imposer la laïcité scolaire

- Après les tensions consécutives à la politique d'« ordre moral », les républicains veulent réduire l'influence d'une Église catholique qui leur est majoritairement hostile. Pour garantir l'indépendance de la morale et de la science face aux religions, **Jules Ferry impose en 1882 la neutralité religieuse, ou laïcité, dans l'enseignement scolaire public. Et en 1886, la loi Goblet confie cet enseignement à un personnel exclusivement laïque.**

- Toutefois, afin de permettre aux enfants de suivre une instruction religieuse, **Jules Ferry leur accorde un jour libre par semaine** en plus du dimanche (loi du 28 mars 1882). En respectant la foi de chacun, l'école républicaine n'est donc pas anticatholique. Elle est seulement **anticléricale**.

? LE SAVIEZ-VOUS ?

Les « lycées de jeunes filles » existent jusqu'au début de la Cinquième République : les filles ne côtoient pas les garçons dans l'enseignement secondaire. En 1975, la loi Haby généralise la mixité au collège et au lycée.

! NE PAS CONFONDRE

« Anticléricalisme » et « Anticatholicisme »

L'anticléricalisme désigne hostilité à l'intervention du clergé dans les affaires publiques, alors que l'anticatholicisme est l'hostilité à l'égard des catholiques.

TESTEZ-VOUS !

- Quelles sont les grandes lois républicaines qui affirment les libertés fondamentales ?
- Quelles valeurs les républicains veulent-ils diffuser ?
- Pourquoi la laïcité scolaire est-elle mise en place ?

POUR ALLER + LOIN

- ***Le Tour de France par deux enfants : devoir et patrie, Livre de lecture courante, cours moyen*, G. Bruno, Belin, Paris, 1877**

Destiné à l'apprentissage de la lecture dans l'école de la IIIe République, ce récit du périple à travers la France de deux orphelins est aussi un livre d'édification patriotique. Ce document est disponible sur la bibliothèque numérique de la Bibliothèque nationale de France : https://gallica.bnf.fr

DOCUMENTS
POINT DE PASSAGE

Louise Michel et la Commune de Paris (1871)

REPÈRES p. 134
COURS p. 136

Fiche de synthèse

En 1871, dans Paris assiégée et affamée, de nombreuses femmes combattent sur les barricades pour défendre la Commune. Parmi elles, on distingue Louise Michel (1830-1905), une institutrice qui lutte pour les droits du peuple et la justice sociale. Arrêtée par les Versaillais, elle est condamnée à la déportation en Nouvelle-Calédonie. En 1880, son retour en France est triomphal.

QUESTION CLÉ

Comment Louise Michel est-elle devenue une figure majeure de la Commune de Paris ?

CHRONOLOGIE

- **18 mars 1871** Louise Michel participe au soulèvement de la Commune de Paris.
- **21 mai 1871** Arrestation au début de la Semaine sanglante.
- **16 décembre 1871** Condamnation à la déportation en Nouvelle-Calédonie.
- **11 juillet 1880** Amnistie des Communards.
- **1905** Plus de 100 000 personnes participent à ses funérailles.

1 Manifeste de Louise Michel, mai 1871

Cette déclaration écrite, affichée à la mairie du Xe arrondissement, indique le rôle joué par Louise Michel dans les comités chargés de recruter des ambulancières et des combattantes pour les barricades aux derniers jours de la lutte.

Au nom de la révolution sociale que nous acclamons, au nom de la revendication des droits du travail, de l'égalité et de la justice, l'Union des femmes pour la défense de Paris et les soins aux blessés proteste de toutes ses forces [...].

Non, ce n'est pas la paix, mais bien la guerre à outrance que les travailleuses de Paris viennent réclamer.

Aujourd'hui une conciliation serait une trahison. Ce serait renier toutes les aspirations ouvrières acclamant la rénovation sociale absolue, l'anéantissement de tous les rapports juridiques et sociaux existant actuellement, la suppression de tous les privilèges, de toutes les exploitations, la substitution du règne du travail à celui du capital, en un mot, l'affranchissement du travailleur par lui-même !

Six mois de souffrances et de trahison pendant le siège, six semaines de luttes gigantesques contre les exploiteurs coalisés, les flots de sang versés pour la cause de la liberté, sont nos titres de gloire et de vengeance !

Vive la République universelle ! Vive la Commune !

Louise Michel, *Mémoires*, F. Roy, Paris, 1886.

2 Louise Michel en pétroleuse

Illustration de Flem pour la couverture de *La Nouvelle Lune* du 23 janvier 1881.

1. Louise Michel est représentée en combattante sur les barricades (les pavés).
2. Le drapeau rouge est celui de la Commune, par opposition au drapeau tricolore.
3. Elle incarne le mythe de la « pétroleuse » qui a participé aux incendies de Paris pour ralentir l'avancée des troupes versaillaises.
4. La présence du balai rabaisse les femmes à leur rôle domestique et jette le discrédit sur la cause féministe que défendait Louise Michel.

3 **La détention de Louise Michel avant son procès**

Louise Michel harangue les communards, huile sur bois de Jules Girardet, 1871, musée d'Art et d'Histoire de Saint-Denis.

4 Le premier procès de Louise Michel (décembre 1871)

Extraits du rapport d'accusation :

Intimement liée avec les membres de la Commune, elle connaissait d'avance tous leurs plans. Elle les a aidés de toutes ses forces, de toute sa volonté ; bien plus, elle les a assistés et souvent elle les a dépassés. Elle leur a offert de se rendre à Versailles et d'assassiner le président de la République [...]. Elle a excité les passions de la foule, prêché la guerre sans merci ni trêve et, louve avide de sang, elle a provoqué la mort des otages par ses machinations infernales [...].

Interrogatoire de l'accusée :

M. le président : Vous avez entendu les faits dont on vous accuse, qu'avez-vous à dire pour votre défense ?

L'accusée : Je ne veux pas me défendre, je ne veux pas être défendue ; j'appartiens tout entière à la révolution sociale, et je déclare accepter la responsabilité de tous mes actes. Je l'accepte tout entière et sans restriction. [...].

Quant à l'incendie de Paris, oui, j'y ai participé. Je voulais opposer une barrière de flammes aux envahisseurs de Versailles. Je n'ai pas de complices pour ce fait, j'ai agi d'après mon propre mouvement.

On me dit aussi que je suis complice de la Commune ! Assurément oui, puisque la Commune voulait avant tout la révolution sociale, et la révolution sociale est le plus cher de mes vœux [...].

Encore une fois, je vous appartiens ; faites de moi ce qu'il vous plaira. Prenez ma vie si vous la voulez.

Compte rendu du procès de Louise Michel devant le conseil de guerre, dans *La Gazette des tribunaux*, Versailles, audience du 16 décembre 1871.

5 Victor Hugo célèbre Louise Michel

Admirant la bravoure dont elle fit preuve au tribunal, Victor Hugo écrit ce poème intitulé Viro Major *(« Plus grande qu'un homme »).*

Viro Major

Ayant vu le massacre immense, le combat,
Le peuple sur sa croix, Paris sur son grabat[1],
La pitié formidable était dans tes paroles ;
Tu faisais ce que font les grandes âmes folles,
Et lasse de lutter, de rêver, de souffrir,
Tu disais : J'ai tué ! car tu voulais mourir.

1. Lit d'un malade.

Itinéraire 1

Identifier

1. **Doc. 1.** Quelles sont les principales idées que défend Louise Michel ?
2. **Doc. 1 et 4.** Quelles sont les principales actions de Louise Michel, dans sa participation à la Commune de Paris ?

Expliquer

3. **Doc. 2 et 4.** Montrez que la figure de Louise Michel suscite des ressentiments parfois violents. Justifiez votre réponse en employant des exemples précis.
4. **Doc. 3.** Comment le peintre Jules Girardet fait-il de Louise Michel une représentante du peuple ? Justifiez votre réponse en employant des exemples précis.

Synthétiser

5. Racontez l'histoire de Louise Michel pendant la Commune de Paris : ses idées, ses actions, sa condamnation. Montrez ensuite que les différents regards portés sur elle participent à en faire une figure majeure de la Commune de Paris.

OU

Itinéraire 2

Étudier un document

Montrez comment le document 4 permet de répondre à la question clé. Pour cela, présentez d'abord le document. Montrez ensuite qu'il permet de comprendre le rôle de Louise Michel ainsi que le regard porté sur son action.
Enfin, montrez comment chacun des autres documents permet d'approfondir ou de nuancer votre réflexion sur ce document.

DOCUMENTS
POINT DE PASSAGE

Victor Hugo, une icône républicaine (1885)

REPÈRES p. 134
COURS p. 138

Fiche de synthèse

Victor Hugo (1802-1885) est député sous la Deuxième République. En 1851, il est condamné à l'exil, car il dénonce le coup d'État de Louis-Napoléon Bonaparte. En 1870, il fait un retour triomphal en France, puis il milite notamment pour l'amnistie des communards. À sa mort, l'Assemblée nationale lui décerne des funérailles nationales, auxquelles plus d'un million de personnes assistent le 1er juin 1885.

QUESTION CLÉ

Comment la République a-t-elle utilisé la figure de Victor Hugo pour unir tous les Français derrière elle ?

1 Un journal républicain annonce la mort de Victor Hugo

Victor Hugo en 1879

On ne peut pas dire que Victor Hugo pénètre dans l'immortalité ; il y était déjà. Comme Voltaire, mourant presqu'au même âge, presqu'au même jour, il donnera son nom au siècle qu'il a illuminé de son génie, qu'il a éclairé de sa bonté. [...] La cité, qu'il a baptisée capitale du monde, fera à son poète de splendides funérailles ; l'atelier chômera, le théâtre fermera, les passions s'apaiseront, et les partisans des vieux trônes se joindront aux fils de la Révolution pour accompagner, tristes et recueillis, les restes du chantre sublime de toutes les gloires et de tous les malheurs.

Henry Maret, « La mort de Victor Hugo », *Le Radical*, 24 mai 1885.

2 Un événement populaire

Affiche, musée Victor Hugo, Paris.

« *Ce n'est pas à des funérailles que nous assistons, c'est à un sacre.* »

Émile Augier, membre de l'Académie française, 1er juin 1885.

3 Le cercueil est exposé sous l'Arc de Triomphe

Funérailles de Victor Hugo, le catafalque sous l'Arc de Triomphe, dessin de Guiaud, après 1885, musée Carnavalet, Paris

LE SAVIEZ-VOUS ?

Le nom de Victor Hugo est – après Charles de Gaulle et Louis Pasteur – le nom de personnalité le plus donné aux rues des communes de France.

4 Débat sur la laïcisation du Panthéon à l'occasion des obsèques de V. Hugo

a. *Un journal républicain annonce la laïcisation du Panthéon.*

Le Panthéon sera très vraisemblablement le lieu désigné pour l'inhumation. Le seul obstacle réside dans cette circonstance que le Panthéon est une église et que les funérailles seront, bien entendu, purement civiles. Mais un projet de loi portant désaffection du monument est depuis longtemps à l'étude. Le gouvernement demanderait d'urgence et ferait adopter, séance tenante, la loi qui le rendrait au culte des grands hommes, sa destination primitive.

Le Radical, 24 mai 1885

b. *Un journal conservateur et clérical réagit à cette annonce.*

La Chambre a été saisie samedi d'une proposition tendant à « désaffecter » l'église Sainte-Geneviève afin d'y déposer ses restes. [...] La France tout entière, à la condition d'éviter, en un tel moment, ce qui doit diviser, aurait pu s'unir dans un commun sentiment d'admiration pour l'auteur d'immortels chefs-d'œuvre. Mais non : il faut que l'hommage rendu à Victor Hugo soit une insulte à la France chrétienne ; son « apothéose » doit revêtir la forme d'un outrage à nos croyances, d'un sacrilège.

A. De Claye, « Une proposition impie », *Le Monde*, 25 mai 1885.

INFO

Histoire du Panthéon

Construite à l'initiative de Louis XV, l'église Sainte-Geneviève est à peine achevée lorsque, en 1791, l'Assemblée nationale décide de la convertir en Panthéon, d'après un mot grec qui désigne « l'ensemble des dieux ». L'édifice doit désormais abriter les sépultures des grands hommes de la nation, comme l'indique l'inscription sur le fronton du monument : « Aux grands hommes la patrie reconnaissante ». Au XIXe siècle, le Panthéon connaît d'incessants changements de fonction, oscillant entre lieu de culte catholique sous la Restauration et le Second Empire et temple laïque sous la monarchie de Juillet et la IIe République. À l'occasion de la mort de Victor Hugo, le Panthéon est rendu par la IIIe République à la célébration des grands hommes.

5 Arrivée du cortège au Panthéon

Itinéraire 1

Identifier

1. **Doc. 1.** Relevez la phrase qui montre que la figure de Victor Hugo fait consensus chez les monarchistes comme chez les républicains.
2. **Doc. 2, 3 et 5.** Décrivez le déroulement des funérailles de Victor Hugo.

Expliquer

3. **Doc. 4a.** Pourquoi l'inhumation de Victor Hugo au Panthéon peut-elle constituer un « obstacle » ?
4. **Doc. 4b.** Par qui et pourquoi la laïcisation du Panthéon est-elle critiquée ?

Synthétiser

5. Expliquez pourquoi et comment les funérailles de Victor Hugo unissent les Français derrière la République. Montrez aussi que l'entrée de Victor Hugo au Panthéon fait débat.

OU

Itinéraire 2

Construire une argumentation historique

▶ Classez les informations dans un tableau de ce type, puis utilisez-les pour rédiger une réponse à la question clé.

	Les funérailles de Victor Hugo unissent les Français derrière la République	L'entrée de Victor Hugo au Panthéon fait débat
Docs utilisés	– Doc. 1. – Doc. 2, 3, 5.	– Doc. 4a. – Doc. 4b.
Arguments retenus	– ... – ...	– ... – ...
Exemples précis issus des docs	– ... – ...	

DOCUMENTS La liberté de la presse (1881)

REPÈRES p. 134
COURS p. 138

La loi du 29 juillet 1881 garantit la liberté de la presse et tire un trait sur un siècle de restrictions que les conservateurs avaient imposées pour réduire l'influence des journaux républicains. La liberté de la presse est conçue comme un moyen d'éducation pour favoriser le progrès de la société.

OBJECTIF

Montrez comment la loi de 1881 participe à la consolidation de la démocratie en diffusant une information libre à l'ensemble de la société.

1 Loi du 29 juillet 1881 (extraits)

Art. 1er. L'imprimerie et la librairie sont libres. [...]

Art. 5. Tout journal ou écrit périodique peut être publié, sans autorisation préalable et sans dépôt de cautionnement, après la déclaration prescrite [au parquet du procureur de la République].

2 La vendeuse de journaux, un personnage de la rue

Dessin de Charles Pezeu, dit Carlopez, 1909, BHVP.

CHIFFRES CLÉS

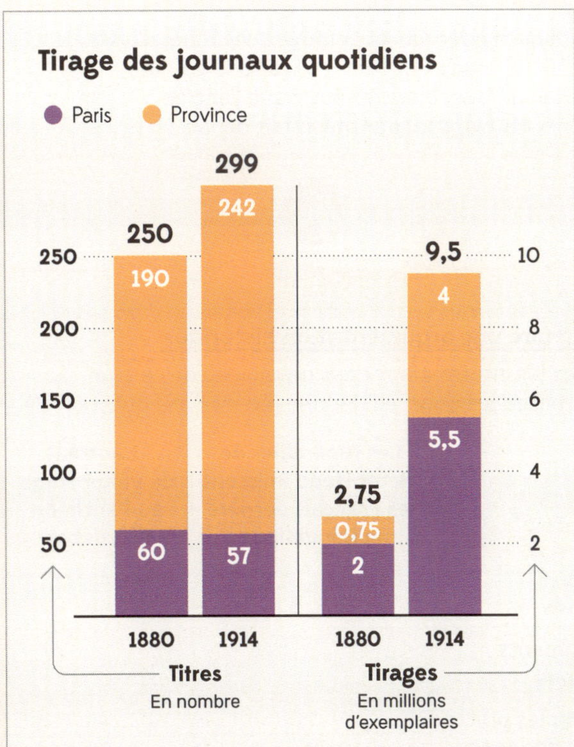

CONSEILS

- Mettez en relation ces chiffres avec le nombre d'habitants en France (41 millions en 1914).
- Faites le lien avec les lois scolaires votées par les républicains (voir cours 2, p. 138), notamment pour expliquer la forte augmentation des tirages en province. Montrez aussi que la presse peut exprimer librement son opinion politique en prenant comme exemple l'affaire Dreyfus (voir p. 148).

DOCUMENTS La liberté syndicale (1884)

REPÈRES p. 134
COURS p. 138

En 1884, c'est avec la reconnaissance de la liberté syndicale que le gouvernement compte répondre à la crise économique et sociale qui aggrave les conditions de vie et de travail. Après l'amnistie des communards en 1880, cette loi est conçue comme un moyen d'intégration des ouvriers à la République.

OBJECTIF

Montrez comment la loi sur la liberté syndicale souhaite pacifier les relations entre les ouvriers et la République.

1 Jules Ferry défend la liberté syndicale

La première dette de l'État vis-à-vis de cette classe laborieuse, c'est la liberté [...] de s'unir et de se syndiquer sous toutes les formes. [...]

Nous avons accepté comme un progrès, comme un gage d'apaisement social, plus sûr encore, la liberté des syndicats professionnels. [...] Nous sommes convaincus que la liberté des syndicats aura pour résultat de réduire le nombre des grèves, de rendre les solutions amiables plus faciles, de favoriser les arbitrages. [...] Les syndicats professionnels ne produiront pas tout de suite leur effet, mais ils sont un puissant moyen d'éducation pour les ouvriers, et vous verrez dans vingt ans ce qu'ils auront produit.

Discours de Jules Ferry à la Chambre des députés, le 31 janvier 1884.

2 Banderole sur la bourse du travail à Paris, le 1er mai 1906

La première bourse du travail est créée à Paris en 1887 et intègre le bâtiment actuel en 1892 : c'est un organisme ouvrier qui regroupe tous les syndicats d'une même localité et coordonne leur action sociale.

CONSEILS

- Montrez pourquoi, selon Jules Ferry, la liberté syndicale est « un gage d'apaisement social ». (doc. 1)
- Montrez comment les syndicats participent à l'expression des revendications sociales. (doc. 2)

« *Les syndicats ou associations professionnelles, même de plus de vingt personnes exerçant la même profession [...], pourront se constituer librement sans l'autorisation du gouvernement.* »

Loi Waldeck-Rousseau, 21 mars 1884, article 2.

En équipes !

Équipe 1 (p. 146)
Pourquoi et comment la loi sur la liberté de la presse favorise-t-elle la consolidation de la démocratie ?

Équipe 2 (p. 147)
Pourquoi et comment la loi sur la liberté syndicale est-elle un moyen d'intégration des ouvriers à la République ?

En commun
Rédigez un texte qui montre comment l'affirmation de ces deux libertés fondamentales permet d'installer la République dans les esprits.

DOCUMENTS L'affaire Dreyfus (1894-1906)

COURS p. 140
VOCABULAIRE p. 140
Antidreyfusards
Dreyfusards
Ligues

Née d'une affaire d'espionnage, l'affaire Dreyfus engendre en 1898 une crise politique majeure. Elle oppose les antidreyfusards (antisémites, nationalistes, cléricaux) et les dreyfusards qui veulent défendre la justice et les droits de l'homme. Ces affrontements sont le théâtre d'une grande clarification entre deux conceptions de la République : conservatrice ou démocratique.

QUESTION CLÉ

Comment l'Affaire Dreyfus révèle-t-elle la fragilité de la République et le nécessaire devoir de la consolider ?

CHRONOLOGIE

- **1894** Condamnation de Dreyfus pour espionnage au profit de l'Allemagne. Il est dégradé et déporté au bagne en Guyane.
- **1896** Découverte du véritable coupable, le commandant Esterhazy, mais l'erreur judiciaire est étouffée.
- **1898** Acquittement d'Esterhazy. Réaction de Zola qui relance l'Affaire en publiant « J'Accuse ».
- **1899** Nouveau procès de Dreyfus, et nouvelle condamnation à dix ans de réclusion. Dreyfus est alors gracié par le président de la République.
- **1906** Dreyfus est réhabilité et réintégré dans l'armée.

Alfred Dreyfus

1 Lettre ouverte d'Émile Zola au président de la République (1898)

J'accuse... !

J'accuse le général Mercier [ministre de la Guerre en 1894] de s'être rendu complice, tout au moins par faiblesse d'esprit, d'une des plus grandes iniquités du siècle.

J'accuse le général Billot [ministre de la Guerre en 1896] d'avoir eu entre les mains les preuves certaines de l'innocence de Dreyfus et de les avoir étouffées [...] pour sauver l'état-major compromis [...].

J'accuse le général de Boisdeffre et le général Gonse de s'être rendus complices du même crime, l'un sans doute par passion cléricale, l'autre peut-être par cet esprit de corps qui fait des bureaux de la Guerre, l'arche sainte, inattaquable [...].

J'accuse les bureaux de la Guerre d'avoir mené dans la presse, particulièrement dans *L'Éclair* et dans *L'Écho de Paris*, une campagne abominable, pour égarer l'opinion et couvrir leur faute.

J'accuse enfin le premier conseil de guerre [qui jugea Dreyfus] d'avoir violé le droit, en condamnant un accusé sur une pièce restée secrète, et j'accuse le second conseil de guerre [qui jugea Esterhazy] d'avoir couvert cette illégalité, par ordre, en commettant à son tour le crime juridique d'acquitter sciemment un coupable.

En portant ces accusations, je n'ignore pas que je me mets sous le coup [...] de la loi sur la presse du 29 juillet 1881 qui punit les délits de diffamation. [...] L'acte que j'accomplis ici n'est qu'un moyen révolutionnaire pour hâter l'explosion de la vérité et de la justice. Je n'ai qu'une passion, celle de la lumière, au nom de l'humanité qui a tant souffert et qui a droit au bonheur. Ma protestation enflammée n'est que le cri de mon âme. Qu'on ose donc me traduire en cour d'assises et que l'enquête ait lieu au grand jour !

Émile Zola, « J'Accuse », *L'Aurore*, 13 janvier 1898.

Deuxième Année. — Numéro 87
ERNEST VAUGHAN
Cinq Centimes
JEUDI 13 JANVIER 1898
L'AURORE
Littéraire, Artistique, Sociale
J'Accuse...!
LETTRE AU PRÉSIDENT DE LA RÉPUBLIQUE
Par ÉMILE ZOLA
LETTRE A M. FÉLIX FAURE
Président de la République
Monsieur le Président,

2 Le point de vue d'un antidreyfusard sur l'Affaire

Je n'ai pas besoin qu'on me dise pourquoi Dreyfus a trahi. En psychologie, il me suffit de savoir qu'il est capable de trahir et il me suffit de savoir qu'il a trahi. L'intervalle est rempli. Que Dreyfus est capable de trahir, je le conclus de sa race. Qu'il a trahi, je le sais parce que j'ai lu les pages de Mercier et de Roget[1] qui sont de magnifiques travaux.

Maurice Barrès, *Ce que j'ai vu à Rennes*, 1904.

1. Mercier et Roget sont des généraux qui ont témoigné contre Dreyfus lors du procès de Rennes en 1899.

3 L'Affaire Dreyfus divise la société

Un dîner en famille, caricature de Caran d'Ache, parue dans *Le Figaro*, 14 février 1898

4 La mobilisation des dreyfusards au procès de Rennes en 1899

Républicains !

Ainsi que nous l'avions prévu, les généraux complices des faussaires, les jésuites[1] de l'État-major et toute la tourbe nationaliste viennent d'arracher du conseil de guerre de Rennes un verdict déclarant que le colonel Henry[2] faussaire, que le commandant Esterhazy[3] faussaire, proxénète, escroc et traître sont des modèles de vertu et d'honneur et que le capitaine Dreyfus, parce que juif est le véritable traître. [...]

C'est la lutte ouverte contre la démocratie républicaine, contre la République, contre les quelques libertés que nous possédons. [...]

Ce n'est pas pour Dreyfus lui-même que nous vous invitons à lutter. C'est contre le verdict inique qui consacre le triomphe de nos mortels ennemis, les hommes noirs[4] qui s'apprêtent à nous ravir toutes nos libertés si chèrement conquises.

Aujourd'hui dimanche à 5 heures, réunion de tous les véritables républicains, place du Champ-de-Mars, pour jeter à la face de nos ennemis les cléricaux menteurs et faussaires, notre cri de justice et de liberté.

Pour la République, debout !

Tract de la Ligue de défense républicaine, Vienne (Isère), 11 septembre 1899.

1. Ici, « jésuite » signifie « sous l'influence de l'Église ».
2. Henry est l'auteur du faux qui fait condamner Dreyfus.
3. Esterhazy est le véritable coupable.
4. Hommes d'Église.

5 Une caricature antidreyfusarde

Dreyfus est la tête principale d'un serpent. Cet animal représente dans la tradition chrétienne le pêché : sa culpabilité ne fait donc aucun doute. L'épée plantée dans sa queue suggère que, pour le combattre, il ne faut pas hésiter à employer la violence.

Le Traître, lithographie de Victor Lenepveu, 1900, 64,5 cm × 50 cm, Musée de l'Armée, Paris.

QUESTIONS

Identifier

1. **Doc. 4.** Identifiez les adversaires d'Alfred Dreyfus.
2. **Doc. 2 et 5.** Quels sont les arguments utilisés contre Dreyfus ?
3. **Doc 1.** Quelles sont les accusations formulées par Zola ? Contre qui sont-elles portées ?

Expliquer

4. **Doc. 1 et 4.** Quelles valeurs sont défendues par les dreyfusards ?
5. **Doc. 1, 3 et 5.** Pourquoi la presse joue-t-elle un rôle important dans l'affaire Dreyfus ?

Synthétiser

6. Montrez que l'affaire Dreyfus est une crise majeure de la Troisième République. Expliquez ensuite pourquoi le combat pour l'innocence de Dreyfus est aussi celui de la République et de ses valeurs.

DOCUMENTS
POINT DE PASSAGE

La loi de séparation des Églises et de l'État (1905)

COURS p. 140
VOCABULAIRE p. 138
Laïcité

Fiche de synthèse

▶ Cette loi, qui a fait l'objet de nombreux débats, est un texte de compromis. Elle met en place une laïcité qui respecte avant tout les libertés individuelles.

QUESTION CLÉ

Pourquoi et comment la loi de 1905 transforme-t-elle les relations entre les Églises et l'État ?

CHRONOLOGIE

- **1881-1882** L'école primaire publique devient gratuite, obligatoire et laïque.
- **1886** L'enseignement dans les écoles publiques est confié à un personnel exclusivement laïque.
- **1902** Victoire électorale du Parti radical, très anticlérical.
- **1904** Loi interdisant aux congrégations religieuses d'enseigner.
- **9 décembre 1905** Loi de séparation des Églises et de l'État.

1 Les républicains débattent de la loi

Maurice Allard (1860-1942), député socialiste du Var, s'oppose à Aristide Briand (1862-1932), député socialiste de Saint-Étienne, rapporteur de la commission parlementaire sur la loi.

Maurice Allard : « Qu'est-ce que je demande à la gauche ? Je lui demande d'adopter comme [postulat] ce qui a été adopté depuis plus de trente années par le véritable parti républicain : de décider que l'Église, danger politique et danger social, doit être combattue de toutes les façons, et je m'étonne qu'au moment où nous entreprenons contre l'Église le combat décisif on nous demande de déposer les armes et d'offrir à l'Église un projet dit libéral, tel qu'elle-même n'aurait jamais osé le souhaiter. »

Aristide Briand : « S'il fallait donner un nom au projet de M. Allard, je crois qu'on pourrait justement l'appeler un projet de suppression des Églises par l'État. [...] Mais pour la commission, la liberté de conscience est inséparable de la faculté, du droit pour les fidèles d'exprimer librement leurs sentiments religieux sous la forme du culte. [...] Nous avons proposé à la Chambre [...] un projet de séparation très net, mais en même temps très large, très équitable, c'est-à-dire sachant concilier les droits et les intérêts de l'État avec le souci de la liberté de conscience. »

Séance du 10 avril 1905 à l'Assemblée nationale, délibérations sur le projet et les propositions de loi concernant la séparation des Églises et de l'État.

2 La loi de séparation des Églises et de l'État, 1905

Art. 1 – La République assure la liberté de conscience. Elle garantit le libre exercice des cultes sous les seules restrictions édictées ci-après dans l'intérêt de l'ordre public.

Art. 2 – La République ne reconnaît, ne salarie ni ne subventionne aucun culte. En conséquence [...] seront supprimées des budgets de l'État, des départements et des communes, toutes dépenses relatives à l'exercice des cultes. [...]

Art. 3 – [...] Dès la promulgation de la présente loi, il sera procédé par les agents de l'administration des domaines à l'inventaire descriptif estimatif :

1. Des biens mobiliers et immobiliers des [établissements religieux] ;
2. Des biens de l'État, des départements et des communes dont les mêmes établissements ont la jouissance. Ce double inventaire sera dressé contradictoirement avec les représentants légaux des établissements ecclésiastiques.

INFO

La loi de 1905 prévoit la création d'associations pour gérer les biens de l'Église. Mais pour qu'elles se constituent, il faut faire un inventaire (une comptabilisation) de ces biens.

Pour marquer leur opposition à cette loi, le clergé et les fidèles refusent parfois ces inventaires, ce qui entraîne l'intervention des forces de l'ordre.

3 La séparation vue par un caricaturiste

Carte postale illustrée par Félix Antoine Marmonier (Mille), mars 1905.

4 Les divisions des catholiques

a. La condamnation du pape Pie X

Aux archevêques, évêques, au clergé du peuple français [...].

Nous réprouvons et nous condamnons la loi votée en France sur la séparation de l'Église et de l'État comme profondément injurieuse vis-à-vis de Dieu, qu'elle renie officiellement, en posant en principe que la République ne reconnaît aucun culte. [...]

Lettre encyclique de sa Sainteté le pape Pie X au peuple français, 11 février 1906

b. La réponse de vingt-trois catholiques libéraux

[...] Certes, catholiques convaincus et fidèles, nous ne saurions avoir, sur le caractère et l'esprit de cette loi, d'autre opinion que celle qu'exprimait hier le Souverain Pontife, dans son éloquente Encyclique du 11 février. Mais [...] n'étant empêchés par la loi de séparation ni de croire ce que nous voulons, ni de pratiquer ce que nous croyons [...], nous devons profiter, si restrictives soient-elles, de toutes les possibilités d'organisation que cette loi nous laisse, et en le faisant nous croyons que nous travaillerons dans l'intérêt de la patrie et de la religion.

« La Supplique aux Évêques », lettre aux évêques de France rendue publique le 26 mars 1906 par *Le Figaro*.

5 Le refus des inventaires

Les gendarmes enfoncent la porte d'une église pour permettre l'inventaire. Yssingeaux (Haute-Loire), le 7 avril 1906.

Itinéraire 1

Identifier

1. **Doc. 1.** Quelles sont les divisions internes des républicains en préparant cette loi ?
2. **Doc. 4a et 4b.** Quelles sont les divisions internes des catholiques après le vote de cette loi ?

Expliquer

3. **Doc. 1 et 2.** Les idées d'Aristide Briand se retrouvent-elles dans cette loi ? Justifiez votre réponse.
4. **Doc. 3.** Décrivez et analysez cette caricature.
5. **Doc. 5 et Info.** Montrez comment les catholiques manifestent leur opposition à la loi de 1905.

Synthétiser

6. Rédigez une réponse organisée dans laquelle vous expliquerez pourquoi et comment la loi de 1905 transforme les relations entre les Églises et l'État.

OU

Itinéraire 2

Réalisez une carte mentale

- Placez « La séparation des Églises et de l'État » au centre de votre feuille.
- Développez vos arguments dans des bulles distinctes, où les mots suivants doivent apparaître : République, laïcité, anticléricalisme, crise des inventaires, catholiques, liberté de conscience.
- Reliez ensuite chaque bulle « argument » à d'autres bulles « exemple(s) », que vous compléterez à l'aide des documents.
- Utilisez des couleurs pour que votre carte mentale soit plus claire.

RÉVISIONS

La mise en œuvre du projet républicain (1870-1914)

Podcast

L'ESSENTIEL

1 La fondation de la République (1870-1879)

- Dès ses débuts, la Troisième République rencontre de nombreuses difficultés. D'abord la défaite contre l'Allemagne, qui entraîne la perte de l'Alsace-Moselle. Ensuite une guerre franco-française où le gouvernement, réfugié à Versailles, fait face à l'insurrection de la Commune de Paris, notamment marquée par la figure de Louise Michel.
- Dirigée par une majorité monarchiste, la République exerce une répression violente lors de la Semaine sanglante (21-28 mai 1871), puis mène une politique d'ordre moral (1873-1875). Progressivement, les victoires électorales des républicains leur permettent de conquérir le pouvoir et les institutions.

2 La diffusion d'une culture républicaine

- Arrivés au pouvoir (1879), les républicains entreprennent de conquérir la société française. Ils consacrent les libertés fondamentales en votant des lois comme la liberté de la presse (1881), la liberté syndicale (1884) ou d'association (1901).
- Pour construire une nation républicaine, des symboles sont adoptés (*La Marseillaise*, le 14 Juillet) et des héros célébrés, comme lors des funérailles nationales de Victor Hugo en 1885. Enfin, les lois scolaires (1881-1886) permettent de fabriquer l'égalité républicaine et d'imposer la laïcité scolaire.

3 La République face aux contestations

- Fragile, la République doit faire face à de nombreux dangers, comme la crise boulangiste (1886-1889) ou les attentats anarchistes (1892-1894), qui se nourrissent de l'antiparlementarisme.
- L'affaire Dreyfus (1894-1906) fait même vaciller la République, mais elle donne aussi un nouvel élan aux idéaux républicains. La société reste donc traversée par de nombreuses tensions, notamment entre les républicains anticléricaux et l'Église catholique, qui réagit vivement à l'instauration de la loi de 1905.

Exercices interactifs

POINTS DE PASSAGE

▶ 1871 : Louise Michel pendant la Commune de Paris → p. 142

- Féministe militant pour la justice sociale, elle combat pour défendre la Commune de Paris.
- Arrêtée au début de la Semaine sanglante, elle est condamnée à la déportation en Nouvelle-Calédonie.
- Après l'amnistie des communards (1880), elle fait un retour triomphal à Paris.

▶ 1885 : Les funérailles nationales de Victor Hugo → p. 144

- Son passé d'opposant politique condamné à l'exil sous Napoléon III en fait une icône républicaine.
- Il fait consensus et devient une figure de l'unité nationale.
- Ses funérailles rassemblent plus d'un million de personnes. Il repose au Panthéon.

▶ 1905 : La loi de séparation des Églises et de l'État : débats et mise en œuvre → p. 150

- Une loi destinée à apaiser les conflits entre les républicains anticléricaux et l'Église catholique.
- Une loi qui assure la liberté de conscience et garantit le libre exercice des cultes.
- Une loi condamnée par une partie des catholiques qui manifestent leur opposition lors de la crise des inventaires.

A/Z Les mots clés

- **Anticléricalisme**
  Hostilité à l'intervention du clergé dans les affaires publiques.
- **Antiparlementarisme**
  Hostilité au régime parlementaire et à ses hommes politiques.
- **Laïcité**
  Principe selon lequel l'État ne favorise aucune religion et garantit à chacun la liberté de conscience et d'expression de ses convictions.
- **Régime parlementaire**
  Régime politique où le gouvernement est responsable devant le Parlement, celui-ci devient alors le centre de la vie politique.

+ Vidéo

L'ESSENTIEL EN 3 MINUTES

LA MISE EN ŒUVRE DU PROJET RÉPUBLICAIN (1870-1914)

1 LA FONDATION DE LA RÉPUBLIQUE (1870-1879)

- 24 septembre 1870 : **Défaite de Sedan et proclamation de la République**
  → Humiliation, défaite, perte de l'Alsace-Moselle.
  → Retour des monarchistes au pouvoir.
- 1871 : Versailles (**Thiers**) contre **la Commune de Paris** : guerre civile.
  → **Louise Michel**, une grande figure de la Commune (1871).
- 1873-1875 : Restauration de l'ordre moral par une **République conservatrice.**
- 1875-1879 : Les républicains à la conquête du pouvoir et des institutions.

Chronologie

- 1870 — 4 septembre 1870 : Proclamation de la République
- 1871 — 18 mars-28 mai 1871 : Commune de Paris
- 1881-1886 : Lois scolaires
- 1881 : Loi sur la liberté de la presse
- 1884 : Loi sur le droit syndical
- 1885 : Funérailles de Victor Hugo
- 1890
- 1894-1906 : L'affaire Dreyfus
- 1900
- 1905 : Loi de séparation des Églises et de l'État

2 LA DIFFUSION D'UNE CULTURE RÉPUBLICAINE

- **Libertés fondamentales** : de la presse (1881), des syndicats (1884), d'association (1901).
- **Lois scolaires de Jules Ferry** : école publique gratuite, obligatoire et laïque (1881-1882).
- **Adoption officielle des symboles républicains** : *La Marseillaise*, le 14 juillet.
- **Célébration de héros républicains** : funérailles nationales de Victor Hugo (1885).

3 LA RÉPUBLIQUE FACE AUX CONTESTATIONS

- Montée de l'**antiparlementarisme.**
- **Crise boulangiste** (1886-1889) : le danger nationaliste.
- **Attentats anarchistes** (1892-1894).
- **L'affaire Dreyfus** (1894-1906) : une erreur judiciaire qui met en péril la République, mais qui donne un nouvel élan à l'idée républicaine. → **Zola**
- **Loi de séparation des Églises et de l'État** (1905).
  → **Crise des inventaires.**

SUJET GUIDÉ

La séparation des Églises et de l'État

Consigne

Confrontez ces documents pour expliquer les oppositions que rencontre la république dans la mise en œuvre de sa politique laïque. Montrez d'abord comment ces documents révèlent les tensions entre la République et l'Église catholique et qu'ils présentent deux points de vue différents sur la loi de 1905 et sa mise en œuvre.

1 Carte postale encourageant la séparation des Églises et de l'État (1905)

2 Le refus des inventaires (1906)

À la Chaumes, près des Sables d'Olonnes, la foule défend l'entrée de son église au fonctionnaire chargé de l'inventaire. Illustration d'Eugène Damblans pour *Le Pèlerin*, 1906.

POINTS MÉTHODE

DÉCRYPTAGE DU SUJET

Analyser la consigne

- **Déterminer le sujet à traiter**
  - Repérer les limites chronologiques et spatiales.
  - Relever les mots clés et analyser la manière dont ils sont mis en relation.
- **Déterminer les différents aspects à analyser**
  - Mettre en relation le document et une ou des notions.
  - Faire preuve d'esprit critique sur le document : limites, opposition/comparaison de points de vue.

- Le sujet porte sur la loi de séparation des Églises et de l'État et les débats qu'elle a provoqués dans la société française.
- Il est important de ne pas uniquement évoquer le vote de la loi du 9 décembre 1905. Il faut replacer les débats dans un contexte plus large : la question de la laïcité est au cœur de la vie politique depuis les débuts de la IIIe République, et la mise en œuvre de la loi crée des tensions (inventaires de 1906).
- Les notions de République et de laïcité sont au cœur de l'analyse. On peut aussi évoquer l'anticléricalisme, la crise des inventaires et les oppositions à la République. Il est important de bien distinguer la loi et sa mise en œuvre.
- Le premier document évoque directement la loi dont il encourage le vote alors que le second présente les tensions liées aux inventaires, c'est-à-dire la comptabilisation des biens possédés par le clergé. Deux points de vue s'opposent dans ces deux images.

Identifier le ou les documents

- **Quelle nature ?**
- **Auteur et point de vue**
- **Situation(s) historique(s) évoquée(s)**

- La carte postale et la gravure sont des images destinées à être diffusées massivement par voie de presse ou postale.
- La carte postale du document 1 est républicaine : la séparation des Églises et de l'État y est encouragée car elle peut apaiser les relations entre les catholiques et la République.
- L'image du document 2 est tirée du *Pèlerin*, journal catholique qui critique les inventaires rendus nécessaires par la loi.
- La loi de 1905 est une loi d'équilibre votée après un long débat où se sont opposés républicains et conservateurs favorables aux catholiques. L'Église s'oppose à la loi lors de la crise des inventaires en 1906.

Répondre aux parties de la consigne

- La question de la séparation des Églises et de l'État crée des tensions entre la République et l'Église catholique. La partie gauche du document 1 montre une Marianne qui intimide le clergé avant le vote de la loi alors que sur le document 2 un fonctionnaire de la République fait face à des fidèles catholiques. Ces tensions sont exacerbées dès les débuts de la IIIe République (les républicains dénonçant la restauration de l'ordre moral) et plus tard avec l'affaire Dreyfus et l'arrivée au pouvoir des radicaux.
- Les documents mettent en évidence deux points de vue différents : la carte postale du document 1 montre que la loi de 1905 a pour but d'apaiser les relations entre les Églises et la République. L'Église se saisit ensuite de la crise des inventaires pour montrer son opposition à la loi de 1905 comme le montre le document 2. L'importante mobilisation des fidèles face à ces inventaires témoigne des contestations auxquelles doit faire face la République.

Retrouvez des sujets de Bac et des méthodes actualisés sur le site lyceen.nathan.fr/cote1re-2019

CHAPITRE

7

Permanences et mutations de la société française jusqu'en 1914

Dans ce chapitre

TOUS LES TEXTES en version à imprimer

TOUTES LES CARTES en version interactive

Entre 1880 et 1914, alors que la République s'installe au pouvoir, la population française, encore largement rurale et agricole, connaît d'importantes mutations sociales. Dans un contexte d'industrialisation et de progrès techniques, le monde ouvrier, très hétérogène et composé de femmes et d'immigrés de plus en plus nombreux, cherche à améliorer sa condition.

Quelles sont les principales mutations qui affectent la société française dans le contexte de l'industrialisation ?

1 Les progrès de l'industrialisation célébrés à l'Exposition universelle de 1889

Fête de nuit à l'Exposition universelle de 1889, sous la tour Eiffel.
Huile sur toile de G. Roux, vers 1889, musée Carnavalet.

Animation

2 Cortège d'ouvriers en grève, Courrières (1906)

Supplément illustré du *Petit Journal*, 1er avril 1906. Manifestation ouvrière à la suite de la catastrophe minière de mars 1906 qui fait 1 100 morts.

Permanences et mutations de la société française jusqu'en 1914

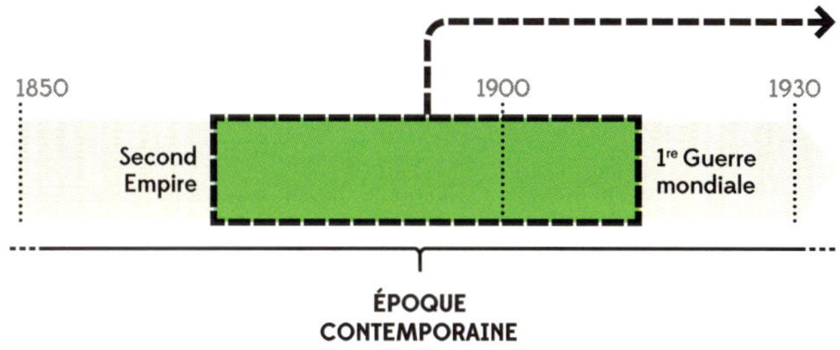

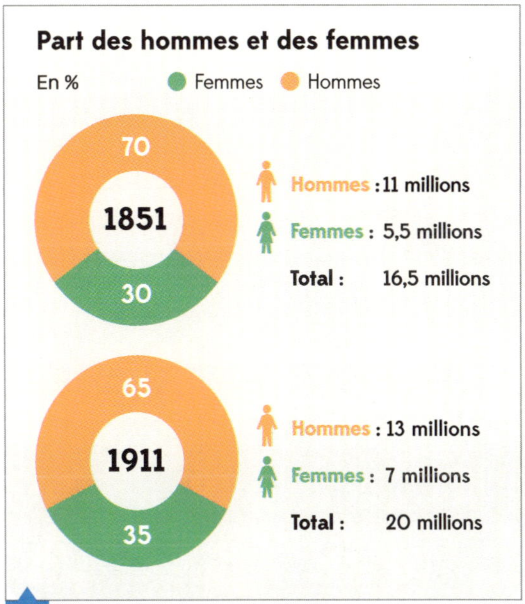

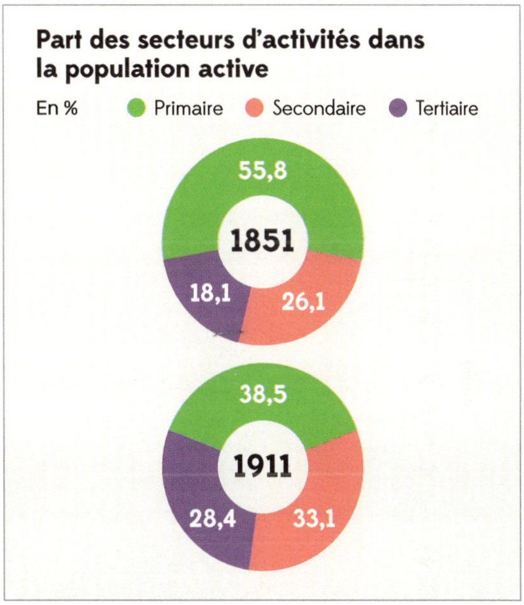

1 Évolutions de la population active entre 1851 et 1911

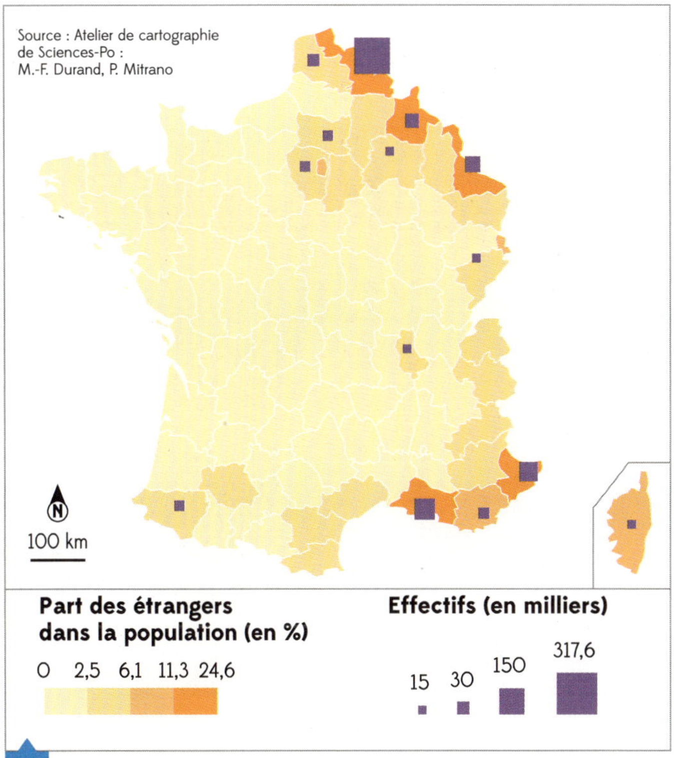

2 La population étrangère en France en 1891

3 La montée des grèves dans le monde ouvrier

Nombre de grévistes pour 100 000 travailleurs	
1885	600
1890	2 100
1895	2 400
1900	4 500
1905	6 000
1910	7 000

Source : *Taux annuel de grèves et de grévistes en France*, Charles Tilly et Edward Shorter, *Les Annales*, 1973

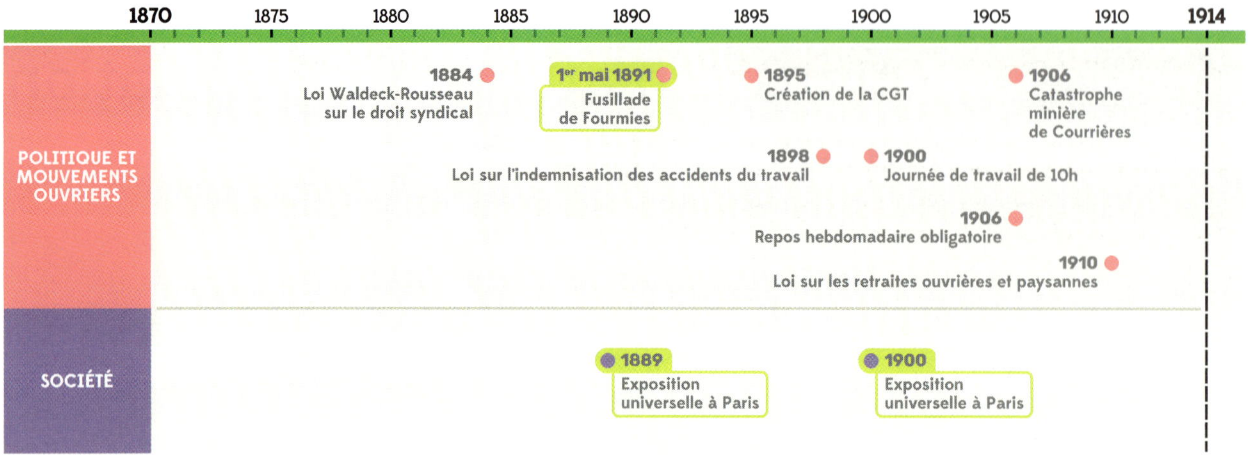

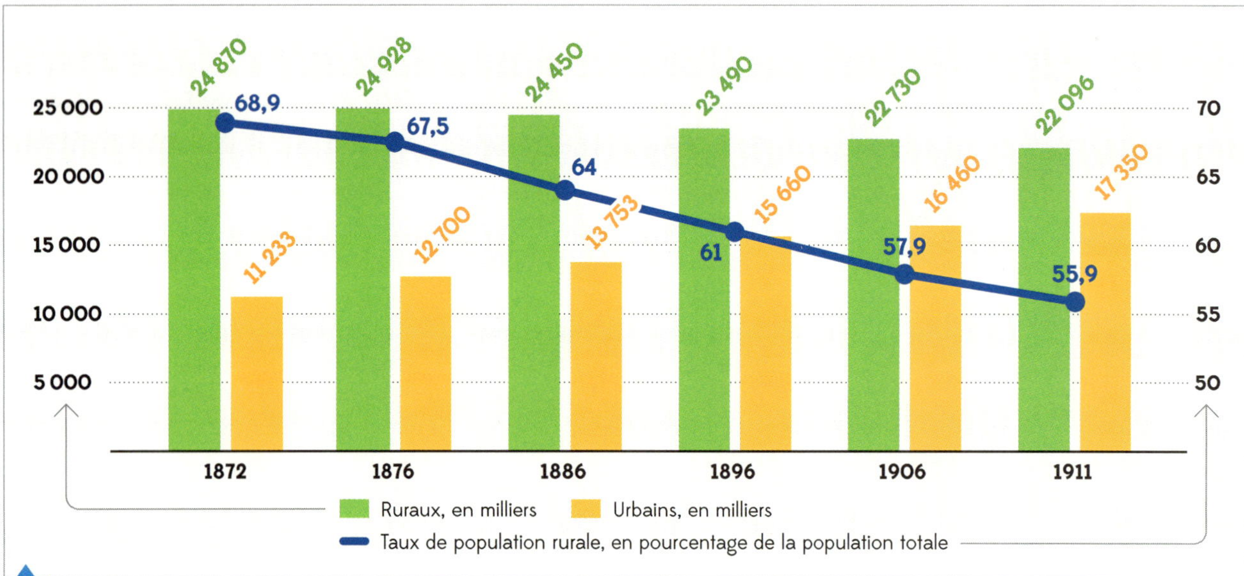

4 Exode rural et urbanisation

Source : *Les campagnes dans les évolutions sociales et politiques en Europe*, CNED-SEDES, 2006.

5 Innovations et mutations techniques 1870-1910

1871	Dynamo électrique
1876	Téléphone
1879	Moteur d'automobile Caoutchouc synthétique
1885	Moissonneuse-batteuse
1888	Pneumatique
1890	Avion
1900	Radiotéléphone
1905	Démarreur électrique pour automobiles

a. Nouvelles inventions

1890	9 009
1900	12 400
1910	15 596

b. Demandes de brevets déposées en France

Vocabulaire

Population active
Ensemble des personnes occupant un emploi et de celles qui sont au chômage.

QUESTIONS

1. Comment évolue la population active en France ? La population rurale ? La population urbaine ?
2. Dans quelles régions se concentre la population immigrée en France ? Pourquoi selon vous ?
3. Comment évolue le nombre de grévistes au cours de la période ? Que peut-on en déduire sur les conflits du travail à cette époque ?

COURS

REPÈRES p. 160
DOCUMENTS p. 166 à 171

Podcast du cours

1. Industrialisation et transformation de la population active (1870-1914)

Quelles sont les conséquences de l'industrialisation sur la population active ?

A La France poursuit son industrialisation

1. Innovations et concentration industrielle

- L'**industrialisation** se poursuit sous la Troisième République avec l'apparition d'un nouveau cycle d'innovations lié aux progrès de l'électricité et du moteur à explosion. Des **concentrations industrielles** font leur apparition. Ainsi, **les usines Schneider du Creusot** se développent rapidement dans la ville et concentrent une main-d'œuvre ouvrière de plus en plus nombreuse. L'entreprise passe en quarante ans de 9 000 à 20 000 ouvriers et met en place une politique **paternaliste** qui a pour vocation de stabiliser la main-d'œuvre et de la contrôler.

POINT DE PASSAGE

▶ Le Creusot et la famille Schneider.

→ p. 170

- Les **Expositions universelles organisées à Paris en 1889 et en 1900** portent au triomphe ces progrès techniques et mettent en scène une marche vers le progrès. Elles font étalage des richesses produites par les industries françaises dans le contexte d'une compétition économique entre les nations européennes.

POINT DE PASSAGE

▶ Les Expositions universelles de 1889 et 1900.

→ p. 166

2. L'augmentation du nombre des ouvriers

- L'essor important de la grande industrie entraîne une augmentation du nombre d'ouvriers, dans les usines – essentiellement textiles et sidérurgiques – et dans les mines d'extraction du charbon. Entre 1866 et 1906 la croissance de la population ouvrière est réelle (17 %), même si elle est plus lente qu'ailleurs en Europe.

? LE SAVIEZ-VOUS ?

C'est dans le cadre de l'Exposition universelle de 1900 que la première ligne de métro est inaugurée et ouverte au public à Paris (19 juillet 1900). Il s'agit de la ligne 1, qui relie la porte de Vincennes à la porte Maillot.

3. Le poids persistant du petit atelier

- Le monde ouvrier est encore très hétérogène en 1880 et largement dominé par l'atelier, où le travail reste très proche de l'artisanat. En 1906, les ouvriers qui travaillent à domicile et reçoivent leurs ordres d'un lointain patron représentent encore 26,3 % des ouvriers français. Les entreprises de moins de 10 salariés emploient encore plus de la moitié de la main-d'œuvre.

B Les paysans face à la modernisation et l'exode rural

1. Une France encore rurale

- **Jusqu'en 1914, l'agriculture se maintient comme l'activité dominante** : celle de 38,5 % des Français. La plupart d'entre eux gèrent **de petites exploitations fondées sur la polyculture** (culture de plusieurs espèces végétales dans une même exploitation). Cette agriculture de subsistance, qui permet tout juste de nourrir une famille, contraint les paysans à rechercher un revenu de complément en exerçant une autre activité, dans de petits ateliers. **On parle alors de paysans ouvriers.**

? LE SAVIEZ-VOUS ?

La tour Eiffel a été construite à l'occasion de l'Exposition universelle de 1889. C'est alors la tour la plus haute du monde. Aujourd'hui elle attire chaque année environ 7 millions de visiteurs.

2. La modernisation agricole

- Si l'outillage et les méthodes de travail restent dans l'ensemble traditionnels, **la mécanisation et les innovations se répandent toutefois dans les campagnes**, particulièrement après 1890. De plus en plus d'agriculteurs appliquent les nouvelles méthodes de culture, utilisent les engrais ou investissent dans des machines. Les moissonneuses, faucheuses et batteuses se développent dans certaines campagnes, particulièrement dans le Bassin parisien et le Nord-Est, où la moisson se mécanise plus vite.

3. L'exode rural

- Cette lente mécanisation réduit peu à peu le nombre de paysans nécessaires et **accélère le mouvement d'exode rural**. La population rurale représentait 75 % de la population française en 1870, elle n'en représente plus que 60 % en 1911.

C Une population urbaine en croissance

1. Une nouvelle géographie industrielle

- Les nouvelles usines s'installent à proximité des matières premières **et regroupent les ouvriers et les machines sur des lieux de plus en plus étendus**. Les activités productives se concentrent ainsi dans le nord et l'est de la France, où les mines d'extraction du charbon emploient **des milliers de mineurs**. Ils sont 150 000 en 1913, 135 000 dans le seul bassin du Nord-Pas-de-Calais.

- Les industries s'implantent également dans les villes et attirent à elles une importante population ouvrière. **C'est le cas au Creusot, où la multiplication des activités des usines Schneider contribue au développement de la population de la ville** qui passe, entre 1840 et 1900, de 2 700 à 30 500 habitants. C'est ainsi que les premières banlieues se développent autour de Paris, faisant naître un nouveau paysage constitué d'enchevêtrement d'usines, de terrains vagues et d'habitations ouvrières.

2. Un appel nécessaire à l'immigration

- Avec la chute de la natalité en France, la croissance de la population est considérablement ralentie. **La France fait donc, plus tôt que ses voisins européens, appel à une main-d'œuvre d'origine étrangère.** Elle devient ainsi le premier pays d'immigration en Europe. Ces **immigrés** viennent des pays frontaliers, de Belgique dans le Nord et d'Italie (nationalité la plus nombreuse à partir de 1891).

- À la fin du XIXe siècle, ce sont ainsi des familles entières qui traversent les frontières et forment dans certains quartiers des communautés comme les « petites Italies ». Les industriels de Lorraine et du Nord-Pas-de-Calais mettent en place des bureaux de recrutement aux frontières.

A/Z Vocabulaire

- **Concentration industrielle**
  Concentration sur un même site industriel de l'ensemble des processus de fabrication d'un produit, qui a pour conséquence d'agrandir le site et d'augmenter le nombre d'ouvriers qui y travaillent.
- **Exode rural**
  Départ définitif de la population des campagnes vers les villes.
- **Immigré**
  Personne qui s'installe (provisoirement ou définitivement) dans un pays d'accueil.
- **Industrialisation**
  Processus d'extension et d'intensification des activités industrielles pendant lequel la production industrielle dépasse la production agricole.
- **Paternalisme**
  Système mis en place par la direction d'une entreprise pour prendre en charge un grand nombre d'aspects de la vie du quotidien (logement, soins, éducation...).
  Le patron, soucieux de fidéliser et contrôler sa main-d'œuvre, se comporte comme un père de famille avec ses ouvriers.

TESTEZ-VOUS !

- Expliquez pourquoi l'entreprise Schneider est un bon exemple de concentration industrielle ?
- Pourquoi peut-on dire que la transformation des campagnes est lente ?
- Pourquoi les entreprises françaises font-elles appel à la main-d'œuvre immigrée ?

POUR ALLER + LOIN

- ***Les Ouvriers*, de Xavier Vigna, Les Arènes, 2014.**
  Ce livre-objet abondamment illustré balaie la mémoire ouvrière en France du début du XIXe siècle au milieu des années 1970.

COURS

REPÈRES p. 160
DOCUMENTS p. 172 à 175

Podcast du cours

2. Des populations marginalisées en République

Quels groupes sociaux restent marginalisés sous la Troisième République ?

A Des ouvriers qui attendent une République sociale

1. Des ouvriers oubliés par la République

● L'inauguration de la Tour Eiffel en 1889 peut être comprise comme **une célébration du lien entre les ouvriers, l'industrie sidérurgique et la République**. Mais les Républicains au pouvoir, qui cherchent à rassembler les Français autour de valeurs et de principes communs, **tardent à mettre en place des mesures sociales favorables aux ouvriers**.

2. Le développement de la grève

● Les conditions de travail difficiles – les ouvriers travaillent jusqu'à 12 heures par jour, parfois plus – l'absence de protection sociale, la dangerosité et la mortalité précoce poussent les ouvriers à **faire usage de la grève pour se faire entendre**. Ils sont soutenus par **les syndicats, autorisés depuis 1884**, qui les aident à s'organiser. La CGT (Confédération Général du Travail) apparaît par exemple en 1895 et se dote dès 1900 de son journal, *La Voix du peuple*. À partir de 1904, l'une des principales revendications de la CGT est **la journée de 8 heures**.

● À Courrières, le 10 mars 1906, une explosion provoque la mort d'environ 1 100 mineurs. **Une grève se développe alors et se généralise rapidement à toute la France**. Le 1er mai suivant, tous les secteurs d'activité cessent le travail. La classe ouvrière se confronte de cette manière au pouvoir en place.

3. La répression des mouvements ouvriers

● Ces grèves traduisent une crise de confiance des ouvriers et sont chaque fois réprimées par les forces armées. En 1891, à Fourmies, petite cité textile du nord de la France, **les ouvriers organisent le 1er mai pour protester contre la misère**. Les salaires ont baissé et le chômage partiel est devenu fréquent. **Le maire de la ville fait intervenir l'armée : 9 manifestants sont tués, une cinquantaine sont blessés.**

● C'est à la fin du XIXe siècle que les premières lois qui répondent aux attentes sociales des ouvriers sont votées : **en 1898 une loi sur l'indemnisation des accidents du travail, en 1900 la limitation de la journée de travail à 10 heures, en 1906 le repos hebdomadaire obligatoire, en 1910 les premières retraites** pour les ouvriers et les paysans.

B Les droits sociaux des femmes peinent à être reconnus

1. Les femmes travaillent de plus en plus

● Les femmes participent à l'ensemble des **transformations économiques et sociales en France** au XIXe siècle, mais leur contribution à l'économie est sous-estimée. Si elles participent toujours très activement aux travaux des

Vocabulaire

- **Grève** Action collective consistant en une cessation du travail par les salariés d'une entreprise.
- **Syndicat** Association qui défend les intérêts professionnels et les droits des travailleurs.
- **Xénophobie** Haine de l'étranger.

LE SAVIEZ-VOUS ?

Le 1er Mai
C'est en 1884 que les syndicalistes américains décident qu'il sera organisé chaque 1er mai un défilé des syndicats pour défendre leurs revendications.
En France, c'est en 1889 que les partis socialistes décident que le 1er mai est la journée de revendications des travailleurs.

POINT DE PASSAGE

▶ 1891 : la fusillade de Fourmies.
→ p. 172

LE SAVIEZ-VOUS ?

Julie-Marie Daubié est la première femme à obtenir le baccalauréat en 1861 à Lyon. Elle a dû travailler par elle-même le latin et le grec alors indispensables pour l'examen, car les lycées de jeunes filles n'existent pas encore. Reçue, elle s'inscrit à l'université et devient la première femme licenciée.

champs pour lesquels elles ne sont pas rémunérées, elles sont aussi de plus en plus nombreuses dans les usines. **Entre 1870 et 1906, le travail des femmes augmente de 30 %** ; elles sont surtout présentes dans le textile ou l'alimentation car ces tâches sont considérées comme « féminines », requérant patience et minutie, par opposition aux « travaux d'hommes » nécessitant force physique et aptitudes techniques.

2. Une lente amélioration de leur condition

• Tout au long de la période les femmes sont deux fois moins payées que les hommes et elles ne peuvent disposer librement de leurs revenus qu'à partir de 1907. **À partir de la fin du XIXe siècle, de nouvelles lois visant à améliorer leurs conditions de travail sont votées** (loi de 1892 qui limite à 11 heures la journée de travail) mais **il faut attendre 1909 pour qu'elles obtiennent un congé de maternité de 4 semaines.**

• À partir de 1881-1882, **la scolarisation des filles s'accélère** mais les programmes d'instruction primaire précisent que « l'école doit préparer et prédisposer la jeune fille aux soins du ménage et aux ouvrages de femmes ». Les contenus de l'enseignement secondaire sont très différents de ceux des garçons et ne leur permettent pas d'accéder au baccalauréat. Rares sont donc les jeunes filles à poursuivre leur scolarité à l'université.

C Les immigrés, victimes de xénophobie

1. Des actes xénophobes

• **Le nombre d'incidents contre les étrangers augmente dès la fin du XIXe siècle** dans un contexte de crise économique. La poussée **xénophobe** touche les Italiens, les plus nombreux en France, mais aussi les Belges dans le Nord et le Bassin parisien. Ce rejet de l'étranger se traduit par des injures, des protestations orales, des pétitions mais aussi par de violentes bagarres. En 1893, la tuerie la plus connue fait 8 morts et plusieurs dizaines de blessés. Elle se déroule dans les salines d'Aigues-Mortes. Les ramasseurs de sel qui s'en sont pris aux Italiens sont toutefois acquittés.

2. Une main-d'œuvre considérée comme concurrente

• Les ouvriers français reprochent aux travailleurs étrangers, moins payés, de leur faire concurrence, et d'être responsables du chômage. **La République impose aux travailleurs étrangers de se faire enregistrer** dans la commune où ils travaillent. En échange d'une taxe, ils reçoivent du maire un document qu'ils doivent présenter à la police au moment des contrôles. Enfin, une grande partie de la presse tient régulièrement des rubriques sur les affrontements entre ouvriers français et étrangers. L'idée est de désigner les responsables des souffrances des ouvriers français.

HISTOIRE DE MOTS

Les ouvriers et la « perruque »

La perruque – dite aussi « bricole » ou « bousille » – est une pratique consistant à produire en cachette, sur son temps et sur son lieu de travail et avec les outils et le matériel disponibles, des objets qui sont destinés à un usage personnel et récréatif. Ainsi les ouvriers peuvent-ils produire des outils, des couverts, des boîtes de rangement, des gaufriers, des moulins à café, des jouets pour les enfants, des œuvres d'art, etc.

LE SAVIEZ-VOUS ?

La métaphore du bagne pour désigner les « travaux forcés » industriels est courante dès le XIXe siècle. De nombreuses usines sont d'ailleurs surnommées « Cayenne » par leurs ouvriers, en référence au bagne de Cayenne créé en Guyane française dans les années 1850 pour y incarcérer prisonniers politiques et délinquants récidivistes.

TESTEZ-VOUS !

- Pourquoi les ouvriers utilisent-ils la grève comme moyen d'expression ?
- Pourquoi peut-on dire que les femmes sont oubliées par la République ?
- Comment expliquer la xénophobie de certains ouvriers français ?

POUR ALLER + LOIN

• **Le site Internet du musée de l'Histoire de l'immigration : http://www.histoire-immigration.fr.** Un site riche qui offre de nombreux documents sur l'immigration en France depuis le XIXe siècle avec des entrées par origines migratoires. Un dossier thématique concerne précisément l'immigration italienne avec des thématiques multiples et des **podcasts à écouter**.

DOCUMENTS
POINT DE PASSAGE

COURS p. 162

Fiche de synthèse

Les Expositions universelles de 1889 et 1900, vitrines de la modernisation

Les Expositions universelles parisiennes de 1889 et 1900 attirent des foules immenses. Elles témoignent des progrès scientifiques et techniques réalisés dans la deuxième moitié du XIXe siècle dans le contexte de l'industrialisation. La République y célèbre les bienfaits des progrès techniques.

QUESTION CLÉ

Quelle image la France donne-t-elle d'elle-même à travers les expositions universelles ?

1 La tour Eiffel, symbole de l'exposition de 1889

Embrasement de la tour Eiffel pendant l'Exposition universelle de 1889. Tableau de Georges Garen, musée d'Orsay.

2 Le palais des Machines en 1889

Une gigantesque nef de 77 000 mètres carrés, qui a coûté 7 fois plus cher que la tour Eiffel, est construite pour l'occasion sur le Champ-de-Mars. *Vue de l'intérieur de la galerie des Machines, Exposition universelle internationale de 1889*, Paris. Bibliothèque du Congrès.

3 Discours d'ouverture de l'Exposition universelle de 1889

Messieurs,

Aujourd'hui, nous venons contempler dans son éclat et dans sa splendeur l'œuvre enfantée par ce siècle de labeur et de progrès. Nous venons saluer les travailleurs du monde entier qui ont apporté ici le fruit de leurs efforts et les productions de leur génie. [...] Nous venons souhaiter la bienvenue aux visiteurs qui, déjà de tous les points de l'horizon, en deçà ou au-delà des frontières, arrivent, sans compter les distances, pour prendre part à nos fêtes. [...]. Notre chère France est digne d'attirer à elle l'élite des peuples. Elle a le droit d'être fière d'elle-même, et de célébrer, la tête haute, le centenaire économique comme le centenaire politique de 1789. [...] Elle a trouvé dans ses institutions la force de vivifier le travail, de ranimer l'activité du commerce et de l'industrie, de rendre courage à l'agriculture atteinte par de redoutables fléaux [...] On ne saurait mieux le faire que par cet admirable concours de peuples, qui, venus de toutes les parties du monde, se donnent rendez-vous pour rassembler les merveilles de l'industrie et les splendeurs de l'art de notre époque.

Discours prononcé le 6 mai au pied de la tour Eiffel par le président de la République Sadi Carnot pour l'ouverture de l'Exposition universelle de 1889, *Petit Journal*, 8 mai 1889.

CHIFFRES CLÉS

	1889 (5 mai au 31 octobre)	1900 (15 avril au 12 novembre)
Surface de l'exposition	100 hectares	216 hectares (sur 2 sites)
Visiteurs	30 millions environ	plus de 50 millions
Exposants	Plus de 60 000 dont 55 % de Français	Plus de 83 000 dont 45 % de Français

4 L'Exposition universelle de 1900 célèbre le progrès

Le XIXe siècle a été le grand siècle du progrès. Pour fêter les prodiges des Arts et des Sciences, de l'Industrie et de l'Agriculture, la France invita toutes les nations à participer à l'Exposition universelle qu'elle organisait à Paris. *Toutes répondirent à cette invitation ; elles tenaient à comparer les progrès de leurs industries avec ceux des autres nations.*

L'exposition de 1900 fut une merveille. Le champ de Mars avec son château et ses fontaines lumineuses qui, le soir transformaient cette partie de l'exposition en une véritable féerie, les quais de la rive gauche de la Seine, du pont Alexandre III au pont d'Iena, étaient occupés par les palais des Nations, chacun dans son architecture nationale. [...] Toutes ces constructions constituaient un ensemble riche et pittoresque et représentaient un travail formidable qui retenait l'attention des visiteurs. Jamais, à aucune époque de l'histoire, le travail n'a été autant glorifié que pendant l'année 1900.

Jeanne Bouvier[1], *Mes Mémoires, une syndicaliste féministe, 1876-1935.*

1. Jeanne Bouvier est une ouvrière chemisière-lingère, militante syndicaliste et féministe.

5 Le pavillon du Creusot en 1900

La famille Schneider a participé à plusieurs Expositions universelles. Elle a exposé ses productions à Paris en 1867, 1878, 1900.

Le pavillon du Creusot, dont une énorme coupole, surmontée et flanquée de canons de tous les calibres qui semblaient prêts à canonner tout ce qui les entourait, dominait le cours de la Seine à une hauteur considérable.

À la vérité, ce pavillon ne contenait pas seulement du matériel de guerre, car on y apercevait notamment une locomotive extraordinaire par ses dimensions. [...] Naturellement le Creusot a tenu à ne pas fractionner son exposition, mais c'étaient d'ailleurs les engins de guerre qui dominaient de beaucoup dans son pavillon. Ici, c'était une machine marine [...] ; plus loin, et tout à côté du matériel électrique, que les établissements en question fabriquaient maintenant couramment, voici des types de plaques de blindage en acier et au nickel telles que les diverses marines du monde en avaient commandé à notre gigantesque usine métallurgique [...]. Au milieu de tous ces engins de destruction, dont la puissance même était un argument pour la disparition de la guerre, on apercevait un plan en relief des établissements du Creusot.

Louis Rousselet, *L'Exposition universelle de 1900*, Librairie Hachette & Cie, 1901.

Itinéraire 1

Identifier

1. Présentez les documents en les classant selon les dates des Expositions universelles.
2. **Doc. 1, 2 et 4.** Quelles sont les impressions laissées sur les visiteurs ? Confrontez les documents pour illustrer votre réponse.

Expliquer

3. **Doc. 2, 3, 4 et 5.** Quels aspects de la puissance de la France la République veut-elle faire découvrir au cours de ces expositions ?
4. **Doc 5.** Quel est l'intérêt pour l'entreprise Schneider d'être présente à l'Exposition universelle ?
5. Expliquez la phrase en italique dans le **document 4** et croisez-la avec le **document 5**.

Synthétiser

6. Justifiez à l'aide des documents l'affirmation suivante : *« La France utilise les Expositions universelles pour glorifier son industrie. »* Pour y parvenir, appuyez-vous sur des citations ou des descriptions des documents.

OU

Itinéraire 2 — oral

Préparer un exposé

- En vous appuyant sur une analyse des documents, préparez un exposé court dans lequel vous répondrez à la question clé.
- Pour cela, aidez-vous des questions suivantes :
  - quels sont les contextes des deux Expositions universelles et comment évaluer leur succès ?
  - quelle image la France veut-elle donner d'elle-même à travers ces expositions ?
  - qui y participe et pourquoi ?

DOCUMENTS L'accélération de l'exode rural

REPÈRES p. 160
COURS p. 162

En 1850, la France atteint son chiffre maximum d'actifs agricoles. Après cette date, les habitants des campagnes sont de plus en plus nombreux à quitter leur village pour s'installer dans des villes qui, dans le contexte de l'industrialisation, offrent de nouveaux horizons.

OBJECTIF

Montrez que les campagnes se vident progressivement d'une grande partie de leur population au profit des villes.

CHIFFRES CLÉS

Évolution de la population rurale en France de 1881 à 1911

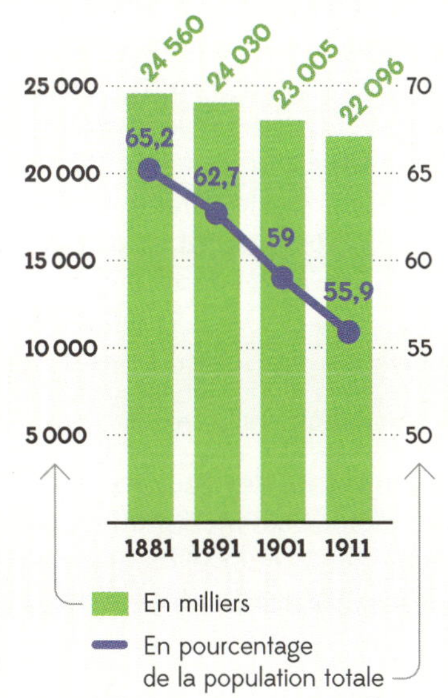

1 De plus en plus de départs à Mazières-en-Gâtine

Entre 1880 et 1900, ces départs se précipitèrent. Un certain nombre de jeunes gens de la commune, dont beaucoup eussent vécu pauvrement, acquirent, grâce à leur instruction, des situations plus aisées. Les mieux doués se dirigeaient dès la sortie de l'école primaire vers l'École normale d'instituteurs[1]. Il y avait pour cela beaucoup de raisons : tout d'abord l'influence de l'instituteur et l'estime mêlée de respect dont il jouissait ; nous aurons l'occasion d'en parler. Ensuite la proximité du siège de l'École normale de Parthenay (15 kilomètres) ; la certitude donnée à 16 ou 17 ans par les succès d'un concours d'entrée à cette école d'avoir une situation honorable après trois ans d'études gratuites. [...] Enfin et surtout, peut-être, il faut signaler la contagion de l'exemple donné par les premiers succès, les relations qui unissaient les familles les unes aux autres, la force du courant ainsi créé. C'est ainsi qu'en 1884 entrait à l'École normale de Parthenay le fils d'un gendarme. [...] Deux ans plus tard, un cultivateur très aisé des environs y faisait entrer son fils. C'est là une décision assez surprenante. Mais cet homme avait une famille assez nombreuse : trois fils, deux filles ; deux de ses fils devinrent fonctionnaires – tous deux instituteurs – ; ses deux filles se marièrent ; un de ses fils est demeuré à la propriété ; il la cultive encore.

Roger Thabault, *Mon village. Ses hommes, ses routes, son école. 1848-1914.*

1. L'école d'enseignement supérieur où sont formés les futurs instituteurs. À partir de 1879 chaque département a l'obligation d'en fonder une.

2 La gare, facteur d'ouverture des campagnes

Gare d'Arcy-sur-Cure, département de l'Yonne, vers 1900.

CONSEILS

- Pensez à identifier dans le texte les populations qui partent.
- Repérez les motivations de leur départ.
- Analysez avec précision les chiffres afin de caractériser l'évolution de l'exode rural dans le temps.

DOCUMENTS La modernisation des campagnes

COURS p. 162

Avec les progrès rapides, fruits de la révolution industrielle, les campagnes se transforment en entrant dans un long processus de modernisation.

OBJECTIF

Montrez le processus de transformation des campagnes en France et identifiez les principaux facteurs explicatifs.

1 L'introduction des engrais chimiques dans l'agriculture

Calendrier de 1911, lithographie, bibliothèque Forney.

Le sulfate d'ammoniaque est un engrais chimique.

2 La diffusion de nouvelles machines agricoles

Affiche publicitaire, fin du XIXe siècle.

CONSEILS

- Pensez à présenter les documents dans leur contexte et à les décrire avec précision.
- Identifiez les personnages représentés et leurs attitudes.
- Repérez le message de chaque document et la façon dont il est mis en valeur.

En équipes !

- **Équipe 1** (p. 168)
Réalisez une présentation numérique dans laquelle vous montrerez l'évolution de la population des campagnes et les facteurs de cette évolution.
- **Équipe 2** (p. 169)
Réalisez une présentation numérique dans laquelle vous présenterez les différents aspects de la modernisation des campagnes.
- **En commun**
Réalisez une présentation numérique dans laquelle vous montrerez que l'évolution de la population rurale est en partie liée à la modernisation des campagnes. Vous ferez aussi apparaître les autres facteurs de l'exode rural.

DOCUMENTS
POINT DE PASSAGE

Le Creusot et les Schneider

COURS p. 162
VOCABULAIRE p. 163
Paternalisme

Fiche de synthèse

En 1836, la famille Schneider rachète une entreprise métallurgique dans le village du Creusot, en Bourgogne. En peu de temps émerge une immense concentration industrielle. En effet, l'usine Schneider devient l'un des premiers centres de sidérurgie (production d'acier et de fonte) et de métallurgie (transformation des métaux) et la plus grande ville-usine de France.

QUESTION CLÉ

Pourquoi Le Creusot est-il devenu le symbole d'une ville industrielle du XIXe siècle ?

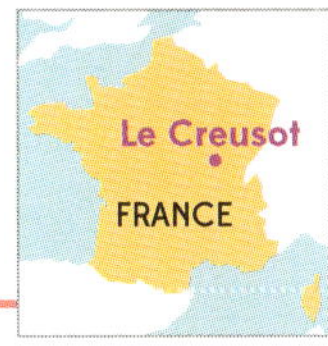

1 Le Creusot dans un manuel pour enfants, 1877

Examine d'abord, en face de toi, ces hautes tours de quinze à vingt mètres : ce sont les hauts fourneaux que nous voyions briller la nuit comme des brasiers. Il y en a une quinzaine au Creusot. Une fois allumés, on y entretient jour et nuit sans discontinuer un feu d'enfer.

– Mais pourquoi a-t-on besoin d'un si ardent brasier ?

– C'est pour fondre le minerai de fer. Quand le fer vient d'être retiré de la terre par les mineurs, il renferme de la rouille et une foule de choses, de la pierre, de la terre ; pour séparer tout cela et avoir le fer plus pur, il faut bien faire fondre le minerai. Mais songe quelle chaleur il faut pour le fondre et le rendre fluide comme de l'huile ! À cette chaleur énorme, le fer et les pierres deviennent liquides, mais le fer, qui est plus lourd, se sépare des pierres et tombe dans un réservoir situé au bas du haut fourneau. Les hauts fourneaux du Creusot produisent ainsi chaque jour plus de 500 000 kilogrammes de fer ou de fonte.

G. Bruno, *Le Tour de France par deux enfants*[1], Belin, 1877.

1. *Le Tour de France par deux enfants* est un manuel de lecture scolaire rédigé comme un roman.

INFO

Les Schneider, maîtres de forges et maires du Creusot

Adolphe Schneider
1802-1845
Copropriétaire des forges
Maire de 1841 à 1845

Frère d'Adolphe
Eugène Ier Schneider
1805-1875
Copropriétaire des forges
Maire de 1866 à 1870

Fils d'Eugène
Henri Schneider
1840-1898
Copropriétaire des forges
Maire de 1871 à 1896

Fils d'Henri
Eugène II Schneider
1868-1942
Copropriétaire des forges
Maire de 1896 à 1900

2 La glorification du paternalisme (1894)

Être le père de vos ouvriers, voilà bien, Monsieur[1], la constante préoccupation de votre cœur. Toutes les œuvres de bienfaisance dont vous avez doté votre cité, en donnent un vivant et magnifique témoignage. L'enfant a ses écoles, le vieillard sa Maison de famille pour abriter ses infirmités ; les blessés et les malades trouveront ici l'Hôtel du bon Dieu, et, au chevet de leur lit de douleur, des anges consolateurs, pieuses auxiliaires de nos dévoués médecins. Cette pensée constante de votre vie, vouée au bien-être moral et matériel de votre grande famille ouvrière, vous l'avez recueillie, Monsieur, de votre illustre père, le grand génie qui a créé cette cité industrielle dont vous contribuez à maintenir et étendre la glorieuse renommée.

J. A. Burdy, adjoint au maire du Creusot, *discours pour l'inauguration de l'Hôtel-Dieu*, 15 septembre 1894.

1. Le discours s'adresse à Henri Schneider, alors maire.

CHIFFRES CLÉS

L'évolution de la population au Creusot
En milliers d'habitants

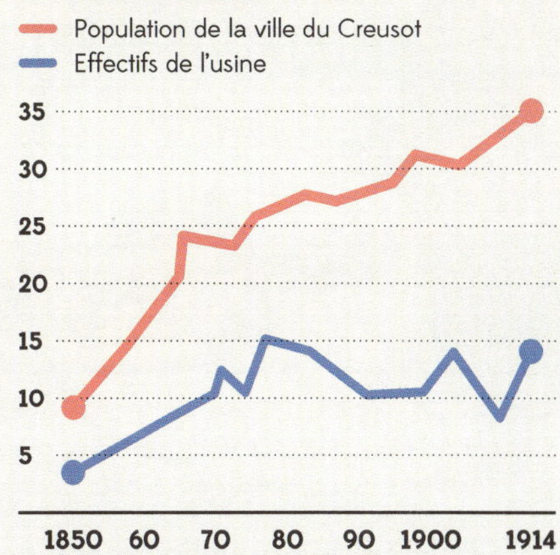

Source : Les Schneider, le Creusot. Une famille, une entreprise, une ville (1836-1960), Fayard-musées nationaux, 1995.

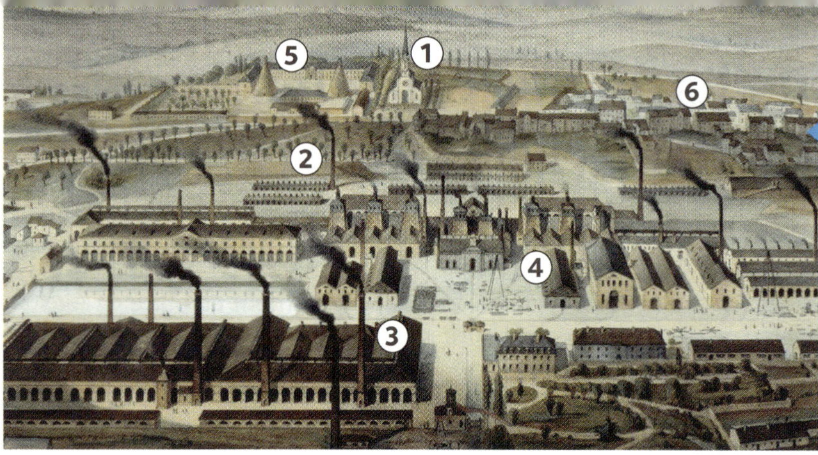

3 Le Creusot en 1847

Lithographie d'après l'aquarelle de Philippe Trémaux, écomusée du Creusot-Montceau.

Le cœur de l'ancien village du Creusot avec l'église Saint-Laurent ① les hauts-fourneaux ② ; la forge ③ ; les ateliers de construction ④ ; Le château de la Verrerie où vit la famille Schneider ⑤ ; les cités ouvrières ⑥.

4 Henri Schneider sur le vitrail principal de l'église Saint-Henri (1890)

5 Entretien avec un ouvrier du Creusot en 1897

– Cela doit être fatiguant votre métier ?

– Pour sûr. Mais que voulez-vous ? On s'y fait.

– Vous devriez être tranquille, puisqu'il y a une caisse de retraite au Creusot ?

– Oui, je sais ! Ma retraite quand j'aurai soixante ans ! Si je vis jusque là ! Et cette maudite maison qu'il faut rembourser tous les mois ! [...] Si seulement on avait de quoi vivre ! [...] Ce qu'il faudrait, c'est que les patrons ne gagnent pas tant [...].

– On n'a pas envie de se révolter un peu, de faire des grèves ?

– Ici ? Au Creusot ? Jamais de la vie !... C'est plein de mouchards [...] ! Dans le temps, il y a eu des réunions socialistes. Tous les ouvriers qui y sont allés ont été renvoyés, tous ! [...]

– On aime bien le patron ici ?

– Peuh ! On ne l'aime ni on le déteste ! Il n'est pas plus mauvais que les autres. Oui, les ouvriers votent pour lui. On le connaît, comme on connaissait son père[1] avant lui. Des ouvriers voudraient bien ne pas voter pour lui. Mais ils n'osent pas [...] Oui, ils ont peur qu'on les fiche à la porte de l'usine, s'ils ne votent pas pour le patron.

Jules Huret, *Enquête sur la question sociale en Europe*, 1897.

1. Référence à Eugène Schneider, père d'Henri Schneider

Itinéraire 1

Identifier

① **Doc. 1 et 3.** À partir de ces documents, définissez les activités industrielles des usines du Creusot.

Expliquer

② **Doc. 1 et 3.** Qu'est-ce qui prouve que l'industrie est omniprésente dans la ville du Creusot ?

③ **Doc. 2 à 5.** Montrez le rôle joué par la famille Schneider au sein de la ville.

④ **Doc. 2 et 5.** Expliquez le point de vue critique de l'ouvrier sur la politique paternaliste des Schneider.

Synthétiser

⑤ Reproduisez et remplissez le tableau suivant. Pour cela, citez les documents et prélevez-y les informations qui permettent de justifier les affirmations de chaque colonne.

Le Creusot, une ville-usine en pleine croissance	Une entreprise sidérurgique et métallurgique	Le lieu d'expérimentation d'une politique paternaliste

OU

Itinéraire 2

Rédiger un texte argumenté

- Présentez d'abord les documents selon le classement de votre choix.
- Puis, organisez votre réponse en justifiant les deux affirmations suivantes :
  – le Creusot est une ville-usine en plein essor ;
  – dans les usines du Creusot, la famille Schneider met en place une politique paternaliste.

DOCUMENTS

Les Italiens en France (1880-1914)

REPÈRES p. 160
COURS p. 164

À partir du milieu du XIXe siècle, le nombre d'Italiens en France progresse fortement. À partir de 1901, ils sont la nationalité étrangère la plus nombreuse et ils le resteront jusqu'en 1961. Ces émigrants qui fuient majoritairement la misère s'installent dans des régions où ils donnent parfois naissance à de véritables « Italies hors d'Italie ».

QUESTION CLÉ

Quelles sont les caractéristiques de l'immigration italienne en France entre 1880 et 1914 ?

CHIFFRES CLÉS

Les Italiens recensés en France entre 1851 et 1914

En milliers de personnes

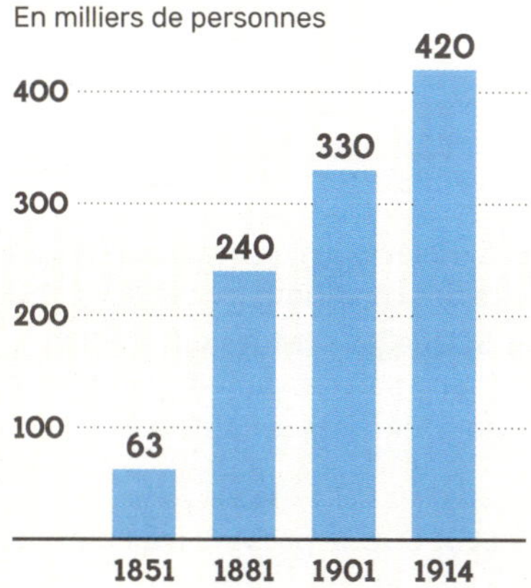

1 Traverser la frontière

Transcription d'un billet de passeur[1] italien daté de 1893.

« Rive-de-Gier[2] le dix janvier 1893, bon pour francs 256[3]. Reçu de Messieurs Richarme et Cie la somme de deux cent cinquante-six francs, montant des frais de voyage de Vettraino Luigi Antoine, Vettraino Luigi Rocca, Vettraino Luigi et Merucci Giuseppe quatre porteurs de bouteilles, venus avec moi de Cassino (Italie) courant janvier 1892. »

Dont quittance

Giuseppe Vettraino, collection particulière.

1. Un passeur est une personne qui fait passer une frontière à des migrants.
2. Rive-de-Gier est une ville du département de la Loire, entre Lyon et Saint-Étienne. La ville connaît une forte immigration italienne à cette période, essentiellement en provenance du Piémont.
3. 256 francs représentent à peu près 50 jours de travail d'un ouvrier français.

2 L'arrivée en France (1904)

Gare de Modane, « Les émigrants italiens ». Carte postale, musée national de l'histoire et des cultures de l'immigration.

Modane, petite ville de Savoie de 3 500 habitants, est un des lieux historiques de l'arrivée de l'immigration transalpine.

3 **De jeunes enfants napolitains, cireurs à Marseille, en 1903**

Carte postale, musée national de l'histoire et des cultures de l'immigration

4 Le rejet des Italiens : une pétition d'ouvriers du département de l'Aube à la fin du XIXe siècle

Monsieur le préfet,

C'est avec respect que je viens vous demander assistance pour revendiquer nos droits.

Depuis plusieurs années, les étrangers pullulent sur nos travaux publics ; particulièrement les Italiens. Les Italiens travaillent pour un prix inférieur au nôtre et leur affluence est si grande que nous sommes obligés de subir une diminution très accentuée pour gagner notre pain ; le premier résultat si on ne veut pas végéter on ne peut pas payer ; chose déshonorante pour la corporation des terrassiers.

Cette main-d'œuvre étant pénible, il faut vivre ; ce n'est pas avec du pain sec que l'on peut résister au travail. Les entrepreneurs préférant les Italiens, dans beaucoup de chantiers ces derniers soutenus par les premiers parce qu'ils en retirent de gros bénéfices [...]. Nous avons l'humiliation de nous voir insulter et rudoyer et à la moindre protestation, ceux qui nous enlèvent notre travail ne craignent pas de nous tuer à coups de couteau : acte de lâcheté. Notre indignation est juste !

Pétition citée par Pierre-Jacques Derainne dans « Le travail, les migrations et les conflits en France », thèse, 1999.

Une « petite Italie » en Lorraine (1905) **5**

Photographie de F. Punti. Nouveaux commerçants récemment installés dans la rue de Franchepré à Jœuf (Meurthe-et-Moselle).

QUESTIONS

oral

Identifier

1 **Doc. 1 à 5.** Relevez pour chacun des documents le lieu d'arrivée en France. Quelles sont les régions d'immigration qui se dégagent ? Aidez-vous de la carte p. 196.

2 **Doc. 1.** Qui est à l'origine de la venue des Italiens dans cette ville ?

Expliquer

3 **Doc. 4.** Pour quelle raison les ouvriers français s'adressent-ils au préfet ? Quelles sont leurs demandes ?

4 **Doc. 4.** D'après ce document, peut-on dire que les Italiens sont bien acceptés en France ? Justifiez votre réponse.

5 **Doc. 5.** Définissez ce qu'est une « petite Italie ».

Synthétiser

6 À l'aide des documents et de vos réponses précédentes, **réalisez un exposé oral** de quelques minutes sur l'immigration italienne en France.

Vous le construirez en répondant aux questions suivantes :
– Quelles sont la géographie et la chronologie de l'immigration ?
– Comment les Italiens arrivent-ils et que font-ils en France ?
– Sont-ils bien perçus par la population française et pourquoi ?

RÉVISIONS

Permanences et mutations de la société française jusqu'en 1914

Podcast

L'ESSENTIEL

1 Industrialisation et transformation de la population active (1870-1914)

- La France poursuit son industrialisation et de grandes concentrations industrielles font leur apparition. Ainsi, les usines Schneider du Creusot se développent rapidement dans la ville et concentrent une main-d'œuvre ouvrière de plus en plus nombreuse. Les patrons y mettent en place une politique paternaliste afin de stabiliser et contrôler la main-d'œuvre.
- Les progrès industriels sont célébrés par les Expositions universelles organisées à Paris.
- La France reste un pays rural composé majoritairement d'agriculteurs. L'agriculture s'y modernise lentement, ce qui provoque un exode rural.
- Les ruraux partent afin de trouver un emploi dans les usines qui s'installent en ville ou dans leurs périphéries. Bien que le nombre d'ouvriers augmente, les patrons font appel à une population d'origine étrangère pour compléter la main-d'œuvre nécessaire.

2 Des populations marginalisées en République

- Les ouvriers ont le sentiment d'être marginalisés par la République qui tarde à mettre en place des lois sociales et qui réprime les grèves, comme à Fourmies en 1891.
- De leur côté, les femmes, encore très présentes dans la paysannerie, travaillent de plus en plus dans les usines où elles sont deux fois moins payées que les hommes. D'autre part, elles ne sont pas reconnues comme citoyennes par la République et leur émancipation sociale n'est pas recherchée. Ce n'est que très lentement que se mettent en place des lois pour les protéger au travail.
- Les immigrés sont victimes de nombreux actes xénophobes. C'est ainsi que sont massacrés des travailleurs italiens à Aigues-Mortes en 1893. Les ouvriers français leur reprochent de leur faire concurrence et d'être responsables du chômage et de la baisse des salaires.

Exercices interactifs

POINTS DE PASSAGE

▶ Les Schneider, une dynastie d'industriels au Creusot → p. 170

- À partir de 1836, ils sont à l'origine du développement d'une concentration industrielle dans la ville du Creusot.
- Ils mettent en place une politique paternaliste.

▶ Les Expositions universelles de Paris de 1889 et 1900 → p. 166

- Elles mettent en scène le progrès.
- Elles glorifient les productions des nouvelles industries françaises
- Elles mettent en concurrence les industries des nations présentes.

▶ 1891 : la fusillade de Fourmies du 1er mai → p. 172

- Une manifestation est organisée pour protester contre les conditions de travail.
- L'armée intervient pour la réprimer.
- Le bilan fait état de 9 morts et d'une cinquantaine de blessés.

Les mots clés

- **Exode rural**
  Départ définitif de la population des campagnes vers les villes.
- **Immigré**
  Personne qui s'installe (provisoirement ou définitivement) dans un pays d'accueil.
- **Industrialisation**
  Processus d'extension et d'intensification des activités industrielles.
- **Paternalisme**
  Système mis en place par la direction d'une entreprise pour prendre en charge un grand nombre d'aspects de la vie quotidienne (logement, soins, éducation...). Le patron, soucieux de fidéliser et contrôler sa main-d'œuvre, se comporte comme un père de famille avec ses ouvriers.
- **Syndicat**
  Association qui défend les intérêts professionnels et les droits des travailleurs.

Vidéo

L'ESSENTIEL EN 3 MINUTES

Permanences et mutations de la société française jusqu'en 1914

1 Industrialisation et transformation de la population active

Innovations et développement de l'industrie

- Naissance de grandes concentrations industrielles. Ex : Les Schneider
- Développement des villes grâce à l'industrie. Ex : Le Creusot
- Apparition de grandes régions industrielles. Ex : Le Nord-Pas-de-Calais (135 000 mineurs en 1913)

→ Le nombre d'ouvriers augmente, appel à la main-d'œuvre étrangère.

Une France encore rurale, mais...

→ Modernisation des campagnes : mécanisations, produits chimiques

→ Exode rural

Chronologie

- **1884** Loi Waldeck-Rousseau qui autorise les syndicats
- **1889** Exposition universelle à Paris
- **1er mai 1891** Fusillade de Fourmies
- **1895** Création de la CGT
- **1900** Exposition universelle à Paris
- **1906** Repos hebdomadaire obligatoire
- **1910** Loi sur les retraites ouvrières et paysannes

2 Des populations marginalisées en République

Les ouvriers

→ Naissance des syndicats

→ Développement de la grève

Les femmes

→ Travaillent de plus en plus

Les étrangers

→ Victimes de xénophobie.

Ex. Aigues-Mortes 1893

Réactions de l'État

→ Répression des mouvements de grève.

→ Lois pour améliorer le sort des ouvriers et des femmes.

SUJET GUIDÉ

Le mouvement ouvrier en 1891, entre développement et répression

Consigne

Confrontez ces documents pour expliquer l'essor et la répression du mouvement ouvrier. À partir des deux documents et de vos connaissances, vous expliquerez pourquoi les ouvriers se sont mobilisés à Fourmies le 1er mai 1891, vous comparerez les formes que devait prendre cette mobilisation et ce qui s'est réellement passé avant de montrer la portée de l'événement.

1

Extrait du tract du Parti ouvrier appelant à se mobiliser le 1er mai 1891 à Fourmies

Ce tract est rédigé par Hippolyte Culine qui fonde une section du Parti ouvrier, un parti socialiste de la Première Internationale ouvrière qui choisit en 1890 de faire du 1er mai une journée de revendication internationale.

Programme de la journée du 1er mai 1891

À 10 heures du matin, les délégués désignés en Assemblée générale des Travailleurs et réunis à Fourmies, au Café du Cygne, rue des Eliets, se rendront à la mairie. [...]

Les Délégués exposeront comme revendications :

1. La journée de huit heures ;

[...]

3. Création d'une Bourse du Travail ;

4. Révision générale des tarifs, suppression des règlements léonins, abrogation des amendes et des malfaçons ;

5. Fixation de la paie tous les 8 jours, sans retard laissé dans la caisse des patrons au détriment de l'ouvrier, et l'obligation réciproque de prévenir huit jours à l'avance en cas de cessation de travail ;

[...]

8. Création de caisses de retraite pour les ouvriers.

Fête familiale

À 2 heures : matinée théâtrale et de chants offerte gracieusement par des artistes. [...]

À 7 heures du soir : seconde représentation théâtrale. Le prix d'entrée n'est pas fixé et il est laissé à la portée de la bourse de chacun.

À 11 heures du matin : pique-nique familial au Café du Cygne. Chants par des amateurs.

À 8 heures du soir : bal au même établissement. La permission de minuit sera demandée.

Le plus grand calme est recommandé, pas de tumulte, pas de récriminations personnelles. Le Parti ouvrier veut le droit et la justice ; et en demandant le respect de lui-même, il compte sur le respect moral de chacun pour faire aboutir par la raison ses justes revendications.

2

Les événements de Fourmies après la fusillade

Estampe de F. de Haene reproduite dans la presse nationale et en carte postale.

POINTS MÉTHODE

DÉCRYPTAGE DU SUJET

Analyser la consigne

- **Déterminer le sujet à traiter**
  - Repérer les limites chronologiques et spatiales.
  - Relever les mots clés et analyser la manière dont ils sont mis en relation.
- **Déterminer les différents aspects à analyser**
  - Mettre en relation le document et une ou des notions.
  - Faire preuve de d'esprit critique sur le document : limites, opposition/comparaison de points de vue.

- Le sujet porte sur le Point de passage et d'ouverture du programme intitulé : « La fusillade de Fourmies et la question ouvrière ». La consigne demande de connaître quelques éléments de contexte locaux, nationaux ou internationaux en amont et en aval : vous pouvez vous appuyer sur l'introduction du document 1 mais aussi sur des éléments vus dans le chapitre 4 ou le chapitre 6.
- Il est demandé de mettre en relation le document 1 avec vos connaissances sur les revendications du mouvement ouvrier et les formes que prend l'expression de ces revendications.
- La mise à distance passe par la comparaison des deux documents, qui n'est pas une opposition de points de vue. Il faut aussi réfléchir à la portée, c'est-à-dire aux effets de l'événement à partir de l'analyse des documents : il est utile d'utiliser la nature du document 2, une estampe parue dans la presse, pour votre réponse.

Identifier le ou les documents

- **Quelle nature ?**
- **Auteur et point de vue**
- **Situation(s) historique(s) évoquée(s)**

- Le document 1 est un tract imprimé par le Parti ouvrier qui indique des revendications et les formes que peuvent prendre les actions de la journée du 1er mai.
- Le document 2 est une estampe reprise par la presse nationale et sur des cartes postales dans les jours et les mois qui suivent la fusillade.
- Le document 1 est rédigé par Hippolyte Culine, le secrétaire local du Parti ouvrier français, un parti socialiste qui fait partie de la Première Internationale ouvrière. Il s'agit donc d'un militant ouvrier qui cherche à structurer l'action et les revendications locales et à les articuler à des mouvements nationaux et internationaux.
- Le document 2, une estampe de F. de Haene, a pour objectif de montrer la violence de la scène et de condamner la violence des troupes.
- Il faut évoquer un double contexte :
  - au niveau local, Fourmies est une cité industrielle du nord de la France de 15 700 habitants, majoritairement ouvriers. Dans le contexte de la crise économique de ces années-là, les ouvriers ont vu leurs salaires baisser et une longue grève a été organisée. Le 1er mai 1891, les ouvriers se mobilisent à nouveau et des grévistes sont emprisonnés ;
  - au niveau national et international, le 1er mai est devenu depuis 1889 une journée de revendication ouvrière, en souvenir de manifestations réprimées dans le sang à Chicago.

Répondre aux parties de la consigne

- Le début du document 1 permet de répondre à la première partie de la consigne : il faut mettre en avant la journée de huit heures, l'augmentation des revenus : « révision des tarifs », « suppression des amendes », la mise en place d'une Bourse du travail et de caisses de retraite…
- Pour répondre à la deuxième partie de la consigne, il faut comparer les actions pacifiques et ludiques proposées par le tract (pique-nique, bal, spectacles…) et l'image de la fusillade qui oppose la troupe de soldats et les ouvriers, les ouvrières et des enfants entre lesquels un curé tente de s'interposer.
- La dernière partie de la consigne demande de réfléchir à la portée de l'événement à partir de la nature du document 2 qui assure sa diffusion au moins à l'échelle nationale.

Retrouvez des sujets de Bac et des méthodes actualisés sur le site lyceen.nathan.fr/cote1re-2019

ANALYSE D'UN DOCUMENT

SUJET BLANC

Consigne

Étudiez ce tableau pour rendre compte de la place de la question ouvrière à la fin du XIXe siècle. Présentez le document en vous attachant notamment à la ville où se situe la scène : qu'en savez-vous ? Décrivez ensuite les personnages et montrez de quelle origine sociale ils sont. Expliquez enfin ce que ce document nous apprend des relations entre ouvriers et République à la fin du XIXe siècle.

Ouvriers en grève au Creusot

La grève au Creusot, huile sur toile de Jules Adler, 1899, écomusée de la Communauté Le Creusot-Montceau.

QUESTION PROBLÉMATISÉE

BAC

SUJET GUIDÉ

Quels sont les effets de l'industrialisation sur les sociétés urbaines en France (1880-1914) ?

Vous répondrez à cette problématique en montrant que :
- l'industrialisation crée de nouveaux espaces ;
- l'industrialisation est à l'origine du développement du monde ouvrier urbain.

POINTS MÉTHODE

Mobiliser ses connaissances pour construire un plan

Comprendre le plan suggéré

En Seconde et en Première, le sujet suggère les grandes lignes du plan. Ces grandes idées permettent de répondre à la problématique.

Il existe deux grands types de plan :
- **chronologique**, le mieux adapté pour étudier une évolution dans le temps. Le cadre chronologique du sujet est alors découpé en plusieurs périodes (une période = une partie).
- **thématique**, qui permet de distinguer les principales caractéristiques d'un phénomène historique.

Élaborer le plan détaillé
- Écrivez au brouillon toutes les informations qui vous viennent à l'esprit en lien avec chaque partie (idées, notions, événements, acteurs…). Il faut être le plus précis possible.
- Regroupez et hiérarchisez ces informations pour établir des liens entre elles (opposition, comparaison, évolution, explication…). Vérifier qu'aucune n'est hors-sujet, et qu'elles s'enchaînent de manière logique.

Rédiger la réponse argumentée au sujet

Rédiger l'introduction
- L'entrée en matière présente le sujet et montre qu'il est compris en explicitant son libellé, ses limites chronologiques et spatiales et son contexte.

Rédiger le développement
- Le développement suit le plan détaillé élaboré au brouillon, et fait apparaître la structure en parties.
- Annoncez l'idée défendue dans chaque partie, puis exposez les arguments qui permettent de la soutenir. Expliquez et justifiez chaque argument de manière précise.

DÉCRYPTAGE DU SUJET

- Le plan suggéré est thématique. Il propose d'étudier le lien entre le processus d'industrialisation débuté plus tôt au XIXe siècle et les transformations de la société urbaine, en termes d'espaces, d'activité, de vie quotidienne et de groupes sociaux.

1. L'industrialisation crée de nouveaux espaces :
- montrez la croissance de l'urbanisation : population urbaine en augmentation, développement des villes et des régions minières ;
- expliquez la transformation des paysages : développement des concentrations industrielles et des villes-usines, Expositions universelles comme miroirs des progrès…

2. Industrialisation et développement du monde ouvrier urbain :
- montrez la progression et la diversification des effectifs ouvriers en ville ;
- évoquez les conditions de travail et de vie toujours difficiles ;
- expliquez les progrès des organisations ouvrières.

- Commencez par définir l'industrialisation comme processus d'extension et d'intensification des activités industrielles pendant laquelle la production industrielle dépasse la production agricole. Évoquez ensuite l'expansion urbaine qui accompagne l'industrialisation.
- Justifiez vos arguments par des exemples précis tirés de vos connaissances :
  - concentrations industrielles et villes-usine : le cas du Creusot ;
  - Expositions universelles de 1889 ou de 1900 pour montrer les transformations urbaines (tour Eiffel, métro…).

Retrouvez des sujets de Bac et des méthodes actualisés sur le site lyceen.nathan.fr/cote1re-2019

CHAPITRE

8

Métropole et colonies

Dans ce chapitre
- TOUS LES TEXTES en version à imprimer
- TOUTES LES CARTES en version interactive

Après une première vague de colonisation occidentale du XVIe au XVIIIe siècle en Amérique et en Asie, l'expansion coloniale de la France, comme celle des autres pays européens, reprend au XIXe siècle. Elle engendre de fortes tensions entre ces États, mais permet à la France de devenir, dès 1914, le deuxième empire colonial mondial.

- **Comment et pourquoi la France met-elle en place un vaste empire colonial ?**
- **Localement, quel type de société en émerge ?**

1 La réalité vécue dans les colonies
Chantier de construction du chemin de fer de Tananarive à la mer, Madagacar, 1903. Photographe inconnu.

+ Animation

2 **L'ambition coloniale vue de la métropole**

Couverture de cahier scolaire vers 1900, gravure de L. Geisher, d'après G. Dascher.

La France et son empire colonial

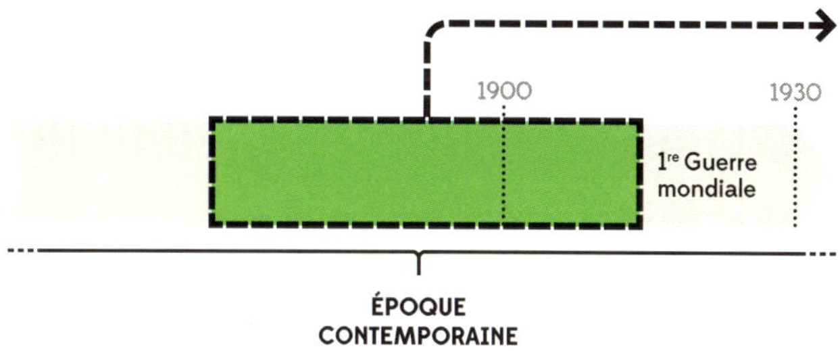

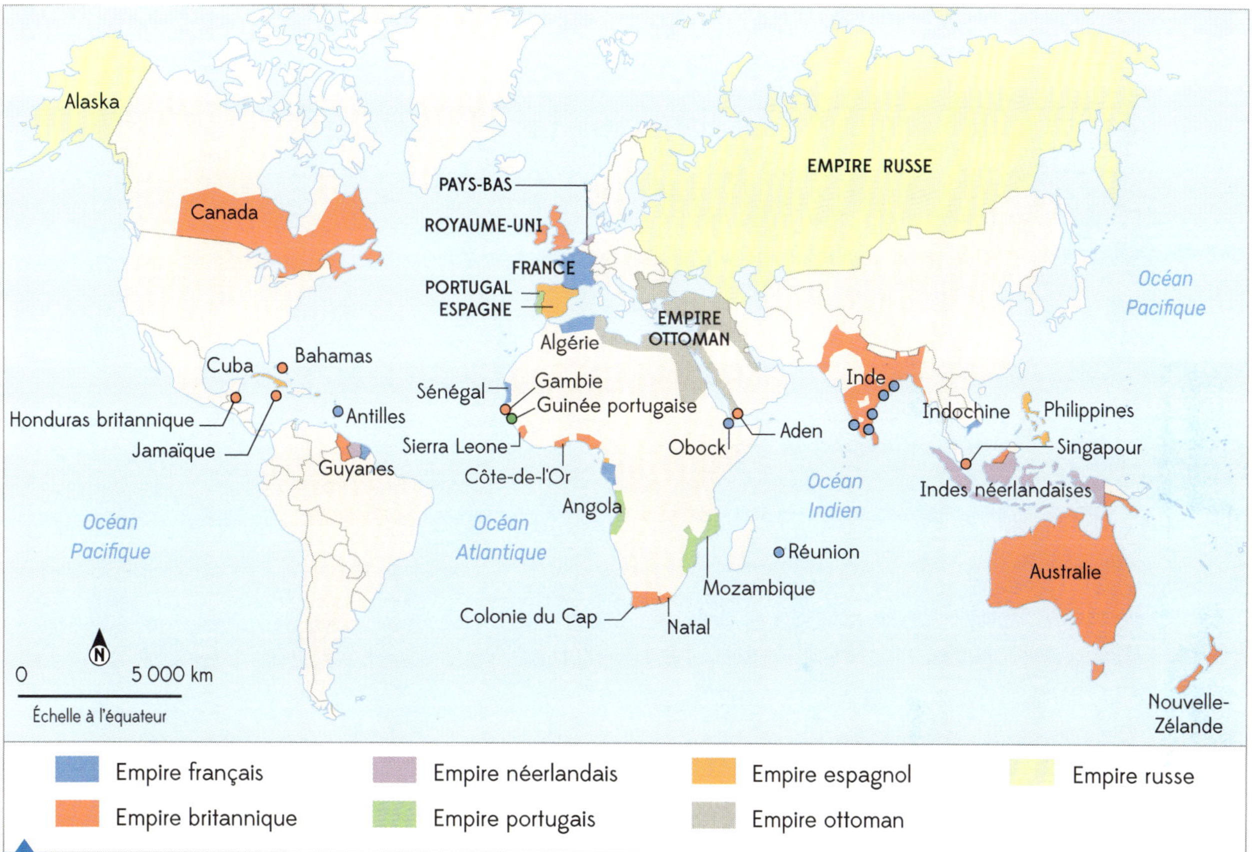

1 **Les empires coloniaux européens en 1860**

Vocabulaire

- **A.E.F**
  Afrique Équatoriale française, ensemble des colonies formé du Gabon, du Tchad, de l'Oubangui-Chari et du Congo.
- **A.O.F.**
  Afrique Occidentale française, ensemble des colonies composé du Sénégal, de la Guinée, de la Côte d'Ivoire, de la Haute-Volta, du Dahomey, du Soudan et du Niger.
- **Colonie**
  Au XIXe siècle, territoire dominé et administré directement par un État étranger.
- **Empire colonial**
  Dérivé du latin « *imperium* » (« pouvoir souverain », « domination »), par référence à l'Empire romain, le terme désigne au XIXe siècle un État et l'ensemble de ses possessions coloniales.
- **Impérialisme**
  Domination culturelle, politique, économique et militaire exercée au XIXe siècle par les nations industrialisées (Europe, États-Unis, Japon) sur les autres États. Le terme désigne aussi l'idéologie qui préconise cette politique d'expansion.
- **Métropole**
  Depuis le XVIIe siècle, le terme désigne le territoire et l'État français par rapport à ses possessions d'outre-mer.
- **Protectorat**
  Territoire placé sous la dépendance de la métropole mais qui garde son autonomie interne.

1830 1835 1840 1845 1850 1855 1860 1865 1870 1875 1880 1885 1890 1895 1900 1905 1910 1914

CONQUÊTES ET RIVALITÉS COLONIALES

- **1830** Début de la conquête de l'Algérie par la France
- **1859** Prise de Saïgon par la France
- **1885** Conférence de Berlin
- **1898** Crise franco-anglaise de Fachoda
- **1905** Première crise franco-allemande au Maroc
- **1911** Seconde crise franco-allemande au Maroc

LA FRANCE ET SES COLONIES

- **1881** Adoption du code de l'indigénat algérien
- **1885** Débat à la Chambre entre Jules Ferry et Georges Clemenceau sur la colonisation
- **1887** Généralisation du code de l'indigénat à toutes les colonies françaises

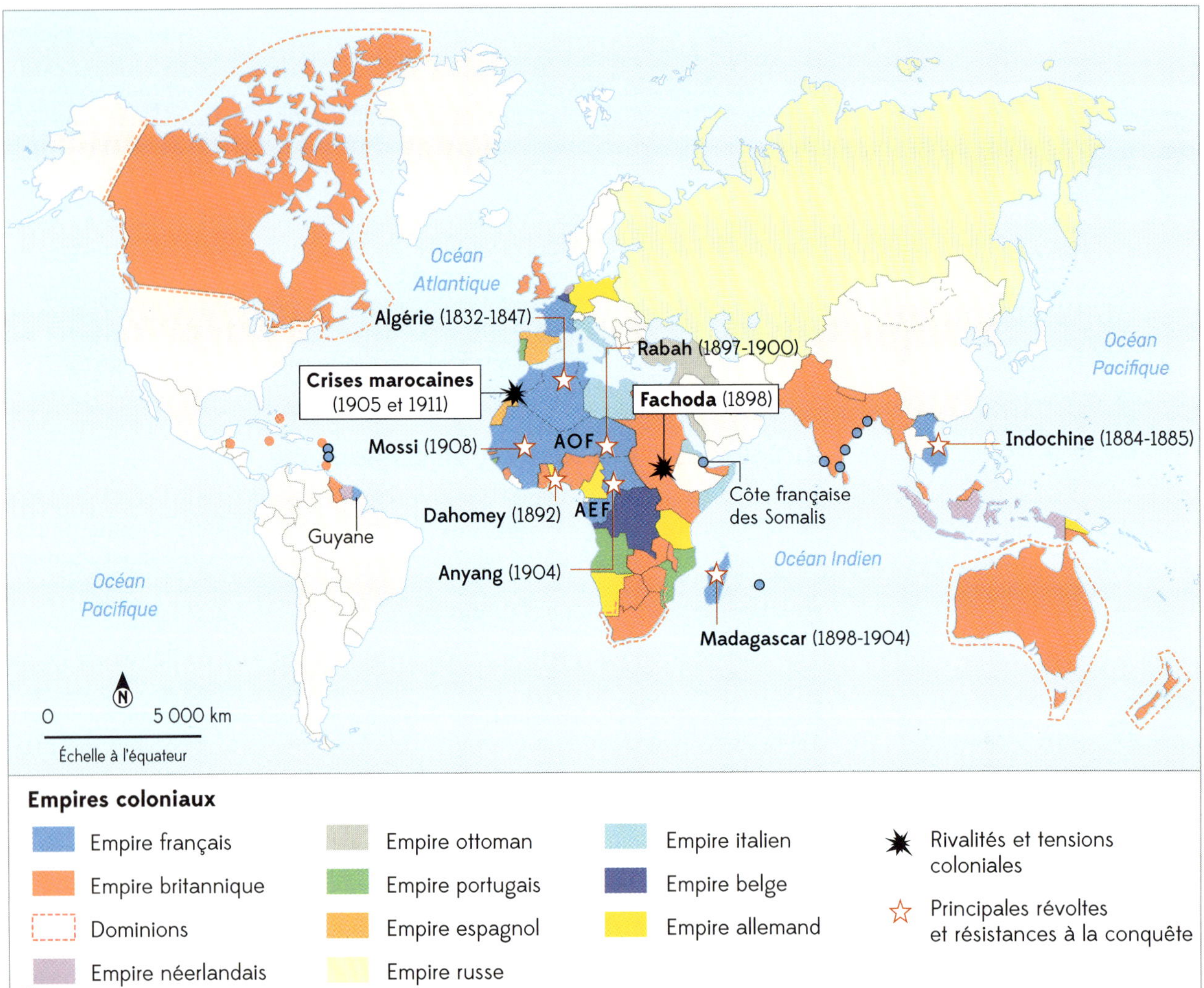

2 **Les empires coloniaux européens en 1914**

QUESTIONS

1. Comparez les zones colonisées par les Européens en 1860 et 1914.
2. Localisez les principales possessions coloniales françaises.
3. Où l'expansion coloniale a-t-elle particulièrement fait l'objet de tensions entre Européens ?
4. Quelles sont les zones de résistance à la conquête ?

COURS

REPÈRES p. 184
DOCUMENTS p. 190

Podcast du cours

1. La France et la conquête coloniale

Pourquoi et comment la France s'est-elle lancée dans la course aux colonies ?

A La conquête coloniale en débat

1. Coloniser : une volonté politique

- Après une première vague de constitution des grands empires coloniaux occidentaux à partir du XVIe siècle en Amérique et en Asie, et quelques conquêtes au début du XIXe siècle, **la fin du siècle voit la reprise d'une expansion coloniale très intense**. Elle est portée par quelques hommes politiques qui voient dans la colonisation une possibilité pour la France de se maintenir au premier rang des nations européennes malgré la défaite de 1871 contre la Prusse.

- Cette reprise de la politique de conquête ne fait pas l'unanimité : **l'opinion publique y est hostile ou indifférente. À la Chambre des députés, les débats sont intenses** entre adversaires et partisans de la colonisation, ces derniers étant largement minoritaires dans les premiers temps de la Troisième République. Ils opposent, notamment en 1885, **Jules Ferry** qui est favorable à la conquête de Madagascar à **Clemenceau** qui lui est hostile (voir biographies p. 138 et 141).

2. Coloniser : une motivation économique

- Si les partisans de la colonisation défendent l'idée d'une mission civilisatrice de la France (cours 2), **les raisons économiques, en période d'industrialisation, sont centrales**. À partir du milieu des années 1870, la France, comme toute l'Europe, subit une crise économique, ce qui entraîne la recherche de marchés protégés comme ceux des colonies.

- **La colonisation est surtout soutenue par les milieux d'affaires en quête d'investissements hors de métropole, mais aussi par l'armée et l'Église.** Avec l'appui de ces milieux se constitue à la Chambre en 1892 un parti colonial, c'est-à-dire un groupe de parlementaires et de notables, peu nombreux mais très influents.

B Les modalités de l'expansion coloniale

1. Les premiers acteurs de l'expansion

- L'expansion coloniale est dans ses commencements l'œuvre de **missionnaires** puis **d'aventuriers géographes et marins qui partent à la découverte de nouvelles terres** comme **Savorgnan de Brazza** au Congo.

- En effet, depuis 1860 **les sociétés de géographie se multiplient**, répondant à l'intérêt du public pour la découverte de la Terre. Elles légitiment par leur ambition scientifique l'intervention de la France dans le monde.

2. Une conquête par la guerre

- La conquête de nouveaux territoires se fait **à la fois par la négociation avec les populations locales et par la guerre**.

BIOGRAPHIE

Pierre Savorgnan de Brazza (1852-1905)

Explorateur français d'origine italienne, marin de formation, il mène plusieurs expéditions d'exploration en Afrique centrale et atteint le fleuve Congo en 1880, où il négocie un protectorat. Devenu commissaire général puis gouverneur du Congo français (1887-1897), il étend les possessions françaises vers le nord du Congo.

BIOGRAPHIE

Abd el-Kader (1808-1883)

Proclamé en 1832 « sultan des Arabes » par des tribus révoltées d'Algérie, il mène alors la guerre contre l'armée coloniale française dirigée par le général Bugeaud. Bon tacticien, il impose plusieurs défaites à la France. Il tente aussi de mettre en place dans l'Ouest algérien les bases d'un État musulman algérien. Contraint à la reddition en 1847, il est emprisonné en France jusqu'en 1852 puis installé à Damas (Syrie), sous protection française.

● **En Algérie, la prise d'Alger en 1830 ouvre une longue période de guerre marquée par des massacres.** La résistance est menée par l'**émir Abd el-Kader** jusqu'en 1847. Des insurrections naissent aussi après la pacification. De même, en Indochine, la conquête se fait par la force et se heurte à de nombreux mouvements de résistance jusqu'à la fin du siècle.

3. Après la conquête, l'administration coloniale

● La plupart des territoires ont un statut de colonie et **sont administrés directement par la métropole**. Ils dépendent du **ministère des Colonies, créé en 1894**. Mais l'Algérie, divisée en trois départements français, relève, elle, du ministère de l'Intérieur.

● Enfin, sur les **protectorats (Tunisie, Maroc)**, la France exerce une **tutelle indirecte** et reconnaît donc le souverain local.

C Les rivalités nées de la conquête coloniale

1. Négocier pour éviter la guerre

● **Les rivalités entre les grandes puissances européennes se révèlent** lors de l'expansion coloniale et sont attisées par les conquêtes, particulièrement par celles de l'Afrique, largement méconnue encore des Européens.

● **La conférence qui réunit à Berlin les représentants de 14 pays européens**, dont la France, de novembre 1884 à février 1885, a donc pour objet **de régler pacifiquement les litiges relatifs aux conquêtes coloniales** en Afrique. Elle impose le **principe de la présence effective** pour reconnaître une annexion, mais ce faisant elle déclenche **une course aux colonies**.

2. Un risque de guerre élevé malgré tout

● Malgré la conférence de Berlin, **les ambitions françaises heurtent celles de l'Angleterre en Afrique subsaharienne comme celles de l'Allemagne en Afrique du Nord**.

● **En 1896, la France lance une mission d'exploration militaire du Congo au Nil** sous les ordres du capitaine Jean-Baptiste Marchand, dans la perspective d'établir un protectorat français sur le Soudan. Arrivée en juillet 1898 à Fachoda, un fortin sur le Nil, elle est rejointe trois mois après par l'expédition militaire anglaise de Lord Kitchener qui remonte le Nil à la conquête du Soudan. Pour éviter la guerre, **le gouvernement français négocie et décide de renoncer à toute mainmise sur l'Afrique de l'Est au profit de l'Angleterre.**

● **Au Maroc, la France s'oppose à l'Allemagne.** Après deux crises, en 1905 et en 1911, la guerre est finalement évitée, au détriment de l'indépendance du Maroc. Le 4 novembre 1911 **un traité franco-allemand reconnaît le protectorat français sur le Maroc**. La France donne en contrepartie des territoires du Congo, rattachés à la colonie allemande du Cameroun.

? LE SAVIEZ-VOUS ?

Le nom de Brazzaville, ville du Congo fondée en 1880, lui vient de l'explorateur Savorgnan de Brazza. À son nom est attachée l'image de l'explorateur qui libère sur son passage les Africains encore soumis à l'esclavage.

« *Pour reprendre véritablement le rang qui lui appartient dans le monde, la France se doit de ne pas accepter le repliement sur elle-même. [...] C'est par l'expansion, par le rayonnement dans la vie du dehors, par la place qu'on prend dans la vie générale de l'humanité que les nations persistent et qu'elles durent ; si cette vie s'arrêtait, c'en serait fait de la France.* »

Gambetta (1872)

POINT DE PASSAGE

▶ 1898 : Fachoda, le choc des impérialismes.

→ p. 190

TESTEZ-VOUS !

- Quelles motivations expliquent la conquête coloniale après 1880 ?
- Selon quelles modalités se fait cette conquête coloniale ?
- Quelles rivalités entre puissances européennes naissent de la conquête coloniale ?

POUR ALLER + LOIN

● ***Carnets d'Orient*, bande dessinée de Jacques Ferrandez, Casterman.**
Série de bandes dessinées retraçant l'histoire de l'Algérie, de sa conquête à l'indépendance.

DOCUMENTS
POINT DE PASSAGE

Rivalités impériales : la crise de Fachoda (1898)

REPÈRES p. 184
COURS p. 186

Fiche de synthèse

La volonté de conquête de la France et des autres grandes puissances européennes provoque de fortes rivalités entre elles, d'abord entre la France et le Royaume-Uni. Ces rivalités se traduisent par des situations de crise extrême qui nécessitent des négociations pour éviter la guerre.

QUESTION CLÉ

Comment la crise de Fachoda témoigne-t-elle des rivalités coloniales ?

CHRONOLOGIE

- **Mars 1896** Conquête du Soudan par Kitchener, commandant en chef de l'armée anglaise en Égypte.
- **Juillet 1896** Début de l'expédition militaire du capitaine Marchand qui part du Congo français en direction du Haut-Nil (Soudan).
- **10 juillet 1898** Arrivée de l'expédition Marchand au fort de Fachoda.
- **19 septembre 1898** Arrivée des troupes de Kitchener à Fachoda.
- **4 novembre 1898** La France décide le retrait du contingent français.

HISTOIRE À LA CARTE

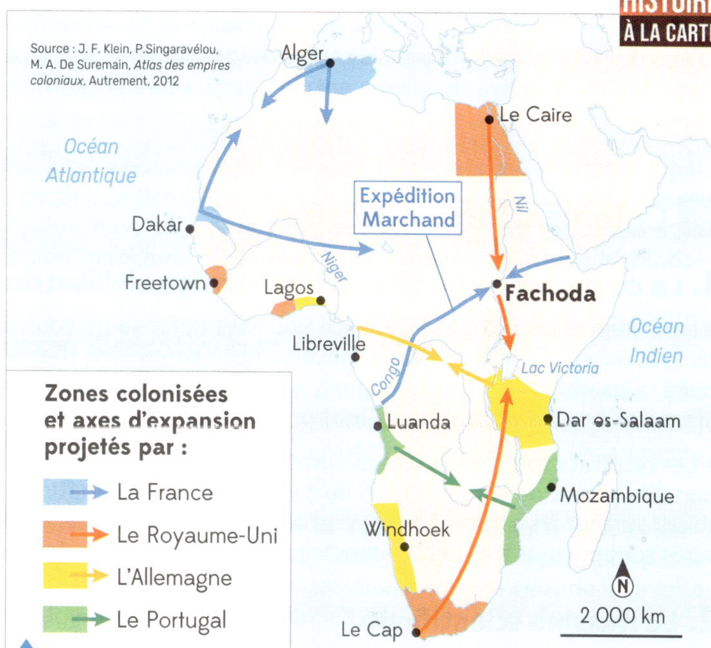

1 Les rivalités européennes en Afrique dans les années 1880

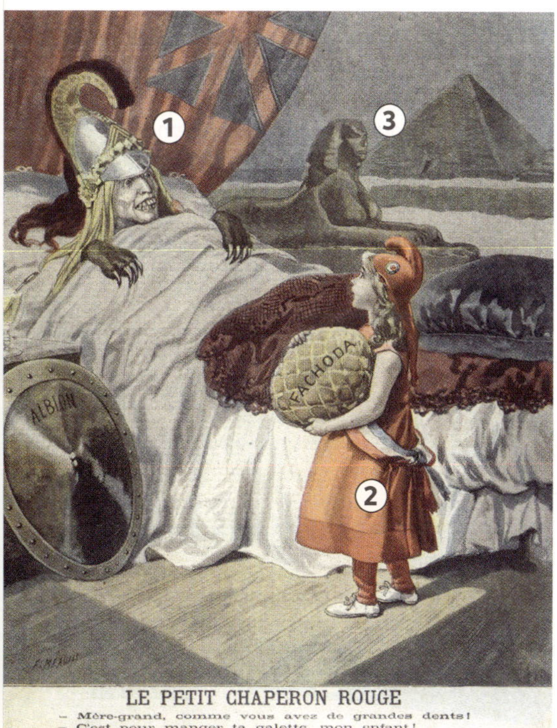

2 La crise de Fachoda vue de France : une menace britannique

Couverture du *Petit Journal*, 20 nov. 1898.

① L'Angleterre ② La France
③ L'Égypte, sous domination économique et militaire anglaise depuis 1882

3 La crise de Fachoda vue du Royaume-Uni : une menace française

Joseph Chamberlain, ministre des Colonies britanniques (1895-1903), replace la crise de Fachoda dans un contexte plus large :

« Il y a vraiment peu de gens qui comprennent toute la gravité de la situation actuelle. L'Angleterre est une nation pacifique, commerçante, et s'est efforcée de son mieux jusqu'ici d'éviter la guerre. Mais nous sommes arrivés à un point où notre patience est à bout [...] J'aime à croire que la France va évacuer Fachoda, mais cela ne résoudra pas la question. [...] La France tentera de jouer le même tour que dernièrement dans l'Afrique occidentale, et précédemment à Madagascar, à Tunis et au Siam[1]. Le moment est venu où l'Angleterre et la France auront à régler tous leurs différends une fois pour toutes. En fait, la nation anglaise est dans des conditions telles qu'elle aimera mieux combattre que de céder un iota. »

Propos de Joseph Chamberlain rapportés par Paul Metternich, diplomate allemand, le 4 novembre 1898.

1. Ici, l'Indochine.

4 Une représentation populaire de la crise de Fachoda

Image d'Épinal au moment de la crise de Fachoda, 1898.

Itinéraire 1

Identifier

1. **Doc 1.** Repérez sur la carte en quoi le fort de Fachoda est un enjeu pour les deux puissances.
2. **Chronologie, doc. 3 et 4.** Identifiez les principaux acteurs de cette crise entre la France et le Royaume-Uni.

Expliquer

3. **Doc 4.** Quelle image le document donne-t-il de Marchand ? Pourquoi ?
4. **Doc 1 à 4.** Montrez que l'enjeu entre la France et le Royaume-Uni ne se limite pas à la question du fort de Fachoda.

Synthétiser

5. Rédigez un texte montrant ce qu'est la crise de Fachoda et en quoi elle est emblématique des rivalités entre grandes puissances européennes.

OU

Itinéraire 2

oral

Préparez en autonomie un exposé oral

À partir des documents et d'une recherche personnelle présentez la rivalité coloniale franco-britannique.
Vous distinguerez trois parties :
- le récit de la crise de Fachoda ;
- l'enjeu que représente Fachoda pour la France et l'Angleterre ;
- un élargissement sur la question des rivalités coloniales des années 1880 à 1914.

DOCUMENTS
POINT DE PASSAGE

COURS p. 188

Fiche de synthèse

L'Algérie coloniale et la question de l'indigénat

La conquête de l'Algérie débute en 1830, mais la France doit faire face à une forte résistance armée de la population, qui perdure de façon sporadique jusqu'à la fin du siècle. Colonie de peuplement européen, l'Algérie est organisée en trois départements où se développe un nouveau type de société.

QUESTION CLÉ

Quelles sont les caractéristiques de la société coloniale en Algérie ?

CHRONOLOGIE

- **1830-1847** Conquête militaire de l'Algérie : résistance armée menée par Abd el-Kader.
- **1848** Organisation de l'Algérie en 3 départements (Oran, Alger, Constantine).
- **1858** Soumission de la Kabylie.
- **1871** Dernière grande révolte contre la France : la révolte d'El Mokrani.
- **1881** Adoption du code de l'indigénat pour l'Algérie (généralisé à toutes les colonies à partir de 1887).

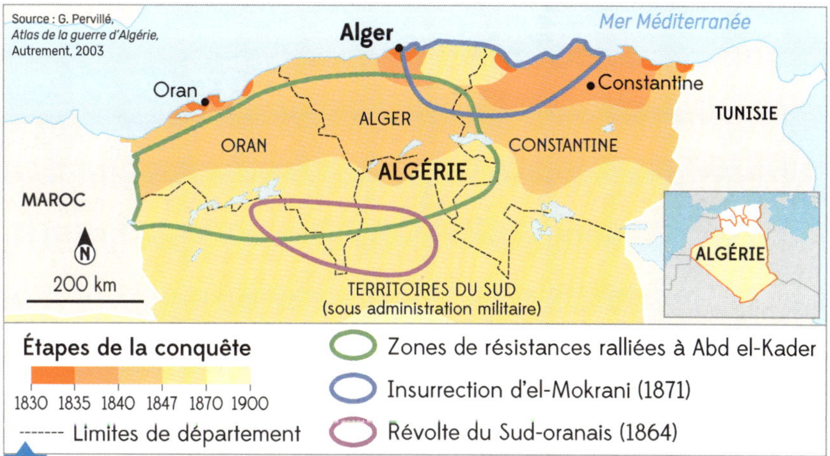

1 La conquête et la pacification de l'Algérie

Vocabulaire

- **Code de l'indigénat**
  Les indigènes, privés de la citoyenneté par leur statut défini en 1865, sont aussi soumis à un régime pénal d'exception qui confère aux administrateurs civils le droit de les condamner à de courtes peines ou à des amendes. Il est légalisé pour l'Algérie en 1881 puis généralisé progressivement à toutes les colonies à partir de 1887.
- **Colonie de peuplement**
  Colonie dans laquelle s'installe définitivement un grand nombre d'habitants venus de métropole.
- **Statut personnel**
  Principe défini en 1830 selon lequel les indigènes ne doivent pas être soumis au code civil en matière matrimoniale et familiale, de façon à respecter leurs coutumes.

2 Le régime pénal de l'indigénat

« **Art. 1.** La répression par voie disciplinaire des infractions spéciales à l'indigénat appartient désormais, dans les communes mixtes[1] du territoire civil[2], aux administrateurs de ces communes.[...]

Art. 2. L'administration insérera sur un registre coté et paraphé, la décision qu'elle aura prise, avec indication sommaire des motifs. Extrait certifié dudit registre sera transmis chaque semaine, par voie hiérarchique, au gouverneur général.

Art. 3. Le droit de répression par voie disciplinaire n'est concédé aux administrateurs que pour une durée de sept ans à compter du jour de la promulgation de la présente loi. »

Annexe :

Quelques exemples d'infractions fixées en Algérie :
– Propos tenus en public contre la France et le gouvernement.
– Dissimulation de la matière imposable.
– Réunion sans autorisation de plus de vingt personnes à l'occasion de Zerda ou Ziara (pèlerinage et repas publics).
– Ouverture sans autorisation de tout établissement religieux ou d'enseignement.

Types de peines : l'internement (emprisonnement, assignation à résidence, déportation), l'amende (individuelle ou collective) et le séquestre (spoliations de biens fonciers ou autres).

Loi du 18 juin 1881 (votée pour 7 ans mais prorogée régulièrement).

1. Communes où la population musulmane est très nombreuse et la population européenne réduite. 2. Zone côtière, par opposition au territoire militaire (Sahara).

3 La dénonciation du code de l'indigénat

L'indigénat, qu'est-ce donc ? C'est [...] un système répressif exorbitant du droit commun, qui, sous couleur de discipline, frappe l'indigène dans sa liberté, dans sa fortune, dans ses droits les plus essentiels.

Un arrêté du gouvernement général, armé sur ce point d'un pouvoir discrétionnaire[1], peut arracher un indigène à sa famille, à sa tribu, le déporter dans de véritables bagnes ou simplement lui imposer une résidence déterminée avec interdiction d'en sortir. [...]

Mais le pouvoir administratif est également muni d'autres armes. On croit rêver quand on pense qu'aujourd'hui encore un indigène musulman ne peut circuler en Algérie sans passeport régulier, fût-ce pour se rendre à quelques kilomètres de chez lui. Pour punir des méfaits de ce genre, des peines de police, amende et emprisonnement sont prononcées légalement.

[...] Un semblable état de choses a engendré, comme tous les régimes d'arbitraire, des abus vraiment scandaleux. Il a créé dans l'âme indigène des sentiments de rancune tenace, d'hostilité sournoise. Il n'a pas peu contribué à creuser entre nous et nos sujets indigènes un fossé de malentendus et de défiances, qui va s'élargissant chaque jour.

G. de Molinari, *Journal des Économistes*, mars 1909.

1. Liberté laissée à un responsable de prendre l'initiative de certaines mesures hors des règles établies et selon sa convenance.

4 La mise en valeur de la colonie algérienne célébrée

Couverture d'un fascicule distribué dans les écoles.

INFO

a. Population de l'Algérie coloniale

	Européens	Algériens
1856	159 292	2 310 000
1886	464 820	3 287 000
1911	752 043	4 478 000

Source : Dominique Maison, *Population dans l'Algérie coloniale*, Population, 1973.

b. Propriété de la terre (hors Sahara)

	1863	1917
Algériens	86 %	52 %
Européens	2 %	10 %
Propriété domaniale et communale	12 %	38 %

Source : *L'Algérie et les Algériens* Les Collections de *L'Histoire* n° 55, 2012.

c. Population du département d'Oran en 1886

Français	7,7 %
Algériens musulmans	78,7 %
Espagnols	10,6 %
Autres étrangers	3 %

Itinéraire 1

Identifier

1. **Doc. 1.** Relevez dans la chronologie et sur la carte les éléments montrant les difficultés de la conquête de l'Algérie depuis 1830.
2. **Doc. 2, 4 et info.** Répertoriez les différentes populations et statuts existants en Algérie.

Expliquer

3. **Doc. 2 et 3.** Montrez en quoi le code de l'indigénat est inégalitaire et abusif.
4. **Doc. 4.** Quelle image de la colonisation cette image veut-elle renvoyer ?
5. **Doc. 4 et info.** Observez l'évolution de la propriété de la terre et mettez-la en relation avec celle de la population.

Synthétiser

6. Faites un tableau répertoriant les caractères spécifiques de l'Algérie coloniale (modalités de la conquête, type de colonie, statuts juridiques et diversité des populations, propriété de la terre).

OU

Itinéraire 2

Rédiger un texte

À l'aide des documents et d'une recherche personnelle, rédigez un texte centré sur l'histoire du code de l'indigénat de 1881 à 1914 :
- sa mise en place et ses principales dispositions ;
- un code qui reflète une société coloniale inégalitaire ;
- un code progressivement généralisé dans les autres territoires coloniaux.

DOCUMENTS
POINT DE PASSAGE

COURS p. 188

Fiche de synthèse

Saïgon, un exemple de ville coloniale

Le petit port de Saïgon, en Indochine, est occupé par la France en 1859. Il devient, avec la colonisation, une ville importante de 20 000 à 30 000 habitants à la fin du XIXe siècle. Les Français y sont peu nombreux mais y dominent, dans un espace urbain où la fracture coloniale est rendue visible.

QUESTION CLÉ

Pourquoi la ville de Saïgon incarne-t-elle les fractures de la société coloniale ?

CHRONOLOGIE

- **1859** Occupation de Saïgon par la France.
- **1867** Occupation par la France de la province du sud Vietnam ou Cochinchine.
- **1887** Création de l'Union indochinoise (Cochinchine, Annam, Tonkin, Cambodge et Laos) dirigée par un gouverneur général installé à Saïgon.
- **1897** Fin de la pacification de l'Indochine.

1 Saïgon vue par Paul Doumer

Paul Doumer est gouverneur général de l'Indochine entre 1897 et 1902.

Il y a deux villes dignes de ce nom en Cochinchine : Saïgon, ville administrative, maritime et militaire, de création française ; Cholon, la ville du commerce et de l'industrie, asiatique peut-on dire, plutôt qu'annamite[1], qui existait avant notre arrivée. [...] Saïgon est une belle ville tropicale, la plus gracieuse des villes d'Extrême-Orient. Certains de ses monuments sont superbes ; tous ont grande allure ; les maisons sont en général fort coquettes, les rues bien ombragées, et le tout est noyé dans un océan de verdure [...] d'où émergent quelques bâtiments trop vastes ou trop élevés pour disparaître sous les arbres. C'est le palais du Gouvernement général, les casernes, l'hôpital, l'hôtel des postes, l'hôtel du Lieutenant-Gouverneur, la douane, etc., qui luttent victorieusement encore contre l'ombrage envahissant s'élevant et s'étendant toujours, sous la poussée de sève que fournit la nature exubérante.

Paul Doumer, *L'Indochine française, Souvenirs*, 1905.

1. L'Annam est une partie de l'Indochine française.

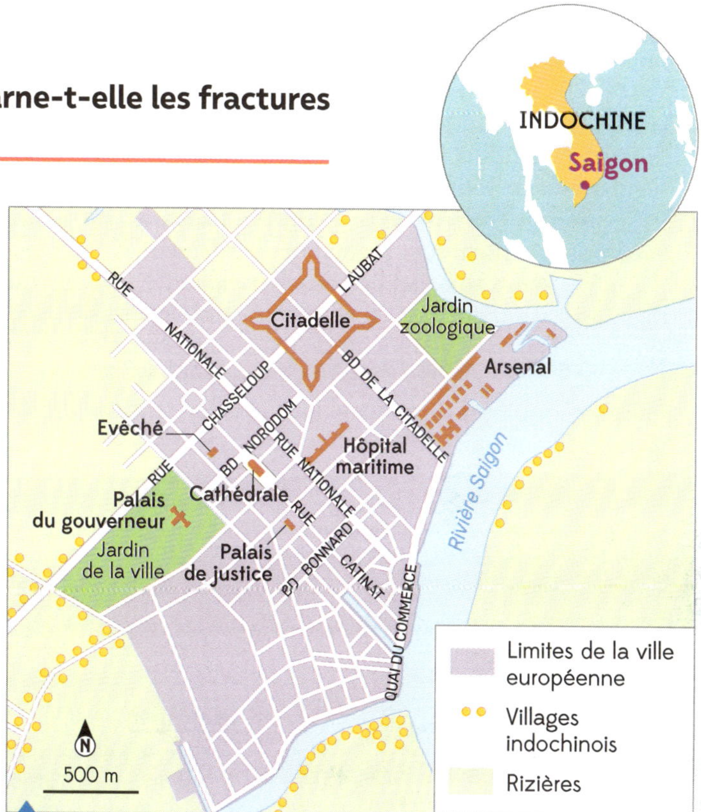

2 Le plan de Saïgon en 1878

3 Saïgon vue par un opposant à la colonisation

Félicien Challaye, professeur de philosophie, socialiste et opposant à la colonisation, relate un voyage en 1901 à Saïgon.

Au début de 1901, je vois constamment le Français vexer, injurier, brutaliser l'indigène. Je vois constamment le Français – affolé souvent par la chaleur, l'absinthe[1], l'opium – battre le domestique indigène qui a mal exécuté un ordre mal donné en une langue mal comprise. Je vois très souvent le Français frapper d'un coup de canne ou de cravache l'indigène qui, dans la campagne, oublie de se découvrir devant lui. Je vois souvent le Français menacer ou frapper, pour le faire taire, le conducteur de pousse-pousse demandant à être payé au tarif fixé. Je vois même souvent beaucoup de Français rudoyer les indigènes avec qui ils sont en contact sans aucun motif, sans aucun prétexte, pour le plaisir, ou bien comme ils disent, pour maintenir le prestige du Blanc.

Félicien Challaye, *Souvenirs sur la colonisation*, 1935.

1. Alcool apéritif

4 **La ville européenne : la rue Catinat (1900) et la cathédrale (1910)**

5 Saïgon vue par Marguerite Duras

Dans un roman autobiographique, Un barrage contre le Pacifique, *publié en 1950, la romancière Marguerite Duras (1914-1996) décrit la ville de Saïgon où elle a vécu enfant et qu'elle a quittée en 1932.*

Comme dans toutes les villes coloniales il y avait deux villes dans cette ville ; la blanche et l'autre. Et dans la ville blanche il y avait encore des différences. La périphérie du haut quartier, construite de villas, de maisons d'habitation, était la plus large, la plus aérée, mais gardait quelque chose de profane. Le centre, pressé de tous les côtés par la masse de la ville, éjectait des buildings chaque année plus hauts. Là ne se trouvaient pas les Palais des Gouverneurs, le pouvoir officiel mais le pouvoir profond, les prêtres de cette mecque, les financiers. [...] Dans le haut quartier n'habitaient que les Blancs qui avaient fait fortune. Pour marquer la mesure surhumaine de la démarche blanche, les rues et les trottoirs du haut quartier étaient immenses. [...] Arrosées plusieurs fois par jour, vertes, fleuries, ces rues étaient aussi bien entretenues que les allées d'un immense jardin zoologique où les espèces rares des Blancs veillaient sur elles-mêmes. [...]

C'était dans la zone située entre le haut quartier et les faubourgs indigènes que les Blancs qui n'avaient pas fait fortune, les coloniaux indignes, se trouvaient relégués. Là, les rues étaient sans arbres. Les pelouses disparaissaient. Les magasins blancs étaient remplacés par des compartiments indigènes.

M. Duras, *Un Barrage contre le Pacifique*, Gallimard, 1950.

Itinéraire 1

Identifier

1. **Doc. 1, 3 et 5.** Identifiez les différents points de vue sur la ville de Saïgon.
2. **Doc. 1, 4 et 5.** Citez les éléments montrant la prospérité de la ville.

Expliquer

3. **Doc. 5.** Selon l'auteur, comment s'organise la société de Saïgon ?
4. **Doc. 1 à 5.** En confrontant les documents et le plan, montrez que l'organisation sociale de la ville se traduit dans l'espace.

Synthétiser

5. Montrez dans un court développement que la ville de Saïgon est exemplaire des divisions de la société coloniale entre colons et colonisés mais aussi entre les colons eux-mêmes.

OU

Itinéraire 2 — oral

Préparer un exposé

- Préparez en équipes un exposé sur la ville de Saïgon et la société coloniale : montrez à la fois le développement de la ville avec la colonisation et la façon dont les fractures sociales se traduisent dans l'espace.
- Faites une recherche sur une autre ville, par exemple Alger, et comparez-la avec Saïgon.
- Pour vous aider : https://fresques.ina.fr/jalons/fiche-media/InaEdu04719

RÉVISIONS Métropole et colonies

Podcast

L'ESSENTIEL

1 La France et la conquête coloniale

- L'expansion coloniale répond en France à une volonté politique en compensation de la défaite de 1871. Cet expansionnisme ne fait pas l'unanimité au début de la Troisième République. Il répond cependant à une crise économique et est encouragé par les milieux d'affaires.
- Portée initialement également par une ambition scientifique, la colonisation se fait avant tout par les armes et se heurte à des résistances durables, notamment en Algérie ou en Indochine.
- La colonisation révèle les rivalités entre les puissances européennes. Malgré la conférence de Berlin (1884-1885) qui tente d'organiser pacifiquement le partage de l'Afrique, la course aux colonies conduit ces puissances à des situations de forte tension : c'est le cas à Fachoda en 1898 entre la France et le Royaume-Uni et au Maroc en 1905 et 1911 entre la France et l'Allemagne.

2 L'empire colonial français avant 1914

- La France est devenue en 1914 le deuxième empire colonial mondial, mais la présence française sur ce vaste territoire est discontinue et souvent contestée.
- Les sociétés coloniales sont inégalitaires. Elles sont fondées sur une domination politique et juridique des colonisés, consacrée par exemple par le Code de l'indigénat. La mise en valeur économique des colonies entraîne la modernisation de ces territoires, mais elle implique souvent une spoliation des terres et les colonisés peuvent être soumis au travail forcé. Les divisions des sociétés coloniales sont visibles dans l'espace urbain comme à Saïgon.
- La colonisation est justifiée par la « mission civilisatrice » de la France, elle-même fondée sur le racisme scientifique. Cette théorie vient justifier l'inégalité de statut et de traitement des peuples soumis, alors que la République défend en métropole l'application des droits de l'homme.

Exercices interactifs

POINTS DE PASSAGE

▶ 1898 : Fachoda, le choc des impérialismes → p. 190

- En 1898, les ambitions contradictoires de la France et du Royaume-Uni en Afrique se révèlent lors de la crise de Fachoda, un fortin sur le Nil.
- Les expéditions militaires françaises (J. B. Marchand) et britannique (Kitchener) s'y rejoignent.
- La guerre est finalement évitée, la France renonçant à ses prétentions territoriales en Afrique de l'Est.

▶ 1887 : Le code de l'indigénat algérien est généralisé à toutes les colonies françaises → p. 192

- Le code de l'indigénat est un ensemble de textes législatifs et réglementaires qui organisent dans les colonies françaises le contrôle et la répression des indigènes seuls.
- Il s'agit d'une justice d'exception, appliquée à l'Algérie puis généralisée à toutes les colonies (à partir de 1887).

▶ Saïgon, ville coloniale → p. 194

- La ville de Saïgon est emblématique des villes coloniales où le développement de la ville européenne se juxtapose au bâti existant et traduit, dans l'espace urbain, les inégalités de la société coloniale.

A/Z Les mots clés

- **Colonie**
  Au XIXe siècle, territoire dominé et administré directement par un État étranger.
- **Empire colonial**
  Dérivé du latin « *imperium* » (« pouvoir souverain », « domination »), par référence à l'Empire romain, le terme désigne au XIXe siècle un État et l'ensemble de ses possessions coloniales.
- **Métropole**
  Depuis le XVIIe siècle, le terme désigne le territoire et l'État français par rapport à ses possessions d'outre-mer.

Vidéo

L'ESSENTIEL EN 3 MINUTES

MÉTROPOLE ET COLONIES

Chronologie

- 1830 Prise d'Alger
- 1859 Conquête de Saïgon
- 1881 Code de l'Indigénat en Algérie
- 1887 Code de l'Indigénat étendu aux colonies françaises
- 1898 Crise de Fachoda
- 1905 et 1911 Crises marocaines

1 LA FRANCE ET LA CONQUÊTE COLONIALE

- La conquête coloniale est surtout voulue par quelques hommes politiques et portée par **le parti colonial** (Jules Ferry).
- C'est une **conquête militaire** qui génère des **résistances armées des populations envahies.**
  - → Gallieni (Madagascar)
  - → Abd el-Kader (Algérie)
- Elle génère aussi et révèle des **rivalités entre puissances coloniales** européennes.
  - → Fachoda 1898

2 L'EMPIRE COLONIAL FRANÇAIS AVANT 1914

- **L'Empire colonial français en 1914 est étendu** mais l'emprise réelle est **discontinue et contestée.**
- Là où la présence coloniale est forte, dans les villes surtout, **une société coloniale très inégalitaire**, fondée sur **un statut juridique discriminant**, se développe.
  - → Ville coloniale : Saïgon
  - → Code de l'indigénat

ANALYSE DE DOCUMENTS

SUJET GUIDÉ

Le code de l'indigénat, symbole des inégalités dans les colonies

Consigne

Confrontez ces textes de manière à décrire le fonctionnement de la société coloniale. À partir des documents et de vos connaissances, vous expliquerez ce qu'est le code de l'indigénat et en quoi il rend possibles les abus décrits dans le document 2. Vous montrerez aussi les oppositions qu'il suscite.

1

La mise en place du code de l'indigénat d'après un manuel de législation coloniale

Arthur Girault a été professeur de droit à la faculté de Poitiers. Son livre, réédité plusieurs fois, a eu beaucoup de succès et s'est imposé comme une référence pour les étudiants en droit et dans la formation des administrateurs coloniaux.

L'histoire de la justice répressive en Algérie est celle d'un conflit qui dure encore entre l'administration, l'armée et les colons, d'une part, et, de l'autre, les jurisconsultes et les philanthropes de la métropole. Les premiers, uniquement soucieux de la sécurité, visaient avant tout à une répression immédiate et efficace, d'ailleurs mieux appropriée aux traditions et à la mentalité des indigènes, sans se soucier des principes du droit ni de la forme qui est la garantie la plus essentielle des droits de la défense. Les autres aspiraient à supprimer un arbitraire dans la répression qui leur paraissait monstrueux et à faire profiter progressivement les indigènes du droit commun. Par suite de l'opposition de ces deux points de vue, les raisons pratiques des premiers n'ont pu triompher des scrupules des seconds, et il est arrivé que, renonçant à demander à un texte de loi des pouvoirs qui répugnaient aux jurisconsultes, les hommes qui en Algérie étaient à la besogne et qui répondaient de la sécurité, ont fondé, à côté, des juridictions répressives et des peines qui fonctionnent comme des institutions de pur fait, sans existence légale. C'est là l'origine des peines prononcées par le gouverneur général : internement, séquestre, amende collective. C'est là également celle des peines disciplinaires infligées en territoire militaire pour suppléer à l'insuffisance des conseils de guerre.

Arthur Girault, *Principes de colonisation* et de *législation coloniale*, t2, 1904.

2

Les abus liés au code de l'indigénat dénoncés par un sénateur

Certains abus de pouvoir liés à l'application du code de l'indigénat en Algérie sont rapportés au Sénat dès 1888, comme le fait un sénateur qui relève les faits dans des journaux algériens.

Dans une commune mixte[1] de la province de Constantine, l'administrateur et son adjoint ont, chacun, un potager bien entretenu et cultivé par leurs prisonniers. En été, la grande question, pour eux, est celle de l'arrosage; aussi s'arrangent-ils toujours, pendant les chaleurs, pour avoir une vingtaine d'hommes dans leur geôle, petite salle infecte où l'on peut à peine se tenir à douze debout. Quand l'excédent de condamnés devient trop considérable, l'administrateur donne au secrétaire indigène, ou khodja, l'ordre de relâcher les cinq ou six plus anciens. [...] On peut donc poser en fait que tout administrateur qui, pour un motif quelconque et souvent personnel, veut garder un indigène dix jours, quinze jours ou un mois en prison, peut le faire impunément. Les plus scrupuleux se bornent à porter sur le registre, en regard du nom de l'indigène, autant de fois cinq jours que le comporte la réelle durée de l'emprisonnement.

Journal officiel, débats parlementaires, Sénat, séance ordinaire du 22 juin 1888.

1. Par opposition aux communes de plein exercice, il s'agit de communes où la population musulmane est très nombreuse et la population européenne réduite. L'autorité y est exercée par un administrateur.

POINTS MÉTHODE

DÉCRYPTAGE DU SUJET

Analyser la consigne

- **Déterminer le sujet à traiter**
  - Repérer les limites chronologiques et spatiales.
  - Relever les mots clés et analyser la manière dont ils sont mis en relation.
- **Déterminer les différents aspects à analyser**
  - Mettre en relation le document et une ou des notions.
  - Faire preuve de d'esprit critique sur le document : limites, opposition/comparaison de points de vue.

- Le sujet porte sur le code de l'indigénat, un ensemble de textes législatifs et réglementaires qui organise le contrôle et la répression des indigènes dans les colonies françaises.
- Les deux documents portent sur l'Algérie et ont été produits entre 1888 et 1904.
- Il s'agit ici de décrire et expliquer les inégalités dans les sociétés coloniales entre les colonisés et les colonisateurs. Le code de l'indigénat est considéré comme le symbole de ces inégalités.
- Les deux documents sont complémentaires : l'un permet de décrire et d'expliquer un système inégalitaire dont le second dénonce les abus.
- Les deux documents ne permettent pas de rendre compte de l'ensemble des pratiques discriminatoires dont sont victimes les indigènes. Il est nécessaire de s'appuyer sur les documents tirés des pages « Point de passage » du chapitre pour trouver les limites des deux textes.

Identifier le ou les documents

- **Quelle nature ?**
- **Auteur et point de vue**
- **Situation(s) historique(s) évoquée(s)**

- Les deux documents traitent du code de l'indigénat et de son application. Ils montrent qu'il s'agit d'une justice d'exception apparue au cours de la conquête de l'Algérie. Ce cadre juridique est appliqué pour l'Algérie en 1881 puis est généralisé à toutes les colonies françaises à partir de 1887.
- Le premier document est extrait d'un manuel de droit colonial qui explique les conditions de la mise en place du code de l'indigénat et décrit partiellement le système de contrôle et de répression des indigènes. Arthur Girault expose les positions des différents acteurs coloniaux qui ont abouti à la mise en place du code.
- Le second texte est un extrait de débat parlementaire. Un sénateur dénonce les abus d'un administrateur, qui agit dans le cadre réglementaire défini par le code de l'indigénat. Ces abus sont relatés dans des journaux algériens.

Répondre aux parties de la consigne

- Le premier point peut être rédigé à partir de citations tirées des documents, expliquées et mises en relation avec vos connaissances tirées de l'étude du Point de passage (voir p. 192-193).
- La deuxième partie de la consigne demande d'expliquer les actes commis par les administrateurs décrits dans le document 2 en les mettant en relation avec les éléments du code de l'indigénat apportés par le document 1.
- Le sénateur dont il est question dans le document 2 est un opposant au code de l'indigénat. Il est intéressant de noter qu'il s'appuie sur des journaux locaux qui dénoncent également ces abus. Le document 1 évoque d'autres formes d'opposition.

CONSEIL DU PROF

Ces documents sont à croiser avec *Le régime pénal de l'indigénat*, doc. 2 p. 192

Retrouvez des sujets de Bac et des méthodes actualisés sur le site lyceen.nathan.fr/cote1re-2019

SUJET BLANC

Consigne

Confrontez ces documents pour comprendre les débats suscités par l'expansion coloniale. Présentez les deux textes. Relevez et expliquez ensuite les arguments pour et les arguments contre la colonisation en mobilisant vos connaissances pour les illustrer chacun avec un exemple précis.

1

La colonisation justifiée au moment de la conquête

Sur le terrain économique, je me suis permis de placer devant vous, en les appuyant de quelques chiffres, les considérations qui justifient la politique d'expansion coloniale au point de vue de ce besoin de plus en plus impérieusement senti par les populations industrielles de l'Europe et particulièrement de notre riche et laborieux pays de France, le besoin de débouchés. [...] Pourquoi ? Parce qu'à côté d'elle l'Allemagne se couvre de barrières, parce que, au-delà de l'océan les États-Unis d'Amérique sont devenus protectionnistes et protectionnistes à outrance. [...]

Messieurs, il y a un second point, un second ordre d'idées que je dois également aborder, le plus rapidement possible, croyez-le bien : c'est le côté humanitaire et civilisateur de la question. [...] Il y a pour les races supérieures un droit, parce qu'il y a un devoir pour elles. Elles ont le devoir de civiliser les races inférieures... [...]

Il est ensuite arrivé à un troisième, plus délicat, plus grave, et sur lequel je vous demande la permission de m'expliquer en toute franchise. C'est le côté politique de la question. [...] Rayonner sans agir, sans se mêler aux affaires du monde, en se tenant à l'écart de toutes les combinaisons européennes, en regardant comme un piège, comme une aventure, toute expansion vers l'Afrique ou vers l'Orient, vivre de cette sorte, pour une grande nation, croyez-le bien, c'est abdiquer, et dans un temps plus court que vous ne pouvez le croire, c'est descendre du premier rang au troisième ou au quatrième.

Jules Ferry,
discours à la Chambre des députés, 28 juillet 1885[1].

1. La séance parlementaire du 28 juillet 1885 est consacrée à la discussion d'un projet de crédits extraordinaires pour financer une expédition à Madagascar où la France tente d'imposer son protectorat. Jules Ferry défend ce projet.

2

Contre la colonisation

Les races supérieures ont sur les races inférieures un droit qu'elles exercent, ce droit, par une transformation particulière, est en même temps un devoir de civilisation. Voilà en propres termes la thèse de M. Ferry, et l'on voit le gouvernement français exerçant son droit sur les races inférieures en allant guerroyer contre elles et les convertissant de force aux bienfaits de la civilisation. Races supérieures ? Races inférieures, c'est bientôt dit ! Pour ma part, j'en rabats singulièrement depuis que j'ai vu des savants allemands démontrer scientifiquement que la France devait être vaincue dans la guerre franco-allemande parce que le Français est d'une race inférieure à l'Allemand. Depuis ce temps, je l'avoue, j'y regarde à deux fois avant de me retourner vers un homme et vers une civilisation, et de prononcer : homme ou civilisation inférieurs.

Georges Clemenceau,
discours à la Chambre des députés, 31 juillet 1885[1].

1. Georges Clemenceau répond ici au discours de Jules Ferry tenu trois jours plus tôt.

QUESTION PROBLÉMATISÉE

BAC

SUJET GUIDÉ

Comment les sociétés coloniales sont-elles organisées dans l'Empire colonial français entre 1859 et 1914 ?

Vous répondrez à cette problématique en montrant que :
- les sociétés coloniales sont fortement inégalitaires ;
- les inégalités sont fondées sur des théories racistes.

POINTS MÉTHODE	DÉCRYPTAGE DU SUJET
Comprendre et analyser le sujet • **Identifier les limites chronologiques et spatiales du sujet.** Si elles ne sont pas explicites, il faut les déterminer en les justifiant. Un sujet peut ne faire référence qu'à une partie de la période ou des espaces travaillés en cours. Ne pas en tenir compte constitue un hors-sujet. • **Repérer et expliquer les mots clés du sujet.** Il faut les définir de manière précise pour ensuite chercher les notions qui leur sont associées dans le cours.	• Le sujet porte sur l'empire colonial français qui, entre 1859 (prise de Saïgon par la France) et 1914 connaît une expansion très intense en Afrique (Madagascar, AEF et AOF) et en Asie (Indochine). • Le sujet demande de caractériser les sociétés coloniales qui peuvent être définies comme des sociétés nées du bouleversement de la colonisation où se distinguent les populations colonisatrices et les populations colonisées. La notion d'inégalité est ici centrale.
Mobiliser ses connaissances pour construire un plan • **Élaborer le plan détaillé** – Écrivez au brouillon toutes les informations qui vous viennent à l'esprit en lien avec chaque partie (idées, notions, événements, acteurs...). Il faut être le plus précis possible. – Regroupez et hiérarchisez ces informations pour établir des liens entre elles (opposition, comparaison, évolution, explication...). Vérifier qu'aucune n'est hors-sujet, et qu'elles s'enchaînent de manière logique.	• Le plan suggéré est thématique : il demande d'abord de montrer que les sociétés sont inégalitaires avant d'expliquer le fondement de ces inégalités. **1. Des sociétés inégalitaires :** – expliquez d'abord l'inégalité politique et juridique (sujets d'empire, code de l'indigénat) ; – exposez ensuite la domination économique, sociale et culturelle ; – évoquez les inégalités spatiales dans les villes coloniales comme Saïgon. **2. Des sociétés coloniales fondées sur le racisme :** – montrez que la domination est justifiée par « la mission civilisatrice » dont les résultats sont très contrastés ; – expliquez que la domination est justifiée par les théories racistes sur l'inégalité des races et la classification des peuples.
Rédiger la réponse au sujet argumenté • **Rédiger le développement** – Le développement suit le plan détaillé élaboré au brouillon, et fait apparaître la structure en parties. – Annoncez l'idée défendue dans chaque partie, puis exposez les arguments qui permettent de la soutenir. Expliquez et justifiez chaque argument de manière précise.	• Vous pouvez utiliser plusieurs fois le même exemple pour justifier différents arguments, à condition de l'adapter. Ainsi, le cas de Saïgon : – peut justifier les inégalités de l'espace urbain, en montrant comment les bâtiments affirment la domination française ; – peut justifier la domination sociale et économique, en décrivant la manière dont des colons peuvent traiter les colonisés (voir p. 194).

Retrouvez des sujets de Bac et des méthodes actualisés sur le site lyceen.nathan.fr/cote1re-2019

CHAPITRE

9

1914-1918 : un embrasement mondial et ses grandes étapes

Dans ce chapitre
- TOUS LES TEXTES en version à imprimer
- TOUTES LES CARTES en version interactive

En 1914, l'attentat de Sarajevo produit une onde de choc qui embrase le continent européen. L'illusion d'une guerre courte et localisée se dissipe rapidement : la guerre s'enlise, implique de nouveaux acteurs, essaime sur les différents continents, mobilise des armes nouvelles, sur terre, sur mer et dans les airs.

▶ Quelles sont les grandes étapes de la Première Guerre mondiale et comment ce conflit se décline-t-il aux différentes échelles ?

Animation

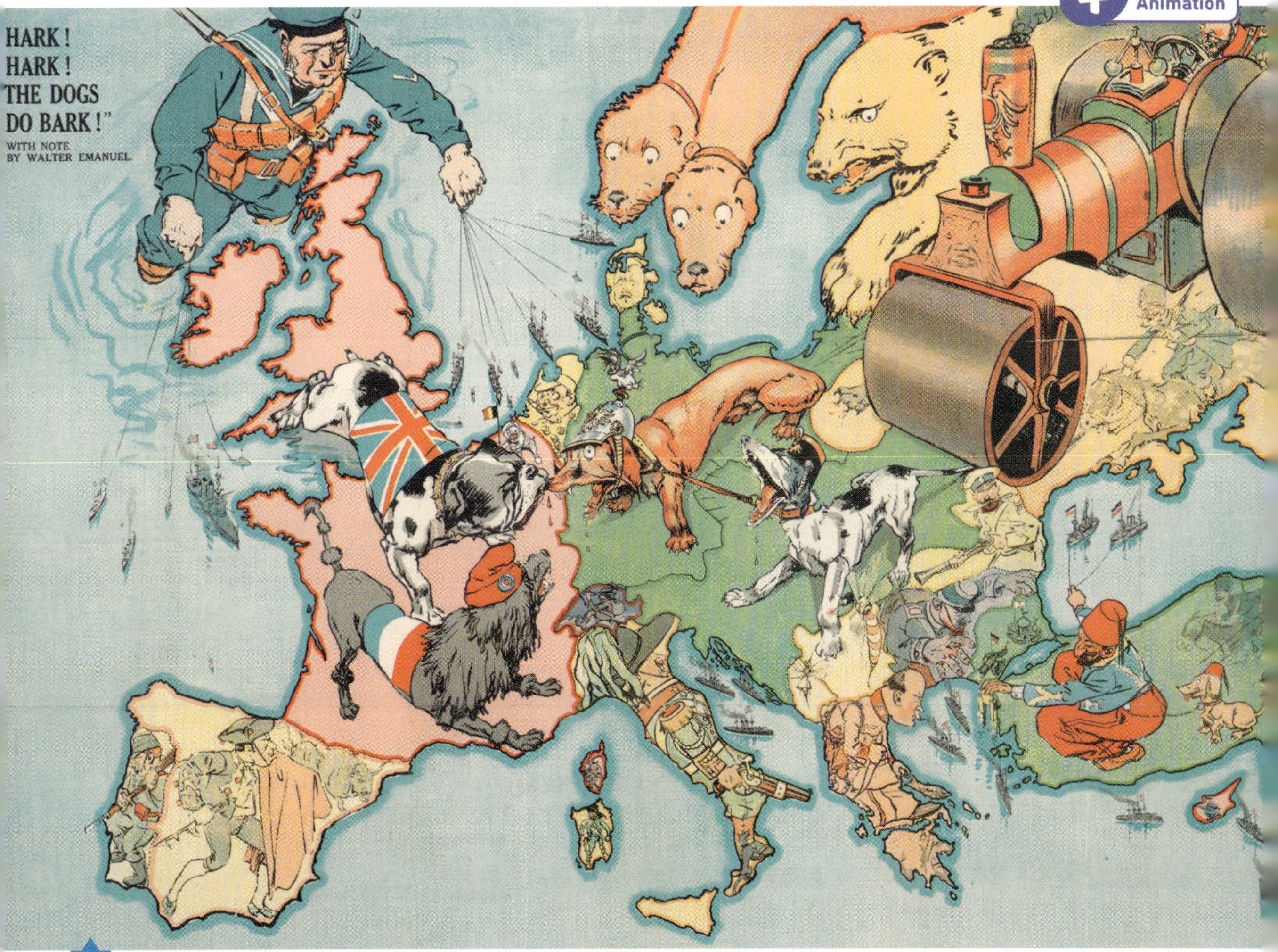

1 1914 : la montée des tensions

Cette carte britannique représente plusieurs nations européennes sous les traits d'un chien pour signaler la meute qui gronde sur le continent européen.

« Alerte ! Les chiens aboient ! », carte humoristique britannique de l'Europe, 1914.

2 **1918 : l'alliance des nations**

Cette affiche américaine annonce un meeting organisé le 14 juillet 1918 pour démontrer l'union de toutes les nations alliées autour de la France *« jusqu'à la paix et la victoire »*.
Tous pour un et un pour tous !, affiche américaine, 1918.

Fronts et théâtres d'opérations de la Première Guerre mondiale

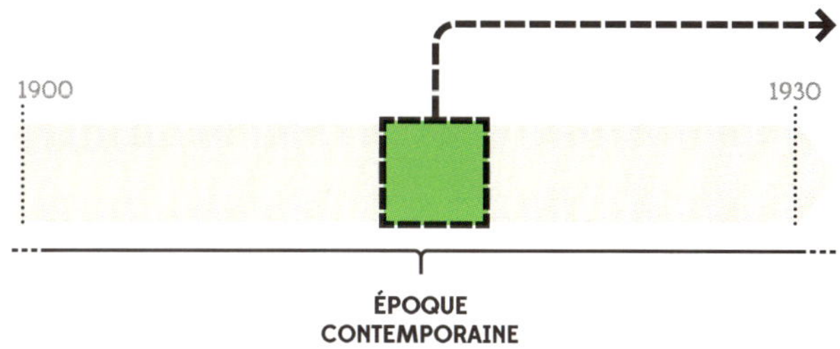

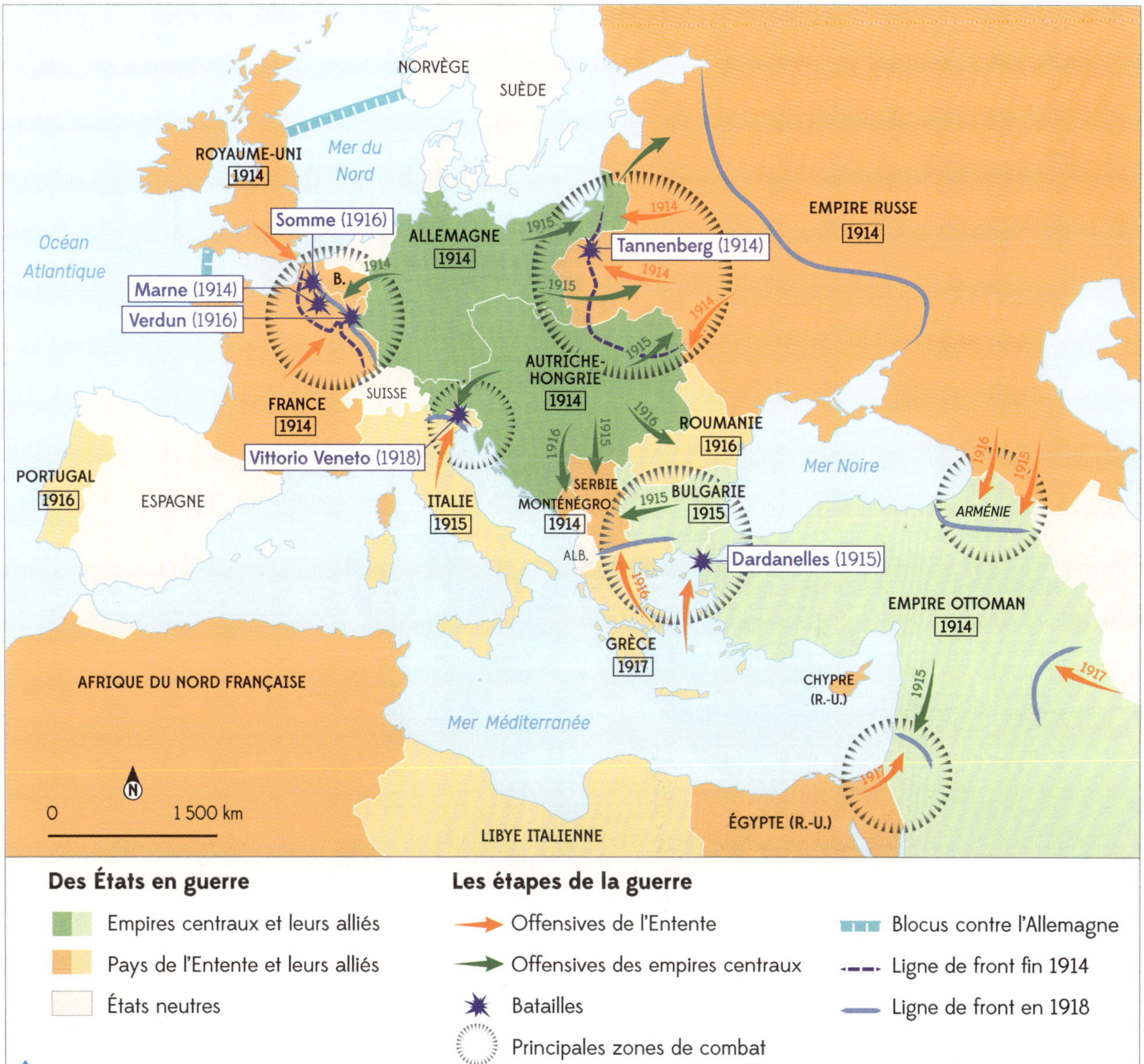

1 Les fronts en Europe et sur ses marges (1914-1918)

Pour aller + loin

Vocabulaire

- **Front**
Limite avant de la zone de combat, le front est une zone de face-à-face entre armées ennemies.

QUESTIONS

1. **Carte 1** Identifiez les différents fronts : comment les États de l'Entente comptent-ils faire céder les Empires centraux ? Distinguez l'évolution de la situation sur le front occidental et sur le front oriental entre 1914 et 1918.
2. **Carte 2** Le conflit implique immédiatement les colonies et dominions. Relevez au moins deux manifestations de cette implication. Montrez que les pays de l'Entente sont en position de force dans le cadre d'une guerre sur mer.

2 Une guerre qui s'étend à l'ensemble des continents

COURS

REPÈRES p. 206
DOCUMENTS p. 214 à 223

2. Les phases de la guerre sur les différents fronts européens

Podcast du cours

Quelles sont les principales étapes qui rythment le conflit ?

BIOGRAPHIE

Joseph Joffre (1852-1931)

Nommé en 1911 chef d'état-major général de l'armée, il est l'auteur du plan XVII, résolument offensif. Auréolé de gloire après la bataille de la Marne, il est nommé commandant en chef des armées en décembre 1914 et maréchal en 1916.

POINT DE PASSAGE

▶ Août-septembre 1914 : Tannenberg et la Marne.

→ p. 214

Vocabulaire

- **Conscription** Réquisition par un État d'une partie de sa population pour servir dans l'armée.
- **Guerre de mouvement** Phase de la guerre qui repose sur des offensives destinées à vaincre rapidement l'ennemi.
- **Guerre de position (ou guerre des tranchées)** Phase de la guerre où les combattants s'abritent dans des lignes plus ou moins fortifiées, à partir desquelles ils mènent une guerre d'un type nouveau marquée par le rôle majeur de l'artillerie.
- **Logistique** Ensemble des opérations qui permettent et soutiennent les opérations des forces armées (transport des troupes et des matériels, ravitaillement...).
- **Mutinerie** Révolte des soldats contre l'autorité militaire.

A L'illusion d'une guerre courte

1. Entrer en guerre

- À l'été 1914, **mobilisations et déclarations de guerre répondent en chaîne à l'ultimatum adressé par l'Autriche-Hongrie à la Serbie**.
- Dans la plupart des pays belligérants, **la conscription permet de mobiliser une armée conséquente**. Au Royaume-Uni, les volontaires répondent massivement aux campagnes d'enrôlement lancées dès août 1914.
- Partout, **la conviction que la guerre sera courte, l'adhésion des opinions publiques à une guerre posée comme juste, le sens du devoir, la propagande expliquent l'efficacité de la levée des troupes**. Leur acheminement, comme celui des chevaux et du matériel, place la **logistique**, fonction de la puissance industrielle, au cœur du conflit.

2. Défendre son territoire : la bataille des frontières

- **À l'est, l'Allemagne doit défendre sa frontière orientale.** Le 30 août 1914, la **bataille de Tannenberg** arrête le « rouleau compresseur russe ». Les troupes allemandes vont exercer avec les troupes austro-hongroises une pression continue sur le front oriental et conquérir des territoires.
- À l'ouest, alors que la France semble anéantie après trois semaines de désastres, **la bataille de la Marne menée par le général Joffre** fait figure de miracle. **Si l'offensive allemande est stoppée, l'espoir d'une courte guerre de mouvement s'envole** : sur le front occidental, le face-à-face des armées va se figer sur 800 kilomètres, de la mer du Nord à la Suisse, dans une **guerre de tranchées**.

B Automne 1914-mars 1918 : les fronts, théâtres d'une guerre enlisée

1. 1915 : l'ouverture de nouveaux fronts aux marges de l'Europe

- Pour rendre au conflit une mobilité stratégique et rompre l'isolement de la Russie, Churchill initie, sans succès, une opération de diversion dans la zone des détroits. Dans cette région des Balkans, de nouveaux acteurs entrent en scène (Bulgarie, Roumanie). Le théâtre des opérations s'étend aussi au Proche-Orient (Égypte, Palestine), cernant l'empire ottoman de toutes parts.
- **Fin 1915, avec l'entrée en guerre de l'Italie, l'Allemagne doit se battre sur quatre fronts.**

2. 1915-1916 : à l'ouest, rien de nouveau ?

- **La stabilisation du front occidental à l'automne 1914** n'est remise en cause ni par les combats locaux destinés à user les forces allemandes, ni par les opérations de plus grande envergure en Artois et en Champagne (1915).

● **Affaiblie par le blocus économique qui entraîne des émeutes de la faim, l'Allemagne tente en février 1916 d'obtenir une victoire en attaquant la région fortifiée de Verdun.** Malgré l'exceptionnelle concentration d'artillerie – un million d'obus lâchés dès le premier jour –, la bataille s'inscrit dans la durée. Les soldats, surnommés les « Poilus » en France, y sont soumis à une violence extrême.

● **Parallèlement, une grande offensive franco-britannique est lancée le 1er juillet 1916.** Baptême du feu pour l'armée levée par Kitchener, **la bataille de la Somme voit l'introduction d'un armement modernisé. Pas plus que Verdun, elle ne permet de percer le front.**

POINT DE PASSAGE

▶ 1916 : la bataille de la Somme.

→ p. 218

3. Les ruptures de l'année 1917

● **Le printemps 1917 est marqué par l'entrée en guerre des États-Unis et par la désintégration de l'empire russe** (voir chapitre 11), mais ces deux évolutions n'ont pas d'effet immédiat : la Russie continue à se battre jusqu'en décembre 1917 ; le gros des troupes américaines débarque en Europe à l'été 1918.

● Aussi, l'année 1917 ne permet pas d'en finir avec la « guerre des taupes » (Nivelle). **Le printemps 1917 est marqué par des mutineries qui touchent l'armée française mais aussi l'armée russe et la marine allemande.**

BIOGRAPHIE

Lord Kitchener (1850-1916)

Secrétaire d'État à la Guerre en 1914, il s'illustre par la mise sur pied de la nouvelle armée britannique *(New Army Kitchener)*, lançant une campagne de recrutement couronnée de succès (2,5 millions de volontaires engagés en deux ans).

C Mars 1918-novembre 1918 : achever la guerre

1. Les grandes offensives de 1918 sur le front occidental

● **Au printemps 1918, la signature d'une paix séparée avec les bolcheviques**, nouveaux maîtres de la Russie (traité de Brest-Litovsk), **donne un avantage à l'Allemagne** que les chefs militaires Hindenburg et Ludendorff veulent exploiter avant l'arrivée des renforts américains. Lancée le 21 mars 1918, l'offensive allemande force le front en Picardie et menace Paris.

● **L'arrivée massive des troupes américaines à l'été 1918 inverse le rapport de forces.** La contre-offensive alliée entraîne la désagrégation de l'Allemagne. **Le 11 novembre 1918, l'armistice est signé à Rethondes.**

POINT DE PASSAGE

▶ Mars 1918 : La dernière offensive allemande.

→ p. 222

2. Une offensive victorieuse sur le front des Balkans

● Dans les Balkans, l'armée d'Orient lance une offensive en septembre 1918. La rupture du front de Macédoine provoque **les capitulations en chaîne des différents belligérants**. Après la Bulgarie qui signe l'armistice le 29 septembre, l'Empire ottoman, l'Autriche, puis la Hongrie cessent les hostilités.

● Mais les combats ne s'arrêtent dans les Balkans, car l'armée d'Orient intervient alors depuis la Roumanie contre la Russie bolchevique (voir chapitre 11).

BIOGRAPHIE

Paul von Hindenburg (1847-1934)

Jeune lieutenant, il participe à la guerre franco-prussienne de 1870. En août 1914, à 67 ans, il est nommé commandant en chef de la VIIIe armée. La victoire de Tannenberg lui vaut d'être promu commandant en chef du front oriental. En août 1916, il devient le chef du Grand État-major général.

TESTEZ-VOUS !

- Comment passe-t-on d'une stratégie offensive à une stratégie défensive en 1914 ?
- Montrez que le front occidental reste le théâtre majeur des opérations tout au long du conflit.
- Caractérisez le front des Balkans.

POUR ALLER + LOIN

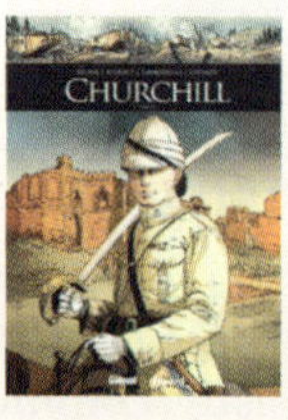

● ***Churchill*, tome 1, de Delmas, Regnault, Cammardella, Kersaudy (conseiller historique), éditions Glénat, 2018.**
Une biographie de Winston Churchill en bande dessinée, dont le premier volume aborde son itinéraire jusqu'en 1939.

COURS

REPÈRES p. 207
DOCUMENTS p. 216

Podcast du cours

3. Guerre européenne, guerre mondiale : quelle mondialisation du conflit ?

Pourquoi et comment le conflit né en Europe s'étend-il à l'échelle mondiale ?

A Maîtrise des mers et dimension mondiale du conflit

1. La guerre en Extrême-Orient : une guerre pour la suprématie maritime ?

- **Dès août 1914, la guerre s'étend en Extrême-Orient.** Allié de l'Empire britannique, le Japon adresse un ultimatum à l'Allemagne, lui imposant le départ de tous ses bateaux de guerre des eaux japonaises et chinoises.

- Le refus allemand entraîne une opération britannico-japonaise contre le port de Tsingtao (Chine, voir carte p. 207), base de l'escadre maritime allemande, puis **la conquête japonaise des possessions allemandes dans le Pacifique.**

2. La puissance maritime au service de l'extension du conflit

- En 1914, les batailles navales en mer du Nord comme dans le Pacifique font la **démonstration de la supériorité navale britannique**. Cette maîtrise quasi totale des océans autorise la projection du conflit sur d'autres théâtres.

- **La puissance navale britannique est ainsi mobilisée pour tenter de forcer le détroit des Dardanelles en Turquie**, ou pour procéder au débarquement de troupes à Gallipoli, puis à Salonique, en Grèce.

3. Asphyxier l'ennemi en Europe : la liberté des mers menacée

- Fin 1914, la certitude que la guerre sera longue sur terre fait des océans et des mers des théâtres majeurs de conflit.

- Au blocus des côtes allemandes par les Britanniques répond la décision allemande de lancer une **guerre sous-marine**, contre les navires de guerre alliés d'abord, contre les navires de commerce ensuite. L'état-major allemand prend ainsi le risque de précipiter dans le conflit des États neutres, désireux de préserver la liberté des mers, comme les États-Unis, ou soucieux de rejoindre l'Entente dans la perspective de l'après-guerre, comme la Chine.

B Les empires coloniaux : un « arrière front » mondial pour le théâtre européen des opérations ?

1. Les colonies allemandes : des possessions convoitées

- Les déclarations de guerre contre l'Allemagne impliquent de fait ses colonies. En Asie, leur conquête autorise **l'affirmation de nouvelles puissances expansionnistes comme le Japon**.

Vocabulaire

- **Guerre sous-marine**
Désigne la guerre menée par les sous-marins allemands (U-boot) contre les navires alliés ou neutres. En février 1917, l'Allemagne renoue avec le torpillage sans restriction de tous les navires, quelle que soit leur nationalité, d'où l'emploi de l'expression « à outrance ».

POINT DE PASSAGE

▶ 1915 : l'offensive des Dardanelles.

→ p. 216

CHIFFRES CLÉS

Nombre de navires marchands coulés par les sous-marins allemands	
1914	3
1915	396
1916	964
1917	2 439
1918	1 035

● **En Afrique, la redistribution des cartes s'opère au profit des puissances coloniales traditionnelles**, avec plus ou moins de facilité. Dans le cas de l'Afrique Orientale allemande, les troupes des puissances coloniales alliées (Belgique, Portugal, Royaume-Uni) rencontrent une résistance acharnée.

2. Les *dominions* britanniques au secours du Royaume-Uni

● En tant que *dominions*, le Canada et Terre-Neuve, comme l'Australie, la Nouvelle-Zélande, ou l'Afrique du Sud sont engagés par la politique extérieure du Royaume-Uni. **Leur implication dans le conflit se traduit par la levée de troupes.** En 1915, fraîchement débarquées après une longue traversée des océans, **ces troupes sont engagées massivement dans les offensives lancées sur le front balkanique** (bataille des Dardanelles) puis sur le front occidental. Ce baptême du feu est particulièrement meurtrier. Le régiment de Terre-Neuve engagé le 1er juillet 1916 dans la Somme est quasiment décimé en une journée.

3. Les colonies françaises et britanniques, un réservoir d'hommes et de matières premières

● Plus généralement, les empires coloniaux britanniques et français sont mis à contribution. Les colonies sont en premier lieu pourvoyeuses d'hommes, la mobilisation s'appliquant aussi sur leur territoire. **Tirailleurs sénégalais, spahis algériens, soldats indiens… participent aux combats comme à l'effort de guerre.** Formidables réservoirs de ressources, les colonies représentent aussi des escales majeures dans le cadre d'une guerre sur mer.

C L'impossible neutralité des États-Unis

1. Un engagement tardif dans une guerre européenne

● En avril 1917, les États-Unis tournent le dos à la neutralité. **Le discours prononcé par le président Wilson au Congrès pour demander les crédits de guerre met en avant la nécessité de défendre la liberté des mers**, indispensable au commerce américain et à la paix du monde. **La guerre sous-marine à outrance déclenchée par l'Allemagne au printemps 1917 porte en effet un coup majeur à l'économie américaine**, dont les exportations se sont considérablement accrues depuis le début du conflit, et ce au profit des Alliés.

2. Un engagement aux conséquences majeures

● L'entrée en guerre des États-Unis se traduit immédiatement par un renforcement de l'aide apportée aux pays de l'Entente et par la **prise en charge du coût de la guerre**. Du point de vue militaire, **le Congrès vote une loi de conscription universelle** qui impose la levée des troupes.

● L'engagement des États-Unis se fera sous ses couleurs : **le commandement du corps expéditionnaire** (*American Expeditionary Force*, AEF) **est confié au général Pershing**, un officier de cavalerie parlant couramment français. En juin 1917, moins de 200 *Sammies* débarquent à Boulogne-sur-mer. En août 1918, ils sont plus de 1,5 million en France.

? LE SAVIEZ-VOUS ?

La conquête des possessions allemandes en Afrique a un intérêt stratégique important. Y sont en effet installées de puissantes stations de TSF (télégraphie sans fil), raccordées au câble sous-marin d'Amérique du Sud, qui permettent de communiquer directement avec Berlin.

i CHIFFRES CLÉS

- **Près de 600 000 habitants des colonies françaises ont participé aux combats.**
- Près de 300 000 soldats originaires des pays du Maghreb.
- 180 000 des colonies d'Afrique noire.
- Près de 50 000 d'Indochine.
- Plus de 40 000 de Madagascar.
- **On compte parmi eux plus de 75 000 morts à la fin du conflit.**

i CHIFFRES CLÉS

Bilan militaire de la guerre

- **10 millions** de soldats ont été tués.
- **34 millions** ont été blessés.
- **11,5 millions** sont prisonniers.

TESTEZ-VOUS !

- Identifiez au moins trois raisons pouvant expliquer l'implication de pays extra-européens dans la guerre.
- Pourquoi peut-on qualifier les colonies françaises et britanniques d'arrière-front ?
- Quel(s) lien(s) peut-on faire entre la dimension mondiale du conflit et la guerre maritime ?

POUR ALLER + LOIN

● ***Grande Guerre, les batailles oubliées de l'Afrique,*** **un webdoc de RFI, 2018.**

http://webdoc.rfi.fr/grande-guerre-afrique-colonies-1914-1918/

DOCUMENTS
POINT DE PASSAGE

Les batailles de l'été 1914 : Tannenberg (26-30 août 1914)

REPÈRES p. 206
COURS p. 210

Fiche de synthèse

Pour l'Allemagne, le projet d'une guerre courte suppose une victoire rapide à l'ouest, puis un report des troupes à l'est (plan Schlieffen).
Dans les faits, l'Allemagne défait les Russes à Tannenberg mais le « miracle de la Marne » arrête sa progression à l'ouest. La guerre sera longue.

OBJECTIF

Expliquez le déroulement et les conséquences de la bataille de Tannenberg.

CHRONOLOGIE

- **20 août 1914** Victoire des armées russes à Gumbinnen (Prusse-Orientale). Hindenburg, général en retraite, est rappelé pour prendre le commandement de l'armée allemande.
- **21 août** Victoire de la cavalerie russe sur les Autrichiens à Lvov (Galicie).
- **26 août** Offensive allemande près de Tannenberg.
- **14 septembre** La Ie armée russe est écrasée aux lacs Mazures.

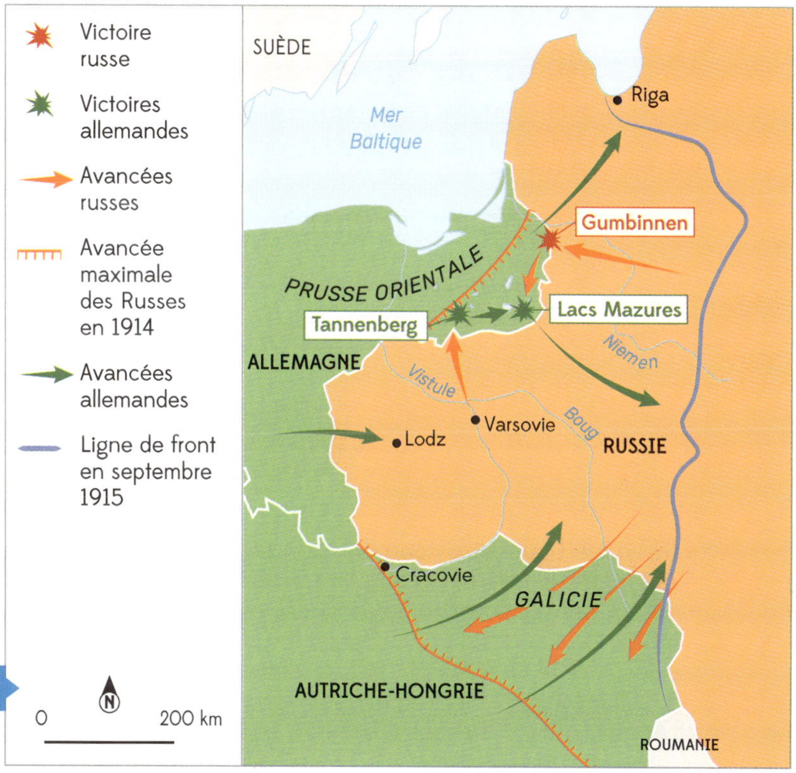

1 La bataille de Tannenberg et l'évolution du front oriental (1914-1915)

2 Carte postale allemande célébrant la victoire

« La bataille près de Ortelsburg et Tannenberg sous la conduite victorieuse du général Hindenburg », carte postale de 1914.

INFO

Durant la bataille de Tannenberg, 92 000 soldats russes sont faits prisonniers. L'Allemagne capture aussi 500 canons, qui seront transportés à l'ouest par 60 trains.

CONSEILS

Pour les deux études

- Pour comprendre le déroulement des batailles, aidez-vous des chronologies. Pensez à observer, systématiquement, sur quel territoire se déroulent les opérations.
- Pour comprendre et analyser le message délivré par les cartes postales, identifiez les acteurs représentés, les symboles, analysez la composition de l'image.

DOCUMENTS
POINT DE PASSAGE

REPÈRES p. 206
COURS p. 210

Pour aller + loin

Les batailles de l'été 1914 : la bataille de la Marne (6-13 septembre 1914)

En août 1914, l'avancée des troupes allemandes sur le front occidental contraint les troupes françaises à la retraite. Paris, menacé, est sauvé par la bataille de la Marne.

OBJECTIF

Expliquez le déroulement et les conséquences de la bataille de la Marne.

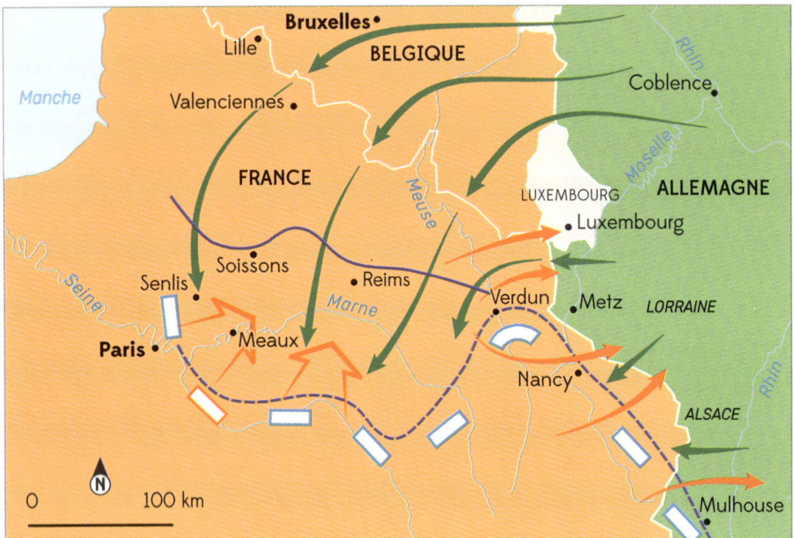

- Offensives allemandes (plan Schlieffen)
- Offensives françaises (plan XVII)
- Avancée extrême allemande au 5 sept.
- Positions françaises le 5 sept.
- Positions anglaises le 5 sept.
- Contre-offensive alliée
- Ligne de front le 13 sept. 1914

1 La bataille de la Marne, septembre 1914

CHRONOLOGIE

- **23 août 1914** Défaite française dans les Ardennes.
- **24 août** Ordre de retraite générale des armées françaises.
- **6 septembre** Début de l'offensive franco-britannique dans la Marne.
- **9 septembre** Le général Moltke ordonne le repli des armées allemandes sur l'Aisne.
- **16 septembre** Premières tranchées allemandes près de Sainte-Menehould (50 km à l'ouest de Verdun).

INFO

Érigé en vainqueur par les honneurs militaires, Joffre bénéficie après la bataille de la Marne d'une grande popularité et d'un véritable culte. En témoignent par exemple l'apparition des prénoms Joffre ou Joffrette, ou le très grand nombre d'objets ornés de son effigie.

2 « À notre Joffre »
Carte postale célébrant la remise de la médaille militaire au général Joffre, 1914.

En équipes ! oral

Équipe 1 (p. 214)
Expliquez le déroulement et les conséquences de la bataille de Tannenberg. Vous mettrez en évidence le héros national célébré à l'occasion de cette bataille.

Équipe 2 (p. 215)
Expliquez le déroulement et les conséquences de la bataille de la Marne. Vous mettrez en évidence le héros national célébré à l'occasion de cette bataille.

Mise en commun
Présentez oralement les conclusions croisées des deux études : quels points communs et quelles différences entre les deux batailles ? Quelles similitudes dans la construction de héros nationaux ? Quelle est la situation des fronts à l'issue de ces deux combats ?

DOCUMENTS
POINT DE PASSAGE

COURS p. 212

Fiche de synthèse

L'Empire britannique au combat : les Dardanelles (1915)

Les puissances coloniales trouvent dans leurs empires des renforts importants. Au printemps 1915, aux côtés de troupes britanniques et d'unités françaises de l'armée d'Orient, des soldats issus d'Australie et de Nouvelle-Zélande sont massivement impliqués dans l'offensive des Dardanelles.

QUESTION CLÉ

Quelles sont les modalités et les conséquences de la contribution des soldats coloniaux britanniques à l'effort de guerre ?

CHRONOLOGIE

- **25 juillet-12 novembre 1914** L'empire ottoman met en place un blocus au niveau du détroit des Dardanelles.
- **18 mars 1915** La flotte alliée entre dans le détroit pour le forcer.
- **25 avril 1915** Débarquement sur la péninsule de Gallipoli.
- **Décembre 1915** Les Alliés débutent l'évacuation de leurs positions. Les unités sont redéployées en Grèce ou en Égypte.

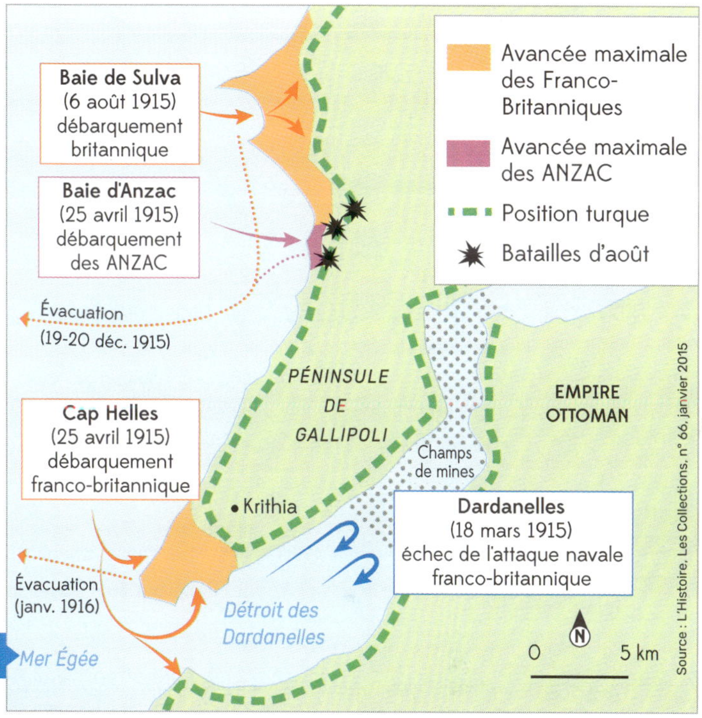

1 L'offensive des Dardanelles

2 Artilleurs australiens

Artilleurs australiens au combat sur la péninsule de Gallipoli, 1915.

INFO

La contribution des soldats de l'Empire britannique (1914-1918), en milliers de soldats

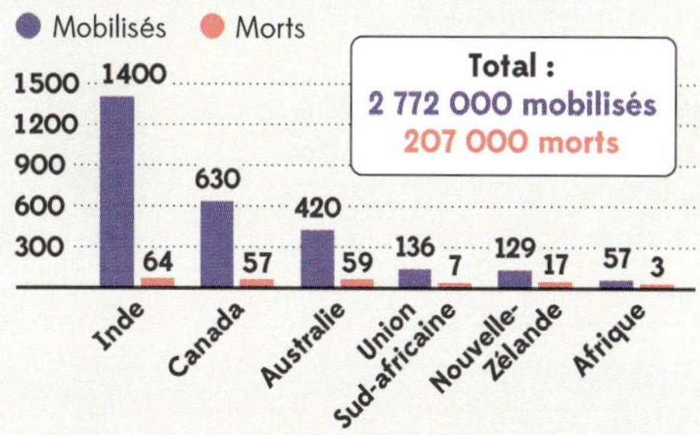

Source : Les contingents impériaux au cœur de la guerre, Jacques Fremeaux, dans Histoire, économie et société, 2004, 23e année, n°2.

NE PAS CONFONDRE

ANZAC : *Australian and New-Zealand Army Corps*

Baie d'Anzac (*Anzac Cove* en anglais, *Anzak Koyu* en turc) : une plage de la péninsule de Gallipoli.

3 Affiche australienne de recrutement, 1915

Les lourdes pertes subies durant la campagne de Gallipoli et sur le front occidental conduisent à des campagnes de recrutement massives.

« L'Australie a promis à la Grande-Bretagne plus de 50 000 hommes ; nous aiderez-vous à tenir cette promesse ? »

Vocabulaire

- **Armée d'Orient** Armée formée avec les troupes françaises mobilisées dans l'offensive des Dardanelles, redéployées à Salonique ensuite.
- **Dominion** Possession anglaise ayant le droit de se gouverner elle-même tout en reconnaissant la souveraineté britannique, donc en restant dépendante de la politique extérieure britannique.

Pour aller + loin

LE SAVIEZ-VOUS ?

Le 25 avril, date anniversaire du débarquement à Gallipoli, est célébré l'*Anzac Day*, la fête nationale la plus importante en Australie et en Nouvelle-Zélande. Elle s'ouvre par une cérémonie appelée « cérémonie de l'aube » (*Dawn service*), hommage aux soldats tombés et à la naissance de deux nouvelles nations.

4 En Australie, contribution à l'effort de guerre et naissance d'une nation

Le courage des ANZAC (*Australian and New Zealand Army Corps*), illustré de manière poignante à la bataille de Gallipoli contre les Turcs (qui se solda par la mort de 7 600 Australiens), gonfla la fierté nationale. Au crépuscule de la guerre, 60 000 enfants de l'île-continent avaient fait le sacrifice suprême. Le soldat australien, baptisé « digger[1] », devint ainsi le dernier d'une lignée de personnages héroïques [...] En même temps, toutefois, la belle solidarité nationale tournait un peu au vinaigre. Des dissensions internes, déclenchées par la question épineuse de la loyauté patriotique, étaient déjà apparues pendant la guerre. Tous ceux qui ne soutenaient pas avec assez d'enthousiasme l'effort militaire et la logique impérialiste (les syndiqués, les Irlandais ou les pacifistes) furent accusés de subversion.

Extrait de *L'Australie et la Nouvelle-Zélande*, *Georges Goulven Le Cam*, Presses universitaires de Rennes, 1996

1. En référence au *gold digger* (chercheur d'or), ce surnom est donné au soldat australien qui creuse pour se mettre à l'abri dans une tranchée.

Itinéraire 1

Identifier

1. **Doc. 1.** Dans quel contexte se déroule l'offensive des Dardanelles ? Quels sont les enjeux militaires de cette opération navale, puis terrestre ?
2. **Doc. 1 et 2.** En quoi l'offensive des Dardanelles illustre-t-elle à la fois la guerre de mouvement et la guerre de position ?
3. **Doc. 3 et Info.** Commentez le poids numérique du recrutement opéré en Australie.

Expliquer

4. **Doc. 3 et 4.** En Australie, le recrutement de volontaires s'inscrit dans la fidélité à l'Empire britannique et renforce le sentiment national. Justifiez cette affirmation.

Synthétiser

5. Rédigez un bref texte caractérisant la contribution des dominions à l'effort de guerre britannique sur le front d'Orient.

OU

Itinéraire 2

Réaliser une carte mentale

Centrée sur l'engagement des soldats australiens sur le front d'Orient, votre carte mentale doit en faire apparaître les causes (Pourquoi ?), les modalités (Comment ?) mais aussi la portée.

DOCUMENTS
POINT DE PASSAGE

COURS p. 210

Fiche de synthèse

La bataille de la Somme, juillet-novembre 1916

Conçue par les Alliés dès la fin 1915, la bataille de la Somme voit son déclenchement différé à l'été 1916, la défense de Verdun mobilisant l'essentiel des troupes. Elle mobilise 51 divisions venues de tout l'Empire britannique et 48 divisions françaises, soit plus d'un million et demi de soldats côté Alliés. Pourtant, la percée espérée n'est pas réalisée.

QUESTION CLÉ

En quoi la bataille de la Somme est-elle une bataille d'un genre nouveau ?

HISTOIRE À LA CARTE

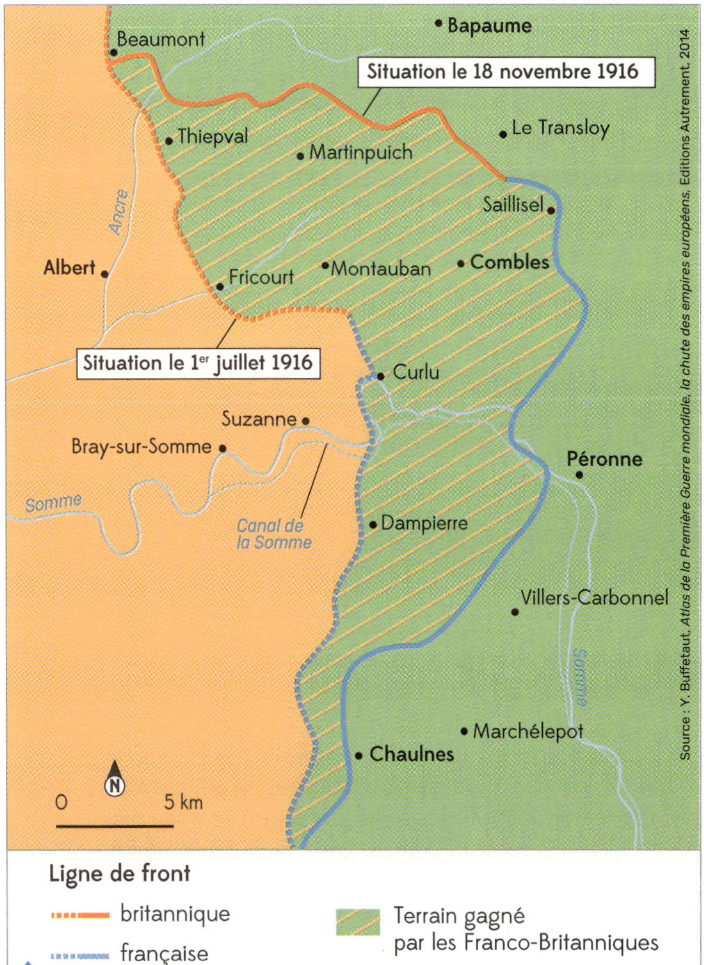

1 Les opérations militaires, juillet-novembre 1916

2 Soldats de l'infanterie britannique dans une tranchée, en 1916

Aux côtés des soldats du corps expéditionnaire britannique, tout l'Empire monte au combat : volontaires du Canada et de Terre-Neuve, Australiens et Néo-Zélandais rapatriés des Balkans, etc.

CHIFFRES CLÉS

Le bilan humain de la bataille de la Somme

	Armée allemande	Armée britannique	Armée française	Total
Morts et disparus	170 100	206 282	66 688	**443 070**
Blessés	267 222	213 372	135 879	**616 473**
Total	**437 322**	**419 654**	**202 567**	**1 059 543**

3 Un combat aérien en septembre 1916

En service dans le corps médical canadien, le soldat Frank Walker tient un journal pendant toute la durée du conflit. Le 11 septembre 1916, alors qu'il est stationné dans la Somme, il écrit cette page :

À elles seules, les prouesses quotidiennes des aviateurs suffiraient à nous désennuyer. L'âge de la chevalerie n'a jamais connu de tournois plus grandioses [...]. Ce matin, j'ai assisté à un imposant duel opposant une escadre britannique à une escadre allemande. Elles ont combattu là-haut dans les nuages pendant environ trente minutes, à la grande satisfaction d'un public d'environ un quart de million qui, échelonné le long de la ligne de front, les acclamait d'une voix puissante. [...]

Pendant le combat, la circulation au sol s'était interrompue et l'activité guerrière s'était arrêtée, comme réglées par un mouvement d'horlogerie.

Extrait du journal de Frank Walker.

4 L'apparition des chars britanniques

Communiqués britanniques :
12 heures 40

La nuit dernière, nos troupes se sont emparées, sur un front d'environ mille mètres, de tranchées ennemies au sud-est de Thiepval [...]. Ce matin, nous avons attaqué sur un front d'environ dix kilomètres, [...]. Nos succès sont déjà considérables. Nos troupes se sont avancées en certains endroits jusqu'à deux et trois kilomètres. [...] Nous avons employé pour la première fois, au cours de cette attaque, un nouveau modèle d'auto blindée lourde[1] qui a rendu les plus grands services.

21 heures 30

La bataille qui s'est déroulée aujourd'hui a été particulièrement violente. Elle nous a rendus maîtres de toutes les hauteurs qui séparent le village de Combles de la route de Pozières-Bapaume [...]. L'ennemi qui a opposé une résistance acharnée a laissé entre nos mains plus de deux mille trois cents prisonniers actuellement dénombrés y compris soixante-cinq officiers [...].

Communiqués officiels du 15 septembre, 775e jour de la guerre, publiés en première page du journal *Le Matin*, 16 septembre 1916.

1. La première utilisation de chars propulsés par des chenilles, roulant à 5 km/heure et abritant un équipage de huit personnes dont deux tireurs crée la surprise dans le camp allemand.

HISTOIRE DE MOTS

Les chars d'assaut sont surnommés « tanks » (réservoirs) par les Anglais pour faire croire aux Allemands qu'il s'agit de réservoirs d'eau.

5 Le champ de bataille à Thiepval

Thiepval, huile sur toile, Sir William Orpen, 1917, collections de l'Imperial War Museum.

INFO

Désigné par le ministère de la Guerre britannique pour représenter le conflit, Sir William Orpen, à l'inverse de la plupart des autres peintres officiels, choisit de représenter le carnage.

Itinéraire 1

Identifier

1. **Doc. 1 et 4.** Localisez précisément la ligne de front et les gains de territoire réalisés.
2. **Doc. 3 et 4.** Relevez les expressions qui témoignent du caractère nouveau des combats.

Expliquer

3. **Doc. 1 à 5.** Pourquoi la bataille de la Somme est-elle parfois considérée comme le « Verdun des Britanniques » ?
4. **Doc. 1 à 5** Les nouvelles armes utilisées lors de la bataille de la Somme montrent-elles leur efficacité ? Justifiez votre réponse.

Synthétiser

5. Sous la forme d'un organigramme, d'un tableau, ou d'une carte mentale, mettez en évidence les caractéristiques de la bataille de la Somme : une guerre moderne et industrielle, une guerre mondiale, une guerre meurtrière.

OU

Itinéraire 2 — oral

Préparer un exposé

Montrez que la bataille de la Somme est une bataille d'un genre nouveau. Vous pouvez vous appuyer sur la vidéo de l'INA : https://www.ina.fr/video/R13126495

Passé / PRÉSENT

Mutins de 1917, fusillés de la Grande Guerre : quelle place dans la mémoire nationale pour la désobéissance et les refus de la guerre ?

A Des refus collectifs d'obéissance durant la Grande Guerre

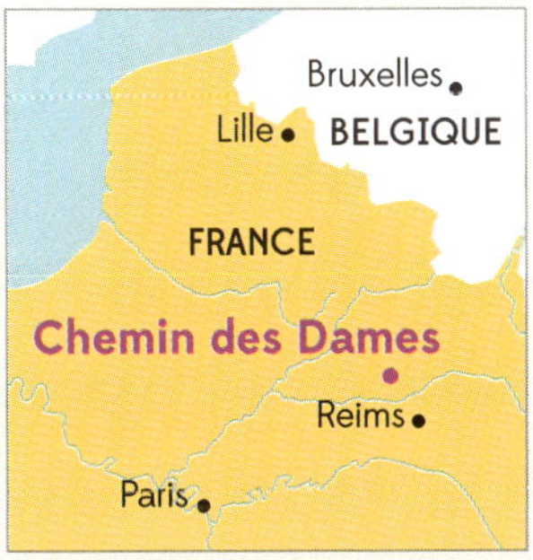

CHRONOLOGIE

1917

- **8 janvier** Première vague de grèves dans l'industrie française.
- **12 mars** En Russie, révolte de la garnison de Petrograd. Début de la révolution russe (27 février dans le calendrier russe).
- **16 avril** Offensive du Chemin des Dames.
- **Fin avril-juin** Mutineries dans l'armée française. Les 2/3 des unités d'infanterie sont touchées.
- **15 mai** Le général Pétain est nommé commandant en chef des armées françaises.

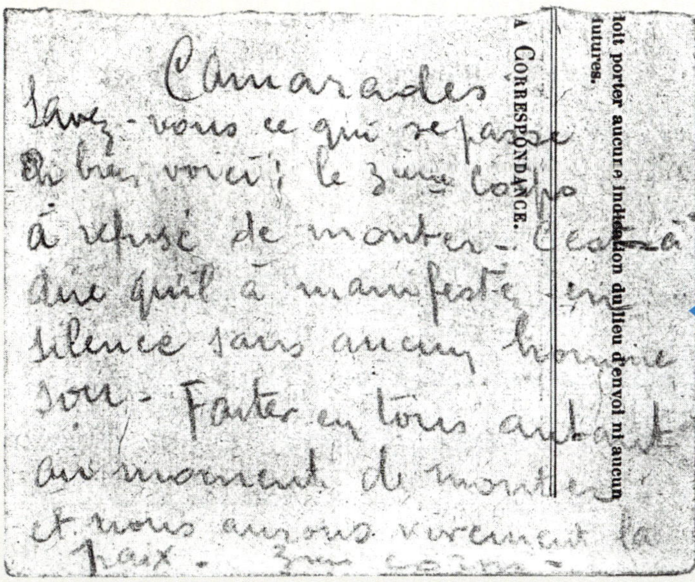
Camarades
Savez-vous ce qui se passe
Eh bien voici ; le 3me Corps
a refusé de monter. C'est à
dire qu'il a manifesté en
silence sans aucun homme
sou. Faites en tous autant
au moment de monter
et nous aurons vivement la
paix. 3me Corps

A CORRESPONDANCE.

doit porter aucune indication du lieu d'envoi ni aucun
futures.

« Camarades
Savez-vous ce qui se passe eh bien voici : le 3e corps a refusé de monter. C'est-à-dire qu'il a manifesté en silence sans aucun homme sou [saoul]. Faites-en tous autant au moment de monter et nous aurons vivement la paix.
3e corps ».

1 Tract anonyme de mutins de 1917

Ce billet est écrit sur une carte de correspondance militaire qui porte au recto la mention : « Camarades, souvenez-vous de Craonne ».
Source : Archives de l'armée de terre.

! NE PAS CONFONDRE

- **Mutin :** soldat qui participe à une mutinerie, donc à une révolte collective contre l'autorité militaire. Les mutins de 1917, dont le nombre avoisine plusieurs dizaines de milliers, ont fait l'objet d'une répression militaire limitée : près de 500 condamnations à mort, dont seulement 27 ont été exécutées.
- **Fusillés de la Grande Guerre** (le plus souvent appelés, par extension, « fusillés pour l'exemple ») : soldats fusillés après condamnation par un conseil de guerre pour désobéissance militaire (abandon de poste en présence de l'ennemi, refus d'obéissance, désertion à l'ennemi, voies de fait envers un supérieur, instigation à la révolte). L'expression « pour l'exemple » renvoie au caractère exemplaire attendu de la justice militaire. Il y eut au total 617 fusillés durant la guerre.

2 Le refrain de *La Chanson de Craonne*

Le village de Craonne fut le théâtre des combats parmi les plus violents et meurtriers dans les premiers jours de l'offensive du Chemin des Dames. Cette chanson, existant dès 1915, a connu de nombreuses versions selon les batailles auxquelles elle fait référence. C'est en 1917 que le texte se stabilise avec des accents contestataires très nets.

Adieu la vie, adieu l'amour,
Adieu toutes les femmes,
C'est bien fini, c'est pour toujours,
De cette guerre infâme.
C'est à Craonne, sur le plateau,
Qu'on doit laisser sa peau
Car nous sommes tous condamnés,
C'est nous les sacrifiés !

B 2017, centenaire du Chemin des Dames : vers une mémoire apaisée ?

CHRONOLOGIE

- **5 novembre 1998**
  Commémoration du 80e anniversaire de l'armistice. Discours de Lionel Jospin, Premier ministre, à Craonne, en hommage à la mémoire des « fusillés pour l'exemple ».
- **16 avril 2017**
  Première commémoration de la bataille du Chemin des Dames. La « Chanson de Craonne » est interprétée pour la première fois lors d'une cérémonie officielle, avec de nombreuses précautions : ni au même moment, ni au même endroit que la sonnerie aux morts, elle n'est pas interprétée par le Chœur de l'Armée.

3 François Hollande dans le cimetière militaire de Cerny-en-Laonnois, le 16 avril 2017

4 Discours de François Hollande à Cerny-en-Laonnois, 16 avril 2017

Longtemps le Chemin des Dames est resté dans le silence, relégué au fond de nos mémoires parce qu'il était devenu le Chemin des Morts [...]. Le Chemin des Dames, c'est enfin une mémoire qui entretient le souvenir de ce moment où, épuisés par plus de 30 mois de guerre, harassés par les assauts qu'ils ne cessaient de mener en vain, ébranlés par les mouvements immenses qui agitaient toute l'Europe, des milliers ont un jour refusé d'obéir. [...] Des mutineries, il y en a eu de nombreuses à l'arrière, quand, aux unités décimées, il a fallu annoncer qu'il fallait remonter au feu, quand, à des hommes qui avaient déjà vu mille fois l'enfer, il a été refusé des permissions qu'ils attendaient depuis trop longtemps. [...] Les sanctions furent lourdes, pour l'exemple. [...] De ces soldats « fusillés pour l'exemple », Lionel Jospin a demandé, le 5 novembre 1998, qu'ils « réintègrent pleinement notre mémoire collective nationale ». Cent ans après, il ne s'agit plus de juger. Il s'agit de rassembler.

Discours du président de la République François Hollande à l'occasion de la première commémoration officielle de la bataille du Chemin des Dames, le 16 avril 2017.

5 Une commémoration à hauts risques politiques

« La cérémonie du centenaire du Chemin des Dames est sans doute l'une des plus délicates. Car il y a une mémoire d'extrême gauche ; mais il y a aussi une mémoire plus patriotique, plus militaire, qui ne veut pas entendre la *Chanson de Craonne* et qui ne veut pas honorer les mutins », explique Joseph Zimet, le patron de la Mission du Centenaire. [...]. François Hollande a donc choisi d'être très prudent.

D'après *RTL vous en parle déjà*, émission animée par Rémi Sulmont, 29 mars 2017.

QUESTIONS

Observer le passé et le présent

1. **Doc. 1.** Que nous apprend ce tract sur les mutineries de 1917 ? Montrez que les mutineries de 1917 s'inscrivent dans un contexte particulier et dans un mouvement plus vaste de désobéissance.
2. **Doc. 4 et 5.** En 2017, la commémoration de la bataille du chemin des Dames est une première : pourquoi ?

Faire le lien entre le passé et le présent

3. **Doc. 1 et 4.** Quelle vision des mutineries est proposée par le discours officiel ? Confrontez cette vision avec celle portée par les documents de 1917.
2. **Doc. 2 à 5.** Pourquoi la mémoire de 1917 reste-t-elle un enjeu dans la France de 2017 ?

DOCUMENTS
POINT DE PASSAGE

COURS p. 210

Fiche de synthèse

Pour aller + loin

1918 : la dernière offensive allemande

Le 21 mars 1918, les forces allemandes, en nette supériorité numérique, lancent depuis la ligne Hindenburg la « bataille de l'Empereur ». La perspective d'une victoire de l'Allemagne est bien réelle au printemps. Cependant, la multiplication d'offensives localisées ne permet pas à l'Allemagne de l'emporter.

OBJECTIF

Comment expliquer l'échec de l'offensive allemande du printemps 1918 ?

CHRONOLOGIE

- **21 mars 1918** Le général Ludendorff lance la première offensive de la bataille de l'Empereur, baptisée Michael.
- **26 mars 1918** Le commandement unique de l'armée française est confié au général Foch.
- **5 avril 1918** Les troupes allemandes ont franchi la Somme, réalisant une progression spectaculaire de 80 km.
- **18 juillet 1918** Contre-offensive française sur la Marne.
- **8 août 1918** Déclenchement de l'offensive alliée.

Vocabulaire

- **Ligne Hindenburg**
Système constitué de zones fortifiées reliées entre elles, établi très en arrière du front, et s'étendant sur près de 160 km, de Lens à Soissons.

1 Les opérations militaires sur le front occidental, mars-novembre 1918

2 La contribution des soldats coloniaux en 1918

Georges Clemenceau récompense le 33e régiment d'infanterie coloniale, qui a stoppé l'avancée allemande sur la ville d'Épernay (Champagne, juillet 1918).

INFO

Forces en présence en mars 1918

	Alliés (France-R-U)	Empires centraux
Divisions	178	192
Avions	4 500	3 670
Canons	18 500	14 000
Chars	800	10

3 L'offensive allemande de mars 1918 dans la presse française

Communiqué britannique, 22 mars, 23h15.

Une lutte gigantesque :

Ce matin, l'ennemi a renouvelé ses attaques en forces considérables sur presque toute l'étendue du front de bataille. La lutte, qui s'est engagée avec violence sur nos positions de combat, se poursuit à l'heure actuelle. L'ennemi a progressé sur certains points. En d'autres endroits, il a été rejeté par nos contre-attaques. Nos pertes, qui sont forcément élevées[1], demeurent toutefois en rapport avec l'importance de la bataille. Les comptes rendus arrivant des différentes parties du front indiquent que les Allemands continuent à subir de très fortes pertes et que leur progression leur coûte sur tous les points les plus grands sacrifices. Nos troupes montrent partout une extrême valeur. [...]

D'après les identifications faites au cours de la bataille, les Allemands ont déclenché leur attaque avec un total d'environ 40 divisions, soutenues par une très nombreuse artillerie, que renforçaient des batteries autrichiennes. Ils ont, de plus, engagé un grand nombre de divisions nouvelles, et il en arrive constamment d'autres dans la zone de bataille. Il faut s'attendre à de nouveaux combats extrêmement violents.

La Croix, 24 mars 1918.

1. À la fin de la première journée de l'offensive, les troupes britanniques ont perdu plus de 28 000 hommes, tués, blessés ou prisonniers.

4 Affiche française à la gloire de l'engagement américain
Lithographie de 1917-1918

5 Manœuvre d'un char Renault, 1918.

INFO

Construit en masse à partir de 1917 et présent sur le terrain dès mai 1918, le char Renault est capable de gravir des pentes fortes grâce à des chenilles propulsives. Sa vitesse (8 kms/h) lui permet de devancer l'infanterie et donc de la préserver de l'artillerie ennemie.

Itinéraire 1

Identifier

1. **Doc. 1 et 3.** Relevez les indications montrant le caractère décisif et massif de l'offensive allemande.
2. **Doc. 4.** Selon cette affiche, en quoi l'apport des États-Unis est-il essentiel en 1918 ?

Expliquer

3. **Doc. 1 et 2.** Pourquoi ces soldats sont-ils mis à l'honneur ? Aidez-vous de la carte.
4. **Doc. 5 et Info.** Pourquoi les chars ont-ils été un des atouts importants des Alliés ?

Synthétiser

5. Sous la forme d'un schéma de causalité, mettez en évidence l'évolution du rapport des forces sur le front occidental entre le printemps et l'automne 1918.

OU

Itinéraire 2

Rédiger un bref texte structuré

Présentez les différents facteurs expliquant l'échec de l'offensive allemande du printemps 1918. Vous chercherez ensuite à montrer les limites de cette analyse : quels autres facteurs peuvent avoir joué ? Vous devez émettre au moins une hypothèse et, à l'aide d'une recherche documentaire, tenter de la valider.

RÉVISIONS

1914-1918 : un embrasement mondial et ses grandes étapes

Podcast

L'ESSENTIEL

1 Les origines de la Première Guerre mondiale

- Puissance montante sur l'échiquier européen, l'Empire allemand construit un système d'alliances auquel répond l'Entente autour de la France : deux systèmes d'alliances antagonistes se font face.
- Les crises marocaines (1905, 1911) illustrent la montée des tensions entre puissances qui s'arment et se préparent à la guerre.
- Déchirés par des guerres localisées (1912-1913), les Balkans constituent une poudrière. À l'été 1914, la crise ouverte par l'attentat de Sarajevo n'est pas éteinte et les mobilisations en chaîne conduisent à la guerre.

2 Les phases de la guerre sur les différents fronts européens

- L'Europe se met sur le pied de guerre rapidement à l'été 1914. Mais la guerre de mouvement connaît vite un coup d'arrêt : à l'est, avec la bataille de Tannenberg ; à l'ouest, avec le miracle de la Marne.
- Pour l'Entente, sortir de cette impasse impose de créer de nouveaux fronts. En 1915, la bataille des Dardanelles étend le conflit en Orient.
- Sur le front occidental, la guerre s'enlise dans les tranchées. La bataille de la Somme, lancée en juillet 1916, échoue à percer le front.
- La désintégration de l'Empire russe donne à l'Allemagne une supériorité numérique qu'elle tente exploiter, en vain, lors de l'offensive de mars 1918. Le 11 novembre 1918, l'Allemagne signe l'armistice.

3 Quelle mondialisation du conflit ?

- Les mers et les océans forment un espace stratégique dominé par le Royaume-Uni. Le blocus comme la guerre sous-marine témoignent de l'importance de l'accès à l'espace mondial.
- Dans un monde extra-européen sous tutelle coloniale, l'Afrique et l'Asie, mais aussi l'Extrême-Orient ou l'Océanie, sont impliqués dans le conflit. Les territoires sous domination des Alliés contribuent à l'effort de guerre, particulièrement les dominions pour lesquels la Grande Guerre constitue un baptême du feu.
- L'implication progressive des États initialement neutres, comme les États-Unis, participe aussi à la mondialisation du conflit.

Exercices interactifs

POINTS DE PASSAGE

▶ Batailles de Tannenberg (26-30 août 1914) et de la Marne (6-13 septembre 1914)
→ p. 214-215

- Des offensives (russe à l'est et allemande à l'ouest) initialement victorieuses.
- Or, une victoire allemande à l'est et un échec à l'ouest.
- Donc, l'entrée dans une guerre qui déjoue les plans offensifs initiaux.

▶ Bataille des Dardanelles (février 1915-janvier 1916)
→ p. 216

- Un objectif : forcer le passage des détroits.
- Un échec total, naval puis terrestre.
- Avec pour conséquence l'inscription de ce théâtre d'opérations dans la durée.

▶ Bataille de la Somme (juillet-novembre 1916) → p. 218

- Une tentative pour percer le front occidental.
- Une bataille qui mobilise massivement les soldats des *dominions*.
- Une bataille très meurtrière, à l'issue de laquelle l'Allemagne renforce son système défensif.

▶ Offensive du printemps 1918
→ p. 222

- Un déséquilibre des forces initialement exploité par l'Allemagne.
- Des offensives répétées qui échouent à conclure.
- Le point de départ de la contre-offensive alliée.

A/Z Les mots clés

- **Guerre de mouvement**
  Phase de la guerre qui repose sur des offensives destinées à vaincre rapidement l'ennemi.
- **Guerre de position (ou guerre des tranchées)**
  Phase de la guerre où les combattants s'abritent dans des lignes plus ou moins fortifiées, à partir desquelles ils mènent une guerre d'un type nouveau marquée par le rôle majeur de l'artillerie.

Vidéo

L'ESSENTIEL EN 3 MINUTES

1914-1918 : UN EMBRASEMENT MONDIAL

1 LES ORIGINES

2 systèmes d'alliances antagonistes
- Empires centraux
- Entente

2 LA GRANDE GUERRE ET SES ÉTAPES EN EUROPE ET EN ORIENT

1914

Déclarations de guerre

Entente : France / Russie / Royaume-Uni

Empires centraux : Allemagne / Autriche-Hongrie / Italie (liée par des accords secrets à l'Entente)

La Marne (JOFFRE)

Tannenberg (HINDENBURG)

Échec de la guerre de mouvement

→ entrée dans une guerre d'usure, où les empires centraux se battent sur deux fronts.

FRONT OCCIDENTAL

Fin 1914
Le front occidental se fige sur 800 km.

1915-1917
Enlisement
1916 : Batailles de Verdun et de la Somme.

Mars 1918
déclenchement offensive allemande
Août 1918
déclenchement contre-offensive alliée.

FRONT ORIENTAL

Fin 1914
Progression des troupes allemandes à l'est. Conquête de territoires.

1915-1916
Échec allié aux Dardanelles. Ouverture du front des Balkans.

1917
1re révolution russe
Décembre 1917 : armistice Russie-Allemagne

Report des divisions allemandes sur le front occidental.

3 UN CONFLIT MONDIAL

Théâtre majeur : Europe

→ Sur mer : Blocus des Alliés contre les Allemands
Guerre sous-marine des Allemands contre les Alliés

→ Colonies : Possessions allemandes convoitées (Afrique, Asie, Pacifique)
Mobilisation dans les colonies françaises et britanniques

→ Une neutralité impossible
Argentine, Mexique, États-Unis : pays fournisseurs de matières premières à l'Entente.
1917 : entrée en guerre des États-Unis aux côtés de l'Entente
1917 : entrée en guerre de la Chine aux côtés de l'Entente

SUJET GUIDÉ

La bataille de la Somme à travers le regard d'un soldat dans les tranchées

Consigne

Étudiez ce texte pour comprendre la forme que prend la guerre lors de la bataille de la Somme. Après avoir présenté le document avec précision, vous montrerez en quoi ce document témoigne des combats et du quotidien du soldat, puis vous mettrez en évidence ses limites pour rendre compte de cette bataille.

Léon Sanite, un soldat guyanais dans la bataille de la Somme

Né à Cayenne en 1886, Emmanuel Joseph Léon Sanite, mobilisé, quitte la Guyane pour Saint-Nazaire en août 1915. Soldat de deuxième classe dans un régiment d'infanterie, il exerce comme infirmier et participe à la bataille de la Somme. Ces lignes sont extraites du carnet qu'il remplit entre 1915 et février 1917. Il est tué le 18 juillet 1918 lors de la deuxième bataille de la Marne, le lieu de sa sépulture n'est pas connu.

Mardi 18 juillet 1916

Quittons Hargécourt à 7 heures du matin à destination de Caix dans la Somme, en passant par Montdidier. Nous y arrivons à midi, 21 km. Logés dans une grange sale. Le canon tonne sans discontinuer, on prépare une attaque devant assurer la reprise de Péronne. Ce bombardement est intense toute la nuit. Mauvaise nuit : froid malgré le mois de juillet, suis gelé ainsi que tous mes camarades.

Mercredi 19 juillet 1916

Rien de changé dans notre situation. Encore aucune situation fixe. Le bombardement continue avec acharnement. Les avions lancent des bombes tout près de nous. C'est plus intéressant. À midi, le bombardement cesse. C'est le moment de l'attaque. Les auto-ambulanciers se rendent sur la ligne de feu. Nous attendons décision médecin divisionnaire.

Jeudi 20 juillet 1916

À 9 h l'attaque doit avoir lieu sur tout le front. Tout est prêt. Les Boches, connaissant la nouvelle, nous devancent et attaquent à 8h1/2. Le combat est sanglant, entre autres à Lihons et le bois d'Estrées. Les blessés sont nombreux, les tués aussi. Les tranchées de 1e ligne boche sont pleines des cadavres, on est obligé de marcher sur eux pour relever les blessés. À 11h, les blessés arrivent à l'ambulance 2/51 où je suis prêté. On soigne beaucoup de blessés français et boches. Mort du capitaine Derron, beau gars [...].

Vendredi 21 juillet 1916

Quitte l'ambulance à 4h du matin. Je reprends à midi. Journée superbe. Saucisses[1] attaquées par avions boches. Combats aériens.

Philippe Guyot et Marie-Céline Gardiennet, *Paroles de Poilus guyanais. Propos, lettres et carnets de la Grande Guerre, 1914-1918.*

1. Dans l'argot des soldats français, la saucisse est le nom donné au ballon captif d'observation militaire de forme allongée rappelant celle d'une saucisse.

POINTS MÉTHODE / DÉCRYPTAGE DU SUJET

Analyser la consigne

- **Déterminer le sujet à traiter**
  - Repérer les limites chronologiques et spatiales.
  - Relever les mots clés et analyser la manière dont ils sont mis en relation.
- **Déterminer les différents aspects à analyser**
  - Mettre en relation le document et une ou des notions.
  - Faire preuve d'esprit critique sur le document : limites, opposition/comparaison de points de vue.

- Le document couvre quelques jours de la bataille de la Somme en juillet 1916. Le commentaire nécessite de bien connaître le contexte et la chronologie de la bataille qui se termine en novembre 1916.
- S'il mentionne des lieux précis près de Péronne, le document s'inscrit dans un espace plus large, le front ouest qui s'étend sur 800 kilomètres de la Suisse à la mer du Nord.
- Le sujet demande de décrire les formes que prend le conflit pendant la bataille et le quotidien des combattants. Il demande de mettre en évidence les limites de ce témoignage pour comprendre la bataille et sa portée historique.
- Les formes du conflit repérables dans le document nécessitent de mobiliser la notion de front qui est la limite avant de la zone de combat où des armées ennemies sont face à face. Mouvante, cette ligne devient un espace de confrontation fixe, étendu en longueur et en profondeur.
- Le sujet demande aussi des connaissances et une réflexion sur les armements.
- Le quotidien des soldats renvoie à la notion d'expérience combattante qui désigne les façons dont les hommes ont vécu et ressenti la guerre.

Identifier le ou les documents

- **Quelle nature ?**
- **Auteur et point de vue**
- **Situation(s) historique(s) évoquée(s)**

- Le document est le témoignage d'un Poilu guyanais, Léon Sanite, qui se présente sous la forme de brèves notes rédigées quasi quotidiennement.
- Il présente le point de vue des combattants. Infirmier, Léon Sanite est au contact permanent des blessés.
- La bataille de la Somme dure du 1er Juillet au 18 novembre 1916. Préparée par les Alliés, elle est une des grandes offensives de l'année 1916.
- Elle montre la modernité des combats. Avec plus de 440 000 morts, il s'agit d'une des batailles les plus meurtrières du conflit. Cette violence s'explique par la mobilisation industrielle des pays en guerre qui se traduit par la masse et la diversité des armements.

Répondre aux parties de la consigne

- L'étude des formes du conflit doit montrer la guerre de position (« tranchée », « ligne de feu ») et la diversité de l'armement (l'artillerie, l'aviation, les ballons d'observation).
- Le document montre le quotidien des combattants à travers l'attente, les conditions de vie difficiles (« le froid »), l'omniprésence de la mort, ou le langage spécifique des tranchées.
- Le document présente de nombreuses limites. Il s'agit d'abord du point de vue d'un combattant. Le document ne rend pas compte de l'étendue du front ni de la chronologie de la bataille. Il est incomplet sur les armes utilisées puisque les gaz et les tanks ne sont pas évoqués.

Retrouvez des sujets de Bac et des méthodes actualisés sur le site lyceen.nathan.fr/cote1re-2019

ANALYSE D'UN DOCUMENT

SUJET BLANC

Consigne

Analysez cette affiche pour comprendre les grandes étapes de la guerre. Présentez et décrivez l'image de manière organisée : à quelles batailles est-il fait référence ? Pourquoi sont-elles importantes ? Montrez ensuite comment ce document célèbre l'alliance entre les États-Unis et la France. Enfin, expliquez la manière dont il montre la modernisation des techniques de combat entre 1914 et 1918.

Les batailles de la Marne

La première bataille de la Marne se déroule début septembre 1914.
La seconde bataille de la Marne correspond au début de la contre-offensive alliée en juillet 1918.

Affiche anonyme, MUCEM, Marseille.

QUESTION PROBLÉMATISÉE

SUJET GUIDÉ

Comment caractériser le front et son évolution entre 1914 et 1917 ?

Vous répondrez à cette problématique en montrant que :
- la conduite de la guerre en 1914 inaugure une nouvelle version du front ;
- la durée du conflit entraîne une multiplication des fronts et l'utilisation d'armes nouvelles.

POINTS MÉTHODE

Comprendre et analyser le sujet

- **Identifier les limites chronologiques et spatiales du sujet.**

Si elles ne sont pas explicites, il faut les déterminer en les justifiant. Un sujet peut ne faire référence qu'à une partie de la période ou des espaces travaillés en cours. Ne pas en tenir compte constitue un hors-sujet.

- **Repérer et expliquer les mots clés du sujet.**

Il faut les définir de manière précise pour ensuite chercher les notions qui leur sont associées dans le cours.

Rédiger la réponse argumentée au sujet

- **Rédiger l'introduction**
  - L'entrée en matière présente le sujet et montre qu'il est compris en explicitant son libellé, ses limites chronologiques et spatiales et son contexte.
  - Annoncez la problématique.
- **Rédiger le développement**
  - Le développement suit le plan détaillé élaboré au brouillon, et fait apparaître la structure en parties.
  - Annoncez l'idée défendue dans chaque partie, puis exposez les arguments qui permettent de la soutenir. Expliquez et justifiez chaque argument de manière précise.
- **Rédiger la conclusion**
  - La conclusion dresse le bilan du développement pour montrer comment il répond à la problématique.

DÉCRYPTAGE DU SUJET

- Le sujet porte sur une partie seulement de la période étudiée dans le chapitre : 1914-1917, caractérisée par l'échec des grandes offensives qui conduit à l'immobilisation des armées.

En revanche, il concerne tous les espaces : il faut ne pas se limiter au front occidental, mais évoquer aussi les autres fronts européens et mondiaux.

- Le sujet porte sur la notion de front, qui peut être défini comme la limite avant de la zone de combat, une zone de face-à-face entre armées ennemies, parfois sur des centaines de kilomètres.

Il est demandé de lier cette notion aux changements qui marquent ce conflit : le front, d'abord ligne mouvante, devient un espace de confrontation fixe, étendu en largeur et en profondeur.

- Commencez par définir la notion de front, puis évoquez le passage de la guerre de mouvement à la guerre de tranchées. Cela vous permet d'introduire la problématique, en expliquant que cette évolution ne peut qu'avoir des conséquences sur le front.
- Dans le développement, il ne suffit pas de citer des batailles, mais il faut montrer comment elles permettent de comprendre l'évolution des fronts. Il s'agit donc d'évoquer les liens entre front occidental et front oriental (bataille de Tannenberg puis bataille de la Marne) ou de montrer pourquoi d'autres fronts sont ouverts (les Dardanelles).

Vous pouvez aussi vous interroger sur la pertinence de considérer les mers comme un nouveau type de front.

- La conclusion doit être rapide : rappelez la problématique, puis affirmez que le plan que vous avez suivi vous a permis d'y répondre.

Retrouvez des sujets de Bac et des méthodes actualisés sur le site lyceen.nathan.fr/cote1re-2019

CHAPITRE 10

Les sociétés en guerre : des civils acteurs et victimes de la guerre

Dans ce chapitre
- TOUS LES TEXTES en version à imprimer
- TOUTES LES CARTES en version interactive

Fin 1914, après les premières offensives, l'espoir d'une guerre courte s'évanouit. Les sociétés doivent désormais s'adapter à une guerre longue, d'une violence inouïe. La guerre exerce de plus en plus son emprise sur les civils et devient une immense épreuve à laquelle nul ne semble pouvoir échapper.

▶ Comment la Grande Guerre a-t-elle bouleversé les sociétés ?

Animation

1 Les civils pris pour cible : les bombardements aériens

La capitale britannique subit ses premiers bombardements dès le mois de mai 1915. En 1917, au plus fort des combats, jusqu'à 300 000 personnes se réfugièrent dans les stations de métro.

Zeppelins sur Londres, carte postale allemande. Historial de la Grande Guerre, Péronne.

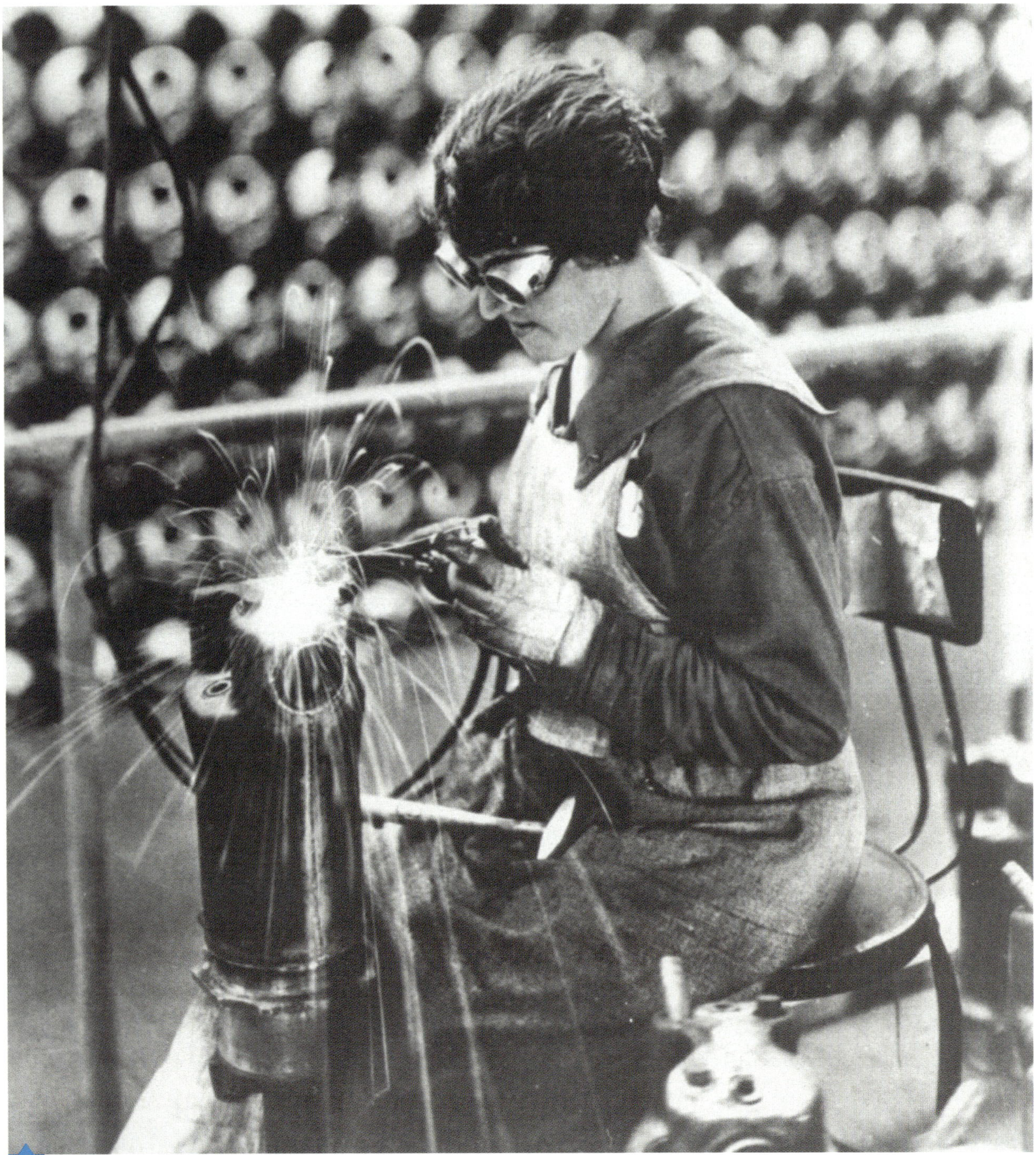

2 Les femmes et l'effort de guerre

Ouvrière américaine en train de souder un cylindre de refroidissement (pour moteur ou canon).

Les civils dans la guerre

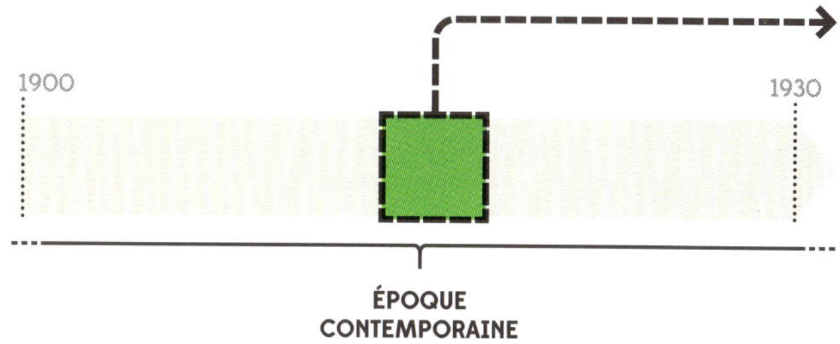

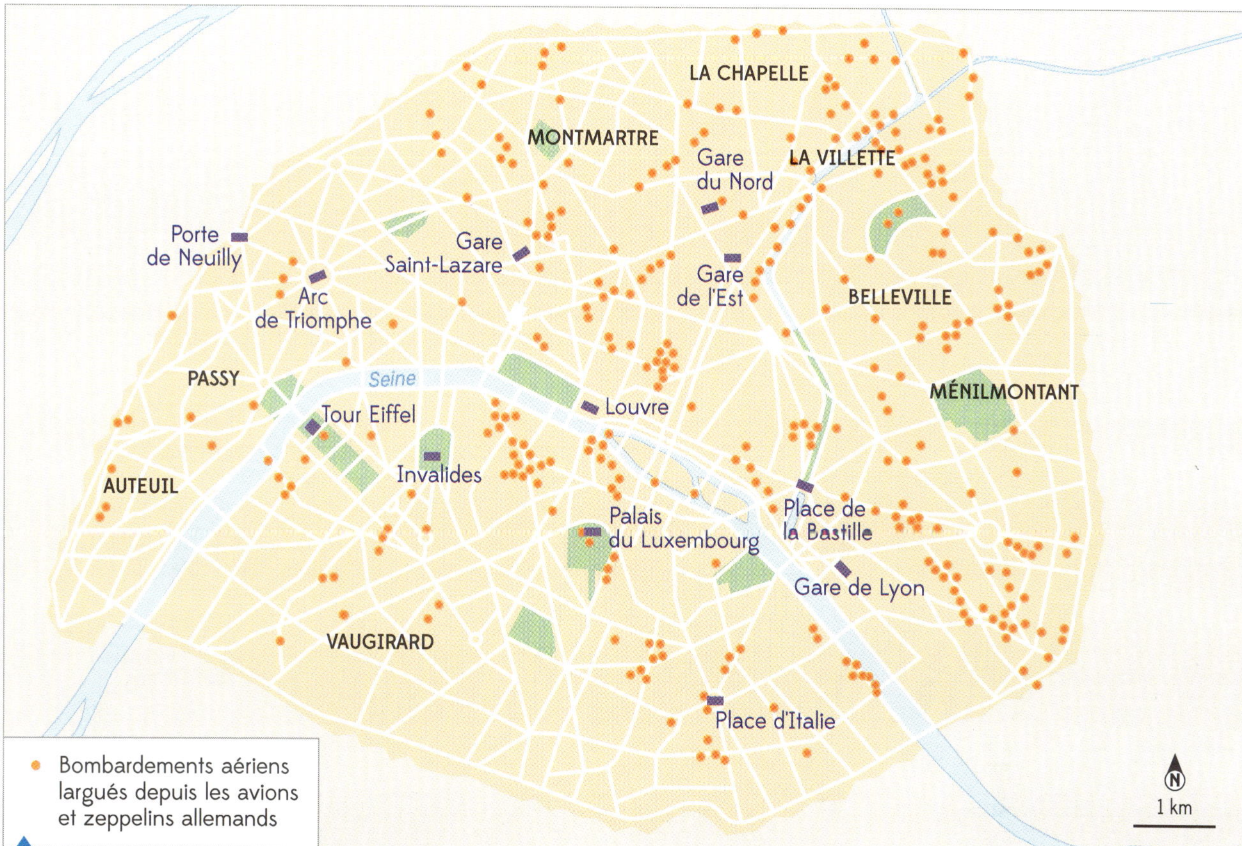

1 Les bombardements allemands sur Paris (1914-1918)

Source : Martin Gilbert, *The Routledge Atlas of the First World War*, Routledge, 2002.

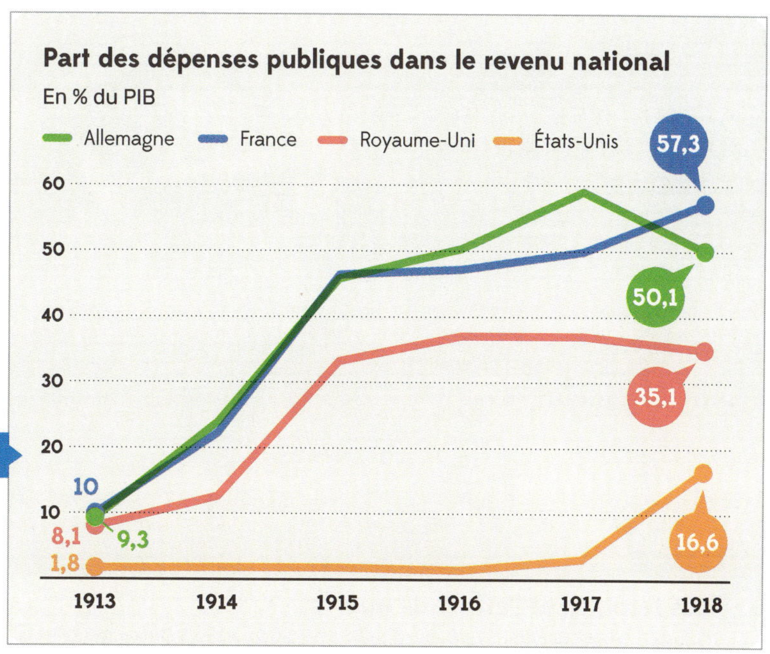

2 Faire face au coût de la guerre : l'explosion des dépenses publiques

Part des dépenses publiques dans le revenu national, en % du PIB.

Source : J.Winter (dir.), *La Première Guerre mondiale*, vol.2, Fayard-Cambridge History, 2014.

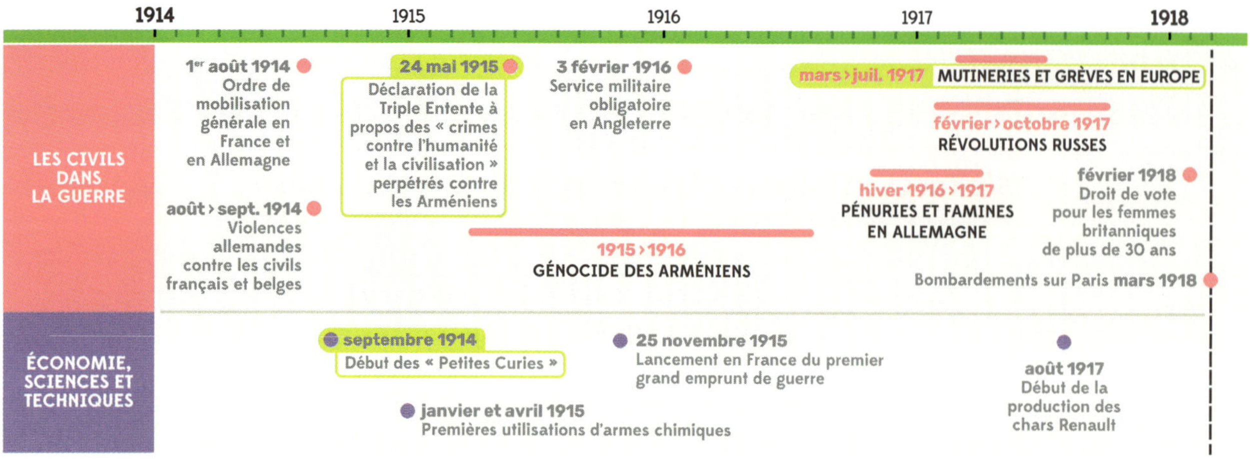

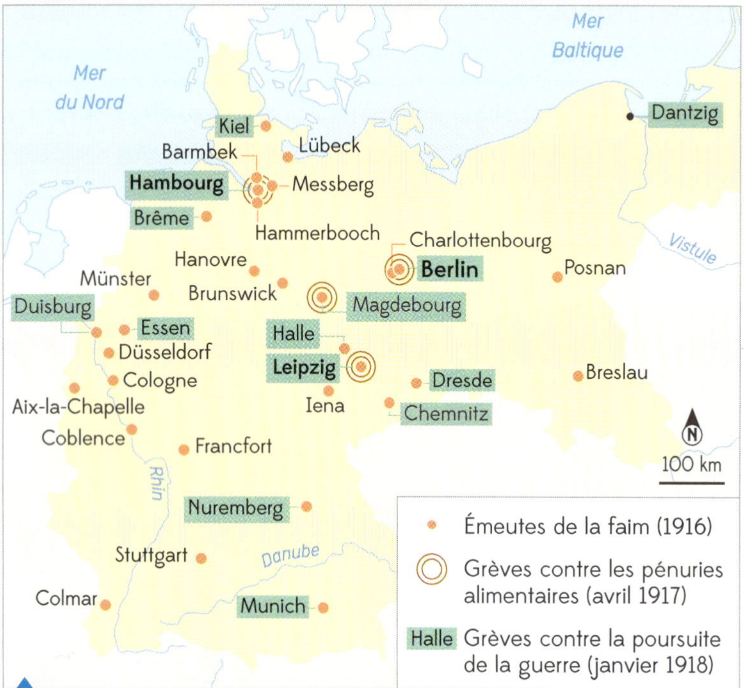

3 L'Allemagne exténuée par la guerre (1916-1918)

Source : Martin Gilbert, *The Routledge Atlas of the First World War*, Routledge, 2002.

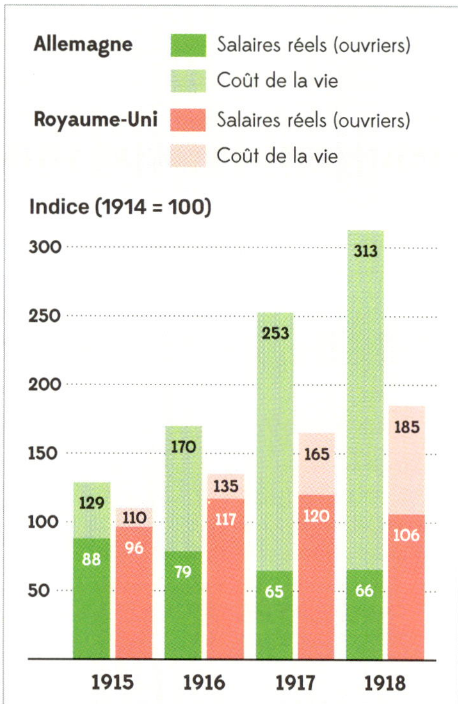

4 La guerre et le niveau de vie en Allemagne et en Grande-Bretagne

Source : J.Winter (dir.), *La Première Guerre mondiale*, vol.2, Fayard-Cambridge History, 2014.

5 L'économie de guerre : les travailleurs dans les industries d'armement en France

	Effectifs	%
Militaires mobilisés en usine	497 000	29
Femmes	430 000	25,2
Ouvriers civils	425 000	24,9
Enfants (moins de 18 ans)	133 000	7,8
Étrangers	108 000	6,3
Coloniaux	61 000	3,6
Prisonniers	40 000	2,3
Blessés	13 000	0,7
Total	**1 707 000**	**100 %**

Source : P. Fridenson, *14-18. L'Autre front*, Paris, éditions Ouvrières, 1977.

QUESTIONS

1. Quelles villes allemandes sont particulièrement touchées par les troubles sociaux durant la guerre ?
2. Quelle est la conséquence de l'important coût de la guerre sur les dépenses des États ?
3. Quelles sont les conséquences de la guerre sur l'économie et sur le niveau de vie des populations ?

COURS

1. Les civils victimes de guerre

REPÈRES p. 232
DOCUMENTS p. 240 à 243

Podcast du cours

Comment la violence de guerre s'exerce-t-elle contre les populations civiles ?

A Vivre en temps de guerre

1. Des cadres sociaux et familiaux bouleversés

- En envoyant au front des millions d'hommes, qui sont autant de pères, de frères ou de fils, la guerre a déchiré les familles. Il faut apprendre à vivre avec l'absence et les rares permissions octroyées aux soldats. Les lettres échangées permettent de maintenir les liens : les soldats français reçoivent entre 3,5 et 4 millions de lettres par jour. **Les sociétés sont transformées par le conflit.** Dans les campagnes, femmes, vieillards et enfants doivent assumer l'essentiel du labeur. Dans les villes, il faut faire face aux pénuries et à l'afflux de réfugiés fuyant les zones de combat.

2. Des populations rationnées

- La mobilisation économique pour soutenir l'effort de guerre, les ravages sur les sols cultivables et l'exploitation des territoires occupés entraînent des **pénuries** et l'obligation du **rationnement**. On souffre du froid et de la faim. Le charbon comme le pain, la viande ou le sucre viennent à manquer.
- **La situation est particulièrement difficile en Allemagne, dont la population souffre des inégalités du système de rationnement et du blocus maritime organisé par les Alliés dès l'automne 1914.** L'hiver 1916-1917, surnommé l'« hiver des navets », est redoutable. Entre 450 000 et 700 000 civils sont victimes de la famine et de ses conséquences.

B Des populations prises pour cible

1. Les zones occupées

- Suite aux invasions, des populations se retrouvent prisonnières dans leur territoire, en Belgique, dans le nord de la France, dans les Balkans ou encore dans les territoires ukrainiens et biélorusses. L'occupation est brutale. **Sur le front occidental, il faut désormais vivre à l'heure allemande et composer avec les laissez-passer, les réquisitions et les prises d'otages.** Des populations sont internées dans des camps, parfois **déportées**. Depuis Lille, 15 000 femmes sont ainsi envoyées de force en Allemagne : le **travail forcé** permet aux occupants de bénéficier d'une main-d'œuvre gratuite.

2. Les bombardements

- **La modernisation de la guerre et sa radicalisation croissante conduisent à l'élaboration de nouvelles stratégies guerrières.** Les **bombardements sur**

HISTOIRE DE MOTS

Le terme de **génocide** a été forgé en 1943 par Raphael Lemkin, juriste polonais spécialiste du droit international, exilé aux États-Unis. Ce mot, totalement inédit, est créé à partir d'une racine grecque, *genos* (« race, peuple ») et du verbe latin *caedere* (« massacrer »). Le concept est développé dans un ouvrage consacré à l'occupation nazie (*Axis Rule in Occupied Europe*, publié en 1944) et se réfère au précédent du génocide des Arméniens.

Vocabulaire

- **Arméniens**
Peuple chrétien vivant dans l'Empire ottoman, l'Empire russe et la Perse.
- **Blocus**
Stratégie de guerre économique qui vise à isoler une région ou un pays, par la force, en les privant de toute communication avec l'extérieur.
Les Britanniques et les Français organisent le blocus maritime de l'Allemagne dès l'automne 1914.
- **Déportation**
Déplacement forcé d'un individu ou d'une population.
- **Génocide**
Destruction physique, intentionnelle, systématique et programmée d'un groupe ou d'une partie d'un groupe en raison de ses origines ethniques ou religieuses.

l'arrière se multiplient, entraînant d'importantes destructions matérielles et de nombreuses victimes : 260 morts à Karlsruhe (Allemagne) en juin 1916, 275 à Paris auxquels s'ajoutent les 250 victimes d'obus tirés en mars 1918 par un canon à longue portée. À Londres, au plus fort des bombardements de 1917, des centaines de milliers de personnes se réfugient dans les stations de métro. Stratégie de terreur, les bombardements frappent aussi des symboles tels que la cathédrale de Reims.

3. Atrocités et persécutions

● La **violence de guerre** s'exerce aussi contre les civils. Les armées se livrent à des atrocités : au cours de l'invasion, 6 500 Belges et Français sont tués par les troupes allemandes, 60 000 civils sont exécutés en Galicie et en Serbie par les troupes austro-hongroises. Un nouveau seuil de violence est franchi dans les empires autoritaires russes et ottomans. Pour conjurer les difficultés, les autorités persécutent les **minorités** : Allemands et juifs en Russie, et surtout les **Arméniens** de l'Empire ottoman.

? LE SAVIEZ-VOUS ?

Pour limiter le risque d'un bombardement aérien, certaines villes tentent de se plonger dans le noir. À Paris, les réverbères sont éteints la nuit dans un rayon de deux kilomètres autour de la tour Eiffel. En 1917, l'État-major cherche même à construire une réplique, un « faux Paris », pour tromper l'aviation allemande.

C Le génocide des Arméniens (1915-1916)

1. Fabriquer un « ennemi intérieur »

● **Près de 2 millions d'Arméniens vivent dans l'Empire ottoman à la veille de la guerre. À l'issue du conflit, les deux tiers d'entre eux ont disparu, victimes d'un génocide.** Le pouvoir jeune-turc (parti politique au pouvoir depuis 1908 et qui instaure une dictature en 1913), porté par un nationalisme turco-musulman, considère les minorités chrétiennes comme un obstacle à sa volonté de « régénérer » l'empire. Déjà victimes de massacres à la fin du XIXe siècle, les Arméniens sont désignés comme des **ennemis intérieurs**. Les difficultés militaires de l'Empire ottoman, entré en guerre aux côtés des Allemands en novembre 1914, précipitent leur **élimination**. Soupçonnés de soutenir les Russes et rendus responsables des défaites, les Arméniens sont accusés par le pouvoir ottoman de compromettre l'issue de la guerre.

2. Les mécanismes du génocide

● Après que les élites ont été exécutées, une vaste **déportation** est organisée par le pouvoir. Séparés des hommes massacrés sur place, femmes, vieillards et enfants sont jetés dans des marches forcées en direction du désert syrien. Les plus faibles périssent. Internés dans des **camps**, les survivants sont ensuite massacrés, enterrés vivants ou brûlés vifs.

● **La volonté de destruction du peuple arménien, planifiée et organisée par un pouvoir qui se fonde sur une idéologie nationaliste et raciste, est intentionnelle et systématique.** Elle mobilise des moyens à la fois militaires et civils et donne lieu à des pratiques de terreur et d'une extrême cruauté : viols, assassinats, noyades, faim. **Entre 1,2 et 1,5 million d'Arméniens et entre 500 000 et 700 000 chrétiens d'Orient (Assyro-Chaldéens) sont assassinés au cours du génocide.**

POINT DE PASSAGE

▶ 24 mai 1915
La déclaration de la Triple Entente à propos des « crimes contre l'humanité et la civilisation » perpétrés contre les Arméniens de l'Empire ottoman.

→ p. 242

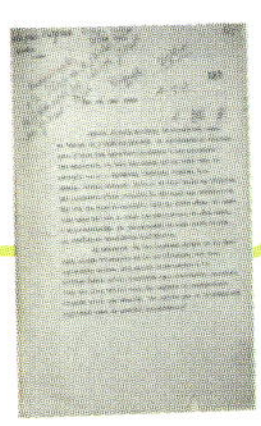

TESTEZ-VOUS !

- De quelle façon les civils sont-ils pris pour cible pendant la Grande Guerre ? Citez trois formes différentes de violence.
- Pourquoi des minorités sont-elles persécutées ?
- Combien d'Arméniens sont assassinés durant le génocide ?

POUR ALLER + LOIN

● ***Varto*, de Gorune Aprikian et Stéphane Torossian, Steinkis, 2015.**
Deux enfants arméniens, aidés d'un jeune Turc, tentent de survivre à l'horreur. Une fiction complétée d'un dossier historique.

COURS

REPÈRES p. 232
DOCUMENTS p. 244 à 247

2. La mobilisation des sociétés et des économies

Podcast du cours

Comment s'effectue la mobilisation des moyens humains, financiers et matériels pendant la Première Guerre mondiale ?

A Une mobilisation dans l'urgence

1. L'Union sacrée

● Dans l'atmosphère à la fois angoissée et exaltée du début de guerre, les États cherchent à réaffirmer leur autorité. Au sommet, l'**Union sacrée** (*Burgfrieden* « trêve civile » pour l'Allemagne) est décrétée, les débats politiques reportés à l'après-guerre. Il faut afficher l'unité, taire – et faire taire – les divisions. **La liberté d'expression est supprimée et de larges pouvoirs sont accordés aux autorités militaires.** Toutefois, les pratiques politiques se normalisent et les principes et pratiques démocratiques reprennent progressivement leurs droits.

2. Surmonter les difficultés et se réorganiser

● **Par sa durée et son intensité, la Première Guerre mondiale prouve que la puissance économique détermine la puissance militaire.** Or, les belligérants font d'abord face à d'importantes difficultés. Les stocks de munitions accumulés avant la guerre sont épuisés en quelques mois. Les États doivent assurer la **logistique** militaire, équiper et nourrir les armées.

● Pour vaincre, industriels et scientifiques se lancent dans une course à l'**innovation** aussi bien en médecine, avec par exemple la radiologie développée par Marie Curie, que dans le perfectionnement des armes (gaz, chars, avions, sous-marins, etc.).

B Affronter une guerre longue : l'économie de guerre

1. Financer l'effort de guerre

● La guerre qui s'allonge coûte cher. L'explosion des dépenses publiques oblige les belligérants à trouver de nouvelles ressources. Les impôts augmentent et **on crée plus de monnaie par l'émission massive de billets, ce qui provoque l'inflation**. Les États ont surtout recours aux emprunts extérieurs, notamment auprès des États-Unis pour les Alliés, et à l'épargne publique. En novembre 1915, la France lance, à grand renfort de propagande, son premier **emprunt national**.

2. Conduire la guerre

● Les États sont conduits à réorganiser **l'économie en économie de guerre : pour orienter les productions**, répartir les matières premières, fixer les prix et mobiliser la main-d'œuvre. Il faut produire plus d'armes et de munitions, fabriquer et transporter canons, obus, avions et chars en quantité industrielle.

● Les gouvernements s'entendent avec des industriels (Renault, Citroën, Schneider en France), souvent regroupés dans des organisations en fonction de leur spécialité. Des figures de premier plan, comme Albert Thomas en France ou Walther Rathenau en Allemagne, sont placées à la tête d'administrations spécialement dédiées à cet effort.

Vocabulaire

- **Économie de guerre**
Adaptation des économies aux exigences du conflit, notamment marquée par l'interventionnisme des États.
- **Emprunts nationaux**
Une partie du financement de la guerre est assurée par le recours au crédit, notamment auprès de l'épargne publique qui est mise à contribution par le biais de grandes campagnes d'emprunts patriotiques.

POINT DE PASSAGE

▶ Marie Curie dans la guerre.

→ p. 242

▲ **Tickets de rationnement pour avoir du pain, France, 1918.**

3. Le besoin de main-d'œuvre à l'arrière

- Trouver une main-d'œuvre formée n'est pas aisé, alors que l'armée réclame toujours plus de soldats. **Dès 1915, bon nombre d'ouvriers qualifiés sont alors rappelés sur le « front intérieur »**. On fait aussi appel aux **étrangers**, aux **ressortissants des colonies** et aux **femmes**.

- Pour celles-ci, la guerre ne signifie pas l'entrée à l'usine car elles y étaient déjà nombreuses avant 1914. Elles accèdent en revanche à des secteurs nouveaux (métallurgie, industrie mécanique, chimie), à plus de responsabilités et de visibilité (conduites de tramway, gestion des domaines agricoles…). En France, **c'est le temps des « munitionnettes »** : elles forment plus d'un tiers de la main-d'œuvre industrielle. Les conditions de travail dans les usines d'armement sont particulièrement difficiles et, moins payées que les hommes, les travailleuses sont brutalement renvoyées à leurs foyers à la fin du conflit.

C Des sociétés épuisées

1. Face aux privations

- La vie quotidienne est de plus en plus difficile, en particulier en Allemagne et en Russie. **L'inflation est particulièrement forte à partir de 1916.** Le coût de la vie augmente, les prix sont multipliés par deux ou trois. On vit d'expédients de plus en plus désespérés. Les **ersatz**, ces produits de substitution mis au point par les grandes entreprises allemandes, ne répondent que très partiellement aux difficultés quotidiennes. Pour survivre, certains volent de la nourriture ou du charbon. **Le marché noir se généralise.**

2. Des États en échec ?

- Les États sont inégaux face au coût de la guerre. Les démocraties française et britannique parviennent, non sans mal, à maîtriser la « surchauffe » de l'économie en cherchant à maintenir une répartition équitable des ressources entre civils et militaires.

- Les empires autoritaires sont progressivement incapables de surmonter les crises alimentaires et les contestations. **L'Empire russe s'effondre à partir de 1916, avant d'être renversé par les révolutions de 1917.** Les difficultés ont également raison de l'Empire austro-hongrois. L'Allemagne, dont la population est exsangue, et l'Italie sont déstabilisées par la **vague de grèves qui éclate au printemps 1917**. Au mois d'août à Turin, le mouvement de grève tourne à l'insurrection armée. L'émeute est réprimée dans le sang. On compte près de cinquante morts.

A/Z Vocabulaire

- **Ersatz**
Produit de substitution, copie d'un produit manquant, souvent de moins bonne qualité.
- **Front intérieur**
L'expression désigne les différentes formes de mobilisation des civils pour l'effort de guerre à l'arrière.
- **Inflation**
Hausse des prix. Pendant la guerre, l'inflation est avant tout la conséquence de l'émission massive de billets à laquelle procèdent les gouvernements pour financer le conflit.
- **Marché noir**
Infractions à la législation économique, marché clandestin (circuit parallèle d'approvisionnement).
- **Munitionnettes**
Terme par lequel sont désignées les femmes qui travaillent dans les usines d'armement pendant la guerre.

POINT DE PASSAGE

▶ Les grèves de l'année 1917.

→ p. 246

CHIFFRES CLÉS

En Allemagne, le nombre de femmes employées dans l'industrie passe de 1,4 million en 1914 à 2,1 millions en 1918.

LE SAVIEZ-VOUS ?

En France, c'est en 1916 que l'impôt sur le revenu, voté en 1914, est perçu pour la première fois.

INFO

En Allemagne, en raison des pénuries et du blocus, le coût de la vie ne cesse d'augmenter. Les Berlinois qui consacraient en moyenne 23 marks par mois à la nourriture en 1914, doivent en débourser 40 dès l'année suivante.

TESTEZ-VOUS !

- Quels sont, pour les États, les moyens de financer la guerre ?
- Quelle place occupent les femmes dans l'effort de guerre ?
- Quel est l'impact de l'inflation sur la vie quotidienne ? Avec quelles conséquences ?

POUR ALLER + LOIN

- ***Les Gardiennes*, film de Xavier Beauvois, 2017.**
La guerre vécue par les femmes à la campagne : entre l'attente du retour des soldats et la gestion des domaines agricoles.

COURS

3. La mobilisation des esprits

Podcast du cours

Comment s'effectue la mobilisation idéologique et psychologique pendant la Première Guerre mondiale ?

Vocabulaire

- **Censure**
  Contrôle et interdiction de tout ou partie d'une publication (en particulier la presse pendant la guerre). En France, la censure est préalable : les articles destinés à paraître sont validés ou non. La critique de l'effort de guerre, la divulgation d'informations sensibles sont interdits.
- **Culture de guerre**
  Discours et pratiques qui permettent aux civils comme aux militaires de se représenter et d'accepter la réalité du fait guerrier. Ces représentations permettraient de donner du sens au conflit.
- **Propagande**
  Actions exercées sur les individus, au moyen des outils de communication et d'information, pour les convaincre de la supériorité d'une idéologie, d'une politique et les inciter à penser et agir en ce sens.

BIOGRAPHIE

Wilfred Owen (1893-1918)

Un des plus importants « *War Poets* » (poètes de la guerre) anglais. Engagé volontaire en 1915, il est tué à l'âge de 25 ans, le 4 novembre 1918 près du village d'Ors, dans le nord de la France. En Angleterre, il est le poète le plus étudié après Shakespeare.

A Entretenir le moral

1. Censure et propagande d'État

- Dans le contexte de guerre d'usure, les autorités cherchent à maintenir le moral des troupes et de l'arrière. **Pour rassurer et faire tenir les populations, l'information est contrôlée.** De fausses nouvelles sont diffusées par la presse ou par des brochures officielles. **Une partie du courrier est contrôlée** pour éviter que d'inquiétantes nouvelles ne parviennent aux familles. Le théâtre, la chanson sont également surveillés et **censurés**. La **propagande** devient une activité centrale de la guerre.

2. Un contrôle politique et social accru

- L'encadrement des esprits devient la règle. **La société est sous surveillance.** La consommation d'alcool à l'arrière est limitée. À la plus grande visibilité des femmes répondent la suspicion et la volonté de retour à l'ordre moral : la prostitution est sévèrement réprimée en Grande-Bretagne et en Allemagne.
- **La vie démocratique est mise entre parenthèses** et l'exercice du vote, quand il existe, est reporté. Les femmes britanniques (de plus de 30 ans) obtiennent le droit de vote en février 1918, mais l'égalité des droits politiques avec les hommes n'est obtenue qu'en 1928.

B Renforcer l'unité nationale

1. La mobilisation culturelle

- La propagande tente de construire et de consolider le **consensus national**. Les causes du combat sont quotidiennement rappelées aux civils, les chefs héroïsés. **L'ennemi est stigmatisé, diabolisé même**, puisque de fausses légendes circulent sur son compte : les Allemands couperaient ainsi les mains des petites filles.
- La mobilisation culturelle passe par différents **supports de propagande** : affiches, cartes postales, livres, cinéma d'actualité, mais également par les objets du quotidien comme la vaisselle ou les jouets d'enfants. Les enfants sont incités à faire des efforts à la hauteur des sacrifices des soldats. Une **culture de guerre** patriotique semble ainsi se développer pour permettre aux soldats comme aux civils de tenir et supporter l'état de guerre.

2. Ferveurs guerrières

- Les formes de patriotisme et de consentement à la guerre sont toutefois variables. La guerre a pu susciter une véritable ferveur. Des intellectuels s'engagent, comme le poète anglais Wilfred Owen qui y laisse la vie. D'autres, comme Einstein ou le mouvement Dada, combattent au contraire cet enthousiasme. La guerre a pu également être vécue comme une lutte morale, un conflit de civilisation. Mais en semblant devenir interminable, elle nourrit la défiance. Les soldats dénoncent le « **bourrage de crâne** ». La propagande se heurte enfin à des formes de résistance, de refus de guerre et de pacifisme (manifestations, désertions), même si cela reste minoritaire.